Affe und Molosserhund
Nilpferd und Gazelle

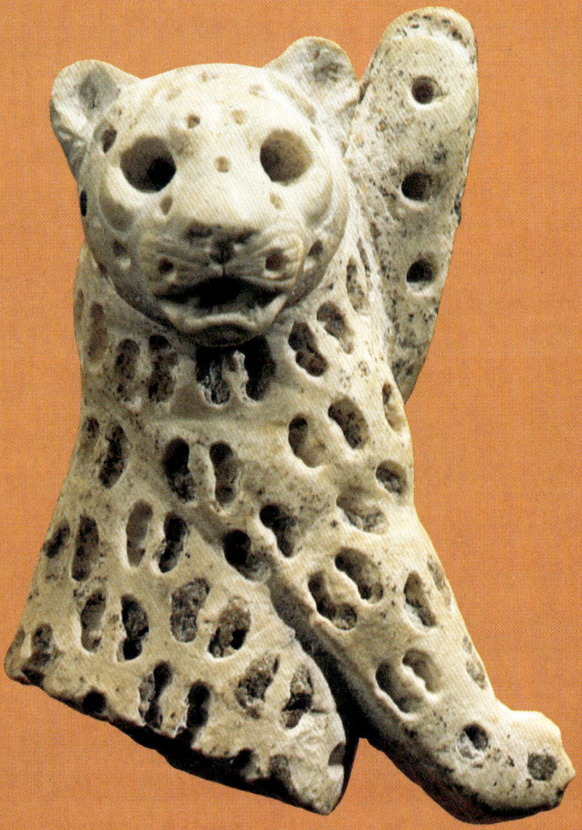

VERLAG PHILIPP VON ZABERN · MAINZ AM RHEIN

TIERBILDER

AUS VIER JAHRTAUSENDEN

Antiken der Sammlung Mildenberg

Mit 23 Farb-
und 271 Schwarzweiß-Abbildungen

Amerikanische Originalausgabe
von Arielle P. Kozloff
Deutsche Ausgabe von Ulrich Gehrig
unter Mitarbeit von
Adolf Greifenhagen, Kay Kohlmeyer,
Gertrud Platz und Konrad Schauenburg

Die Ausstellung wird veranstaltet von:

Antikenmuseum Staatliche Museen Preußischer Kulturbesitz
Berlin
26. März – 5. Juni 1983

Staatliche Kunstsammlungen, Kassel
1. Juli – 25. September 1983

Stadt Köln · Römisch-Germanisches Museum
15. Oktober – 30. Dezember 1983

Museum für Kunst und Gewerbe, Hamburg
Januar – April 1984

Prähistorische Staatssammlung, München
Mai – Juli 1984

Museum für Vor- und Frühgeschichte, Freiburg/Br.
Herbst 1984

Umschlag: Salbgefäß in Gestalt eines Affen, Kat.-Nr. 98
Nilpferd, Kat.-Nr. 46

Rückseite: Stier von einer Kultstandarte, Kat.-Nr. 7

Frontispiz: Aufgerichteter Leopard, Kat.-Nr. 2

ISBN 3-8053-0737-3
ISBN 3-8053-0746-2 (Museumsausgabe)
Satz: Hagedorn-Satz, Berlin-Lankwitz
Papier: Papierfabrik Scheufelen, Lenningen
Bindearbeiten: Klemme & Bleimund, Bielefeld
Printed in West Germany by Philipp von Zabern

Inhalt

Farbabbildungen:

Textbeiträge von:

RDD Richard D. DePuma, University of Iowa
KPE K. Patricia Erhard, Princeton University
SMG Sidney M. Goldstein, Corning Museum of Glass
BAK Barbara A. Kathman, Cleveland Museum
APK Arielle P. Kozloff, Cleveland Museum
DGM David Gordon Mitten, Harvard University, Cambridge
JN Jenifer Neils, Case Western Reserve University
SJP Sara Jane Pearman, Cleveland Museum
PV Philippe Verdier, Cleveland Museum
AG Adolf Greifenhagen, Berlin
KK Kay Kohlmeyer, Berlin
KS Konrad Schauenburg, Kiel
GP Gertrud Platz, Berlin

Übersetzungen:

Isa Corswandt, Berlin
Rosemarie Drenkhahn, Hannover
Peter Gercke, Kassel
Wilhelm Hornbostel, Hamburg
Erika Simon, Würzburg

Photographien:

Nicholas C. Hlobeczy,
David M. Heald,
Lydia Dull und Nancy Schroeder,
Cleveland Museum of Art
mit Ausnahme von:
9 bis, 12 c, 13 bis, 17 bis: Ingrid Strüben, Berlin
87, 87 bis, 90 bis, 95 bis, 101 bis, 125 bis, 130 bis, 131 bis, 132 bis, 133 bis, 141 bis, 148 bis, 150 bis, 154 bis, 159 bis, 159 c, 179 bis, 182 bis, 186 bis, 186 c, 186 d, 187 bis, 194 bis: Ingrid Geske, Berlin

Design:

Merald E. Wrolstad,
Jo Zuppan and Joseph L. Finizia,
Cleveland Museum of Art
Karl-Heinz Koch, Verlag Philipp von Zabern, Mainz

Vorwort

Diese Sammlung antiker Tierbilder zeigt wie kaum eine andere das Wesen der Persönlichkeit des Sammlers selbst. Wer Herrn Dr. Leo Mildenberg kennt, seine temperamentvolle und charmante Art, seine aufgeschlossene und anteilnehmende Herzlichkeit den Freunden gegenüber, empfindet es wie eine Selbstverständlichkeit, in ihm einem enthusiastischen Liebhaber von Tieren zu begegnen. Seine große Liebe hat er allen Tieren der antiken Welt geschenkt. Mit profunder Kennerschaft und dem Glück eines leidenschaftlichen Sammlers hat er in dem weiten Rahmen von den frühen Kulturen Anatoliens bis zur Spätantike diese bedeutende Sammlung zusammengetragen.

Doch hat er sich weise beschränkt auf Tierbilder der Kleinkunst, auf Statuetten, Verzierungen an Geräten und Schmuck, auf Bilder auf Mosaiken, Stoffen und Vasen. Wohl aus dieser klugen Zurückhaltung scheint der besondere, fast sinnliche Reiz zu erwachsen, den die Stücke auf den Betrachter ausstrahlen: diese feinen Miniaturen von hoher Qualität mit ihren weichen, gerundeten Umrissen möchten in die Hand genommen und wie Handschmeichler betastet werden, die kleinen präzisen Vasenbilder fordern geradezu heraus zum mußevollen Studium mit der Lupe. Und alle Bilder zeigen die Tiere in statischer Ruhe, in typischer Bewegung oder in Gruppen friedlicher Idylle. Der spürbare Zug des Friedfertigen scheint noch deutlicher die von den Menschen oft gepriesenen Eigenschaften einzelner Tiere in Erinnerung zu bringen.

Alle Tierarten der antiken Welt hat Herr Dr. Mildenberg zu sammeln versucht, um sie für uns und für die Nachwelt zu erhalten, ein Bemühen, das den Besucher in aktueller Weise berühren wird.

Der vorliegende Katalog ist eine gekürzte Übersetzung der amerikanischen Ausgabe „Animals in Ancient Art from the Leo Mildenberg Collection“, edited by Arielle P. Kozloff, 1981. Mrs. Kozloff und allen unseren amerikanischen Kollegen, die an dem Katalog mitgearbeitet haben, gebührt unser besonderer Dank für ihre Einwilligung, den Katalog in dieser Form übersetzen zu lassen.

Ulrich Gehrig

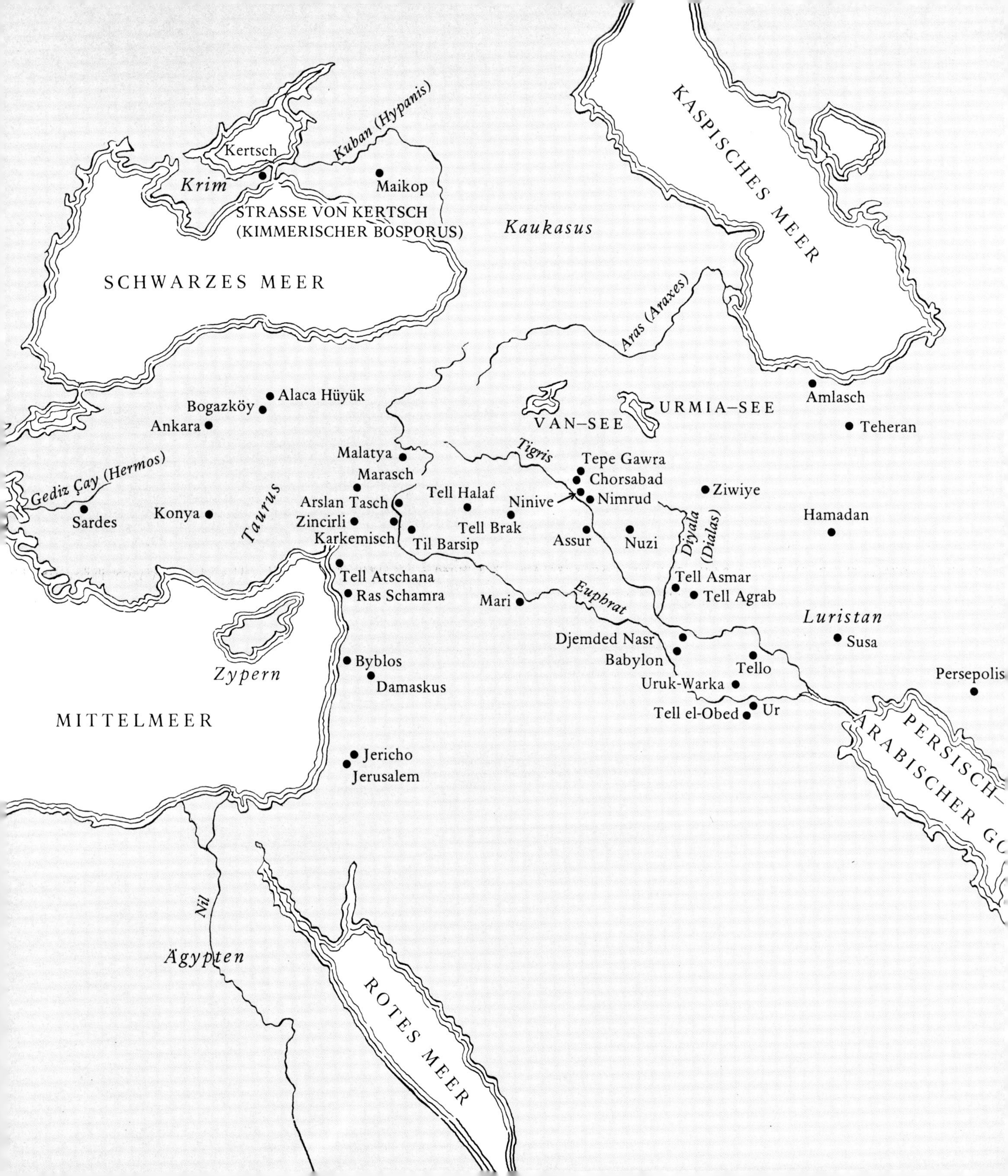

Kertsch
Kuban (Hypanis)
Krim
Maikop
STRASSE VON KERTSCH
(KIMMERISCHER BOSPORUS)
Kaukasus
KASPISCHES MEER
SCHWARZES MEER
Aras (Araxes)
Alaca Hüyük
Bogazköy
Ankara
Amlasch
URMIA–SEE
VAN–SEE
Teheran
Malatya
Tigris
Tepe Gawra
Chorsabad
Gediz Çay (Hermos)
Marasch
Tell Halaf
Ninive
Nimrud
Ziwiye
Arslan Tasch
Sardes
Konya
Taurus
Zincirli
Tell Brak
Hamadan
Karkemisch
Til Barsip
Assur
Nuzi
Diyala (Dialas)
Tell Atschana
Tell Asmar
Ras Schamra
Mari
Euphrat
Tell Agrab
Luristan
Djemded Nasr
Susa
Babylon
Byblos
Tello
Zypern
Damaskus
Uruk-Warka
Persepolis
Tell el-Obed
Ur
MITTELMEER
PERSISCH–ARABISCHER GOLF
Jericho
Jerusalem
Nil
Ägypten
ROTES MEER

Tiere aus dem Alten Vorderen Orient

Die hier gezeigten Sammlungsgegenstände wurden von Leo Mildenberg eher unter dem Gesichtspunkt der Qualität und seines persönlichen Geschmacks ausgewählt als aus dem Bedürfnis nach Vollständigkeit. Das ist besonders für den Bereich des Alten Vorderen Orients zutreffend, der außerhalb seines akademischen Spezialgebiets liegt. Verglichen mit Werken der Klassischen Zeit sind die vielen großen alten orientalischen Zivilisationen nur durch wenige, aber feine Objekte repräsentiert – Objekte, die in einigen Fällen einzigartig sind.

Die früheste Gruppe von Tierfiguren (Nr. 1) stellt einen bisher unveröffentlichten Typus dar. Sie sind so schwer zu identifizieren, daß Datierungen für sie vorgeschlagen wurden, die vom 4. bis zum 1. Jahrtausend v. Chr. reichen. Soweit ich weiß, beruht das späte Datum nur auf ihrer vermutlichen Herkunft, einer Lokalität, die urartäisches Material hervorgebracht hat. Meines Erachtens dürften sie eher sehr früh zu datieren sein. Allerdings wissen wir noch zu wenig über die urartäische Kultur, und es wird wahrscheinlich noch lange dauern, bis aufgrund sorgfältiger Grabungen etwas Grundsätzliches über die hier ausgestellten Steinskulpturen gesagt werden kann.

Diese Gruppe einfach gestalteter Tiere und der mit Einlegearbeit versehene Leopard aus Warka (Nr. 2) stellen die früheste Stufe von Steinskulpturen aus dem Nahen Osten dar. Die Sumerer hatten dort in frühsumerischer Zeit bereits eine hochentwickelte Zivilisation geschaffen. Aus dem Ausland importierten sie wertvolle Materialien, und ihre Architektur zeigte neue, kennzeichnende Strukturen.

Viele der vorderasiatischen Götter wurden in dieser frühen Zeit in Tierform verehrt. Im beginnenden 2. Jahrtausend v. Chr. stellte man dann bereits die meisten der Hauptgottheiten in den verschiedenen, hier vertretenen Kulturen als menschliche Wesen dar, und die Tiere, die sie einst repräsentiert hatten, sanken zu Begleitfiguren herab. Im Verlauf der langen Geschichte des Vorderen Orients waren Löwe und Stier die häufigsten und am weitesten verbreiteten Tiere der vorderasiatischen Mythologie und bildenden Kunst.

Im alten Mesopotamien stellte die Religion nicht nur eine Quelle der Erlösung, sondern auch des Schreckens dar. Die Natur konnte freigebig sein wie auch ängstigende, sogar vernichtende Aspekte besitzen, die besänftigt werden mußten. Löwe und Stier, beide von kräftiger Natur, vermochten mit ihrem Brüllen den Donner zu übertreffen. Inanna, die Göttin des Gewittersturms und Regens, wurde mitunter als Löwin dargestellt und fuhr gewöhnlich in einem Wagen, der von sieben brüllenden Löwen gezogen wurde, ein kaum zu übertreffendes Schreckensbild. Manchmal erschien auch der Stier gemeinsam mit Inanna.

Der Stier ist üblicherweise ein Symbol des An, des ‚Vaters der Götter', des ‚fruchtbaren Zuchtstiers'. In den Frühlingsgewittern tritt er nicht allein als Geräuschmacher auf, seine im Regen symbolisierte Fruchtbarkeit erzeugt auch die Vegetation. Der Stier war nicht nur mit dem Donner, sondern auch mit den Wolken verbunden, und wenn diese im Frühjahr verschwanden, so starb im Mythos auch er.

Da nun sowohl Stier wie Löwe durch den Himmel stürmten, mußte es unweigerlich zu einem Zusammenstoß kommen. In der Tat wurde der Zusammenprall zwischen beiden Tieren zu einem zentralen Thema der Kunst des Vorderen Orients. Wenn auch dieses Motiv nicht in der Mildenberg-Sammlung erscheint, so ist es doch erwähnenswert, da der Kampf zwischen Löwe und Stier das Symbol für den Konflikt zwischen göttlichen Kräften ist. In der mesopotamischen Mythologie und Kunst, speziell auf Rollsiegeln, dominiert manchmal der Löwe, in anderen Zeiten der Stier.

Der Sieg des Menschen über das Tier und seine darauf folgende Erhöhung in der göttlichen Hierarchie ist bildlich durch die Geschichte der Göttin Ischtar dargestellt, die durch das Objekt ihrer Sehnsucht, den Helden Gilgamesch, angespornt wird. Sie hatte einst allen Menschen und Tieren, die sie geliebt hatte, Kummer und Leid, wenn nicht sogar den Tod gebracht. Als sie sich in Gilgamesch verliebte, versprach sie ihm unermeßlichen Reichtum, wenn er sie heiratete. Gilgamesch, sich ihrer unheilbringenden Natur bewußt, lehnte diesen Antrag ab und beleidigte sie sogar. Erzürnt erbat sich die Göttin den Himmelsstier ihres Vaters Anu. Sie jagte das Untier hinter Gilgamesch her, und als es ihn angriff, vernichtete es beim ersten Schnauben weite Flächen des Landes und Hunderte von Menschen. Doch Gilgamesch und sein Helfer Enkidu wußten mit Tieren umzugehen. Enkidu ergriff den Schwanz des Stieres und hielt ihn fest, während Gilgamesch ihn mit seiner Waffe erschlug.

Die Bergvölker Anatoliens stellten im 3. Jahrtausend v. Chr. die hattischen Götter ebenfalls in Tierform dar. Vom 2. Jahrtausend v. Chr. an und während der hethitischen

Herrschaft wurden sie dann zu Attributen oder Reittieren der Götter. Zu jener Zeit wurden Hirsch und Stier (Nr. 7–9, 10) häufig dargestellt, ein wildes und ein zahmes Tier, beide Relikte der hattischen Kunst. Das Verhältnis des Menschen zum Tier umfaßte sowohl die abhängige wie die unabhängige Kreatur. Die Kombination des Gezähmten mit dem Ungezähmten verschaffte den Bergbewohnern Anatoliens eine umfassendere Weltbeherrschung.

Natürlich spielten auch ästhetische Aspekte bei der Wahl der Tiere eine Rolle. Sogar für moderne Augen haben die sorgfältig gearbeiteten Formen der Stierhörner und Hirschgeweihe eine natürliche Faszination, und bestimmt war das in der Antike auch der Fall. In der hattischen und hethitischen Kunst wurden die Körper und Beine zu rechteckigen Pfeilern vereinfacht, bloße Stützen für den sorgfältig gearbeiteten Kopfschmuck (s. besonders Nr. 7). Horn- und Geweihform verkörperten kosmische Inhalte, sie waren den durchbrochen gearbeiteten kosmischen Scheiben verwandt. Nach einem türkischen Märchen ruht die Welt auf den Hörnern eines Ochsen, und jedes Mal, wenn er seinen Kopf schüttelt, erbebt sie – möglicherweise ein Hinweis auf die oft vorkommenden Erdbeben in Anatolien. Diese Sage könnte aber auch die hethitische Vorstellung widerspiegeln, daß das Universum auf der Spitze der Hörner eines Stieres ruht.

Der Panther und der Löwe waren Symbole verschiedener Gottheiten, und der Löwe konnte außerdem den König repräsentieren. Die Verbindung des Löwen mit dem Königtum wurde durch die Form seines Schwanzes betont, der manchmal wie ein ‚kalmusch' – das hethitische Königssymbol – gebildet war. In der hethitischen Literatur sind die Könige als „löwenartig" beschrieben. So wird beispielsweise von König Hattusili gesagt, daß er „wie ein Löwe mit seinen Pranken die Stadt Haschuwa schlug".

Der Löwe war das einzige Tier, das in Anatolien und Nordsyrien als Torhüter benutzt wurde. Die langen Namen, welche der syrische Gouverneur von Til Barsip (770–760 v. Chr.) den zwei Torlöwen seines Palastes gab, sind nicht nur auf die nahöstliche Ehrfurcht vor der Kraft dieses Tieres zurückzuführen, sondern weisen auch auf seine Abstammung von der alten mesopotamischen Sturmgottheit hin. Der eine hieß „der heftige Sturm, dessen Angriff niemand widerstehen kann, der Aufrührer bewältigt, der beschafft, was das Herz begehrt" – zweifellos ein Hinweis auf den furchterregenden Aspekt des Löwen als donnerndes Ungeheuer der Inanna. Der andere Torhüter wurde genannt: „der sich auf Aufrührer stürzt, Feinde vertreibt, Unheil abwehrt und Gutes eintreten läßt". Die letzte Phrase weist auf den apotropäischen, den Unheil abwehrenden Aspekt hin, der den meisten dieser Tierskulpturen zugrunde liegt, weshalb sie auch als Amulette oder als Dekoration von Gefäßen, Waffen und ähnlichem benutzt wurden.

Die Stämme der iranischen Gebirge von Luristan im frühen 1. Jahrtausend v. Chr. sind berühmt für ihre Bronzearbeiten (s. Nr. 13, 14). Ihr Lebensstil und ihre Meisterschaft in der Bearbeitung von Metallen findet später Parallelen bei den Thrakern und Skythen, die zwischen Bulgarien, dem nördlichen Iran, dem Kaukasus und den asiatischen Steppen umherschweiften. Die luristanische Kunst zeigt eine enge Verbundenheit mit der Tierwelt. Sie abstrahiert Tierformen zu dekorativen Ornamenten und bildet so die Grundlage für den späteren sogenannten „Tierstil" der Thraker und Skythen (s. Nr. 36–38).

Hirsch und Steinbock waren zwei der beliebtesten heraldisch angeordneten luristanischen Tiersymbole. Wahrscheinlich war es die Wildheit dieser Tiere, die die Nomadenvölker besonders ansprach. Versuche, Hirsch und Antilope zu züchten, waren in Mesopotamien und Ägypten fehlgeschlagen. In freier Wildbahn vermehrten sie sich jedoch reichlich. Dies war zweifellos eine Eigenschaft, die sich dieses in Freiheit lebende Volk für sich selbst und seine Pferdeherden wünschte, denn sie boten ihnen ihren Lebensunterhalt. Viele der in Luristan gearbeiteten Bronzen sind Pferdetrensen, die mit Hirsch-, Steinbock- oder Wildschafmotiven verziert sind. Sie waren entweder Gebrauchsgegenstände oder Votivgaben. Sicherlich verbanden sich mit diesen Tierdarstellungen magische Vorstellungen hinsichtlich der Vermehrung des Pferdebestandes, wie oben erwähnt.

Das urartäische Königreich des 9. bis 7. Jahrhunderts v. Chr. zeigt einen Kunststil, der hethitischen Naturalismus mit der straffen Konturenführung und der hochstilisierten Muskelzeichnung der assyrischen Kunst kombiniert. Die kleine, aus vier liegenden Löwen bestehende Gruppe (Nr. 20), die vermutlich als Halsanhänger diente, zeigt dies sehr anschaulich.

Obwohl seit vielen Jahren urartäische Stücke (s. Nr. 17–21) in öffentliche Museen und private Sammlungen gelangt sind, ist die Kunst dieses Bergkönigtums immer noch nicht hinreichend gewürdigt worden. Sein Nachfolger im Osten und Süden, das Reich der Achämeniden, ist dagegen einer der bekanntesten nahöstlichen Staaten.

Die königlichen Paläste in Persepolis und Pasargadae, die zu den größten alten, noch erhaltenen Bauten ihrer Art gehören, vermitteln uns mit ihrer detaillierten Reliefplastik eine gute Vorstellung vom einstigen Wohlstand des achämenidischen Reiches (559–338 v. Chr.). Zwei Schmuckstücke der Mildenberg-Sammlung, der schreitende Löwe (Nr. 31) und die silbernen Armreife (Nr. 29), kommen auch auf den Wandreliefs von Persepolis vor. Das kleine, aus Chalcedon gearbeitete Stieramulett (Nr. 28) erinnert an die massiven Kapitelle mit Stierprotomen des gleichen Orts. Ein anderes, aus Halbedelstein angefertigtes Stück, der aus einem Blattkelch springende Leopard (Nr. 32) – ein klassisches Motiv der achämenidischen Kunst –, verdeutlicht die enge Verbindung zwischen Ost und West. Während in den

vorhergehenden Jahrhunderten die nahöstliche Kunst die Skulptur und Malerei Ägyptens und der mediterranen Welt beeinflußt hat, sehen wir in diesem kleinen Leoparden eine Umkehr des Einflusses, welcher in der Eroberung des Achämenidischen Reiches durch Alexander den Großen seinen Höhepunkt findet.
Die jüngeren Glasobjekte aus diesem Bereich reflektieren ihre alte nahöstliche Herkunft. Insbesondere der kleine brüllende Löwe (Nr. 44) aus islamischer Zeit erinnert an seine Vorläufer auf dem goldenen achämenidischen Gürtelblech (Nr. 19) und die goldenen achämenidischen Brakteaten (Nr. 30, 31). Gewiß kannte der islamische Glasbläser keines dieser Objekte, die Tradition ist jedoch so tief verwurzelt, daß er diesen an alte Wächterfiguren erinnernden Typus des stehenden brüllenden Löwen gewählt hat, der seinen gebogenen Schwanz wie ein königliches Zepter hochhält.

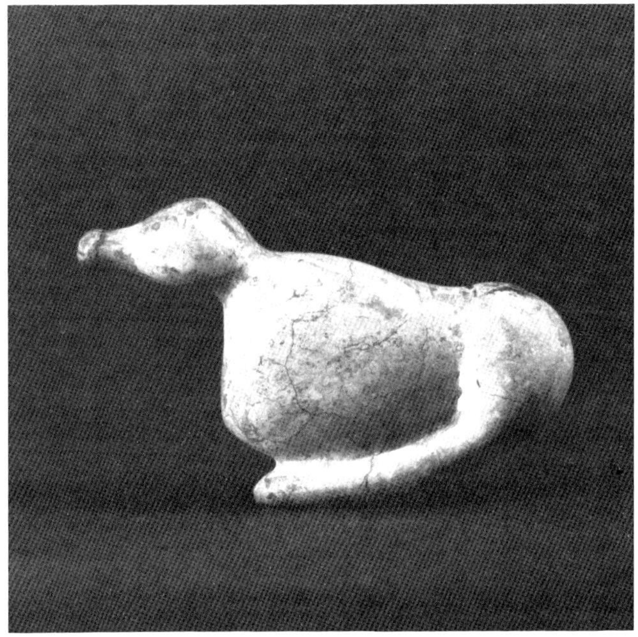

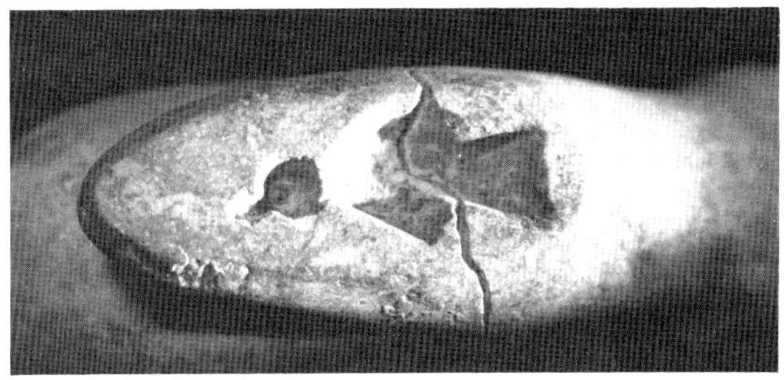

1 a

1 Gruppe von Tierskulpturen mit Einlagen

Dickit. Anatolien oder Iran, angeblich nördlich vom Van-See gefunden.
Neolithisch oder spätes 4. Jahrtausend v. Chr.
a) H 5,5; Br 2,5; L 9,8 cm.
b) H 5,1; Br 2,3; L 8,5 cm.
c) H 5,6; Br 4,1; L 8,5 cm.
d) H 5,1; Br 3,7; L 8,1 cm.
e) H 8,6; Br 3,2; L 12,2 cm.
f) H 6,1; Br 3,3; L 10,6 cm.
g) H 3,2; Br 4,3; L 5,3 cm.
h) H 1,8; Br 2,2; L 3,4 cm.
i) H 2,5; Br 2,2; L 4,8 cm.
j) H 12,5; Br 5,6; L 22,0 cm.
k) H 6,2; Br 4,0; L 12,5 cm.
l) H 7,0; Br 2,9; L 4,8 cm.
m) H 2,8; Br 1,2; L 5,2 cm.
n) H 3,2; Dm 1,8 cm.
o) H 5,1; Dm 2,0 cm.

Eine Gruppe von einfach gestalteten Tieren mit tief in Seiten und Standflächen eingeschnittenen Darstellungen. Der Stein, ein lehmhaltiges Mineral, Dickit genannt, hat einen Härtegrad zwischen 2 und 3. Er kommt im Gebiet des Kaspischen Meeres vor. Die Beschädigung der Oberflächen ist auf eine lange Erdlagerung der Stücke zurückzuführen. Die Darstellungen sind unterschiedlich eingetieft: Köpfe, Schultern und Hüftpartien meist stärker, Beine und Tatzen flacher. Die Ausarbeitung geschah zunächst mit einem Handbohrer. Danach wurden die gebohrten Flächen durch Einkerben miteinander verbunden. Hierbei entstanden an einigen Stellen Unterschneidungen, welche anscheinend Einlagen aus anderem Material halten sollten.
a) Laufender Hund oder Wolf; Ausarbeitung auf der Unterseite: ein Vogel im Flug (?).
b) Laufender Fuchs; Ausarbeitung auf der Unterseite: eine fliegende Ente.
c) Brütende Wachtel; Ausarbeitung unten: eine menschliche Figur in Hockstellung.
d) Brütende Wachtel; Ausarbeitung auf der Unterseite: eine fliegende Wachtel.

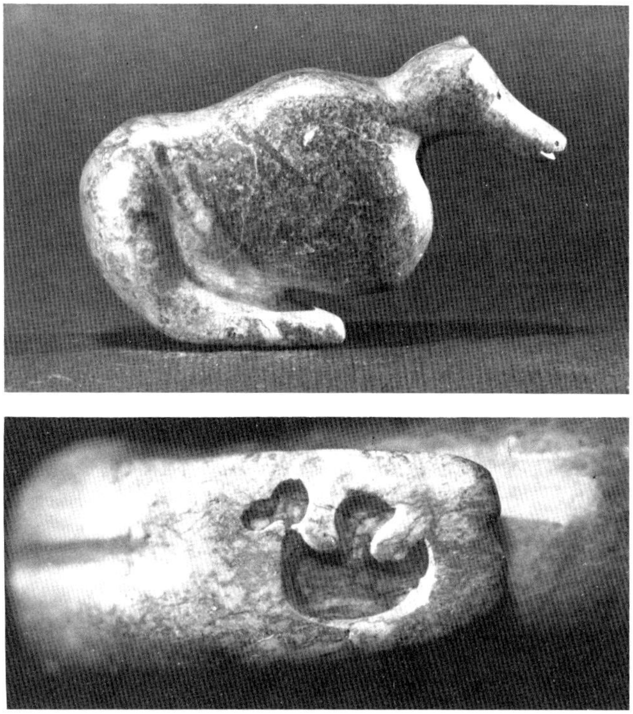

1 b

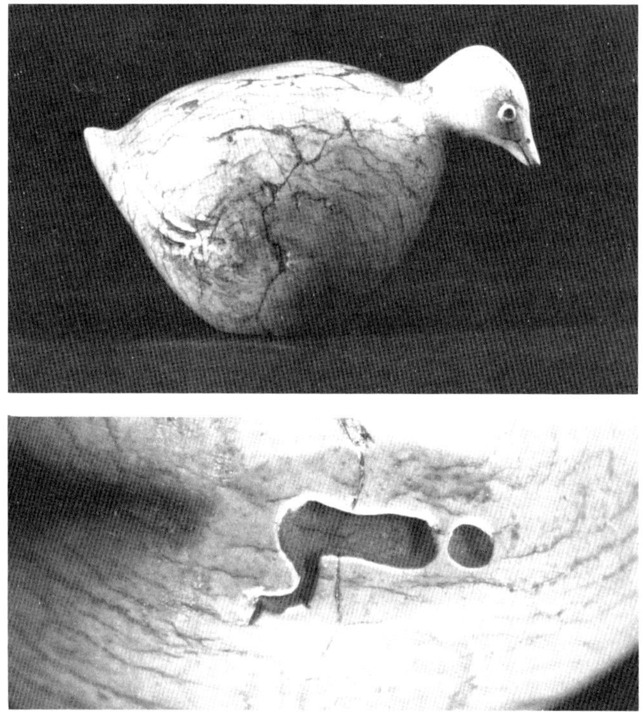

1 c

e) Brütende Wachtel; Ausarbeitung unten: zwei schwimmende Enten.
f) Brütendes Perlhuhn; Ausarbeitung unten: ein Bär oder ein Hund mit kurzem Schwanz und schweren Pfoten.
g) Große Schildkröte; Ausarbeitung auf der Unterseite: ähnlich wie (f).
h) Kleine Schildkröte; Ausarbeitung unten: ein springender Hirsch.
i) Kopf eines Bären; Ausarbeitung unten: eine menschliche Figur in Hockstellung.
j) Großer Vogel; Ausarbeitung arg beschädigt: wohl eine menschliche Figur in Hockstellung (Beine fehlen).
k) Sperling (?); Ausarbeitung unten: eine menschliche Figur in Hockstellung.
l) Kopf eines hunde-, pferde- oder rindähnlichen Wesens mit Rumpfansatz; Ausarbeitung unten: gekrümmte menschliche Figur mit drei Kreisen; Ausarbeitung rechtsseitig: strauchähnlicher Baum; Ausarbeitung linksseitig: ruhender Hirsch.
m) Schnecke oder Wurm (?); Ausarbeitung unten: eine menschliche Figur in Hockstellung.
n) Vogel-Protome; Ausarbeitung unten: eine menschliche Figur in Hockstellung; Ausarbeitung rechtsseitig: Antilope (weißer Onyx ?).
o) Vogel-Protome; Ausarbeitung auf der Unterseite: langohriger Vierfüßler mit gekerbtem Schwanz.

Diese außergewöhnliche Gruppe von Tierskulpturen gehört wahrscheinlich zu einer uns bisher noch nicht bekannten Kultur, und die Tatsache, daß sie zur Zeit völlig einzigartig, ganz ohne Vergleichsstücke sind, hat dazu geführt, daß unter Wissenschaftlern sogar Zweifel an ihrer Echtheit geäußert wurden. Die äußere Form und der Typus des jeweils dargestellten Tieres scheinen sich aus der ursprünglichen Gestalt und Färbung des natürlichen Steins ergeben zu haben. Mit dem Bohrer oder einem Schneidewerkzeug sind nur die wesentlichsten Details des Tieres ausgearbeitet. Das Fehlen einer Oberflächenmodellierung ist bezeichnend für neolithische Arbeiten, findet sich aber auch bei frühelamischen Skulpturen. Dementsprechend sind auch die Ausarbeitungen gestaltet. Mit einer einzigen Ausnahme folgen sie alle demselben Bildschema.

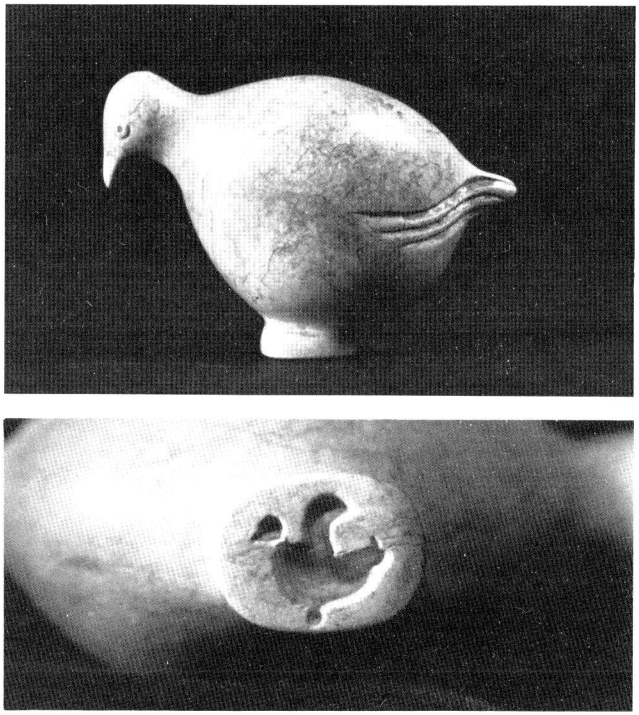

1d

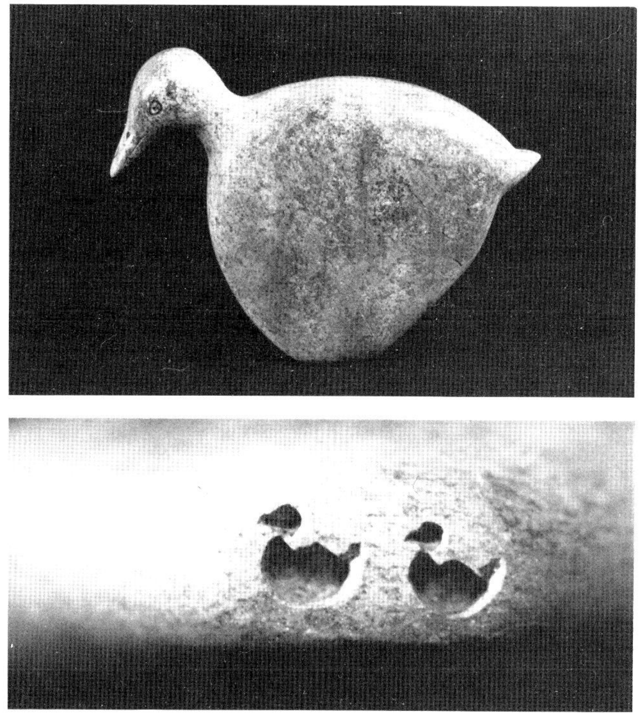

1e

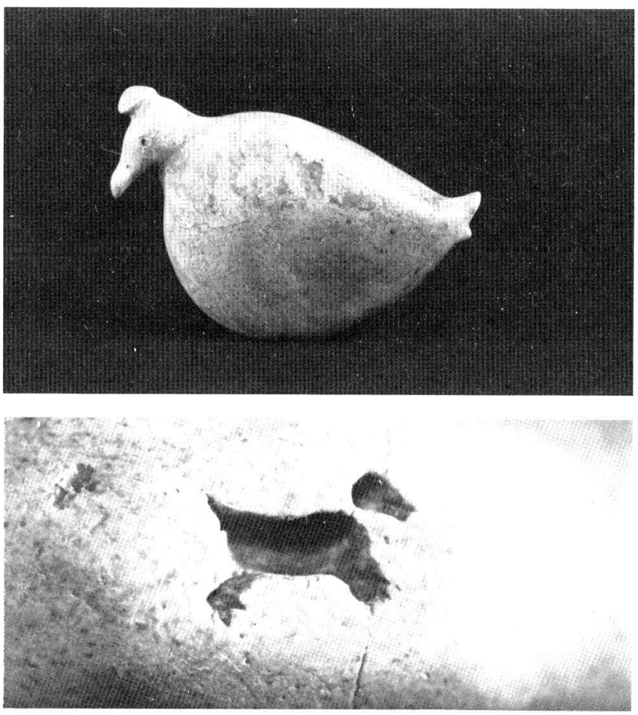

1f

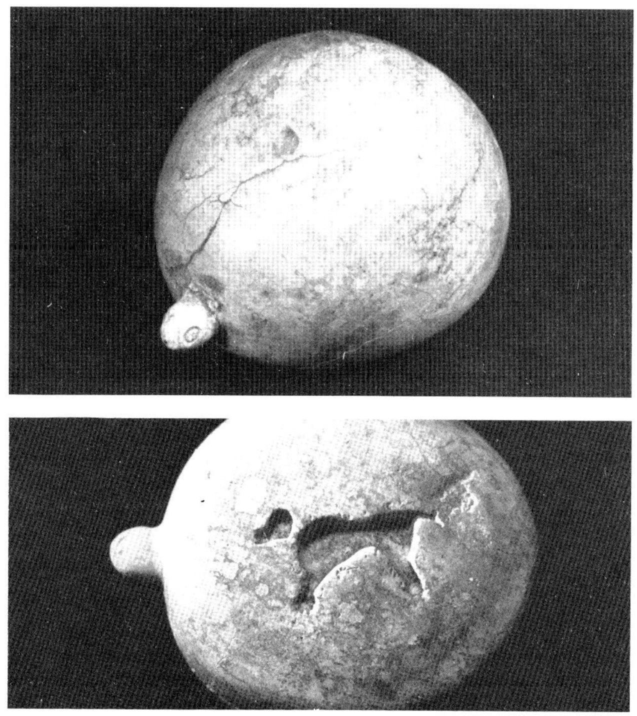

1g

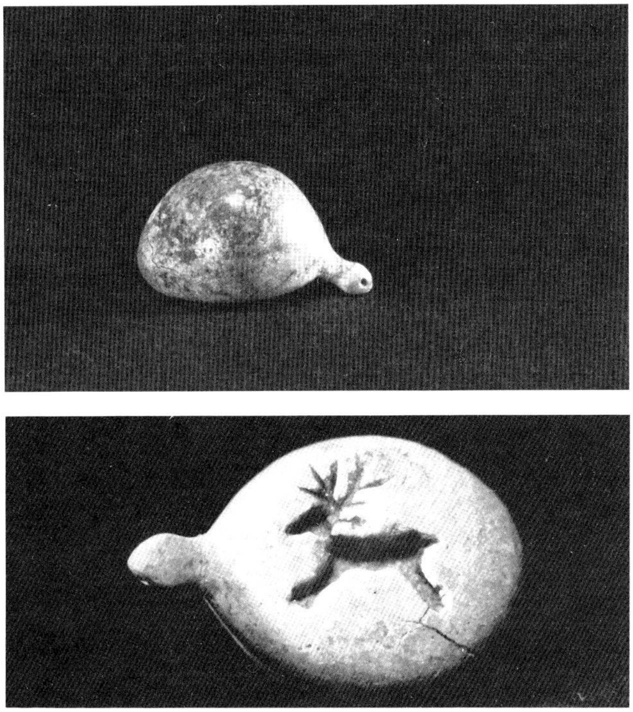

1h

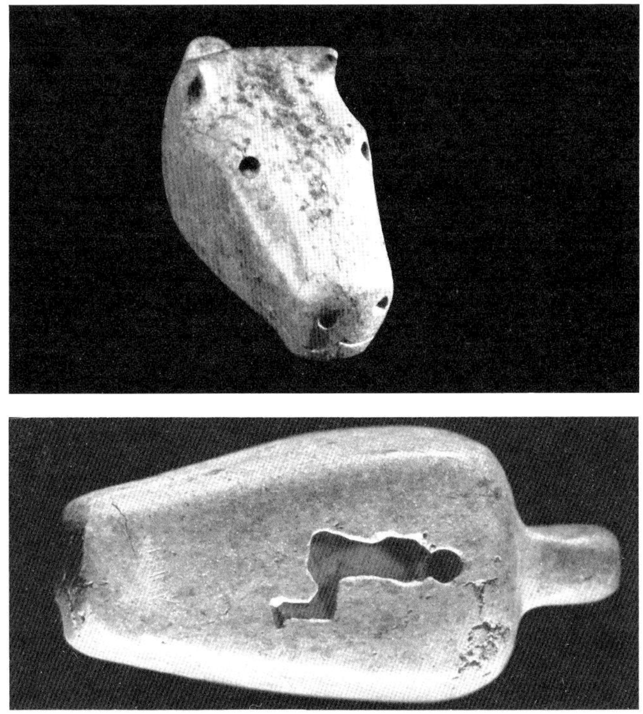

1i

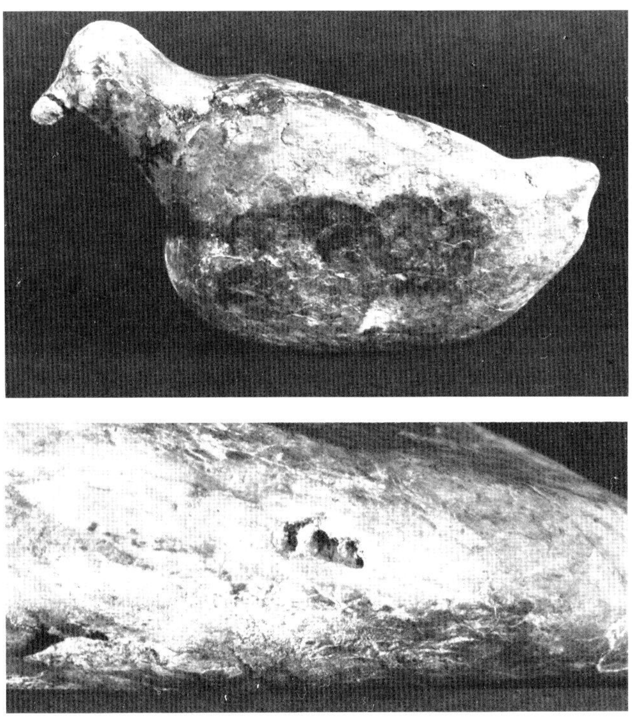

1j

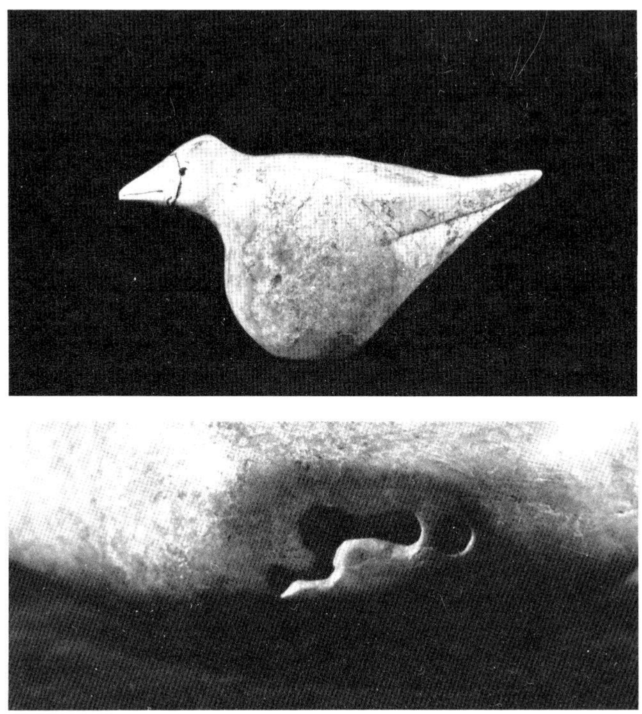

1k

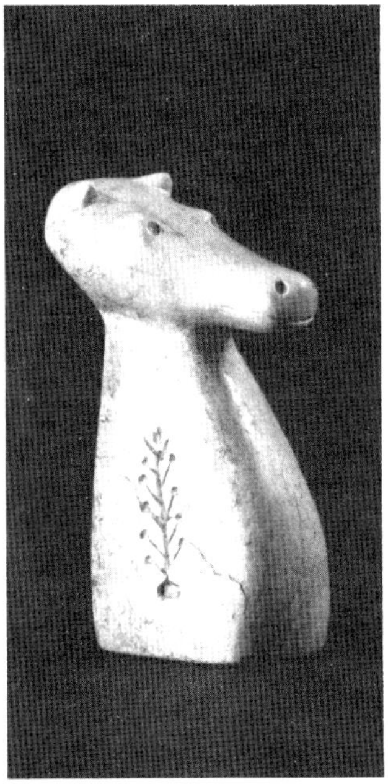
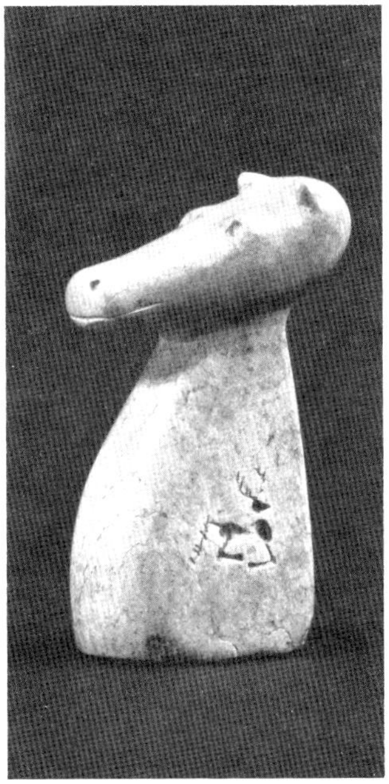
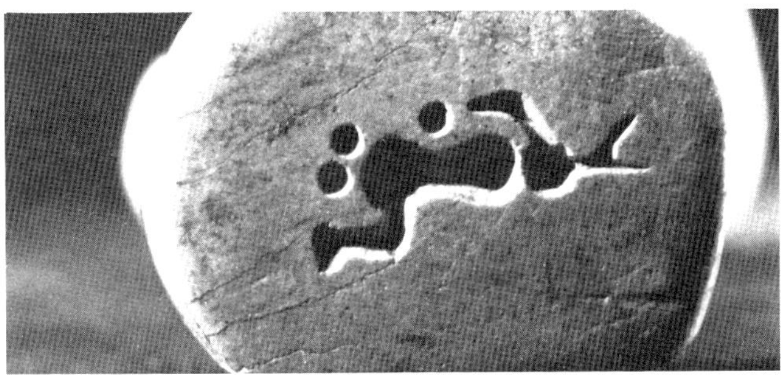

1 l

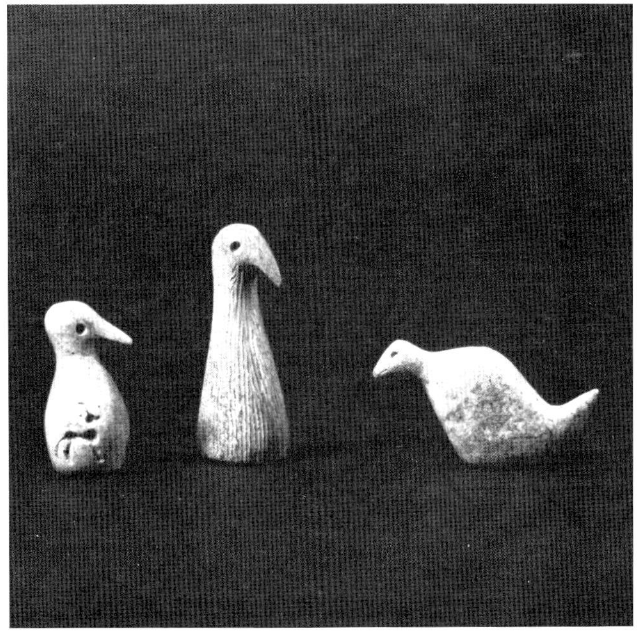
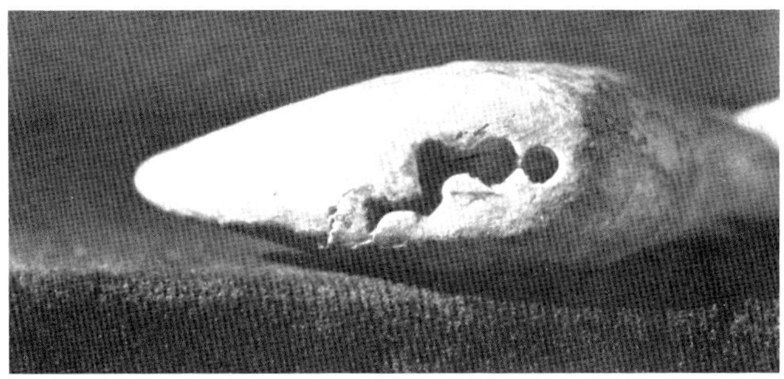
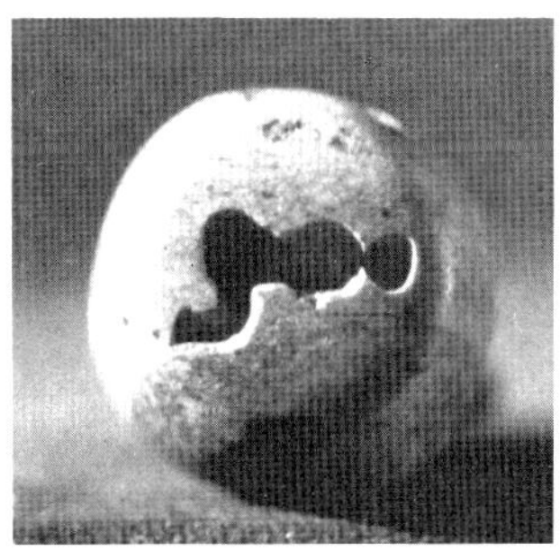
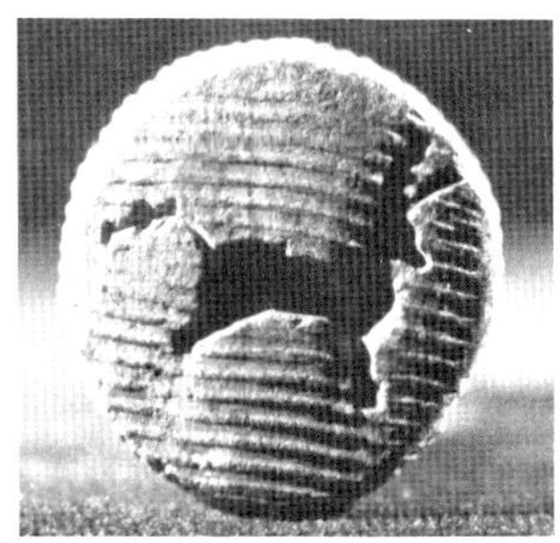

1 n, 1 o, 1 m

Die hier gezeigten Steinfiguren sind bequem in der Hand zu halten und ließen sich auch als Stempel verwenden; bemerkenswert ist allerdings, daß die scharfen Kanten der Ausarbeitungen keinerlei Abnutzungsspuren aufweisen. Zwei der Tiere, (l) und (n), haben die Ausarbeitungen an den Seiten, eine ungeeignete Plazierung zum Stempeln. Beide Bärenköpfe, die ich kenne, haben Ösen zum Aufhängen. Wahrscheinlich waren diese Objekte ausschließlich Amulette und nicht für den Gebrauch als Siegel gedacht.

Ihr Stil spricht für eine Datierung in das Neolithikum oder in das späte 4. Jahrtausend v. Chr. Einzelheiten wie die langen, gekerbten Schwänze von zwei Tieren und die asymmetrischen Zweige der strauchähnlichen Bäume gehen mit dem Stil des 4. Jahrtausends v. Chr. überein. Man könnte sich vorstellen, daß sie Beispiele einer sehr frühen Bildschrift sind. Die Technik der Herstellung entspricht sehr alten Verfahren.

Der Erhaltungszustand ist auf die lange Erdlagerung der Stücke zurückzuführen. APK

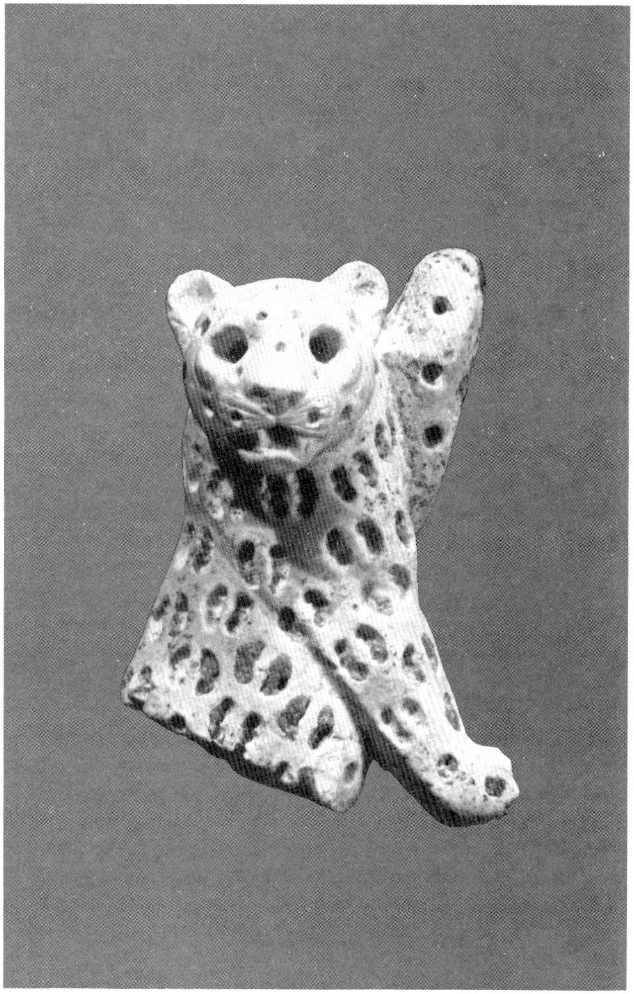

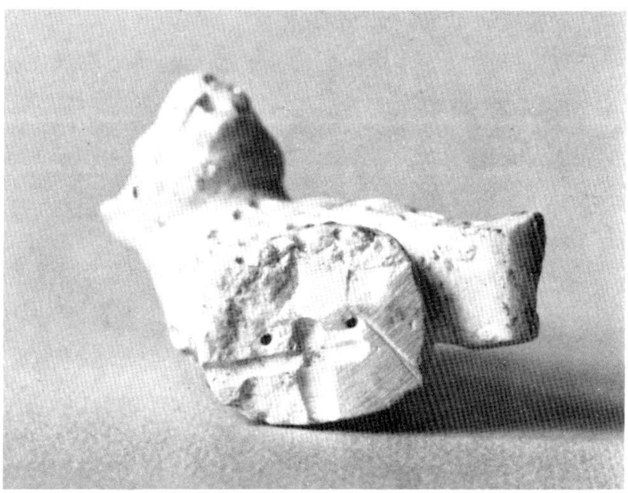

◁ 2 Aufgerichteter Leopard

(Farbabbildung s. Frontispiz)

Kalkstein, eingelegt mit Ägyptischblau, Warka.
Frühsumerisch, Ende 4. Jahrtausend v. Chr.
H 5,8; Br 3,5; L 4,1 cm.

Ein Leopard, heraldisch aufgerichtet, mit halb geöffnetem Maul. Die Flecken seines Fells sind durch Bohrlöcher wiedergegeben. Von der ursprünglichen Einlegearbeit ist nur ein einziges Stück auf der rechten Wange erhalten. Es wurde analysiert und als Ägyptischblau bestimmt.
Blaue Einlagen bei Objekten des gleichen Zeitraumes werden – oft ohne den Nachweis einer analytischen Überprüfung – für Lapislazuli gehalten. Sollte unsere Datierung zutreffen, so wäre damit Ägyptischblau in Mesopotamien erstmals im 4. Jahrtausend v. Chr. belegt.
Der Unterkörper des Leoparden ist weggebrochen; die Bruchfläche weist zwei sich kreuzende Bohrrillen auf. Die erste ist 0,5 cm tief und verläuft von der linken Seite der Figur bis zum Bruch, die zweite beginnt am Rücken des Tieres und ist 0,2 cm tief. Vermutlich ist mit der hier dargestellten kleinen Tierskulptur der Sinai-Leopard gemeint, der auch heute noch in der Levante vorkommt. Welche Funktion der Mildenberg-Leopard gehabt hat, ist nicht eindeutig zu entscheiden. Ähnliche Stier- und Widderfiguren des gleichen Zeitraumes waren Amulette, und die erwähnten Bohrrillen lassen in unserem Fall auf einen ähnlichen Gebrauch schließen, obwohl die expressive Haltung des Tieres der gewöhnlich kompakten Form eines Amulettes widerspricht.
APK

3 Amulett in Gestalt eines Hundes

(Farbabbildung s. S. 177)

Silber; massiv, handgeformt.
Wohl frühelamisch, Ende 4. Jahrtausend v. Chr.
H 2,4; Br 1,0; L 3,1 cm.

Der kleine silberne Hund hat große, fledermausartige Ohren, sein langer Schwanz ist eingerollt. Um den Hals trägt er ein tief einschneidendes, seilartig gedrehtes Halsband. Die Einzelheiten des Gesichtes sind knapp, aber äußerst wirkungsvoll angegeben und verleihen dem Tier, trotz der nur schlitzartig geöffneten Schnauze, einen wilden Ausdruck.
Eine waagerechte Durchbohrung diente zum Aufhängen der vermutlich als Amulett getragenen kleinen Figur.
Als beste Parallele zu unserem Stück ist der kleine goldene Hund zu nennen, der auf der südlichen Akropolis von Susa gefunden worden ist und an das Ende des 4. Jahrtausends

v. Chr. datiert wird. Dieser ist aus einem dünnen, zusammengerollten Goldblech gefertigt. Der Mildenberg-Hund zeigt gewisse Anhaltspunkte für dieselbe Herstellungsweise. PV

4 Anhänger in Gestalt eines Frosches

Hämatit. Mesopotamien. 3. Jahrtausend v. Chr.
H 1,7; Br 2,1; L 2,9 cm.

Der Froschkörper hat einen beinahe mandelförmigen Umriß mit einer über den Rücken verlaufenden Mittellinie. Die Durchbohrung der Vorderbeine läßt erkennen, daß er – vermutlich in Verbindung mit Perlen – als Anhänger einer Halskette diente.
Froschdarstellungen auf sogenannten „Brokatstil-Siegeln" haben ähnlich kompakte Umrisse und Mittellinien wie das hier gezeigte Tier. In Mesopotamien wie in Ägypten galt der Frosch als Symbol der Fruchtbarkeit und war deshalb als Amulett beliebt. Dabei schrieb man gelegentlich auch dem verwendeten Material – zum Beispiel dem metallisch glänzenden Hämatit – eine beschützende Funktion zu.
In der 1. Hälfte des 3. Jahrtausends v. Chr. kommen Hämatit-Frösche allerdings auch als Gewichte vor. Darüber hinaus spielte der Frosch in der Zukunftsdeutung eine Rolle; gelegentlich wurde er auch als Opfergabe dargebracht. Da er mit Ea, dem Gott der Unterweltsgewässer, verbunden ist, wird er mitunter als Grabbeigabe am Nacken des Toten gefunden. In größerer Form diente er als Stütze eines Trinkgefäßes. In beiden Fällen sollte er vermutlich die Seele des Toten beim Überqueren des alles verschlingenden Unterweltsflusses beschützen. PV

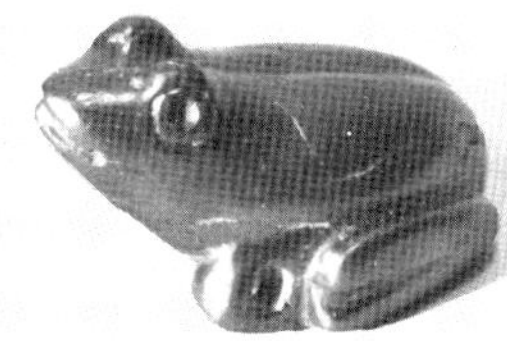

4

5 Figur eines Frosches

Steatit. Mesopotamien. 3. Jahrtausend v. Chr.
H 2,0; Br 3,8; L 5,4 cm.

Dieser Steatit-Frosch gehört zu derselben Kategorie unheilabwehrender Gegenstände wie der kleine „Halsketten-Frosch" (Nr. 4), obwohl er größer und feiner gearbeitet ist. Seine Rückenzeichnung besteht aus einer langgezogenen Mittellinie mit sich schräg abzweigenden Einschnitten. Die Vorderbeine sind durchbohrt, so daß die kleine Skulptur als Amulett getragen werden konnte. Eine weitere Bohrung sitzt am Hinterleib. Von oben gesehen, ähnelt unser Exemplar einem Schlangenkopf. PV

3

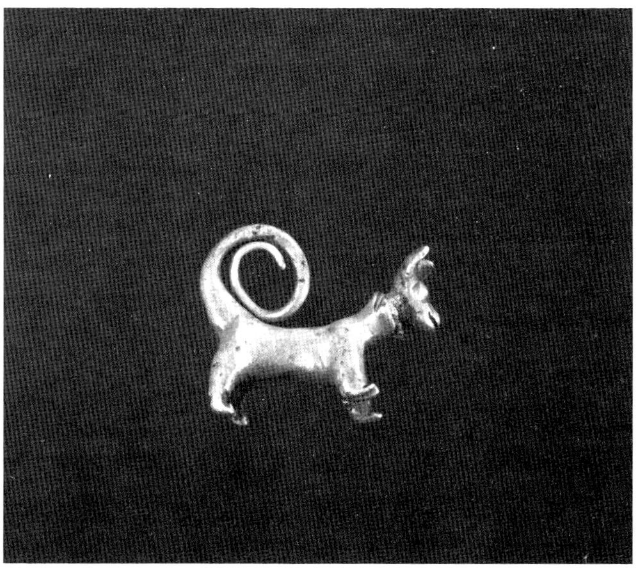

5

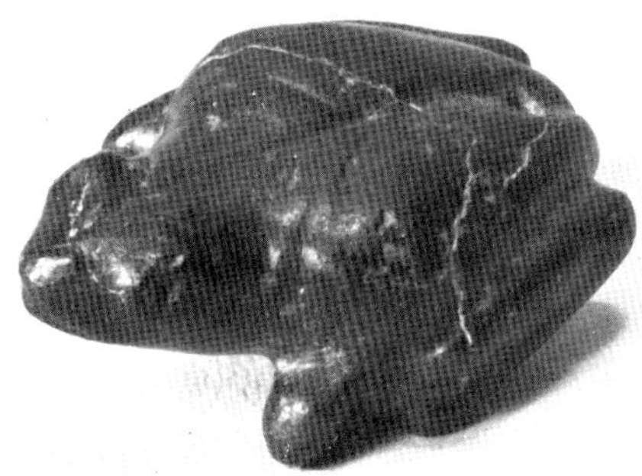

6 Figur eines jungen Straußes (?)

Terrakotta. Indus-Tal oder Vorderasien. 3. Jahrtausend v. Chr.
H 4,8; Br 2,8; L 4,9 cm.

Nach der Form des Körpers, des langen Halses und der Beine, der kleinen Flügel und des großen Kopfes stellt diese Tierfigur einen Jungvogel, wohl einen eben erst flügge gewordenen Strauß, dar. Auffallend an ihr sind die wie eine sich nach unten erweiternde Säule gebildeten Beine. Die Unterseite dieses Fußes ist leicht konkav gewölbt. Durch tiefe Kugelbohrung besonders hervorgehoben sind nur die Augen.
Ähnliche Terrakotta-Vögel wie unser Stück sind am zahlreichsten aus Harappa und Mohenjo-daro bekannt, vereinzelte Beispiele aus dem Iran, dem Irak und aus Kreta. Ihr bekanntester Typus ist die von Mackay veröffentlichte Taube, die der großen sumerischen Gottheit Ninchursag geweiht war. Im Indus-Tal wie auch auf Kreta sind Terrakotta-Tauben im Zusammenhang mit Muttergottheits-Figuren gefunden worden. Die Augen der Indus-Tal-Beispiele sind gewöhnlich als Kügelchen wiedergegeben, seltener nur punktiert. Einfache Augenbohrung wie die des Mildenberg-Straußes tritt bei den um die Wende des 4. zum 3. Jahrtausend v. Chr. datierten Terrakotten von Tepe Gaura auf, vereinzelt auch bei Mohenjo-daro-Tieren.
APK

6

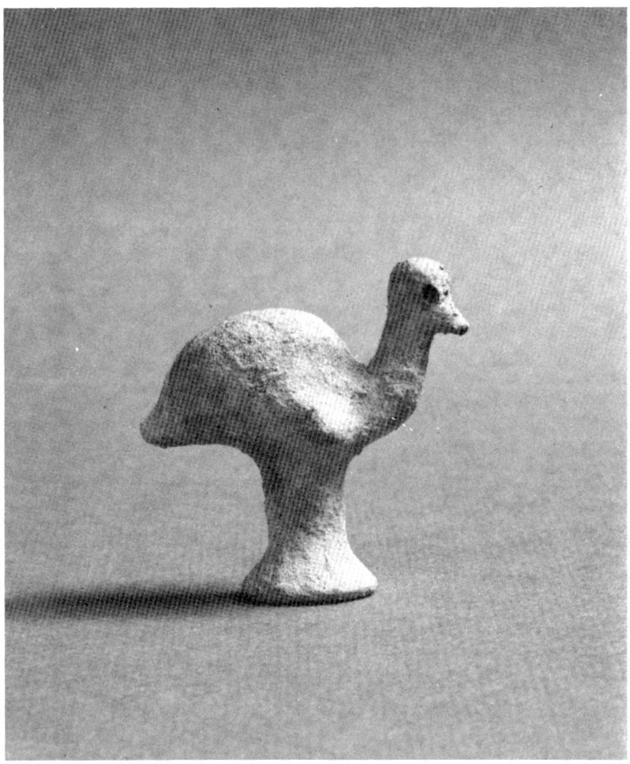

7 Stier von einer Kultstandarte

(Farbabbildung s. Umschlag, Rückseite)

Bronze, Vollguß, mit Elektron eingelegt. Hattisch, letztes Viertel 3. Jahrtausend v. Chr.
H 13,5; L 14,5; Hörnerweite 12,0 cm.

Dieser Stier verbindet naturalistische Kunst und geometrische Form meisterhaft. Seine weiten Hörner sind lyraförmig aufwärts gebogen. Das Maul ist auffallend lang und wie Nacken und Bauch röhrenartig gebildet. Auf der Stirn sitzt ein dreieckiges Elektronplättchen.
Der Stier war ursprünglich durch einen mitgegossenen Zapfen mit einer Standarte verbunden, die zum Schmuck der Stütze eines Baldachins oder eines anderen sakralen Möbelstückes diente. Durch die in den Knien leicht gebeugte Beinhaltung entsteht der Eindruck, als ob das Tier gerade zum Sprung ansetzt.
Später wurde der Stier zum Attribut des hethitischen Wettergottes; möglicherweise hat er aber schon in hattischer Zeit eine ähnliche Bestimmung gehabt. In der hethitischen Mythologie trägt er das Universum auf den Spitzen seiner Hörner.
PV

8 Schmuckstück in Gestalt eines Stieres

(Farbabbildung s. S. 58)

Gold, Vollguß. Hattisch oder Frühhethitisch, Ende 3. Jahrtausend v. Chr.
H 2,4; Br 1,2; L 2,3 cm.

Die Vorder- und Hinterbeine des kleinen goldenen Stiers bilden ein enges Quadrat mit abgerundeten Ecken; einem Dreieck ähnlich ist der schlanke Körper mit dem hervortretenden Rumpf. Nur der verhältnismäßig große Kopf ist naturalistisch wiedergegeben. Die Knochenstruktur seines Mauls ist durch feine Gesichtszeichnung meisterhaft gestaltet. Die Augen sind durch zwei Rillen markiert, welche an den Hörnern beginnen und sich bis zum Ende des Mauls erstrecken.
Der kleine Goldstier hat vermutlich als Schmuckstück am Gewand eines Priesters gedient. Formal steht er noch in der Tradition des Bronzestieres der Kultstandarte aus hattischer Zeit (Nr. 7), nur daß er in den Proportionen gedrungener als dieser ist.
PV

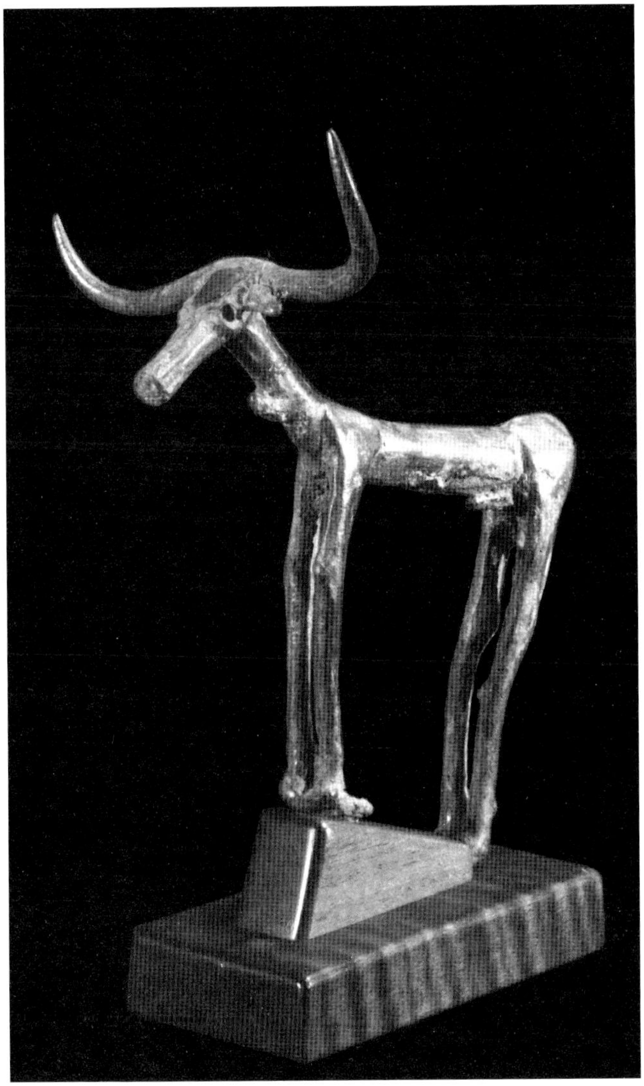

7

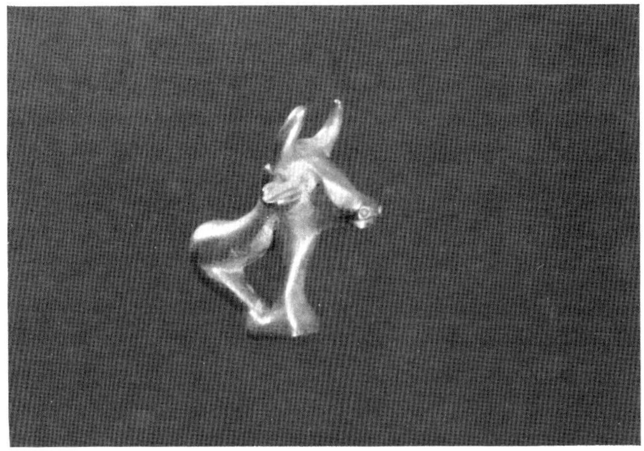

8

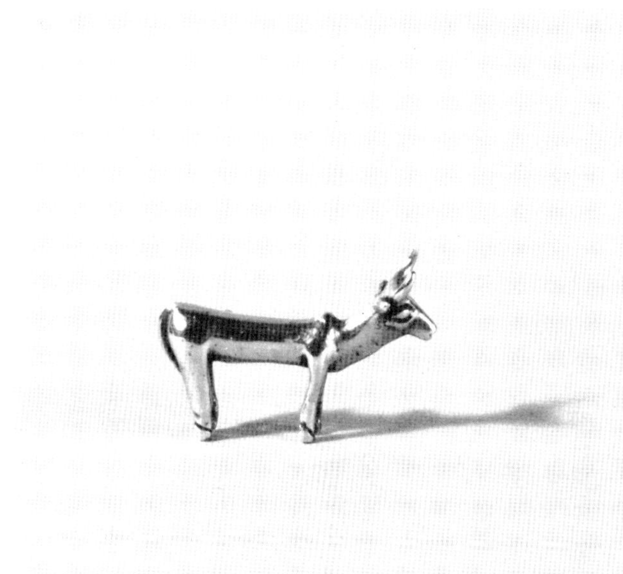

9

9 Anhänger in Gestalt eines stehenden Stieres

Elektron. Hattisch oder Frühhethitisch, Ende 3. Jahrtausend v. Chr.
H 2,6; Br 1,3; L 3,9 cm.

Der kleine Stier ist in einem Stück gegossen. Die auf der linken Körperseite befindlichen zwei Ösen dienten sicherlich zur Befestigung an einem Schmuckstück oder Stoff. Seine Beinhaltung erinnert an die des hattischen Bronzestieres von der Kultstandarte (Nr. 7) oder an den kleinen goldenen Stier (Nr. 8). Der Körper ist hier allerdings länger; die Beine erscheinen dadurch kürzer als bei den anderen hattischen Beispielen. Am Hinterteil trägt das Tier einen kleinen gepunkteten Buckel. Der herabhängende Schwanz liegt an der Innenseite des rechten Beines. Das Geschlecht ist nur durch eine leichte Schwellung angedeutet. PV

9 bis Nadel mit Hund und Beute

Bronze, Vollguß. Wohl Ostanatolien, spätes 3. Jahrtausend v. Chr.
H 14; Br des Kopfes 0,8; L des Kopfes 4,3 cm.
Nadelschaft verbogen, Spitze abgebrochen. Grün und braun patiniert.

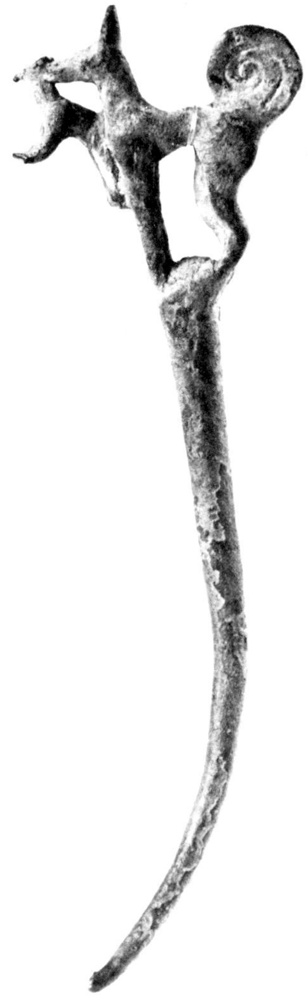

Eine Sonderstellung nehmen unter den Nadeln Altvorderasiens diejenigen ein, die von einem oder mehreren Tieren bekrönt werden. Im Zeitraum vor dem ersten Jahrtausend v. Chr. kommen sie in gut überschaubarer Anzahl vor: zu Ende des 4. Jahrtausends in Susa, dann im frühdynastischen Südmesopotamien (Ur, Kisch, Tall Agrab), ebenfalls im 3. Jahrtausend jedoch zu wenigen Exemplaren auch in Nordmesopotamien (Ninive, Schagir Bazar, Karkemisch) und Anatolien (Tilmen Hüyük). Beliebter werden sie erst zu Ende des zweiten und Beginn des ersten Jahrtausends, insbesondere im westlichen Iran und im Kaukasus. Dort sind auch „erzählende“ Szenen belegt, wie bei diesem Stück:
Ein Hund – wegen des Körperbaus und des langen Schwanzes vermutlich aus der Gruppe der Windhunde – hält ein kleineres Tier im Nacken gepackt. Seine Läufe setzen am breiten sich nach unten verjüngenden Nadelschaft an. Der Übergang der einzelnen ursprünglich in Wachs modellierten Teile ist nicht kaschiert.
Aus derselben Werkstatt scheinen zwei weitere Nadeln zu stammen, die in stilistischer Übereinstimmung ebenfalls von Hunden zuoberst abgeschlossen werden: neben dem gleichen Körperaufbau ist ihnen der zu einer Scheibe zusammengerollte Schwanz gemeinsam. Die eine zeigt einen Hund, der hinter einem jungen Steinbock (?) auf einer schmalen Platte steht, oberhalb einer vierfachen Riefelung des Schaftes (Sammlung Borowski). Sie stammt aus dem Kunsthandel. Eine lokale Einordnung ermöglicht eventuell das zweite Vergleichsstück, dessen Schaft identisch mit dem der Mildenberg-Nadel ausgebildet ist, und die einen einzelnen Hund als Kopf hat. Es wurde in Malatya (Ostanatolien) erworben und stammte nach Angaben der Finder vom dortigen Ruinenhügel Aslan Tepe.
Schwierig ist die Datierung der Werkstatt: das Stilelement des eingerollten Schwanzes ist in Luristan im frühen 1. Jahrtausend v. Chr. des häufigeren belegt, recht wahrscheinlich unter dem Einfluß oder in Tradition kaukasischer Darstellungen. Es tritt jedoch schon vereinzelt zuvor, zu Ende des 4. Jahrtausends, in Susa auf. Der Körperbau der Tiere und ihr Übergang zum Schaft bzw. die schmale Platte der Borowski-Nadel lassen sich am ehesten mit den „Kultstandarten“ der frühen Bronzezeit Anatoliens (Alaca Hüyük) vergleichen, so daß eine Datierung in das späte 3. Jahrtausend nicht als unwahrscheinlich erscheint. KK

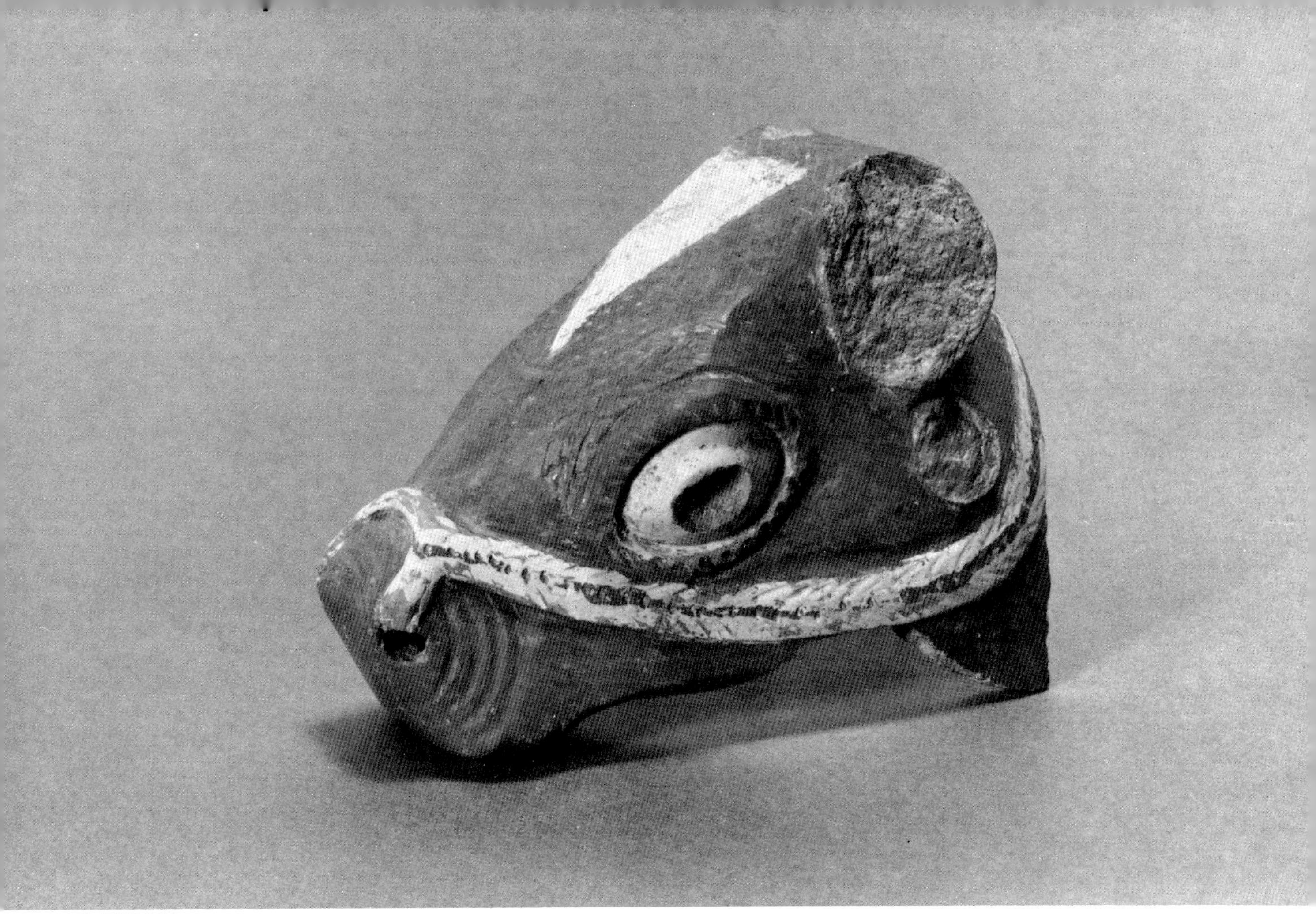

10 Fragment von einem Stierkopf-Rhyton *(Farbabbildung s. S. 59)*

Terrakotta. Hethitisch, 15. Jahrhundert v. Chr.
L 14,0; T 1,2 cm.

Erhalten ist die linke Hälfte des Stierkopfes einschließlich des Mauls. Der grobe, graue Tonkörper ist mit zwei polierten Streifen, einem rötlichbraunen und einem cremefarbenen, bemalt. Das Auge markiert ein ovaler, diagonal schraffierter Rand, ein anderer den Hornansatz. Das Augenlid ist durch ein Fischgrätenmuster gekennzeichnet. Die Nüstern sind tief eingebohrt; der bogenförmige, beigefarbene Nasenring ist plastisch aufgesetzt, das Halfter durch einen rotbraunen Streifen kenntlich gemacht. Das traditionelle Stirndreieck ist ebenfalls cremefarben.
Der Kopf wurde wie in Modeln in zwei Hälften geformt und dann zusammengesetzt. Auf der Innenseite erkennt man noch die Tonverschmierung, welche die Fuge zwischen den Nüstern verstärkte; auf der Unterseite des Nasenrückens Spuren von drei Fingern, welche die Verbindung zwischen den beiden Hälften geglättet haben.
Die hethitische Töpferei erreichte in solchen naturalistisch gestalteten Tiergefäßen, die in hethitischen Texten als „bibru"/Krüge bezeichnet werden, ihren Höhepunkt. Neben Stierkopfgefäßen kommen auch löwen- und entenförmige Rhyta vor.
Zwei als Paar zusammengehörende Stierrhyta, die in Boghazköy gefunden wurden, sollen vermutlich die mitannischen Stiere Scherri und Hurri (Tag und Nacht) darstellen, die sich der hethitische Wettergott als Zugtiere für seinen Streitwagen herangezogen hatte. Sie traten aber auch als Fürsprecher der Menschen bei den Göttern ein.

APK

11 Stier mit Ritzdekor

Bronze. Anatolisch, Ende 2. Jahrtausend v. Chr.
H 4,0; Br 3,2; L 6,2 cm.

Dieser vereinfacht gestaltete, stehende Stier erinnert an anatolische Bronzestiere, von denen er sich allerdings durch seinen Ritzdekor an Augen, Stirn und Nacken unterscheidet. Eine derartige Verzierung sollte vermutlich den göttlichen Status des Tieres besonders hervorheben. Anders als das einfache Fruchtbarkeitsdreieck aus Elektron auf der Stirn des hattischen Bronzestieres (Nr. 7) ist dieses hier von einem Blütenmotiv umgeben. Neben seiner Bedeutung als Fruchtbarkeitssymbol weist dieses Dreieck auf das göttliche Element in der Atmosphäre hin.
Ein ähnliches Farnblatt-Motiv wie bei diesem kleinen Bronzestier sahen wir bereits an einem Stierkopffragment (Nr. 10). Als bester Vergleich für das pflanzliche Ornament lassen sich allerdings die Stierköpfe an einem Kessel aus urartäischer Zeit im Britischen Museum in London anführen.
Der Mildenberg-Stier ist somit ein Vorläufer der sogenannten neuhethitischen Renaissance, die in der urartäischen Kunst mit der an assyrischen Vorbildern orientierten rivalisiert. PV

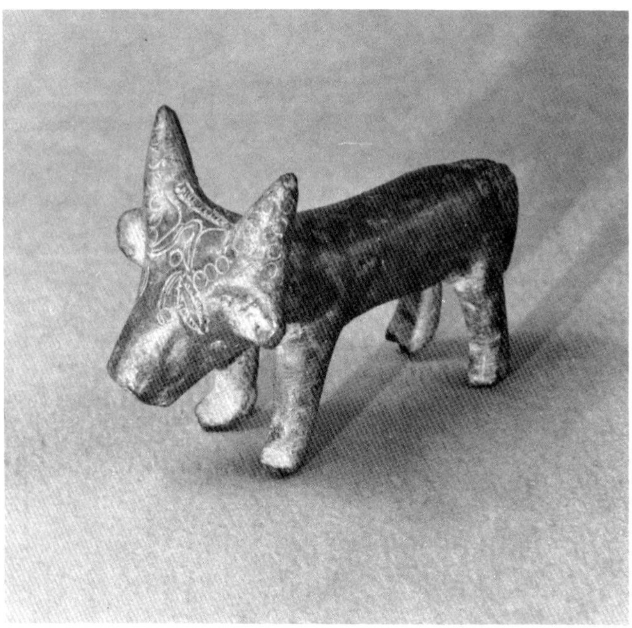

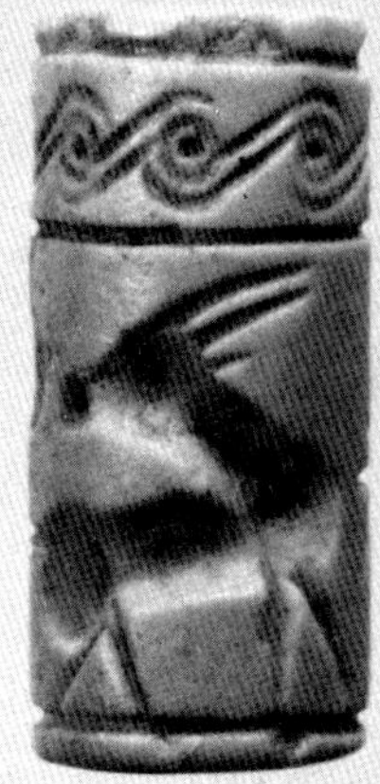

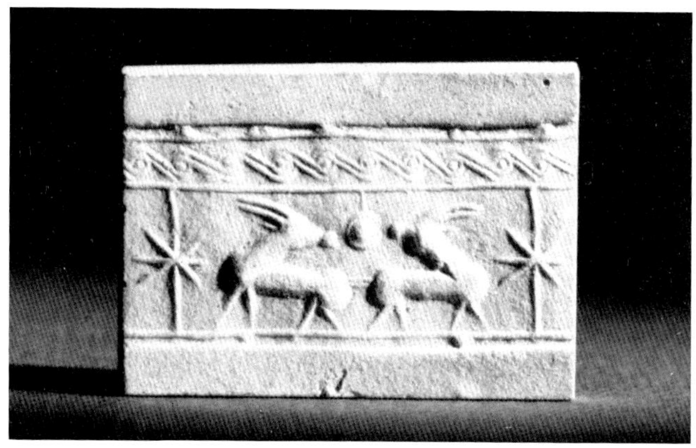

12 Rollsiegel mit Steinböcken

Glasige Fayence. Mitannisch, ca. spätes 14. – frühes 13. Jahrhundert v. Chr.
H 2,0; Dm 1,0 cm.

Das obere Drittel des Zylinders ist mit einem als „Laufender Hund“ bezeichneten Zierband dekoriert, die untere Begrenzung besteht nur aus einer Linie. Der Mittelstreifen zeigt zwei heraldisch angeordnete, sich umschauende Steinböcke. Zwischen ihnen hängt ein kosmisches Zeichen. Zu beiden Seiten werden sie flankiert von einer Himmelssäule oder einem Lebensbaum in Form eines Stammes, der von einem sechseckigen Stern überschnitten wird.
Dieses türkisfarbene Siegel gehört zur Gruppe der mitannischen Siegel des sogenannten populären Stils, der die mitannische Steinschneidekunst von ca. 1500 bis 1350 v. Chr. beherrschte und auch in Nordsyrien vorkommt.
PV

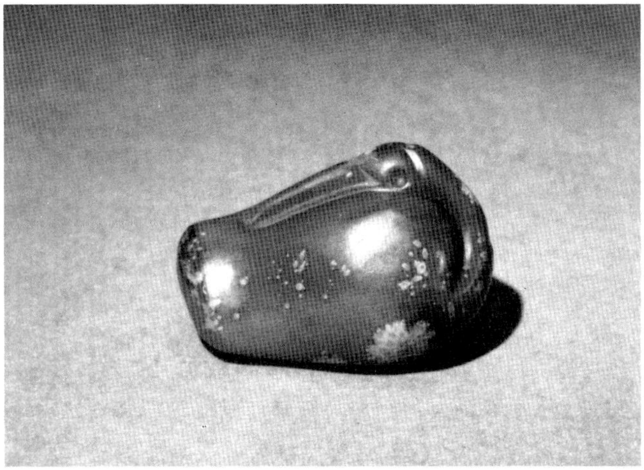

12 bis

12 bis Gewicht in Gestalt einer Ente

Hellgrüner Achat mit braunen Flecken. Assyro-Babylonisch, ca. 1500 v. Chr.
H 2,3; Br 2,4; L 3,4 cm; Gewicht 18,1 gr.

Die kleine, kauernde Ente hat ihren Kopf mit dem merkwürdig langen Schnabel auf die Schultern gelegt. Da die eingebohrten Augen geöffnet sind, ist sie nicht schlafend dargestellt. Leicht gebohrt sind auch die Nasenlöcher.
Eine waagerechte Durchbohrung diente zur Aufhängung der kleinen Skulptur. Um das Gefieder zu charakterisieren, sind die braunen Flecken des Steines geschickt ausgenutzt. Die „schlafende Ente" ist eine der gebräuchlichsten Gewichtsformen des Nahen Ostens. Die frühesten Beispiele stammen aus sumerischen Fundstätten des 3. Jahrtausends v. Chr. Unser Stück ist wegen seines langen Kammschnabels aber eher mit Entengewichten aus Susa und Ninive des 2. Jahrtausends v. Chr. zu vergleichen. Es ist ein äußerst feines Beispiel seiner Art. Sein Gewicht von 18,1 gr. entspricht dem Schekel von Ninive, das doppelt so schwer wie das babylonische war. APK

12 c Liegendes Rind

Achat. Iran, mittelelamisch: spätes 2. Jahrtausend v. Chr.
H 5,3; Br 3,2; L 7,1 cm.
Bis auf wenige Ausbrüche und die fehlenden angesetzten Teile vollständig.

Leider unvollständig erhalten ist diese Figur eines liegenden Rindes. Sie ist im Inneren mit Reihen von Bohrungen ausgehöhlt, so daß nur eine ca. 0,5 cm starke Wandung stehengelassen ist. Deutlich sind die Kränze der drei unterschiedlich starken Hohlbohrer im Inneren zu erkennen.
Drei feine Bohrungen an der Unterkante, zwei hinten, eine vorn, nahmen einst Haltestifte auf, mit denen eine am Rand umgefalzte Bodenplatte aus Metall an der Figur befestigt war. Die Figur diente daher als Gefäß, möglicherweise für Schminke.
Wohl aus Metall bestand einst der größte Teil des Schwanzes. Er deckte eine 0,5 cm starke Bohrung zum Inneren ab. Eventuell ist hier ein Stift zu ergänzen, mit dem der Inhalt des Gefäßes entnommen werden konnte. Zwei weitere Bohrungen auf dem Rücken deuten auf einen verlorengegangenen Aufsatz. In einer von ihnen sind die völlig durchkorrodierten Reste eines Bronzestiftes erhalten.
Ebenfalls mit einem Stift angesetzt war der Kopf der Figur. Sein Fehlen erschwert die Datierung des Stückes. Unklar ist die Funktion der aus demselben Material gefertigten unten abgeflachten und durchbohrten Kugel.
Mit wenigen sicher geführten Linien sind die Umrisse der Beine und die Halslinie eingeschnitten. Ein Bein ist – wohl wegen einer dem Steinschneider riskant erscheinenden Aderung – nicht ausgeführt. Äußerst geschickt ist die Maserung des Steines ausgenutzt, um die plastische Wirkung zu erhöhen. Darin zeigt sich eine Ähnlichkeit zu einer Achatfigur eines liegenden Löwen aus einem Hortfund nahe des Inschuschinak-Tempels auf der Akropolis von Susa vom Ende des 2. Jahrtausends v. Chr.

12 c

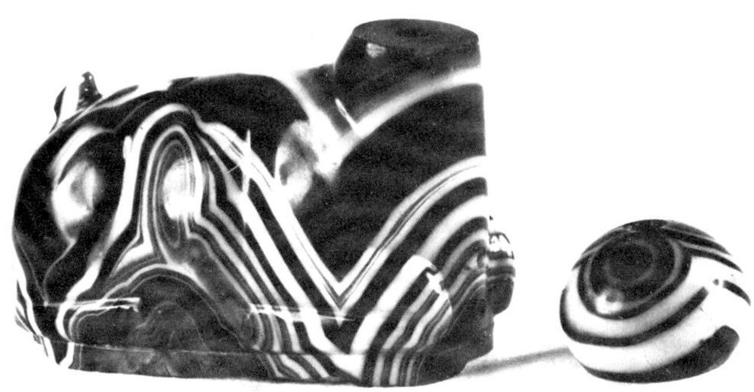

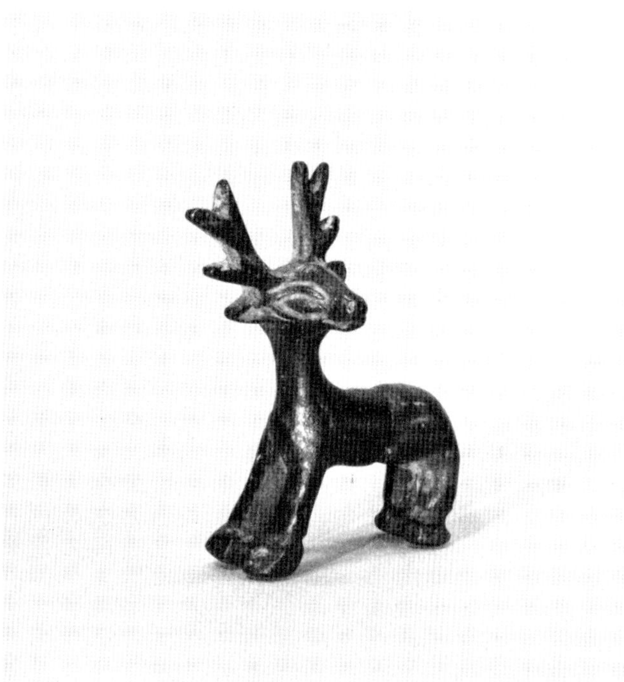

13

13 bis

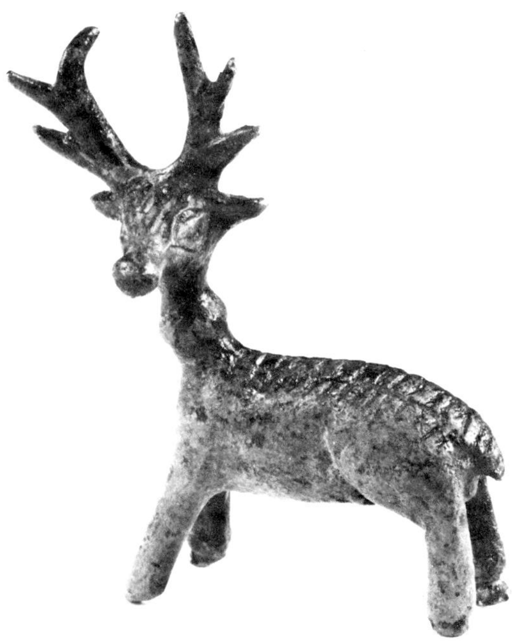

13 Figur eines Hirsches

Bronze, Vollguß. Iran, frühes 1. Jahrtausend v. Chr.
H 5,3; Br 2,1; L 2,9 cm.

Der nach links schauende Hirsch hat eine etwas wacklige Beinstellung, weil sein rechtes Vorderbein leicht verkürzt ist. Die schlitzartigen, schräg gestellten Augen verleihen dem Gesicht einen anziehenden Ausdruck. Die schlichtere Form des Vorderkörpers gegenüber dem hinteren Teil läßt vermuten, daß das Wachsmodell aus zwei Teilen bestand. Bronzen wie diese scheinen Vorläufer der um 900 v. Chr. im Elburs-Bereich im nördlichen Iran auftretenden Bronzeproduktion zu sein. PV

13 bis Hirsch

Bronze, Vollguß. Iran, frühes 1. Jahrtausend v. Chr. (?)
H 5,3; Br 2,2; L 4,3 cm.
Vollständig erhalten, eine Geweihspitze abgebogen. Gußfehler am hinteren Unterleib. Äußerst dünne rotbraune Patina, rechte Körperseite mit schwarzem (organischen?) Überzug.

Eine Reihe von Übereinstimmungen besteht zwischen diesem Figürchen eines Hirsches und der Nr. 13 der Mildenberg-Sammlung. Beide wenden den Kopf im rechten Winkel aus der Körperachse heraus, zeigen die länglich oval stilisierten Augen und Spuren der Herstellung von einem zweiteiligen Wachsmodell. Dies wird besonders durch den stehengelassenen Grat am Unterkörper deutlich. Im Unterschied zu dem anderen Hirsch ist bei diesem das Maul weiter vorgezogen und verdickt, und der Hals mit einer Wulst versehen, wohl als Andeutung eines Halsbandes. Eingepunzte Längs- und Querrillen stilisieren das Fell auf Rükken und Schwanz.
Das Stück ist ebenso wie die Nr. 13 stilistisch unseres Erachtens schwer einzuordnen. Hirschfigurinen gehören zum üblichen Ensemble, das, aus Raubgrabungen der Region nördlich des Elburs stammend, seit den sechziger Jahren auf dem europäischen und amerikanischen Kunstmarkt angeboten wird. Ihre lokale und zeitliche Einordnung wurde durch wissenschaftlich durchgeführte Grabungen (etwa in Dailaman und Kalaruz) bestätigt. Sie ordnen sich in den großen Kreis der kaukasischen Hirschfigurinen ein. Im

Gegensatz zu den beiden Mildenberg-Hirschen findet sich dort jedoch nicht der Typus mit dem aus der Körperachse gewendeten Kopf. Die ovale Augenausformung und die Ausbildung der Schnauze zeigt Übereinstimmungen mit der Kleinkunst Luristans, wo hingegen Hirschfigürchen bislang unseres Wissens unbelegt sind. KK

14 Hirsch mit Kitz

Bronze, Vollguß (der Körper des Hirsches ist hohl gegossen). Iran/Luristan. 8.–7. Jahrhundert v. Chr.
H 8,2; Br 3,0; L 8,2 cm.

Das Motiv des auf einem Hirsch reitenden Kitzes ist außerordentlich reizvoll, und das hier gezeigte Stück ist das einzige bisher veröffentlichte Beispiel dieser Art. Die Körper der beiden Tiere sind zwar einfach, aber weich geformt, ihre Geweihspitzen miteinander verbunden. Die hervortretenden, runden Augen sind bezeichnend für Luristan-Bronzen.
PV

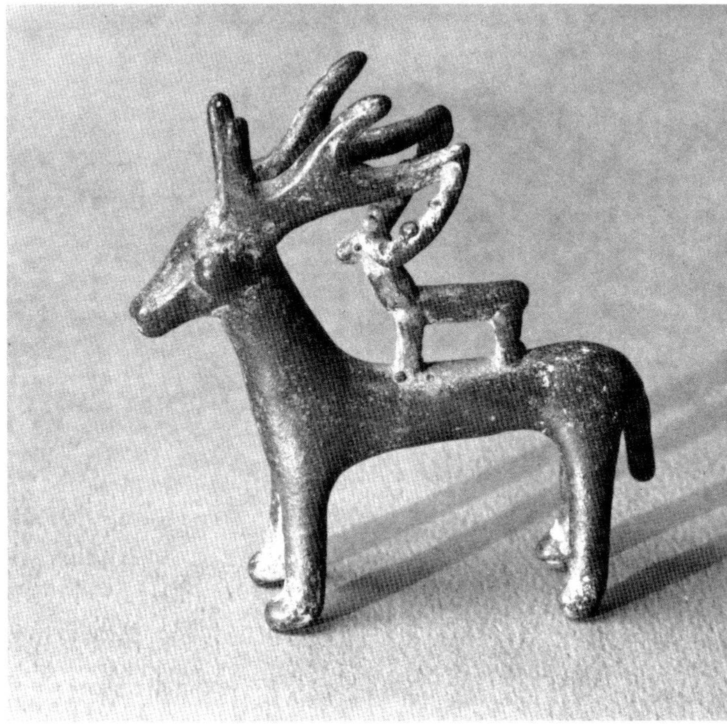

14

15

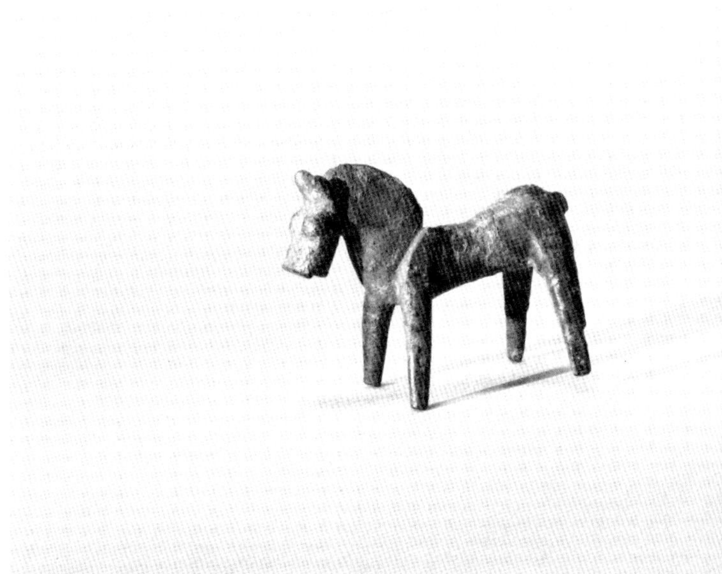

15 Anhänger in Gestalt eines Pferdes

Bronze; der Pferdekörper ist hohl gegossen, Beine, Nacken und der Kopf sind voll gegossen. Iran/Amlasch, frühes 1. Jahrtausend v. Chr.
H 3,3; Br 2,2; L 4,6 cm.

Die weit auseinandergestellten Beine des Pferdes münden direkt in die Schultern und den Rumpf. Der Brustkorb ist durch eine Kerbe scharf abgesetzt, ebenso der Nacken vom Kopf. Im weit geöffneten Maul wird eine Reihe von Zähnen sichtbar. Die Augen sind herausgewölbt, die Ohren gepunktet und verhältnismäßig klein. Die Mähne ist scharfkantig und hoch, der Schwanz ist nur als Bronzestumpf angegeben. Um der Struktur der Tierhaut Lebendigkeit zu verleihen, hat man die Oberfläche fein überarbeitet.
Eine waagerechte Durchbohrung diente zum Aufhängen der Figur. Wie die Amlasch-Hirsche wurden solche Pferdeanhänger mit einer Schnur am Gürtel getragen. Eine Reihe von Luristan-Nadeln endet in vergleichbaren Pferdeprotomen. PV

16 Anhänger in Gestalt eines Hahns

Bronze, Vollguß. Iran, frühes 1. Jahrtausend v. Chr.
H 6,5; Br 3,1; L 4,7 cm.

Der aufgestellte Kamm, die gespreizten Flügel, der gefächerte Schwanz und der erhobene gekrümmte Schnabel deuten an, daß sich das Tier in einer Kampfstellung befindet. Einige Einzelheiten, wie die Augenangabe mit den eingeschnittenen Pupillen und die Schwanzspitzeneinkerbung, sind an dieser kleinen Figur besonders subtil ausgeführt; Kamm und Halslappen sind gepunzt. An Brust und Rücken sind die zur Aufhängung dienenden Einbohrungen der vermutlich als Gürtelanhänger getragenen Skulptur zu erkennen.

Verzierungen mit Granulatkügelchen wie an unserem Stück sind uns aus keltischen Bronzewerkstätten der Hallstatt-Zeit bekannt. Sie sind aber auch für den Iran belegt, wo dieses dekorative Motiv wohl als Granatapfel, das Symbol des Lebensbaumes, zu verstehen ist. Von dort her mag dann diese mit kosmischer Unsterblichkeitssymbolik verbundene Dekoration in den keltischen Kulturbereich übertragen worden zu sein. PV

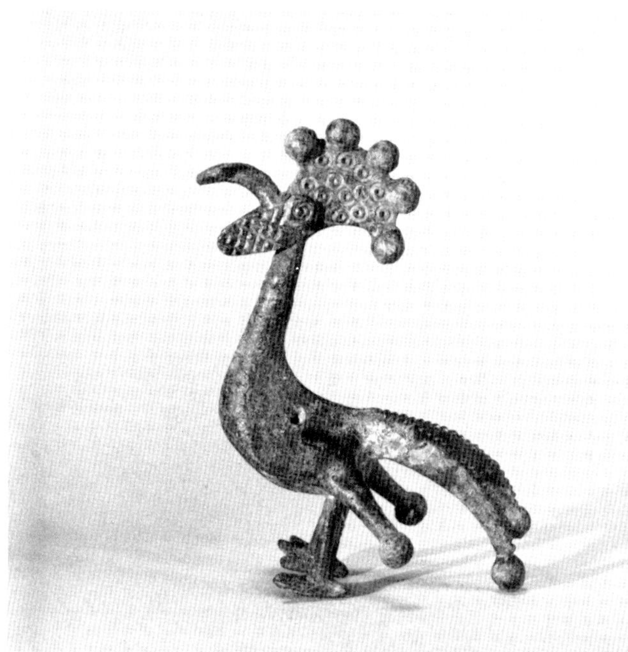

17

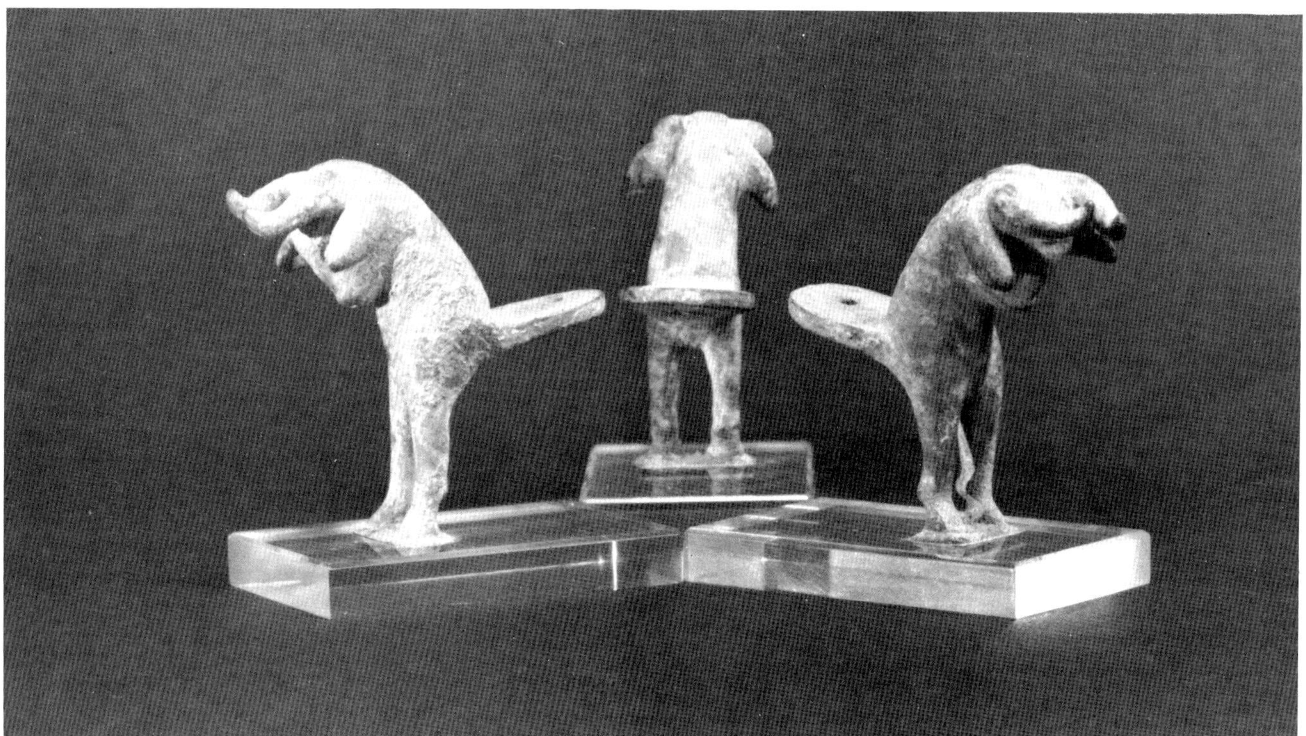

17 Drei Stierprotomen

Bronze, Vollguß. Späthethitisch oder Urartäisch, ca. 1000 v. Chr.
H 5,7; Br 2,7; L 6,4 cm.

Die drei Stierprotomen stehen auf einer schmalen, quadratischen Basis, ihre Köpfe sind nach unten gerichtet. Der am Hinterteil eines jeden Tieres sichtbare, durchbohrte Steg diente zur Befestigung der wohl als Stütze eines Kessels verwendeten Skulpturen.
Nur einige wenige Einzelheiten, wie die mandelförmigen Augen, die fast durch die großen, herunterfallenden Ohren verdeckt werden, sind an dieser Tiergruppe genauer ausgearbeitet.
Über ihre Funktion läßt sich nichts Genaues aussagen. Man vermutet, daß unsere Tierfiguren einen zu Reinheitsritualen benutzten Dreifuß gestützt haben, obgleich hierfür bisher keine Parallelen aufzuweisen sind. Die urartäischen Beispiele enden immer in Stierhufen.
Die Verbindung des Stiers mit Kultgefäßen reicht von der frühsumerischen Periode bis zu zwei mittelalterlichen Kerzenhaltern in Dreifußform. Das bekannteste Beispiel dieser Art von Gefäßen ist das viereckige, bronzene Kultbecken, das in der Nähe des Altars im Innenhof des Tempels in Jerusalem stand. Es wurde von 12, in drei Viererreihen angeordneten Ochsen getragen (1. Könige 7: 23,25). PV

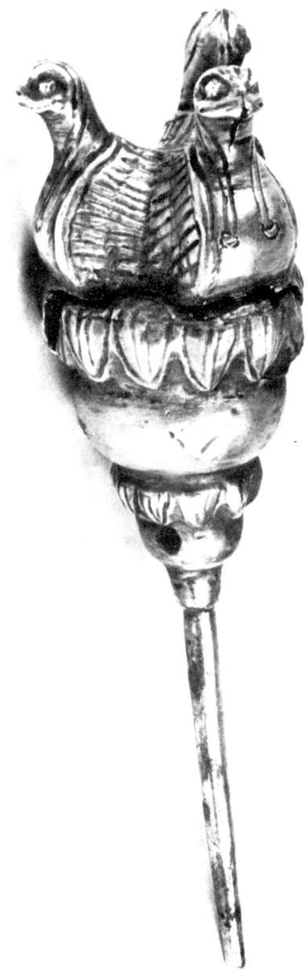

17 bis

17 bis Gewandnadel mit drei Greifenprotomen

Silber. Urartu, 7. Jahrhundert v. Chr.
H 10,4; max. Dm des Kopfes 3; H der Vogelgreifen 2,1 cm.
An der Trennaht unterhalb der Greifen gerissen und geklebt. Feine Risse im oberen Kopfbereich der Vogelgreifen. Unterer Teil der Nadel weggebrochen.

Vogelgreifen sind in Mesopotamien und Elam bereits im späten 4. Jahrtausend v. Chr. dargestellt. Nach Anatolien ist das Motiv aus Nordsyrien bzw. Nordmesopotamien übernommen worden. So sind bei den Greifen in der urartäischen und südostanatolischen Kleinkunst Einflüsse aus dem neuassyrischen Gebiet und dem der nordsyrischen Kleinfürstentümer des beginnenden 1. Jahrtausends zu erkennen. Der Charakter dieses Mischwesens läßt sich nur aus der bildhaften Überlieferung ableiten: während der Greif in Mesopotamien offenbar böse Kräfte verkörperte, wurden ihm im nordsyrisch-anatolischen Bereich hingegen übelabwehrende Kräfte zugesprochen.
Zwei Typen von Tierkopfnadeln lassen sich im urartäischen Gebiet grob – allein von der Größe her – scheiden: der eine zeigt ein Tier oder vereint eine Gruppe von nebeneinander auf einer Platte stehenden Tieren, bisweilen auch in Etagen geordnet; seine Herkunft aus dem Kaukasus ist nicht auszuschließen. Bei dem anderen – größeren – Typus liegen meist drei Tiere über einem gewöhnlich mehrfach gegliederten Kapitell aus Wulstringen und Blattkränzen, ganz ähnlich dem Aufbau urartäischer Möbelfüße.
Zur letztgenannten Gruppe gehört diese Nadel, bei der zuoberst die Vorderteile (Protomen) dreier Vogelgreifen verschmolzen sind. Unter ihnen – zum Nadelschaft sich verkleinernd – alternieren zwei Blattkränze und zwei Wulstringe, von denen der untere durchbohrt ist. Der gesamte Kopf ist auf den massiven Schaft aufgesetzt und seinerseits aus zwei Teilen zusammengefügt. Deren Trennaht verläuft unterhalb der Greifen. Beide Teile sind getrieben und – soweit ohne genauere Untersuchung erkennbar – mit einem Tonkern gefüllt und miteinander verbunden worden. Anschließend wurden wohl die Details: Augen, Schnabel, Lokken und Flügelfedern sowie Blätter gepunzt.
Zustand: An der Trennaht unterhalb der Greifen gerissen und geklebt. Feine Risse im oberen Kopfbereich der Vogelgreifen. Unterer Teil der Nadel weggebrochen. KK

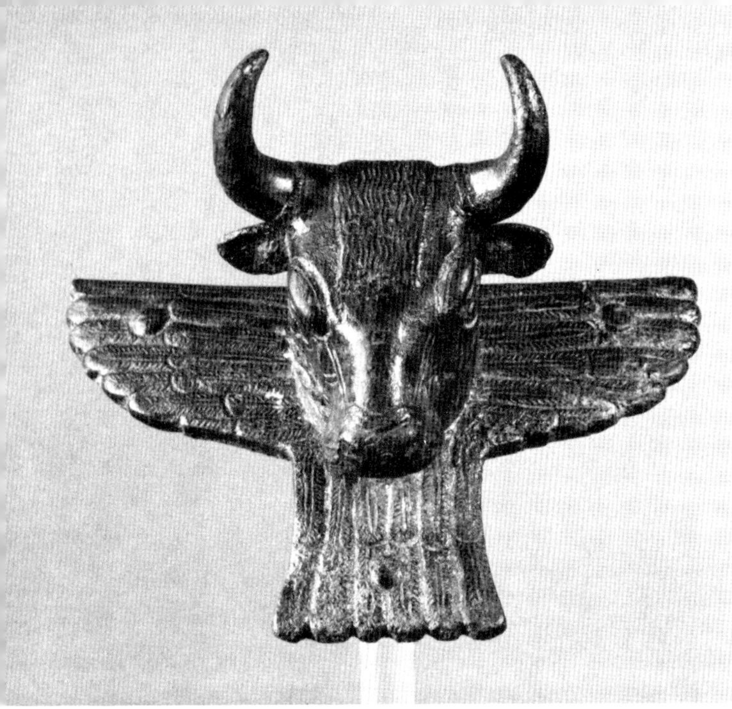

18 Kesselattasche in Gestalt eines geflügelten Stierkopfes

Bronze, Hohlguß. Urartäisch, letztes Drittel 7. Jahrhundert v. Chr.
H 6,0; Br 6,2; L 9,9 cm.

Die kleine Bronzeattasche hat die Gestalt eines Stierkopfes, dessen Nacken mit einer Platte in Gestalt von Schwingen und Schwanz eines Raubvogels verbunden ist. Drei Nieten an Schwingen und Schwanz dienten der einstigen Befestigung an einem Kessel. Die Herstellung der Attasche erfolgte in mehreren Arbeitsgängen: Mit Hilfe von Ton- bzw. Wachsmodeln wurde zunächst der Stierkopf gegossen. Er wurde am Vogelkörper befestigt; die separat gegossenen Hörner und Ohren wurden in den Kopf eingesetzt und die Nähte am Hornansatz durch Riefelung geschickt kaschiert. Diese Machart ist bezeichnend für Bronzeattaschen, die in Urartu selbst ausgegraben wurden. Sie unterscheiden sich darin von den übrigen im phrygischen Raum, dem nördlichen Iran, in Griechenland und Süditalien bekanntgewordenen Beispielen, die dorthin entweder als Exportartikel gelangten oder von einheimischen Werkstätten nach urartäischen Vorlagen hergestellt wurden. Ein weiteres Merkmal der urartäischen Stücke ist, daß sie ausnahmslos nach außen sehen und niemals einen Ring am Nacken tragen. Stilistisch weist unser Stück bereits auf die weiche, naturalistische Gestaltung von Tierfiguren des ausgehenden 7. Jahrhunderts v. Chr. hin. Die kleine bronzene Attasche schmückte vermutlich einen Krater, ein Gefäß zum Mischen von Wasser und Wein, dessen Umfang – nach der Krümmung der Vogelflügel zu schließen – 42 cm betrug. Ein Relief aus dem Palast des Sargon II. (722–705 v. Chr.) mit der Darstellung des urartäischen Haldi-Tempels, den der assyrische König 714 v. Chr. zerstörte, veranschaulicht die Verwendung derartiger Gefäße (s. auch Nr. 17). PV

19 Gürtel mit Löwen und Stieren ▷

Bronze, getrieben und ziseliert. Urartäisch, Mitte 7. Jahrhundert v. Chr.
H 13,1; Br 11,7; T 0,1 cm.

Das dünne Bronzeblechfragment zeigt fünf Reihen nach links schreitender, alternierend angeordneter Löwen und Stiere. Aus der Bewegungsrichtung der Tiere geht hervor, daß unser Stück an der linken Seite des Gürtels saß; auf der rechten Seite sind nach rechts schreitende Tiere zu vermuten.
Die winzigen Nietlöcher an den Rändern dienten zur Befestigung des Blechs an einer Unterlage, beispielsweise auf Leder.
Das Motiv der sich abwechselnden Löwen und Stiere ist eine typische Dekoration der Schilde, die urartäische Könige in Heiligtümern deponierten. Allein in Karmir Blur nahe bei Eriwan in der Sowjetrepublik Armenien sind 14 solche Schilde gefunden worden. Sie waren von Argischti (787–764 v. Chr.) und Sarduri II. (764–ca. 755/35 v. Chr.) dem Haldi, der Hauptgottheit des urartäischen Götterhimmels, geweiht worden.
Mit diesen verbindet sich unser Stück in einigen Details, beispielsweise der Wiedergabe der geringelten Haarlocken der Stiere. Die Ziselierarbeit des Gürtels ist allerdings weniger plastisch als auf den Karmir-Blur-Schilden. Er wird deshalb etwas früher, vielleicht während der Regierungszeit des Rusa III. (654–640 v. Chr.) entstanden sein.
Der fortlaufende Tierfries unseres Exemplars scheint sich von jenen Weiheschilden herzuleiten, erreicht jedoch nicht deren qualitätvolle Ausführung, obgleich auch hier die Umrisse und Details der getriebenen Figuren graviert und zum Teil gepunzt sind.
In der naturalistischen Gestaltung der Löwen spiegelt sich der assyrische „Tierstil" wider. Sie verkörperten vermutlich den urartäischen Kriegsgott Haldi, die Stiere den Sturmgott Teischeba, einen Nachkommen des großen mesopotamischen Wettergottes Teschub. PV

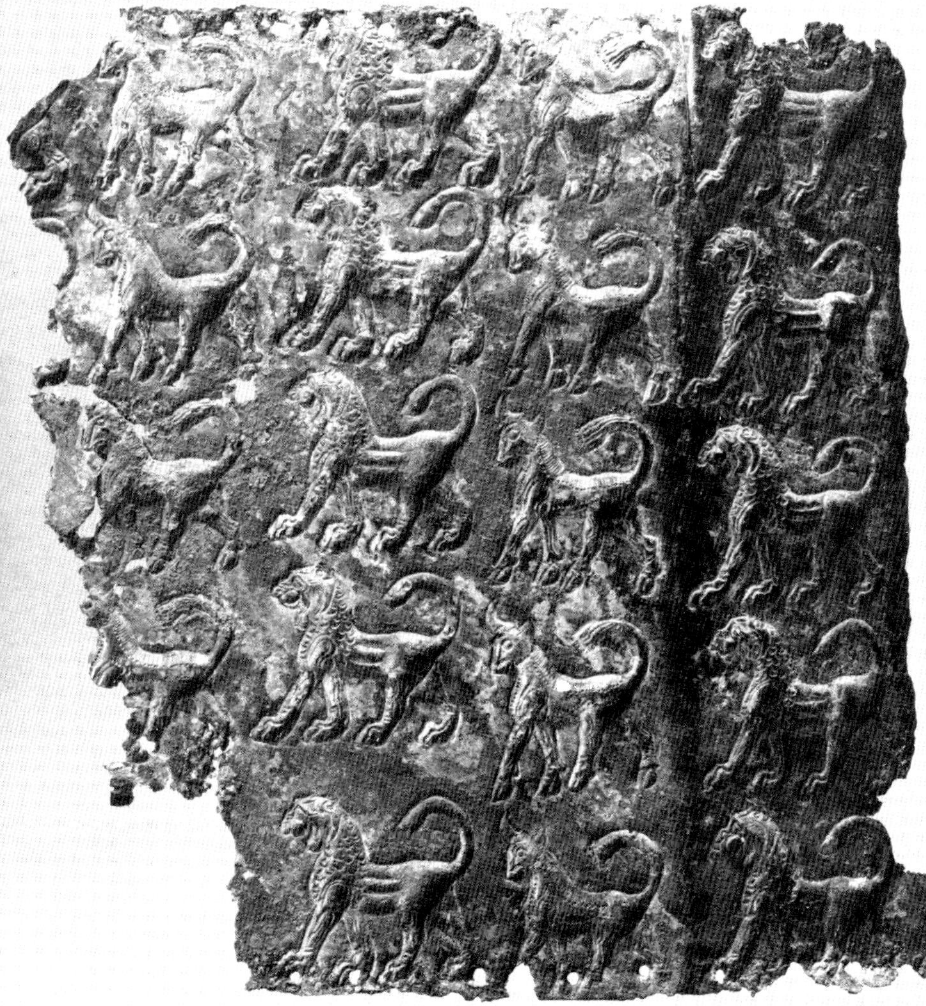

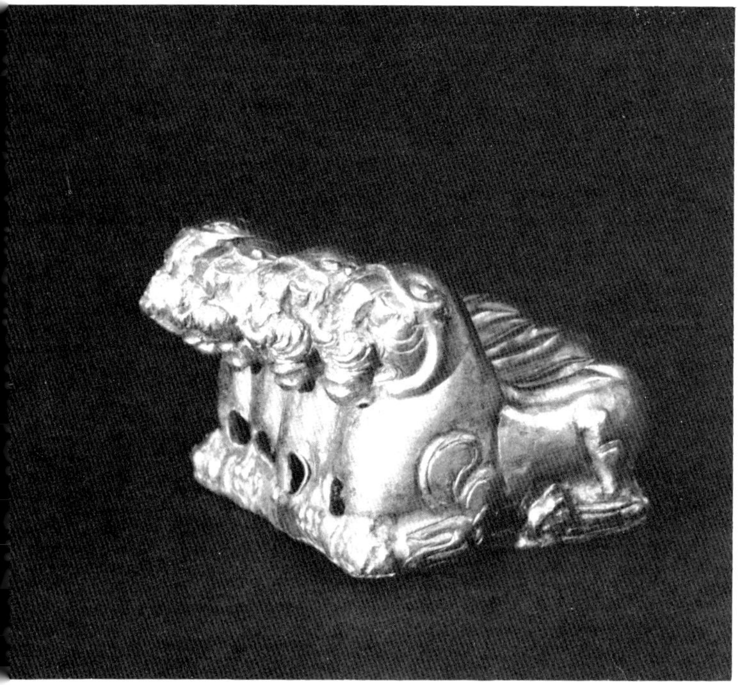

21 Stift mit der Figur eines liegenden Löwen

Eisen, Gold mit Spuren von rotem Glas. Urartäisch, 7. Jahrhundert v. Chr.
H 5,5; Br 1,3; L 2,4 cm.

Dieser beschädigte eiserne Stift ist in der oberen, verdickten Schaftzone mit einem Blattornament verziert. Als Stiftkopf dient ein liegender Löwe, der brüllend seine Fangzähne zeigt. Die lebensnah gestaltete kleine Löwenfigur ist sehr gut erhalten; die Oberfläche – wie größtenteils noch ersichtlich – mit einer dünnen Goldfolie überzogen und mit einer Anzahl scheinbar wahllos verteilter, aufgelegter Goldkügelchen versehen. Um den Hals trug das Tier ein Schmuckstück aus Glas, von dem nur noch die granulierte Einfassung zu sehen ist. Eine weitere Beschädigung ist das abgebrochene rechte Ohr.
Stifte wie dieser sind im nordöstlichen Urartu gefunden worden. Sie dienten als Gewandnadeln. Vergleichbares gibt es aus Hasanlu in Aserbaidschan. PV

20 Schmuckstück in Gestalt von vier liegenden Löwen

(Farbabbildung s. S. 100)

Gold. Späthethitisch, spätes 8. Jahrhundert v. Chr.
H 2,0; Br 3,1; L 2,9 cm.

Diese kleine hohl gearbeitete und auf einer dünnen Platte befestigte Gruppe besteht aus zwei nebeneinander gelagerten Löwenpaaren. Besonders ausdrucksvoll gestaltet sind die von einer kurzen Mähne gerahmten Köpfe der Tiere. Die Augen sind eingeschnitten, die Schnurrhaare eingeritzt, die Mäuler leicht geöffnet. Die starken Pranken zeigen auffallend lange, spitze Krallen.
Vier waagerechte Durchbohrungen lassen erkennen, daß unser Stück Teil einer Halskette war. Vergleichbar ist der Perlenanhänger, den König Warpalawas auf dem Felsrelief von Ivriz bei Konya (8. Jahrhundert v. Chr.) trägt.
Der Stil unserer kleinen Tiergruppe erinnert an entsprechende Darstellungen auf späthethitischen Werken. Als bester Vergleich ist der liegende Bronzelöwe aus Kayalidere bei Varto nordöstlich vom Van-See im Ankara-Museum zu nennen, sowie ein Relief aus Karkemisch. Beide Darstellungen stimmen in der linearen Innenzeichnung der Beine und am Hinterteil der Tiere mit unserer Gruppe überein. PV

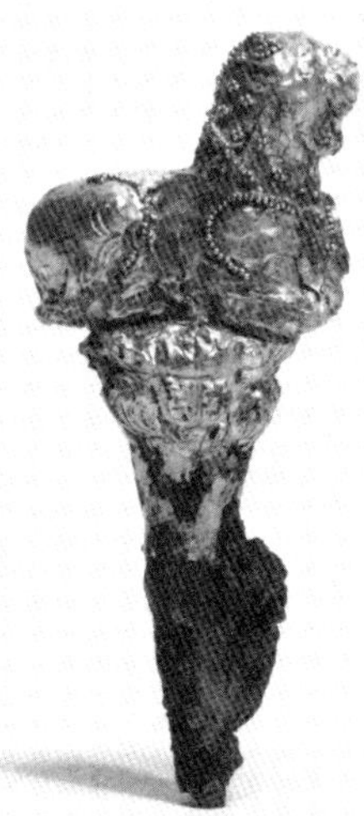

22 Löwenkopfprotome

Bronze, Vollguß. Ostgriechisch oder Anatolisch, spätes 7. – erste Hälfte 6. Jahrhundert v. Chr.
L 4,4; H und Br des Kopfes 1,4 cm.

Dieser kleine zylindrische Gegenstand endet in einem Löwenkopf. Seine kennzeichnenden Merkmale sind die in feiner, linearer Innenzeichnung herausgearbeiteten Falten, wie die zwischen Nase und Mundwinkeln und die als Doppelfurche um das Maul geführte. Die Funktion dieses Gegenstandes ist wie die seines Pendants aus römischer Zeit (Nr. 77) noch nicht geklärt. Vermutlich diente er zur Verzierung eines größeren Objekts, möglicherweise als Verschlußstück.
Nach Form und Linienführung steht das Stück in der Tradition der neuhethitischen oder anatolischen Löwenköpfe der späten Eisenzeit oder der früharchaischen Periode. DGM

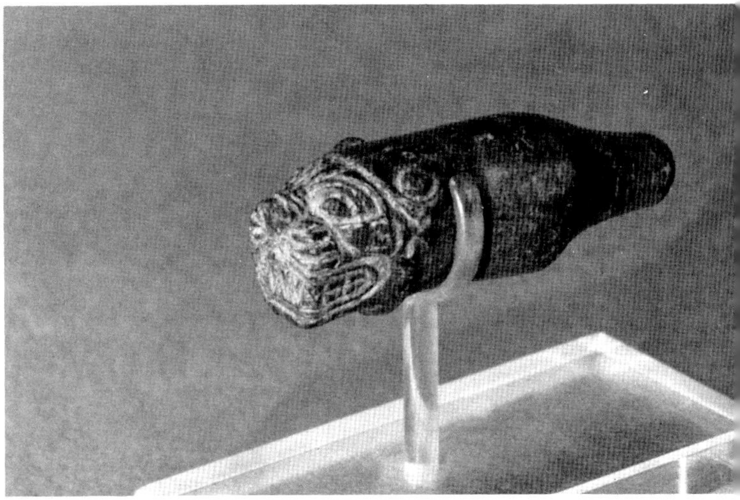

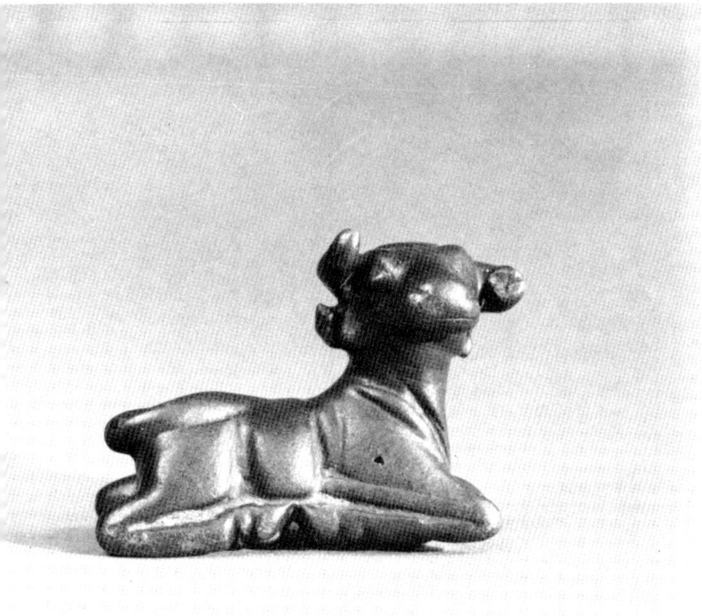

23 Figur eines liegenden Stiers

Bronze, Vollguß. Neuelamisch, Ende 2. – Anfang 1. Jahrtausend v. Chr.
H 3,0; Br 2,0; L 4,3 cm.

Der kleine bronzene Stier ist im Profil nach rechts liegend mit dem Beschauer zugewendetem Kopf dargestellt. Sein Schwanz liegt auf dem rechten hinteren Oberschenkel. Das linke Ohr ist durchbohrt. Die körperlichen Eigentümlichkeiten des Tieres sind bis auf die Gliederung der Beine und Hufe auf der Unterseite sehr einfühlsam wiedergegeben. Die markante Charakterisierung einzelner Körperpartien wie des Unterleibs und der Schultern erinnert an frühe mesopotamische Werke; in ihrer naturalistischen Wiedergabe weist die Figur jedoch schon auf Werke aus der Mitte des 2. Jahrtausends v. Chr. und die neuelamische Kunst hin. Typisch hierfür ist die Lage des Schwanzes und die Durchbohrung des linken Ohres, wie es bei Tierplastiken in der ersten Hälfte des 1. Jahrtausends v. Chr. im Nahen Osten üblich ist. APK

24 Nadelkopf in Gestalt eines liegenden Widders

(Farbabbildung s. S. 58)

Silber, hohl gearbeitet. Lydisch (?), ca. 8. Jahrhundert v. Chr.
H 1,7; Br 1,0; L 1,9 cm.

Der kleine liegende Widder aus Silber wendet seinen Kopf zur rechten Schulter hin. Die Locken seines Fells sind durch feine Ritzschraffur gekennzeichnet. Die Oberfläche des Kopfes ist dagegen derart versintert, daß dort die Innenzeichnung nicht mehr zu erkennen ist.
Das Tier ruht auf einer ovalen, dünnen Scheibe, die mit einem Perlschnurmuster verziert ist. In ihr steckt noch ein Stück der abgebrochenen Nadel.
Der Körper und der Kopf des Widders sind separat – jeweils in zwei Hälften – angefertigt und danach zusammengelötet worden. Einzelheiten, wie die Augenmarkierung und die Falten auf der Nase, sind fein herausgearbeitet.
Ähnlich gearbeitete Objekte mit Löwen sind lydisch und stammen aus Sardis. Dort tritt auch der Perlschnurrand auf.
APK

25 Schildkröte

Glas. Achämenidisch oder älter. 5. Jahrhundert v. Chr., vielleicht spätes 1. Jahrtausend v. Chr.
H 1,3; Br 2,1; L 3,6 cm.

Durchsichtiges, mittel- oder tiefblaues (?) Glas, heute von einer dicken Verwitterungskruste und einer silbrigen Irisation bedeckt. Der Schwanz ist mit undurchsichtigem weißem und gelbem Glas verziert. Geformt wurde die kleine Figur über einem zylindrischen Kern oder auf einer Stange. Der im Querschnitt dreieckige Panzer und der Kopf sind auf der Unterseite flach. Der fast dreieckige Kopf mit dem offenen Maul scheint aus einem zweiten Stück Glas geformt zu sein. Er ist mit einem weißen Streifen dekoriert; ein gelber markiert seinen Umriß. In ähnlicher Abfolge ist der Körper durch weiße (?) und blaue (?) Streifen farblich belebt.
Diese Perle oder dieser horizontal durchbohrte Anhänger stellt wahrscheinlich eine Seeschildkröte dar. Ihre Datierung ist problematisch. Die Streifendekoration erinnert sowohl an achämenidische Perlen als auch an Schminkröhrchen aus dem 5. und 4. Jahrhundert v. Chr. SMG

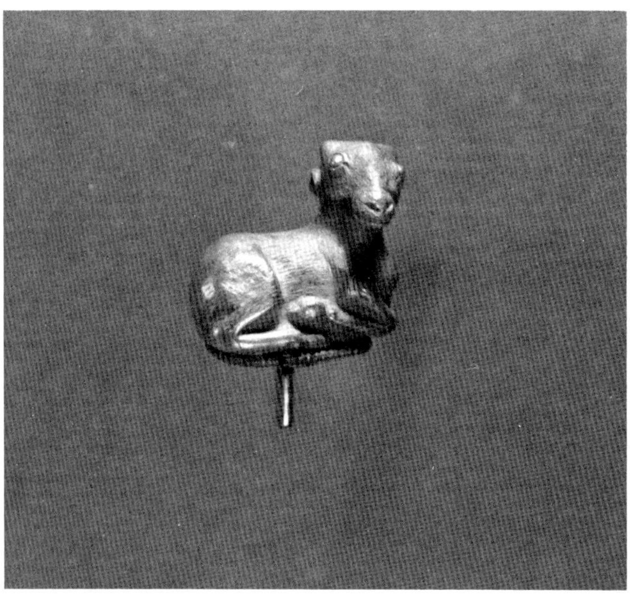

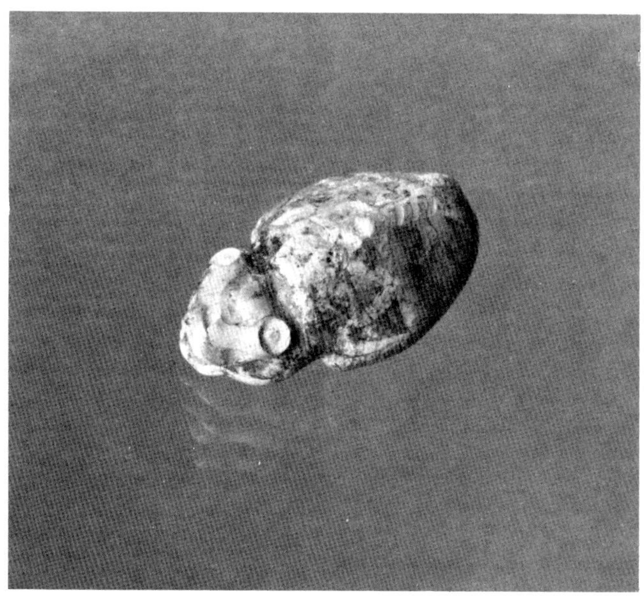

26 Anhänger in Gestalt eines brütenden Vogels

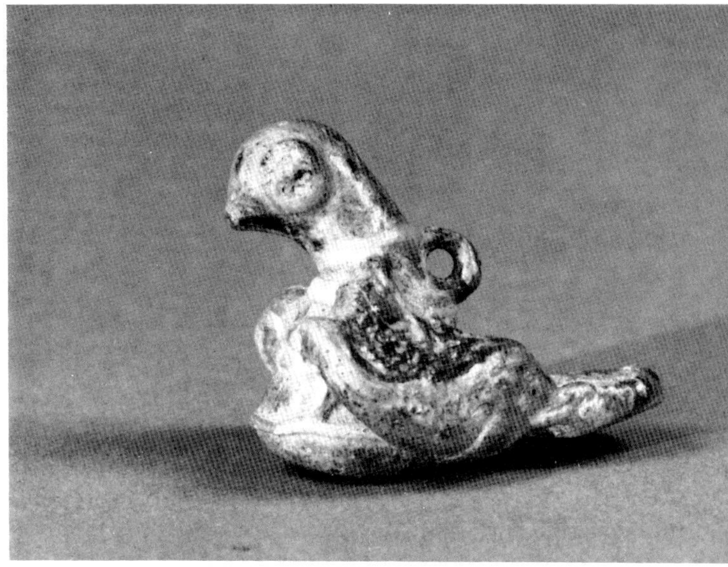

Glas. Mittelmeerisch/Syrien (?), 4.–3. Jahrhundert v. Chr.
H 2,4; Br 2,4; L 3,1 cm.

Der trübe graublaue Glaskörper ist mit einer undurchsichtigen weißen Streifendekoration versehen. Charakterisiert ist das Vögelchen durch einen kleinen Kopf mit spitzem Schnabel, langem Hals und großen graublauen Augen. Der längliche Körper ist weiß gestreift, ebenso wie die leicht nach vorn gebreiteten Flügel und der flache Schwanz. Auf dem Rücken ist ein kleiner Aufhänger angebracht. Die kugelförmige Eintiefung auf der Unterseite läßt darauf schließen, daß das Stück über einem spitzen Kern oder Werkzeug geformt worden ist; Schwanz und Flügel wurden separat hinzugefügt.
Ähnliche Anhänger sind uns aus dem westlichen und östlichen Mittelmeerbereich bekannt. Ihrer Größe wegen dienten viele von ihnen jedoch nicht als Schmuckstücke von Menschen, sondern sie zierten eher Tierhalsbänder. Unser Stück und das folgende (Nr. 27) sind jedoch klein genug, um von einem Mann oder einer Frau getragen zu werden.
Derartige Anhänger wurden im gesamten Mittelmeergebiet gehandelt und waren, bevor sie in dieser karikaturistischen Form bloßes Zierstück wurden, ursprünglich vielleicht Attribute einer bestimmten Gottheit. Möglicherweise besaßen sie aber auch unheilabwehrende Kräfte.
SMG

27 Anhänger in Gestalt eines Vogels

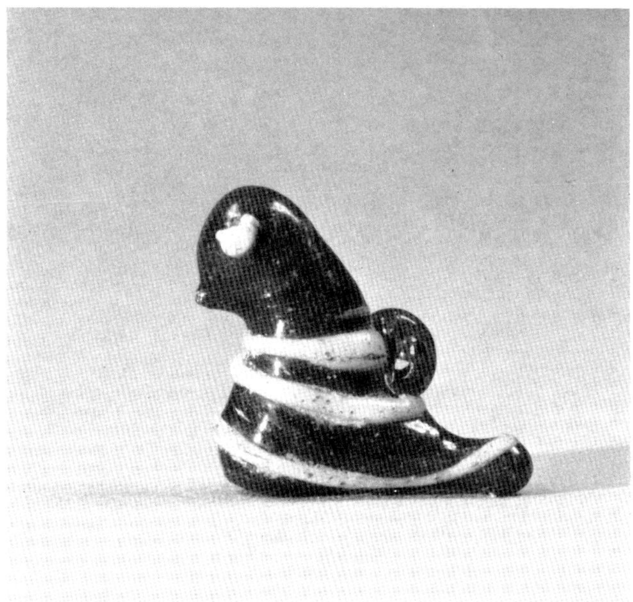

Glas. Mittelmeerisch/Syrien (?), 4.–3. Jahrhundert v. Chr.
H 1,8; Br 0,9; L 2,1 cm.

Der durchsichtige blaugraue Glaskörper enthält Blasen und weiße oder gelbe Steinchen bzw. nicht geschmolzene Partikel. Geformt wurde er über einem spitzen Kern oder Werkzeug.
Das Vögelchen ist dem vorhergehenden (Nr. 26) sehr ähnlich, nur kompakter und einfacher gestaltet. Der Kopf ist größer, der Hals kürzer. Die Augen sind als kleine gelbe Punkte angegeben, der Körper ist mit drei spiralig umlaufenden weißen Streifen versehen. Auf dem Rücken ist ein kleiner blauer Aufhänger angebracht. Der Schwanz ist aus dem Material des Unterkörpers durch Ziehen herausgearbeitet.
SMG

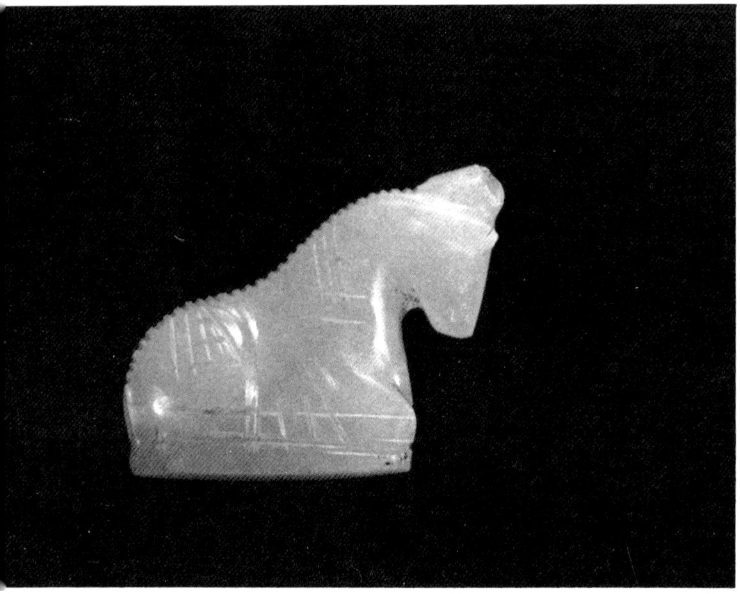

28

28 Amulett in Gestalt eines liegenden Stiers

Chalcedon. Frühachämenidisch, wahrscheinlich 6. Jahrhundert v. Chr.
H 2,2; L 2,6; T 0,8 cm.

Der auf einer flachen Basis mit abgerundeten Kanten liegende Stier hat den Kopf leicht nach unten geneigt. Schräg oder senkrecht eingeritzte Linien trennen die Beine vom Körper. Das Rückgrat ist gezackt, Schulter- und Hüftpartie sind durch Schraffur gekennzeichnet. Die Augen sind nicht markiert, die Hörner nur als eine einheitliche Masse geformt. Eine waagerechte Durchbohrung läßt vermuten, daß die kleine Skulptur – vermutlich in Verbindung mit Perlen – als Anhänger einer Halskette diente.
Die Haltung des Stieres ruft die Assoziation mit den massiven achämenidischen Stierprotomen der Säulen in Persepolis hervor. Die Art der Gestaltung der Hörner und die fehlende Augenmarkierung sind Merkmale älterer urartäischer Werke (s. Nr. 17). Der Stil unserer kleinen Figur liegt zwischen beiden Kunstrichtungen. APK

29 Ein Paar Armreifen

Silber, Vollguß. Achaemenidisch, 5. Jahrhundert v. Chr.
Dm 7,8; T 0,5 cm.

Die beiden Armreifen enden in Kalbsköpfen. Jeder Tierkopf ist mit zwei Halsbändern versehen.
Armbänder mit gegenübergestellten Tierköpfen tauchen gegen Ende der Kassiten-Periode Mesopotamiens auf. Später werden sie ein bevorzugtes Motiv der luristanischen Bronzegießer. Im 1. Jahrtausend v. Chr. erfreut sich dieser Armschmuck zunehmender Beliebtheit auch am assyrischen Hof. Auf neuassyrischen Reliefs wird er sehr oft von Männern paarweise am Handgelenk oder am Oberarm getragen.
Kalbsköpfe kommen in achämenidischer Zeit im Vergleich zu Widder- und Antilopenköpfen als Armreifendstücke äußerst selten vor.
Die Verzierungen hinter den Tierköpfen dienten ursprünglich zur Kaschierung der Lötnaht bei separat gegossenen Endstücken. Bei achämenidischen Schmuckstücken findet man dieses dekorative Relikt der frühen Herstellungsweise häufig. An Armreifen aus Pasargadae ist es in Filigran gearbeitet, an unserem Stück eingeritzt wie bei Goldarmbändern hellenistischer Zeit.
In Persepolis ist eine Gußform zur Herstellung solcher Armreifen gefunden worden. Sie ist dem Mildenberg-Paar stilistisch zwar verwandt, weist allerdings nicht jenes erwähnte Dekormuster auf. Unser Ausstellungsstück ist ein qualitätvolles Beispiel achämenidischer Goldschmiedekunst.
PV und APK

30 Brakteat mit zwei Löwenköpfen

(Farbabbildung s. S. 98)

Gold. Iran. Achämenidisch, frühes 5. Jahrhundert v. Chr.
Dm 4,2; T 0,3 cm.

Brakteate sind aus dünnem Gold gearbeitete Besatzstücke von königlichen Gewändern. Sie sind beispielsweise auf Steinreliefs in Persepolis aus der Regierungszeit des Darius und des Xerxes zu sehen. Ein mit einem Flechtmuster verzierter Rand umgibt die in Gold getriebene Darstellung von zwei voneinander abgewandten, brüllenden Löwenköpfen. Die Nasen- und Oberlippenfalten sind eingraviert, ebenso die Wangenmuskeln. Mit ihren aus dem zähnefletschenden Maul herausragenden Zungen erinnern sie fast an Gorgonenköpfe. Die Mittellinie zwischen den Köpfen – ihre gemeinsame Mähne – ist wie ein Lebensbaum

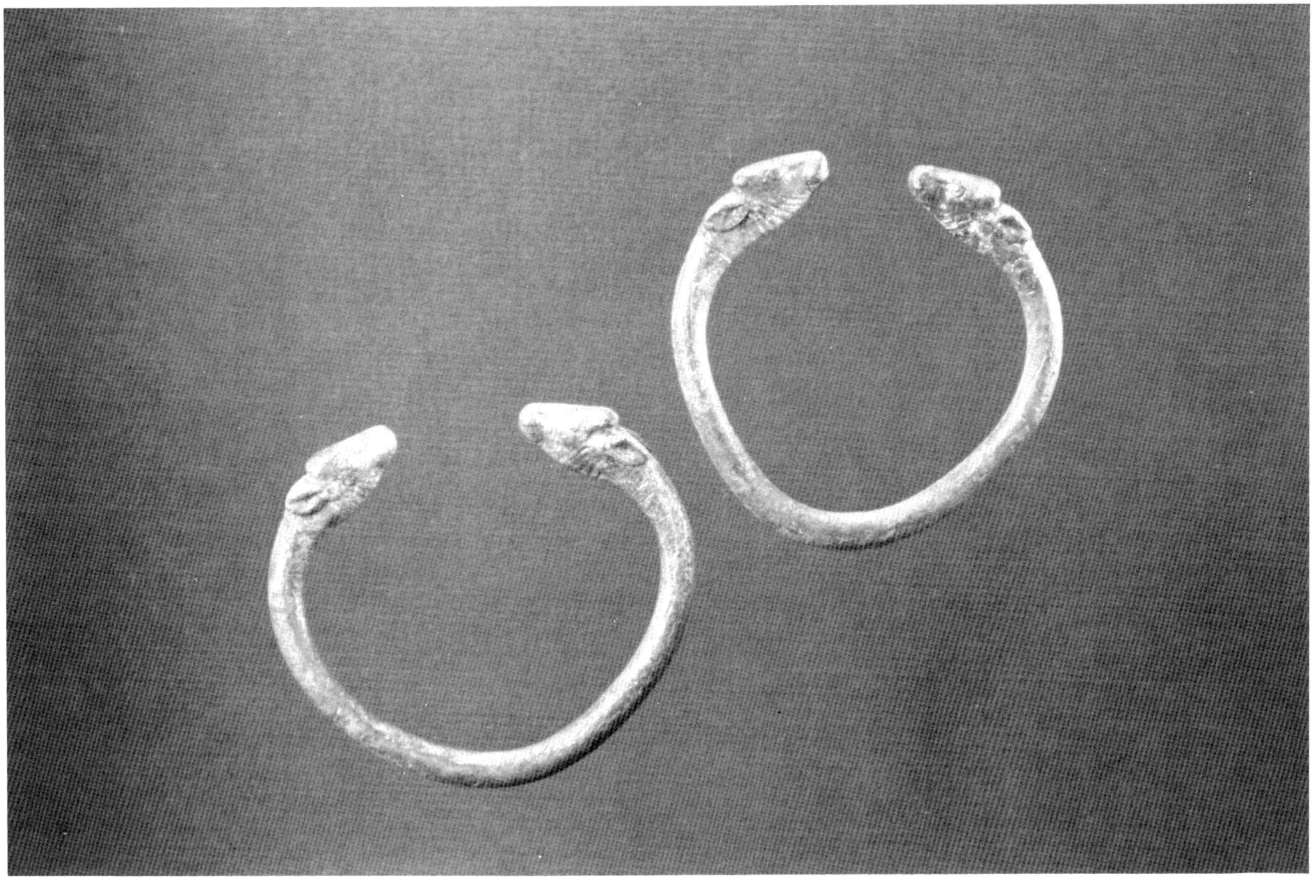

29

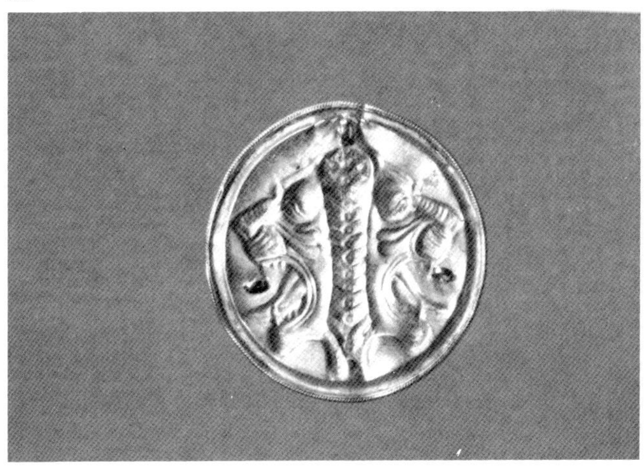

30

gestaltet, der aus einer mit 14 gestanzten Punkten versehenen Säule mit sich seitlich herauswölbenden Palmwedelpaaren besteht.
Dieser Brakteat unterscheidet sich von allen anderen achämenidischen Beispielen dadurch, daß er nicht durchbrochen gearbeitet ist. Außerdem sind die Löwenköpfe normalerweise einander im Profil zugewendet. Wird der Körper mit dargestellt, dann sind sie Rücken an Rücken angeordnet und schauen einander über die Schultern an. Dies ist ein geläufiges Schema in der skythischen Kunst.
Der Mildenberg-Brakteat scheint eine frühe Stufe dieser Gattung darzustellen und ein Verbindungsglied zwischen Brakteaten der Ziwiya- und der späteren Hamadan-Kunst zu sein, die durch eine Serie von Stücken vertreten ist.
Er könnte aus der Regierungszeit des Darius datieren, der 485 v. Chr. starb (s. auch Nr. 31). PV

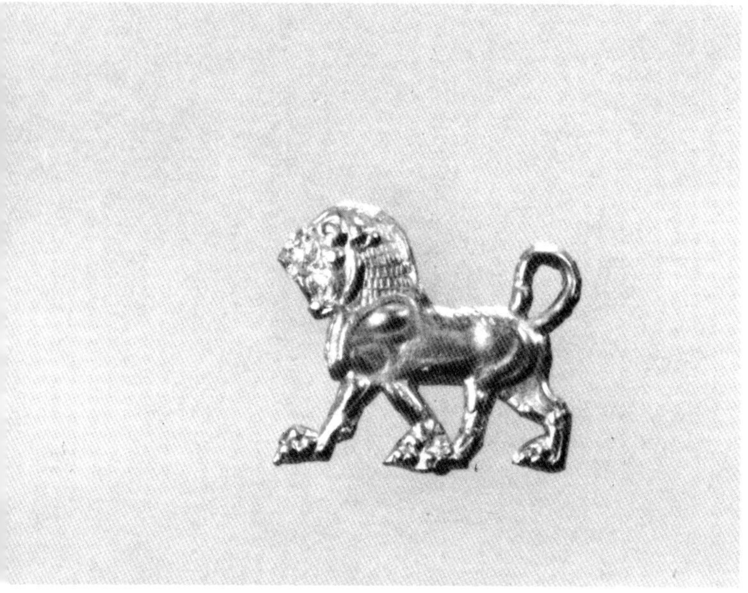

31

31 Brakteat in Gestalt eines schreitenden Löwen

Gold. Achämenidisch, 5. Jahrhundert v. Chr.
H 1,8; L 2,1; T 0,05 cm.

Dieser kleine, in dünnem Blattgold geprägte Brakteat hat die Gestalt eines schreitenden Löwen. Das offene Maul zeigt das fein ausgearbeitete Innere. Am Rückgrat ist das Fell durch Schrägschraffur nachgearbeitet, die Mähne durch kurze Einkerbungen charakterisiert. Der Schwanz ist zur Verstärkung ganz herumgebogen und hat dadurch die Form eines Hufeisens. Brust und Hinterteil sind durch einzelne Muskelstränge plastisch betont, Beine und Pranken ebenso. Die auf der Rückseite angelöteten fünf kleinen Ösen dienten zu seiner Befestigung am Stoff.
In der Schatzkammer von Persepolis sind zwei ähnliche goldene Löwen mit Ösen am Rücken gefunden worden. Schreitende Löwen schmückten auch den Ärmelsaum des königlichen Gewandes auf einem Relief, das aus dem Frauentrakt des Palastes des Xerxes stammt, ebenso wie die königliche Robe des Darius auf einem Relief aus der Haupthalle seines Palastes. Vergleichbar sind ferner die flach gearbeiteten Löwen auf dem Relief vom Grab des Artaxerxes II. und jene vom königlichen Triumphwagen aus den großen Tributparaden. PV

32 Knauf mit dem Vorderteil eines springenden Leoparden

Chalcedon, glasiert mit Spuren von Eisen. Achämenidisch, 4. Jahrhundert v. Chr.
H 2,7; Br 1,4; L 4,5 cm.

Der kleine Leopard springt aus einer stilisierten Lotosblüte. Um den Hals trägt er ein mit Punkten verziertes Halsband, das vom Fell vorn teilweise verdeckt wird. Der Tierkörper ist sehr zart modelliert, die Einzelheiten, wie Zähne und Falten auf dem Maul, sind nur ganz leicht eingraviert. Ebenso zurückhaltend ist die Punktierung des Fells. Dieser weichen Modellierung entsprechend variiert der Glasurüberzug.
Die Haltung des Tieres erinnert an den springenden Leoparden (Nr. 33), der als Griff eines Weihrauchgefäßes benutzt worden ist. Unser Stück ist aber spannungsvoller und eher mit achämenidischen Arbeiten zu vergleichen. Die weiche Ausführung läßt griechischen Einfluß vermuten. Das punktierte Halsband könnte sich von den Rosettenhalsbändern herleiten, welche die Stiere auf den Reliefs von Persepolis tragen. Der Leopard gehörte eigentlich nicht zum festen Motivschatz der achämenidischen Kunst, sondern war als Begleiter des Dionysos (s. Nr. 174) eher im griechischen Bereich zu Hause. Stil und Thema gehen also auf westlichen Einfluß zurück. APK

32

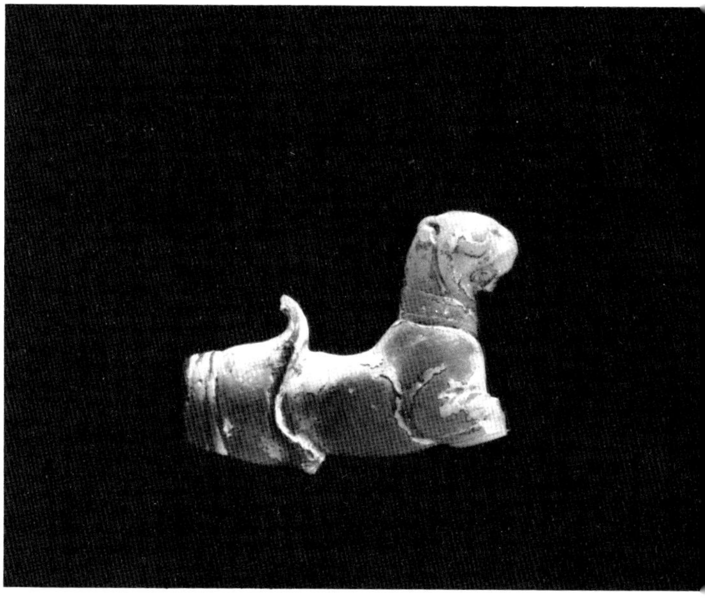

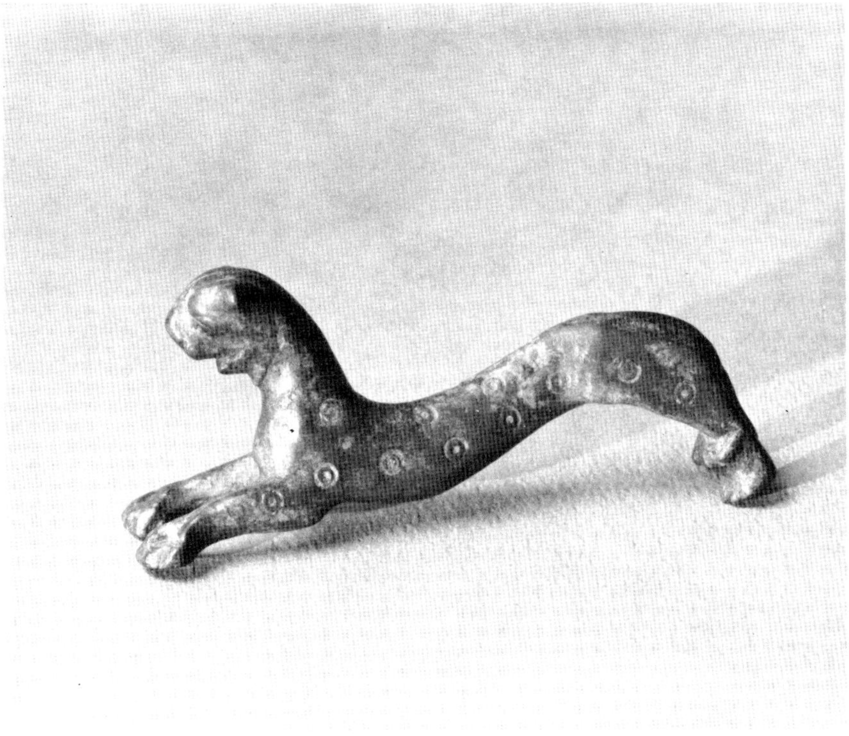

33

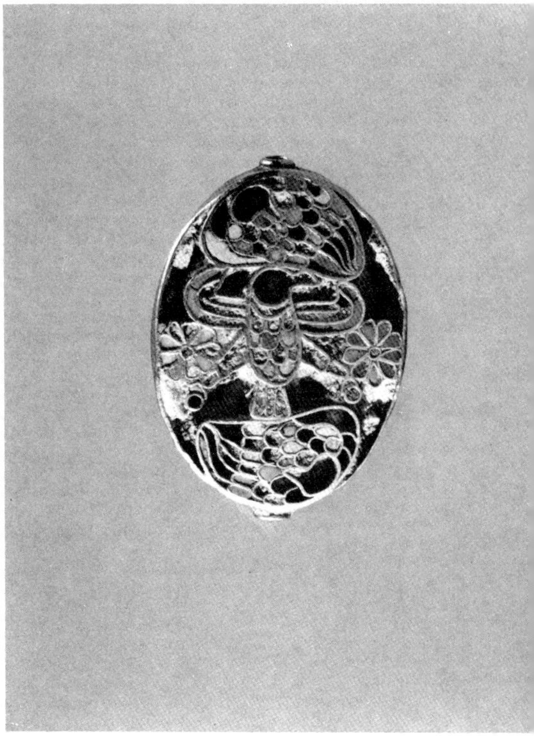

34

33 Griff eines Weihrauchgefäßes in Gestalt eines Leoparden

Bronze, Vollguß. Iran. Parthisch, ca. Mitte des 1. Jahrhunderts n. Chr.
H 3,9; L 10,2; T 2,2 cm.

Dieser langgestreckte bronzene Leopard diente als Griff eines Weihrauchgefäßes, das er mit seinen Vorderpranken hielt. An der linken Pranke ist noch die zur Befestigung dienende Durchbohrung erhalten, an der rechten ist der in ihr steckende Stift – wahrscheinlich nachdem das Gefäß verlorengegangen war – abgefeilt worden. Der Tierkörper mit dem um das linke Bein geschlagenen Schwanz ist in einem Stück gegossen worden, ohne die nähere Angabe von Einzelheiten. Nur am Kopf ist Fell stilisiert, der Körper dagegen mit gepunzten Kreisen – vermutlich kosmischer Symbolik – übersät. Diese sollten wohl Unheil abwehren.
Zwei vergleichbare, tiergestaltige Griffe wurden in Taxila in Pakistan gefunden. Der eine hat die Form eines aufgerichteten Löwen. Er zeigt an den Vorderpranken beide zur Befestigung dienenden Durchbohrungen. Der andere in Gestalt eines gehörnten Flügellöwen sitzt noch an einem dreibeinigen Weihrauchgefäß. Die Hinterbeine des Tieres stehen dort auf einer kleinen Basis. Ähnliches haben wir für den Mildenberg-Leoparden zu vermuten.
Aufgrund des Grabungsbefundes stammen die Taxila-Funde aus der Zeit kurz vor dem Kushan-Angriff im Jahre 60 n. Chr. PV

34 Medaillon

(Farbabbildung s. S. 138)

Gold, eingelegt mit türkisfarbenen, blauen und roten Steinen. Spätachämenidisch, 4. Jahrhundert v. Chr.
Dm 2,0; H 3,0 cm.

Das längs durchbohrte, ovale Goldmedaillon trägt einen stilisierten „cloisonné“-Dekor: einen Adler mit ausgebreite-

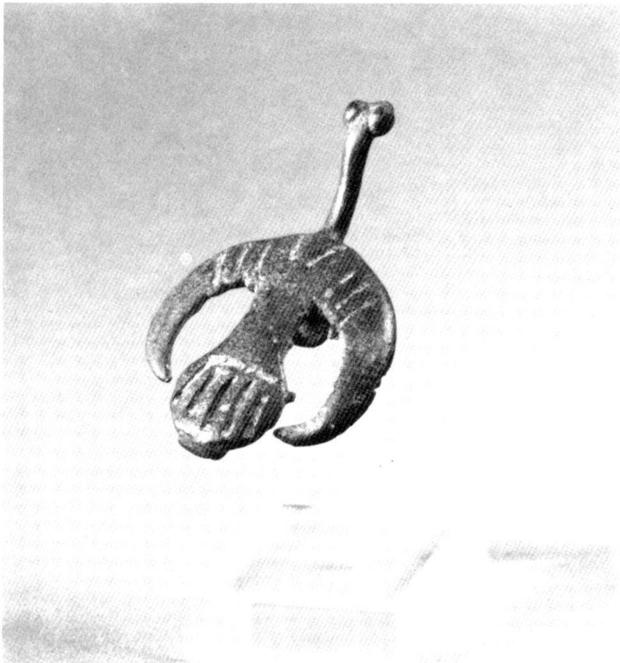

35

ten Schwingen und sich nach oben und unten biegenden Flügelspitzen. Er hält in seinen Krallen zwei runde Gegenstände und schwebt über einem schlafenden Vogel, möglicherweise einem Schwan, der seinen Schnabel auf den Rücken gelegt hat. Das gleiche Motiv des schlafenden Vogels wiederholt sich über dem Adler. Den Raum zwischen den Adlerflügeln und dem Rand des Medaillons füllen zwei neunblättrige Rosetten aus. Als Einlagen kommen neben türkisfarbenen Steinen auch lapislazulifarbenes und rotes Glas vor. Das Medaillon ist zweischichtig gearbeitet – die Goldstege liegen in der oberen Schicht; durch die untere führt ein zur Befestigung an einer Schnur dienendes Röhrchen.
Als Vergleichsstück ist ein an einer Kette hängendes, ovales Medaillon zu nennen, das in Kertsch auf der Krim ausgegraben worden ist. Ein anderes stammt aus der Nähe von Jüz Oba am Bosporus.
Es ist aber auch durchaus möglich, daß das Mildenberg-Medaillon – trotz seiner Größe – in einem Ring saß, da ähnliche Ringe im sogenannten Sieben-Brüder-Grabhügel in der Nähe von Stalingrad und in Kertsch gefunden worden sind.
Die Technik, Edelsteine in Gold zu fassen – in ägyptischem Schmuck seit alters her gebräuchlich – wurde bei assyrischen, in Nimrud gefundenen Elfenbeinarbeiten angewandt, später auch bei achämenidischen Schmuckstücken.
PV

35 Fliegender Vogel

Bronze. Iran. Skythisch, 7. Jahrhundert v. Chr.
H 1,0; Br 3,1; L 4,6 cm.

Die kennzeichnenden Merkmale dieser kleinen Vogelplastik sind der lange, vorgestreckte Hals, die plastisch hervortretenden, kugligen Augen, die halbmondförmig ausgebreiteten Schwingen und sein breit gefächerter Schwanz mit den durch Kerben nur angedeuteten Federn.
Auf der Unterseite befindet sich ein kleiner Ring, der vermuten läßt, daß unser Stück Teil einer Reihe von Vögeln war, die zu einer Kette zusammengefädelt gewesen sind.
Formal ähnelt die Figur den 17 goldenen Vögeln aus dem Grabhügel von Melgunov in der Nähe von Elisawetowskaja Staniza in der südlichen Ukraine. Vergleichbar sind auch die sitzenden Bronzeenten einer skythischen Pferdebestattung im sogenannten Sieben-Brüder-Grab von Krasnodar südwestlich von Stalingrad. Ihre Flügel sind allerdings von dreieckiger, nicht halbmondförmiger Gestalt. PV

36 Zaumschmuck in Gestalt eines kauernden Ebers

Bronze. Iran, wohl 6. Jahrhundert v. Chr.
H 2,6; größte Br 2,0 cm.

Der kleine Eber erscheint streng im Profil nach links liegend mit aufgestelltem Rückenkamm und herabhängendem Ringelschwanz. Auf seinem Rücken sind die zur Befestigung – wohl an einem Lederriemen – dienenden Einbohrungen zu erkennen.
Lange Zeit galten alle in ähnlicher Körperhaltung dargestellten Eber, Hirsche, Ziegen und Steinböcke als eigenständige skythische Erzeugnisse. Dieser Typus stammt ursprünglich jedoch aus Mesopotamien und verbreitete sich von dort aus nach Anatolien, der östlichen Mittelmeerküste, einschließlich Griechenlands. Im Norden hat er dann vor allem in der skythischen Kunst Anklang gefunden.
PV

37 Riemenornament in Gestalt eines Häschens

Bronze. Schwarzmeergebiet. 4. Jahrhundert v. Chr.
H 1,5; Br 1,4; L 1,1 cm.

Das Häschen ist streng im Profil nach rechts sitzend dargestellt, mit flach anliegenden Ohren. Seine Augenhöhlen sind auffallend groß, die Nasenlöcher nur leicht angedeutet.

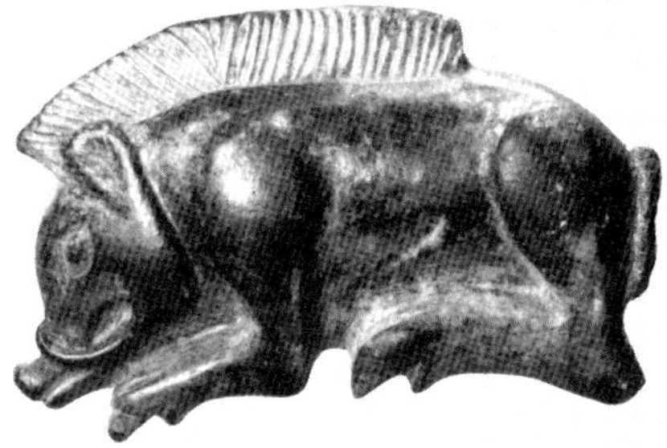

36

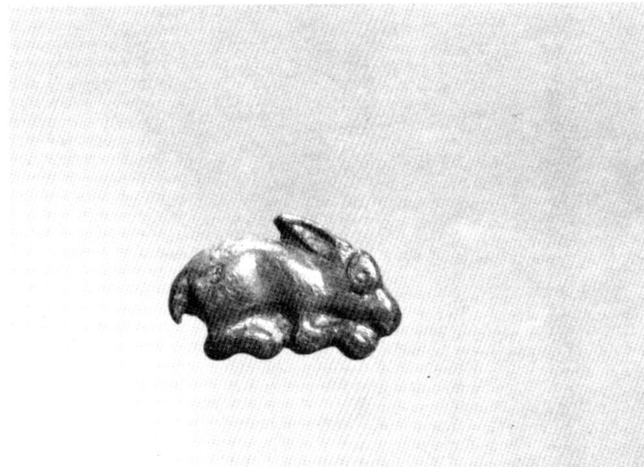

37

Unklar ist, ob das Tier sich aus Angst duckt oder ob seine Haltung durch die skythische Herkunft (wie bei Nr. 36) bedingt ist. Auf dem Rücken ist die kleine Tierplastik mit einer Öse versehen, wie die goldenen Hasen-Appliken, die man in einem Kriegergrab auf der Krim und im Rommy-Grabhügel am linken Dnjeprufer gefunden hat.
Im gesamten Skythenbereich kommt der Hase – obwohl dort beheimatet – als Zierornament äußerst selten vor. Vereinzelte Grabfunde aus Sibirien zeigen allerdings eine ähnliche gekrümmte Form des Hinterteils, wie sie für die skythische Kunst typisch ist – ein Motiv, das sicherlich in den Goldschmiedewerkstätten des Schwarzen Meeres erfunden worden ist. In ihnen verband sich griechisches Handwerk mit dem Tierstil des südlichen Kaukasus. Solche Produkte gelangten von dort aus in den Norden. PV

38 Springender Löwe

Bronze. Thrakisch (?), 3. Jahrhundert v. Chr.
H 4,2; Br 0,6; L 4,3 cm.

Relief eines im Profil nach rechts dargestellten Löwen mit erhobenen Vorderbeinen. Die Oberfläche ist mit dem Hammer sehr fein überarbeitet, die Innenseite hohlgeschliffen. Der Schwanz ist bis auf einen kurzen Stummel abgebrochen.
Diese kleine Bronze diente wahrscheinlich als Besatz eines Pferdezaumes. Ihr Stil berührt sich mit Tierdarstellungen auf keltischen Münzen und toreutischen Erzeugnissen, durch seine Lebendigkeit aber auch mit Plastiken des Nahen Ostens. Dieser Kombination von keltischen Mustern mit dem „Tierstil" Kleinasiens begegnen wir um 400 v. Chr. in Thrakien. Ähnliche Zwitterformen sind uns aus dem Karpatenraum bekannt und treten später an Bronzeappliken von Satteleinfassungen in der Martinovka-Kultur, einer Stilrichtung der skythischen Kunst, wieder auf. Der Mildenberg-Löwe steht allerdings in der Tradition älterer Vorläufer, beispielsweise der Silbergefäße von Agighiol im Donau-Delta und des goldenen Helms von Çotofeşti. Am besten zu vergleichen ist die Tiergruppe auf einem Deckel aus Gordion, der um 500 v. Chr. datiert wird. PV

38

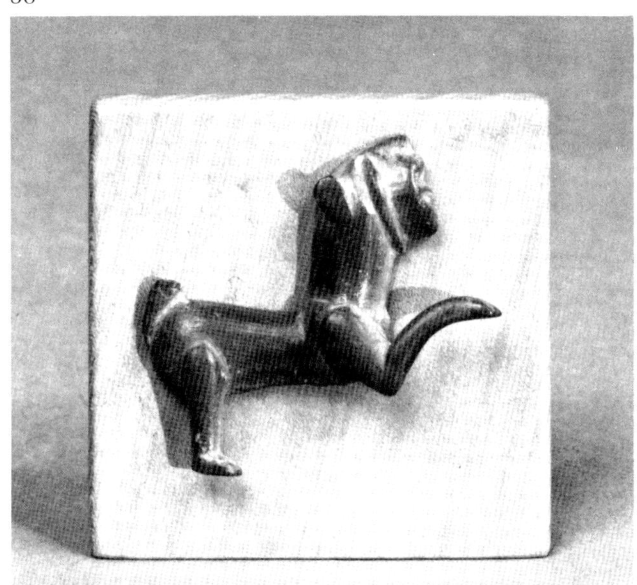

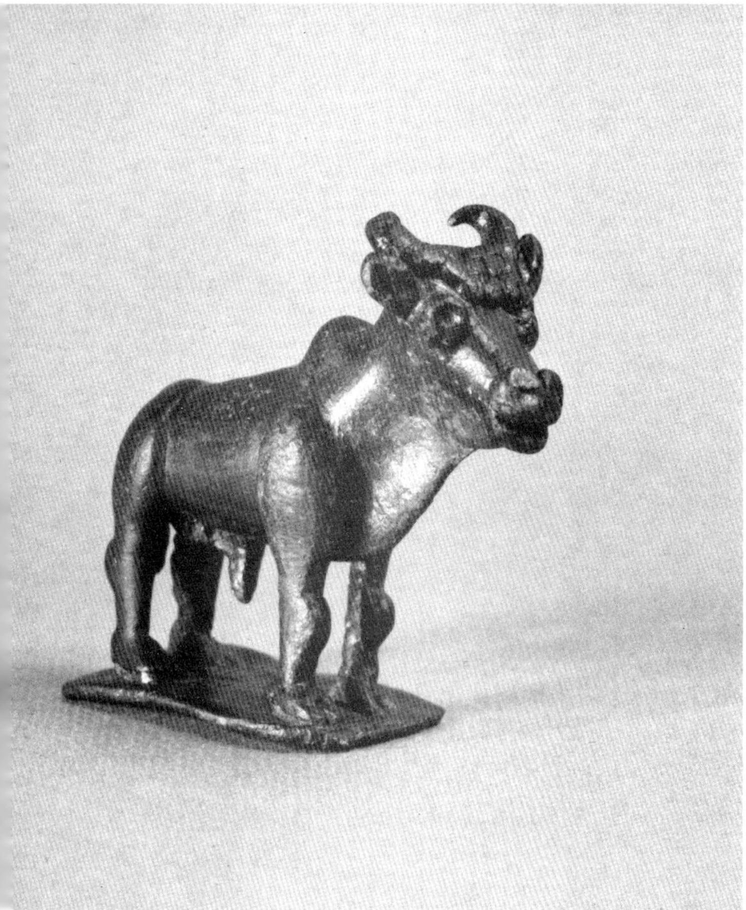

Die deutliche Markierung der Schulterpartie und die markante Modellierung des Hinterteils kommt an luristanischen Bronzen (s. auch Nr. 15) und bei anatolischen Stierdarstellungen aus dem 8. Jahrhundert v. Chr. vor. Stileigentümlichkeiten wie die herausgewölbten Augen und Nasenlöcher sind skythischen oder anderen, aus dem Norden stammenden „Tierstil"-Arbeiten vergleichbar. Ähnlich gearbeitet wie unser Stück ist ein berühmter skythischer Schildbeschlag mit goldenem Hirsch, den man in das ausgehende 7. oder frühe 6. Jahrhundert v. Chr. datiert. Er zeigt vergleichbare proportionale Überbetonungen. Wichtigster Anhaltspunkt zur Datierung unserer kleinen Skulptur ist die Stirnlockenfrisur, die assyrischen Vorbildern des 9. und 8. Jahrhunderts v. Chr. entliehen ist. Sie könnte aber auch eine Variante der langen urartäischen Strähnenlocken des 7. Jahrhunderts v. Chr. sein (s. Nr. 18). APK

40 Wolf

Bronze, Vollguß. Mittelasiatische Steppen, 2. Hälfte 1. Jahrtausend v. Chr.
H 4,8; Br 2,0; L 9,0 cm.

Stämmiges Tier mit langem, steif hängendem Schwanz, kurzen spitzen Ohren, einem kräftigen Hals und kurzen Beinen. Das Fell wurde nach dem Guß leicht eingeritzt.
Diese Bronze und die folgende (Nr. 41) haben einige Charakterzüge gemeinsam: einfache röhrenförmige Gestaltung

39 Zebu oder Büffel

Bronze, Vollguß. Iran oder Kaukasus, 9.–7. Jahrhundert v. Chr.
H 6,8; Br 3,1; L 7,7 cm.

Kopf, Hals und Wamme dieses kleinen Bronzetieres sind gegenüber dem Körper übergroß geraten. Nach der Hörnerform und dem schweren Vorderteil zu urteilen, könnte es einen Zebu oder einen Wasserbüffel darstellen. Augen und Nasenlöcher sind gleichermaßen überproportioniert. Eine gewisse Lebendigkeit rufen allerdings das geöffnete Maul mit den geblähten Nüstern und die dreireihigen Buckelstirnlocken hervor.
Die flache Platte, auf der die Figur steht, ist im Stück mitgegossen worden.

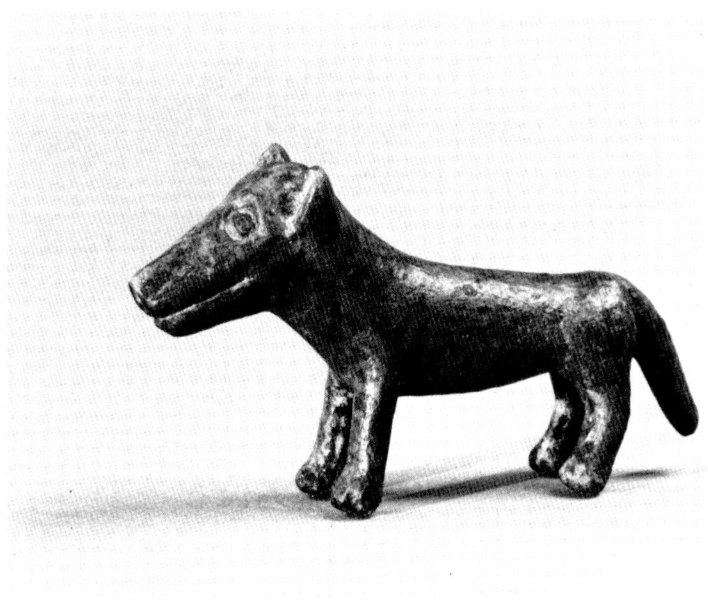

des Körpers, übergroße Köpfe, stumpfe Schnauzen, runde, herausgewölbte Augen, eingetiefte Nüsternlöcher, gerade Vorderbeine und gekrümmte Hinterbeine. Vergleichbare Gesichtszüge an überbetonten Köpfen sind bei mongolischen Bronzen des ausgehenden 5. bis zum beginnenden 3. Jahrhundert v. Chr. zu finden. Normalerweise sind aber die Hinterteile der chinesischen Bronzen abgerundeter. Ähnlich kantig wie an unserem Stück sind die Hinterteile der Tiere auf einer Bronzeplakette des 2. Jahrhunderts v. Chr. aus Hsiung-nu. Vergleichbar herausgewölbte Augen und eingetiefte Nüsternlöcher erscheinen auf späten Ordos- und Tagar-Bronzen, kommen aber auch bei Plastiken der Steppenvölker des Altai-Gebirges, skythischen und sarmatischen Werken vor. Röhrenförmigen Körper mit dickem Schwanz zeigt der pferdegestaltige Griff eines sarmatischen Kessels aus dem 1. Jahrhundert v. Chr.
Der Wolf war ein besonders beliebtes Thema in der Kunst der Steppenvölker, während Stierfiguren wie Nr. 41 kaum jenseits des nördlichen Kaukasus vorkommen. APK

41 Stier oder Zebu

Bronze, Vollguß. Südliche mittelasiatische Steppen oder nördlicher Kaukasus. Zweite Hälfte 1. Jahrtausend v. Chr. H 5,7; Br 2,6; L 7,8 cm.

Die scheibenartig gestalteten Augen des kleinen Bronzestieres liegen tief in die Augenhöhlen eingebettet. Die Hörner sind fast ringartig geformt. Durch sein langes Maul und die geblähten Nüstern erinnert er an späte hethitische Bronzen. Da der Buckel des Tieres sehr klein ausfällt, ist ungewiß, ob es einen Stier oder ein Zebu darstellt. Seine schlaufenartige Schwanzform ist mit der des Apis-Stieres aus römischer Zeit (Nr. 62) gut zu vergleichen. Ob sie – wie bei einigen Bronzen aus Amlasch – zum Aufhängen der kleinen Skulptur diente, bleibt bei der Kopflastigkeit des Stückes allerdings ungewiß. APK

42 Gürtelschnalle mit der Figur eines liegenden Kamels

Bronze. Sarmatisch, ca. 200 v. Chr.
H 4,0; L 7,7; größte T 0,6 cm.

Die vorliegende Gürtelschnalle zeigt ein ruhendes baktrisches Kamel in charakteristischer Haltung, durchbrochen gearbeitet in einem rechteckigen Rahmen. In Form und Technik stimmt das Stück mit frühen eurasischen Durchbrucharbeiten aus der Zeit vor der Völkerwanderung überein. Sarmatische Gürtelschnallen sind außerordentlich selten. Als Parallele ist eine Gürtelspange heranzuziehen, die auf einem Gräberfeld in Prochorowka am Ural-Fluß in der Nähe des Kaspischen Meeres gefunden wurde. PV

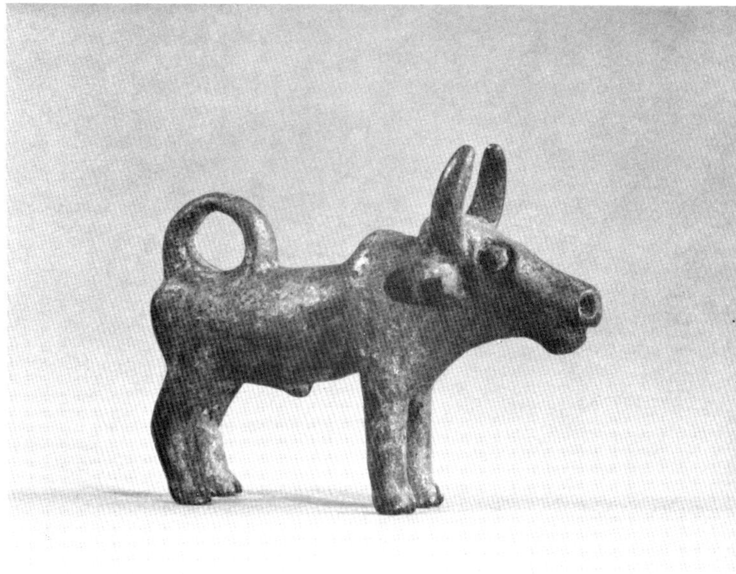

41

42

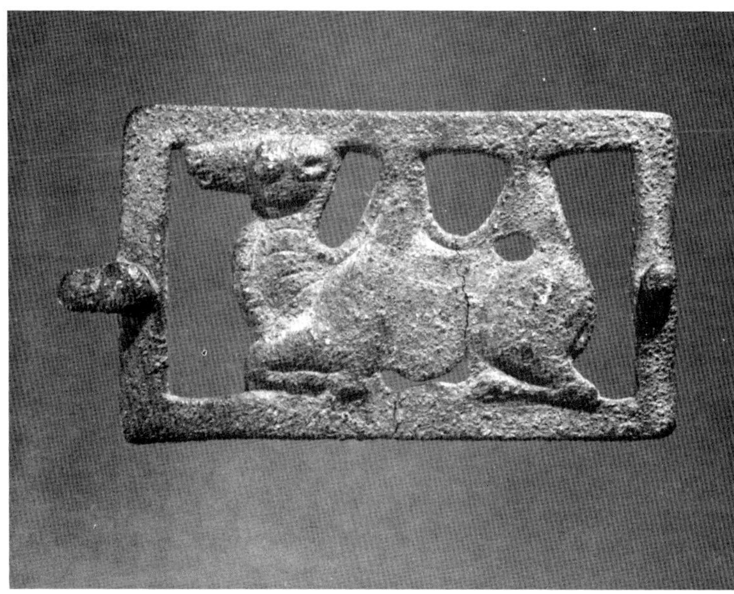

43 Schale

(Farbabbildung s. S. 179)

Glas. Islamisch (Ägypten?/Vorderasien?), spätes 9. – frühes 10. Jahrhundert n. Chr.
H 4,5; Dm 11,65 cm.

Durchsichtiges hellgrünes Glas; geblasen und dekoriert. Der Rand ist durch erneutes Erhitzen abgerundet, der Boden leicht gewölbt. Der in das Glas gepreßte Dekor besteht aus elf nach links schauenden Vögeln mit plastisch aufgelegten Augen.

Obwohl nicht gänzlich unbekannt, ist das Vogelmotiv weniger gebräuchlich als die Rosetten und konzentrischen Kreise, die üblicherweise als Kennzeichen der in gleicher Technik dekorierten Ware aus Ägypten die gesamte Oberfläche der Gefäße überdecken.
Es ist verlockend zu vermuten, daß das Thema des stilisierten Vogelschwarms auf die Funktion des Gefäßes anspielt. Weniger für den täglichen Gebrauch als Trinkgefäß geeignet, dürfte diese kleine flache Schale ein Vogelnapf gewesen sein. Solche Schüsseln und kleinere Glastassen werden auch heute noch im Nahen Osten für Vogelfutter und Wasser in Vogelkäfigen benutzt. SMG

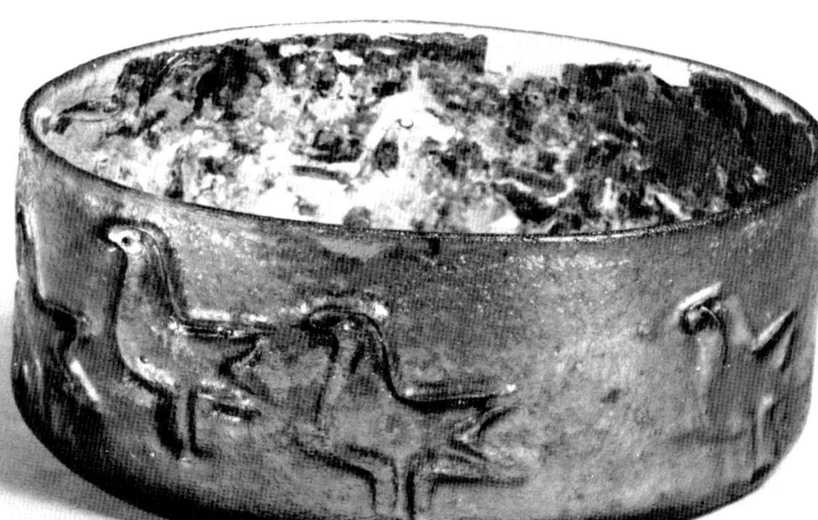

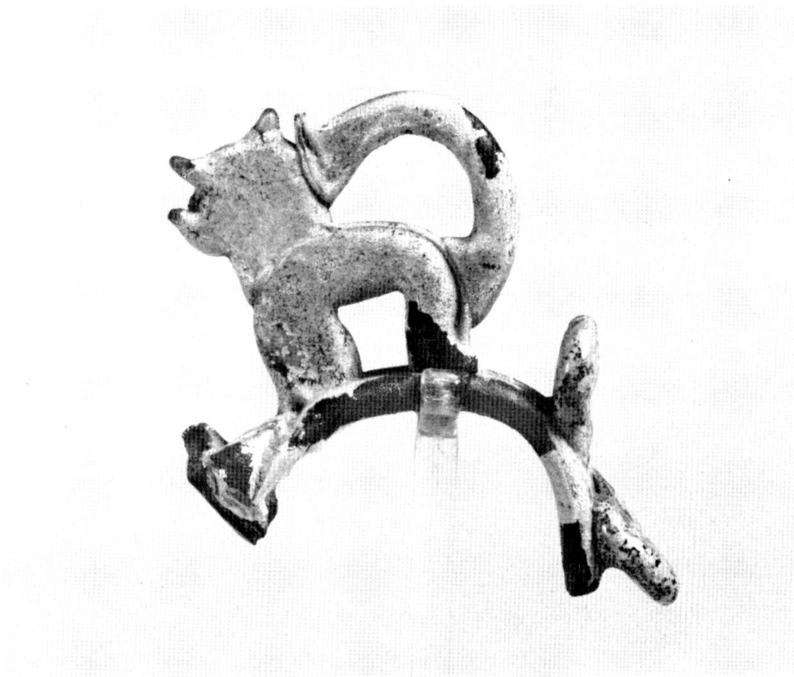

44 Griff mit Attasche in Gestalt eines Löwen *(Farbabbildung s. S. 98)*

Glas. Islamisch (Vorderasien/Iran?), 11.–12. Jahrhundert n. Chr.
H 6,1; T 1,2 cm.

Dieser mit einer Löwenattasche verzierte gebogene Gegenstand aus durchsichtigem hellgrünem Glas diente als Griff eines Glasgefäßes. Er ist vollständig erhalten und läuft auf der einen Seite in eine Daumenstütze aus. Das gegenüberliegende Ende ist zur Befestigung am Gefäß verdickt. Die Attasche ist aus drei Glasschichten hergestellt.
Der kleine Löwe, dessen aufgebogener Schwanz die Krümmung des Griffes geschickt wiederholt, saß fast in Randhöhe des Gefäßes, so daß sein Brüllen möglicherweise sein Gefallen an dessen Inhalt ausdrückte oder sein erneutes Auffüllen bezwecken sollte. Derartige Attaschen sind ein äußerst beliebtes Motiv in der Glaskunst und kommen in allen Zeiten vor. Islamische Glashandwerker hatten eine besondere Vorliebe, Glas zu kleinen Tieren zu formen, die den Inhalt von Flaschen und Trinkgefäßen beschützen sollten. Ein besonders reizvolles Beispiel dieser Art ist das hier ausgestellte Stück. SMG

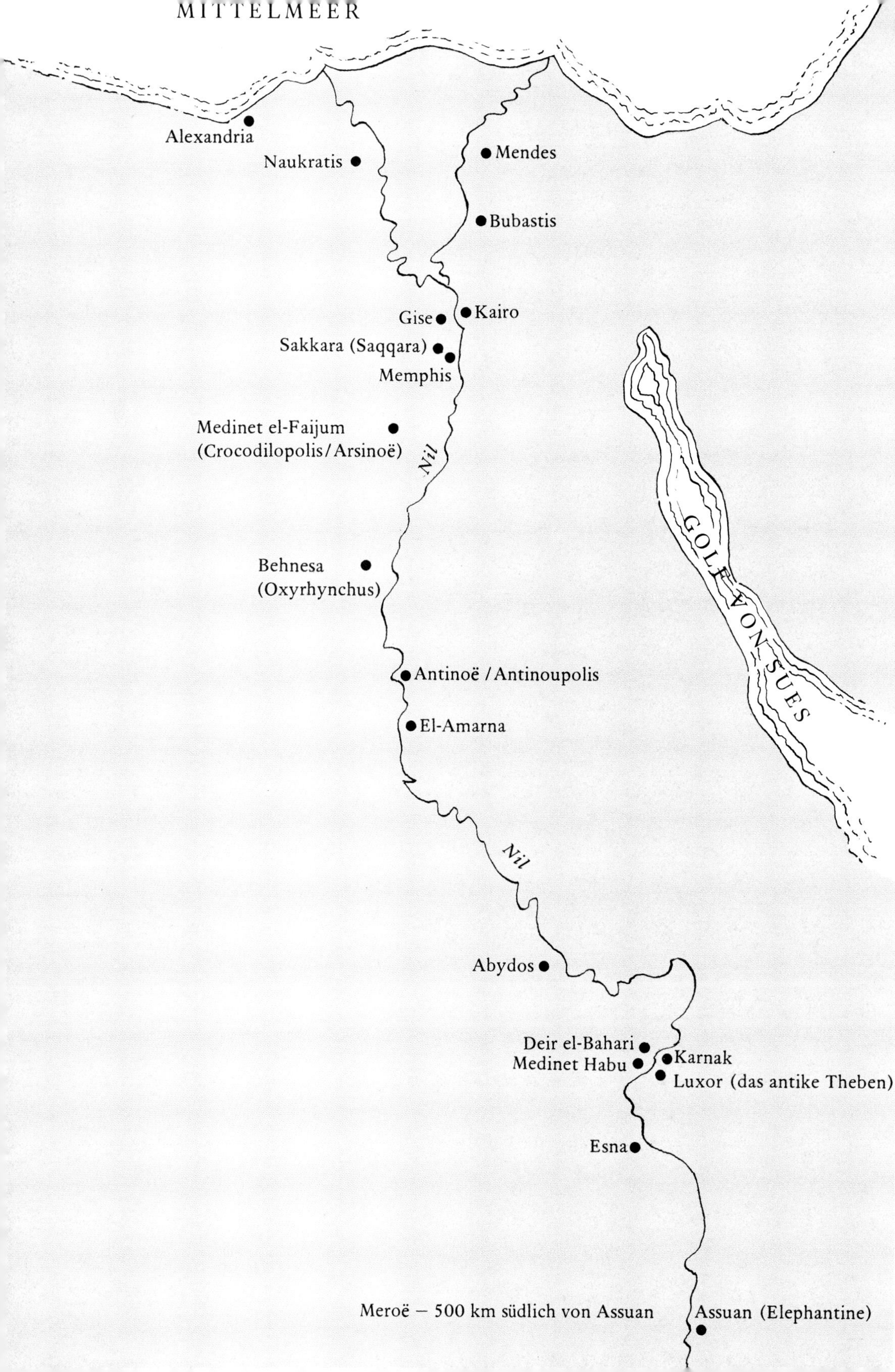
MITTELMEER
Alexandria
Naukratis
Mendes
Bubastis
Kairo
Gise
Sakkara (Saqqara)
Memphis
Medinet el-Faijum
(Crocodilopolis/Arsinoë)
Nil
GOLF VON SUES
Behnesa
(Oxyrhynchus)
Antinoë / Antinoupolis
El-Amarna
Nil
Abydos
Deir el-Bahari
Karnak
Medinet Habu
Luxor (das antike Theben)
Esna
Meroë – 500 km südlich von Assuan
Assuan (Elephantine)

Tiere aus dem Alten Ägypten

Der vielfältige Tierbestand im Alten Ägypten ist in mehrfacher Hinsicht von großer Bedeutung für die altägyptische Kultur. Vordergründig bilden Landwirtschaft und Viehzucht die Grundlagen der ägyptischen Wirtschaft und Ernährung. Herden von Rindern, Schafen, Antilopen und Eseln werden sowohl als Arbeitstiere beim Ackerbau wie auch zur Ernährung genutzt. Ergänzt wird die Tierhaltung durch Geflügelhöfe, in denen Gänse, Enten, Tauben und Kraniche genudelt und gemästet werden.

Die Jagd auf Tiere in Papyrussümpfen und Wüstengebieten, die einst entstanden war, um Nahrung zu beschaffen, wird im Laufe der Zeit zu einem Sport und unterhaltsamen Vergnügen für den König wie für den hohen Beamten. Im Papyrusdickicht werden Nilpferd und Krokodil gejagt, Wasservögel und Nilfische gefangen. In der Wüste werden Steinbock, Gazelle, Hyäne, Hase, Igel, Löwe und Strauß erlegt; auch die Hyäne wurde mit Teignudeln für die Mast gestopft. Über diese Vorgänge berichten ausführlich und mit vielen Einzelheiten in naturgetreuer Beobachtung zahlreiche Darstellungen in den altägyptischen Gräbern, die durch ihre Genauigkeit eine zoologische Bestimmung ohne weiteres ermöglichen.

Unseren Haustieren entsprechend hielt sich der Ägypter Katzen, Affen (Meerkatze) und Hunde. Letztere, die ihren Herrn gern beim Spaziergang oder auf die Jagd begleiten, werden gern mit Eigennamen gerufen.

Aus dem Ausland importierte man Bären (Syrien), Giraffen, Elefanten, Affen, Löwen und Geparden (Nubien). Man vermutet, daß diese Tiere in einer Art zoologischem Garten gehalten wurden.

Mit viel Gespür und genauer Beobachtung der unterschiedlichen Verhaltensweisen wurden die Tiere in eine mythische oder religiöse Beziehung zu einer Gottheit gebracht. Tiere, die als Erscheinungsform einer Gottheit galten, wurden verehrt und heiliggehalten, nach ihrem Tode mumifiziert und auf Friedhöfen beigesetzt. Ein solches heiliges Tier bzw. seine ganze Gattung durfte zu Lebzeiten nicht gejagt oder verzehrt werden. Die Einstellung, ob ein Tier für heilig oder für feindlich zu halten sei, konnte regional verschieden sein und zu Konflikten führen. So schildert z. B. Plutarch, daß es zu Kämpfen gekommen sei zwischen den Bewohnern von Oxyrhynchos, die den Oxyrhynchos-Fisch [60] verehrten, und den benachbarten Bewohnern von Kynopolis, welche den Hund heilighielten, aber Fische gegessen haben.

Den engen Bezug zwischen einem Gott und seiner ihm gemäßen tierischen Erscheinungsform verdeutlicht das folgende Beispiel: Der Stier [61, 62] verkörpert Fruchtbarkeit und Vegetation; er ist das heilige Tier des Schöpfergottes Ptah. In seinem Hauptkultort Memphis wurde in der dortigen Tempelanlage ein Stier gehalten, der nach seinem Tode mumifiziert, balsamiert und in einem Steinsarkophag in eine unterirdische Gruft beigesetzt wurde. Die Kuh hingegen steht in Verbindung mit Göttinnen, deren mütterlicher Aspekt betont wird (Hathor, Isis). Die enge, wesensmäßige Verbindung zwischen Gottheit und ihrer tierischen Erscheinungsform wird an der für Ägypten so typischen Darstellungsweise deutlich, bei der menschlicher Körper mit Tierkopf kombiniert wird.

In der Spätzeit, seit der XXVI. Dynastie (ab 664 v. Chr.), werden manche Kult- und Verehrungsformen sehr volkstümlich; man stellt kleine Bronzen von Tieren, die Gottheiten verkörpern, als Votivgabe in Tempeln auf. Auch als Amulett werden heilige Tiere gern benutzt, um sich dem Schutz der Gottheit anzuvertrauen.

Die Mildenberg-Sammlung besitzt eine repräsentative Auswahl der in Ägypten verehrten Tiere.

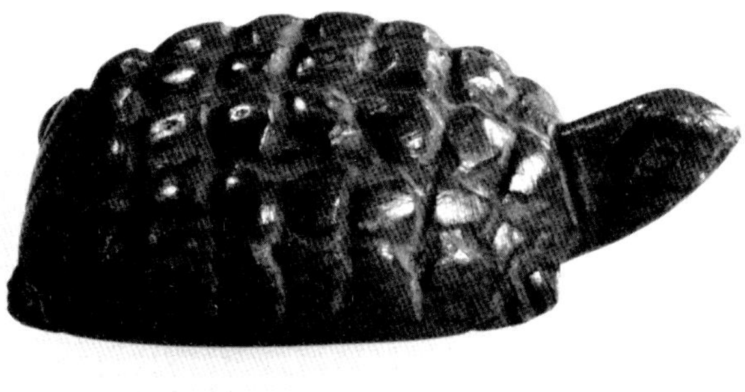

45

45 Schildkrötenamulett

Steatit. Prädynastische Zeit (?), ca. 3200 v. Chr.
H 1,8; Br 3,6; L 5,8 cm.
Geringfügige Abnutzung der Oberfläche.

Die Süßwasserschildkröte *(Trionyx triunguis)* gehört in den Darstellungen zur Fauna von Flußlandschaften. In der Frühzeit wurden Schminkpaletten und Amulette in ihrer Gestalt hergestellt. Neben dem apotropäischen Charakter diente die Schildkröte auch als Nahrungsmittel. Seit dem Mittleren Reich galt das Tier als unrein; man sah in ihm einen Sonnenfeind, weil es das Licht scheut und in der Wassertiefe lebt.
Der Rückenpanzer ist grob mit sich kreuzenden Linien eingeritzt. Zwischen ihm und der Brustplatte zieht sich eine Furche entlang. Der Kopf ist leicht angehoben. APK

46

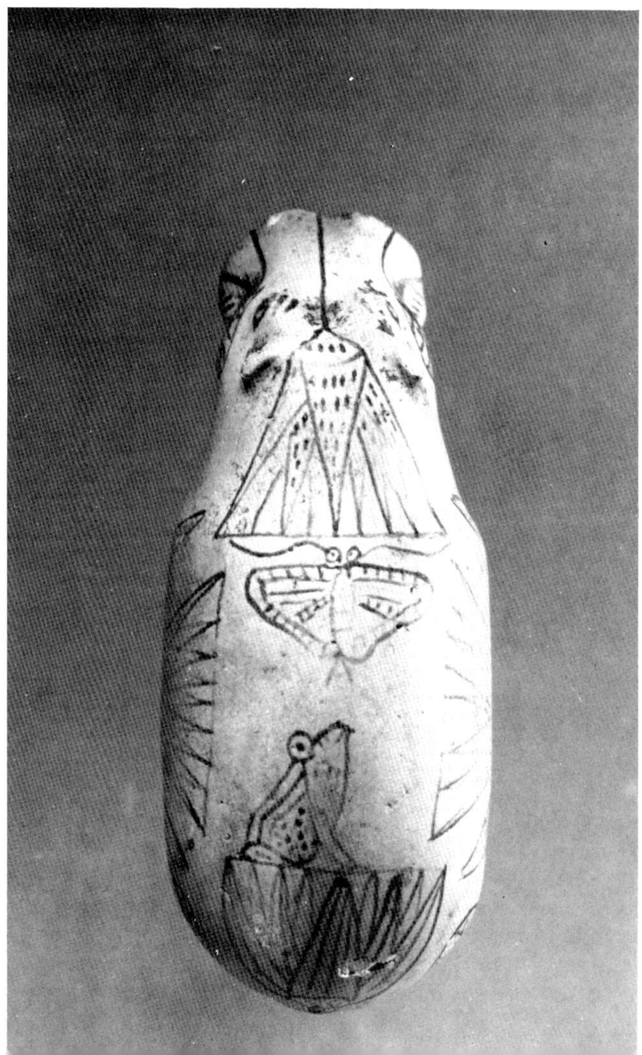

46 Nilpferd *(Farbabbildung s. Umschlag)*

Grünblaue Fayence. XI.–XII. Dynastie (2040–1783 v. Chr.).
H 6,3; Br 5,2; L 12,8 cm.
Beine abgebrochen; Kopf und Schwanz bestoßen.

Grabdarstellungen zeigen öfter die Jagd auf das Nilpferd, das durch Harpunieren im Nildickicht erlegt wird. Es wurde gejagt einmal wegen seiner Gefräßigkeit, die beachtliche Ernteschäden verursachte, wegen seiner Gefährlichkeit und Angriffsbereitschaft, wenn Schiffer und Herden Wasserläufe passierten, aber auch wegen seiner Verwendung in der Ernährung.
Im Mythos erscheint der Gott Seth in Gestalt eines Nilpferdes als Götterfeind und wird von Horus harpuniert.
Auffallend ist die große Anzahl von Nilpferdfiguren, die in Gräbern der XI. und XII. Dynastie gefunden wurden und zu denen auch dieses Exemplar gehört. Kopf und Rumpf des aus grünblauer Fayence geformten Tieres sind in quadratischer Anordnung mit Wasserpflanzen in schwarzen (Manganoxid) Umrißlinien dekoriert: Blauer Lotus *(Nymphaea caerulea)* und Weißer Lotus *(Nymphaea Lotus)* als Knospe oder Blüte. Singulär ist bei diesem Nilpferd die Darstellung

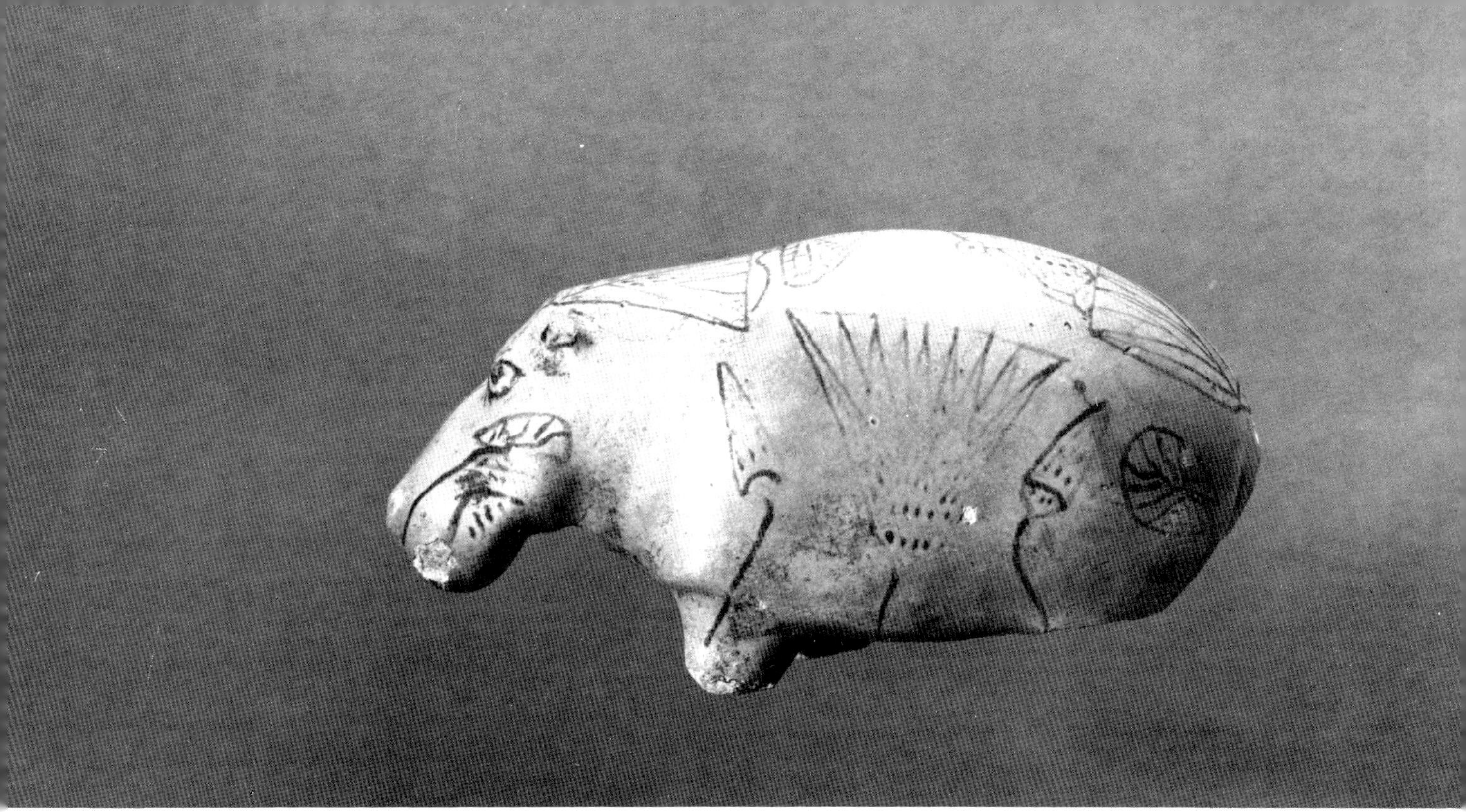

46

des hockenden Frosches *(Rana mascareniensis,* s. [47]) mit weit geöffnetem Auge, der über sich einen Schmetterling *(Lycaena icarus?)* beobachtet. APK

47 Froschamulett

Karneol. XVIII. Dynastie (1550–1307 v. Chr.).
H 0,7; Br 0,9; L 1,2 cm.
Unversehrt erhalten.

Der Frosch galt als Urwesen; man nahm an, daß er aus dem feuchten Nilschlamm entsteht. Daneben ist er auch ein Symbol für Fruchtbarkeit und Auferstehung.
Der am Kopf und Hinterteil durchbohrte Frosch *(Rana mascareniensis,* eine Variante der *Rana esculenta)* hockt auf einer glatten Basis. Der Karneol ist von leuchtendem Orange mit einem schwarzen Streifen über den Augen.
APK

47

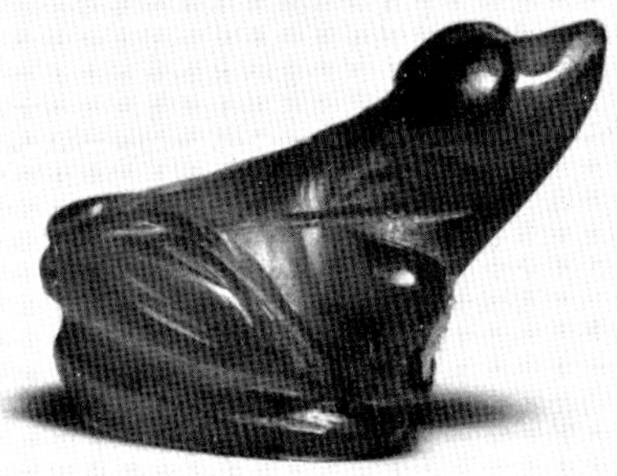

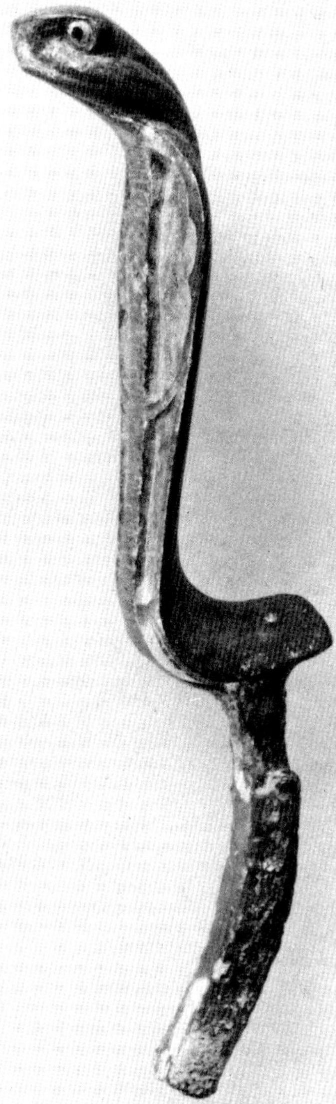

48 Aufgerichtete Kobra (Uräus)

(Farbabbildung s. S. 138)

Silber-Kupfer-Legierung, Niello, Glas, Türkis, Karneol, Obsidian und Gold. Spätes Neues Reich, vermutlich XIX. Dynastie (1307–1196 v. Chr.).
H der Schlange 9,7; H des Zapfens 6; Br der Schlange 4 cm.
Metall unversehrt, Einlagen teilweise erhalten. Korrodierte Bronze am Zapfen.

Die Kobra ist eine gefährliche Giftschlange, die sich beim Angreifen aufrichtet, ihren Oberkörper aufbläht und Gift spuckt. Sie wird seit früher Zeit mit der Schlangengöttin Uto (= die Grüne) von Buto (Westdelta) verbunden und verkörpert den unterägyptischen Landesteil. Zusammen mit der Geiergöttin Nechbet von Elkab (Oberägypten) symbolisieren sie die beiden Landeshälften und dienen als Kronensymbol an der sogenannten Doppelkrone der Pharaonen. Die Uräusschlange schützt ihren Träger: Könige, Königinnen, Gottheiten und die vergöttlichte Sonnenscheibe.
Die Schlange besteht aus dem aufgerichteten Vorderteil, einem 2,7 cm langen Schwanzteil und einem senkrechten Zapfen. Dieser ist mit einer dicken Schicht von korrodierter Bronze bedeckt. Der Schlangenkörper ist aus einer Silber-Kupfer-Legierung gearbeitet. Die Augen sind mit Glas und Obsidian eingelegt. Dünne Blattgoldfragmente befinden sich am Augenrand. Spuren von Niello sind an Augenwinkel, Kopf und Rückenseite zu erkennen. Zwischen Augen und Maul verlaufen je 4 senkrechte Linien. Die Vorderseite des Körpers ist durch die Halsrippen in 2 symmetrisch angeordnete Zonen von 3 Feldern geteilt: Die untersten 2 sind mit Türkis eingelegt; die mittleren zeigen Spuren von Karneol und die obersten Reste von blauem Glas, das wahrscheinlich Lapislazuli imitieren soll. Im oberen Drittel der Halswirbel ist ein Loch, das zur Befestigung diente.
Die kostbare und sorgfältige Ausführung der Kobra sowie der an ihr befindlichen Zapfen weisen darauf hin, daß sie zusammen mit einer Sonnenscheibe auf dem Tierkopf einer Gottheit befestigt gewesen sein muß: Denn Könige, Königinnen und menschenköpfige Götter und Göttinnen tragen die Uräusschlange an der Stirn befestigt. APK

49 Relieffragment mit Löwenhieroglyphe

Sandfarbener Kalkstein mit roter Verunreinigung. 2. Hälfte der XVIII. Dynastie (1401–1307 v. Chr.).
H 7,8; H des Löwen 1,8; L des Löwen 5,5 cm.
Bruchkanten verlaufen durch die Hieroglyphen.

Das von einem großen Block abgesplitterte Fragment ist unregelmäßig geformt. Hieroglyphen: Türriegel *(z)*, liegender Löwe *(r, rw)* und Pflanze *(šm')* sind erkennbar. Die beiden ersten Zeichen lassen die Schlußfolgerung zu, daß hier der Name des Löwen bzw. Löwengottes Mahes (Miysis) genannt wird. Dieser ist sowohl Kriegsgott wie Schutzgott, außerdem galt er als eine Form des Sonnengottes. APK

50 Löwenamulett

Blaue und rote Fayence. Spätes Neues Reich. XXVI. Dynastie (ca. 1196–525 v. Chr.).
H 1,9; Br 1,1; L 3,5 cm.
Unversehrt erhalten.

Der liegende Löwe verkörpert die göttliche und königliche Macht. Er liegt gestreckt auf einer rechteckigen Basis, den Schwanz angelegt am rechten Oberschenkel, den Kopf nach links gewendet, das rechte Vorderbein vorgestreckt. Das Fell ist leicht schraffiert. Die Fayence ist von einem trübem Blau, während Augen und Mähne in roter Fayence gearbeitet sind. Diese Farbkombination sowie ihre Trübung weisen auf die Zeit des Neuen Reiches (oder später) hin. Die Basis ist unterwärts leicht ausgehöhlt. APK

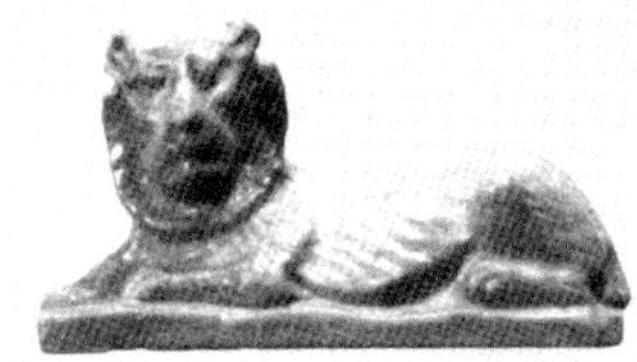

50

49

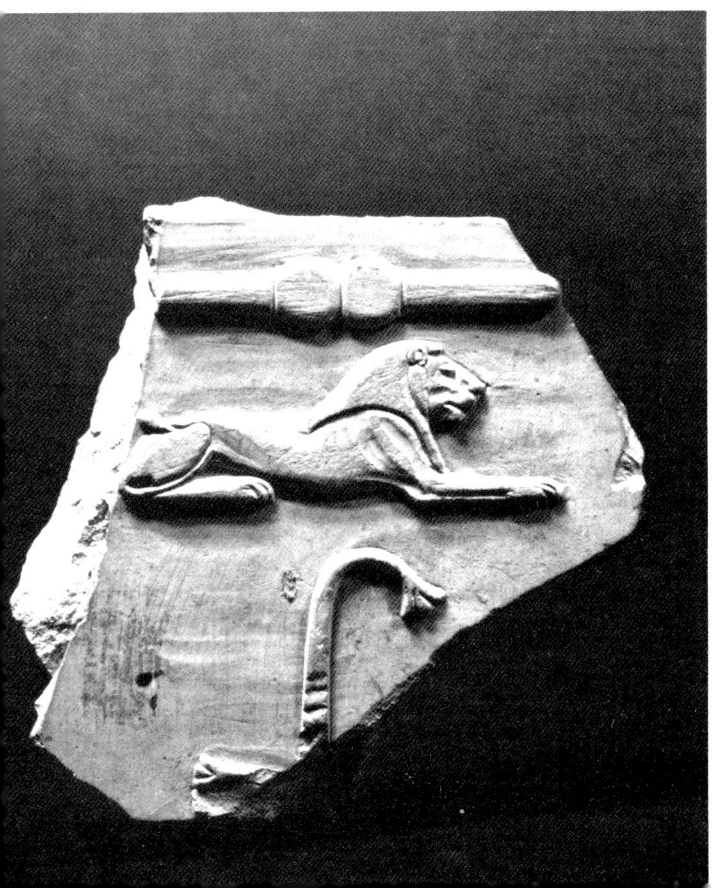

51 Bildhauermodell eines Löwen

Gelblichweißer Kalkstein, XXX. Dynastie – Frühe Ptolemäische Zeit (4.–3. Jahrhundert v. Chr.).
H 11,6; Br 7,5; L 19,7 cm.
Nase, Hinterpfoten, Schwanz des Löwen sowie Ecken der Basis sind abgebrochen.

Liegender Löwe auf einer rechteckigen Basis. Sein Kopf ist nach rechts gewendet, die Vorderpfoten gekreuzt, wobei die untere nach oben gedreht ist. Der linke hintere Unterschenkel liegt neben dem Rumpf. Reste vom Schwanz laufen an

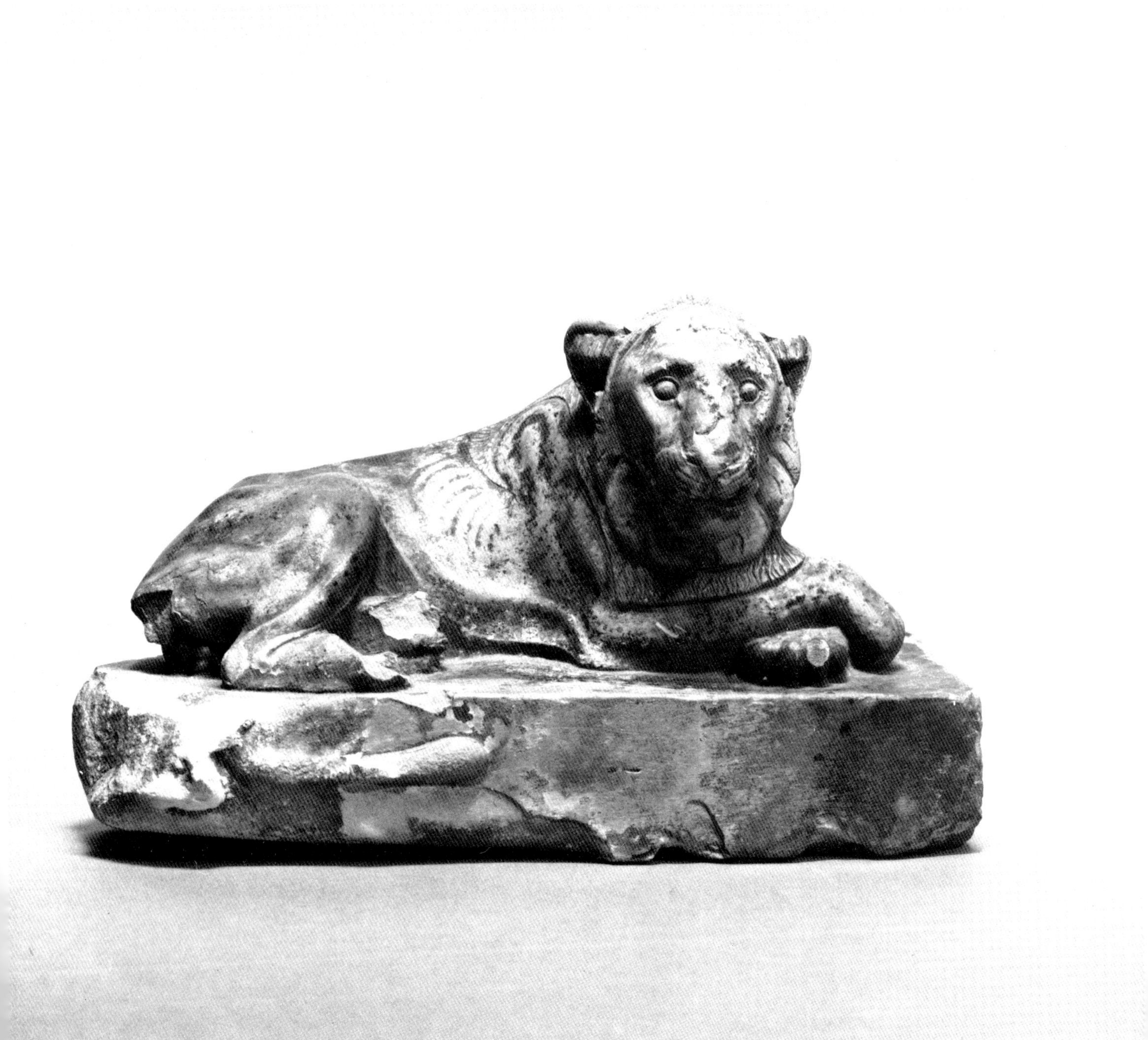

51

der Basisseite entlang. Augenränder, Ohren, Mähne und Schnurrbart sind sorgfältig ausgearbeitet. Am Vorderende der Basis und am Boden sind parallele Linien im Abstand von 1,2 cm eingeritzt. Eine andere Linie verläuft kreuzweise genau durch die Mitte der Nase.

Diese (Hilfs-)Linien weisen darauf hin, daß es sich bei diesem Exemplar um ein Bildhauermodell bzw. um ein Übungsstück für Bildhauer handelt. Daneben gibt es aber auch die Vermutung, daß solche Objekte als Votivfiguren dienten.
APK

52 Löwenamulett *(Farbabbildung s. S. 100)*

Blaue Fayence. Mittlere Ptolemäische Zeit bis Römische Zeit, ca. 2. Jh. v. Chr. bis 1. Jh. n. Chr.
H 3,2; Br 1,8; L 6,8 cm.
Unversehrt, vereinzelt braune Flecken an der Oberfläche.

Liegender Löwe auf einer dünnen rechteckigen Basis, deren hintere Schmalseite gerundet ist. Seine gestreckten Vorderbeine sind überkreuzt. Der Schwanz liegt um den rechten hinteren Schenkel. Die Mähne ist rautenförmig geritzt. Rippen und Schultern sind mit eingefurchten Linien markiert. Am Rücken befindet sich eine Öse. APK

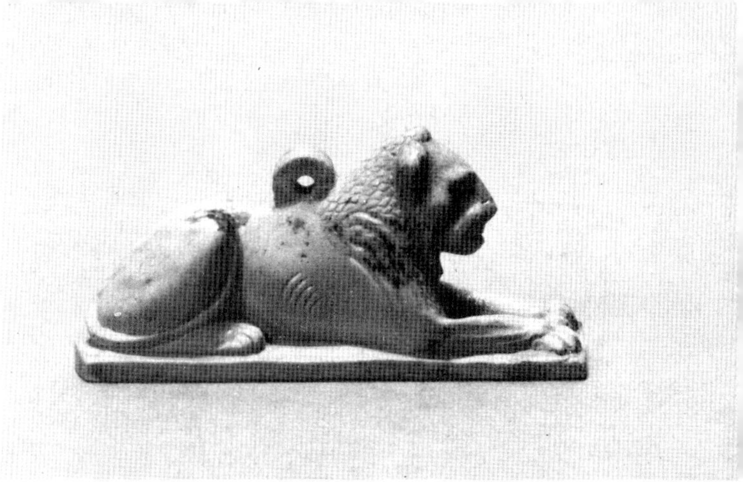

52

53 Löwe mit gefangenem Ausländer

Steatit mit Spuren von grüner Glasur. Napata-Meroë (Sudan), ca. 1. Jh. v. Chr.
H 3,5; Br 3; L 6,7 cm.
Je 1 Loch bei rechter Vorder- und Hinterpfote. Glasur verloren.

In dieser Figurengruppe verkörpert der Löwe den König, der einen Feind besiegt. Der Löwe liegt auf dem Bauch und hält mit seinen Vorderpfoten den Kopf des Feindes gepackt; dessen Physiognomie läßt sich eng vergleichen mit meroitischen Reliefs aus dem 1. vorchristlichen und 1. nachchristlichen Jahrhundert. Ebenfalls weist der Löwe bes. mit der Augenpartie stilistisch nach Meroë. APK

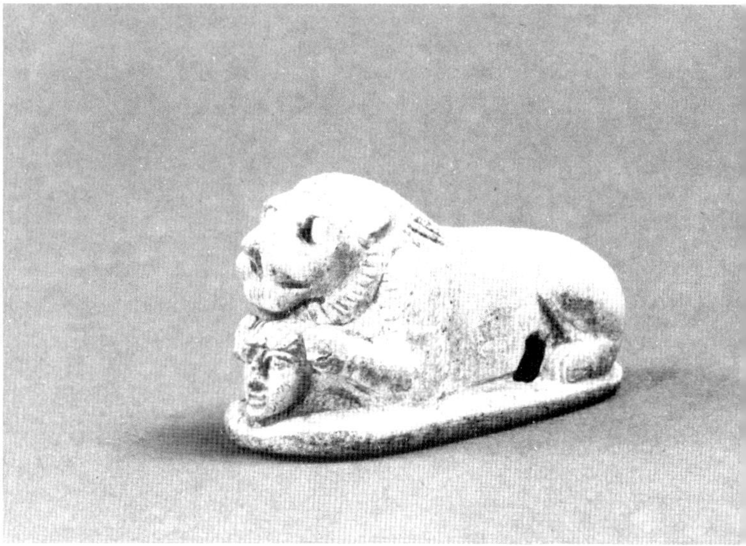

53

54 Skarabäoid mit Affen

Dunkle blaugrüne Fayence, ab Mitte des Neuen Reiches (1479–1196 v. Chr.).
H 0,4; Br 0,9; L 1,3 cm.
Unversehrt, Oberfläche abgerieben.

Die Form eines Skarabäus wurde benutzt für die Darstellung eines hockenden Affen (Babuin) mit hochgezogenen Knien und vorgestreckten Armen, die zum Munde führen. Das Fell ist mit kleinen Strichen versehen. Vergleichbare Darstellungen von Babuin oder Pavian auf Skarabäoiden machen deutlich, daß der Affe beim Fressen gezeigt wird. Auf der Unterseite sind 4 Uräusschlangen symmetrisch um einen Mittelpunkt angeordnet. Das Exemplar ist längs durchbohrt. APK

54

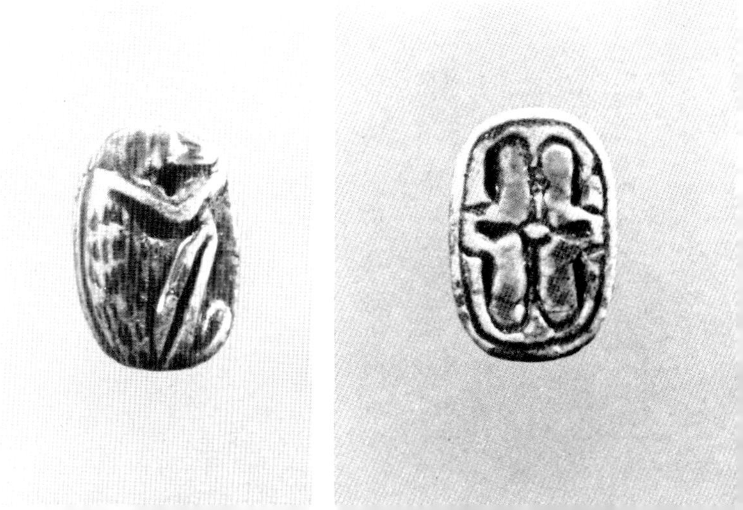

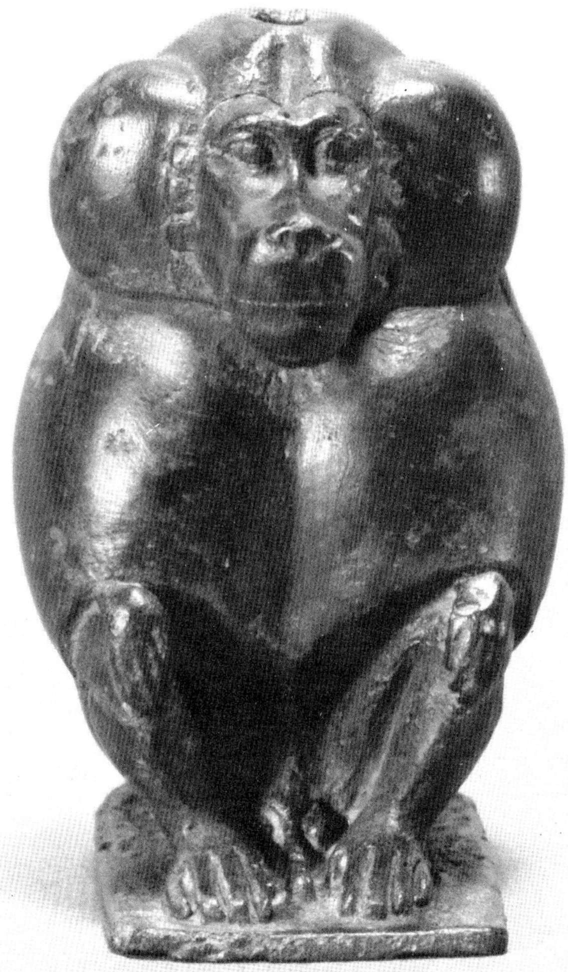

◁ 55 Pavian

Bronze, Hohlguß. Vermutlich Saitenzeit, XXVI. Dynastie oder etwas früher, 7. Jahrhundert v. Chr.
H 8,3; Br 3,7; L 5,2 cm.
Beschädigungen am Hinterkopf, Mantel und Gesäß. Dunkle rotbraune Patina.

Seit der ägyptischen Frühzeit sind Pavianfiguren in dieser typischen Hockhaltung in Ägypten belegt, aber erst später wird der Pavian neben dem Ibis zum heiligen Tier des Gottes Thot, dem Gott des Schreibens und Berechnens. Darüber hinaus ist er sowohl mit der Sonne wie mit dem Mond verbunden. Daher ist bei dieser Figur die Mondscheibe und Mondsichel auf dem Kopf zu ergänzen.
Der Mantelpavian *(Papio hamadryas)* hockt mit eng angewinkelten Beinen, die Hände auf die Knie gelegt, auf einer Platte. Kopfmähne und Mantel umgeben füllig die Figur. Der untere Rand des Mantels ist von einem Zipfel in der Mitte aus nach beiden Seiten bogenförmig geschwungen.
APK

56 Pavian

Blaugrüne Fayence von blasser Färbung. Ptolemäische Zeit (304–30 v. Chr.).
H 4,6; Br 2,2; L 3 cm.
Unversehrt, Oberfläche leicht angegriffen mit dunklen Flecken.

Hockender Pavian auf einer flachen Basis. Haltung wie bei [55]; die Füße sind einwärts gerichtet. Kopf- und Schultermähne sind fein gestrichelt. Die vordere Mittellinie des Rumpfes ist fischgrätenförmig geritzt. APK

56

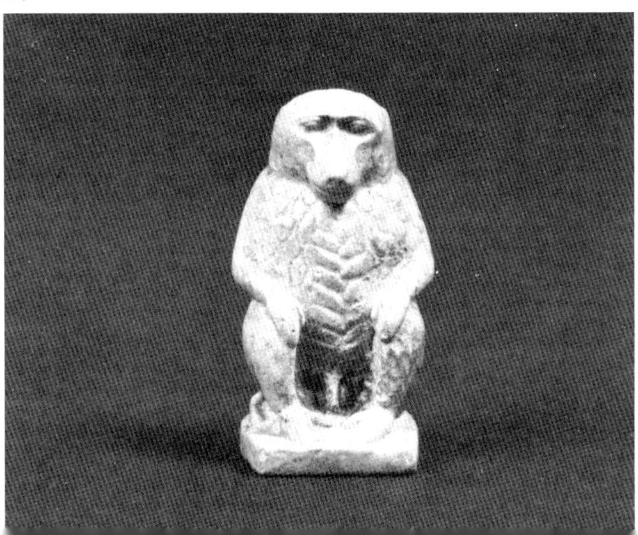

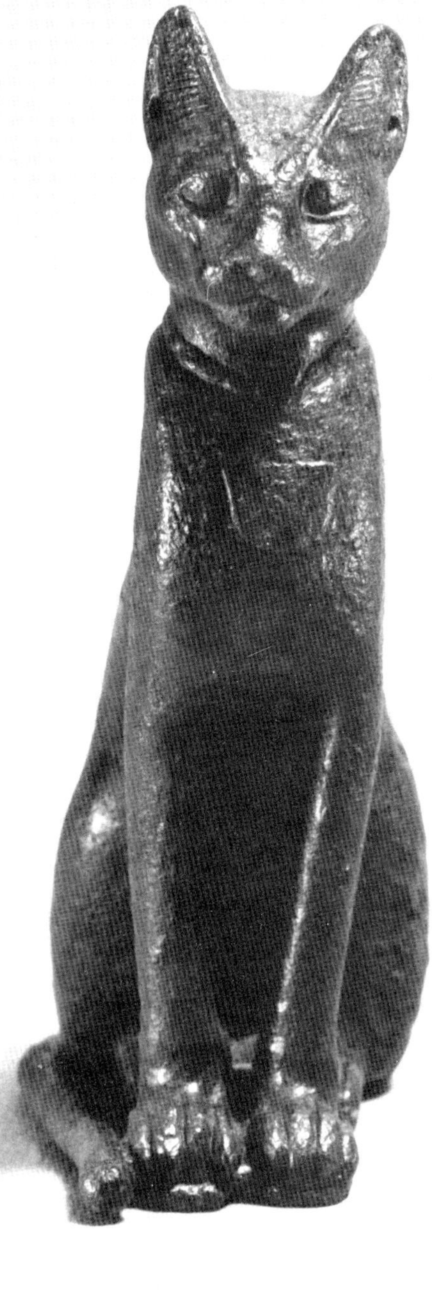

57

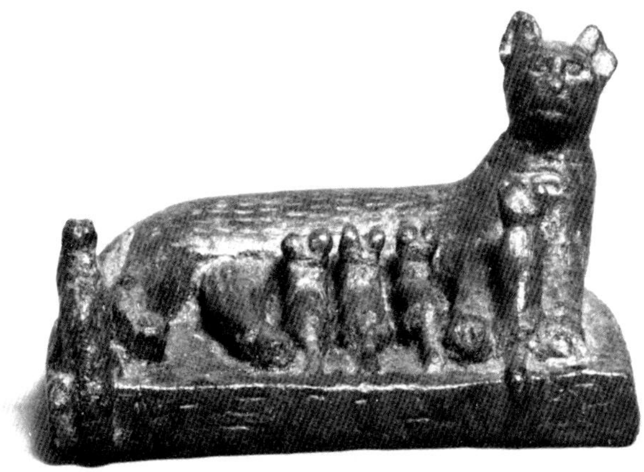

58

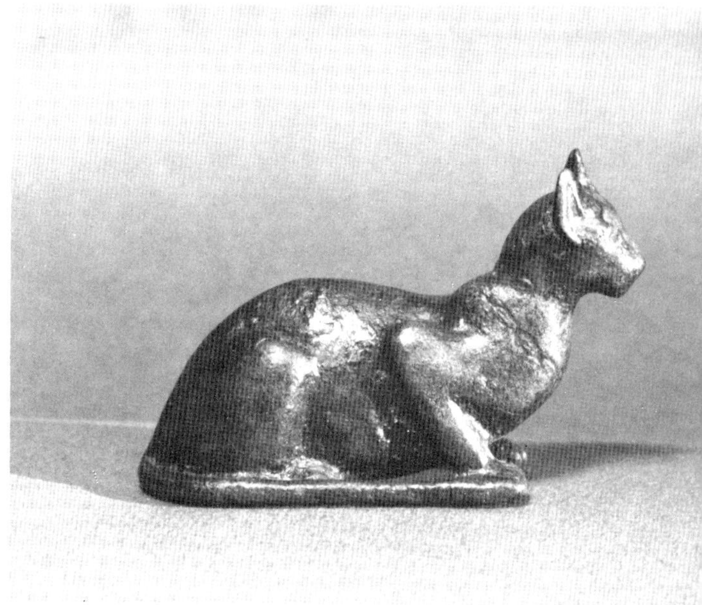

59

57 Katze

Bronze, Hohlguß. Vermutlich XXVI. Dynastie (664–525 v. Chr.).
H 13,6; Br 5,1; L 7,9 cm. H der Zapfen 1,2 cm.
Oberfläche korrodiert, rotbraune Patina.

Die Katze ist das heilige Tier der Göttin Bastet von Bubastis. Nach antiker Überlieferung wurde sie besonders in der Spätzeit verehrt, was zahlreiche Katzenbronzen und Katzenfriedhöfe aus dieser Zeit dokumentieren.
Bei diesem Exemplar handelt es sich entweder um den Sargbehälter für eine offenbar junge Katze oder um eine Votivgabe.
Das Tier sitzt mit aufrechten Vorderbeinen. Es trägt ein Halsband und eine Ägis mit dem Kopf der Göttin Bastet. Die Ohren sind durchbohrt zur Aufnahme von Ohrringen. Neben jeder Vorderpfote und unter dem Schwanz sind Zapfen. Unter den Schenkeln eine Öffnung von 3,3 cm. APK

58 Katze mit fünf Jungen

Bronze. Vermutlich XXVI.–XXX. Dynastie (664–343 v. Chr.).
H 4; Br 4,3; L 6,3 cm.
Die linke Ohrspitze bei der Mutter ist abgebrochen. Grüne Patina, Flecken von blauer Patina auf grün unter der Basis.

Die Katzenmutter liegt langgestreckt auf der linken Seite mit angehobenem Kopf. Drei Katzenjungen trinken, eins klettert zwischen den Vorderbeinen an der Brust der Mutter, das fünfte spielt mit ihrem Schwanz. Die Figurengruppe ist zusammen mit der Basis in einem Stück gearbeitet. Das Fell ist mit kurzen Strichen angedeutet. Die Katze trägt ein Halsband, von dem ein Udjat-Auge herabhängt. Auf der Basis befindet sich eine Inschrift: *Bꜣst(j)t dd(t)* [nicht lesbar] *wšn Ṯ(ꜣ)-r(w)-ṯ(ꜣ):* Bastet, welche gibt [nicht lesbar] Opfer (für Tjarutja?).
Solche Gruppen von Katzenfamilien aus Bronze oder Fayence sind in der Spätzeit gern hergestellt worden.
APK

59 Kauernde Katze

Bronze, Vollguß. Ca. XXX. Dynastie bis Ptolemäische Zeit (4. Jh. v. Chr. bis 1. Jh. n. Chr.).
H der Katze 4,5; Br 2,9; untere L 5,6; L der Zapfen 1,5 cm.
Grob gereinigt, Kopfpartie abgegriffen. Patinaspuren auf der Unterseite.

Die Katze liegt mit Körper und Hinterbeinen dicht an den Boden (Basis) gedrückt. Die Vorderbeine sind so eng an den Körper angewinkelt, daß nur die Pfoten den Boden berühren. Brust und Kopf sind vorgestreckt, die Ohren hochgestellt. Der seitlich anliegende Schwanz ist ringförmig. Möglicherweise handelt es sich um eine schwangere Katze, da der Leib sehr gewölbt ist.
Um den Hals trägt das Tier eine Kette aus Kaurischneckenperlen mit einem Udjat-Auge auf der Brust. – Zwei Zapfen befinden sich auf der Unterseite. APK

60 Oxyrhynchos-Fisch

Bronze, Vollguß. XXVI.–XXX. Dynastie (663–343 v. Chr.).
H 6,2; Br 4,2; L 11,5 cm.
Unversehrt. Rote Patina mit grünen Flecken (Malachit).

Typisch für den Oxyrhynchos-Fisch *(Mormyrus kannune)* ist der verhältnismäßig lange Rumpf mit dem spitzen langgezogenen, meist nach abwärts gerichteten Maul, der langen Rückenflosse und der tief gegabelten Rückenflosse. Als Kopfschmuck trägt er das Kuhgehörn mit der Sonnenscheibe und der Uräusschlange; Attribute, die ihn mit der Göttin Hathor in Verbindung bringen. Er ist das heilige Tier der Hathor, Herrin von Esna. In der Spätzeit wurde der Fisch in dem Ort Oxyrhynchos (El-Bahnasa), dem 19. oberägyptischen Gau, verehrt. Nach antiker Überlieferung, soll er aus den Wunden des Gottes Osiris entstanden sein.
Die Öse im Winkel zwischen Rückenflosse und Sonnenscheibe weist darauf hin, daß das Exemplar als Anhänger getragen wurde.
Die rechteckige Basis ist hohl und zusammen mit dem Tierkörper aus einem Stück gegossen. APK

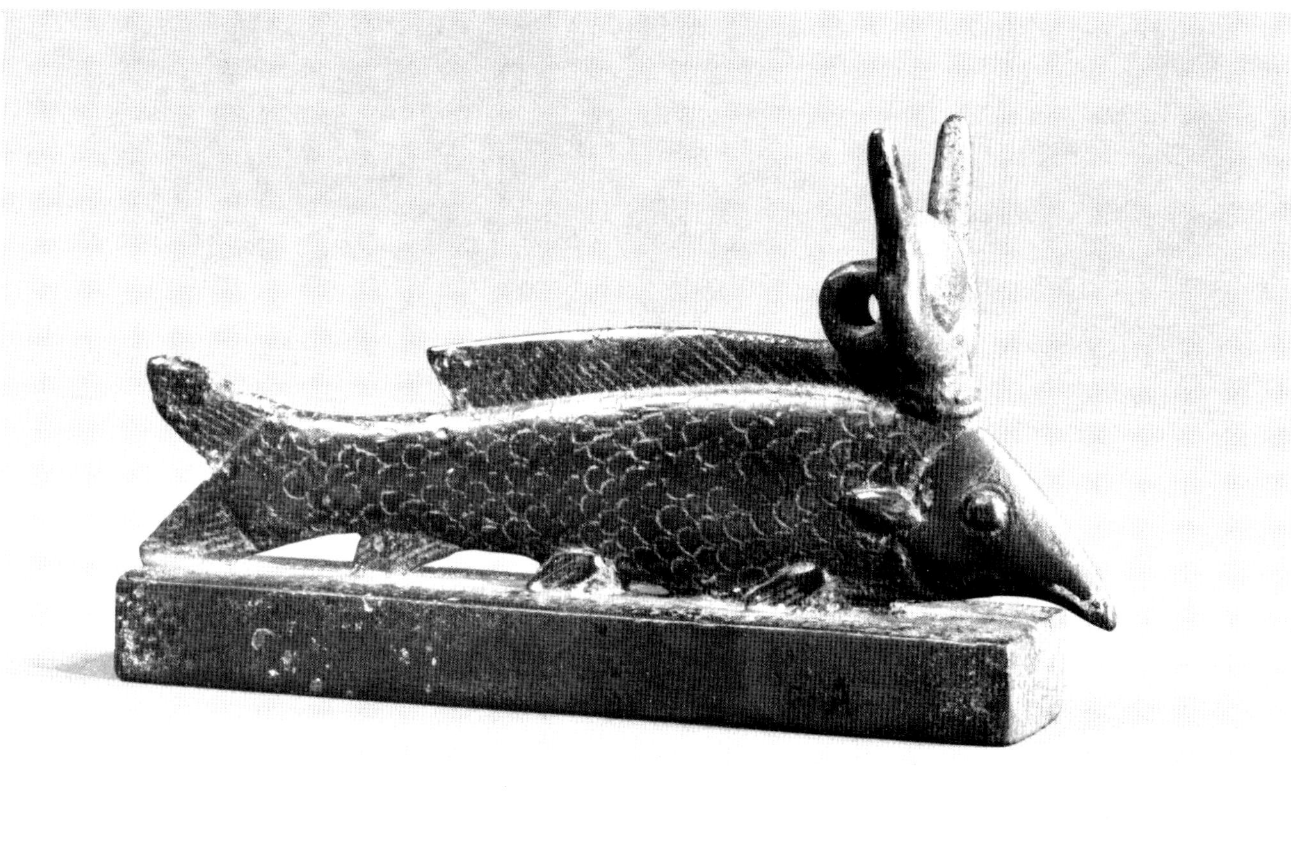

61 Schreitender Apis-Stier

(Farbabbildung s. S. 57)

Bronze, Vollguß, mit Blattsilber.
Vermutlich Memphis, XXVI. Dynastie (664–525 v.Chr.), vermutlich später.
H 13,7; Br 4,2; L 11,4 cm.
Sehr gut erhalten; dunkelbraune Patina.

Der Apis-Stier ist das heilige Tier des Schöpfergottes Ptah von Memphis. Wie bei allen Stierkulten, so steht auch der Apis in Verbindung mit Fruchtbarkeit und Zeugungskraft. Hunderte solcher Bronzestatuetten des Apis wurden in Memphis und Umgebung ausgegraben: der schreitende Stier trägt zwischen den Hörnern die Sonnenscheibe mit der Uräusschlange als Zeichen seiner Göttlichkeit. Auf dem Körper eingraviert sind ein breiter Halskragen, auf dem Widerrist ein geflügelter Skarabäus, auf dem Rücken eine gemusterte Decke und auf dem Steiß ein Geier mit ausgebreiteten Flügeln. Auffallend bei diesem Exemplar ist, daß die Augen in Silber überzogen sind anstatt mit Gold. Das Tier steht auf einer rechteckigen Basis, deren vordere Schmal- und linke Längsseite mit einer Inschriftzeile versehen ist: *Wsjr Hp(j) dj ꜥnḫ Ḳrj sꜣ n B(ꜣ)k-(n)-nf(j):* Osiris-Apis, der Leben geben möge, dem Kerj, Sohn des Bak-(en)-nef(j).
APK

61 ▷

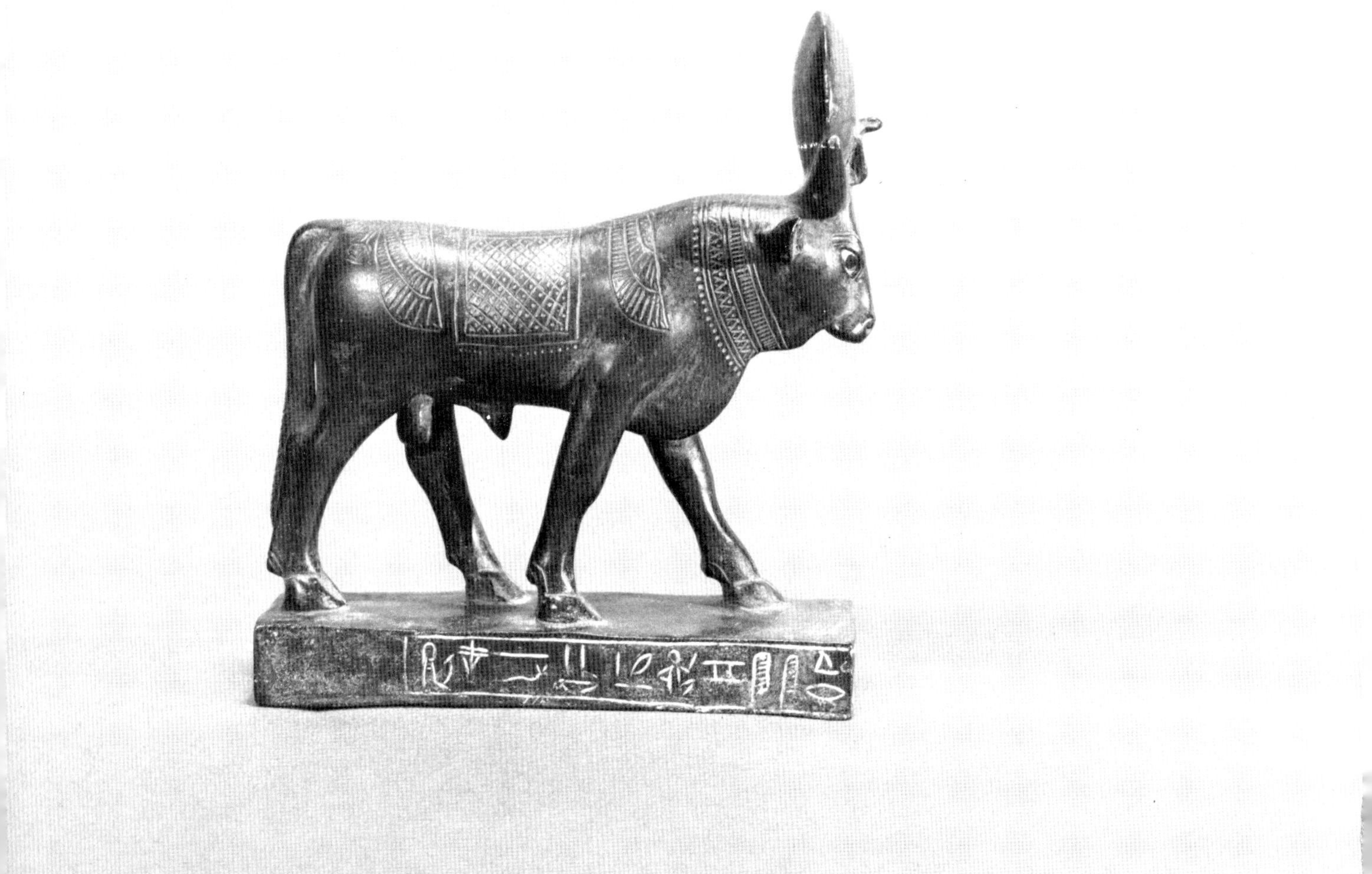

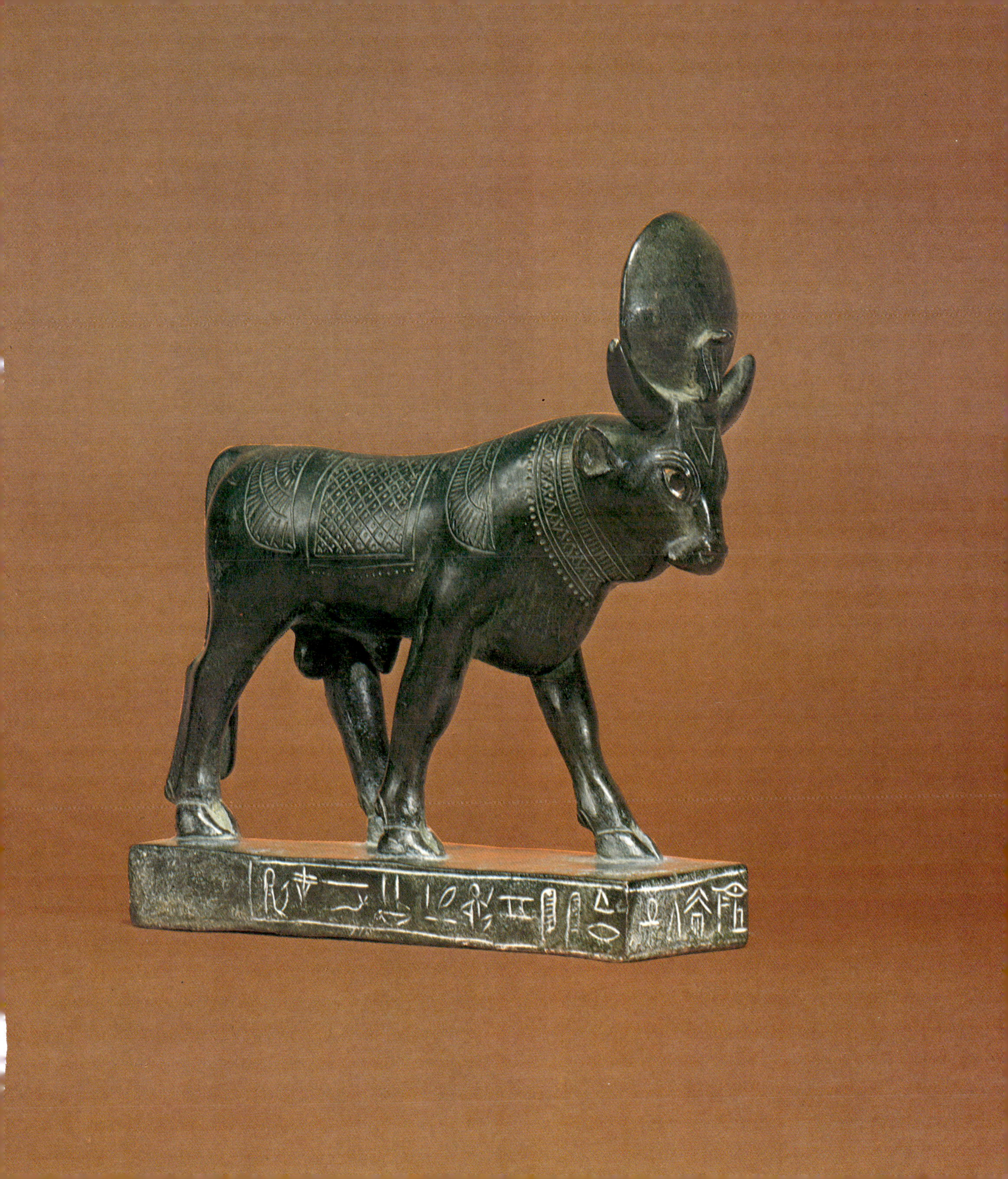

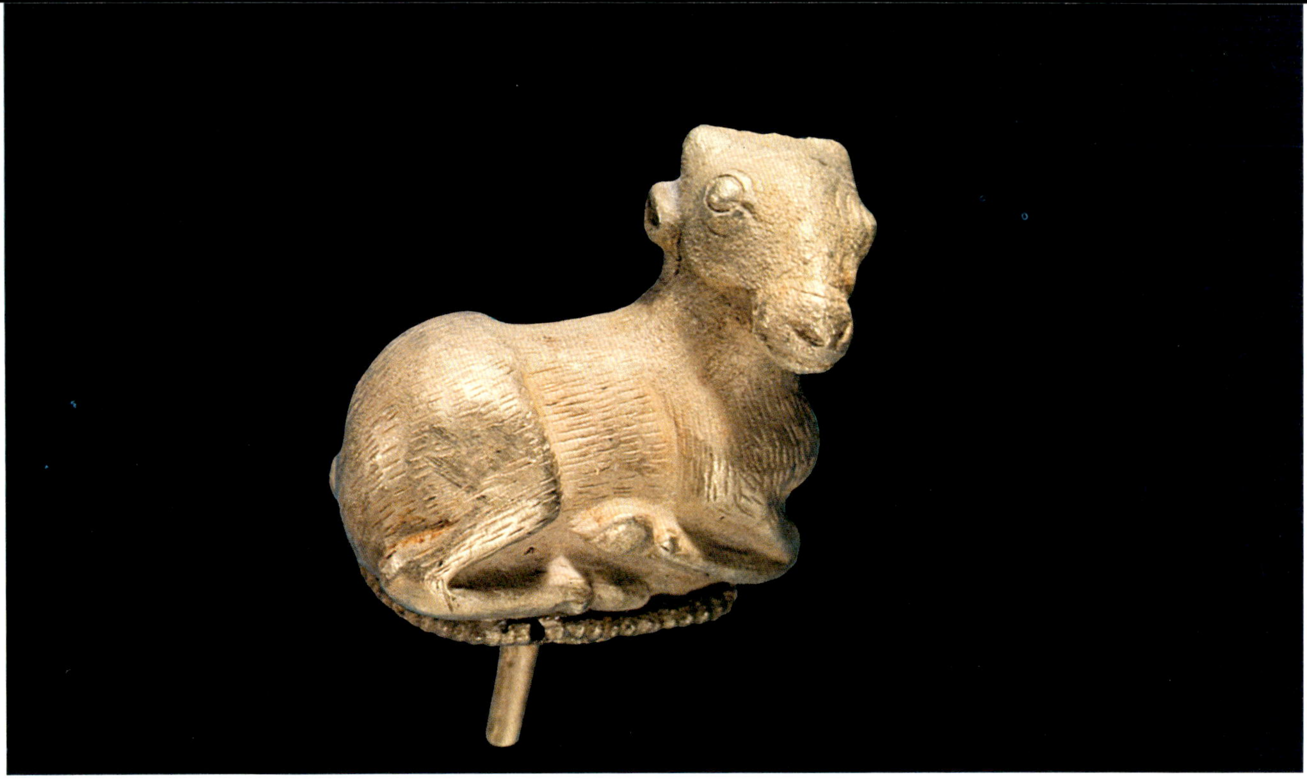

Nadelkopf in Gestalt eines liegenden Widders (Kat.-Nr. 24)

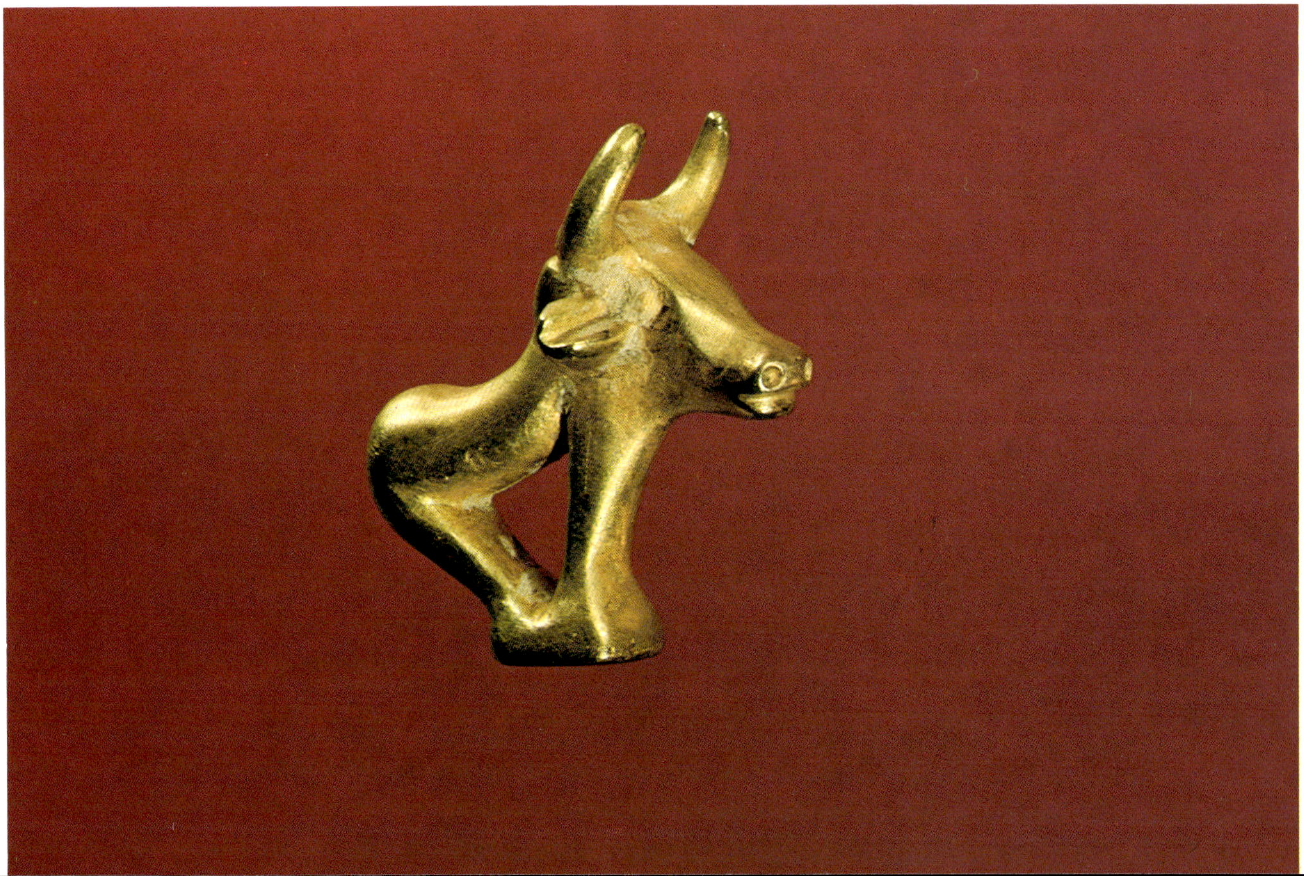

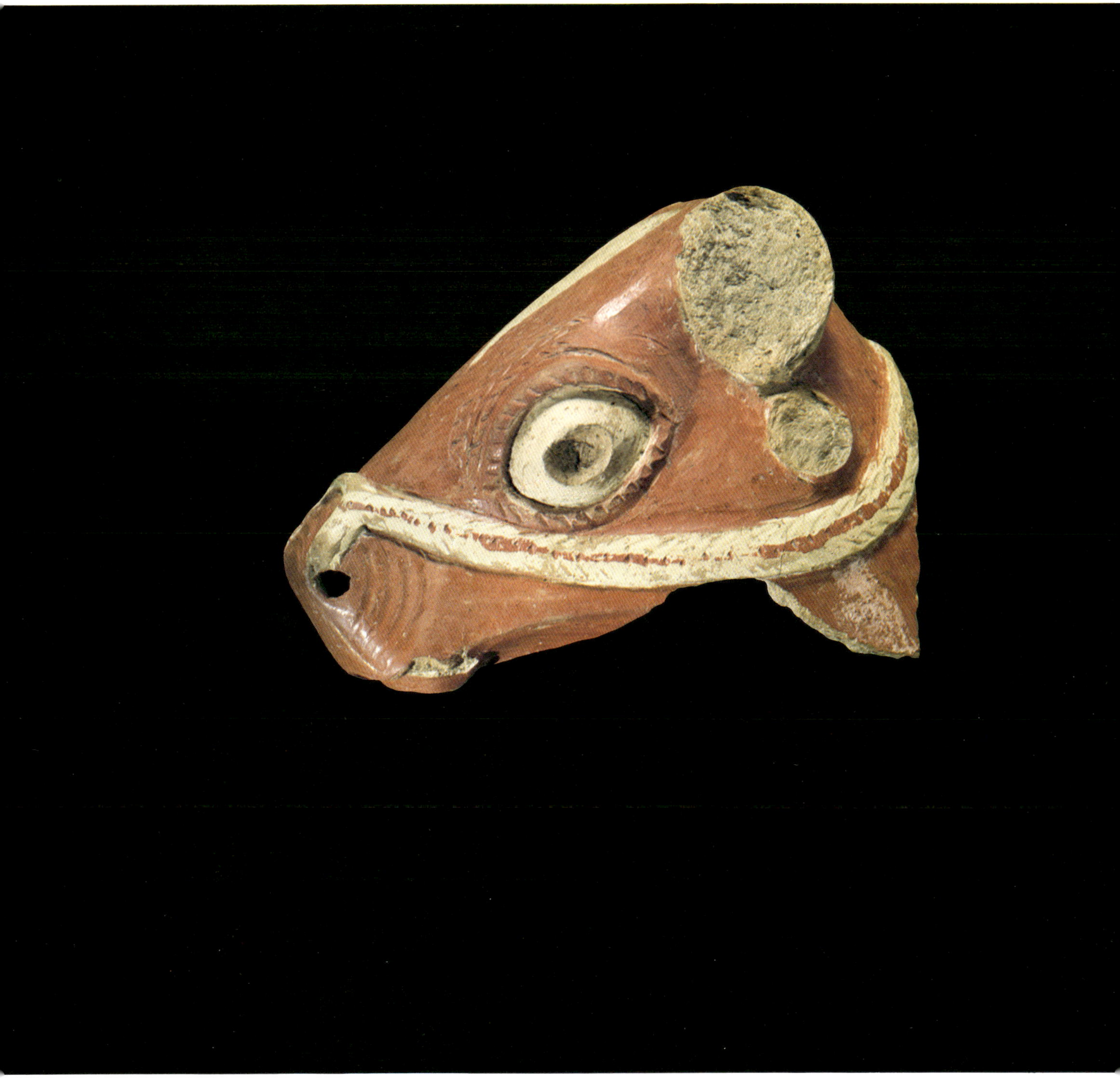

Fragment von einem Stierkopf-Rhyton (Kat.-Nr. 10)

◁ Schmuckstück in Gestalt eines Stieres (Kat.-Nr. 8)

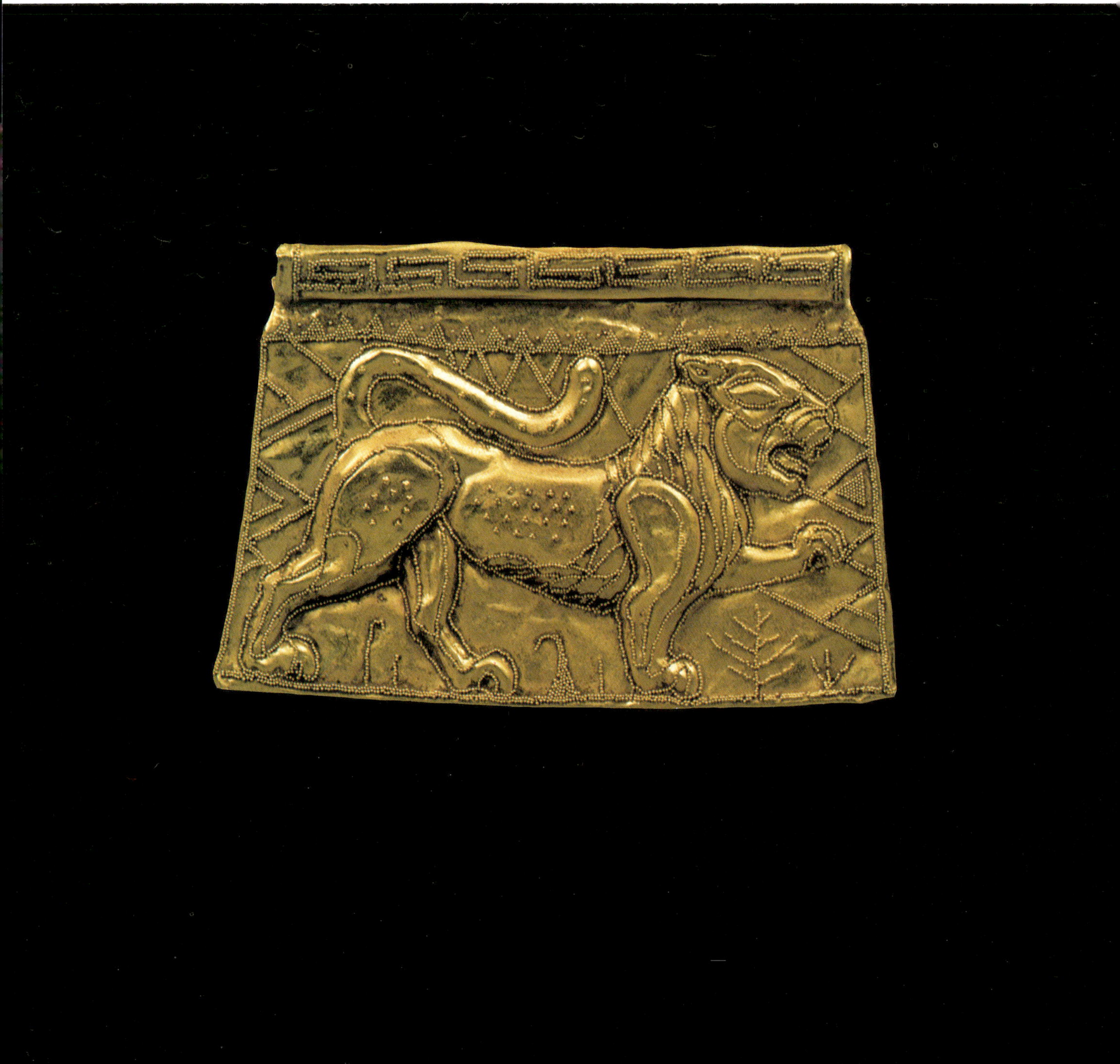

Anhänger in Form einer Platte mit Löwen (Kat.-Nr. 86)

62 Tänzelnder Apis-Stier

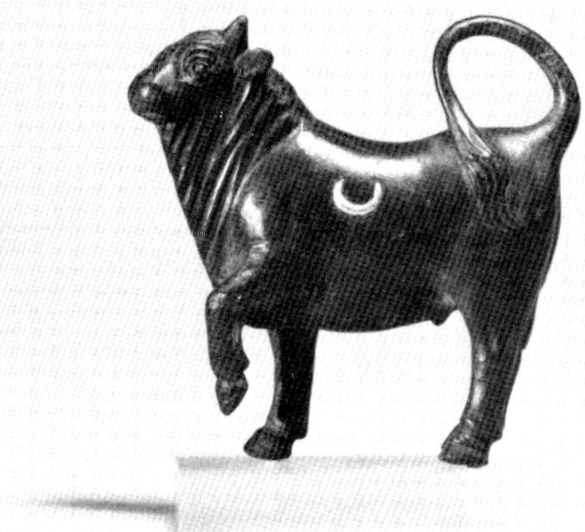

Bronze, Hohlguß, und Gold. Römisches Reich, ca. 2. Jahrhundert n. Chr.
H 6,3; Br 1,8; L 6,7 cm.
Auf der rechten Seite eine antike Flickstelle. Dünne Gußrisse. Dunkelgrüne Patina.

Stier mit drei aufgesetzten und einem angehobenen Vorderbein. Der Kopf ist leicht nach links gewendet, und am Hals verlaufen mächtige Hautfalten (Wamme) bis zur Brust. Der nach oben kreisförmig verlaufende Schwanz endet am linken Hinterschenkel. Am Hinterkopf befindet sich ein Loch, von dem aus eine Furche zu jeder Kopfseite verläuft. Vermutlich war hier eine Mondsichel befestigt, ein in römischer Zeit mit dem Apis verbundenes Symbol. Eine goldene Mondsichel ist auf der linken Körperseite eingearbeitet.
Die in Ägypten ansässigen Römer ließen manche ägyptische Glaubensvorstellung und die damit verbundenen heiligen Tiere in ihre religiösen Vorstellungen einfließen bzw. wandelten sie entsprechend um. So ist auch diese Darstellung des Tänzelnden Stieres eine römische Umbildung des schreitenden Apis-Stieres [61]. Auffallenderweise ist dieser Typus nur außerhalb von Ägypten im Römischen Reich gefunden worden. APK

63 Ziegenbock von Mendes

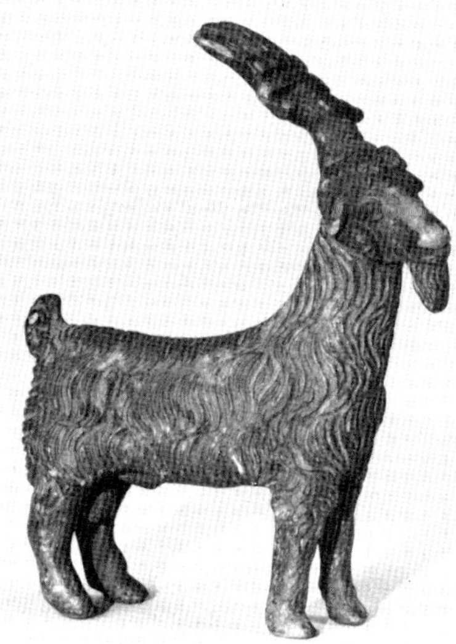

Bronze, Vollguß. Römisches Reich, vermutlich Provinz. 1.–2. Jahrhundert n. Chr.
H 7,2; Br 1,7; L 6,1 cm.
In sehr gutem Zustand mit dunkelgrüner Patina. Rechtes Horn und Federspitze von der Krone abgebrochen.

Ursprünglich wurde in Mendes ein Widder als heiliges Tier verehrt, der in der Spätzeit durch einen Ziegenbock ersetzt wurde. Dennoch trägt dieser Ziegenbock ein Widdergehörn, zwischen dem sich eine Krone, die aus Federn, Gehörn, Sonnenscheibe und Uräus gebildet ist (Hem-hem-Krone), befindet. Nach Herodot wurde dieses Tier wegen seiner Zeugungskraft von den Frauen verehrt.
Dieser Bock hat den Kopf leicht nach rechts gewendet, das linke Beinpaar etwas vorgestellt. Die gewellten Strähnen des Fells sind am Rumpf in Reihen angeordnet. APK

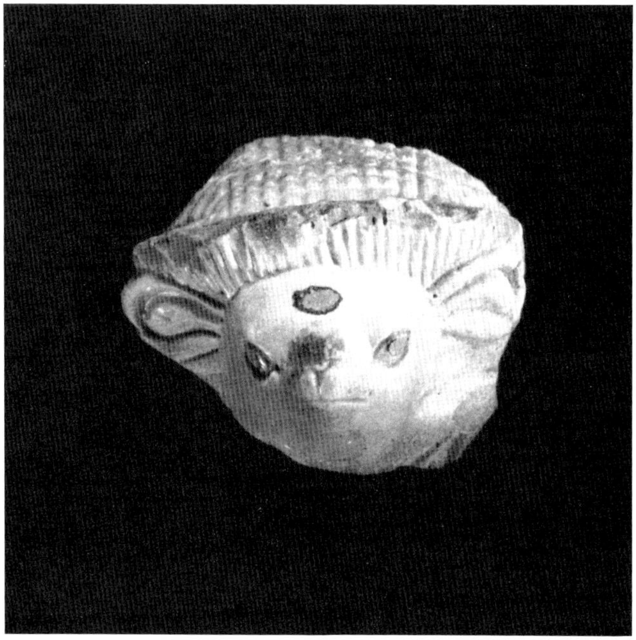

64 Igelkopf-Fragment von einem Aryballos

Helle grünblaue Fayence. Naukratis oder Rhodos, Späte XXVI. Dynastie, ca. 550–525 v. Chr.
H 3,3; Br 2,2; L 4,1 cm.
Beschädigung an der Nasenspitze und den Kopfstacheln.

Kopf- und Schulterteil eines ägyptischen Igels *(Hemiechinus auritus)* von einem dickwandigen Aryballos. Die eingeritzten Augen mit schwarzer Bemalung stehen sehr weit auseinander. Über der schwarz bemalten Nase befindet sich in der Stirnmitte ein ebenfalls schwarzer Fleck. Die Stacheln sind durch eingetiefte sich kreuzende Linien schraffiert. Über dem glatten Gesicht sind die Stacheln bürstenförmig wiedergegeben.
Der Aryballos ist in griechischer Zeit die bevorzugte Gefäßform für Öle und Salben. Gern formte man ihn in Gestalt eines Igels. Zahlreiche Funde dieses Typus stammen aus den griechischen Koloniegebieten. Vermutlich wurden sie in Naukratis, einer griechischen Handelsniederlassung in Ägypten, hergestellt. APK

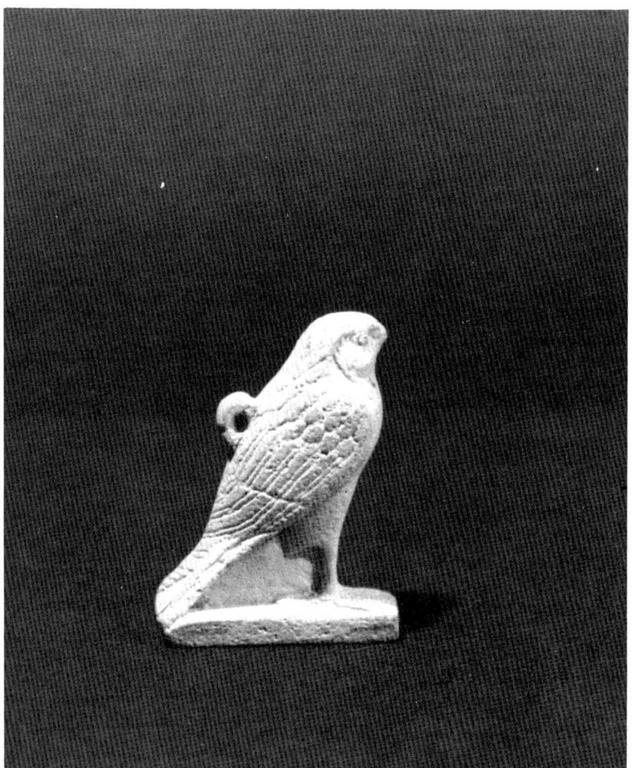

65 Falken-Amulett

Fayence, XXX. Dynastie – Frühptolemäisch, ca. 380–200 v. Chr.
H 4,4; Br 1,6; L 3,4 cm.
Oberfläche sehr abgenutzt. Keine Glasurspuren. Schnabelspitze abgebrochen.

Der Falke steht auf einer rechteckigen Basis. Das Gefieder ist sorgfältig geritzt. Schwung- und Schwanzfedern sind mit dünnen Linien markiert. Am Rücken ist eine Öse zur Aufhängung befestigt. APK

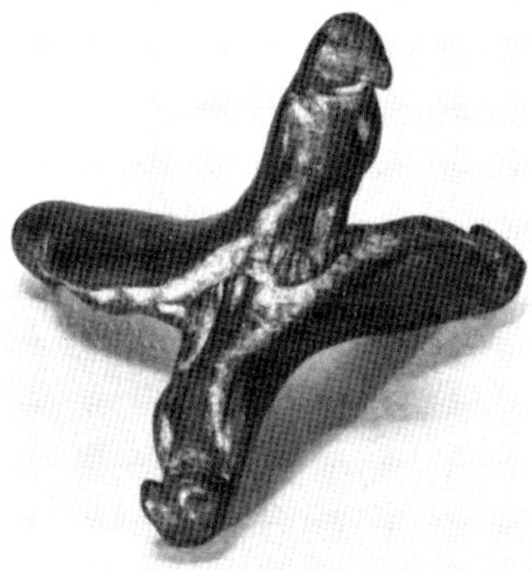

66 Gruppe von vier Falken

Bronze, Vollguß. Ptolemäische Zeit (332–30 v. Chr.).
H 3,9 cm; Gewicht 41,5 g.
Schnabelspitzen abgeplattet durch Benutzung. Grünschwarze Patina.

Die vier Vögel sind in besonderer Weise kreuzförmig als Gruppe komponiert. Jeweils zwei sind an den Füßen miteinander verbunden, während wiederum zwei mit ihren Schwanzfedern am Rücken eine Verbindung bilden. Wie immer man dieses Stück hinlegt, immer steht ein Falke aufrecht und drei liegen. Alle Vögel tragen Halsschmuck; diese Dekoration ist nicht vor der ptolemäischen Zeit belegt.
Diese ungewöhnliche Falkengruppe ist singulär und ihre Bedeutung ist daher nicht gesichert. Man könnte an einen besonderen „Spielstein" denken für ein allerdings nicht bekanntes Spiel. Auch als Verzierung an einem Möbel wäre sie denkbar, obwohl keine Spuren für eine Befestigung erkennbar sind. Wahrscheinlich ist es auch möglich, in ihr ein Gewicht zu sehen. Dieser Vorschlag wurde von A. P. Kozloff gemacht, die darauf hinweist, daß in griechischer Zeit eine Gewichtseinheit von 4,2 bis 4,4 g in Gebrauch war.
APK

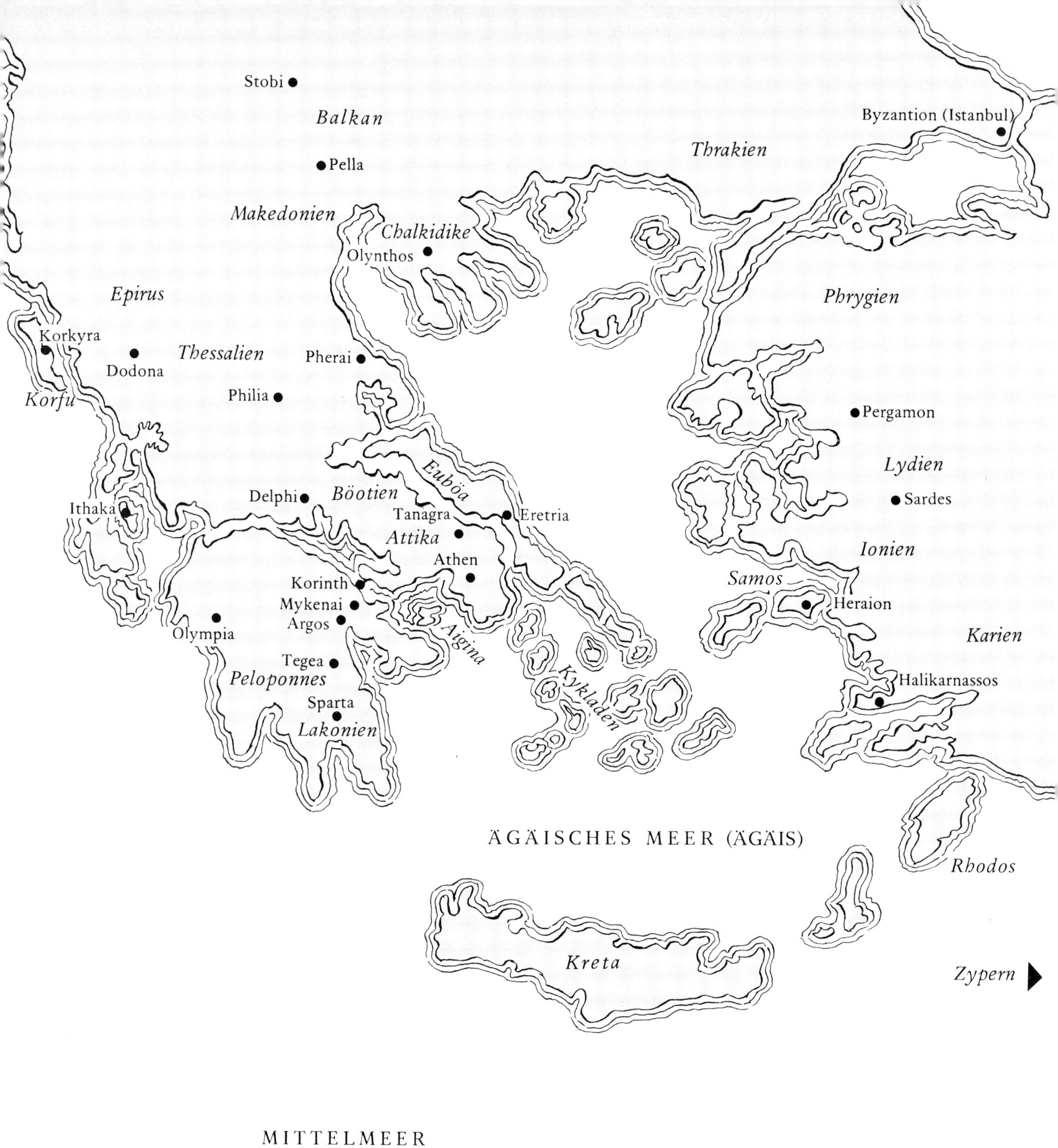
Stobi
Balkan
Byzantion (Istanbul)
Thrakien
Pella
Makedonien
Chalkidike
Olynthos
Epirus
Phrygien
Korkyra
Dodona
Thessalien
Pherai
Philia
Korfu
Pergamon
Lydien
Euböa
Delphi
Böotien
Ithaka
Tanagra
Eretria
Sardes
Attika
Athen
Ionien
Samos
Korinth
Mykenai
Heraion
Argos
Olympia
Aigina
Karien
Tegea
Kykladen
Peloponnes
Halikarnassos
Sparta
Lakonien
ÄGÄISCHES MEER (ÄGÄIS)
Rhodos
Kreta
Zypern
MITTELMEER

Tiere aus der klassischen Antike

Im allgemeinen stellen wir uns die griechisch-römische Kultur in ihren Ausformungen eigentlich ausschließlich anthropomorph und in ihrer Auffassung anthropozentrisch vor. Aus gutem Grund fassen wir die griechische Meinung über das Universum in verkürzter Form des Protagoras-Satzes zusammen: Der Mensch ist das Maß aller Dinge. Folgerichtig hat die klassische Altertumswissenschaft bis auf wenige Ausnahmen sich auf die Griechen und Römer selbst konzentriert, auf ihre Götter und auf die Wechselbeziehungen göttlicher und sterblicher Bereiche im Mythos, in der Geschichte und in der Kunst. Dennoch deckt bereits eine recht oberflächliche Nachforschung auf, daß Tiere in allen Bereichen antiker Kulturen bei Griechen, Etruskern und Römern allgegenwärtig waren und daß ihre Aufgabe als Begleiter, Diener, Feinde sowie gelegentlich auch als religiöse Stellvertreter komplex waren und daß sie bisweilen mit tiefsinniger Bedeutung befrachtet waren.

Im Gegensatz zur ägyptischen Kultur und Religion waren Tiere in der klassischen Welt nicht so unauflösbar mit den Gottheiten vereinigt. Sie waren den olympischen Göttern als Attribute beigegeben, manchmal als Diener, manchmal als Gefährten. Der Adler des Zeus, die Eule der Athena und der Widder des Hermes (später sein Ziegenbock) zählen zu den bekanntesten Beispielen. Die Hunde und Schlangen des Asklepios, welche für die Patienten während der heilbringenden Behandlung und Bettruhe in den Heiligtümern tatsächlich nützlich waren, verdeutlichen exemplarisch die Macht der Tiere, die zu den wohltätigen Einwirkungen der Götter auf die Menschen beitragen und sie vergrößern. Abgesehen von einigen, möglicherweise fortlebenden Relikten scheint bei den Griechen es nicht verbreitet gewesen zu sein, in Tieren Verwandte, totemistische Gefährten oder Alteregos wiederzuerkennen. Trotz jahrzehntelanger Forschung sind wir der Ansicht, daß Schamanismus der religiösen Ausübung und Erfahrung der Griechen sowie der Betrachtungsweise der antiken Menschen gegenüber den Tieren fremd geblieben ist. Dennoch hatten Griechen der klassischen Zeit, Etrusker und Römer sich daran gewöhnt, Tiere als Verkörperungen von Eigenschaften und Werten zu sehen, als Wächter und Begleiter und als Quelle der Unterhaltung und des Vergnügens, über ihre rein nützliche Aufgabe als Nahrungslieferanten, Transportmittel, als Rohstofflieferanten für Bekleidung etc. hinaus. Viele dieser Ein- und Wertschätzungen können bei Einblick in die Metaphern, Gleichnisse und Attribute der gesamten klassischen Literatur gewonnen werden, von den homerischen Epen bis hin zu den frühen Kirchenvätern. Gleichermaßen wertvolle, bisweilen sogar noch lebendigere und sprechendere Nachweise sind in der bildenden Kunst vorhanden. Jedes Tier der Leo-Mildenberg-Sammlung ist hierfür ein anschauliches und naturnahes Zeugnis zugleich.

Der naturalistische und zugleich von Beginn an abstrakte Charakter der Tierwelt in der griechischen Kunst ist bereits gegenwärtig in den frühesten Bronze- und Terrakotta-Tieren, in den Hunderten von Miniatur-Votiv-Statuetten, geweiht in Olympia und in anderen neu gegründeten Heiligtümern im früheisenzeitlichen Griechenland während der geometrischen Periode, die so nach den vorherrschenden Ornamentmustern benannt ist. Abstrakt und vereinfacht, verraten sie dennoch genaue Beobachtung der tatsächlichen Erscheinung und des Charakters der dargestellten Tiere. Die kleinen Pferde (Nr. 71, 71 bis), gegossen in Olympia im späten 8. Jh. v. Chr., verkörpern die Eigenschaften, welche frühe griechische Adlige – sie lauschten homerischen Gesängen und ließen davon beeinflußte Vorstellungen in diesen Werken Gestalt gewinnen – ihren Pferden zumaßen, als Symbole ihres Reichtums und ihrer hervorgehobenen sozialen Stellung. Ebenso sind Pferde geläufige Erzeugnisse in der Vasenmalerei und Töpferkunst, auf geometrischen Gefäßen (Nr. 74) oder rundplastisch modelliert (Nr. 73).

Hingegen läßt die Überzahl an Vögeln unter den nordgriechischen Votivstatuetten aus Thessalien und Makedonien einen anderen kulturellen Zusammenhang vermuten; die gewiß noch weitgehend griechischen Vögel sind in einen weiteren symbolischen Kontext einzufügen, der sich während der Eisenzeit über Italien bis nach Zentraleuropa erstreckt. Die vogelgestaltigen Votivgaben mit Aufhänge-Ösen (Nr. 75) bzw. durchbohrt oder die Vögel mit Füßen und Standplatten (Nr. 76, 77), die möglicherweise größere Geräte bekrönten, bilden ein umfangreiches Aviarium von endlosem Einfallsreichtum und reicher Variation. Das Wild deutet auf die Sümpfe, Seen und Buchten des Balkans hin, wo Jagderfolg noch wesentlich für das Leben war und wo Artemis – in vielen lokalen Varianten als Herrin der Tiere – noch eine Bedeutung beibehalten haben muß, die ihr in fortschrittlicheren südlichen Gefilden wohl bereits abhanden gekommen war.

Die nordgriechische Welt nimmt abstrakte Gestalt an in dem Bild auf der Platte der ausgezeichneten thessalisch-geometrischen Fibel (Nr. 72). Umgeben von Wasservögeln, scheint ein Pferd beim Grasen zu tänzeln. Auch hier vertritt es symbolisch Wert und Reichtum königlicher Familien, welche diese Ebenen und Täler beherrschten, unter ihnen vielleicht Vorfahren des Makedonenkönigs Philippos („der Pferde-Liebhaber").

Nicht weniger liebten den Tiersymbolismus die italischen Villanova-Krieger und Metallhandwerker. Wie in Nordgriechenland, bildeten ihre Tiergestalten Teile größerer Ensembles, so die kleineren Vierfüßler und Vögel in der bewundernswerten Trense mit Pferdewangenklappen (Nr. 84). Die Vögel oben auf dem Bügel der sicherheitsnadelähnlichen Fibel (Nr. 85) kehren ausruhend wieder an den Enden gekreuzter Dachsparren der Hausurnen und sitzen sich paarweise gegenüber auf gegossenen Henkeln verzierter Bronzetassen. In Italien scheinen Pferd und Vogel teilzuhaben an weiteren Welten des Symbolismus, die Zentraleuropa, Iran, sogar die Steppen einbeziehen, ebenso wie die häuslichen mediterranen Überlieferungen.

Die entscheidende Einwirkung der ostmediterranen Welt auf Italien im späten 8. und frühen 7. Jh. v. Chr., als Villanova-Siedlungen sich zu etruskischen Stadtstaaten entwikkelten, kann am besten in den Löwendarstellungen nachvollzogen werden. Der glänzend polierte Löwe (Nr. 86), der auf einem Gefäßdeckel aus heimischem italischem Grau-Impasto liegt, spiegelt ein Metall-Vorbild wider; Hunderte wachsamer ostmediterraner Vorläufer gehen ihm voraus. Gleichfalls zeigt die präzise, detailreiche Goldplatte (Nr. 87) mit ihrem reliefgetriebenen Löwen und reicher Granulation die Faszination der Etrusker durch exotische, orientalische Motive, ebenso auch ihre Verpflichtung gegenüber nahöstlicher Handwerkskunst.

Die Tierwelt spätgeometrischer und früharchaischer griechischer Kunst schloß fantastische Mischwesen ein, Schöpfungen des Ostens jenseits der Grenzen griechischer Welt. Wiewohl wir wissen, daß Sphingen, Kentauren und Sirenen nur in der Vorstellungskraft existieren – hingegen Löwen wirklich und möglicherweise gefährliche, räuberische Kreaturen aus Fleisch und Blut sind –, machten die Griechen jener Zeit solche Unterscheidung nicht. Der Löwe, Wächtersymbol der Macht und Herrschaft bereits seit Jahrtausenden im Nahen Osten, tritt in der griechischen Kunst zunächst zaghaft auf, wie in der kleinen Bronzefigur (Nr. 70) auf eigener Plinthe, mit großen Augen, im Lauf jäh innehaltend. Er ist gleichsam ein Spieltier, noch nicht wild; die Entwicklung zum typischen Löwen steht ihm noch bevor. Allmählich werden Löwen recht geläufig und nehmen ihre zeichnerische und plastische Gestalt überall in der griechischen und etruskischen Welt an. Embleme der Tapferkeit, der Wildheit und der Herrschaft, liegen sie in den Giebeln und blicken von den Rändern der Tempeldächer herab, wo ihre Wächterfunktion in eine neue Aufgabe einmündet: als Wasserspeier (Nr. 111, 138). Sie hocken auf den Rändern von Kesseln (Nr. 90) und auf den Querarmen von Dreifüßen und flankieren die Vertikalhenkel kunstvoller Bronze-Wasserkrüge. Auf Bronzemöbeln, wie den etruskischen Kerzenleuchtern mit Dreifüßen und den Enden der Kohlebecken, treten sie in Paaren, zu dritt oder zu viert auf, kleine Verzierungen in der Silhouette größerer Gegenstände. Die Funktion der Löwen als Wächter aber und die ihnen eigenen Werte in den Darstellungen bleiben wirksam weit über die Jahrhunderte des klassischen Altertums hinaus bis in das Mittelalter.

Widder – Opfertiere, Begleiter des Hermes – begegnen überall und häufig wie die Löwen in der archaischen griechischen Kunst. Ihre ständige Streitlust und ihr entschlossener Widerstand gegen Feinde machten sie zu beliebten Schildzeichen. Widderköpfe zierten die Wangenklappen vieler archaischer und klassischer Helme. Ausruhende Widder flankieren die unteren Enden von Vertikalhenkeln an Wasserkrügen. Einzeln stehende Widder können als Votivstatuetten dienen (Nr. 107, 109); wirkungsvoll ist der Tiercharakter in vereinfachter Form eingefangen. Der massive Widder oben auf denkmalhafter Plinthe (Nr. 108) ist einzigartig, die Miniatur gleichrangig einer Votivsäule. Könnte er zu einem Heroldstab gehört haben? Oder vielleicht die Bekrönung eines zepterähnlichen Instrumentes eines Hermes-Priesters irgendwo in Großgriechenland etwa zur Zeit der Perserkriege gewesen sein? Widder als Wächter oder als Opfertiere kommen zu häufig in der griechischen Kunst vor, als daß sie nicht vielfache Assoziationen, Anspielungen und Bedeutungen für die Betrachter und Benutzer hervorrufen müßten. Einige dieser Bedeutungsaspekte haben bis in die Übergangsphase von der Spätantike zum frühen Mittelalter fortgewirkt und wurden in der byzantinischen Ära wiederaufgenommen. Obwohl in der etruskischen Kunst nicht so geläufig, ist eine Serie vorzüglicher Terrakotta-Widderköpfe für den Tempel in Veji hergestellt worden (Nr. 110).

In einer mehr dekorativen und funktionalen Beziehung dient ein hockender Widder als Parfümfläschchen, die Mündung oben auf dem Kopf (Nr. 96). Derartige kleine figürliche Vasen wurden rings um das Mittelmeer in der archaischen Periode hergestellt. Die Mildenberg-Sammlung enthält einige besonders schöne Beispiele, wie die rhodische Schildkröte (Nr. 97), die ionische Ente (99) und den etruskischen Affen (Nr. 95).

Der Affe oder die Meerkatze, exotische Besucher aus Afrika, haben immer lebhafte Aufmerksamkeit auf sich gezogen. Ihre anthropoide Erscheinung, ihre lebhaften Aktivitäten und oft humoristischen Possen machten sie zum natürlichen Medium für Bemerkungen über menschliches Verhalten. So wirkt der zylindrische Affe (Meerkatze) in dem figürlichen, ostgriechischen Parfümfläschchen des

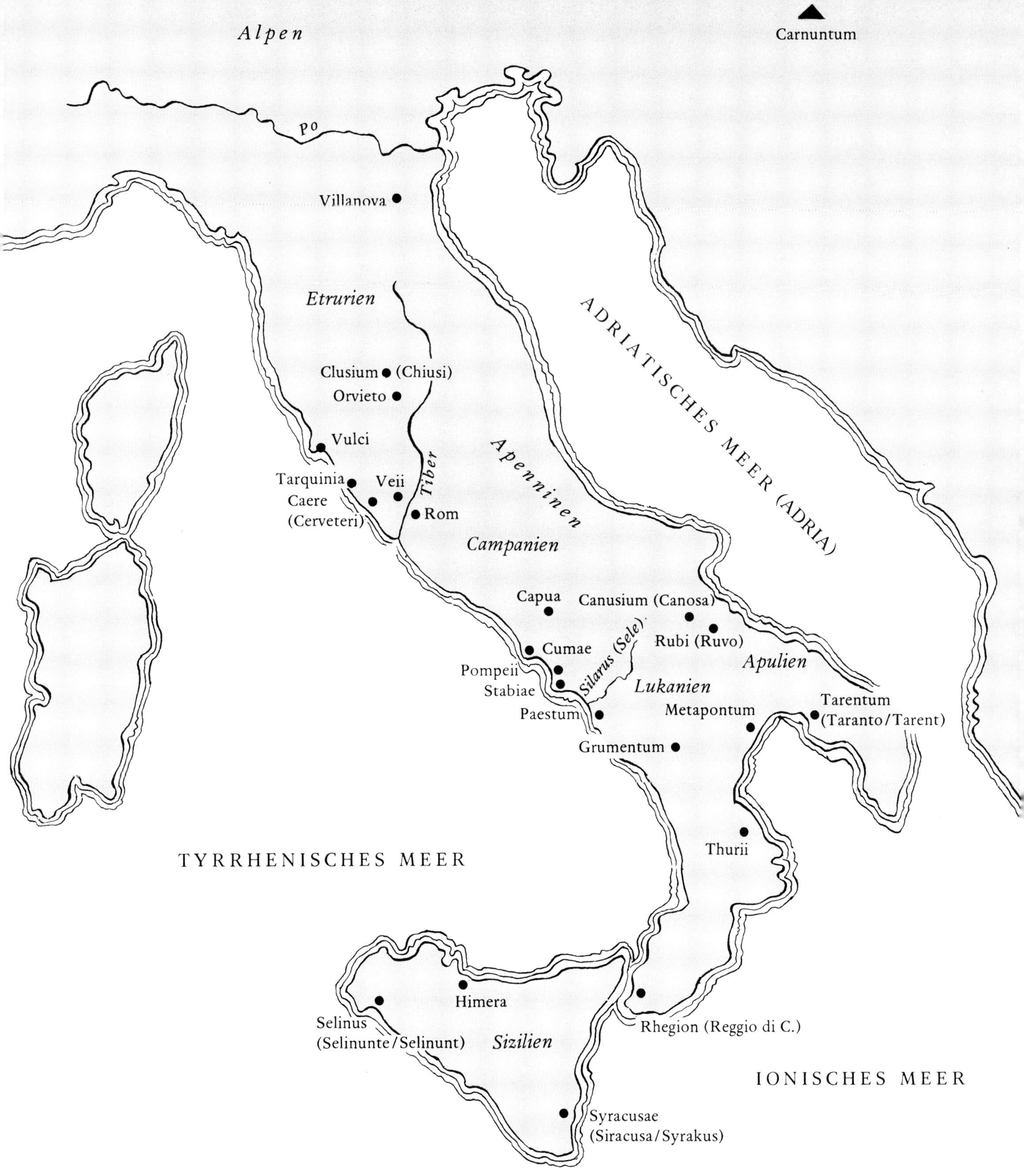

Alpen
Carnuntum
Po
Villanova
Etrurien
ADRIATISCHES MEER (ADRIA)
Clusium (Chiusi)
Orvieto
Vulci
Apenninen
Tiber
Tarquinia
Veii
Caere
(Cerveteri)
Rom
Campanien
Capua
Canusium (Canosa)
Rubi (Ruvo)
Cumae
Silarus (Sele)
Apulien
Pompeii
Stabiae
Lukanien
Tarentum
(Taranto/Tarent)
Paestum
Metapontum
Grumentum
Thurii
TYRRHENISCHES MEER
Himera
Selinus
(Selinunte/Selinunt)
Sizilien
Rhegion (Reggio di C.)
IONISCHES MEER
Syracusae
(Siracusa/Syrakus)

6.Jh. v. Chr. (Nr. 98) mit seinem in Gedanken vertieften Ausdruck wie eine gelungene Karikatur. Der hockende Affe auf der attischen Choenkanne des späten 5. Jh. v. Chr. (Nr. 130) parodiert vielleicht einen attischen Jüngling bei der Einweihung in das jährliche Weinfest, die Anthesterien. Ganz anders hingegen der sitzende Terrakotta-Affe (Nr. 122); in ihm erreicht das Pathos des Bildes die Tiefe und Würde eines Ödipus. Er beleuchtet schlaglichtartig, wie die Griechen als Tierbeobachter ihnen gelegentlich Zugang zur menschlichen Welt des Geistes und der Gefühle verschaffen konnten, sowohl als Stellvertreter in Fabeln wie auch als Einzelwesen höchst ausdrucksvoll für menschliche Züge ebenso wie für ihre tierische Natur.

Höchste Meisterschaft in plastischer Darstellungsweise erreichten die griechischen Bildhauer während des frühen 5.Jh. v. Chr. und hielten sie aufrecht in den folgenden Jahrhunderten für monumentale Tierbilder von erstaunlicher Fülle. Deren Erforschung auf systematischer Grundlage hat gerade erst angefangen. Berühmt waren die Qualität und Nähe zum Urbild bei Myrons Bronzekuh auf der Athener Akropolis; ein Abglanz davon leuchtet in der ausgezeichneten Miniaturwiedergabe (Nr. 158) auf, wahrscheinlich im späten 4. Jh. v. Chr. gegossen und vielleicht die verläßlichste der bisher bekannten Wiederholungen. Der Stier mit gesenktem Kopf, beim Zurückstoßen eines Eindringlings (Nr. 144), und das Tarentiner Pferd, im fliegenden Galopp (Nr. 136) – ein Miniatur-Gegenstück zum galoppierenden Pferd vom Kap-Artemision-Wrack – zeigen, was klassische und hellenistische Bildhauer in Tierdarstellungen kleinen oder monumentalen Formates erreichen konnten.

Tiere spielen auch eine bezeichnende Rolle im Bereich dekorativer Künste, wo ihre spezifischen Eigenschaften besonders wirkungsvoll genutzt wurden. Vögel z. B. flattern als Anhänger an hellenistischen Goldohrringen (Nr. 154) oder haben sich auf Henkeln kunstvoller Urnen aus Canosa (Nr. 151–153) niedergelassen. Später erscheinen sie auf römischen Fresken (Nr. 164) und spätantiken Mosaiken (Nr. 196) wie Beschwörungen idyllischer Naturwelt. Schlangen winden sich als Goldbänder um die Arme ihrer Besitzer. Fische und andere Meerestiere schwimmen oder treiben auf der Oberfläche der Gefäße, besonders auf süditalischen Fischtellern, die in Fülle im späten 4. Jh. v. Chr. hergestellt wurden (Nr. 149). Außerordentlich selten ist die attisch schwarzfigurige Amphora (Nr. 103) des späten 6. Jh. v. Chr. mit ihrem einzigartigen Aufgebot an Meerestieren: Oktopoden, Krabben, Fischen und Wasservögeln. Diese und weitere schöne Kunstwerke zeigen das Gespür des klassischen Künstlers sowohl für die Vielzahl der lebendigen Tiere, aber auch für die besonderen Eigenheiten jeder Gattung.

Diese Vielgestaltigkeit hält in der römischen Zeit an; Spieltiere werden mit Vorliebe dargestellt, wie etwa der schlanke, sensible Hund mit gepunztem Fell, der um Aufmerksamkeit bettelt (Nr. 182); oder der zottige, wachsame und schnüffelnde Molosserhund (Nr. 184), der wahrscheinlich von einem Kasten oder Wagen aus einem italischen Haushalt stammt. Sogar Schädlinge sind mit großem Einfühlungsvermögen in der römischen Tierwelt dargestellt. Was könnte mehr Aufmerksamkeit erregen als das Mäuse-Trio (Nr. 170–172), emsig Futter nagend, eine von ihnen oben auf zirkusüblichem Podest? Eine prächtige Neuheit ist die große Enten-Lampe (Nr. 165), die gewiß bewundernde und humorvolle Bemerkungen hervorrief unter den Gästen des Hauses, wo sie eine gelungene Erwerbung genannt worden sein dürfte.

Widder, Löwen, Panther und Hunde spielten weiterhin ihre gewohnte Rolle in der Gesellschaft, auch als das Christentum die traditionellen olympischen Kulte abgelöst hatte. Der langzottige Widder aus der Mitte eines Opfergefäßes oder einer Patera (Nr. 190) erinnert an das Schaf als Christus-Symbol, das Lamm Gottes, den sühnenden Stellvertreter für die sündige Menschheit im christlichen Glauben. Der Delphin, den Menschen vertraut im gesamten Altertum, hängt in Form einer Lampe in der Hauskapelle oder in der öffentlichen Verehrungsstätte (Nr. 192). Die klassischen Werte und Rollen dieser Tiere blieben lange erhalten, aber wurden angereichert mit zusätzlichen Bedeutungen in der entstehenden christlichen Gesellschaft.

Jedes der antiken Tiere in der Mildenberg-Sammlung eröffnet einen neuen, unmittelbaren Einblick in seine Funktion innerhalb der klassischen Kunst, zu seiner Zeit und an seinem Platz. Die Tiere wecken erneut das Interesse für einen enormen, ungehobenen Schatz von Informationen über Werte und Errungenschaften antiker Kulturen. Und sie bezeugen den außerordentlichen Geschmack und das hohe Einfühlungsvermögen des Sammlers, der uns dank dieser Ausstellung hochherzig daran teilhaben läßt. DGM

67 Rhyton in Form eines Rindes

Rötlichbrauner Ton. Spätkyprisch II. „Base-Ring-Ware", ca. 1300–1225 v. Chr.
H 8,3; Br 4,6; L 12,7 cm.
Hornspitzen bestoßen. Oberfläche auf der linken Seite geringfügig abgerieben. Bemalung relativ gut erhalten.

Das Gefäß hat die Form eines stehenden Rindes. Im Nacken vor dem Ansatz des Bügelhenkels befindet sich eine unregelmäßige Einfüll-Öffnung; das Loch im Maul dient als Ausguß. Die großen kreisförmigen Augen, die Hörner, Ohren, die Wamme und der Schwanz sind an den zylindrischen Körper freihändig anmodelliert. Unregelmäßige weiße Farbstreifen schmücken die Oberfläche.
Viele Spendegefäße in Form von Rindern sind in den spätbronzezeitlichen Gräbern auf Zypern gefunden worden. Sie sind in der Regel in der „Base-Ring-Ware"-Technik hergestellt, die als eine der wichtigen freihändigen Formtechniken in der spätkyprischen Periode eingeführt wurde. Die meisten Stier-Rhyta sind unserem Gefäß sehr ähnlich; manche haben ein trichterförmig angesetztes Maul. Gelegentlich hat sich ein Bronzering am Trichtermaul erhalten, der vielleicht zum Aufhängen oder zum Ziehen des Gefäßes diente. Die exakte Verwendung dieser Gefäße ist auch noch fraglich; die Anzahl, der archäologische Fundkontext und die Beziehung zu den älteren Spendegefäßen weisen wohl auf eine Votivfunktion hin. RDD

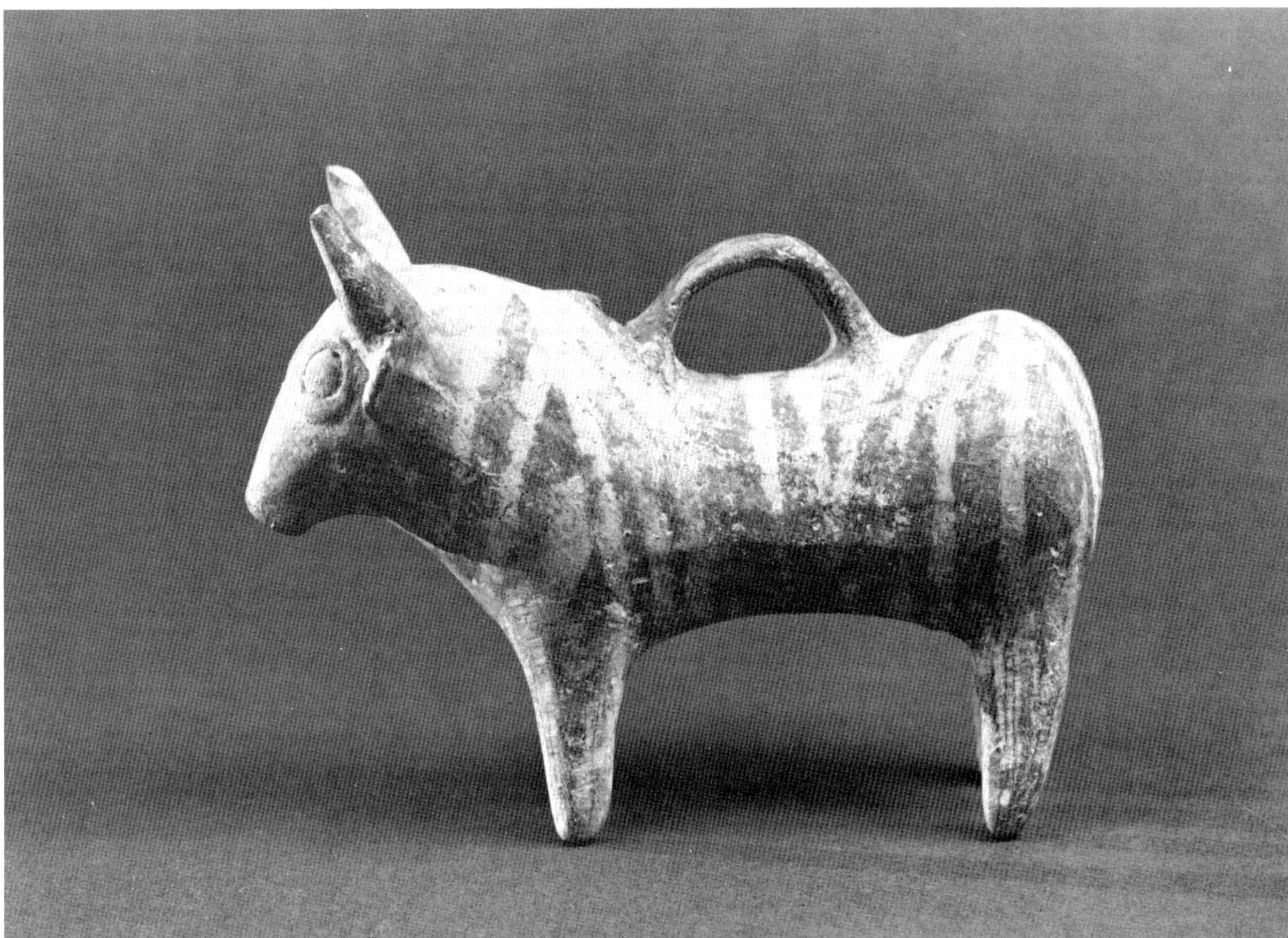

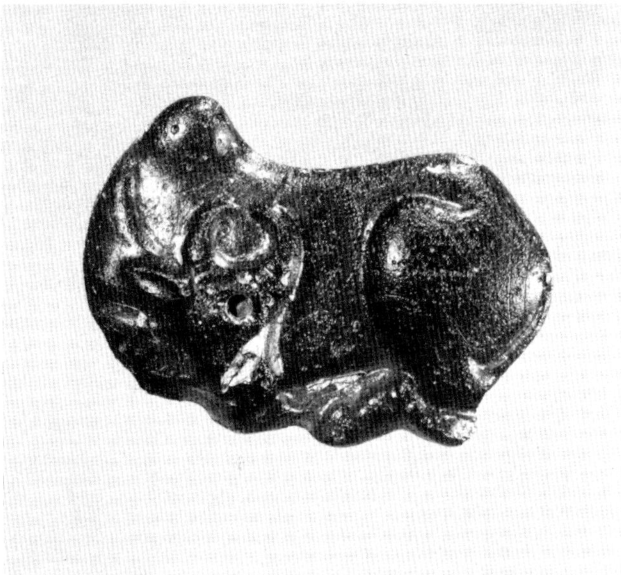

68

gewesen sein. Die Rückseite ist flach und deutet darauf hin, daß dieses Glas als Einlegearbeit verwendet wurde.
Stil, Sujet und Datierung dieses Objektes bereiten außerordentliche Schwierigkeiten. Das Sujet – ein Buckelrind oder Ochse – ist für die römische Kunst ungewöhnlich. Das dunkelblaue Glas ist nicht unüblich für kleine gegossene Anhänger oder auch für geblasene Gefäße der frühen Kaiserzeit, aber der Stil wirkt älter. Diese Farbe ist bereits seit dem späten 2. Jahrtausend v. Chr. von Einlegearbeiten und Schmuckstücken minoischer und mykenischer Fundstätten bekannt. Meistens sind diese Objekte kleiner und stark verwittert; selten finden wir unverwitterte, dunkelblaue oder türkisfarbene Perlen. Die löcherige Oberfläche des Stieres und die dunkle, stark verwitterte Kruste, die noch an dem Bruch quer durch die Stirn und in der Augenhöhlung sitzt, könnte das Stück mit dem älteren Glas verbinden. Nach der Untersuchung neigt der Autor dazu, das Stück für ägäisch zu halten und wünscht, zum Stil und zur Datierung auch die Ansichten der Fachkollegen kennenzulernen. SMG

68 Stier oder Buckelrind

Durchscheinendes, dunkelblaues Glas; wahrscheinlich in offener Form geschmolzen und überarbeitet, Augen gebohrt. Vielleicht ägäisch, 13. Jahrhundert v. Chr.?
H 3,5; D 0,96; L 5 cm.
Vorderteil des Beines und Maul abgebrochen. Der Bruch des Maules betont eine große Blase auf der Schnauze, so daß die obere Gesichtshälfte zu fehlen scheint. Löcherige Oberfläche. „Wurmgang" („Wurzelfasern"?) beeinträchtigt Modellierung und Konturlinien. Eine dunkle dicke Verwitterungsschicht hängt im Inneren des Auges und der tiefen Furchen.

Das Tier liegt auf den unter den Körper genommenen Beinen, der zur linken Seite zurückgewendete Kopf ruht auf dem beschädigten Vorderbein. In seiner Haltung und Hingabe ist das ausruhende Rind im Kleinstformat mit einem Schoßhund zu vergleichen. Ein hochstehender Buckel bildet vorne das Gegengewicht zum hochgewölbten, kräftigen Hinterleib. Der kurvige Umriß und die schwungvollen Bögen in der Binnenzeichnung fesseln das Auge und führen den Blick zu den Seiten und wieder zurück. Die Augenhöhlung mag mit einem anderen kostbaren Material gefüllt

69 Stier mit langem Hals

Bronze. Vollguß nach Wachsmodell in verlorener Form. Südosteuropa, erste Hälfte des 1. Jahrtausends v. Chr.
H 10,3; Br 4; L 12,5 cm.
Intakt. Ganz von einer blasigen, blaugraugrünen Patina überzogen.

Hals und Rumpf sind aus zwei zylindrischen, überlängten Formen gebildet, die winklig gegeneinanderstehen; sanfte Kurven vermitteln den Übergang zwischen beiden strengen Grundformen. Der Rumpf steht auf gespreizten Beinpaaren in der Art eines steifen Bockgestells. Der Gesichtsausdruck zeugt von beträchtlicher Sensibilität. Das leicht geöffnete Maul läßt eine Zahnreihe erkennen. Augen und Nüstern sind tief gehöhlt durch einfache Einstiche in das Wachsmodell. Die Ohren sind wie beim Schlackern zur Seite gestellt. Die Genitalien fügen sich dem strengen, erstarrten Umriß ein. Das Tier scheint gebannt auf etwas jenseits eines Zaunes zu starren.
Unvollkommenheiten des Gusses sind stehengelassen und deuten eine Art zottiger Haarbüschel auf dem Körper und abschilfernde Hörner an. Die lebendig wirkende Oberfläche unterstreicht die plastische Tiergestalt. Die kunstvoll

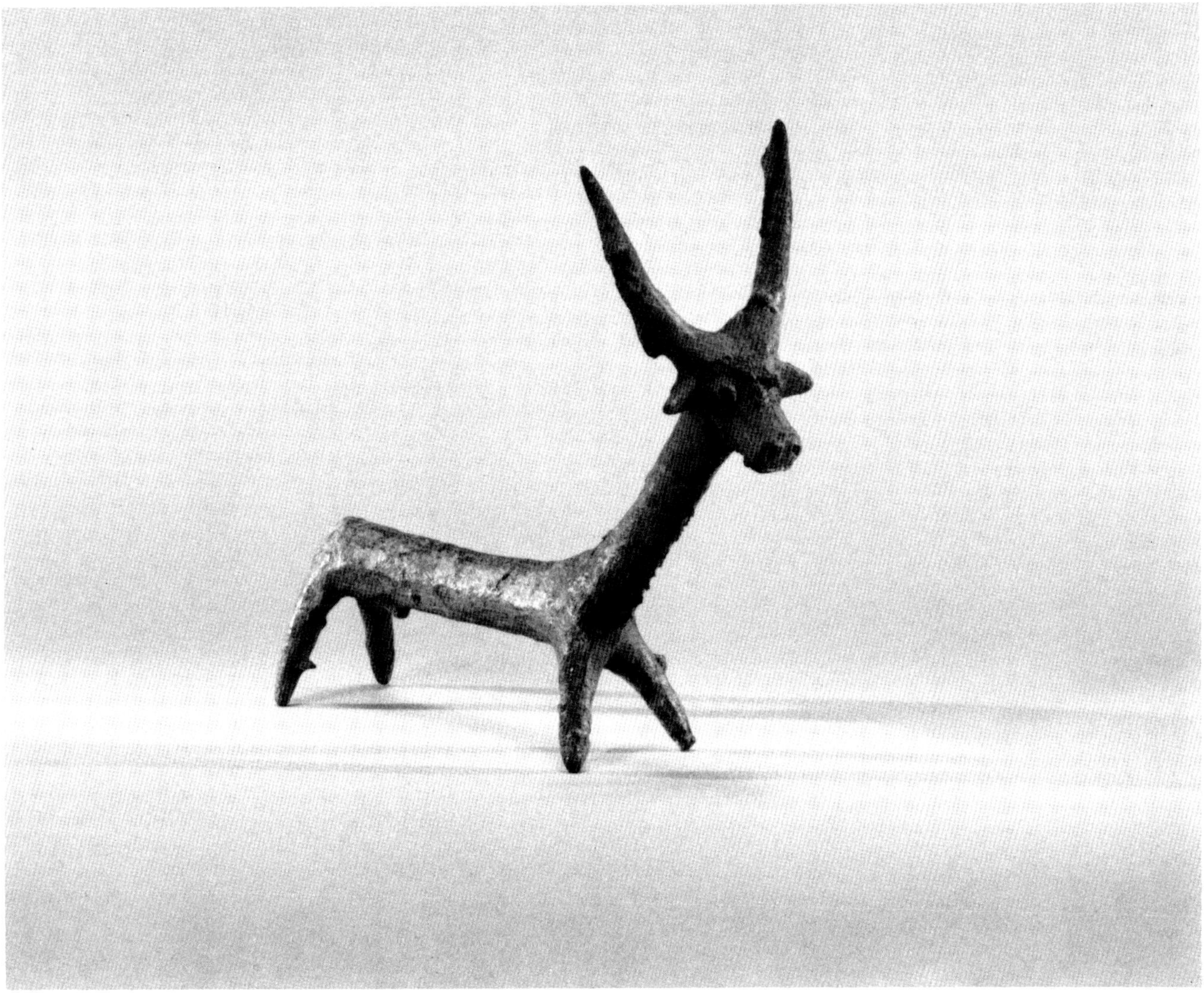

69

stilisierte Form verzichtet aber auch nicht auf sorgfältige Kaltarbeit mit dem Hammer, wie sie entlang des Rückgrates und über dem Hinterteil zu erkennen ist und dort einige Gußunreinheiten beseitigte.
Ähnliche Proportionen mit sehr langem Hals und Rumpf treten an europäischen Bronzen des 1. Jahrtausends v. Chr. auf. Die gespreizte „Bockgestell"-Form begegnet uns bei iranischen Bronzen im 9. Jahrhundert v. Chr. und bei Tieren der Mitte des 1. Jahrtausends v. Chr. aus Jugoslawien. Die steife Formstruktur, die punktierten Augen und Nüstern, das fein gezeichnete Maul und der lebhafte Ausdruck sind Eigentümlichkeiten der frühen argivischen und olympischen Weihgeschenke des 9. und 8. Jahrhunderts v. Chr. (s. Nr. 70). Der Mildenberg-Stier ist wahrscheinlich ein jugoslawisches Erzeugnis mit gewissen Einflüssen aus dem benachbarten Griechenland. PV und APK

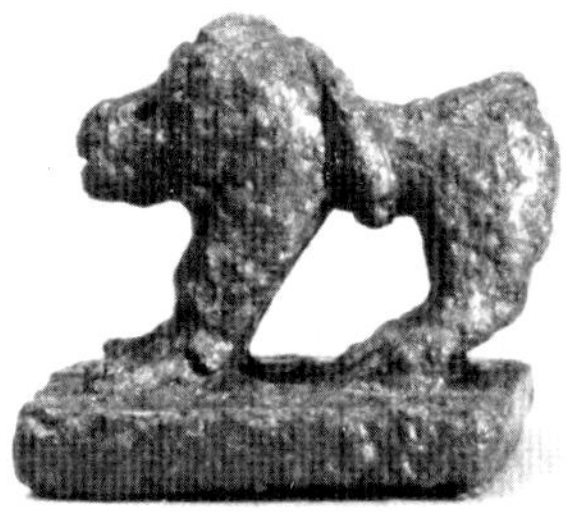

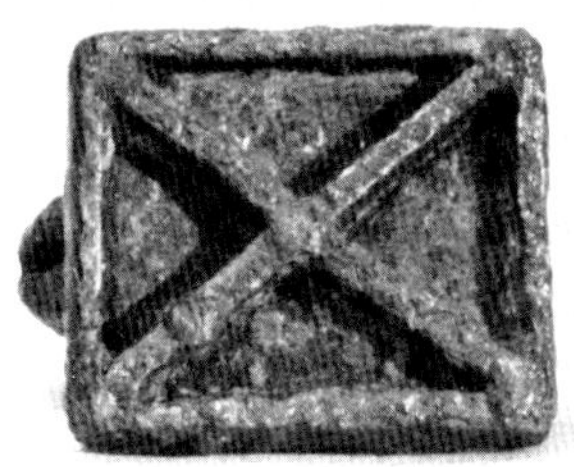

70 Löwe

Bronze. Vollguß nach Wachsmodell in verlorener Form. Griechisch, wahrscheinlich von der Peloponnes. Geometrisch, zweite Hälfte des 8. Jahrhundert v. Chr.
H des Löwen 2,9; Br an den Vordertatzen 1,5; Gesamt-L 3,7; L des Löwen 3,2 cm.
Oberfläche leicht korrodiert. Grüne bis schwarze Patina.

Der kleine Löwe mit weit aufgerissenen Augen steht auf leicht vorgestreckten Beinen wie abrupt anhaltend. Er hat große, gespreizte Vorderpranken mit drei Zehen. Die Vorderbeine und Hinterbeine sind sorgfältig einzeln modelliert; die scharfen Ränder der Furche, welche die Hinterbeine trennt, sehen ganz nach einem Messerschnitt im Wachsmodell aus. Der Rumpf ist kurz mit einem hohen Hinterteil. Der plastisch angesetzte Schwanz windet sich über die rechte Hüfte, legt sich unter die Taille und ringelt sich an der linken Seite hoch bis hinter die Kopfspitze. Der Oberkopf ist massig und abgerundet. Horizontale Rillen markieren eine Furche quer über der Stirn oberhalb der Augen, die in einer konkaven, facettenähnlichen Oberfläche beiderseits eines kielförmigen Nasenrückens liegen, der sich bis zur Maulspitze erstreckt. Die Augen sind punktförmige Löcher, ähnlich wie bei zahlreichen menschlichen Statuetten (Krieger, Wagenlenker) von Olympia. Eine horizontale Linie läuft um die Ränder und Spitze des Maules. An den Vorderbeinen sind kleine Fesseln angegeben. Der Löwe steht auf rechteckiger, unten hohler Plinthe (3,2 x 2,7 x 0,5 cm). Die Unterseite zeigt ein Andreaskreuz in gleicher Reliefhöhe wie die Seitenkanten. Zwei Rillen laufen auf der rechten Seite der Plinthenoberkante entlang.
Der Mildenberg-Löwe gehört zu den wenigen geometrischen Bronzelöwen. Sein übergroßer Kopf erinnert an die Löwen spätgeometrischer attischer Vasen und an die ritzverzierten Platten böotischer und thessalischer Fibeln. Im allgemeinen scheinen geometrische Löwen, die am Ende des 8. Jahrhunderts v. Chr. auftreten, weder nach spezifischen Vorbildern aus dem östlichen Mittelmeerraum noch nach der Natur modelliert zu sein. Statt dessen scheinen sie mehr individuelle künstlerische Wiedergaben nach zeitgenössischen Beschreibungen von Löwen zu sein, wie sie in den Homerischen Epen zu finden sind. DGM

71 Votivpferd I

Bronze. Vollguß nach Wachsmodell in verlorener Form. Griechisch, aus einer Werkstatt in Olympia unter lakonischem Einfluß. Geometrisch, ca. 740 bis 720 v. Chr.
H 5,5; Br an den Hinterbeinen 1,5; L 5,9 cm.
Intakt. Dunkle, graugrüne Oberfläche mit viel leuchtendem Blau an der Innenseite von Schwanz, Hinterbeinen und an der linken Mähnenseite.

Das Pferd steht auf seinen vier Füßen. Der zylindrische Rumpf ist parallel zur Standfläche; der Kopf ist leicht nach unten geneigt. Die Unterkieferlinie steigt nach hinten auf und bildet die rückwärtige Konturlinie der Ohren. Die kugeligen Augen sitzen dicht vor den Ohren. Der Schwanz hängt senkrecht herab und reicht bis auf den Boden. Einzelheiten der Hufe sind plastisch dargestellt. An der Front der Vorderbeine laufen facettenartige Streifen herab, die wahrscheinlich beim Beschneiden des Wachsmodells mit dem Messer entstanden sind. Keine Ritzverzierung.
Das Pferd ist ein vorzüglicher Vertreter der geometrischen Bronze-Votivtiere, wie sie in griechischen Heiligtümern

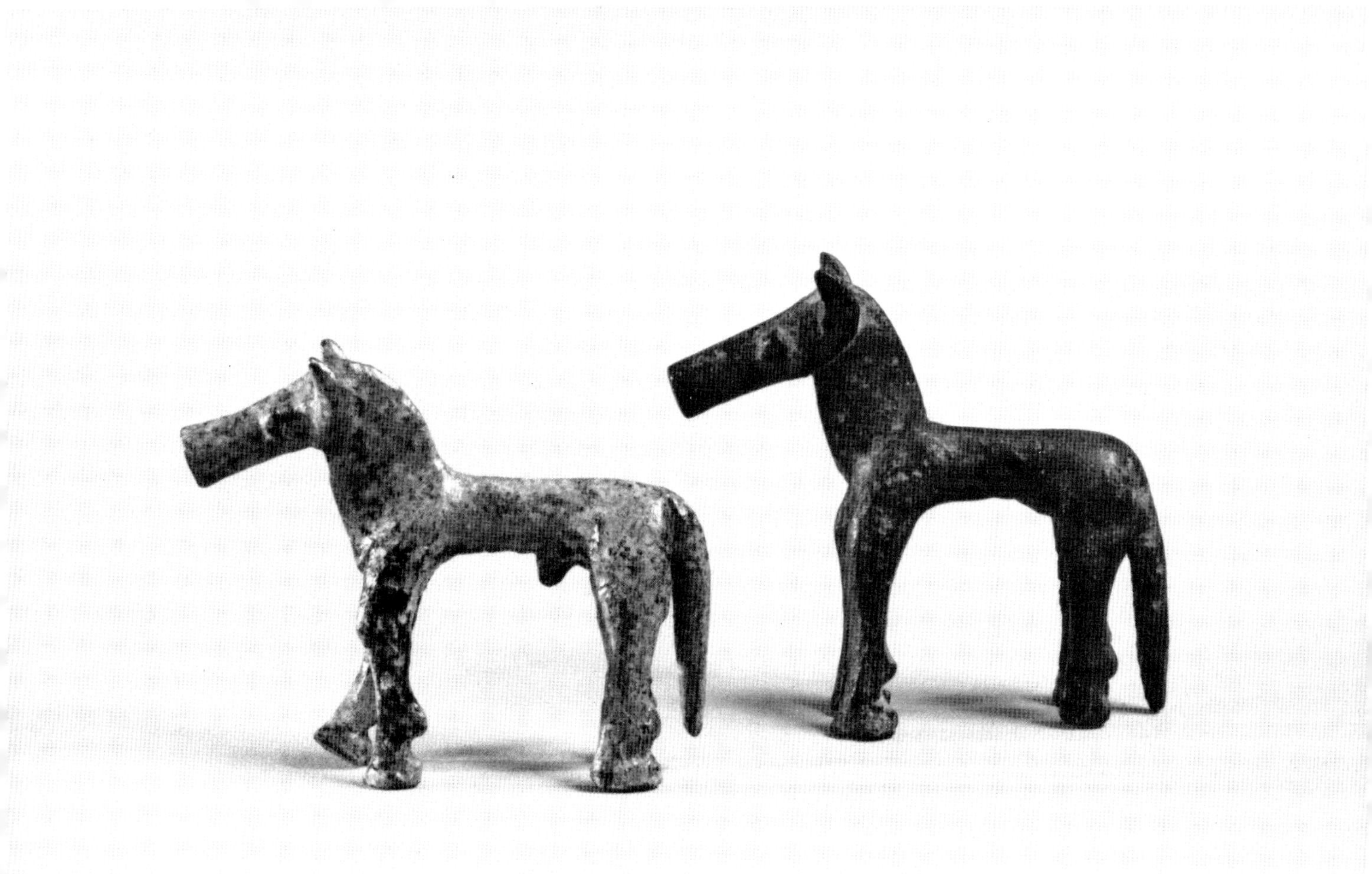

71 (rechts) u. 71 bis

während der Mitte und der zweiten Hälfte des 8. Jahrhunderts v. Chr., besonders in Olympia, auftreten. Im Gegensatz zu zahlreichen Statuetten, bei denen das Pferd mit einer massiven oder durchbrochenen Plinthe zusammengegossen ist, stehen die meisten olympischen Pferde mit ihren Füßen flächig auf dem Boden. Diese kleinen Bronzepferde waren, wie auch die Terrakottafiguren, beliebte Weihgeschenke der Gläubigen und vielleicht auch der Teilnehmer am athletischen Wettkampf an Zeus. Nach der Vielfalt dieser Weihgaben und nach der Mannigfaltigkeit ihrer landschaftlichen Stileigenheiten zu urteilen, müssen die sportlichen Spiele Wettkämpfer aus der ganzen Peloponnes und vom griechischen Festland und den Inseln in der Mitte des 8. Jahrhunderts v. Chr. angezogen haben. Pferde wie dieses und sein Gefährte (Nr. 71 bis) wurden vermutlich von wandernden Bronzegießern am Ort der Verwendung hergestellt – beide sind lokale und eigenständige Erzeugnisse gegenüber den großen Zentren der Metallverarbeitung Korinth, Argos und besonders Sparta. DGM

71 bis Votivpferd II

Bronze. Vollguß nach Wachsmodell in verlorener Form. Griechisch, aus einer Werkstatt in Olympia unter lakonischem Einfluß. Geometrisch, ca. 740–720 v. Chr.
H 4,75; Br an den Hinterbeinen 1,9; L 6,4 cm.
Intakt. Bedeckt mit einer leuchtend blauen bis graugrünen Patina, mit dunkleren Flecken auf den Beinen. Der rechte Vorderfuß ist nach vorn verbogen.

Weitgehend identisch mit Nr. 71 in der Modellierung, Größe, Oberflächenbehandlung und im Fehlen der Ritzverzierung. Unterschiedlich zum vorigen Pferd ist die entwikkeltere Zeichnung der Hufe, Unterschenkel und das stärker hervortretende Glied. Die Unterschiede könnten darauf hinweisen, daß dieses Pferd stilistisch etwas jünger als Nr. 71 zu sein scheint. Es könnte jedoch auch einfach das Produkt eines sorgfältigeren oder fortschrittlicheren Handwerkers der gleichen Werkstatt sein. DGM

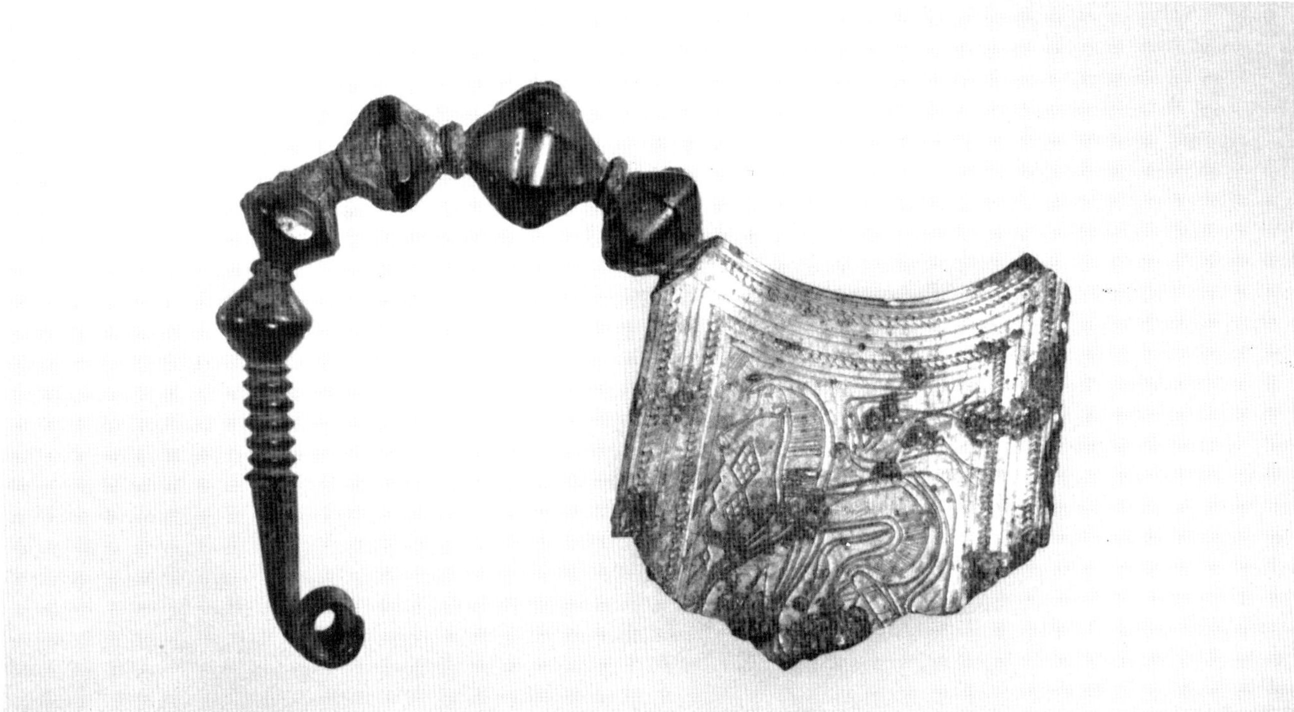

72 Ritzverzierte Plattenfibel

Bronze, gegossen. Griechisch. Thessalisch-geometrisch, zweite Hälfte 8. Jahrhundert v. Chr.
Max. H 5; Br der Platte 5; L 10,2 cm.

Verloren sind die Nadel von der Windung an und der untere Teil der Platte; ebenso die Kugel auf der äußeren Plattenecke oben. Leuchtend dunkelblaugrüne Patina auf den Kugeln des Bügels. Harte grüne Korrosionspartikel partiell an der zweiten und dritten Kugel des Bügels von der Nadelseite. Flecken auf der Vorderseite der Platte verunklären Teile des geritzten Pferdes und des Wasservogels; die Rückseite ist noch weitgehend von einer Kruste bedeckt.

Die reich verzierte Fibel – eine sicherheitsnadelähnliche Gewandspange – hat einen Bügel aus fünf doppelkonischen Kugelgliedern. Zwei Windungen der Federspirale sind erhalten; sie bildet die Fortsetzung des facettierten Bügels. Zwischen der Federspirale und dem ersten Kugelglied befinden sich sechs scharfrandige Scheiben übereinander. Die drei großen Kugelglieder nahe der Platte sind zu facettierten Achtecken geformt; das vierte kleinere Kugelglied weist beiderseits vier flache Seiten auf; das fünfte und kleinste Kugelglied besteht aus zwei abgerundeten konischen Hälften. Wulstglieder trennen die großen Kugeln; das erste (Dm 7 mm) nahe der Platte trägt feine Ritzung. Das dritte Wulstglied ist vermutlich bei einer mechanischen Reinigung der Fibel abgebrochen. Ein flaches Zwischenglied mit feiner Ritzung bildet den Übergang vom Bügel zur linken oberen Plattenecke. Der umgebogene untere, verlorene Rand der großflächigen, flachen Platte nahm ursprünglich als Raste die verlorene Nadel auf.
Beide Plattenseiten sind aufwendig ritzverziert. Auf der Vorderseite steht ein Pferd nach links; ein Vogel fliegt in gleicher Richtung über seinem Rücken. Die Ritzzeichnung auf der Plattenrückseite (Pferd oder Vogel) ist durch Korrosion verunklärt. Parallele Linien sowie ein inneres und ein äußeres Zickzackband rahmen das Pferdebild. Die beschädigte Zeichnung auf der Rückseite ist von einem breiten Mäanderband gefaßt. Eine Bildrahmung mit feinen Zickzackbändern ist für Fibeln dieser nordgriechischen Landschaft ungewöhnlich, da hier in der Regel mit dem Zirkel gezogene Bögen und Halbkreise auftreten.
Vom Maul des Pferdekopfes in der linken oberen Ecke hängt eine Zickzacklinie herab, die in einer kleinen Raute (vielleicht Zaumzügel?) endigt. Zwischen dieser Zickzack-

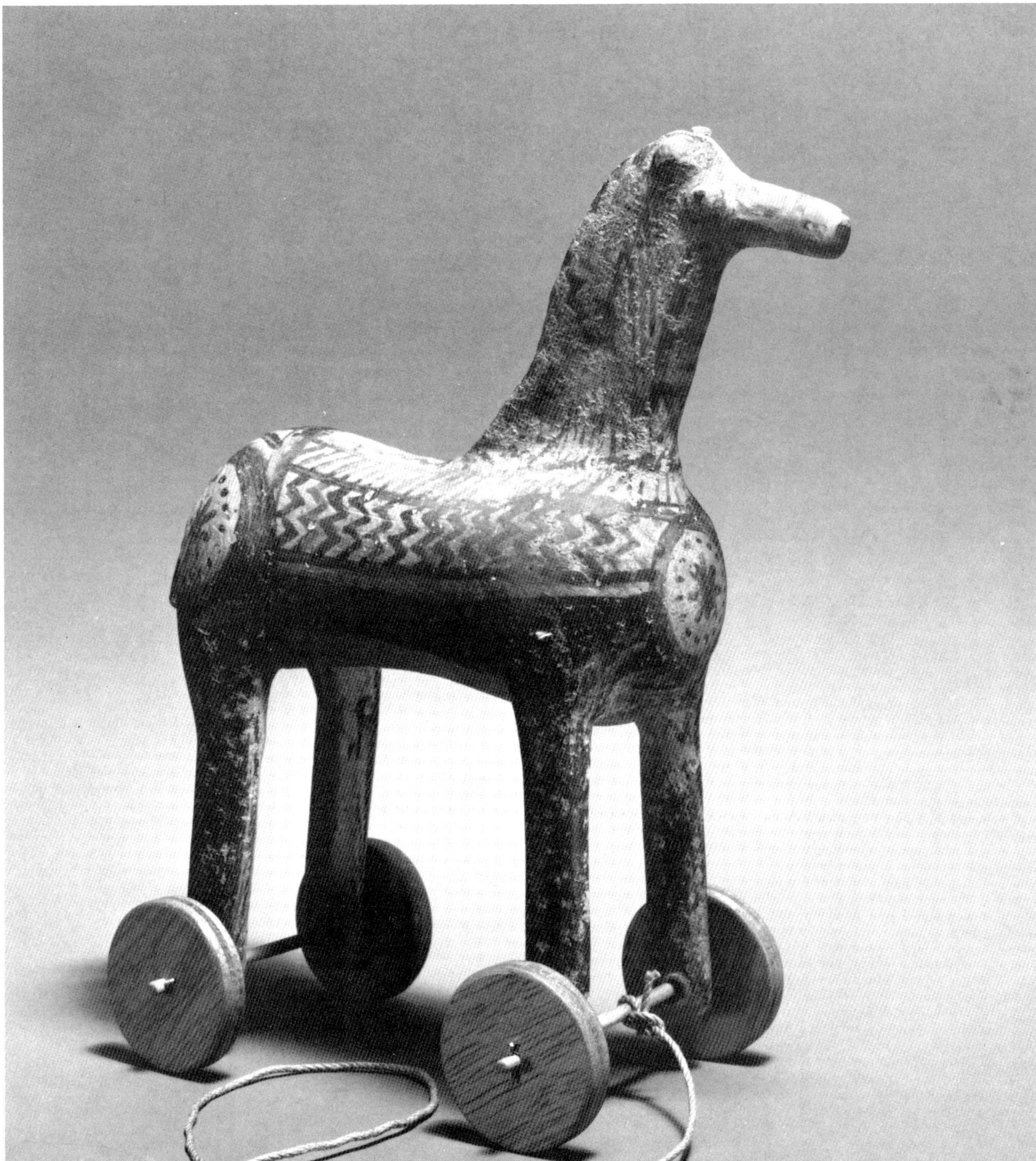

73

linie und dem Pferdebug stehen kreuzschraffierte Rauten aufeinander. Der Vogel über dem Pferderücken wendet den Kopf zurück; es ist nicht ganz eindeutig, ob er fliegt oder auf dem Pferderücken ausruht. Ein kleiner Wasservogel nimmt die Fläche zwischen den Pferdebeinen ein. Ein Dreieck steht anscheinend aufrecht zwischen den Vorderbeinen. Vier dünne eingeritzte Dreiecke hängen vom oberen Bildfeldrand hinter dem Kopf des großen Wasser(?)-Vogels herab; ein fünftes zwischen der Pferdemähne und dem Vogel.
Zwei parallele Ritzlinien umschreiben die Konturen von Rumpf, Mähne und Beinen des Pferdes. Die Oberfläche des Tierkörpers ist mit feinem Strichmuster gefüllt: horizontal geritzt die Mähne, vertikal der Rumpf und strahlenförmig der Übergang vom Rumpf zu den Hinterbeinen. Obwohl der Pferdekörper im Profil erscheint, ist der Kopf mit beiden winzigen Augen wie von oben gesehen dargestellt – ein höchst eigenständiges Beispiel für die zusammengesetzte Sehweise in geometrischer Handwerkskunst. Ein separates Feld mit diagonalem Kreuzmuster – wie es ähnlich an entsprechender Stelle als eingeritztes Ornament auf vielen geometrischen Pferdestatuetten vorkommt – begegnet auf der Mähne. Eine einfache Linie, die der Kurve des Rumpfes folgt und dann nach unten steil abfällt, stellt den Schwanz dar; vermutlich reichte sie bis zu den Füßen.
Ähnlich kleine Bildfelder auf Plattenrückseiten mit Vierbeiner oder Vogel treten bei den Fibeln von Pherai auf. Die Mildenberg-Fibel ist eine der feinsten und elegantesten ritzverzierten Fibeln aus den thessalischen Metallwerkstätten, die wir kennen. Sie gehört zu einer größeren Gruppe aufwendig verzierter Plattenfibeln von Pherai. DGM

73 Pferd auf Rädern

Terrakotta, blaßrosa-gelbbraun gebrannt. Attisch-geometrisch, 1. Hälfte 8. Jahrhundert v. Chr.
H 20,2; L 18,9; Br 6,1 cm.
Das rechte Ohr und die untere Partie des Schwanzes abgebrochen. Fehlbrandstelle auf der rechten Schulter, die Oberfläche stellenweise narbig und abgerieben.

Die Durchbohrungen der Hufe zeigen an, daß das kleine Terrakotta-Pferd tatsächlich auch im Altertum auf Rädern stand und damit gerollt bzw. gezogen werden konnte, so wie es die moderne Montierung mit Holzachsen und -rädern ermöglicht. Die Gruppe derartig beweglicher, gleichsam ‚lebendiger' Pferde ist klein, wobei über den ursprünglichen Verwendungszweck nur Vermutungen angestellt werden können. Bei der Annahme von Kinderspielzeug finden die Räder eine besonders plausible Erklärung. Terrakotta-Pferde (freilich ohne Räder, dafür aber des öfteren mit Reitern) sind seit mykenischer Zeit in einiger Zahl in Griechenland anzutreffen. Dabei erweist sich gerade auch die geometrische Epoche mit vorzüglichen attischen Beispielen als ergiebig. Dort begegnen Pferde (einzeln oder in Gruppen bis zu vier Tieren) häufig als Deckelgriffe von großen tönernen Büchsen, den sog. Pferdepyxiden, die nahezu ausschließlich in Männergräbern gefunden wurden. Bei den Bestatteten handelt es sich zweifellos um Angehörige der Adelsschicht, denn nur diese konnte sich Pferde und deren aufwendige Haltung leisten.
Das hochbeinige Pferd der Sammlung Mildenberg ist aus einzelnen röhrenförmigen Elementen (für Rumpf, Beine, Kopf und Schwanz) zusammengefügt. Die in Braun angegebene Ornamentierung folgt gängigen geometrischen Mustern. Zickzackbänder und Reihen schräggestellter, paralleler Linien gliedern Rumpf, Hals und Mähne; Brust und Hinterbacken sind durch Medaillons mit jeweils einem Stern im Zentrum und einem punktierten Kreis hervorgehoben. RDD

74 Kantharos mit Pferden ▷

Rötlichbrauner Ton. Griechisch. Attisch-geometrisch Ib, ca. 750–730 v. Chr.
H mit Henkeln 17; H ohne Henkel 12,8; Dm der Lippe 15,4 cm.
Aus Fragmenten zusammengesetzt; Ergänzungen retuschiert.

Der Kantharos ist ein hochhenkliges Trinkgefäß mit vertikaler Lippe, die ohne Absatz in die schmale Schulter übergeht. Der tiefe Bauch läuft aus in einen flachen, fußlosen Boden. Dieser Kantharostyp mit hochgeschwungenen Henkeln wurde in der mittelgeometrischen Periode (ca. 800–750) in Attika eingeführt und blieb geläufig während der spätgeometrischen Zeit (ca. 750–700 v. Chr.).
Die Mündung hat eine leicht elliptische Form angenommen, die durch das Ansetzen der Bandhenkel im noch feuchten Zustand des Tones entstand. Das Gefäßinnere und der untere Körper sind monochrom schwarz-glänzend. Die bräunlich-schwarze Bemalung ist auf beiden Seiten gleich. Die Bandhenkel sind über der Lippe mit einem X, oben auf der Krümmung mit horizontalen Streifen, auf der Außenseite mit einem kleinen X bemalt. Die Unterseite der Henkel ist unbemalt. Die Lippe trägt außen eine Reihe von Tangentenkreisen mit Mittelpunkten, oben von zwei, unten von drei Horizontallinien gerahmt; auf (A) 12, auf (B) 11 Tangentenkreise. Die Bildfelder auf dem Körper sind oben von drei, unten von zwei Horizontallinien gefaßt, die um die

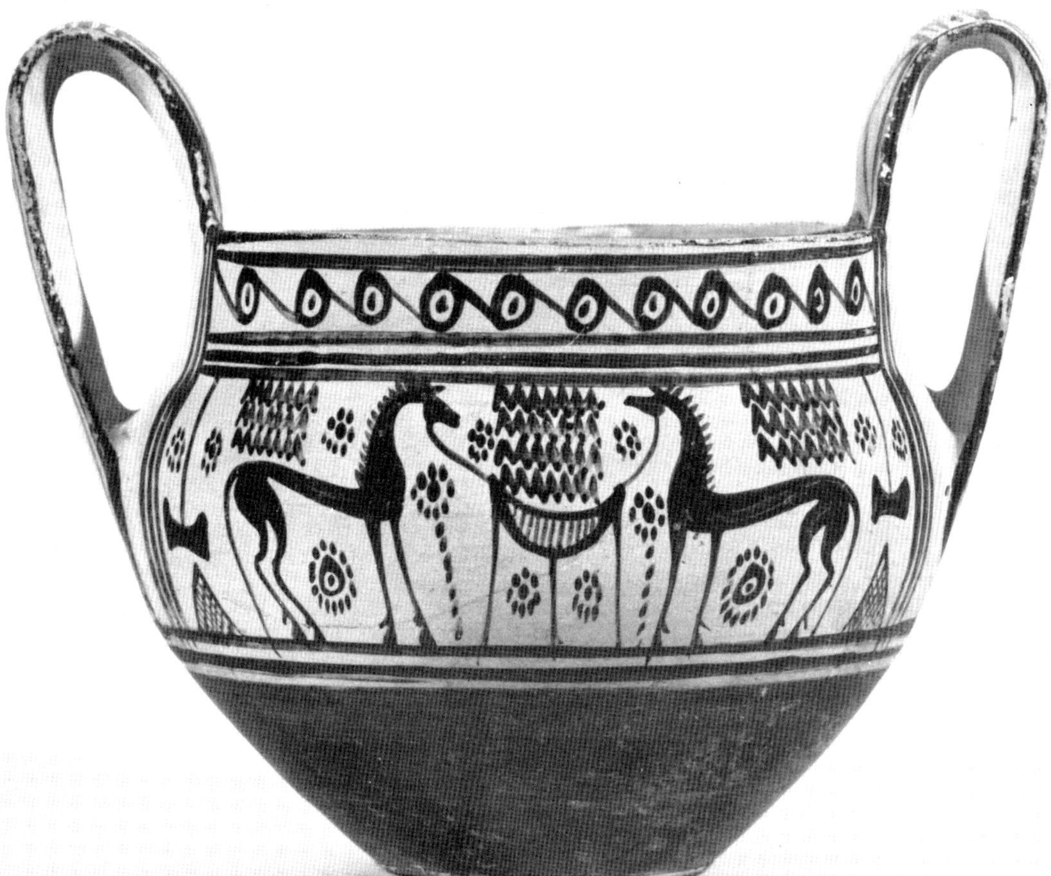

Vase herumführen. In der Regel sind die Bildseiten dieser Vasen in kleine Metopenfelder unterteilt; unser Kantharos zeigt aber nur ein einziges symmetrisches Bildfeld: antithetische Pferde an eine dreifußförmige Krippe angebunden. Über der Krippe vier dick gemalte Zickzackreihen, die sich in Dreierreihen über den Kruppen der Pferde wiederholen. Hinter jedem Pferd hängt eine Doppelaxt herab über einem kreuzschraffierten, stehenden Dreieck. Weitere Füllornamente sind schwebende Punktrosetten, Punktrosetten auf Punktstengeln, Punktrosetten mit eingeschriebenem Kreis unter den Pferdeleibern.

Antithetische Pferde sind ziemlich häufig in der attisch-spätgeometrischen Vasenmalerei. Pferde und Dreifüße sind verständlicherweise miteinander kombiniert, weil Dreifüße häufig die Gewinne in den homerischen Wagenrennen darstellen (Ilias 23, 264 ff.). Obwohl das Gerät zwischen den Pferden auf dem Mildenberg-Kantharos kesselförmig ist und auf drei Beinen steht, fehlen ihm die charakteristischen Ringhenkel. Folglich mag es eine Krippe oder Raufe sein, obwohl diese wie kastenförmige Wannen auf zwei Beinen dargestellt sind.

Dieser Kantharos ist trotz einiger ungewöhnlicher Züge ein hervorragender Vertreter der attisch-geometrischen Vasenmalerei in ihrer besten Periode.

JN

75 Anhänger in Form eines dickleibigen Vogels

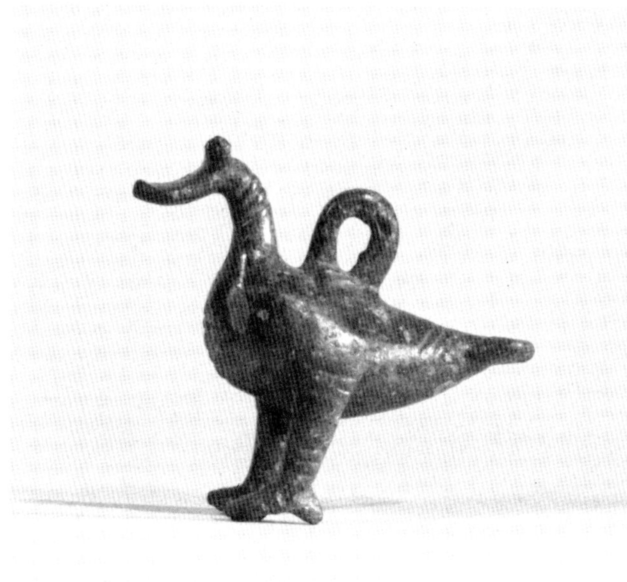

75

Bronze, Hohlguß. Griechisch. Thessalisch-geometrisch, Ende 8. Jahrhundert v. Chr.
H 4,5; max. Br 1,7; L 5,2 cm.
Intakt. Mit dunkler, leuchtend graugrüner Patina; stellenweise löcherig und genarbt durch Korrosion. Ein Loch unten an der rechten Seite vor dem Schwanz zeigt, daß der Vogel hohl gegossen ist.

Der massige Vogel steht auf seinen Füßen. Eine große ovale Schlaufe in Längsrichtung auf dem Rücken dient zur Aufhängung. Der pralle Körper läuft hinten in einen flachen kreisförmigen Schwanz aus und endigt vorn in den vorgebogenen Hals und flachen, hochgebogenen Schnabel. Zwei stumpfe, hörnerartige Augen stehen schräg auswärts von der Kopfspitze ab. Die Beine sind unten leicht einwärts gebogen; die Füße zeigen nach hinten abstehende Fersen. Der Vogel ist in mehreren Zonen mit Ritzornamenten verziert: drei Ritzlinien auf jeder Nackenseite hinter den Augen; drei Rillen kreuzen sich auf dem Rücken vor dem Schwanzansatz; zwei Zonen von je drei Horizontallinien oben und unten an den Beinen; fünf Horizontallinien auf der Brust mit vertikalen Kreuzstrichen.

Dieser Vogeltyp ist aus zahlreichen Heiligtümern des gesamten griechischen Festlandes geläufig; konzentriert tritt er in Nordgriechenland, speziell in Thessalien auf; mehrere verwandte Exemplare sind unter den Vogelanhängern aus dem Enodia-Heiligtum von Pherai zu finden. Wie auch die übrigen Vögel in der Mildenberg-Sammlung (Nr. 76–78) mag dieser ursprünglich von Ästen heiliger Bäume in den freien, offenen Heiligtümern herabgehangen haben, welche besonders vor dem großen Zeitalter der Tempelbauten in Griechenland verbreitet waren. Sehr wenig ist nur bekannt über die Kultrituale an diesen heiligen Stätten. Auch ist unklar, welche Vogelsorte hier gemeint ist, über die allgemeine Aussage hinaus, daß ein schwerer, erdgebundener Wasservogel wie Huhn oder Gans gemeint ist: diesem Exemplar sind Züge des zugleich wilden und domestizierten Wassergeflügels zu eigen. Vielleicht waren viele Vogelarten beliebte Opfergaben an die Gottheiten in den früheisenzeitlichen Heiligtümern Nordgriechenlands.

DGM

76 Anhänger in Form eines Vogels auf Pyramidenbasis

Bronze. Vollguß nach Wachsmodell in verlorener Form. Griechisch, wahrscheinlich thessalisch-geometrisch, zweite Hälfte 8. Jahrhundert v. Chr.
H 4,8; L des Vogels 4; L der quadratischen Basis 2,2 cm.
Intakt bis auf die verlorene Schnabelspitze. Gesprenkelte graugrüne Patina.

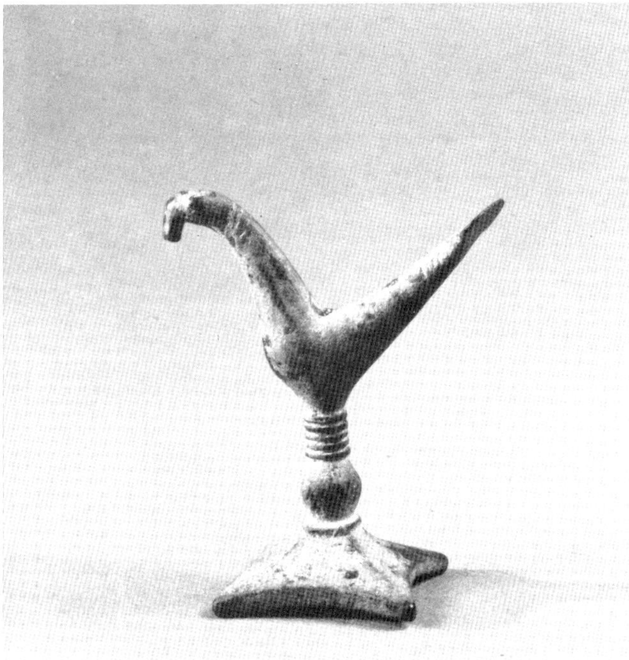

76

Der langhalsige Vogel sitzt auf einem Schaft über einer Pyramidenbasis mit konkaven Rändern. Der Hals ist vorwärtsgebogen, der Schnabel mit verlorener Spitze zeigt nach unten. Die Augen bestehen aus winzigen erhabenen Kügelchen. Zum Aufhängen ist der Vogel am unteren Nackenansatz auf dem Rücken schräg nach vorn zur Brust hin durchbohrt. Der Schwanz ist in Aufsicht breit und rautenförmig; das hintere Ende und auch der Schwanzansatz sind mit feinen Ritzlinien verziert. Drei ähnliche Ritzlinien schmücken den Nacken unterhalb der Augen. Der Schaft besteht aus fünf horizontalen Wulstringen auf einer ovalen Kugel; ein größerer Wulst trennt sie von der Basis. Die Basis ist unten hohl, eine eingekerbte Rille umschließt einen quadratischen Klumpen in der Mitte.
Dieser Anhänger ist eine andere Variante nordgriechischer, eisenzeitlicher Vogelanhänger, die sowohl mit dem Loch zum Aufhängen als auch mit einer Basis zum Aufstellen versehen sind. Wie bei Nr. 77 sind die Füße nicht dargestellt, sondern in den Schaft eingegangen; dadurch entsteht der Eindruck, der Vogel sitze auf einem Pfahl. Gleiche Vogelanhänger sind in dem Enodia-Heiligtum (Nr. 75) von Pherai in Thessalien gefunden und ebenfalls im Itonia-Heiligtum von Philia. Ähnlichkeiten in der Patina und Modellierung lassen vermuten, daß dieser Vogel und Nr. 77 aus der gleichen Werkstatt, wenn nicht sogar vom gleichen Fundplatz stammen.
DGM

77 Anhänger in Form eines Vogels auf Rädern

Bronze. Gegossen nach Wachsmodell in verlorener Form.
Griechisch, wahrscheinlich thessalisch-geometrisch.
Zweite Hälfte 8. Jahrhundert v. Chr.
H 6,5; Br an den Rädern 3,4; L des Vogels 3,6 cm.
Der Rand des Schwanzes durch Korrosion zumeist verloren.
Intakte Oberfläche mit dunkler, graugrüner Patina.

Ein Vogel mit großem Schwanz und schlankem, stilisierten Körper und emporgebogenem Schnabel sitzt auf einem Schaft, der von der Achse eines Räderpaares emporsteht. Er ist in der Längsrichtung nicht genau parallel zu den Rädern ausgerichtet, sondern weicht leicht nach rechts ab. Zum Aufhängen ist der Vogel am unteren Nackenansatz auf dem Rücken schräg nach vorn zur Brust hin durchbohrt. Zwei Klümpchen oben an dem Kopf bilden die Augen. Das Tier hockt auf vier sehr dünnen Wulstringen über einer Kugel; die Füße sind nicht dargestellt. Jedes Rad hat vier runde Öffnungen; die Nabe steht außen an jedem Rad vor. Zwei Ritzlinien sind auf der linken Nackenseite, eine auf der rechten zu erkennen.
Vogelanhänger auf einem Räderpaar stellen eine weitere Variante innerhalb der Typenvielfalt von Vögeln auf Scheiben, Pyramiden, Kugelgliedern und auf anderen massiven und durchbrochenen Untersätzen dar, die während der frühen Eisenzeit in Nordgriechenland und im südlichen Balkan sehr verbreitet waren. Solche Vogelanhänger auf Rädern sind – zusammen mit vielen anderen Typen – aus dem Enodia-Heiligtum von Pherai (Thessalien) bekannt.
DGM

77

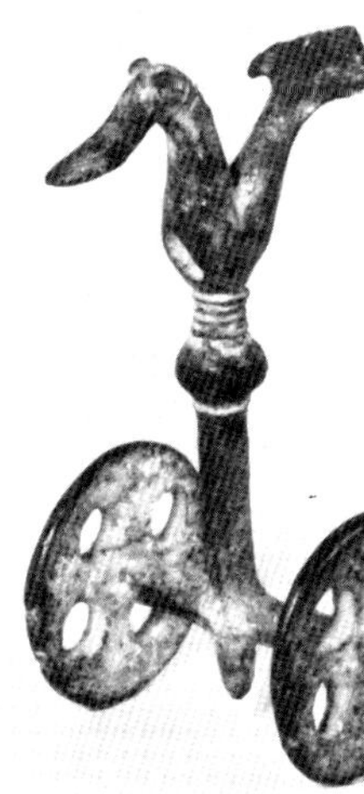

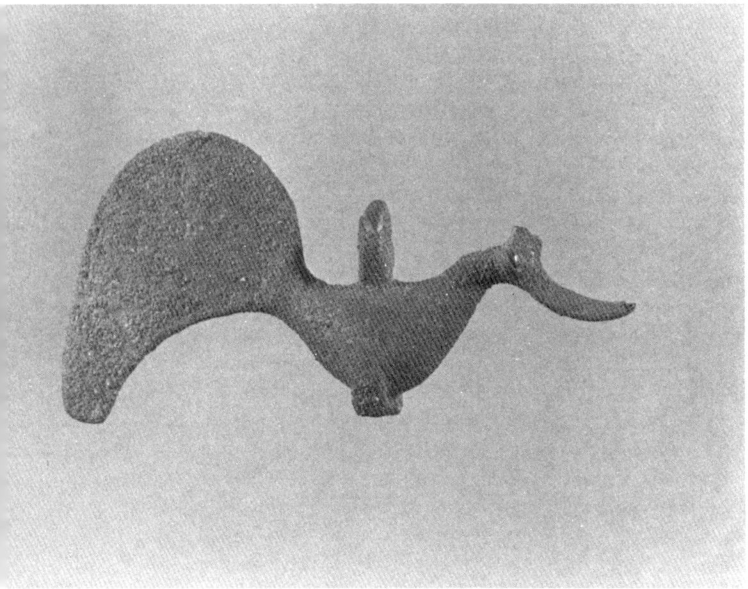

78

artige Erhebung oben auf dem Kopf deutet einen verkümmerten Kamm an.
Phantasievolle Vögel dieser Art fanden sich in ganz Griechenland hauptsächlich in Heiligtümern. Sie scheinen die kunstvollere Version zu den kleinen Vogelanhängern wie Mildenberg Nr. 75. 76. 77 zu sein. Sie wurden wahrscheinlich in mehreren lokalen Werkstätten hergestellt, die meisten aber kommen aus Nordgriechenland. Die Form des Kopfes und des Schnabels mit betontem Aufschwung und vorstehenden Knubben für die Augen spricht für einen nordgriechischen, vermutlich thessalischen Ursprung des Mildenberg-,Pfaues'. DGM

78 Anhänger in Form eines ,Pfaues'

Bronze. Gegossen nach Wachsmodell in verlorener Form. Griechisch, wahrscheinlich thessalisch-geometrisch.
Zweite Hälfte des 8. Jahrhunderts oder frühes 7. Jahrhundert v. Chr.
H 5,5; max. Br 2,2 cm; L 11,4 cm.
Intakt bis auf die verlorene Schwanzspitze und Fußspitzen. Vielleicht eine Flickstelle hinten am Schwanz. Oberfläche mit einer stumpfen, dunkelgraugrünen Patina bedeckt, kieselig in der Struktur; an wenigen Stellen scheint das rote Kuprit durch.

Dieser große, phantasievoll modellierte Vogelanhänger zeigt einen übertrieben nach unten gekrümmten und vergrößerten, schneide-ähnlichen Schwanz; für diese Vogelform ist die Bezeichnung ,Pfau' üblich. Punktierte Kreise auf dem Schwanz können diese Benennung stützen. Dem ,Pfau' fehlt allerdings die diesem Vogel eigentümliche hohe Brust. Der ovale, horizontal ausgerichtete Körper ist schwer (Vollguß oder Hohlguß). Eine runde Schlaufe zum Aufhängen (Br 1,7 cm) ist quer zur Körperachse oben auf der Rükkenmitte angebracht. Der Vogel hat kurze, bandartige Füße; sie sind nach innen gebogen, die Spitzen fehlen. Der vorgestreckte Kopf mündet in den betonten, emporgebogenen Schnabel mit Mittelrippe. Zwei runde, seitlich vom Kopf abstehende Kügelchen bilden die Augen. Eine dorn-

79 Deckelpyxis mit Pferdeköpfen

Bronze. Gefäß und Deckel gegossen. Griechisch, makedonisch. Wahrscheinlich erste Hälfte des 7. Jahrhunderts v. Chr.
H 5,3; Br mit den Pferdeköpfen 5,5 cm.
Intakt. Mit einer stumpfen, dunkelgraugrünen Patina bedeckt.

Dieses bronzene Miniaturgefäß konischer Form (Dm an der Basis 3 cm; Dm der Mündung 1,9 cm) hat zwei flache, ovale Ösen, die horizontal vom Mündungsrand abstehen und durchlocht sind. Der hohle Deckel mit flachem, vertikalem Rand ist leicht konisch; zwei Pferdeprotomen entspringen am Deckelrand, die Rücken einander zugewandt, die Köpfe in entgegengesetzte Richtung gesenkt. Am Halsansatz unten sind die Protomen zur Brust hin durchbohrt und passen damit zur Durchbohrung der Ösen am Gefäßrand. Somit ist es auch möglich, die Pyxis an der Verschnürung aufzuhängen.
Dieses reizende Miniaturgefäß ist ein ungewöhnlicher Vertreter der Gefäßanhänger aus Makedonien, Thrakien, Thessalien oder dem südlichen Balkan. Die figürliche Dekoration besteht gewöhnlich aus Vogelprotomen, die einzeln oder paarweise Rücken an Rücken am Rand des Gefäßes, auf dem Deckel oder an beiden zugleich angebracht sind. Zumeist sitzen die Vögel auf einem Schaft oder einem Stän-

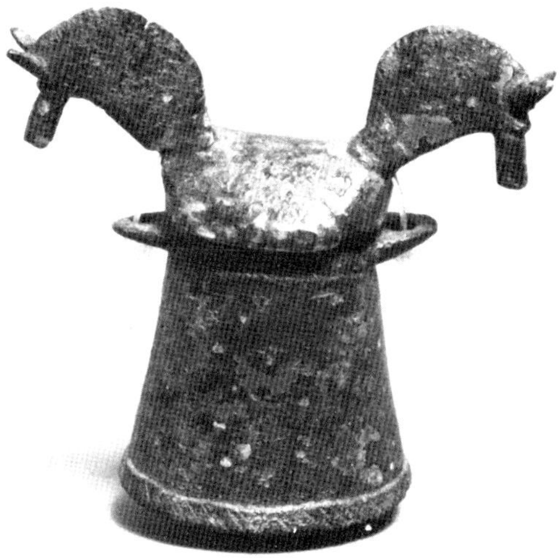

79

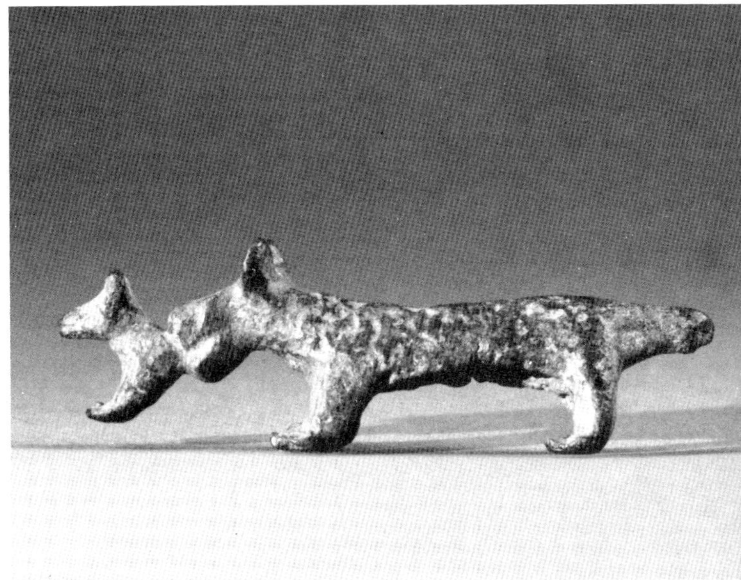

80

der. Die Form der Pyxis ist in Makedonien traditionell beheimatet, mit Vorläufern bereits aus der Bronzezeit, wie Sourvinou-Inwood in ihrer Studie über eine große, kunstvolle Bronze-Pyxis mit engen Beziehungen zu den keramischen Formen bemerkt. Bouzek unterscheidet mehrere Gruppen solcher Bronze-Minaturpyxiden, die im 8. Jahrhundert beginnen und sich bis in das frühe 6. Jahrhundert fortsetzen. Unklar ist, ob und ggf. was die kleinen Gefäß-Anhänger enthielten. Ihre Verwendung in Gräbern läßt vermuten, daß sie ursprünglich duftende Substanzen, Salbe oder Parfüm enthielten. Bisher ist bedauerlicherweise kein genau beobachteter Kontext bekannt, um zu entscheiden, wo sie auf dem Bestatteten niedergelegt waren. DGM

80 Hund mit Welpen oder Beute

Bronze. Vollguß nach Wachsmodell in verlorener Form. Griechisch, wahrscheinlich peloponnesisch. Geometrisch oder Früharchaisch. Spätes 8. bis 7. Jahrhundert v. Chr. H 2,1; Br an den Vorderfüßen des großen Tieres 1,4; L 7 cm. Intakt. Oberfläche erscheint angegriffen, vermutlich wegen starker Ausblühungen tief gereinigt. Glänzend, dunkelgrau, mit vielen Löchern.

Die Gruppe besteht aus einem größeren Tier (Hund oder Fuchs), das ein kleineres mit der Schnauze packt. Mit dem Kopf voran schaut das kleine Tier zur Hälfte aus dem Fang hervor. Das größere Tier hat einen langen zylindrischen Rumpf mit einem massiven Stummelschwanz, vier kurze Beine mit nach vorn gebogenen Zehen, kurze aufgestellte Ohren und einen offenen Rachen. Das kleine Tier ist lediglich in Umrissen modelliert, hat aber auch nach vorne gebogene Zehen der Vorderfüße.

Eine Reihe gleicher Figuren aus Bronze und Terrakotta sind von griechischen Heiligtümern bekannt. Sie sind jüngst als Weihgeschenke von erfolgreichen Jägern an Artemis – ansprechend und plausibel – interpretiert worden. Es ist möglich, daß Tiere, die kleinere quer im Fang tragen, eher Muttertiere beim Transport der Jungen darstellen als Räuber mit ihrer Beute oder jagende Hunde beim Apportieren von Hasen.

Die gelängten Formen des Mildenberg-Tieres sprechen mehr für einen Fuchs als einen Hund. Die Gruppe zählt zu den seltensten Exemplaren der Statuettengruppen. Die hohle Rumpf-Unterseite des größeren Tieres erinnert in dieser Beziehung an eine verwandte Gruppe im Fitzwilliam Museum Cambridge, die spätminoisch datiert wurde. Da verläßliche Kriterien fehlen, spätbronzezeitliche Tierstatuetten von zahlreichen geometrischen oder früharchaischen zu scheiden, mag eine Datierung in das späte 8. oder in das 7. Jahrhundert v. Chr. hier vorzuziehen zu sein.

DGM

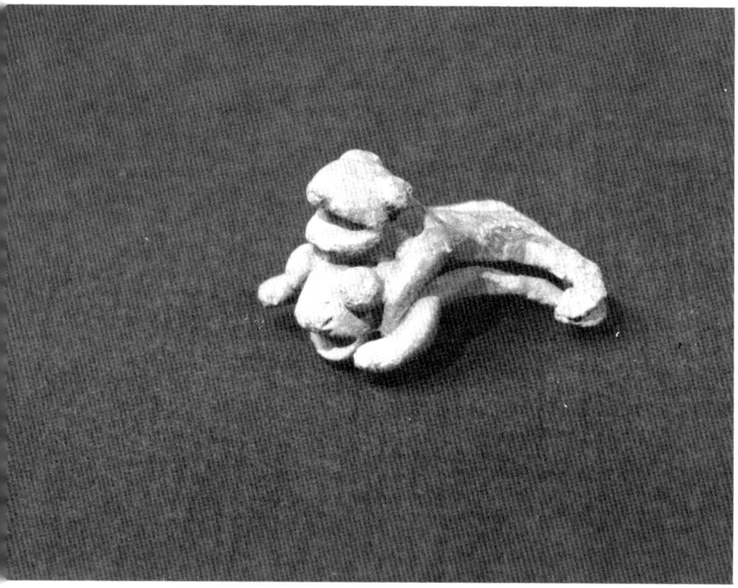

81 Sich umarmendes Froschpaar

Bronze. Vollguß nach Wachsmodell in verlorener Form. Griechisch, wahrscheinlich thessalisch-geometrisch, ca. 700 v. Chr. oder erstes Viertel des 7. Jahrhunderts v. Chr. Angeblich aus Philia (Thessalien).
H 1,8; Br an den Vorderbeinen 1,9; L 3 cm.
Intakt. Eine frische Schramme auf der linken Hinterseite des oberen Frosches zeigt blankes Metall, von den Findern eingeritzt, um das Metall zu sehen. Ein Riß im hinteren Rand des linken Hinterbeines des männlichen Frosches. Einige Löcher und Blasen von austretender Luft während des Gusses an der Außenseite der Frosch-Hinterbeine. Gesunde blaugrüne Patina, matt glänzend.

Diese reizende Miniaturgruppe zeigt zwei sich umarmende Frösche und wirkt erotisch und humoristisch zugleich. Der etwas kleinere männliche Frosch liegt auf dem weiblichen und hat in der Umarmung seine Vorderbeine um ihren Hals geschlungen, ein rechtes Vorderbein ragt weiter vor. Der weibliche Frosch hat die Vorderbeine nach vorn horizontal ausgestreckt; die rechte Fußspitze ist leicht abgeflacht. Die Hinterbeine der Frösche sind seitlich ausgestreckt; die nach vorn gebogenen Fußspitzen verschmelzen. Beide Frösche sind plastisch und detailliert modelliert. Eine kräftige Furche trennt die beiden Körper auf den Längsseiten. Beide Mäuler sind weit in ganzer Kopfbreite aufgerissen. Die Augen bestehen aus Kügelchen, die gut erkennbar an den Kopf im Wachsmodell angefügt wurden. Der männliche Kopf liegt etwas hinter und seitlich rechts des weiblichen Kopfes. Die Bodenfläche der Gruppe ist in Längsrichtung konkav.
Die Wirkung der Gruppe auf den antiken wie den modernen Betrachter ist äußerst anziehend und ausgelassen komisch; beide Partner genießen zutiefst ihr Tun. Ist das ekstatische Grinsen auf den Gesichtern ein Versuch des Künstlers, den tierischen Sex zu vermenschlichen oder das Animalische des menschlichen Sexualakts anzudeuten? Könnte dies die älteste Darstellung sexueller Aktivität bei Tieren in der griechischen eisenzeitlichen Kunst sein? Einzigartig steht die Gruppe unter den griechisch-geometrischen Tierbronzen und -gruppen sowohl thematisch wie technisch da. Die Anfügung der kugeligen ‚Knopf'-Augen ist bei geometrischen Bronzen für mich ohne Parallele, häufig sind Augen in Form vortretender Bossen bei geometrischen Tieren und Vögeln von der Peloponnes und aus Nordgriechenland.
Archaische Bronze-Frösche sind recht bekannt aus Ostgriechenland und der Peloponnes; einige auch aus Nordgriechenland, wo Froschdarstellungen seit frühneolithischer Zeit auftreten. Archaische Frösche bilden bisweilen den Untersatz der ältesten Spiegel-Karyatiden seit dem frühen 6. Jahrhundert v. Chr. Der bekannteste archaische Bronze-Frosch ist wohl jener auf der Stirn des Löwenwasserspeiers aus dem samischen Heraion aus dem späten 7. Jahrhundert v. Chr.
Wenn der angebliche Fundort zutrifft, wäre dessen Froschpaar ein Votivbild der Wasserfauna aus dem sumpfigen Terrain, das entlang der Flüsse und Seenufer Thessaliens während der späten Eisenzeit im Überfluß vorhanden gewesen sein muß. Es mag der Gottheit dargebracht worden sein, um für Fruchtbarkeit oder sexuelle Kraft zu bitten oder zu danken; es könnte auch als Talisman oder Zauber gedient haben, um sexuelle Kraft zu stärken oder ihren Verfall zu verhüten. Worin auch die ursprüngliche Verwendung bestanden haben mag, sicherlich wurde diese Gruppe hergestellt und benutzt mit einem Augenzwinkern seitens des Besitzers und des Betrachters. DGM

82 Ziege

Bronze. Vollguß nach Wachsmodell in verlorener Form. Ostgriechisch oder anatolisch? 7. Jahrhundert v. Chr.
Max. H 7,1; H der Ziege 6,75; Br 2,8; L 9,6 cm.
Intakt. Kerbe im Metall an der Außenseite des linken Hinterfußes, dicht über der Basis. Rechte vordere Ecke der Plinthe abgebrochen. Dumpfe, dunkelgraugrüne Patina auf der ganzen Oberfläche.

Die störrische Ziege steht auf einer flachen Plinthe (8,3 x 4,2 x 0,35 cm). Sie hat die Hinterbeine annähernd senkrecht, die Vorderbeine schräg nach vorn gestellt. Der zylindrische

Körper ist etwa parallel zur Plinthe; den ebenfalls zylindrischen Hals beugt sie leicht nach vorn. Der hochgestellte Schwanz ist hinten gefurcht. Die über den Kopf nach hinten gebogenen Hörner berühren die Ohrspitzen. Das Maul ist kurz, rund und ohne Zeichnung. Ein kleiner dreieckiger Bart hängt in der Mitte zwischen Kinn und Kehle. Eine kurze Stirnlocke steht zwischen den Hornansätzen hervor. Keinerlei Oberflächenritzung.
In der fehlenden Ritzverzierung und in den allgemeinen Proportionen erinnert die Ziege an iranische Tiere. Aber auch zu griechischen Ziegenstatuetten bestehen stilistische Beziehungen, z. B. zur Ziege der Käsereibe in der Sammlung Norbert Schimmel. Der Tierleib ist bewundernswert handlich wie ein Gerätegriff. Die Kleinbronze könnte als Henkel, Gewicht oder als Werkzeug zum Glätten von Gips, Stuck oder von keramischer Oberfläche gedient haben. DGM

83 Anhänger in Form eines Pferdes

Bronze. Vollguß, vielleicht in einer zweischaligen Form. Italisch, südliches Villanova-Gebiet. Mitte 8. Jahrhundert v. Chr.
H 8,1; Br des Körpers 0,4–0,7; L 8,2 cm.
Maulspitze verloren. Einige Splitter aus der Mähne gebrochen. Grüne bis braune Patina mit etwas hellem Grün auf der Mähne.

Der Anhänger hat die Form eines streng im Profil gesehenen, stilisierten Pferdes mit schlankem zylindrischem, horizontalem Körper und Hals, die im rechten Winkel zueinander stehen. Die Beinpaare sind zu je einem Bein zusammengefaßt und leicht nach vorn gestellt. Sie münden in kreisförmige Ringe (Dm 1,8 cm). Eine schmale ovale Öse (H 1,3 cm) steht auf dem Rücken hinter dem Halsansatz; mit dem Rand ist sie an die Mähne angegossen. Die dünne Mähne mit ihrem schneidenähnlichen Kamm reicht von der Nasenspitze bis zum Widerrist. Die Schnauzenspitze ist gerade vor dem Mähnenansatz abgebrochen. Die Augen sind als kleine runde Kügelchen wiedergegeben und sitzen auf der Krümmung des Halses. Ein dünner Stummelschwanz liegt am Rumpf an. Keine ritzverzierte Oberfläche.
Die üblichen Villanova-Trensen, an die unser Pferd erinnert, haben große runde Löcher in der Körpermitte, um die Gebißstangen der Trense aufzunehmen. Der Mildenberg-Anhänger ist eines der wenigen, stilisierten Objekte, welche ohne Löcher und kleiner als die typischen Trensen sind. Sofern ihre Herkunft bekannt ist, scheinen sie mehr aus der Region Lukanien-Apulien Süditaliens zu kommen als aus Etrurien, dem klassischen Heimatland der eisenzeitlichen Villanova-Kultur. Es ist unbekannt, an welche größeren Gegenstände sie angehängt waren; die Ringe an den Beinen sprechen dafür, daß sie selbst wiederum kleine Anhänger trugen. Villanova-Friedhöfe von Pontecagnano bei Salerno und weiter südlich und im Osten von Lukanien belegen die Verbreitung einer Villanova-artigen Eisenzeitkultur oder Kulturen über die ganze italische Halbinsel während des 8. und des 7. frühen Jahrhunderts v. Chr. Die schlichte Form des Mildenberg-Anhängers und die Trensen mit Pferdeknebeln ähnlicher Art datieren in die Mitte des 8. Jahrhunderts v. Chr. DGM

82

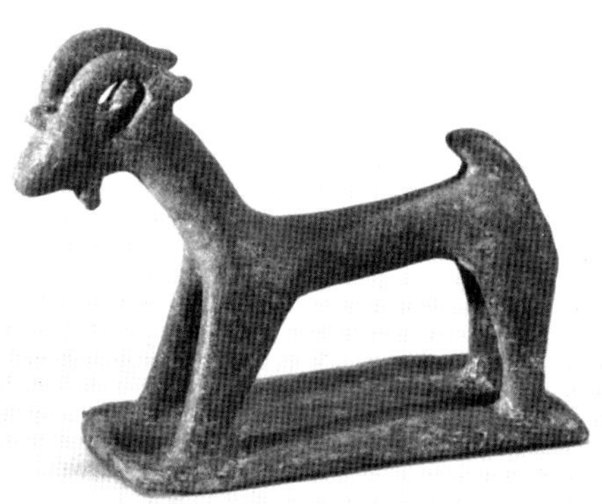

83

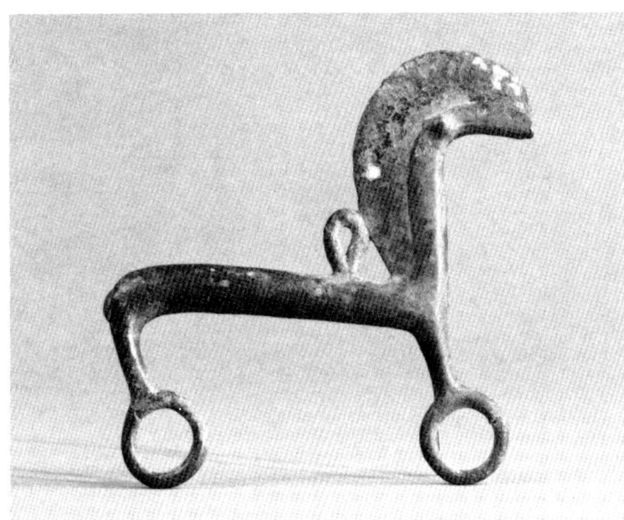

84 Trense mit Pferdchenknebel

Bronze. In Teilen gegossen nach Wachsmodell, kalt bearbeitet und zusammengefügt; die Pferdchenknebel wahrscheinlich in zweischaliger Form gegossen.
Italisch, nördliches Villanova-Gebiet. Letztes Viertel 8. Jahrhundert v. Chr.
Gesamt-Br 32,5 cm. Linke Wangenklappe H 9,4; max. D (Pferdeohren) 1,2; L 11 cm. Rechter Wangenschutz H 8,9; max. D (Pferdeohren) 1; L 11 cm.

Intakt, bis auf die fehlende Spitze des rechten Anhängers. Grünlichgraue Patina, von krümeligen lederfarbenen Korrosionsteilen überlagert.

Die Trense besteht aus einer zweiteiligen, tordierten Gebißstange innen, aus den beiden stabförmigen Zügelansatzstücken außen und aus den beiden Knebeln in Form stilisierter Pferde. Die Gebißstangen führen durch große Öffnungen in den Pferdeleibern. Die Mäuler der großen Tiere verjüngen sich und laufen trompetenförmig aus. Die spitzen Ohren sind senkrecht gefurcht. Wie bei Nr. 83 sind die Beinpaare vereinfacht zu einer Form zusammengefaßt. Die Leiber sind horizontal, die Beine leicht vorgestellt; die dünnen Schwänze führen bogenförmig zu den Ringen unter den Hinterfüßen. Der Raum zwischen Vorder- und Hinterbeinen ist durch zwei Streben unterteilt; eine dünne horizontale verbindet die Vorderhufe mit den Hinterhufen, eine vertikale führt von der horizontalen zur Öffnung in der Rumpfmitte. Im vorderen Feld steht ein stilisierter entenartiger Vogel nach vorn, im hinteren Feld ein kleiner stilisierter Vierfüßler (Hengstfüllen?) nach hinten; sein Ohr verschmilzt mit der Bauchunterseite des großen Pferdes. Eine Kopie en miniature steht auf der Kruppe des großen Pferdes und blickt nach vorn; eine kleine vertikale Strebe verbindet sein Kinn mit der Spitze der großen zentralen Öffnung im

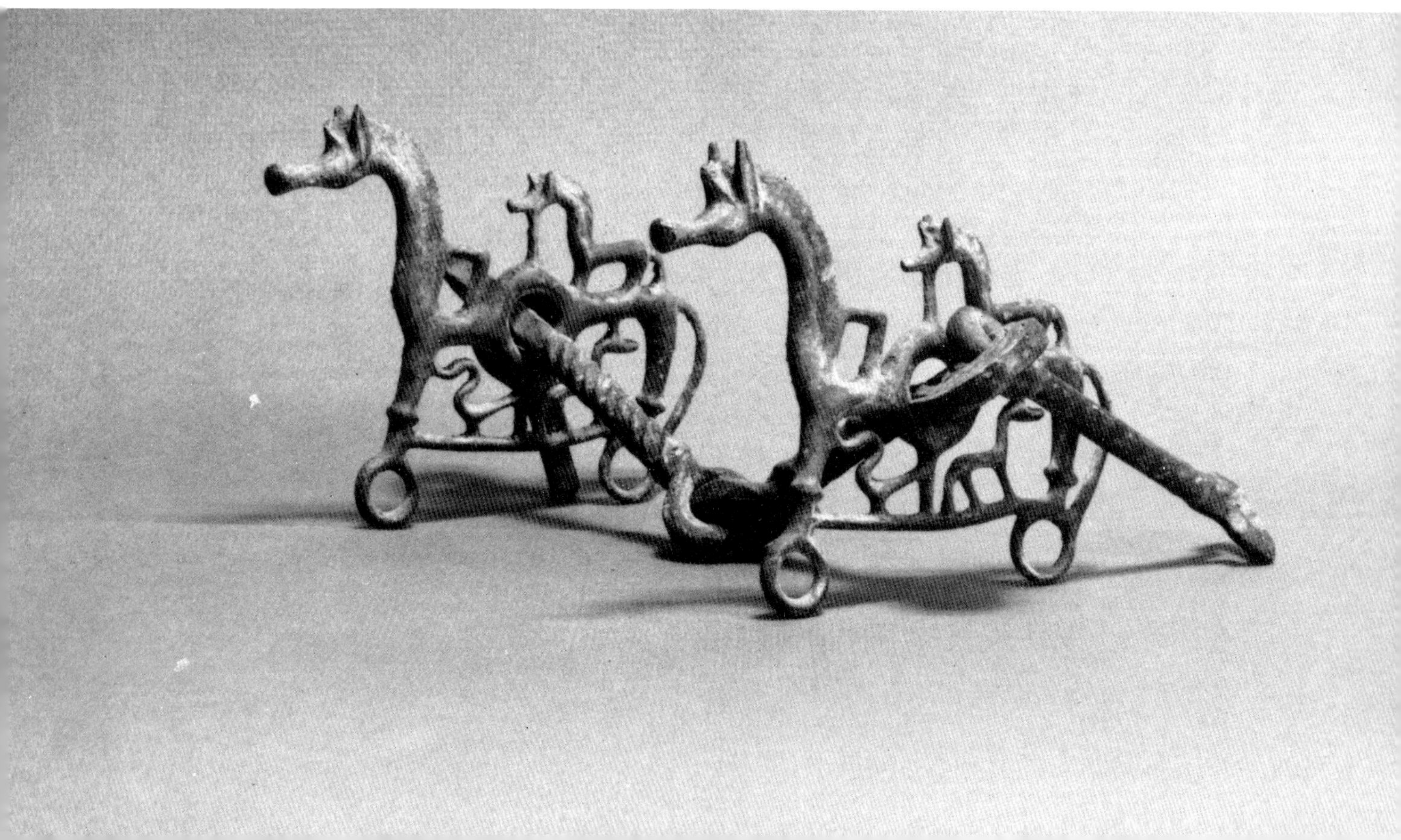

Rumpf. Der Schwanz reicht bis auf die Kruppe des großen Pferdes herab. Eine L-förmige Öse verbindet den Mähnenansatz unten mit dem Rumpf des großen Pferdes; vielleicht dient sie als Versteifung für den Nacken oder als Vorrichtung für Anhänger, die jetzt fehlen. Die Pferdemähnen sind mit feinen Kerben gezahnt.
Die Trense gehört zu den feinsten und besterhaltenen des „Volterra-Typs", der nördlich und südlich des Apennin vorkommt; in einer Untergruppe ersetzt ein stilisierter Vogel den rückwärts gerichteten Vierfüßler. Die Anwesenheit solcher Trensen mit Pferdchenknebel in relativ wenigen Villanova-Gräbern mag den speziellen oder elitären Status der Besitzer zu Lebzeiten anzeigen, oder ebenso den Wunsch, den Gebrauch von Pferden dem Verstorbenen auch im Nachleben zu ermöglichen. Wie bereits wiederholt bemerkt wurde, stehen diese Trensen in Beziehung oder sind abgeleitet von ähnlichen mit tiergestaltigen Wangenteilen aus dem westlichen Iran. Wie und auf welchen Wegen dieses Merkmal vom Iran nach Italien gelangte, bleibt weiteren Forschungen vorbehalten. In Etrurien stirbt dieser Typ in der ersten Hälfte des 7. Jahrhunderts v. Chr. während der Entwicklung der beginnenden orientalischen Phase etruskischer Kultur aus. In der Strenge und Geschlossenheit der Struktur und in der Virtuosität des durchbrochenen Gusses ist die Mildenberg-Trense zu den Meisterwerken der Villanova-Metallkunst zu rechnen. DGM

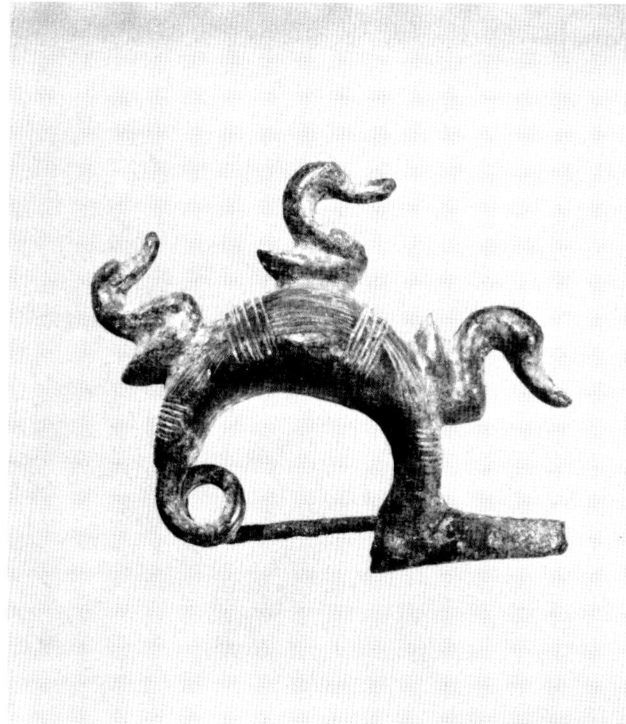

85

85 Fibel mit drei Enten

Bronze, gegossen. Italisch, Villanova. Spätes 8. bis frühes 6. Jahrhundert v. Chr.
H 5,3; Br des Bogens 3,1; L 6,2 cm. Ehemals Elsa Bloch-Diener, Bern.
Intakt bis auf fehlende Spitze der Nadel und der Nadelraste. Nadelraste nach oben gebogen. Mattglänzend, dunkelgraugrüne Oberfläche.

Die Fibel vom Sanguisuga-(‚Blutegel')-Typ hat einen breiten ovalen Bügel, eine Federspirale mit drei Windungen und eine lange Nadelraste. Drei stilisierte entenartige Vögel sitzen aufgereiht oben auf dem Bügel in Richtung zur Nadelraste. Der Bügelrücken ist beidseitig des mittleren Vogels (H 1,7 cm) mit feinen Linien radial verziert. Ein gleiches Linienband schmückt den Bügel in Längsrichtung seitlich des mittleren Vogels. Kürzere Linien flankieren die beiden anderen Vögel. Horizontale Linienbänder zieren die Enden des Bügels über der Windung und an der Nadelraste. Mehrere identische Fibeln, allerdings nicht mit ganzen Vögeln, sondern Vogelköpfen besetzt, fanden sich in Tarquinia in Villanova II B-Gräbern; die Mildenberg-Fibel dürfte von dort oder aus der Nachbarschaft stammen. Stilisierte Vögel dieser Art begegnen häufig an gegossenen Villanova-Bronzen; an Vogelbarkenknebeln von Trensen, als Aufsatz auf Gefäßhenkeln und anderswo. Der symbolische Gehalt von Vögeln im Villanova- und frühetruskischen Kontext ist noch nicht geklärt; Vögel sind zu gleicher Zeit auch in Nordgriechenland wichtige Symbole. Eine Art tieferliegender Verbindungen zwischen dem eisenzeitlichen Balkan und Norditalien mit Zentraleuropa scheint damit bestätigt zu sein. DGM

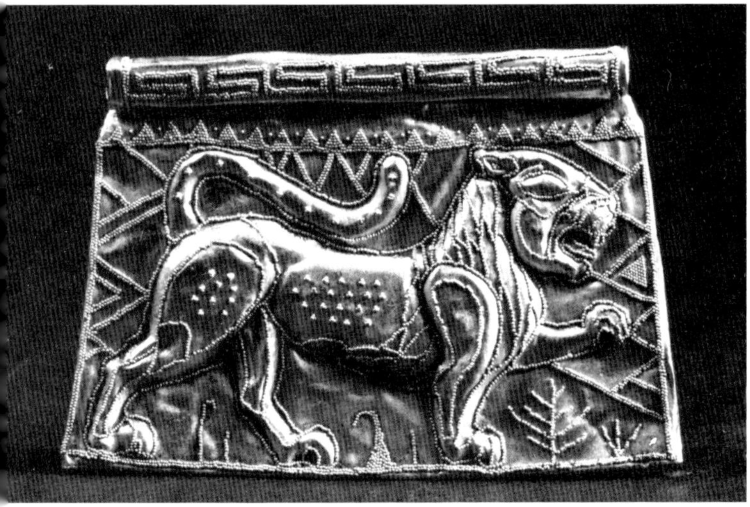

86 Anhänger in Form einer Platte mit Löwen *(Farbabbildung s. S. 60)*

Gold mit feiner Granulation. Etruskisch, orientalisierend, ca. 650–600 v. Chr.
H 3,5; L 5,5; Dm der Röhre 0,3 cm.
Ausgezeichnet erhalten. Einige geringfügige Dellen in der Röhre zum Aufhängen.

Dünnes, umgebördeltes Goldblech (Ränder nach hinten gefaltet) mit einem in erhabenem Relief getriebenen Löwen. Das Tier schreitet kühn nach rechts mit erhobener linker Vorderpranke und über dem Rumpf emporschwingendem Schwanz. Der Löwe füllt die trapezoide Bildfläche vollkommen aus. Die Gestalt ist durchweg mit feiner Granulation verziert, entweder in Reihen (für den Umriß, für die Gesichtszüge, die Mähne, die Beinmuskeln und Pranken) oder in kleinen Büscheln (auf dem Schwanz, Rippen und Schenkeln). Der flache Hintergrund ist mit geometrischen Mustern geschmückt (Winkeln, Dreiecken) und mit wenigen pflanzenähnlichen Motiven auf der Basis. Ein separates Stück Goldblech ist zu Röhrenform gerollt und oben an der Platte befestigt. Diese Röhre zum Aufhängen trägt einen granulierten Mäander.
Dieser Typ Anhänger mit langer Röhre zum Aufhängen und abgeschrägter Basis ist charakteristisch für orientalisierenden etruskischen Goldschmuck und hat enge Parallelen in den Funden des Regolini-Galassi-Grabes aus Caere im Vatikan. Die reiche Granulation ist charakteristisch für den feinsten etruskischen Goldschmuck dieser Zeit. Obwohl die Technik vom Nahen Osten übernommen wurde, haben etruskische Goldschmiede sie rasch gemeistert und mit die besten Objekte der Antike in Granulationstechnik hergestellt. Einzelne granulierte Motive dieser Platte gleichen jenen aus dem antiken Caere oder Tarquinia.
Der Löwe selbst ist ein beliebtes Thema in der orientalisierenden Kunst Etruriens und Griechenlands. Die Etrusker versammelten nicht selten Dutzende der schlanken Löwen auf ihren Goldnadeln, Halsketten, Armreifen oder den Pektoralen. Auch wenn Löwen mit vielen anderen Figuren, realen wie imaginären, zusammen auftreten, ist nicht klar, ob die Etrusker diesem Tier einen spezifischen Symbolgehalt beimaßen. Große rundplastische Löwen wachen als Hüter vor einigen Gräbern; ihr Erscheinen auf dem Goldschmuck scheint jedoch einfach die etruskische Faszination für exotische künstlerische Elemente aus dem östlichen Mittelmeerraum widerzuspiegeln. s. Nr. 88. RDD

87 Häschen auf Fibel

Goldblech, getrieben. Etruskisch, 6. Jahrhundert v. Chr.
L Fibel 3; Figürchen 0,6 cm.
Vollständig und gut erhalten.

Fibel des ‚Sanguisuga'-Typus. Nadelscheide aus Blech gefaltet, so daß der obere Streifen horizontal liegt. Dieser ist mit gekörntem Draht umrandet, auf ihm sind mit ebensolchem Draht drei größere und ein kleineres Feld abgeteilt. Auf dem vordersten Feld ein liegendes Häschen der Richtung der Fibel entsprechend. An den Langseiten des Fibelkörpers je eine Rosette in Form der Buckelschale aufgesetzt, als Omphalos in der Mitte ein Kügelchen. AG

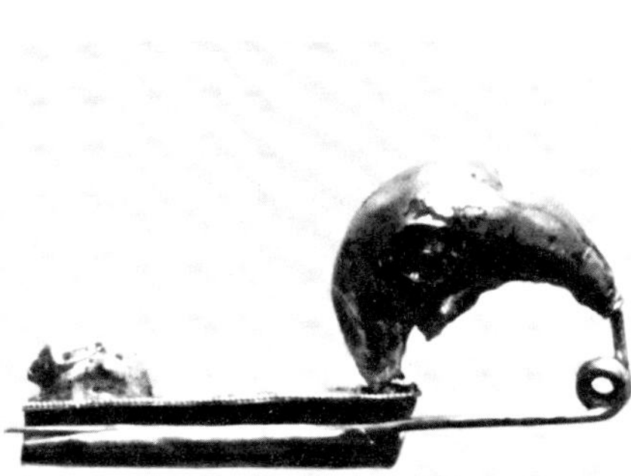

87 bis Zwei kleine Enten, wahrscheinlich von einer Fibel abgebrochen

Aus Goldblech getrieben. Etruskisch, 6. Jahrhundert v. Chr.
L 1,3; H 1,05 cm.

Unten an Stelle der Füße Wandung ausgebrochen. Vermutlich führte hier ein kurzes Verbindungsstück zu der Oberseite der Nadelscheide einer Fibel. Körper mit tordiertem Draht verziert: auf den Langseiten auslaufende Spirale, auf Rücken und Oberseite des Kopfes einfache Linien von ebensolchem Draht; auf der Brust S-Spirale. Kügelchen als Auge. Beide Figürchen völlig gleich. AG

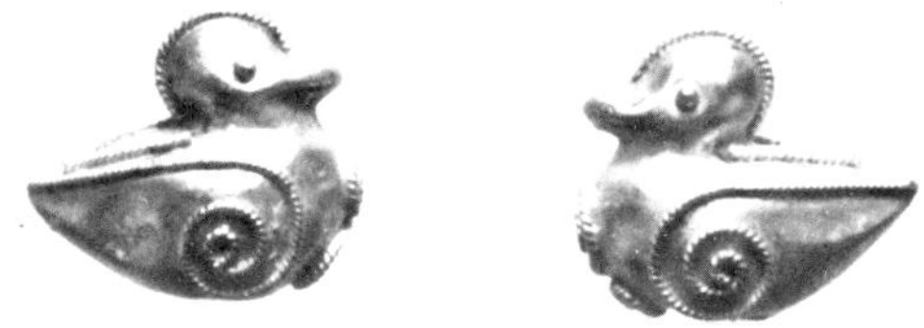

87 bis

88 Blechfragment mit Löwen und Rosette

Bronze, getrieben. Griechisch, korinthisch. Drittes Viertel des 7. Jahrhunderts v. Chr.
H 4; L 7; L des Löwen 5,5 cm.
Seitliche Bruchkanten verlaufen durch den Löwenschwanz und neben der Blütenmitte der Rosette. Riß durch rechtes Vorderbein und Schulter des Löwen bis zu Zweidrittel der Höhe des Blechstreifens. Auf der Oberfläche eine glänzende dunkelgrüne Patina mit einigen helleren Punkten.

Das rechteckige Fragment stammt von einem längeren dekorierten Bronzeblech. Darauf spaziert munter ein sehniger Löwe nach rechts, scheinbar auf einer Grundlinie von 27 kleinen, von hinten her eingeschlagenen Punzen; eine gleiche Randlinie bilden 26 Punzen parallel dazu am oberen Rand des Blechs. Der Löwe schreitet zu auf eine großblättrige Rosette aus tropfenförmigen und abwechselnd spitzen, rautenähnlichen Blättern, die mit auswärts gerichteten, konzentrischen Winkeln gefüllt sind. Blätter und Mittelkreis sind von doppelten parallelen Linien gerahmt. Zwischen den Blättern kleine Ritzkreise.
Der Löwe ist sorgfältig mit schwungvollen, scharfen Ritzlinien gezeichnet. Der rechte Fuß steht vor, das linke Hinterbein ist zurückgenommen. Binnenlinien bezeichnen Sehnen, Gelenke und Muskeln. Die einzelnen Zehen sind sorgfältig ausgeführt. Die Umrißlinie für die Brust setzt sich nach hinten in einer kreisförmigen Linie fort, die die Schulter umschreibt (vgl. die ägyptischen Löwen Nr. 51.52). Zwei dicht nebeneinanderlaufende Linien markieren das Kreuz. Dünne schräge Ritzungen deuten das ‚borsten'artige Fell oben und vorne an, sowie Schnurrhaare oder Falten auf der Oberlippe. Die Löwenmähne besteht aus kurzen, überlappenden Locken auf der Stirn oberhalb der Augen und hinten im Nacken bis zur Schulterkontur. Das äußere Oval des Ohres wiederholt eine Binnenkontur. Das große Auge mit runder Pupille und feinen Ritzlinien in den Winkeln sitzt in einem weiten runden Brauenbogen. Eckzähne in beiden Kiefern, Zahnreihe im Oberkiefer und Zunge parallel zum Unterkiefer sind klar zu erkennen.
Dieser Löwe ist eines der schönsten gezeichneten kleinen Tiere in der orientalisierenden Metallkunst Griechenlands. In dem Detail mit dem ‚borsten'artigen Fell scheint er ohne Parallele. Sein Gang mit vorgestelltem rechten Bein und zurückgesetztem rechten Hinterbein steht im Gegensatz zu

88

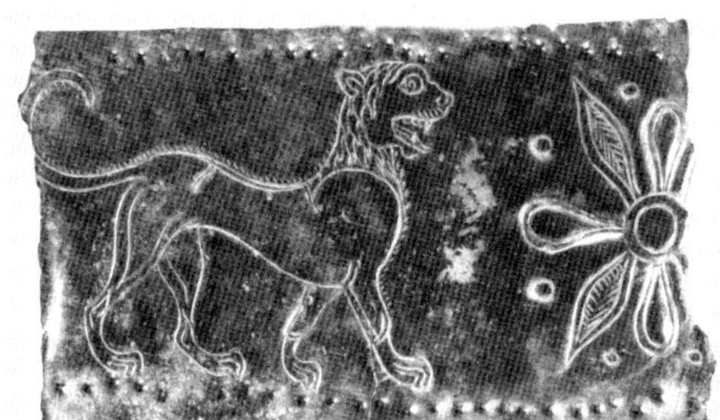

der geläufigen Gangart korinthischer Raubkatzen, bei denen die rechten und linken Füße im Gleichschritt gehen. Die enge Beziehung des Mildenberg-Löwen zu den späten protokorinthischen und Übergangsstil-Löwen, bei denen die Mähne existiert, aber noch nicht vollkommen entwikkelt ist, datiert unseren Löwen in das dritte Viertel des 7. Jahrhunderts v. Chr., etwa gegen 630 v. Chr. Die häufig zitierte Verwandtschaft in Technik und Gestaltung zwischen ritzverzierter Metallarbeit und schwarzfigurigem Stil in der Vasenmalerei kann schwerlich besser erkannt werden als bei diesem Stück. Die superbe, strenge Zeichnung und präzisen Proportionen des Löwenkörpers sind ein starkes Indiz für korinthischen Ursprung; der Löwe ist ein würdiger Nachfolger der hervorragenden Miniaturkunst protokorinthischer Tradition. Die Verwendung des Fragmentes bleibt ungewiß; Löcher für eine Befestigung fehlen. Wahrscheinlich stammt es von einem verzierten Blechbeschlag, der ehemals eine Truhe oder ein Möbel schmückte. DGM

89 Fibel in Gestalt eines Löwen

Bronze, Hohlguß. Griechisch, ca. 580 v. Chr.
H 4; Br 2,1; L 6,2 cm.
Kleines Stück der Rückenmähne verloren, sonst intakt. Grüne Patina. Oberfläche angegriffen.

Das Oberteil der Fibel bildet ein grimmiger Löwe. Er liegt auf dem Bauch, den starren Blick nach vorn gerichtet, das Maul weit geöffnet mit gebleckten Zähnen und sabbernder Zunge. Die vorgestreckten Vorderpranken liegen auf zwei runden Ösen, jede von drei Linien eingekreist; die Ösen waren ursprünglich Scharniere, in denen sich die verlorenen Nadeln bewegten. Zu einer eleganten Schlangenwindung aufgebogen, erhebt sich der Schwanz, berührt die Kreuzspitze und biegt sich zurück, um in einem bärtigen Schlangenkopf auszulaufen, dessen Bartspitze bis zum Schwanz zurückreicht. Unter dem Hinterteil am Schwanzansatz befindet sich ein Doppelhaken in Ankerform, der als Raste für die zweistabige Nadel diente. Feine Ritzlinien umgeben die Augen und sind auf den Vorderpranken und in der Mähne zu finden. In der Vorderansicht bildet die Mähne einen dicht anliegenden Kranz um das Löwengesicht, mit radialen Linien vom Gesicht hin zu dem kammartigen Rand; im Profil fällt die Mähne in locker eingeritzten Linien den Hinterkopf hinab bis über die Schultern, ohne klare Grenzlinie zwischen Mähne und Körper.
Löwenfibeln dieser Art sind in zahlreichen peloponnesischen Heiligtümern gefunden worden, einschließlich dem der Artemis Orthia und dem Menelaion in Sparta, dem des Apollon Tyritios in Kynouria, im Argivischen Heraion und in Olympia, auch auf der Athener Akropolis. Solche schweren Spangen waren offensichtlich beliebte Weihgaben an die Gottheiten im archaischen Griechenland; eine Löwenfibel von Kynouria trägt die Inschrift: „Ich bin des

89

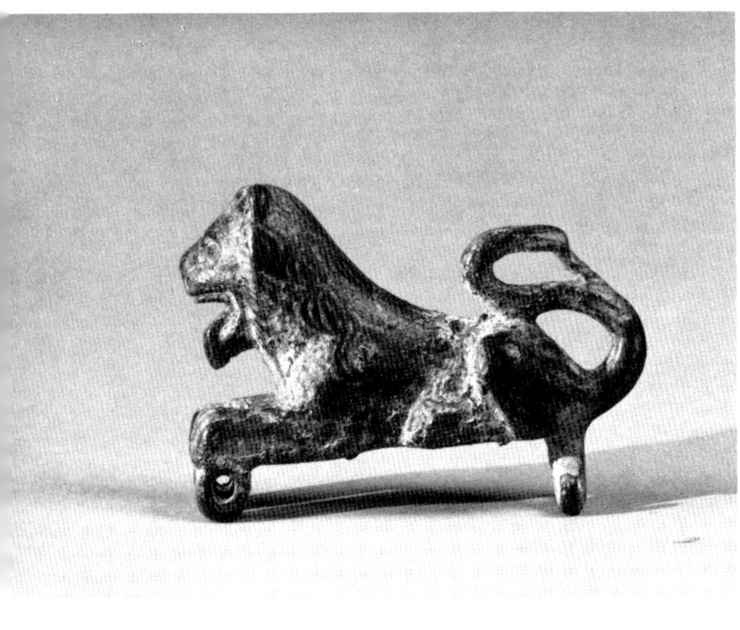

90

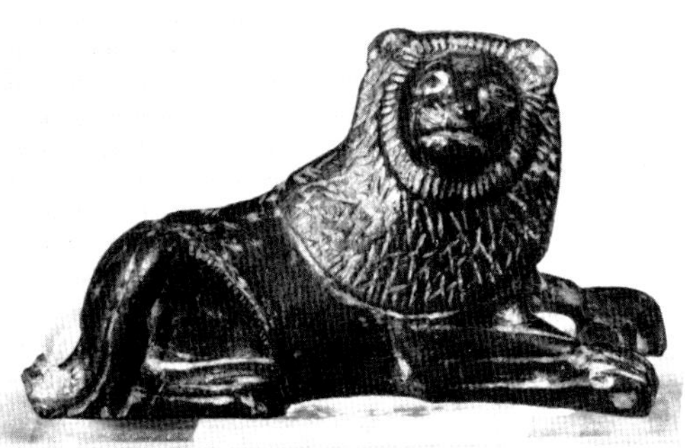

Apollon". Sparta und Korinth wurden als Herstellungsorte dieser Löwenfibeln vorgeschlagen.
Ein relativ frühes Datum in der archaischen Periode, ca. 580 v. Chr., ist für dieses Exemplar anzunehmen; dafür spricht die sehr frühe archaische Keramik, die mit einigen Löwenfibeln zusammen gefunden wurde. KPE

90 Ausruhender Löwe

Bronze, Vollguß. Griechisch, ca. 550 v. Chr.
H 3,2; Br 1,9; L 6 cm.
Schwanz abgebrochen. Glänzende, dunkelgrünlichbraune Patina.

Der massige Löwe liegt mit dem Bauch flach auf dem Boden, die Ohren aufmerksam aufgestellt und den Kopf scharf nach rechts gewendet. Zunächst wirkt er gar nicht wild, denn ihm fehlt dafür ein klaffendes Maul mit heraushängender Zunge und vorstehenden Schneidezähnen (vgl. Nr. 89). Bei näherer Betrachtung erscheint sein scharfer Blick zwar ruhig, aber drohend. Ein Lächeln scheint über sein Gesicht zu huschen, die Nüstern sind weit geöffnet, und das Maul öffnet er einen Spaltbreit, als ob ein tiefes Knurren zwischen den zusammengebissenen Zähnen hervorkäme.
Solche ausruhenden Löwen mit zur Seite gewendetem Kopf lagen als Wächter vor allem auf den Mündungsrändern der Gefäße oder entlang den Rändern von Möbeln im archaischen Griechenland. Gelegentlich bildeten einzeln gegossene Löwen den Aufsatz auf vertikalen Hydria-Henkeln; in der Regel jedoch verschmelzen heraldisch angeordnete Löwenpaare mit dem Henkel, mit dem sie zusammen gegossen wurden. Bei diesem Exemplar ist in der Strebe zwischen den Vorderpranken ein Nietloch mit antiken Nietresten zu erkennen; ein gleiches Loch in der Bruchstelle des Schwanzes könnte eine zweite Niete gehalten haben. Die Unterseite des Löwen ist hinten nicht einmal summarisch ausgeführt, sondern ist roh mit einer tiefen, kurvigen Furche versehen, die vom Hinterleib zu den Vorderpranken verläuft. Das deutet darauf hin, daß unvorhergesehene Veränderungen vorgenommen werden mußten, um den Löwen auf der Oberfläche seines ursprünglichen Gerät(?)-Untersatzes zu befestigen. Höchst auffallend sind die innere und äußere Mähne mit ihren festen Umrissen, die an eine schwere Kappe oder einen eng anliegenden Kragen um das Löwengesicht herum erinnern. Betonte Winkligkeit, scharfe Kontraste und dekorative Ornamente beherrschen des Werk. Feine Ritzlinien in Form einer Winkelreihe laufen das Rückgrat herab; ein Bogen aus dünnen, horizontalen Ritzlinien kennzeichnet den kammartigen Rand des Rippenbogens. Lange Linien sind auf Vorder- und Hinterbeinen eingeritzt; kürzere Linien geben die Pranken an. Vereinzelte Winkel und Linien zieren die erhabene Oberfläche der äußeren Mähne, während enge Linien radial die innere Mähne vom Gesicht aus schmücken. Haltung und Stil dieses Löwen sind so ungewöhnlich, daß keine sehr nahe Parallele zu existieren scheint. Ähnliche Haltung s. Nr. 50. KPE

90 bis Aryballos mit flachem Boden und abgesetztem Standring

Mittelkorinthisch. Um 580 v. Chr. Aus Fragmenten zusammengesetzt.
H 15,8; Dm 14,5; Dm der Mündungsscheibe 6,6 cm.
Der braunschwarze Firnis ist an einigen Stellen abgeblättert, vereinzelt übermalt. Aufgesetztes Rot an den Rippen, dem Bauch und dem rechten Hinterschenkel, auf der hinteren Mähnenpartie und an Teilen des Ornaments. Auf der Mündungsscheibe und der Schulter Stäbe, auf der Außenseite der Mündung Punktreihe, auf dem Henkelrücken verblaßtes senkrechtes Zickzackband, auf der Unterseite des Gefäßes Ringe.

Die Seite unter dem Henkel füllt ein nach rechts schreitender mächtiger Löwe mit nach oben gewandtem Schweif, die Vorderseite ein Lotospalmettenkreuz. Diese Dekorationsweise ist selten. Häufiger erscheinen zwei Raubtiere zuseiten eines Ornaments. KS

91 Alabastron mit Löwen und Sphinx

Ton, gelblichbraun gebrannt. Frühkorinthisch, um 600 v. Chr.
H 16,7; Dm 9,8; Dm Mündungsteller 5,7 cm.
Intakt erhalten. Geringfügige Oberflächenbeschädigungen; der Firnis an der Mündung und besonders an der Sphinx abgeblättert, dort auch das Deckrot nachgebessert.

Korinthische Salbölgefäße (Alabastra und Aryballoi) haben sich im späten 7. und frühen 6. Jahrhundert v. Chr. rund um die Küsten des Mittelmeeres einer weiten Verbreitung erfreut. Dabei steht hinter der Beutelform mit engem Hals und breitem Mündungsteller unverkennbar ursprünglich ein anderes, vergängliches Material, nämlich Leder.
Sphingen und Löwen nehmen eine wichtige Stellung im Repertoire der orientalisierenden Kunst des 7. Jahrhunderts v. Chr. ein und können geradezu als Lieblingsthemen

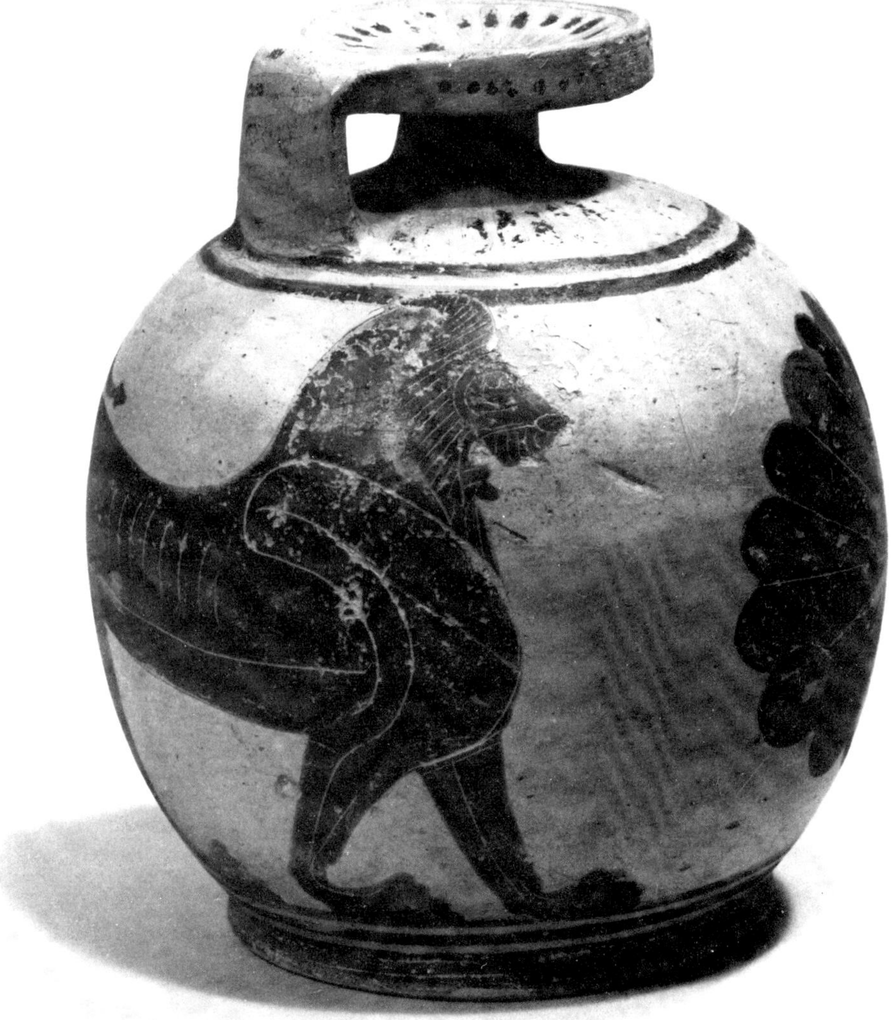

90 bis

der korinthischen Vasenmaler bezeichnet werden. Hier sitzt bzw. steht mit angewinkelten Beinen ein Löwe nach links, sich mit aufgerissenem Maul zu einer Sphinx umschauend. Seine drohende Gebärde scheint das Mischwesen mit seinen schwungvoll aufgerichteten Flügeln freilich wenig zu beeindrucken. Kein Wunder, denn Sphingen galten als dämonische Wesen eines über Menschen und Tieren stehenden Bereiches, als Todesdämonen wie die Sirenen, Harpyien und Keren.
Details von Löwen und Sphinx sind in gewohnter Manier durch Ritzlinien angegeben; Deckrot betont einzelne Körperpartien. In den Freiraum um beide Figuren hat der Maler locker Rosetten verschiedener Größe mit z. T. flüchtiger Ritzung eingestreut. Die Dekoration des zur Mitte hin abfallenden Mündungstellers, der Schulter und des Bodens hält sich gleichfalls an gängige Muster, wie sie von ungezählten korinthischen Vasen her vertraut sind. RDD

91

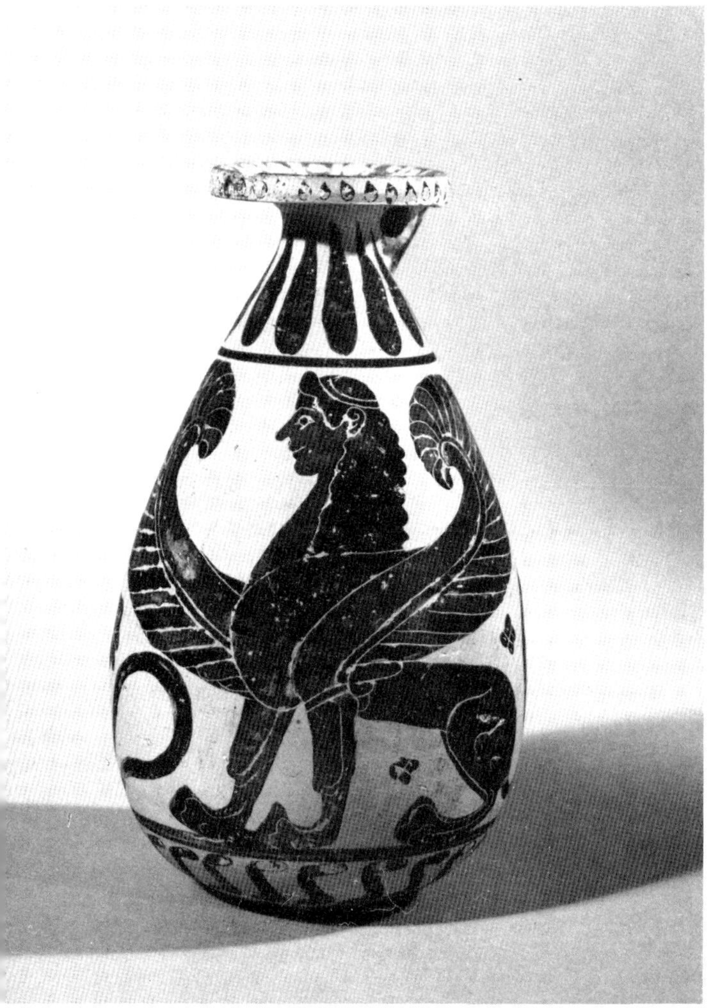

91

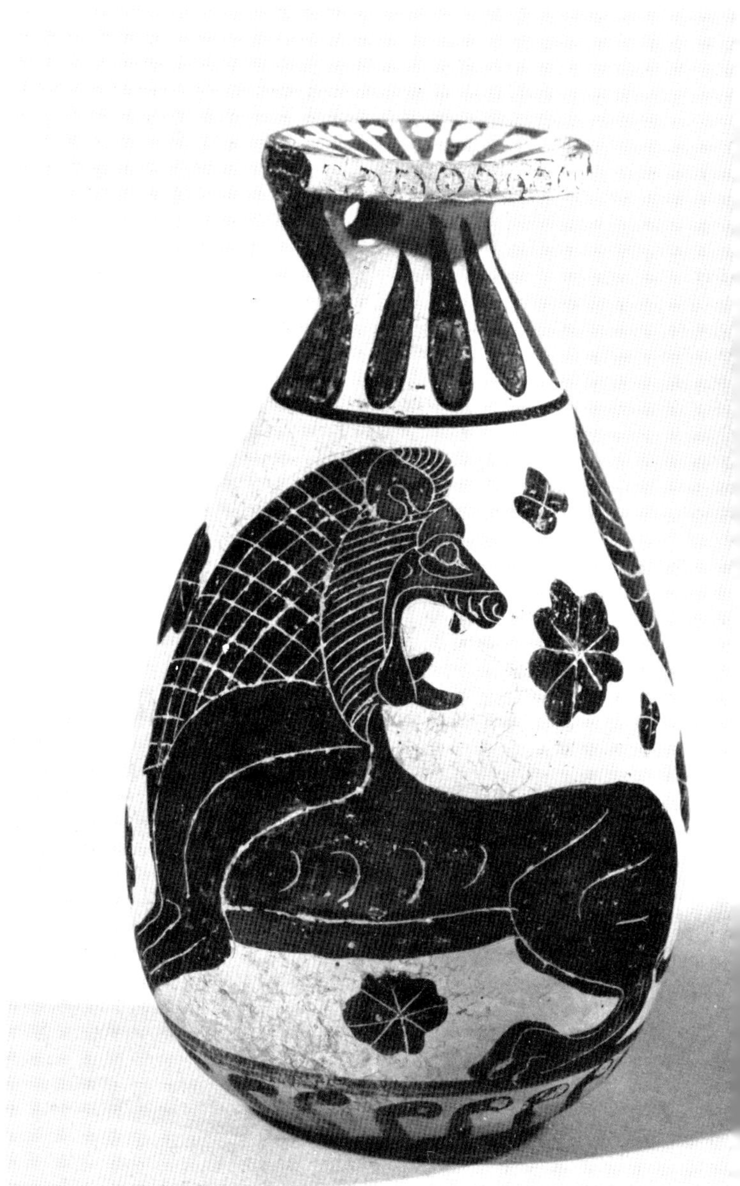

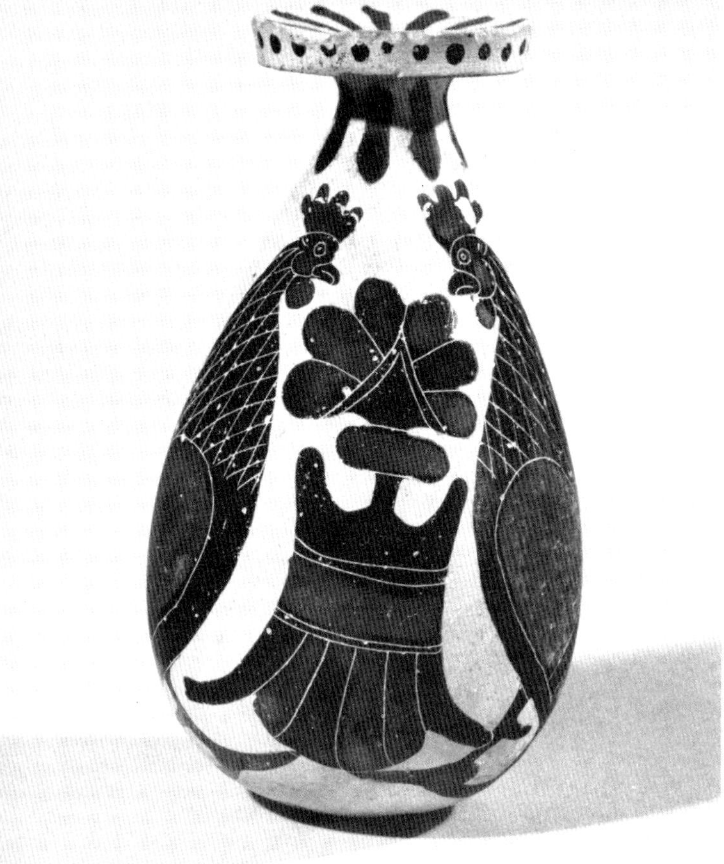

92

des kostbaren Inhalts, der zumeist aus zähflüssigen aromatischen Ölen bestand, nach der Benutzung in das beutelförmige Gefäß zurückfließen konnte.
Zwei heraldisch einander zugewandte Hähne mit einem monumentalen Zentralornament aus Lotosblüte und Palmette bestimmen in diesem Fall den Dekor. Deckrot belebt – wie üblich – die Darstellung (gut erhalten an den Kämmen, Kehllappen und Flügeln, dem kurzen Gefieder und den Schwänzen der Hähne, zudem auch am Zentralornament).
Hühner sind erst relativ spät, wohl im 7. Jahrhundert v. Chr., nach Griechenland gelangt, um sich dann schnell auch nach Unteritalien und Sizilien auszubreiten. Spätestens im 5. Jahrhundert v. Chr. haben Hühner zum geläufigen Tierbestand ländlicher Anwesen in Griechenland gehört. Aber nicht nur die Landleute lernten schnell das Federvieh zu schätzen, auch die griechischen Künstler haben sich schon im 7. Jahrhundert v. Chr. der Hühner und besonders der Hähne als Thema angenommen.
Hähne waren als heilige Tiere verschiedenen Göttern zugeordnet, so kämpferischen Gottheiten und Heroen wie Ares, Athena und Herakles. Persischen Ursprung hat man hinter der Verbindung mit Hermes, Helios-Apollon und Mithras vermutet, d. h., der Hahn als Vogel einer Lichtgottheit. Andererseits sind Hähne aber durchaus – wie hier – auch häufig um ihrer selbst willen bzw. als rein dekorative Elemente dargestellt worden. Im späteren 6. und 5. Jahrhundert v. Chr. begegnen sie dann des öfteren – vor allem auf Vasen – als Liebesgeschenke bärtiger, älterer Männer an Knaben und Jünglinge. In diesem Sinne hätte sich ein Alabastron mit Hähnen durchaus als Liebesgeschenk geeignet.
RDD

92 Alabastron mit Hähnen

Ton gelblichbraun gebrannt. Frühkorinthisch, um 600 v. Chr.
H 9,6; Dm 5,4; Dm Mündungsteller 3,5 cm.
Intakt erhalten. Kleine Absplitterungen an der Mündung; das Deckrot z. T. abgeplatzt.

Die Gefäßform mit dem kleinen Ösenhenkel für ein Trageband entspricht weitgehend dem vorhergehenden Alabastron mit Löwe und Sphinx. Hier wie dort senkt sich der Mündungsteller zur Öffnung hin ab, damit jeder Tropfen

93 Salbgefäß in Form einer Eule

Ton, graubraun gebrannt. Korinthisch, um 575 v. Chr.
H 5,7; L 5,7; Br 3,6 cm.
Intakt erhalten, die Bemalung stellenweise abgerieben und abgeblättert.

Die Sammlung Mildenberg enthält eine interessante Gruppe tiergestaltiger Salbölgefäße, darunter diese Eule, deren hohler Körper aus der Form stammt, während die Füße freihändig anmodelliert sind und der Kopf mit schlichter Öffnung auf der Oberseite aus einem ausgehöhl-

ten Tonklumpen separat gewonnen wurde. Das Gefieder ist durch Firnisbemalung und zusätzliches Deckrot detailreich angegeben. Die Durchbohrungen der Füße lassen erkennen, daß das kleine Salbgefäß in unbenutztem Zustand mit dem Kopf nach unten aufgehängt wurde.
Kretische und protokorinthische Töpferateliers haben eine besondere Vorliebe für Eulenwesen entwickelt, wobei jeweils verschiedene Eulenarten dargestellt wurden. Die Mildenberg-Eule, die sich von ihren protokorinthischen Vorgängerinnen durch ein geringeres Maß an töpferischer Präzision und Feinheit in der Bemalung abhebt, gehört zum sog. Glaux- oder Athene noctua-Typus. Diese Eulen oder genauer Steinkäuze mit gesprenkeltem Gefieder sind rundköpfig und ohrlos. Sie erscheinen als heilige Tiere der Athena, der Stadtgöttin Athens, seit dem 6. Jahrhundert v. Chr. vor allem auf den Rückseiten athenischer Prägungen und zusammen mit Ölbaumzweigen als Emblem auf einer Sondergattung attischer Keramik des 5. Jahrhunderts v. Chr.: den Eulen-Skyphoi, kleinen Trinkbechern, die bei besonderen Anlässen benutzt wurden. BAK

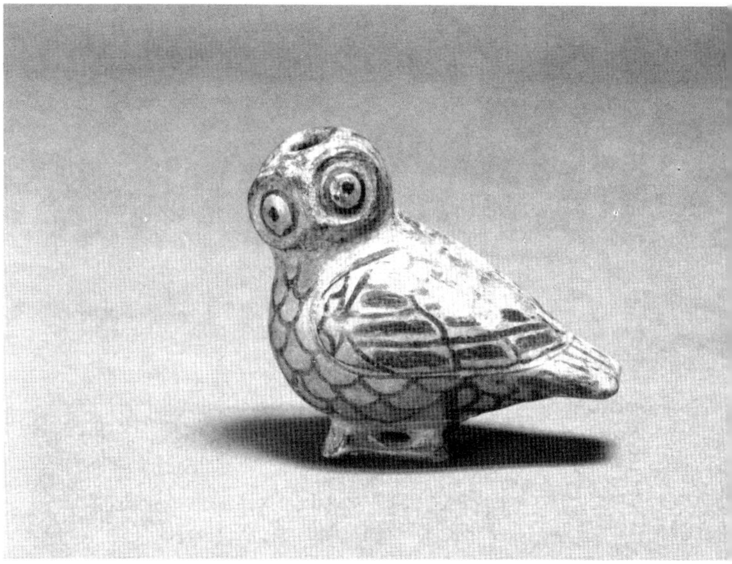

93

94 Kauernder Hase

Terrakotta, gelblichbraun. Korinthisch, 6. Jahrhundert v. Chr.
H 2,9; L 6,2; Br 2,6 cm.
Die Oberfläche durch häufige Benutzung stark abgerieben, der rechte Vorderlauf beschädigt.

Unter den verschiedenen Keramikzentren, die im 7. und 6. Jahrhundert v. Chr. in vielfältiger Form plastische Gefäße hervorgebracht haben, zählt Korinth zu den produktivsten. Korinthische Vasen und plastische Gefäße sind an zahlreichen Orten in vielen Ländern des Mittelmeerraumes zutage getreten. Sie belegen die lebhaften Handelsverbindungen zwischen der bedeutenden Stadt, am gleichnamigen Golf und dem schmalen Übergang zur Peloponnes gelegen, und der zahlreichen Kundschaft in fernen Ländern.
Besonderer Beliebtheit erfreut sich die ‚Hasenform' bei den rhodischen und korinthischen Töpfern. In der Regel handelt es sich um Salbgefäße mit einer Öffnung auf dem Kopf, massiv geformte Tiere stellen dagegen die Ausnahme dar. Dieser Hase besteht aus einem Tonkern, der in einem zweiten Arbeitsgang mit der eigentlichen Tiergestalt ummantelt wurde. Der Hase, dessen starke Oberflächenabreibungen sich am besten mit der Funktion als Kinderspielzeug erklären lassen, kauert mit angewinkelten Vorder- und Hinterläufen geduckt am Boden. Die Modellierung verrät ein sicheres Gefühl des Töpfers für die Charakteristika und die typische Haltung eines Hasen. Von dem bräunlichen Überzug, der in Verbindung mit roter Tupfung die Fellstruktur andeuten sollte, haben sich nur Reste erhalten. BAK

94

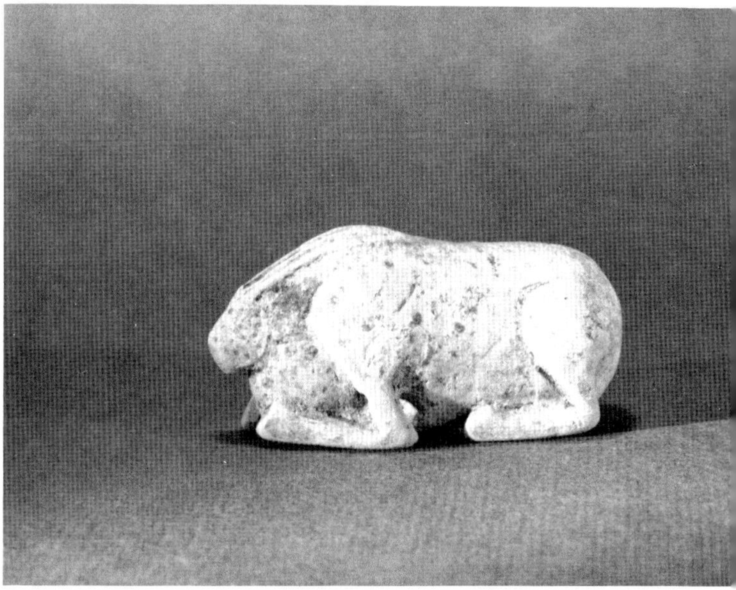

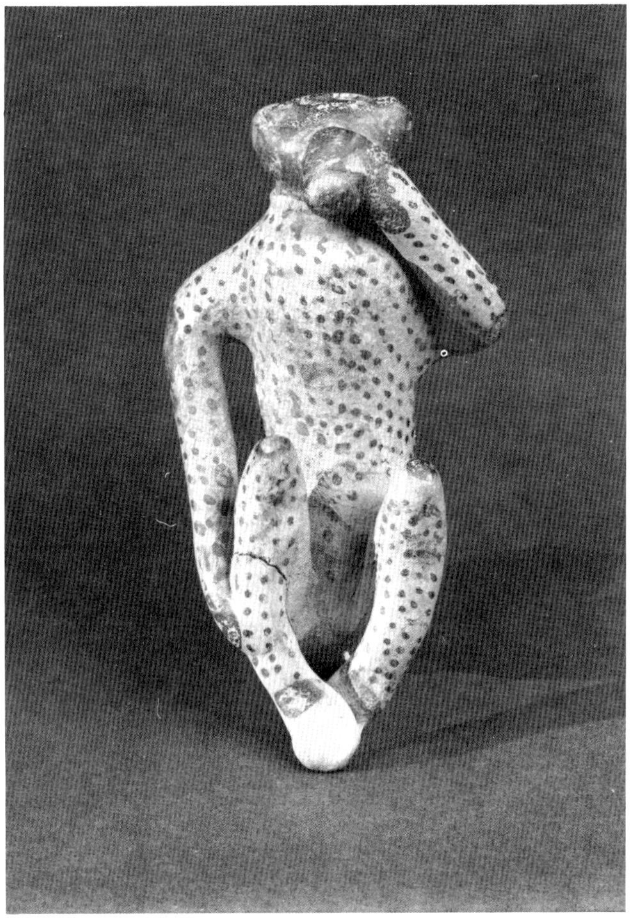

95 Salbgefäß in Gestalt eines hockenden Affen

Ton, gelbbraun oder leicht bräunlich gebrannt. Etruskokorinthisch, frühes 6. Jahrhundert v. Chr.
H 10,4; Br 5,5 cm.

Tiefer Riß am rechten Unterschenkel. Der Überzug abgerieben und ringsum abgesplittert. Abnutzungsspuren entsprechend der Handhaltung, mit der das kleine Gefäß natürlicherweise benutzt wurde.
Zahme Affen wurden bereits von assyrischen und ägyptischen Königen gehalten, später treffen wir auf sie in Griechenland und Italien. Entsprechend früh begegnen Darstellungen von Affen, die dann auch in Etrurien zu einem beliebten Motiv geworden sind.

Das kleine Affen-Gefäß mit schlichter Öffnung auf dem Kopf, das noch deutlich die Spuren seiner antiken Benutzung trägt, vermag wegen der zu lang geratenen, handgeformten Beine nicht selbständig senkrecht zu stehen. Vermutlich wurde es ursprünglich mit einem um den Tierhals gelegten Bändchen getragen bzw. aufgehängt, ehe es als Beigabe in ein Grab gelegt wurde. Die schlanken Arme sind gleichfalls freihändig modelliert und an den auf der Drehscheibe getöpferten Körper angefügt. Die Linke ist zur Schnauze geführt, während die Rechte untätig am Unterschenkel liegt. Kopf, Schnauze und Hals sind dunkelbraun bemalt, Ellenbogen und Knie gleichfarbig markiert; ansonsten ist das Fell braun gepunktet.
Auf den Hinterbacken hockende Affen mit an Schnauze, Augen, Ohren oder Hals geführter Hand begegnen als Salbgefäße auf etruskischem Boden in der ersten Hälfte des 6. Jahrhunderts v. Chr. in einiger Zahl mit relativ geringer Variationsbreite. Die Gefäßchen erinnern dabei durch die verschiedenen Armstellungen unmittelbar an das altbekannte, östliche Affentrio, bei dem jeweils ein Tier nichts sieht, hört und spricht.
Behältnisse in der Gestalt von Affen haben eine lange Tradition, die bis zu ägyptischen Gefäßen für Augenschminke zurückreicht. Wie die ägyptischen Vorläufer zeigen auch die späteren griechischen Alabastra die Affen zumeist in Hockstellung, der natürlichen Haltung des Tieres. Die Etrusker haben Alabastra dieser Art vor allem aus korinthischen Werkstätten bezogen. Diese Importe sind dann auf italischem Boden von eingewanderten griechischen Handwerkern und einheimischen Töpfern imitiert worden, und zwar in einem solchen Maße, daß eine Trennung von einheimischer und importierter Ware oft schwerfällt.
Was mag Töpfer veranlaßt haben, Salbgefäßen die Gestalt von Affen zu geben? Worin mag der Reiz für die Kundschaft bestanden haben? Vielerlei Aspekte bieten sich an, ohne daß letztlich ein allein ausschlaggebendes Motiv zu nennen wäre. Vielleicht waren es die talismanischen Kräfte, die man den Affen zuschrieb, vielleicht hat man vordergründig die Gestalt des Tieres als witzige Form für ein Alabastron empfunden. Auch mag der Affe als ‚libysches Motiv' auf ein wunderbares Land am Rande der Welt verwiesen haben, in dem die Verstorbenen ein glückseliges Leben erwartete.
BAK

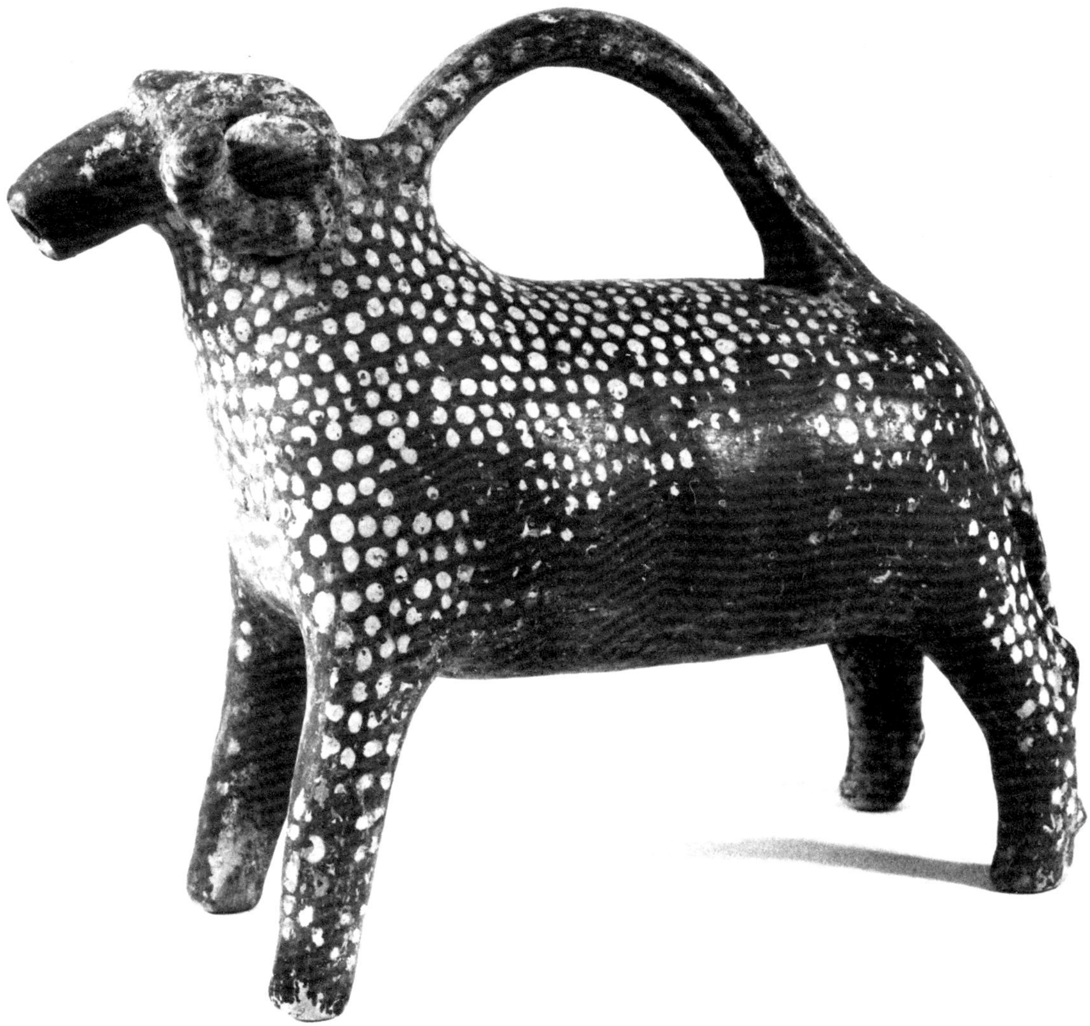

95 bis Widder-Gefäß

Ton. Griechisch, Ende 7. Jahrhundert v. Chr.
H 14,6; L 20,8 cm.
Rechtes Vorderbein ergänzt. Rechte Hornspitze fehlt.

Das Gefäß hat die Form eines stämmigen Widders. Die Beine und der Schwanz sind an den hohlen, zylindrischen Leib anmodelliert; die Hinterbeine sind mit deutlichen plastischen Details ausgearbeitet. An den kurzen Hals setzt der ausgeprägte Widderkopf an, dessen Schnauze als runder Ausguß dient. Im Nacken, vor dem Ansatz des breiten hochgeschwungenen Bügelhenkels, befindet sich eine große Öffnung.
Die ganze Figur ist mit einem roten „Firnis" überzogen, der nur am Bauch und an der rechten Seite etwas abgerieben ist. Von den in Weiß aufgesetzten Verzierungen sind am Schwanz und an den Seiten die Punkte abgeplatzt, eher abgegriffen sind dagegen die Striche am Henkel, den Hörnern und im Bogen an der rechten Schnauzenseite.
Aus Böotien stammen eine ganze Reihe solcher Gießgefäße. Sie werden wohl in Gräbern gefunden worden sein und ihre Verwendung muß sicher auch im Zusammenhang mit dem Grab- oder Totenkult gesehen werden. UG

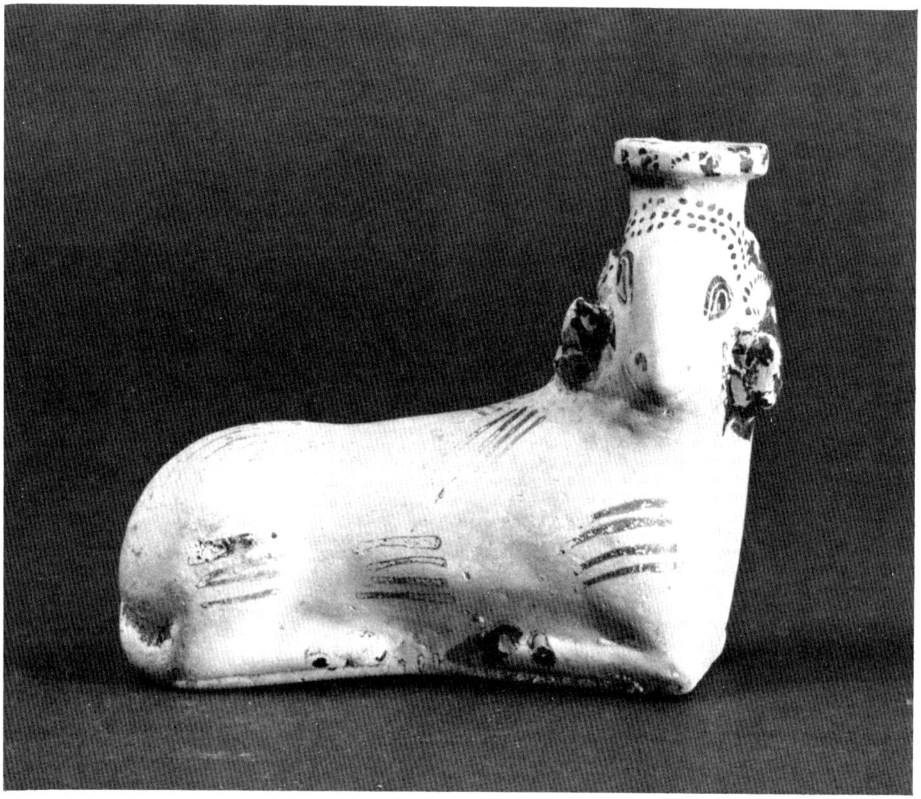

96 Salbgefäß in Form eines liegenden Widders

Ton, blaßbraungelb gebrannt. Rhodisch, 1. Viertel 6. Jahrhundert v. Chr.
H 8,9; L 11,5; Br 5,8; Dm Mündung 2,9 cm.
Intakt erhalten. Der Firnis abgeplatzt, besonders an den Hörnern, Hufen und der Mündung, letztere stellenweise abgerieben.

Plastische Gefäße bilden innerhalb der griechischen Keramik eine Sondergruppe. Die Töpfer, gerade auch die rhodischen, scheinen besonders in der Frühzeit beständig zu neuen Formen angeregt worden zu sein. Neben Frauen- und Kriegerköpfen, Enten, Affen, Hasen, Schildkröten und Igeln, menschlichen Beinen, sandalierten Füßen und männlichen Geschlechtsteilen begegnen unter den plastischen Aryballoi aus rhodischen Werkstätten u. a. Muscheln, Adler-, Löwen-, Pferde- und Stierköpfe und schließlich auch Widder. Für die antiken Käufer wird zunächst der Inhalt der kleinen Aryballoi, das kostbare, dickflüssige Salböl, entscheidend gewesen sein. Die ‚Verpackung' aber mag häufig, zumal bei der Kundschaft in fernen Ländern, ein wichtiger Kaufanreiz gewesen sein.
Manche Form verdankt ihre Entstehung bestimmten, im einzelnen oft schwer zu entschlüsselnden religiösen Vorstellungen (vgl. auch den Text zu Nr. 95), wie sie bei einem Salbgefäß in Gestalt eines Widderkopfes in Karlsruhe vermutet wurden. So mögen Gefäßchen in Form liegender Widder ihre Besitzer u. a. an Dionysos und Pan erinnert haben, denen das gehörnte Tier eng verbunden war. Natürlich können auch ästhetische bzw. dekorative Gründe bei der Wahl eines Widders als Gefäßform ausschlaggebend gewesen sein, wobei beide Funktionen, die religiöse und die dekorative, sich nicht gegenseitig ausschließen müssen.
Diese kleine Vase zeigt einen mit eingeschlagenen Beinen auf einer plinthenartigen Platte liegenden Widder mit einer relativ großen Öffnung auf dem Kopf. Drei Reihen von Punkten oberhalb der Augenpartien sollen wohl kurzes Stirnlöckchenhaar andeuten, während die Strichgruppen auf dem Körper vielleicht als stilisierte Wiedergabe des Felles zu verstehen sind.
RDD

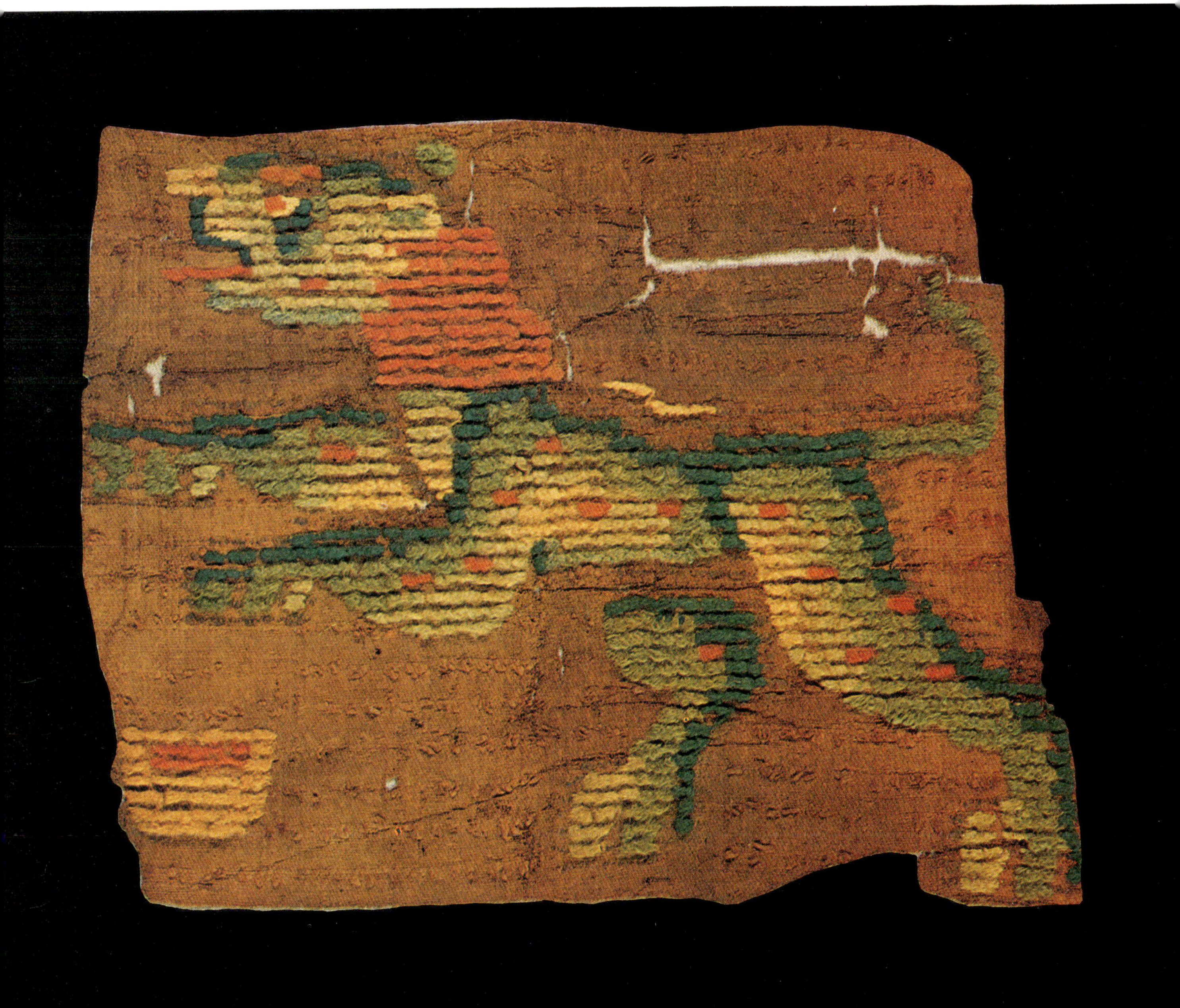

Viereckiges Besatzstück mit Löwen (Kat.-Nr. 181)

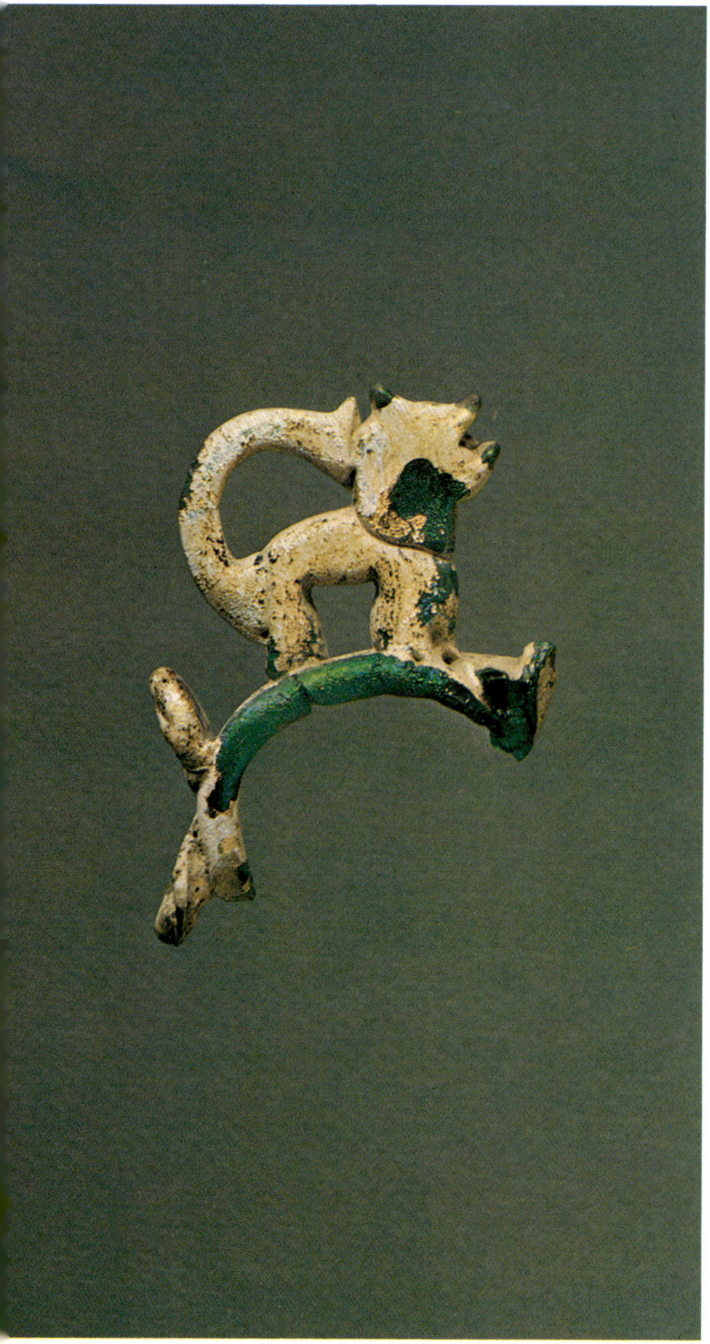

Griff mit Attasche in Gestalt eines Löwen (Kat.-Nr. 44)

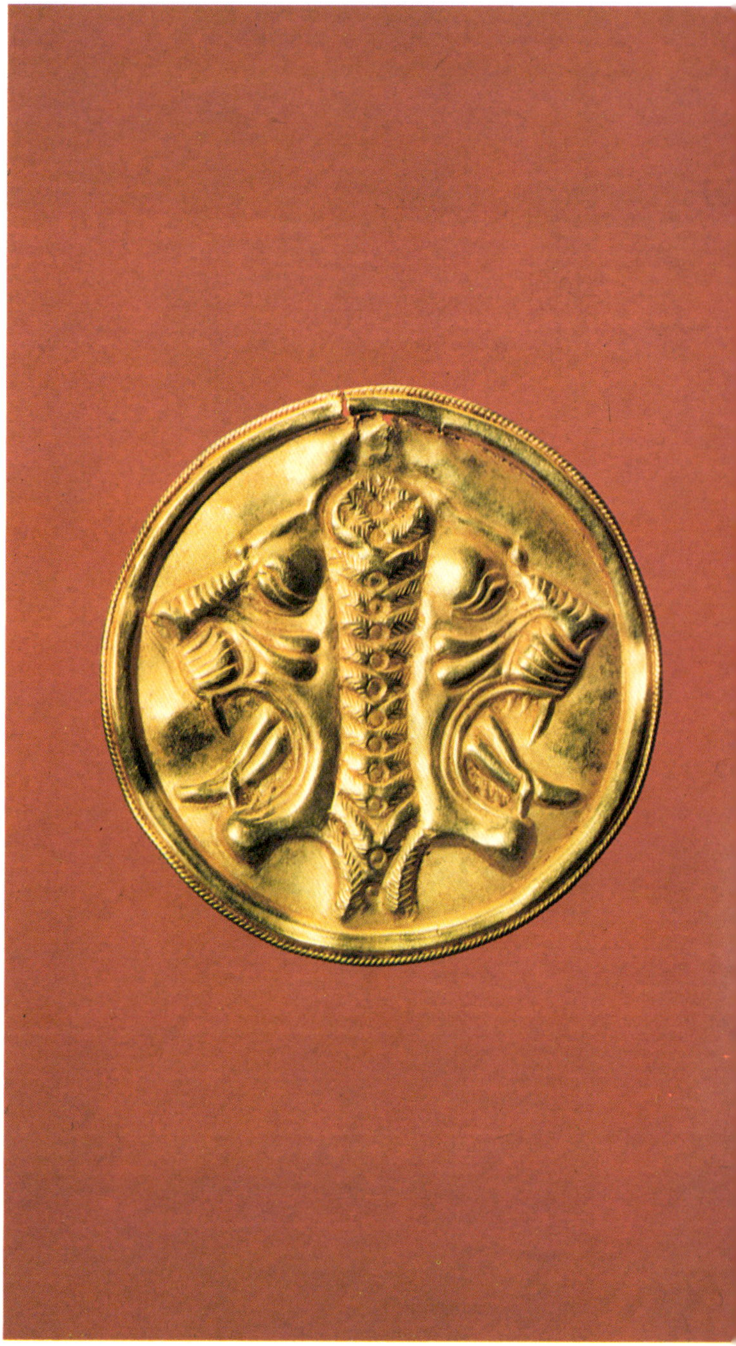

Brakteat mit zwei Löwenköpfen (Kat.-Nr. 30)

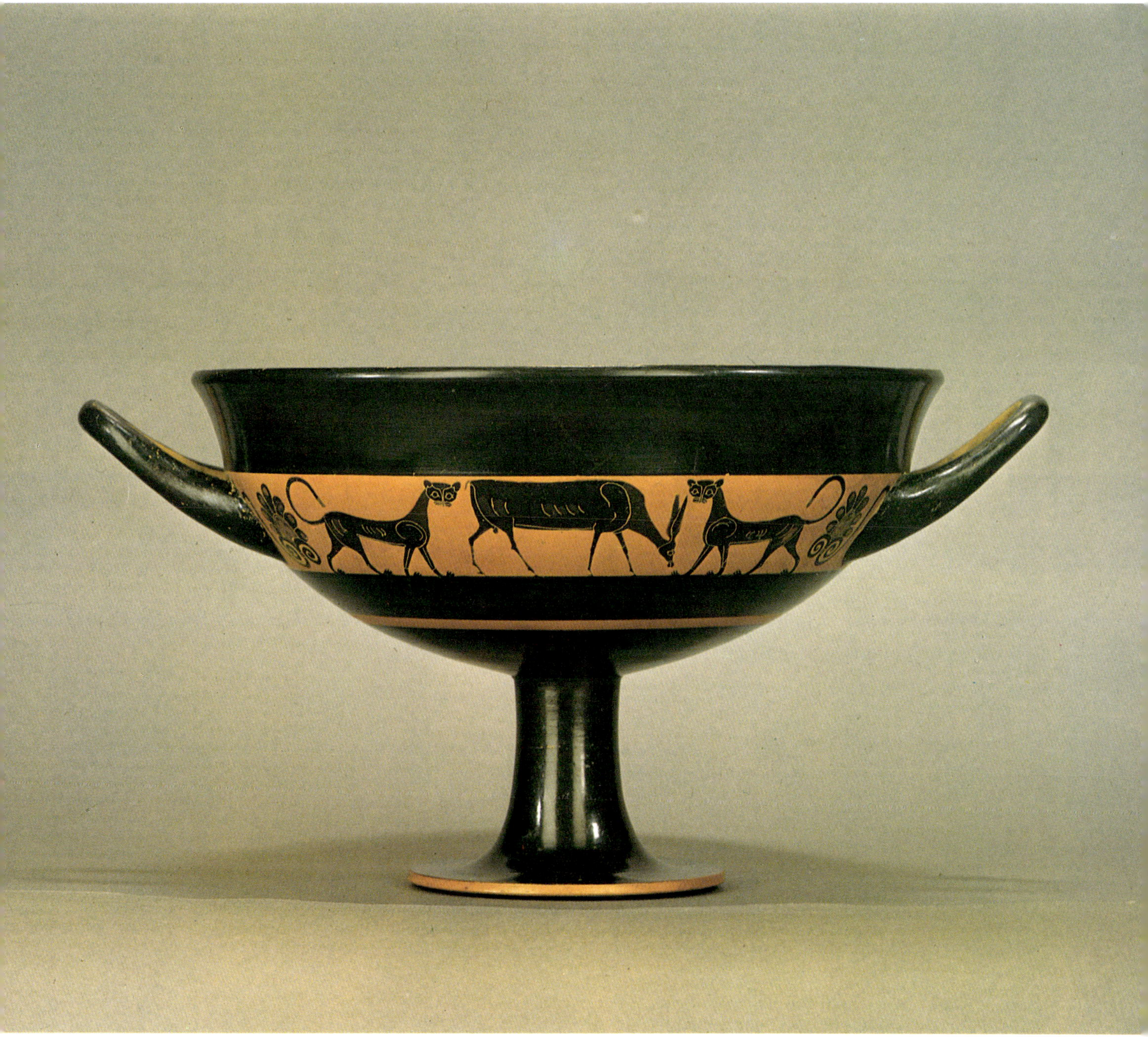

Bandschale mit Panthern, Reh und Hennen (Kat.-Nr. 101)

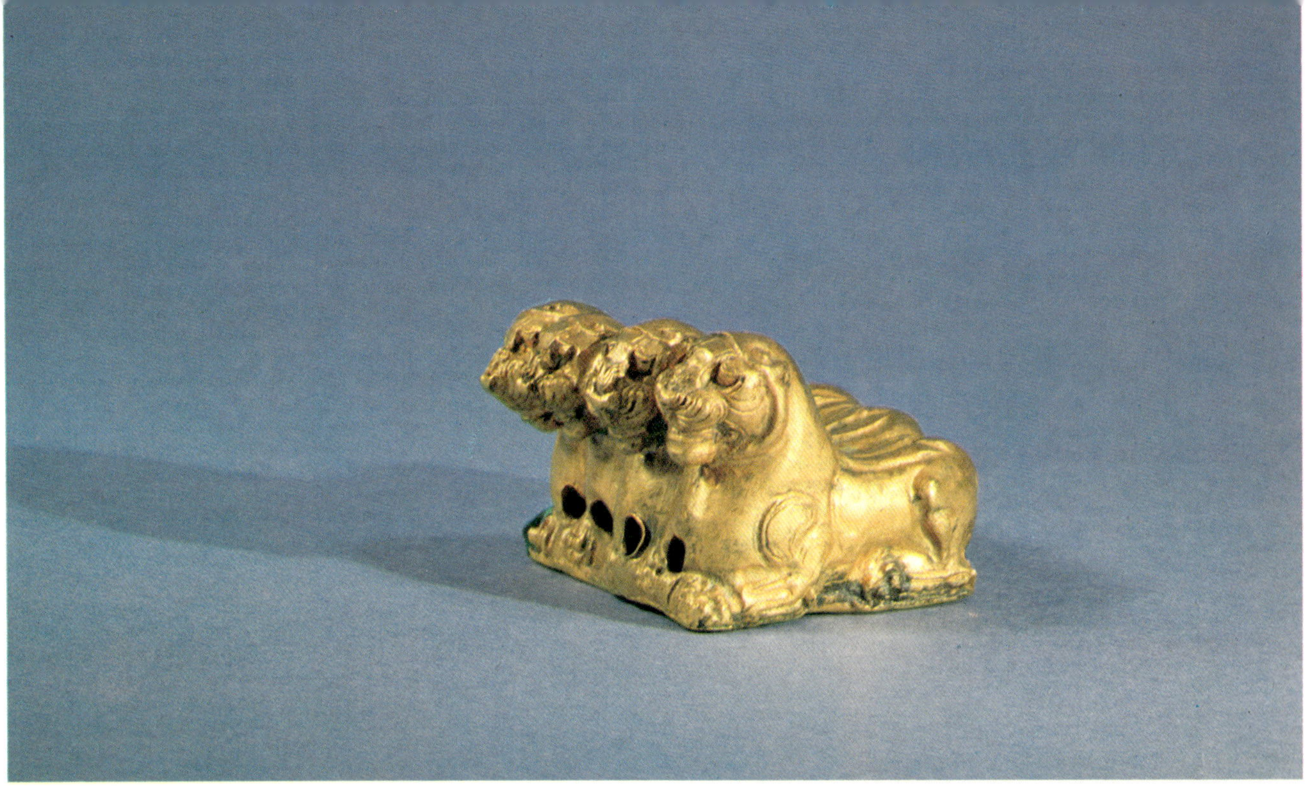

Schmuckstück in Gestalt von vier liegenden Löwen (Kat.-Nr. 20)

Löwenamulett (Kat.-Nr. 52)

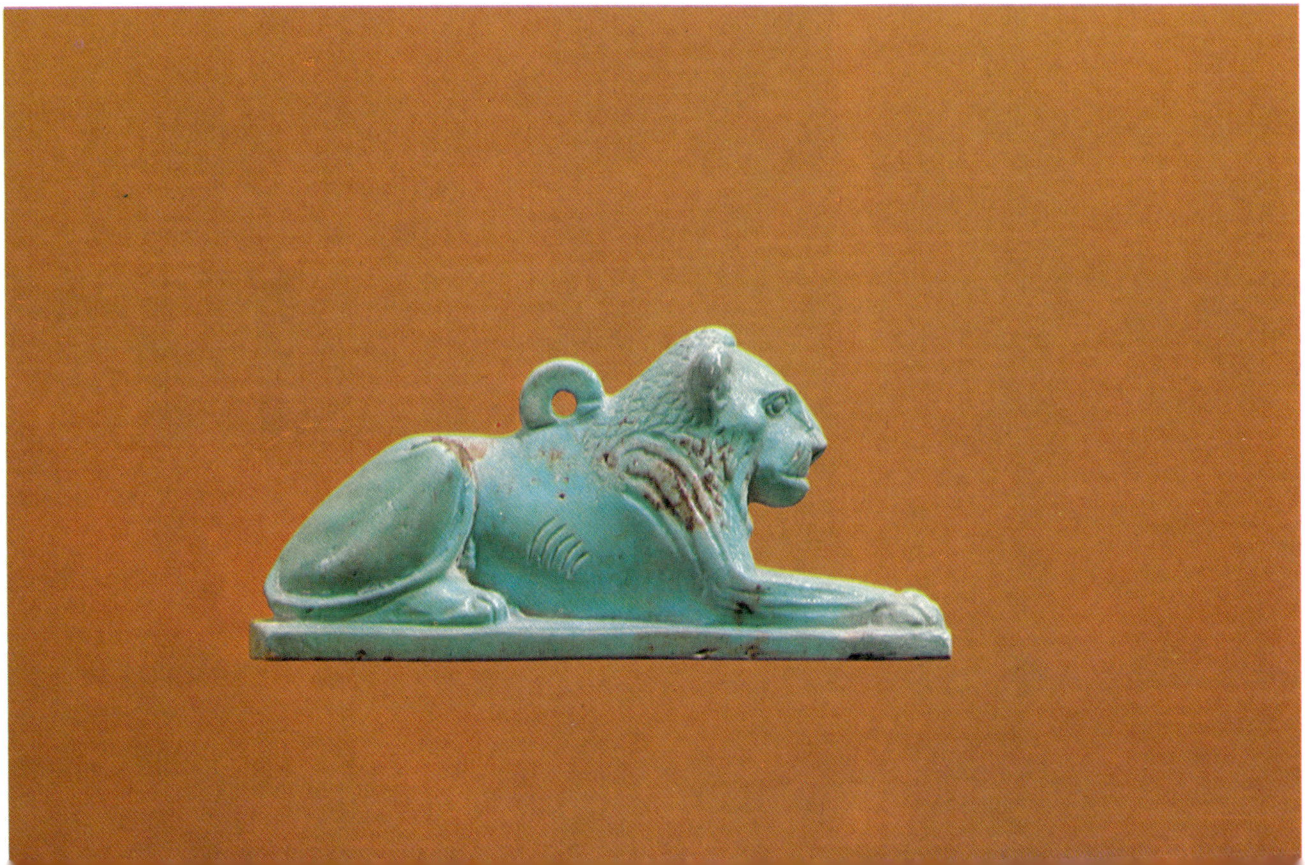

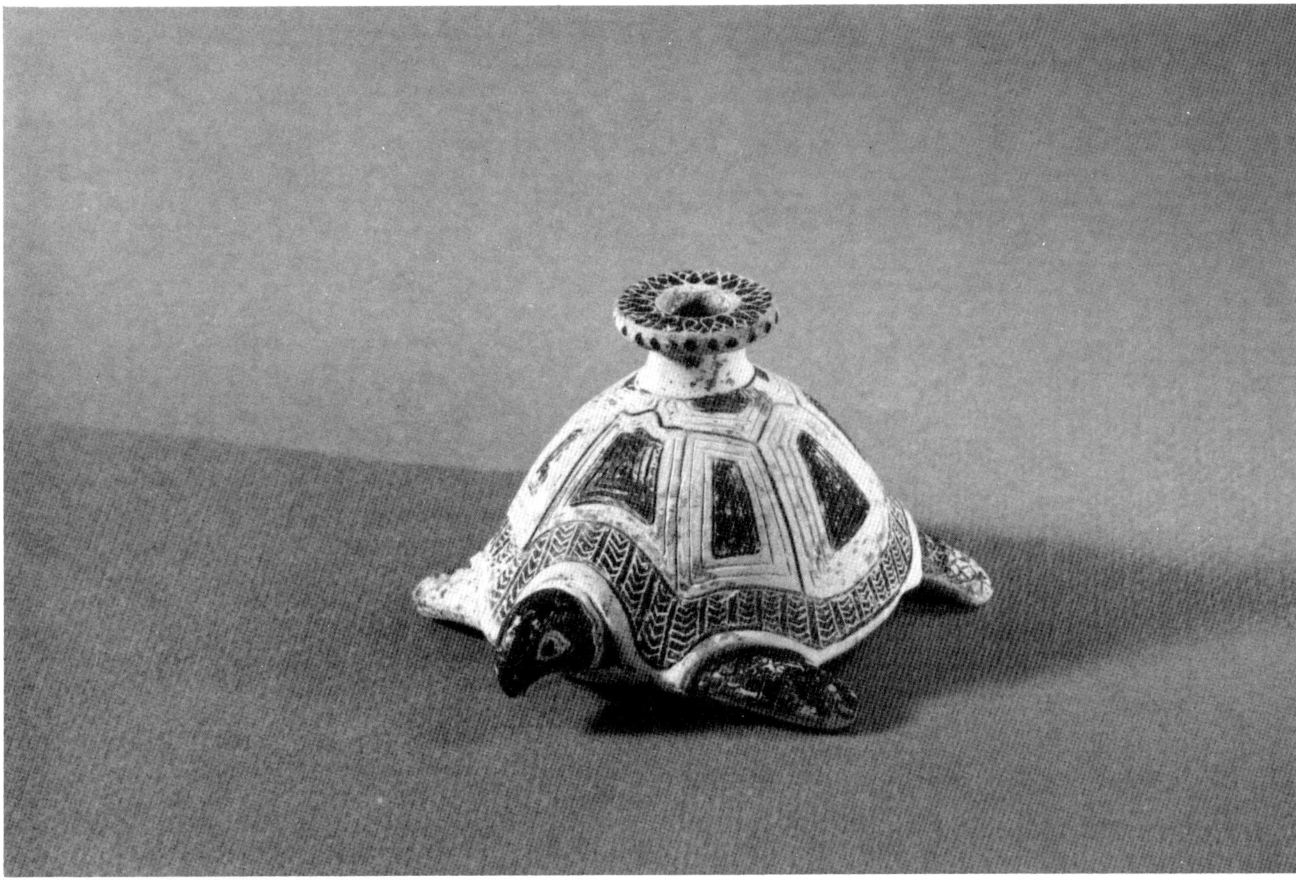

97 Schildkröten-Aryballos

Ton, braungelb gebrannt. Rhodisch, 2. Viertel 6. Jahrhundert v. Chr.
H 4,6; L 8,2; Br 7,6; Dm Mündungsteller 2,4 cm.
Abgesehen vom gebrochenen Schwanz intakt erhalten. Geringfügige Oberflächenabreibungen ringsum, besonders an den Beinen.

Das reizende Salbgefäßchen in Gestalt einer Schildkröte ist in der Bildung beider Panzerschalen, der keulenförmigen, geschuppten Beine und des charakteristisch kleinen Kopfes, der vorsichtig unter dem schützenden Panzer hervorschaut, so naturgetreu geraten, daß das Reptil ohne große Schwierigkeiten als *Land*schildkröte identifiziert werden kann. Der hochgewölbte, von der Mündung mit breitem Ring bekrönte Rückenpanzer ist in acht Segmente mit dunklen Zentren gegliedert; ein dunkles Band mit Reihen geritzter Häkchen bildet den unteren Abschluß. Der Bauchschild weist zwar keinerlei Bemalung und Ritzung auf, ist aber gleichfalls sehr sorgfältig und wirklichkeitsnah wiedergegeben.
Salbgefäße in der Form von Schildkröten – in der Mehrzahl von Rhodos oder Aigina stammend – haben sich relativ selten gefunden. Häufiger begegnen kleine tönerne Schildkröten als Weihgeschenke für Hermes, der als erster den Rückenpanzer einer Schildkröte als Schallkörper genutzt hat und dadurch zum ‚Erfinder' der Leier – neben der Kithara das bedeutendste griechische Saiteninstrument – geworden ist. Ferner sind Terrakotta-Schildkröten aus Gräbern zutage gekommen, auch aus Kindergräbern, in die sie als Spielzeug frühverstorbener Kinder gelegt worden sind. Kügelchen im Inneren erweisen einige dieser tönernen Reptilien als Rasseln (vgl. dazu Nr. 146). RDD

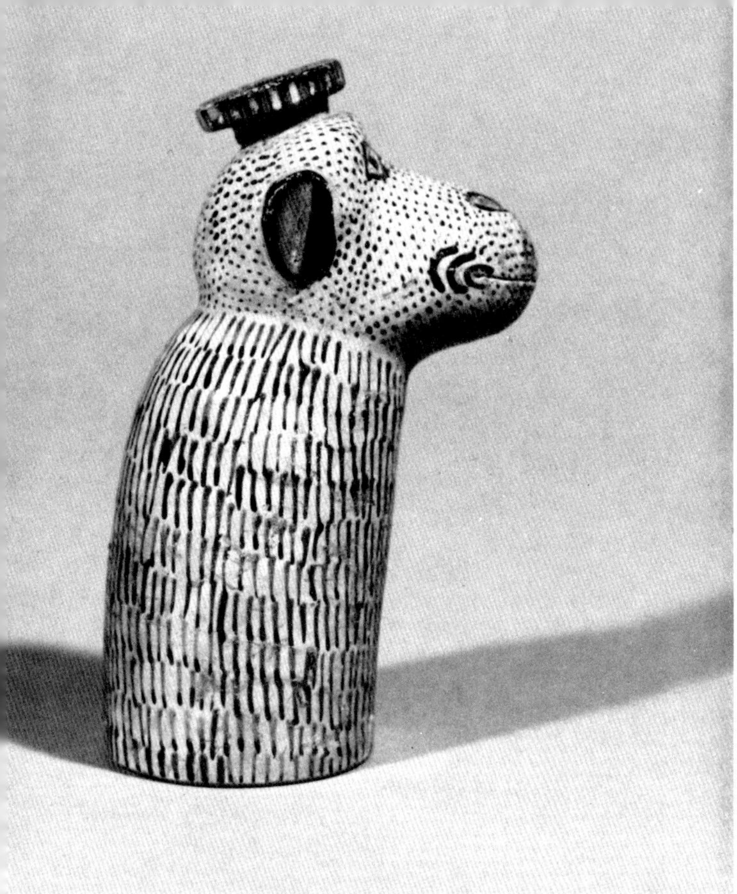

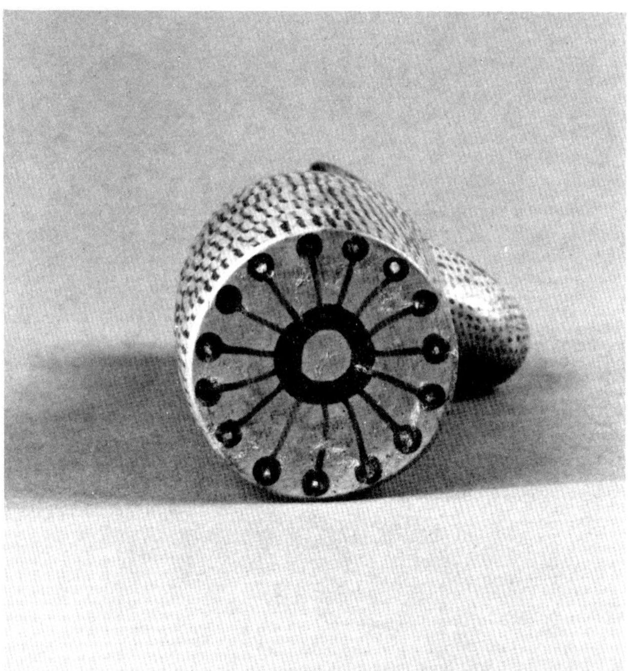

98 Salbgefäß in Gestalt eines Affen

(Farbabbildung s. Umschlag)

Ton, bräunlich-orangefarben gebrannt. Rhodisch, ca. 580 bis 550 v. Chr.
H 9; Dm Boden 3,8; Dm Mündungsteller 3 cm.
Die Bemalung gut erhalten, kleine Absplitterungen an der Mündung. Eine herausgebrochene Partie auf der linken Schulter herausgebrochen und wieder eingesetzt.

Das kleine Salbgefäß ist in Form eines armlosen Affenoberteils mit ebener Standfläche getöpfert. Der Kopf ist vollständig mit Firnispunkten überzogen, während kurze, vertikale Striche auf dem zylindrischen Körper die Fellstruktur andeuten. Drei kurvige dunkle Linien beiderseits des geritzten Maules vermitteln den Eindruck eines leichten Lächelns des Klettertieres.
Auf dem Kopf sitzt schräg der für Aryballoi typische flache Mündungsteller, in diesem Falle mit einer geritzten Rosette auf der Oberseite und alternierend roten und weißen Strichen auf dem Außenrand geschmückt. Auf den Boden ist eine fünfzehnblättrige Rosette mit je einem weißen Punkt gemalt.
Der Affen-Aryballos, zu dem sich lediglich zwei weitere Gefäßchen dieser speziellen Form gesellen, zeigt deutlich Verbindungen zu anderen rhodischen Tier-Aryballoi (z. B. in Gestalt von Antilopen), sowohl hinsichtlich der abgeschnittenen Körperform als auch der Bemalung mit Punkten und Strichen. Dies deutet auf eine gemeinsame Werkstatt, aus der die ganze Gruppe hervorgegangen ist. RDD

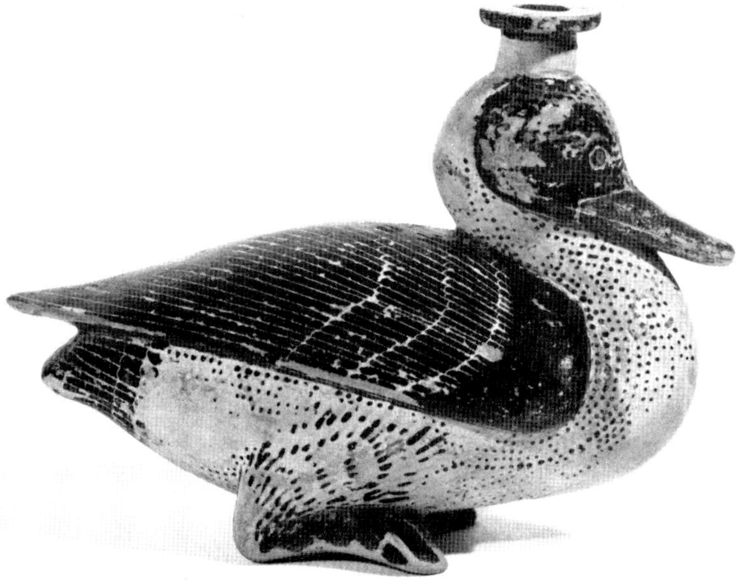

99

99 Salbgefäß in Form einer Ente

Ton, rötlichbraun gebrannt. Ostgriechisch (ionisch), 2. Viertel 6. Jahrhundert v. Chr.
H 10,1; L 14,3; Br 6,2; Dm Mündung 2,3 cm.
Stellenweise sehr beschädigt, die Bemalung z. T. abgeplatzt.

Die aus der Form gewonnene Ente mit der Mündung auf dem Kopf gehört zu einer kleinen Gruppe gleichartiger Salbgefäße, die in einem ostgriechischen Töpferatelier hergestellt worden ist, sei es auf Rhodos oder im kleinasiatischen ionischen Küstenbereich. Der Typus zeigt eine mit eng an den Körper gelegten Flügeln und eingezogenem Kopf auf breiten Schwimmfüßen kauernde Ente, deren Gefieder mit Hilfe von schwarzbraunem Firnis, Deckrot und Ritzungen detailliert und anschaulich wiedergegeben ist. Die Punkte auf Körper, Hals und Kopf deuten die kurzen Entenfedern an, die Striche auf den Schenkeln entsprechend längere. Die langen Schwungfedern der Flügel und die kürzeren Schwanzfedern sind durch feine, mit großer Akkuratesse ausgeführte parallele Ritzlinien auf schwarzbraun bemaltem Untergrund angegeben, z. T. durch Deckrot akzentuiert. JN

100 Randschale mit Eberjagd

(Farbabbildung s. S. 140)

Ton, orangefarben gebrannt. Attisch-schwarzfigurig, um 550–540 v. Chr.
H 9,7; Dm mit Henkeln 19,8 (ohne: 14) cm.
Aus mehreren großen Fragmenten zusammengesetzt. Geringfügige Absplitterungen am Mündungsrand und am Fuß, beide Henkel großenteils restauriert. Das Deckrot am Hals des Ebers retuschiert.

Im Zentrum der Seite A sehen wir einen Eber, der von einem unbekleideten Mann auf der Gegenseite mit einem Speer in der rechten verfolgt wird. Beide Figuren agieren in der Rand- oder Lippenzone der Schale, die von der Henkelzone durch einen schwarzen Ring abgesetzt ist. Das Becken ist innenseitig bis auf eine tongrundig ausgesparte Kreisfläche mit zwei konzentrischen Ringen und einem Punkt schwarz gefirnißt.
Randschalen (vor allem im englischen Sprachraum auch Lippenschalen genannt) gehören neben den Bandschalen und den sog. Droop- und Gordionschalen zur großen Gruppe der Kleinmeisterschalen, deren Bezeichnung von

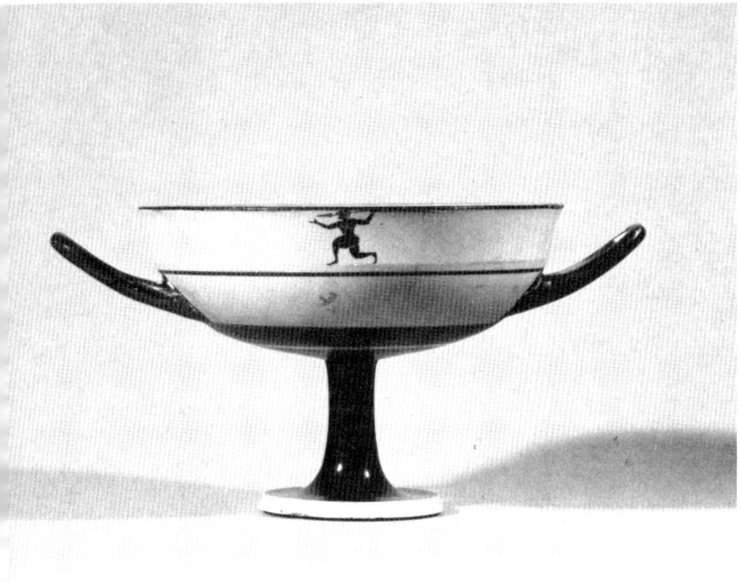

der miniaturhaften, schwarzfigurigen Bemalung abgeleitet ist. Damit heben sie sich unübersehbar von den großformatigen Bildern anderer Gefäßformen der Zeit ab. Die Produktion fällt in die Jahrzehnte zwischen 560 und 530 v. Chr. Zahlreiche attische Vasenmaler haben ‚kleinmeisterlich' gearbeitet; ein Teil von ihnen hat die Schalen auch signiert und mit Trinksprüchen versehen. Der Maler dieser Vase, zu der das Œuvre des Kentauren-Malers die nächsten Parallelen bietet, hat auf beides verzichtet.
Eberjagden spielen im Repertoire der attisch-schwarzfigurigen Vasenmaler eine wichtige Rolle. Dabei dominieren Szenen mit dem Kampf zwischen Herakles und dem Erymanthischen Eber und die zahlreichen Sagenversionen um die Jagd auf den Kalydonischen Keiler. Nichtmythologische Eberjagden treten demgegenüber in den Hintergrund. Die Jagdszene dieser Schale mag – ungeachtet der ‚heroischen' Größe des Tieres – der letzteren Gruppe zuzuordnen sein. RDD

100

100

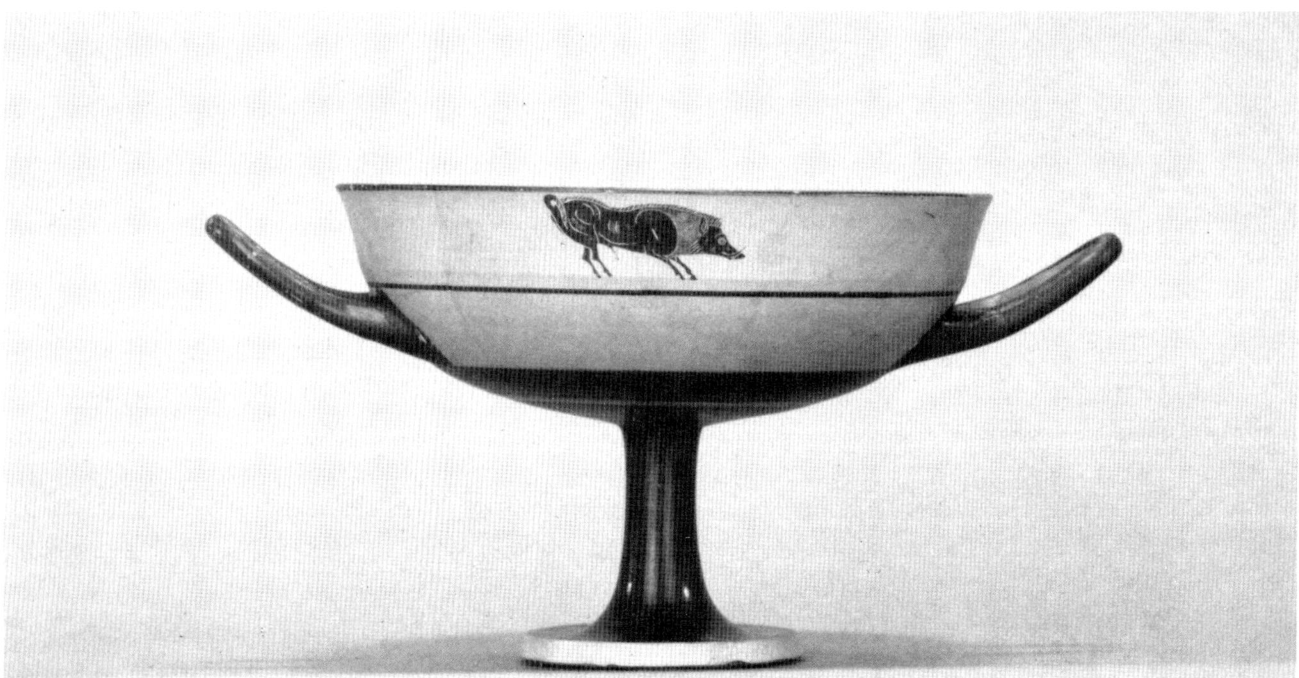

101 Bandschale mit Panthern, Reh und Hennen

(Farbabbildung s. S. 99)

Ton, rötlich-orangefarben gebrannt. Attisch-schwarzfigurig, um 540 v. Chr.
H 15; Dm mit Henkeln 29,5 (ohne: 22,2) cm.
Aus zahlreichen Fragmenten zusammengesetzt; die Lippe leicht bestoßen. Ein Bronze-Dübel im Zentrum der Innenseite stammt von einer antiken Reparatur, bei der Fuß und Becken zusammengefügt wurden.

Bandschalen – der großen Gruppe der Kleinmeisterschalen zugehörig – stimmen in der Form weitgehend mit den Rand- oder Lippenschalen (vgl. Nr. 100) überein, heben sich von diesen jedoch deutlich durch die andersartige Dekoration ab. Ihr Rufname ist von dem bandartigen Fries abgeleitet, der sich auf Höhe der Henkelansätze um das Becken zieht. Bandschalen sind in der Regel – abgesehen von dem Bildfries, einer größeren Kreisfläche im Becken, den Innen-

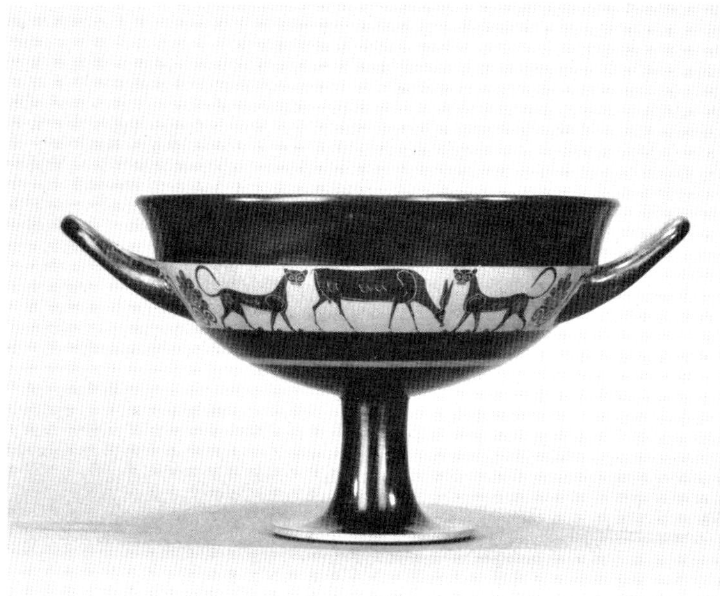

101

101

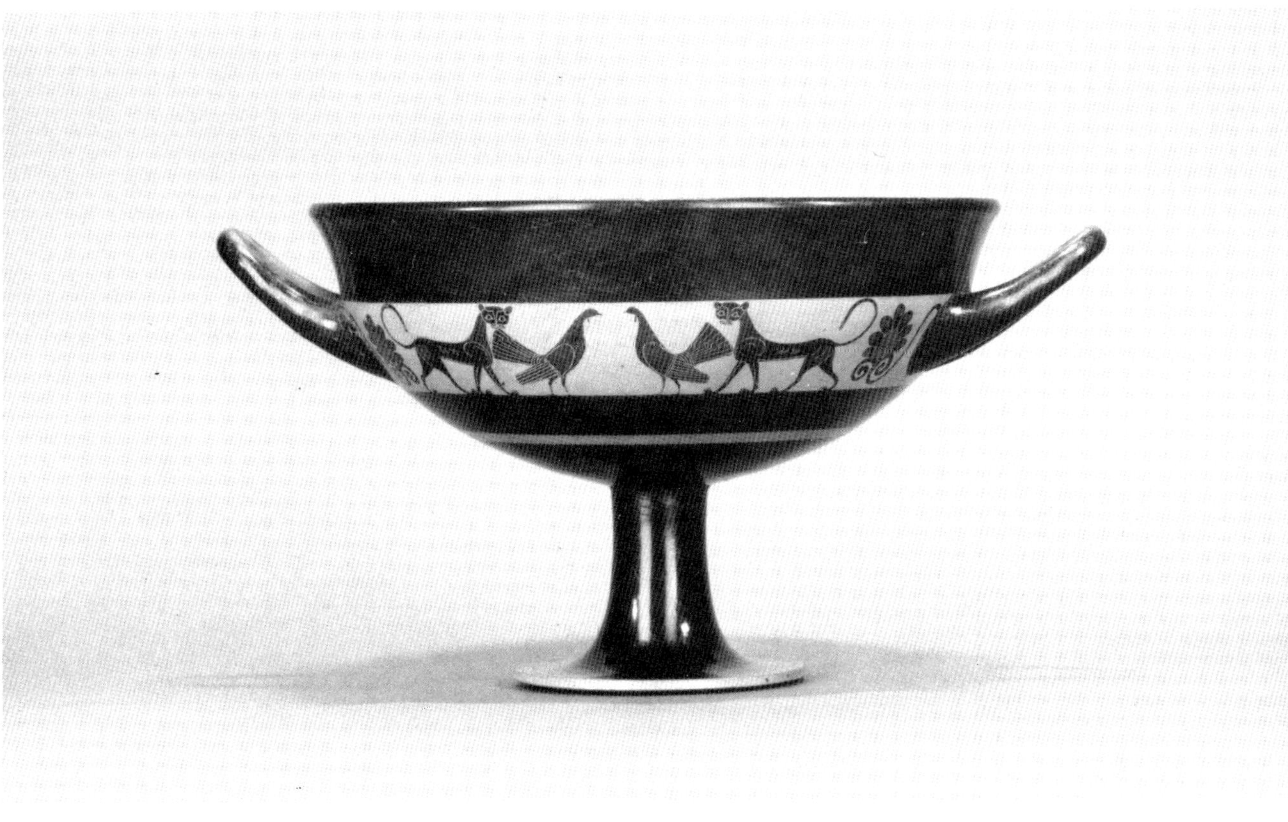

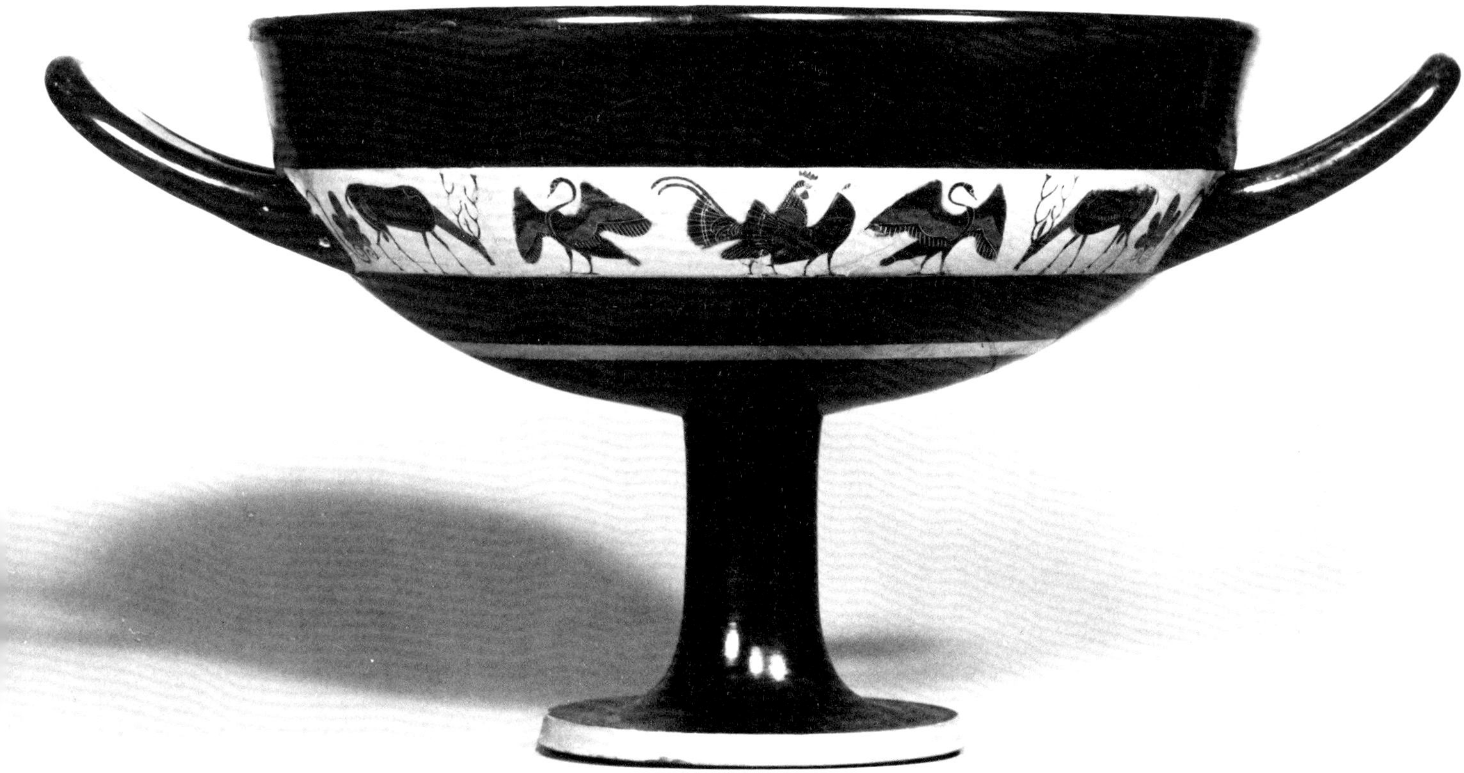

101 bis

seiten der Henkel, einem Ring unterhalb des Figurenbandes und der Außenseite des Fußes – durchgehend schwarz gefirnißt.
Von den Henkelansätzen aus entwickelt sich hier jeweils ein dünner Stengel mit Palmette, deren Kern und Blätter mit Deckrot akzentuiert sind. Die Palmetten rahmen auf beiden Seiten der Schale Tiergruppen, in denen heraldisch zur Mitte hin gerichtete Panther ein äsendes Reh (A) bzw. zwei gleichfalls einander gegenüberstehende Hennen (B) flankieren. Die enge Zusammenstellung von ‚friedlichen' Vertretern der Tierwelt mit Raubtieren, ohne daß es zu den an sich zu erwartenden Attacken kommt, begegnet u. a. bereits auf korinthischen Vasen, wie ja auch die stark überlängten Tierkörper mit Deckrot an Hälsen und Flanken auf korinthische Vorbilder zurückgehen. JN

101 bis Bandschale

540/30 v. Chr.
H 15,7; Dm ohne Henkel 22 cm.
Aus Fragmenten zusammengesetzt. Kleine Flicken ergänzt. Firnis z.T. rot gebrannt. Im Inneren kleiner tongrundiger Reifen. Ein weiterer läuft unter dem Tierfries der Außenseite um. Zwischen dem Stiel und dem Gefäßbecken fehlt der an Schalen dieser Form sonst häufig zu findende rote Wulstring (dazu Beazley, JHS 52, 1932, 168).

In der Henkelzone auf A und B identische Tierfriese: nach rechts hin grasender Hirsch, nach links gewandter Schwan, durch eine Henne teilweise überdeckter, nach rechts gerichteter Hahn, Schwan nach rechts, Hirsch nach links.

Die Schale gehört zu der umfangreichen Gruppe der Bandschalen, die neben den Randschalen nach 550 v. Chr. außerordentlich verbreitet waren. Tierfriese sind auf ihnen besonders beliebt, doch werden Hühner nicht allzu oft mit wilden Tieren verbunden. Ausnahmen sind Flügelwesen wie Schwäne und Sirenen. Eine Parallele für letzteres Motiv bietet etwa CVA. Kassel 1 Taf. 30, 3. Ein Hahn findet sich unter Sirenen und Tieren der Wildnis z. B. auf der Bandschale J. Dörig, Art Antique (1975) Abb. 161. Vgl. auch die Schale CVA London 1 III He Taf. 16, 4. Die Geweihe der Hirsche unserer Schale sind besonders fein gemalt. Vgl. dazu u. a. München 2197. Beazley, ABV. 250, 31 Berkeley.
KS

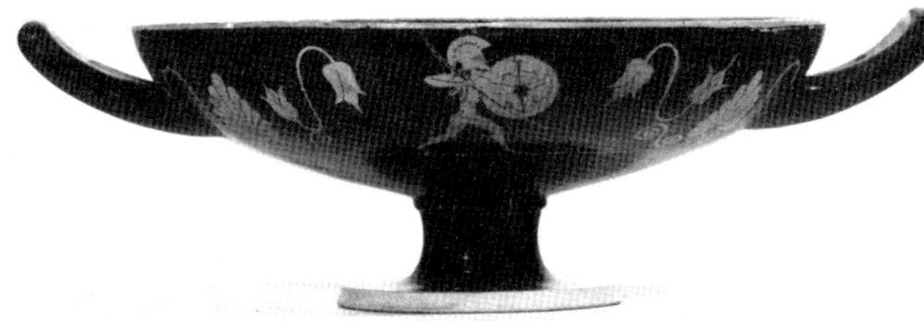

102

102

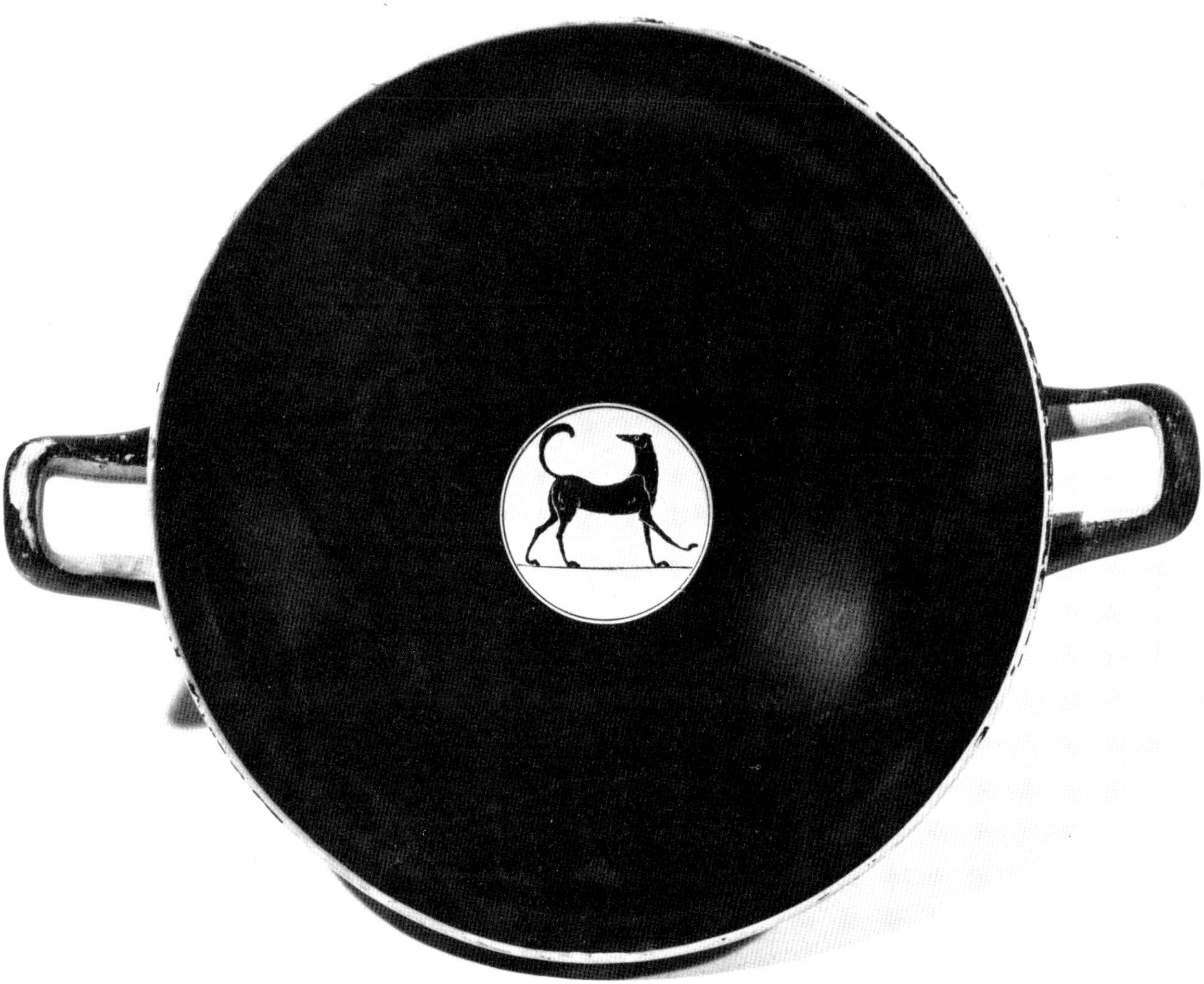

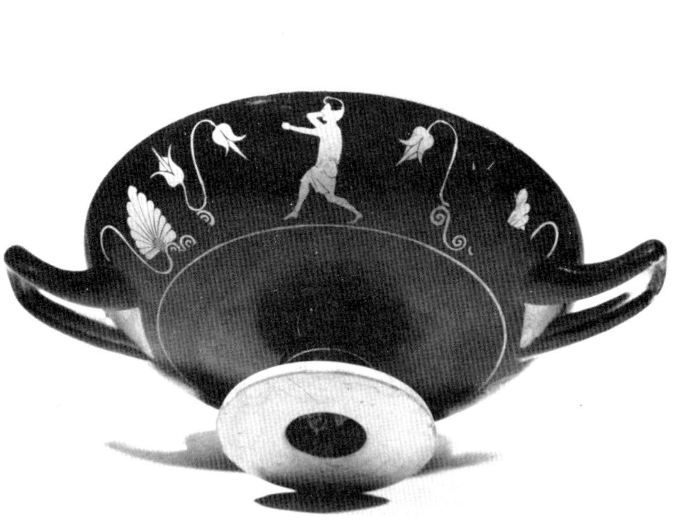

102

gerahmt, die an dünnen, elegant gebogenen Stengeln mit Voluten sitzen.
Die Form der Schale entspricht dem Typus A der Augenschalen, einem Schalentypus, der gegen 530 v. Chr. von dem Töpfer und Maler Exekias eingeführt worden ist und sich bei der sog. Pioniergeneration der rotfigurigen Vasenmaler besonderer Beliebtheit erfreute. Von jenen Schalen mit einem großen apotropäischen (übelabwehrenden) Augenpaar auf jeder Seite hebt sich dieses Exemplar insofern deutlich ab, als die Augen durch Palmetten und Blüten ersetzt sind. Ansonsten aber folgt der Maler, der in der schwarzfigurigen Tradition wurzelt, dem üblichen Dekorationsschema bilinguer Augenschalen. RDD

102 Bilingue Schale mit Hund im Tondo

Ton, orangefarben gebrannt. Attisch schwarz- und rotfigurig, um 525–520 v. Chr.
H 7,3; Dm mit Henkeln 26,5 (ohne: 19,8) cm.
Aus mehreren Fragmenten zusammengesetzt; Absplitterungen an Rand und Fuß. Restaurierungen an beiden Figuren der Außenseiten und den Palmetten und Lotosblüten der Seite B.

Die Schale zählt zu jener Gruppe attischer Vasen aus der Übergangszeit vom schwarz- zum rotfigurigen Stil, die an *einem* Gefäß beide Techniken zeigen. Im englischen Sprachraum werden solche Gefäße „bilingual vases" genannt, zu deutsch: „zweisprachige Vasen". Die ältere Malweise ist hier im kleinen Tondo der Innenseite angewandt, das einen schlanken, lebhaft bewegten Hund mit langem Schwanz und rückwärts gedrehtem Kopf zeigt. Die Außenbilder sind dagegen in der neuen rotfigurigen Technik, die seit ca. 530 v. Chr. das Schwarzfigurige schnell zurückgedrängt hat, ausgeführt: auf der Seite A ein bis auf den Helm nackter Krieger mit Schild und Lanze in energischer Bewegung nach rechts, auf der Seite B eine nach links eilende Figur in kurzem, gegürtetem Chiton, deren Geschlecht aufgrund der Beschädigungen nicht sicher auszumachen ist. Beide Figuren werden von Palmetten und grazilen Lotosblüten

103 Halsamphora mit Meeresfauna

(Farbabbildung s. S. 139)

Ton, orangefarben gebrannt. Attisch-schwarzfigurig, Ende 6. Jahrhundert v. Chr.
H 26,5; Dm Lippe 13,3; Dm Körper 19; Dm Fuß 10,5 cm.
Aus zahlreichen Fragmenten zusammengesetzt; Übermalungen in ergänzten Partien.

In ihrer Form vertritt die Vase die typische athenische Halsamphora des 6. Jahrhunderts v. Chr. mit wulstförmiger Lippe, dreifach gerippten Henkeln und zweistufigem Fuß. Der Deckel, der ursprünglich das relativ kleine Vorratsgefäß verschloß und dessen kräftiger Knauf die formale Bekrönung des Ganzen bildete, hat sich nicht erhalten. Die Ornamentierung folgt in der Doppelpalmetten-Kette des Halses, dem Zungenmuster der Schulter und in dem vom Fuß ausgehenden Strahlenkranz durchaus konventionellen Mustern. Einzigartig dagegen ist der Hauptdekor, der in einer breiten Zone den Gefäßkörper umzieht und das lebhafte Treiben von Meerestieren über einer ‚Sockelzone' aus zwei breiten Bändern und mehreren schmalen Ringen zeigt. Auf der einen Seite schwimmen zwei Oktopoden mit symmetrisch ausgebreiteten und an den Spitzen eingerollten Fangarmen (vgl. Nr. 125) zwischen neun elegant springenden Delphinen und einem Thunfisch, auf der anderen dominieren zwei große Krabben – in Begleitung von je einem Thunfisch – und ein weiterer, von sechs Delphinen umringter Kopffüßer. Schwäne mit flatternd aufgerichteten Flügeln und abwärtsgerichteten Körpern flankieren beide Henkel, von denen nur die äußeren Wülste bemalt sind. Das Fehlen menschlicher oder göttlicher Figuren, die ausschließliche Darstellung von Meeresfauna in dieser Breite und die einzigartige Kombination von Oktopoden, Krabben, Delphinen, anderen Fischen und Schwänen machen diese Amphora zu einer Besonderheit innerhalb der attisch-schwarz- und rotfigurigen Vasenmalerei. Meeresgetier – ein-

zeln oder in kleineren Gruppen – als alleiniger Schmuck begegnet dort selten. Dabei sind die Innenbilder und Henkelzonen von Trinkschalen der bevorzugte Ort von Fischdarstellungen. Zumeist dienen Delphine als Füllornamente, nur ausnahmsweise bringen sie es zum selbständigen Hauptthema. Hier sei an eine der berühmtesten attisch-schwarzfigurigen Schalen erinnert, das Meisterwerk des Exekias in München mit dem auf seinem Schiff gelagerten Dionysos, das von Delphinen umspielt wird. In diesem Zusammenhang dürfen ferner auch die Delphinreiter genannt werden.
Meerestiere spielen bei verschiedenen Taten des Heros Herakles eine Rolle, und auch bei Göttern (vor allem natürlich bei Poseidon, dem Herr des Meeres) treffen wir auf sie, sei es zur Andeutung des feuchten Elementes ganz allgemein, sei es zur Charakterisierung göttlichen Wesens und Wirkens. Aber auch in Alltagsbildern erscheinen Meeresbewohner gelegentlich auf griechischen Vasen, etwa in Angelszenen oder als Verkaufsware in Fischläden. JN

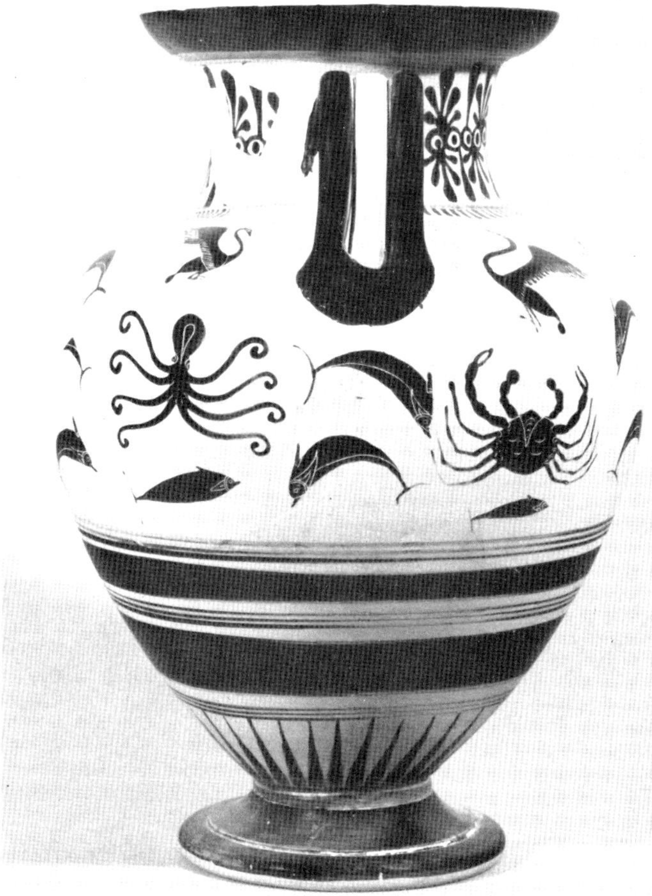

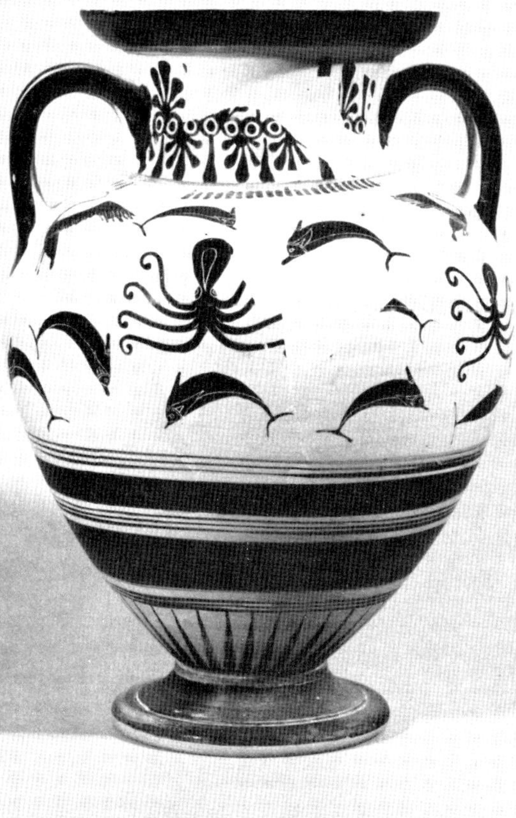

◁ 103

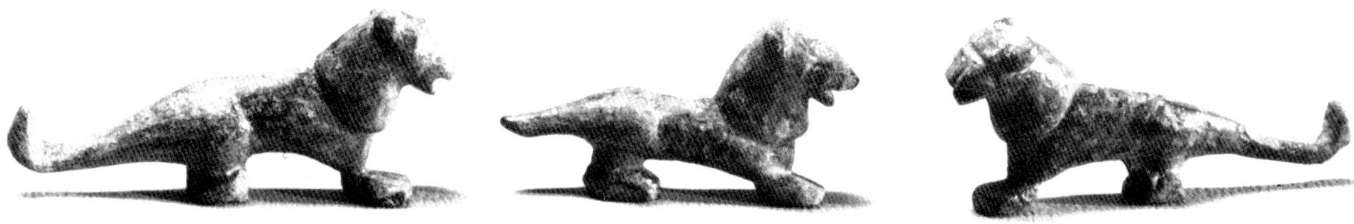

104 Drei kleine Löwen

Bronze, massiv gegossen. Etruskisch, vielleicht aus einer Chiusiner Werkstatt stammend, frühes 5. Jahrhundert v. Chr.
H 2,6; durchschnittliche Länge 6,3; max. Br 1 cm.
Zwei der Löwen intakt erhalten, der Schwanz des dritten abgebrochen. Stumpfe, dunkelgrüne Patina mit winzigen hellgrünen Flecken an verschiedenen Stellen.

Das Löwen-Trio – im Wachsausschmelzverfahren hergestellt und nach dem Guß kalt überarbeitet – wird durch relativ große Köpfe mit kleinen, runden Ohren und geöffneten Rachen, kragenartige Mähnen und kurze, sich nach hinten verjüngende Körper charakterisiert. Die Vorder- und Hinterpranken sind jeweils zusammengegossen. Die Schwänze mit ihren aufwärts gebogenen Enden stehen auffallend waagerecht vom Körper ab.
Löwen gehören zu den zentralen Darstellungsthemen der etruskischen Kunst des 7. und 6. Jahrhunderts v. Chr. Von miniaturhaften Goldschmiedearbeiten angefangen bis hin zu großformatigen Nenfro-Skulpturen, die die Eingänge von Kammergräbern beschützen sollten, begegnen die Löwen in allen Denkmälergattungen. Das kleinformatige Trio der Sammlung Mildenberg – offenbar von vornherein als Gruppe konzipiert – hat vermutlich zur Dekoration eines nicht allzu großen Bronzegerätes gedient. Die Dreizahl läßt an einen Weihrauch- oder Lampenständer denken, dessen geschwungene Beine mit den kleinen Tieren besetzt waren. Neben der Verwendung zu einem Thymiaterion, einem Gerättypus, der sich in beträchtlicher Zahl in etruskischen Gräbern und Heiligtümern gefunden hat, kommen die Löwchen auch als Griff- und Deckelschmuck eines Bronzesiebes in Betracht.
Die relativ grobe und summarische Modellierung erlaubt eine Datierung in die 1. Hälfte des 5. Jahrhunderts v. Chr. Die Körperbildung erinnert an gleichartige Bronzetiere, deren Entstehung in Chiusi vermutet wird, in der bedeutendsten, nicht weit vom Trasimenischen See entfernt gelegenen Stadt des nordöstlichen Etrurien. Zahlreiche Bronzearbeiten aus den ausgedehnten Nekropolen erweisen Chiusi – neben Vulci und Caere – als ein wichtiges Produktionszentrum der Erzgießerei. DGM

105 Kauerndes Löwenpaar

Bronze, massiv gegossen. Etruskisch, spätes 6.–frühes 5. Jahrhundert v. Chr.
a) H 3,1; L 6,9; Br 1,9 cm.
b) H 3,2; L 7,0; Br 2,0 cm.
Beide Löwen intakt erhalten; dunkelbräunliche Patina.

Abgesehen von geringfügigen Unterschieden in den Maßen und in der in Kaltarbeit eingeritzten Oberflächenzeichnung sind die Übereinstimmungen zwischen beiden Tieren so deutlich, daß an ihrer paarweisen Zusammengehörigkeit und damit an der Herkunft aus ein und derselben Werkstatt kaum gezweifelt werden kann. Dabei ist besonders zu vermerken, daß das rechte Tier in Jerusalem erworben wurde. Die Löwen sind durch ihre gelängten Körper mit schräggestellten Hinter- und parallel vorgestreckten Vorderbeinen charakterisiert. Ihre durch eine scharfe Furche von den Hinterbeinen abgesetzten Schwänze beschreiben – sich jeweils um den rechten Hinterschenkel legend – einen vollen Kreis, so daß die durch netzartige Ritzungen markierten Quasten am Schwanzansatz aufliegen.

Die Löwen kauerten ursprünglich vermutlich auf dem Rand eines ebenfalls aus Bronze gefertigten Kohlebeckens oder auf den Beinen eines Thymiaterion (vgl. dazu den Text zu Nr. 104), wobei in letzterem Falle ein drittes Tier zu ergänzen wäre.
Letztlich auf vorderasiatische und ägyptische Vorbilder zurückgehend und über frühitalische Typen weiterentwikkelt (vgl. den Deckelgriff in Gestalt eines Löwen Nr. 86), haben die Tiere, was das Bewegungsmotiv anbelangt, nun ebenso zu einer Standardform gefunden, wie sie zugleich an Ausdruckskraft verloren haben: Die halbmondförmig geritzten Kragenmähnen, die großen Augen und plusterigen Schnurrbarthaare geben ihnen ein eher drolliges als drohendes Aussehen.
Die charakteristische Modellierung in Verbindung mit den halbmondförmigen und gitterartigen Ritzungen kennzeichnen die kleinen Löwen als Produkte einer gleichermaßen kraftvoll wie provinziell arbeitenden Bronzewerkstatt, die sich möglicherweise präzise lokalisieren läßt, und zwar wahrscheinlicher im weiten nordetruskischen und umbrischen Gebiet bis hin zur Poebene als in den feiner arbeitenden, küstennahen Zentren wie Vulci oder Tarquinia.

DGM

105

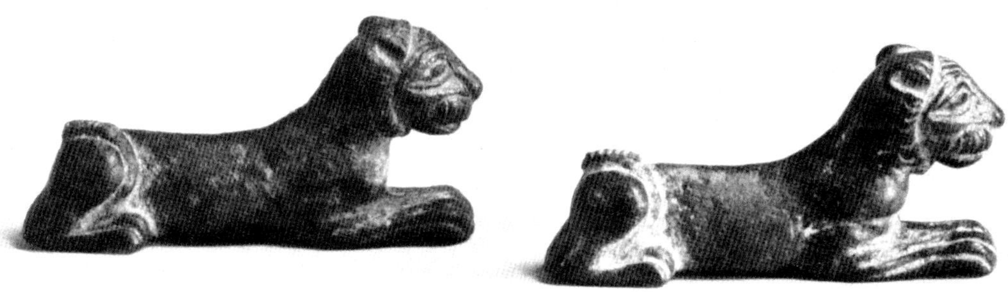

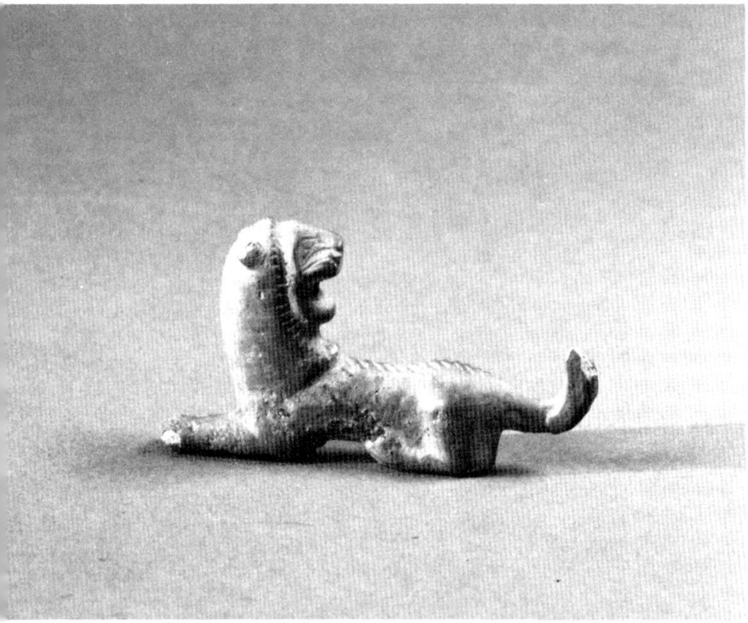

106

107

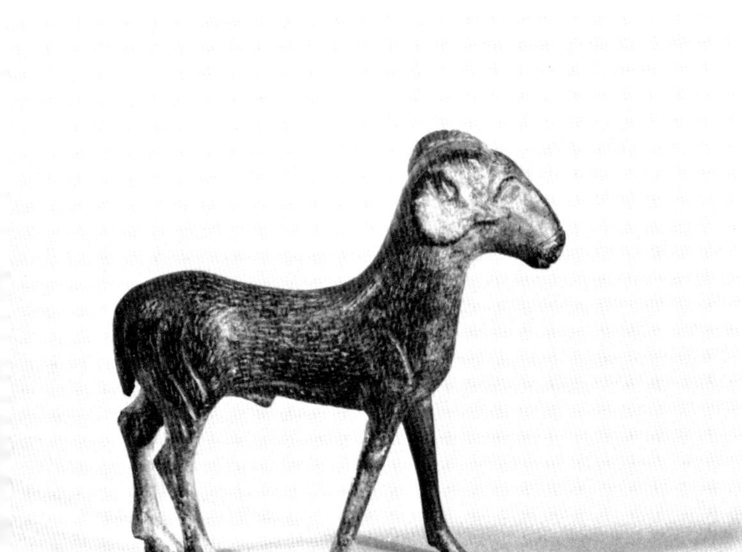

106 Liegender Löwe

Bronze, massiv gegossen. Etruskisch, vielleicht aus einer Chiusiner Werkstatt stammend, um 500 v. Chr. oder geringfügig früher.
H 2,7; L 5,3; Br 1 cm.
Intakt erhalten. Die Spitze des rechten Ohres und des Schwanzes abgebrochen. Spuren von silbrigem Metall auf der Unterseite der Beine, wohl von der Lötung herrührend. Glänzende, leicht graugrüne Patina; dunklere Flecken auf der rechten Seite der zusammengegossenen Vordertatzen. Die Oberflächenkorrosion an der Spitze der linken Vordertatze bis in tiefere Schichten des Metalls vorgedrungen.

Der kleinste der etruskischen Bronzelöwen in der Sammlung Mildenberg liegt ähnlich wie das Paar Nr. 105, freilich mit zurückgewandtem Kopf und brüllend geöffnetem Rachen. Man glaubt geradezu, die unruhige Bewegung des drohend wedelnden Schwanzes sehen zu können.
Die Modellierung des Körpers ist in gleicher Weise summarisch ausgeführt wie bei den vorausgegangenen Löwchen, mit denen dieses Exemplar neben den gleichartig zusammengegossenen Vorderpranken vermutlich auch die Provenienz gemeinsam hat. Einzelne Angaben – wie das Fischgrätenmuster entlang des Rückgrates und die kurzen Striche, die den Mähnenrand umrunden – sind nach dem Guß in Kaltarbeit ausgeführt worden.
Das einzeln erhaltene Tier mag – zusammen mit zwei weiteren Löwchen desselben Typus – ursprünglich, wie schon für das Trio Nr. 104 vermutet, die geschwungenen Beine eines Thymiaterion bekrönt haben. Daneben bietet sich auch die Verwendung als Randschmuck eines bronzenen Kessels, Dreifußes oder Kohlebeckens an. Ungeachtet seiner geringen Größe kommt dem Löwen – wie seinen vergleichbaren Artgenossen auch – eine Schutzfunktion zu, und zwar unabhängig davon, welchen Gerättypus er ursprünglich zu bewachen hatte. DGM

107 Schreitender Widder

Bronze, Vollguß. Griechisch. Angeblich von Sizilien. Spätes 6. bis frühes 5. Jahrhundert v. Chr.
H 6,7; Br 1,9; L 7 cm.
Intakt bis auf das ergänzte linke Vorderbein. Grüne Patina. Oberfläche stellenweise angegriffen, besonders an den Beinen.

Mit hoch erhobenem Kopf schreitet der Widder zuversichtlich aus; seiner aufrechten, stolzen Haltung tut eine gewisse Steife auf den dünnen Beinen keinen Abbruch. Sein großer Kopf ist von gekerbten Hörnern gerahmt, die sich um die kleinen Spitzohren winden. Augen, Nüstern und das Maul sind wie auch der Körper und der kurze Schwanz mehr summarisch gegeben. Tiefe Furchen zeichnen die Hauptmuskeln des Rückens, der Schultern und des Bauches. Drei eingravierte vertikale Linien betonen die Schenkel. Im Gegensatz zu diesen skizzenhaften Linien ist das Vlies eher naturalistisch dargestellt; durch Punkte auf dem Maul, der Stirn und auf dem Bauch – hingegen mit kurzen Strichen auf dem Hinterkopf, Nacken, Rücken, auf der Brust und den Schultern.

In der griechischen Skulptur werden Widder oft auf den Schultern von Weihenden getragen und in der Vasenmalerei ist bisweilen der Augenblick des Opfers dargestellt. Wegen des festen Standmotivs ist der Mildenberg-Widder vielleicht eher ein kleines Weihgeschenk. Er unterscheidet sich von anderen spätarchaischen Bronzewiddern durch sein naturalistischeres Fell. JN

108 Standarte mit Widderknauf

Bronze. Gegossen nach Wachsmodell in verlorener Form. Griechisch. Aus einer großgriechischen Werkstatt (Metapont?), ca. 500–480 v. Chr.
Gesamt-H 17,8; H des Widders 4,6; Br des Widders 1,6; L 7 cm.
Keine Brüche. Der Widder wurde einmal von der Standplatte abgenommen und durch Klebung wieder angesetzt. Jadegrüne Patina.

Auf einer rechteckigen Plinthe (4,7 x 2,6 cm) steht ein Widder, das rechte Vorderbein leicht vorgestellt. Ein dreistufiger, sich verjüngender Unterbau führt von der Plinthe zu dem Kapitell aus zwei konvexen Wulstgliedern (Torus), die durch zwei dünne runde Leisten getrennt und oben wie unten von je einer solchen Leiste begrenzt werden. Der Wulst weiter unten auf dem Schaft der Standarte ist von dünnen erhabenen Leisten beidseitig gefaßt. Der hohle Schaft erweitert sich nach unten bis zum Dm von 1,7 cm. Mit einem Stift quer durch den Schaft dicht über der Öffnung unten war die Standarte ursprünglich auf einem eingelassenen Holzstab befestigt. Der Widder ist separat von Plinthe und Sockel gegossen; vermutlich sitzen unter den Füßen Zapfen, die in Löcher auf der Plinthe eingelassen sind.

Der stämmige Widder hat einen kräftigen, länglichen Körper mit sanft schwellenden Körperpartien, die seine gewichtigen Grundformen betonen. Die Beine sind dickliche Zylinder; Gelenke und gespreizte Hufe werden nur andeutend modelliert. Der dicke Schwanz hängt bis zu den Knien herab. Der Penis ist durch eine kleine Hervorhebung in der

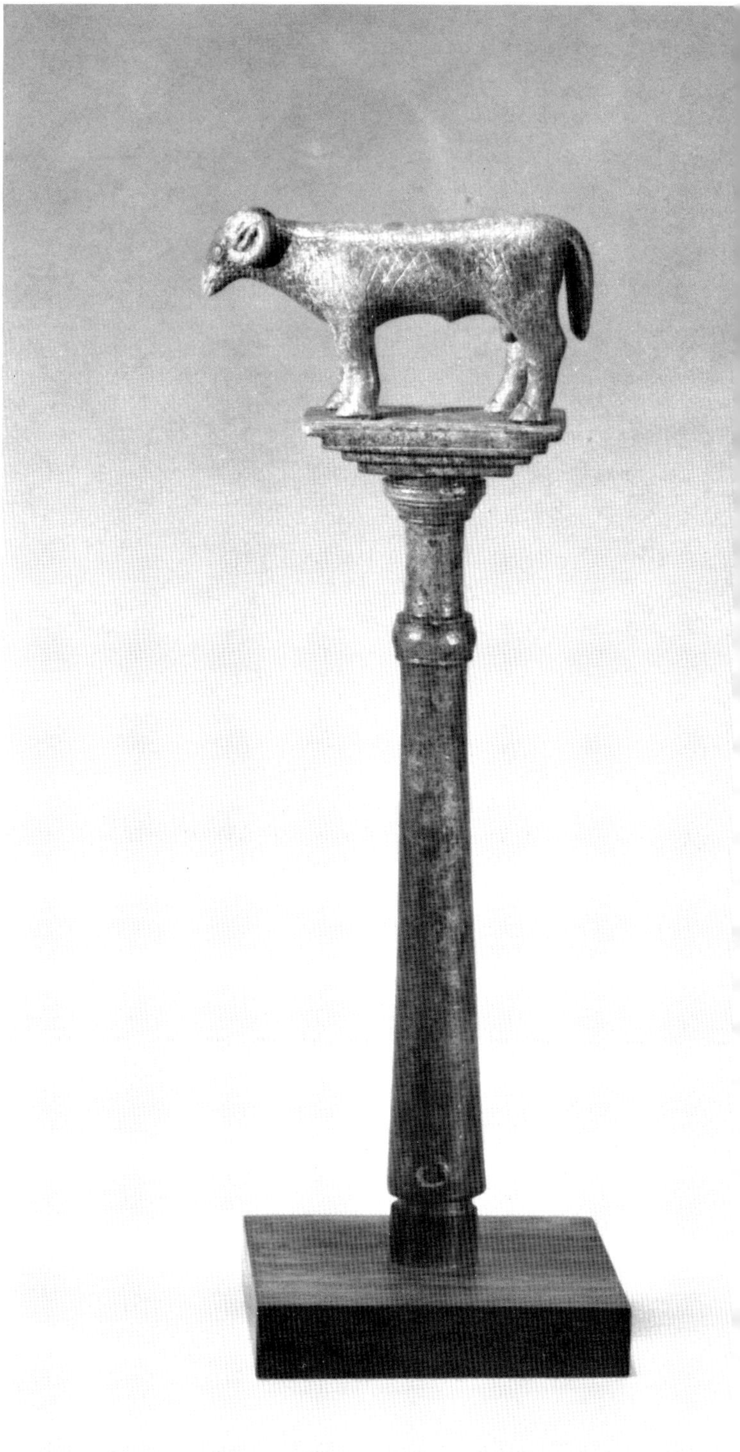

108

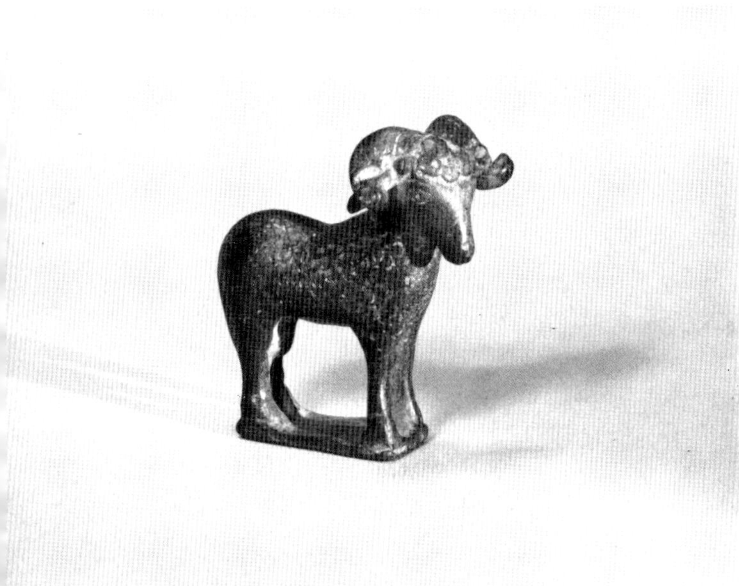

109

Bauchmitte angegeben; die Hoden sind plastisch ausgeformt zwischen den Hinterbeinen. Der im Vergleich zum Körper kleine Kopf hat ein spitz zulaufendes Maul, eine nach unten vorspringende Stirn und große, plastisch um die Ohren gewundene Hörner; tiefe Furchen höhlen die Ohren. Eingeritzte Kreise umgeben die erhabenen Augen mit punktiertem Pupillenloch; auch die Nüstern sind gepunktete Löcher. Ebenfalls gepunktet ist das kurze Vlies an Kinn und Kehle. Das Fell auf dem Nacken und Körper ist kreuzschraffiert; das Kreuzmuster folgt in der Bewegung und Richtung den Umrissen der wichtigen Körperteile. Enge Ritzung kennzeichnet die Hufspitzen.
Das einzigartige Objekt in der Gestalt einer tierbekrönten Miniatur-Votivsäule stellt den bekrönenden Knauf einer Standarte oder eines szepterähnlichen Stabes unbekannter Länge dar. Es mag das Eigentum eines Priesters, vielleicht sein Amtszeichen gewesen sein.
Der Widder, ein bevorzugtes Opfertier, wird oft mit Hermes, dem Schutzgott der Hirten, Reisenden und Handelsleute, verknüpft. Auch das von Hermes getragene Kerykeion (caduceus, Heroldstab) endigt bisweilen in Widderköpfen. Modellierung der Einzelheiten und die architektonische Gliederung des Schaftes, des Kapitells und der Plinthe lassen eher an eine Werkstatt in Großgriechenland denken als an eine im Mutterland oder griechischen Osten. Es ist die bisher schönste Standartenkrönung. DGM

109 Widder

Bronze. Vollguß nach Wachsmodell in verlorener Form. Griechisch, wahrscheinlich aus festländischer Werkstatt. Erste Hälfte des 5. Jahrhunderts v. Chr.
H 5,3; max. Br 2,8; L 5 cm.
Intakt. Dunkle, mattglänzende olivgrüne Patina. Oberfläche stellenweise abgerieben.

Der gedrungene kleine Widder steht mit zusammengestellten Füßen auf rechteckiger Plinthe (3 x 1,4 cm) und wendet den Kopf zur Rechten, als ob er auf einen besonderen Anblick oder einen Anruf reagierte. Sein Kopf ist übergroß im Vergleich zum Körper. Die Beine sind zusammengegossen bis auf ein Loch in den Hinterbeinen. Die Hoden sind plastisch abgesetzt. Seine Anatomie ist vereinfacht, doch naturalistisch. Das Vlies auf dem ganzen Körper kennzeichnen kleine Punzen in Form eines umgekehrten C. Den fast bis zu den Hufen senkrecht hinabreichenden Schwanz zieren kurze vertikale Striche. Die Augen bestehen aus eingeritzten Ovalen mit punktierten Pupillen und bogenförmigen eingeritzten Brauen; Maul und Nüstern sind ebenfalls geritzt. Die nach außen gedrehten Hörner sind von kurvigen Ritzlinien besetzt; die ovalen, nach außen stehenden Ohren haben längliche, eingeritzte Furchen.
Der Widder ist wahrscheinlich als Weihgeschenk für ein griechisches Heiligtum bestimmt. Die Plinthe jedoch könnte darauf hinweisen, daß der Widder als Aufsatz auf dem Rand einer Pfanne oder eines Gefäßes Teil eines größeren Objektes war. Seine fülligen Formen sprechen mehr für seine Herkunft aus einer provinziellen Landschaft wie Arkadien, das für Bronzestatuetten mit kompakten, kraftvollen Formen im späten 6. Jahrhundert und 5. Jahrhundert v. Chr. bekannt ist. Das gelockte Vlies ähnelt stark einem gegossenen Bronze-Widder in einer Basler Privatsammlung, bei dem allerdings die einzelnen Locken als dünne erhabene Scheiben mit eingedrückten Punktzentren erscheinen. DGM

110 Architekturglied in Form eines Widderkopfes ▷

Terrakotta. Bräunlich-orange, sandig-gemagert. Etruskisch, ca. 500 v. Chr.
H 16,2; Br 14,6 cm.
Im Hals gebrochen. Hornspitzen bestoßen. Weißer Überzug weitgehend verloren. Spuren von Brand.

Dieser schwarze Widderkopf aus grobem Ton ist ein schönes Beispiel für etruskischen Architekturschmuck. Der

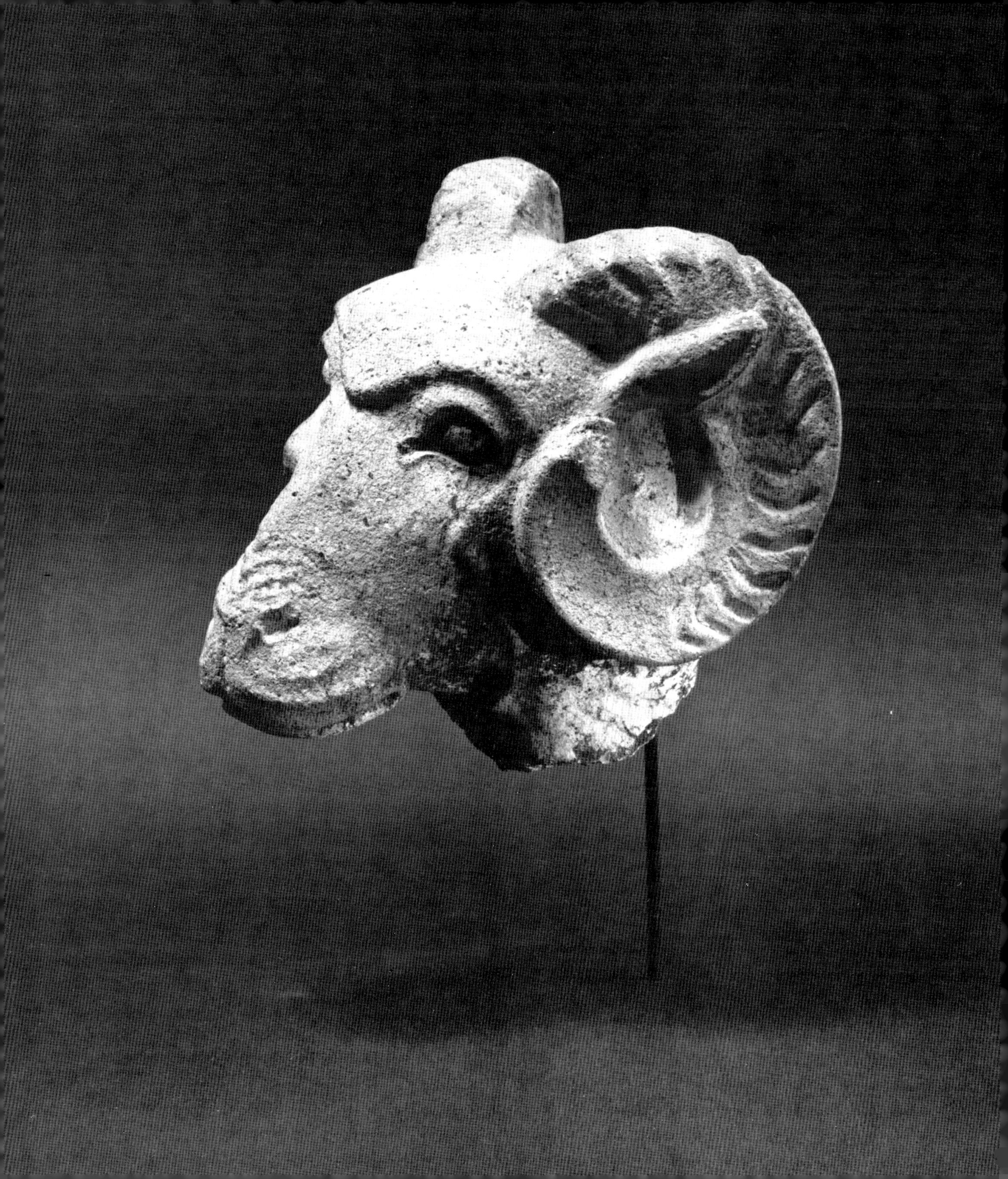

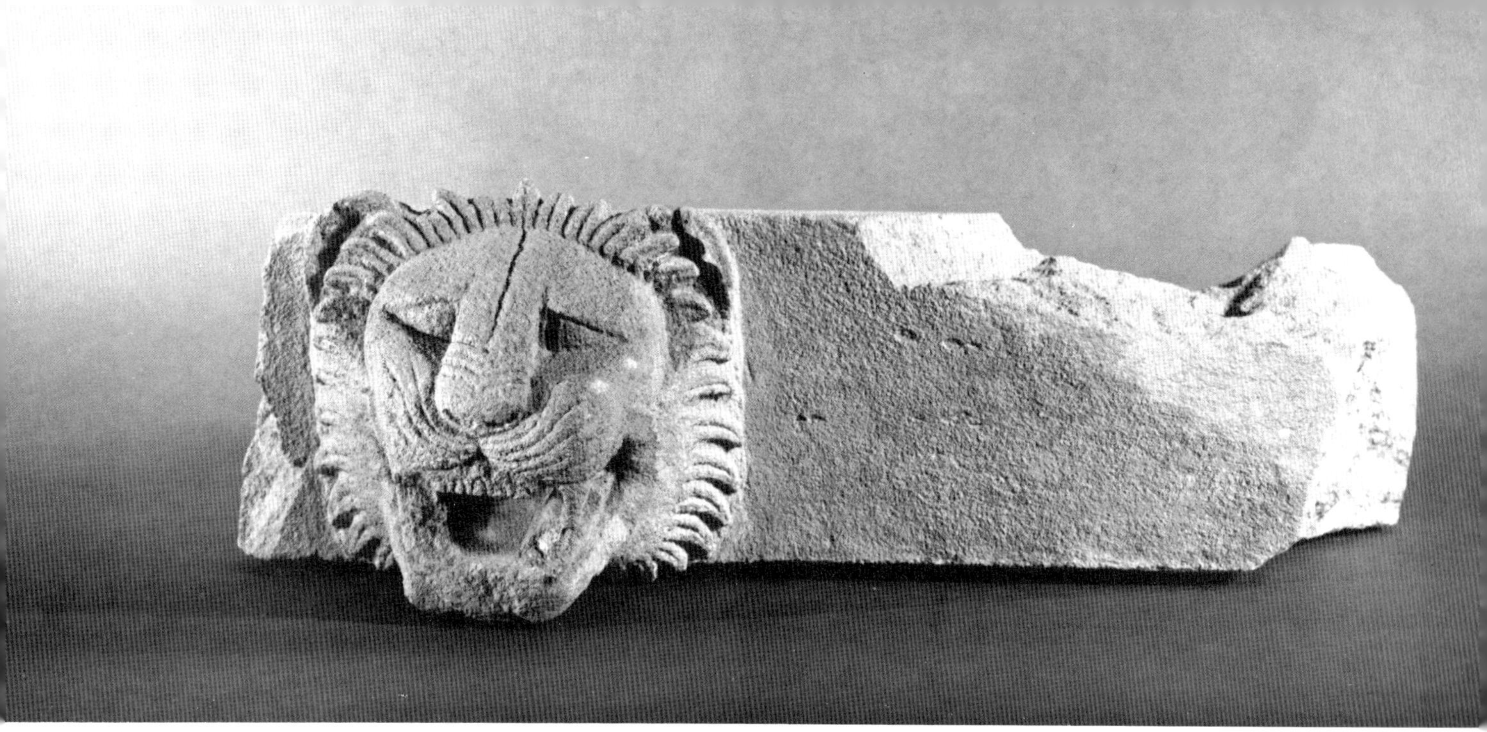

111

Kopf ist hohl und wohl matrizengeformt. Reste des dicken cremigen Überzuges sind auf der Oberfläche erhalten; er war ursprünglich zweifellos leuchtend farbig bemalt. Der relativ kleine Kopf trägt lange Spiralhörner mit netzförmig gefurchter Oberfläche. Die fischgrätenartigen Furchen werden schwächer, bis sie zur Mitte der Hörner ganz verschwinden. Jedes Horn wird von einem kleinen in der Mitte durchbohrten spitzen Ohr überlappt. Ein scharfrandiges, helmartiges Fell rahmt das Gesicht. Die perlartigen Augen sitzen in tiefen Höhlen mit vorstehendem Tränengang. Die Nasen- und Maulfalten sind in flachem Relief modelliert; Nüstern, Lippenspalte und Maul sind eingeritzt. Elegant und stattlich zugleich, stellt der Widder ein gutes Beispiel etruskischer Koroplastik dar.
Verwandte Exemplare fanden sich in dem berühmten Portonaccio-Heiligtum von Veji (z. B. Rom, Villa Giulia 2268). Die Ausgräber hielten solche Köpfe für die Abdeckung des unteren Endes des letzten Sima-Ziegels auf dem Giebel eines Tondaches. Der erhaltene Halsrest von Villa Giulia 2268 jedoch steht im rechten Winkel zum Kopf. So würde der Kopf ursprünglich aufrecht und nicht horizontal, wie in der Grabungspublikation vorgeschlagen, angebracht gewesen sein. Auch wenn die genaue Verwendung unklar bleibt, gehört der Mildenberg-Widderkopf im Stil, Material und in der Technik zu den anderen architektonischen Terrakotten von Veji.
Die Widder von Veji verdienen besondere Aufmerksamkeit, da Widderköpfe in der etruskischen Plastik selten sind; ein Exemplar aus Stein stammt aus einem Grab in Orvieto. Aber in der Kleinkunst, z. B. auf Bucchero-Vasen, kommen sie vor, und sie dienen als Schildbuckel auf Waffen. Ein stilistisch nahestehender Widderkopf dient als Busch-Halter für einen Helm auf der Frontseite des Monteleone-Wagens von Monteleone (New York). JN

111

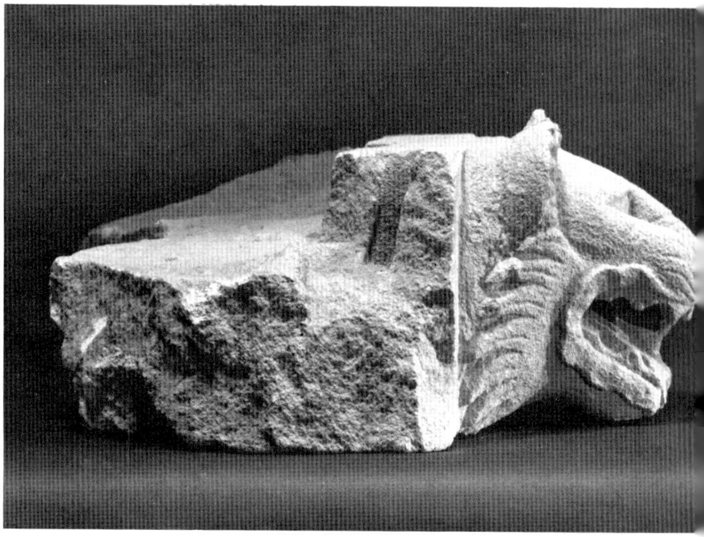

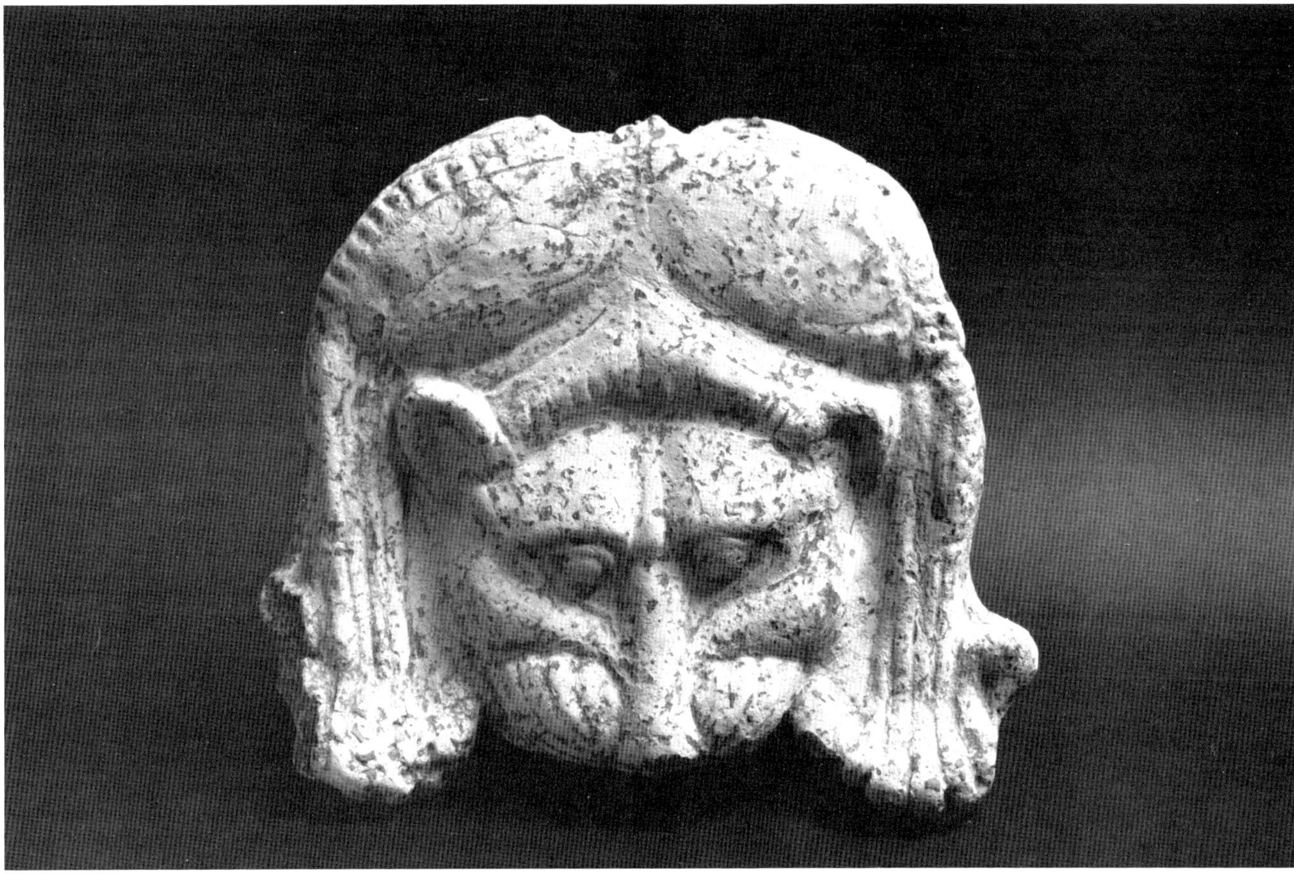

112

111 Sima mit Löwenwasserspeier

Kalkstein. Griechisch. Sizilisch? ca. 500 v. Chr.
H der Fascie 15; T 33; L 58; Br des Löwenkopfes 18 cm.
Auf drei Seiten gebrochen, mehrfach bestoßen.

Der große Block ist wahrscheinlich das Eckstück der Traufsima (Dachrinne) eines steinernen Gebäudes. Zwei Gesichter übereck haben sich erhalten, ihre Verbindung fehlt. Der Block ist hinten gehöhlt für das ablaufende Regenwasser. Zwei Dübellöcher befinden sich oben in dem Block; ein zylindrisches hinter dem Speier und eine quadratische Eintiefung an der Ecke. Das erste mag für ein daraufliegendes Profil gedient haben, das andere zur Befestigung des Endblockes einer Rankensima oder eines Gesimses.
Der Löwenwasserspeier fügt sich rechteckig der Faszie, der Schauseite des Blockes, ein; nur Unterkiefer und Mähnenspitze ragen darüber hinaus. Eine dünne Steinlage zwischen Kopf und Block ermöglicht dem Speier, sich leicht nach unten zu senken. Radial um den Kopf herum liegt eine Reihe geflammter Locken an, jede in der Mitte geteilt. Hinter der Mähne werden zwei große rundliche Ohren sichtbar. Die flache Stirn unterteilt in der Mitte eine senkrechte Furche, die in die Nasenfalten ausläuft. Dreieckige Augen sind beiderseits der abgeflachten, eckigen Nase angesetzt; Ritzlinien geben die Schnurrhaare wieder. Die Eck- und Reißzähne sind entblößt; das Maul ist aufgerissen. Die wellig geschwungenen Lefzen sind am besten von der Seite zu erkennen. Das Maul ist bis zur Kopfmitte gehöhlt; dorthin münden zwei zylindrische Kanäle von der Rückseite des Blockes. Verloren ist die Zungenspitze, die den Wasserstrahl vom Dach herab bündelte.
Obwohl einfacher und weniger entwickelt, gehört dieser Löwe den späteren Speiern sizilischer Tempel an. Die dreieckigen Augen und die stilisierte Mähne finden sich wieder bei Wasserspeiern an spätarchaischen Tempeln in Syrakus und Himera. JN

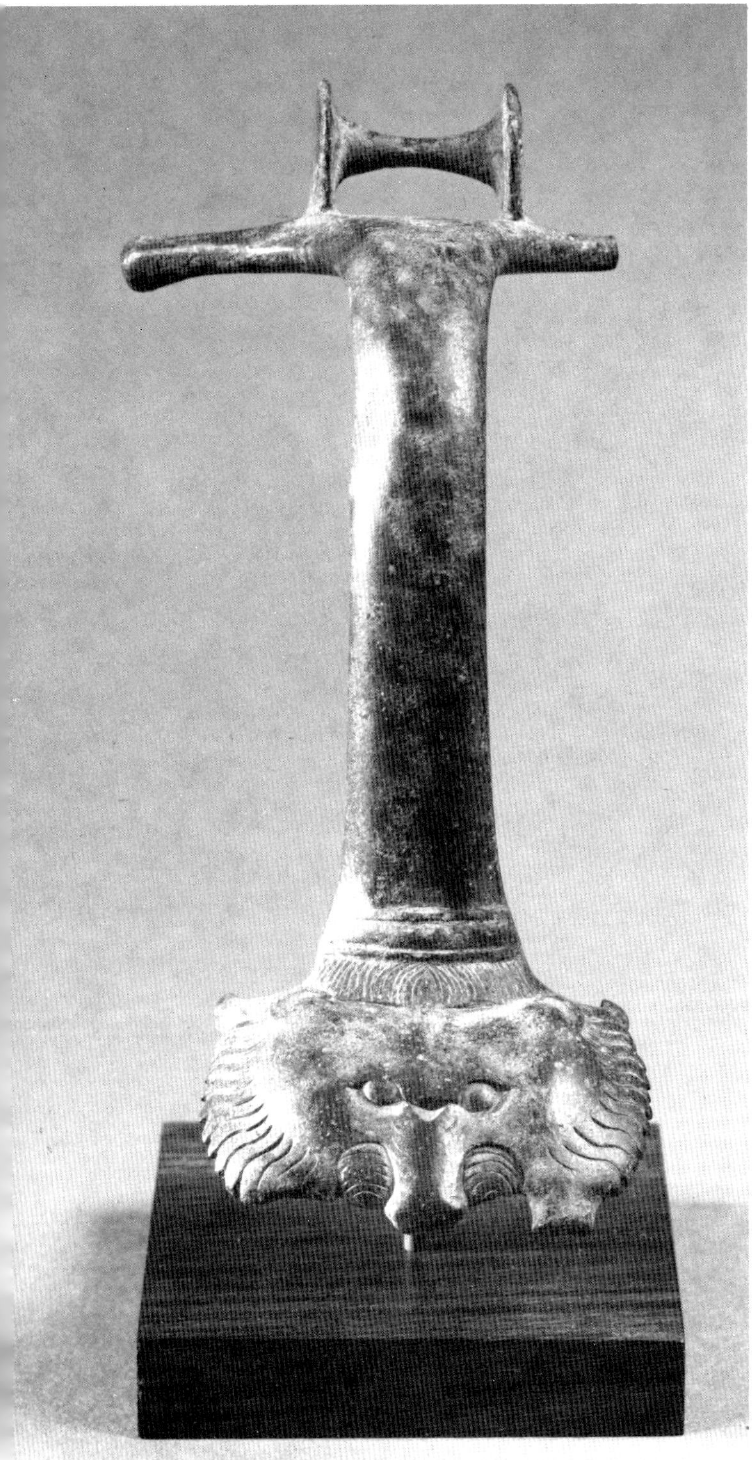

113

112 Antefix in Form einer Raubkatze

Terrakotta, lederfarben mit roten Einschlüssen. Sizilisch. 5. Jahrhundert v. Chr.
H 19; Br 22,5; Br der Rückseite 18 cm.
Beträchtlich abgetragen; Oberfläche abgerieben; oben bestoßen.

Diese architektonische Terrakotte besteht aus zwei Elementen – einer annähernd quadratischen Frontplatte und einem halbzylindrischen Ansatzstück auf der Rückseite. Mit seiner Rückseite gehört das Antefix in den Verband einer Deckziegel-Reihe eines Tondaches. Die hochstehende Frontplatte verdeckt die halbkreisförmige Öffnung am Traufrand der Dachziegel. Auf die Platte ist in Flachrelief aus einer Matrize das Vorderteil eines Katzentieres gesetzt. Der frontale Kopf ist flach ausgebreitet, die kräftigen Schultern steigen über die Stirn empor; Vorderbeine und Tatzen hängen seitlich herab. Häufig ist das Löwenfell als Attribut des Herakles dargestellt mit Bezug auf seine erste Arbeit, den Kampf mit dem nemeischen Löwen; weit häufiger jedoch sind Panther- oder Leoparden-Felle. Sie werden als Bekleidung besonders von Dionysos und seinem Gefolge getragen, als Decken auf Stühlen benutzt, sie dienen als Material für Schuhe, Flöten-Schachteln etc. Die Eigenheiten dieses Felles sprechen mehr für einen Panther als für einen Löwen; ihm fehlt die charakteristische Mähne des Löwen, und das dreieckige Gesicht, die kleinen Ohren, die schrägstehenden Augen sowie die schmale Nase und das kurze Maul sind typisch für den Panther.
Die Position des Kopfes und die in die Fläche gebreitete Ansicht des Körpers zeigen an, daß eher ein Fell als eine Tiermaske gemeint ist – dagegen sprechen aber die geöffneten Augen, die nicht ‚tot' sind. Vielleicht hatte das frontale Panthergesicht die gleiche Funktion wie andere maskenartige Antefixe, z. B. die Gorgoneia. Um die apotropäische Wirkung zu stärken, mögen offene Augen intendiert sein, um den Vorübergehenden anzustarren (s. Nr. 113). Herkunft und Datierung sind problematisch, da Parallelen fehlen; vermutlich ist das Antefix sizilisch und in das späte 6. oder frühe 5. Jahrhundert v. Chr. zu datieren. JN

113 Henkel mit Löwenfell(?)-Attasche

Bronze, gegossen. Griechisch, süditalisch? ca. 490 bis 480 v. Chr.
Br an der Spitze 6,5; Br am Boden 5,3; L 15,2 cm. Geschätzter Dm des Gefäßes 11,4 cm.
Der Fortsatz unter der linken Mähne (Pranke oder Kiefer?) angebrochen; das Gegenstück unter rechter Mähne ganz

verloren. Ritzung auf der Nase beschädigt. Hell- bis mittelgrüne Patina. Kuprit auf der linken Rotelle.

Aus einer Löwenfell-Attasche steigt ein vertikaler Henkel von halbrundem Querschnitt auf und verbreitert sich oben seitlich zu einer geschwungenen Platte mit einer Nut am Innenrand. Diese Nut saß auf dem Rand einer Kanne, Hydria oder Kleeblattkanne auf. Auf der vorspringenden Platte erhebt sich eine gekehlte Spule mit zwei Rotellen. Die Spule wirkt wie nachträglich auf den Henkel aufgesetzt. In der sonst üblichen Art wird der Spulenzylinder in voller Länge mit der geschwungenen Platte verschmolzen und die Rotellen erheben sich außen an den Plattenenden. Unser besonderes Interesse gilt der Fellzeichnung auf der Attasche; denn die ungewöhnliche Form weist darauf hin, daß eher ein Löwenskalp oder -fell gemeint ist im Gegensatz zum üblichen Löwenkopf oder -vorderleib, wie sie z. B. auf zwei weiteren Henkeln dieser Sammlung (Nr. 114, 115) zu sehen sind. Das Löwengesicht ist hier über die schlichte Front hinaus mit den Nebenseiten stark ausgebreitet. Das ist nur bei einem Löwenfell mit ausgebreiteten Kiefern möglich. Leider verhindert der Bruch an dem unteren Mähnenende eine exakte Bestimmung: lebender Löwe oder Löwenfell. Sind die Pranken dort abgebrochen wie bei Nr. 114, handelt es sich bei dem Henkel um das Vorderteil eines lebendigen von oben gesehenen Löwen oder möglicherweise um das seltener dargestellte Vorderteil eines Löwenfelles. Sind aber die ausgebreiteten Kiefer abgebrochen, würde der Henkel fraglos einen Löwenskalp wiedergeben. Da Vorläufer nicht bekannt sind, ist es wenig wahrscheinlich, daß das Stück vom griechischen Mutterland oder dem griechischen Osten stammt, wo frontale Löwenköpfe und Felle nicht so aussehen. Eine Provenienz könnte alle hier beobachteten Anomalien erklären, nämlich daß der Henkel in Süditalien um 490 v. Chr. entstanden ist. Er könnte eine direkte, aber wohl erfolglose Nachahmung frontaler Löwenbilder auf Attaschen wie Nr. 114 sein oder frontaler Löwenmasken mit fülligen Mähnen und ausgebreiteten Kiefern wie auf samischen Münzen bzw. deren direkten Nachfolgern von Zankle, die samische Münzmeister als Flüchtlinge nach der ionischen Revolte dort herstellten. Weder der frontale Löwenskalp noch der Löwenkopf waren zuvor für Münztypen in Magna Graecia benutzt worden, und ein Mangel an Vertrautheit mit der Zeichnung mag für die befremdliche Erscheinung dieses Stückes verantwortlich sein. Ein spätarchaisches Datum um 490 v. Chr. wäre auch in Einklang mit den grundsätzlich flachen Gesichtszügen wie der linearen Stilisierung der Mähne und der beträchtlichen Abhängigkeit von Ritzverzierung insgesamt. Nachdem Anaxilas von Rhegion die Samioten um 488 von Zankle vertrieben hatte, übernahm er einen frontalen Löwen als Münztypus – nicht einen Skalp, sondern einen Kopf, und nicht unähnlich jenen auf bronzenen Henkelattaschen des griechischen Mutterlandes. Falls das Mildenberg-Exemplar von Magna Graecia kommt, würde es wahrscheinlich dem Löwen-Münz-Typus von Rhegion vorausgehen, weil dieser offensichtlich Modell für nachfolgende frontale Löwenkopf-Bilder gewesen ist, wie es vertraute Bilder über ganz Magna Graecia zeigen. KPE

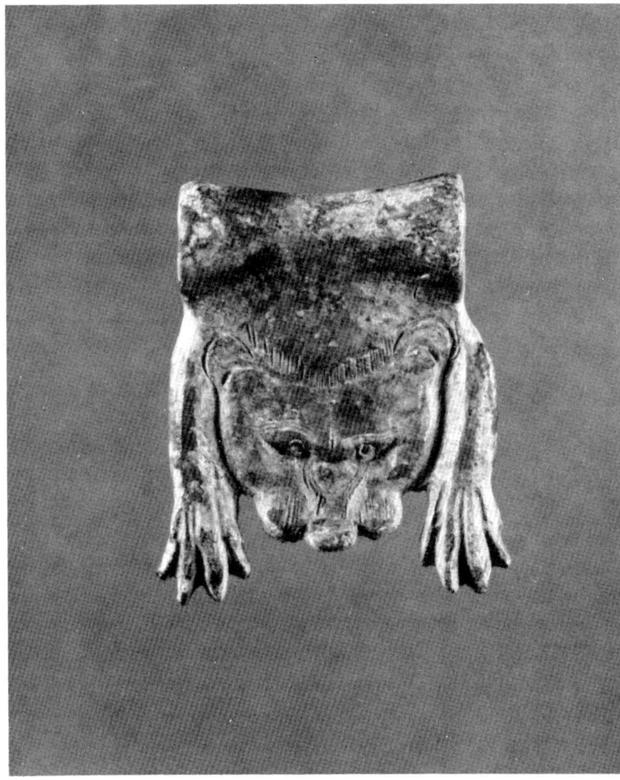

114

114 Henkelattasche in Löwenform

Bronze, gegossen. Griechisch. 500 bis 490 v. Chr.
H 4,6; Br 3,6; D 1 cm.
Intakt. Hell- bis mittelgrüne Patina.

Ein Löwenvorderteil hängt unterhalb einer gekehlten, längsdurchbohrten Spule herunter, die einen verlorenen Ringhenkel aufnahm. Mit der Unterseite, glatt und leicht konkav, war die Attasche auf die entsprechend schwach konvexe Oberfläche eines großen, offenen Gefäßes (Bekken, Kessel?) gelötet. Den Löwenkopf rahmen in Flachrelief herabhängende Vorderpranken. Feine Ziselierung und Rit-

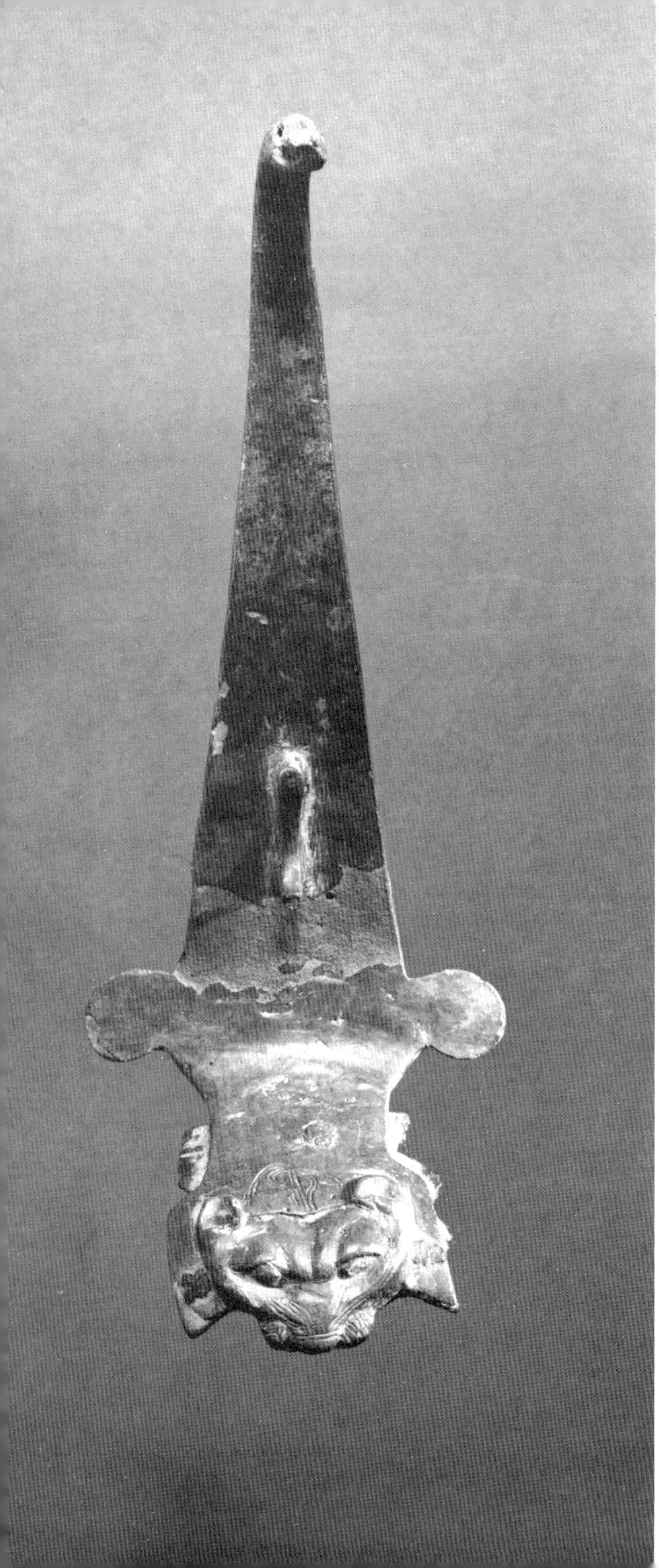

zung ist überall zu erkennen. Eine Kurve aus kurzen, vertikalen Ritzungen zwischen den Ohren gibt das Mähnenhaar an; eingeritzte Linien schmücken Nase, Maul und geben auch die oberen Brauen an; die Augen sind klein und rund mit punktförmigen Pupillen. Entsprechend den Kriterien von Nr. 113 stellt dieses Tier wahrscheinlich eher einen lebendigen Löwenvorderleib als ein Löwenfell dar. Die Augen sind offen und die Kiefer nicht ausgebreitet. Obwohl einige Löwenfelle des Herakles dafür als Parallelen zu zitieren sind, gibt es ein anderes starkes Argument für die Deutung als lebendiger Löwenvorderleib. Springende Löwen, sehr verwandt im Stil diesem Relief, erscheinen rundplastisch als Patera-Henkel archaischer und frühklassischer Zeit, und diese, von oben gesehen, stellen ausgezeichnete Parallelen für diesen Relief-Löwen dar. Das ursprüngliche Konzept hinter Löwen auf Attaschen und jenen auf Patera-Henkeln ist das gleiche, nämlich das eines lebendigen Löwen, aufspringend, um eine Schüssel mit den Vorderpranken zu greifen in der Weise, wie er seine Beute schlägt. Zwei befestigte horizontale Henkel des 5. Jahrhunderts v. Chr. in Lyon, mit frontalen Löwenvorderkörper-Attaschen, bestätigen diese Theorie. Diese Attaschen, vom Rand eines großen Bronzegefäßes, ordnen jeden der vier Löwen so an, daß sie aufspringend erscheinen und mit den Vorderpranken ausruhende Hirsche angreifen, die in Flachrelief außen auf dem Gefäß dargestellt sind. Häufig sind Löwenköpfe oder Protomen mit Köpfen im Kreis als Ornamente für den oberen Teil vertikaler Henkel benutzt. In dieser Wiedergabe stehen die Löwen entweder wie ein ruhiger Wächter oder wie ein brüllender Wachhund über dem Inhalt des Gefäßes, nicht darüber im Zweifel lassend, daß sie sehr lebendig sind. Gewiß würde ein lebendiger Löwe unten mit einem lebendigen Löwen oben zu korrespondieren haben, besonders auf Henkeln, welche Löwenköpfe an den Enden zeigen. Daher wird vermutet, daß die Mehrzahl frontaler Relieflöwen-Attaschen für Bronze-Henkel lebendige Löwen und nicht Löwenfelle zeigen.

Attaschen für bewegliche Henkel mit ähnlichen frontalen Löwenbildern fanden sich in zahlreichen griechischen Heiligtümern, einschließlich Olympia, Dodona, Athener Akropolis und weiter im Norden in Olynth auf der Chalkidike und Stobi in Jugoslawien. Alle dürften spätarchaisch oder frühklassisch sein; die früheren mit mehr flachen Gesichtszügen, die späteren mehr plastisch modelliert. Viele sind ohne Pranken dargestellt (s. Nr. 115); andere geben sehr vereinfachte, aber noch erkennbare Pranken wieder oder auch ganz naturalistische Pranken, so wie dieses Exemplar hier, die sorgfältig modelliert sind. Ungewöhnlich jedoch ist die Kombination hier von relativ flachen Gesichtszügen mit realistisch geformten Pranken – ein Widerspruch, der ein Datum um oder kurz nach 500 v. Chr. denkbar erscheinen läßt, während des Überganges von der Spätarchaik zur Frühklassik. KPE

◁ 115

115 Griff mit Löwenkopf-Attasche

Bronze, gegossen. Griechisch, 480/450 v. Chr.
H der Attasche 4,6; Br an den Voluten 5,9; L des Henkels 16,4 cm.
Die Henkelspitze, die Hälfte des Hakens und der größte Teil der Schale sind verloren. Oberfläche zum Teil beschädigt, besonders an der Unterseite zwischen Voluten und Haken. Leuchtende, mittel- bis dunkelgrüne Patina.

Der horizontale Griff erweitert sich allmählich zur einst vorhandenen Spendeschale hin, einer sogenannten Griff-Phiale, und bildet am Übergang zum Gefäß beiderseits eine kleine Volute. Das stark verjüngte andere Ende biegt um und ist im Querschnitt rund. Obwohl die Spitze abgebrochen ist, erlaubt der Vergleich mit ähnlichen Exemplaren die Annahme, daß sie die Form eines anmutigen Wasservogelkopfes hatte. Die obere Fläche des Griffes erhebt sich über einem Rand und ist leicht konkav; an dem sich verjüngenden Ende befindet sich in Flachrelief eine fünfblättrige, teils geritzte Palmette. Auf dieser Seite ist ferner am Rand zwischen den Voluten eine Zickzacklinie eingraviert, und auf den Voluten selbst je eine Spirale. Die untere Fläche des Griffes trägt den Rest eines einst aufgelöteten Hakens. Der Löwenkopf ist fein modelliert, besonders an der Stirn, und hat eingravierte Linien um Nase und Maul. Eine tiefe Rille zwischen den Ohren grenzt die Mähne ab, die aus wenigen welligen Linienpaaren besteht.
Im Gegensatz zu früheren Deutungen sind bei diesem Löwentypus die seitlichen spitzen Fortsätze weder als abstrakte Pranken noch als stilisierte Vorläufer natürlich modellierter Pranken anzusehen, sondern als Teile der Löwenmähne. Das ergibt sich aus dem Vergleich mit ähnlichen Löwenkopf-Attaschen in Olympia, Princeton und Boston. Ein Vertikalhenkel in Olympia und ein beweglicher Ringhenkel in Princeton zeigen sowohl die spitzen Fortsätze als auch ausgestreckte Vorderpranken; erstere sind mit welligen Mähnenlocken bedeckt. Auch das Beispiel in Boston, ein dem unseren ähnlicher Griff, trägt die spitzen Fortsätze – diesmal ohne Pranken – mit Mähnenriefeln. Im übrigen darf man aus der weitgehenden Stilisierung dieses Details nicht auf eine zu frühe Entstehung der Attaschen schließen, da die plastische Durchmodellierung der Löwenköpfe dem widerspricht.
Lange, flache Horizontalgriffe wie dieser saßen einst an Spendeschalen, die in der Form modernen Bratpfannen oder Kasserollen ähnlich waren. Ein kleiner Teil der Phiale selbst, ein dünnes, an drei Seiten gebrochenes Blech mit einem Stück des verdickten Randes, ist noch vorhanden. Es ist mit drei Nieten an der dicken Löwenkopf-Attasche befestigt. Eine dieser Nieten ist am Nacken des Löwen zu sehen, und je eine auf den erwähnten spitzen Fortsätzen, was auf die Möglichkeit hinweist, daß diese einer technischen Notwendigkeit entsprechen.
Horizontalgriffe von sehr ähnlicher Form wurden auf der Athener Akropolis und in Olympia gefunden, andere gibt es in Boston und im Louvre. Sehr wahrscheinlich hat man die Griff-Phialen, an denen sie einst saßen, den Göttern als Weihgeschenke dargebracht, denn solche reich geschmückten Bronzegefäße archaischer und frühklassischer Zeit kamen vor allem in Heiligtümern zutage. In der Tat trägt der dem unseren im Stil ähnlichste Griff – von der Athener Akropolis – an seiner oberen Fläche die Weihinschrift „Kallikrates hat (mich) geweiht".
Eine Datierung innerhalb der frühklassischen Zeit (480/450 v. Chr.) ist wahrscheinlich, weil die fortgeschrittene Modellierung des Löwenkopfes nicht viel früher und die stilisierte Gravierung der Gesichtszüge und der Mähne nicht viel später sein kann. KPE

115

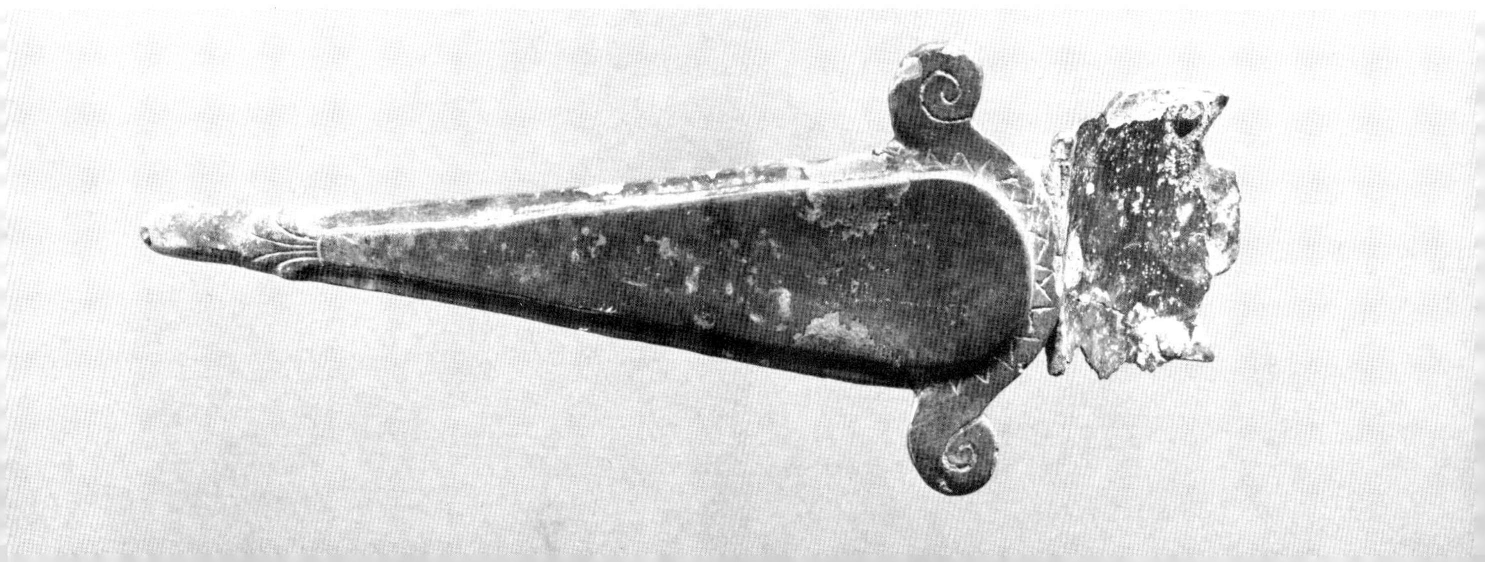

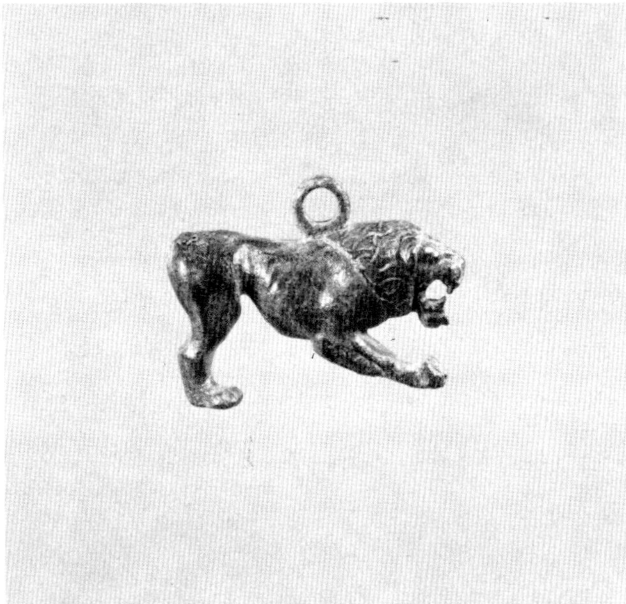

116

116 Anhänger, drohender Löwe

Bronzerelief, gegossen. Griechisch, 5. Jahrhundert v. Chr.
H 2,6; L 3,7 cm.
Der Schweif fehlt. Leuchtende, dunkelgrüne Patina.

Ein Löwe duckt sich in Angriffshaltung, im Begriff zu springen. Im weit geöffneten Maul zeigt er die Zähne. Wie aus dem Ring am Widerrist hervorgeht, hing dieser Miniaturlöwe wohl einst an einem Halsband, einer Brosche oder einem anderen Schmuckstück. Vielleicht war er aber auch auf ein Gewand appliziert, obwohl solche Stücke im allgemeinen Löcher und nicht Ringe zum Befestigen haben.
Der Löwe zeichnet sich durch kraftvolle Modellierung, einen spannungsvollen Umriß und feine Detailarbeit aus. Die Mähne, deren Locken wellig graviert sind, hebt sich in einer plastischen Diagonale vom Körper ab. Nur je ein Vorder- und Hinterbein ist dargestellt; die Pranken sind durch Gravierung hervorgehoben: vier Linien vorn, drei hinten. Der Schweif war angesetzt.
Löwen, Löwinnen und Chimären in ähnlicher Haltung, im Begriff, einen in der Phantasie zu ergänzenden Gegner anzuspringen, gehören zu den Motiven der Kleinkunst in spätarchaischer und klassischer Zeit, auf Gemmen, Fingerringen, Münzen und sogar an den Füßen pränestinischer Cisten. Man findet sie auch in größerem Format auf Stein- und Metallreliefs und in der Rundplastik. Unter den Anhängern jener Zeit aber ist der Löwe der Sammlung Mildenberg ein Einzelstück. Seine Haltung findet viele Parallelen vom 6. zum 3. Jahrhundert v. Chr., aber sein Stil – mehr Modellierung als bei archaischen Löwen und weniger Plastizität als bei spätklassischen und hellenistischen Beispielen – ist Stücken des 5. Jahrhunderts am nächsten. Das gilt besonders für zwei zum Sprung geduckte Löwen an Griff-Phialen von der Athener Akropolis. KPE

117 Rennender Hase von einem Standspiegel

Bronze, voll gegossen. Griechisch, 5. Jahrhundert v. Chr.
H 2,1; L 4,3 cm.
Zwischen Hals und Rücken fehlt links ein kleines Stück. An der Basis in der Nähe des linken Hinterbeines Einkerbung. Mittelgrüne Patina.

Der Hase auf seiner dünnen, leicht gebogenen Basis war am Rand einer runden Spiegelscheibe befestigt, der er in seiner geringen Tiefe angeglichen war. Zwischen den Vorderbeinen wie zwischen den Hinterbeinen fehlt die Trennungslinie, was ursprünglich so wenig wie die übrige Flachheit des Hasen ins Auge fiel. Durch diesen Silhouettenstil war das Gewicht des Ornaments am Spiegelrand bewußt reduziert. Kurze Querlinien, die in drei Bändern regelmäßig eingraviert sind, deuten das Fell des Tieres an. Gravierung

117

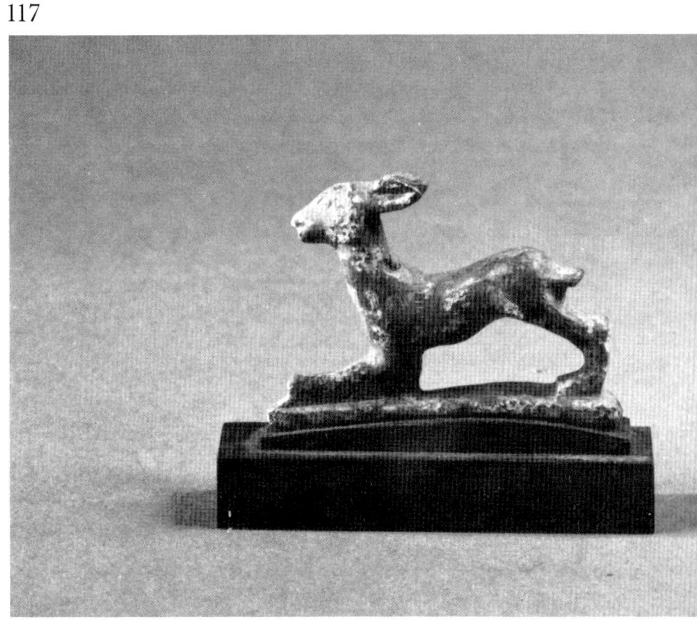

erscheint auch über den Augen und an der Nase, Pünktelung nur an der linken Seite des Kopfes, vielleicht ein Hinweis, daß diese der Vorderseite des Spiegels zugewandt war. Es handelte sich um einen Standspiegel mit einer menschlichen Stützfigur auf einer Basis, im allgemeinen war es eine bekleidete weibliche Figur. Solche Spiegel wurden in der griechischen Welt von der Mitte des 6. Jahrhunderts bis zum Ende des 5. Jahrhunderts v. Chr. hergestellt. Kleine Flügelgestalten vermittelten zwischen der Stützfigur und dem Spiegelrand, dessen Rand mit pflanzlichen Ornamenten und Tierfigürchen geschmückt war. Auf ihm rannte ursprünglich dieser schmächtige Hase in panischer Angst vor einem Fuchs oder Jagdhund: Hasenjagden gehörten zu den Lieblingsthemen auf den Rändern von Standspiegeln. Die geschmeidige Spannung des Umrisses und die Art der Modellierung sprechen für eine Entstehung in der Mitte des 5. Jahrhunderts v. Chr. KPE

118 Wasservogel, Bekrönung eines Kandelabers

Bronze, voll gegossen mit Basis. Etruskisch, 5. Jahrhundert v. Chr.
H 7,5; Br 3,1; Dm der Basis unten 3,1 cm.
Intakt. Hellblaugrüne Patina.

Ein sonderbarer Vogel steht steif aufgerichtet wie ein stolzer Soldat auf Wache. Einst diente er als Bekrönung eines luxuriösen etruskischen Kerzenständers. Die riesigen Augen in dem runden Kopf und der Ansatz des starken Schnabels mit den großen Nasenlöchern sind durch tiefe Gravierung wiedergegeben. Ganz ungewöhnlich ist die Anordnung der Flügel, die den Eindruck vermitteln, als hülle sich der Vogel in einen Mantel. Sie sind mit leicht gebogenen Gravierungen, die Gefieder darstellen sollen, bedeckt. Vorn durch plastische Ränder, hinten durch eine gravierte Linie voneinander getrennt, fallen die beiden Flügel bis über die Füße hinab. Sie sind kaum von dem Körper zu unterscheiden, da sie sich seiner Stromlinienform völlig anpassen. Auch Schwanz und Stand bleiben unklar.
Da es weder in der Natur noch in der antiken Kunst gute Vergleiche für dieses seltsame Wesen gibt, wurde es als „Phantasievogel" veröffentlicht. Aber antike Fabelwesen weichen sonst viel stärker von der Natur ab und sind wilder als dieser Vogel. Seine genaue Bestimmung muß freilich offenbleiben. Man hat an einen Kakadu gedacht, einen Papageienvogel mit erstaunlich kräftigem Schnabel, doch das Fehlen des Kammes spricht dagegen. Wegen der aufrechten Haltung und des großen, krummen Schnabels kommen einem kammlose Papageien oder auch Adler in den Sinn. Aber das Oberteil des Schnabels ist für einen Adler zu

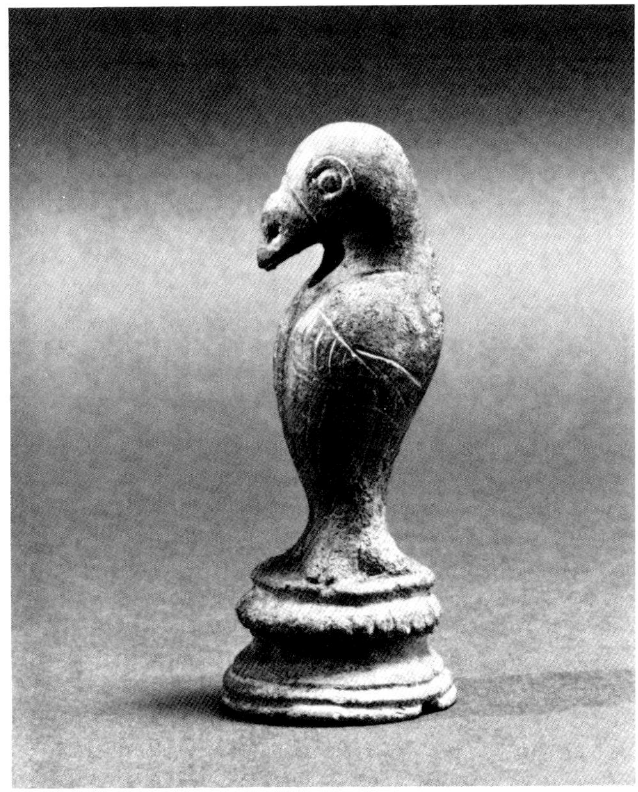

118

wenig gekrümmt, und Papageien wurden in der klassischen Welt nicht vor dem Alexanderzug bekannt. Die wahrscheinlichste Deutung ist die auf einen Wasservogel, die ebenfalls schon vorgeschlagen wurde. Die Schnäbel von Wasser- und Bläßhühnern sind dem des Vogels hier nicht unähnlich. Sowohl die großen Nasenlöcher als auch die eng anliegenden, wie feucht wirkenden Flügel könnten für einen Wasservogel sprechen, freilich nicht die stocksteife Haltung.
Wie dem auch sei, die reich profilierte Rundbasis, die mit dem Vogel in einem Stück gegossen und an der Unterseite ausgehöhlt ist, enthüllt seinen ursprünglichen Zweck. Solche Basen mit gravierter Dekoration am oberen Torus, die an ionische Säulenbasen erinnern, bekrönten die hohen, schlanken Kandelaber im antiken Etrurien. Sie waren von bronzenen Fortsätzen umgeben, an denen man Kerzen befestigte. Auf jenen Basen pflegten jedoch menschliche Figuren oder Gruppen und keine Tiere zu stehen. So ist zwar die Basis hier für etruskische Kandelaber typisch, der Vogel aber ungewöhnlich. Die raffinierte Einfachheit der Modellierung zusammen mit der reichen Gravierung sprechen für einen zeitlichen Ansatz im 5. Jahrhundert v. Chr. KPE

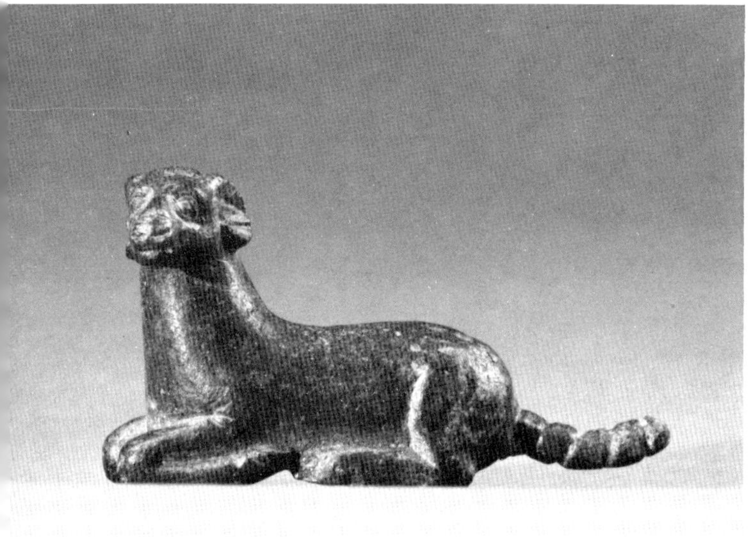

119

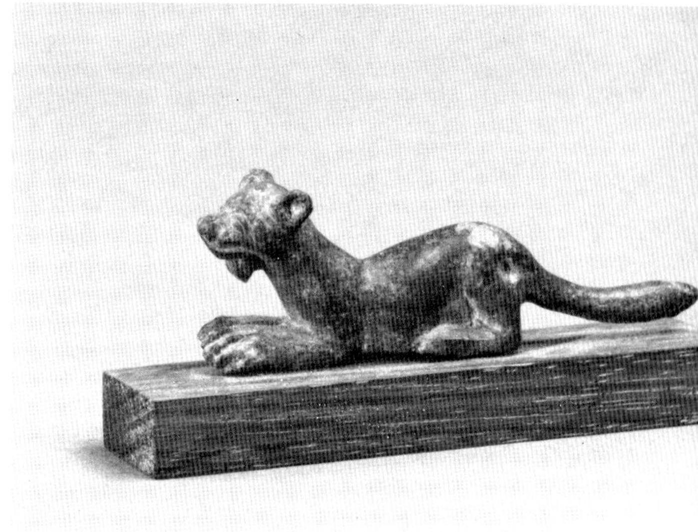

120

119 Ruhender Widder

Bronze, voll gegossen (verlorener Wachsguß). Griechisch, vermutlich vom Festland. Erste Hälfte 5. Jahrhundert v. Chr.
H 2,7; Br 1,15; L 5; L des Schwanzes 1,5 cm. Gegenstück zu Nr. 120.
Intakt. Überall dunkelbraune, schwach glänzende Patina. Rechts am Rücken Kuprit-Flecken.

Dieser Widder, mit gelängtem Körper und Hals, wendet den Kopf nach seiner linken Seite. Beide Beinpaare sind unter dem Körper eingeschlagen. Auf dem langen zylindrischen Schwanz, der sich leicht nach oben biegt, verläuft eine einzige gravierte Spirale. Auf der Unterseite des Körpers ist eine konkave Rinne der Länge nach angebracht. Spitze Ohren überschneiden die kleinen, gekrümmten Hörner, die eng an den Seiten des Kopfes anliegen. Die Augen sind Ovale, die sich dem Rund nähern. Maul und Nüstern sind graviert, darüber eine Querrille. Details des linken Vorderhufs sind im Guß angegeben. Die Andeutung des Vlieses wurde nicht versucht.
Dieser Miniaturwidder und sein Gegenstück, eine Raubkatze (Nr. 120), ruhten ursprünglich auf dem Rand oder der Schulter eines größeren Gegenstandes, vielleicht einem Krater oder Kessel, oder sie dienten als dekorative Aufsätze eines Stabdreifußes. Die Art der Modellierung und das Gefühl für Proportion weisen sie als griechische Werke aus; die Werkstatt, von unverkennbarer Eigenart, ist jedoch noch nicht identifiziert. Besser bekannt als figürlicher Schmuck an Rand oder Schultern von Gefäßen ist der Ziegenbock. Für eine Reihe solcher Böcke wurde ein korinthischer oder nordgriechischer Ursprung vermutet. Modellierung und Proportionen der Widderstatuette Mildenberg sprechen für eine Datierung innerhalb der ersten Hälfte des 5. Jahrhunderts v. Chr. DGM

120 Sich duckender Panther

Bronze, voll gegossen (verlorener Wachsguß). Griechisch, vermutlich vom Festland, erste Hälfte 5. Jahrhundert v. Chr.
H 2; L 6; Br des Kopfes 1,1 cm. Gegenstück zu Nr. 119.
Intakt. Eine Vertiefung am linken Hinterschenkel mag ein Gußfehler sein. Stumpfbraune bis rötliche Patina.

Diese reizvolle, pantherähnliche Raubkatze liegt geduckt, streckt die Beine gerade nach vorn und hält den Kopf aufrecht, mit geradeaus blickenden Augen. Der Schwanz steht ähnlich vom Körper ab wie bei dem Widder (Nr. 119). An den großen, ovalen Augen sind die Brauen angegeben, die gerundeten, konkaven Ohren sitzen diagonal am Kopf; die Oberlippe des offenen Maules ist durch eine Rille markiert, die Zunge hängt heraus.
Wie sein Gegenstück (Nr. 119) schmückte dieser Panther die Schulter oder den Rand eines Kraters oder Kessels oder einen Stabdreifuß. Vielleicht saßen sie beide ursprünglich an demselben Gegenstand. Ein ähnliches Tier, nur stärker gerundet und den Kopf nach rechts drehend, befindet sich in der Walters Art Gallery, Baltimore. DGM

121 Affe, auf einer Schildkröte reitend

Terrakotta, orange- bis lederfarbig. Griechisch, wahrscheinlich rhodisch, spätes 6. bis mittleres 5. Jahrhundert v. Chr. H 8,5; L 10,4; Abstand zwischen den Vorderflossen 7,4 cm. Intakt; nur der rechte Unterarm des Affen war gebrochen und ist geklebt. Ausgedehnte Reste eines dicken weißen Überzuges an der Vorderseite der Schildkröte und der linken Seite des Affen.

Auf einer handgemachten Tonschildkröte reitet ein getrennt hergestellter Affe. Die Schildkröte scheint wenigstens teilweise hohl zu sein, wie aus einem Loch an der Unterseite hervorgeht. Es handelt sich um eine Wasserschildkröte, die sich mit ihren als Flossen gebildeten Beinen rudernd bewegt und dabei leicht den Kopf erhebt. Der Affe sitzt oder kniet auf ihrem Rücken, den rechten Arm auf der Brust, den linken zum Kopf erhoben. Seit geometrischer Zeit gibt es in Griechenland Affenfigürchen mit ähnlichen charakteristischen Gesten; man vergleiche Nr. 95. Eine etwas kleinere Gruppe als dieses Stück (London, Sammlung Chesterman) und ähnliche Gruppen und Affen im Britischen Museum werden als rhodisch angesehen. DGM

121

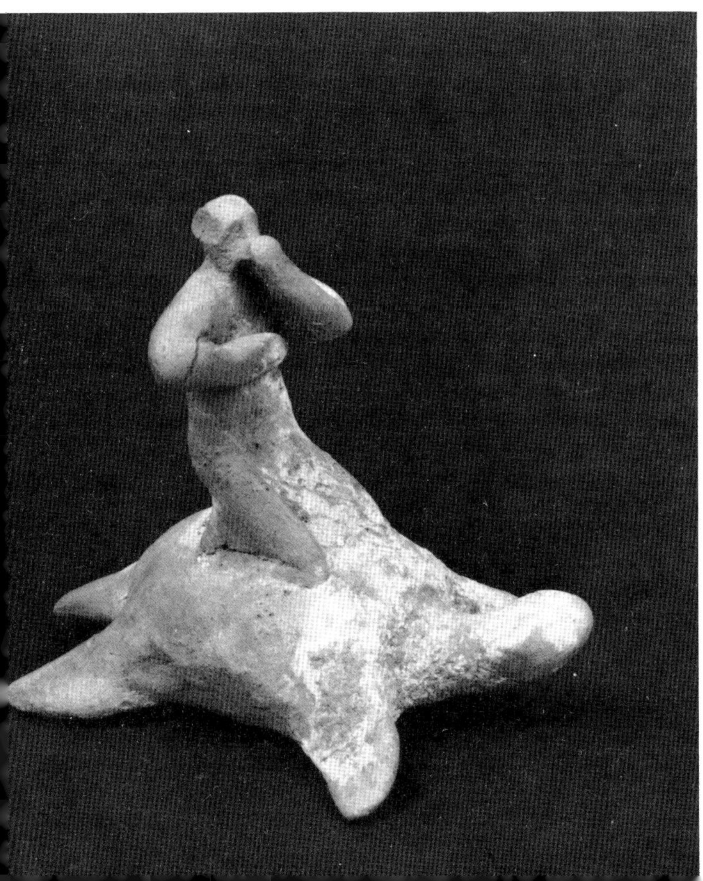

122 Tragischer Affe

Terrakotta, aus einer Form gewonnen, hell-lederbraun. Griechisch, vielleicht rhodisch, Mitte oder zweite Hälfte 5. Jahrhundert v. Chr.
H 7,9; L 8,4 cm.
Bis auf die verlorenen Füße intakt. Einige diagonale Kratzer an der rechten Hüfte hinten.

Der Affe hat sich mit ausgestreckten Beinen auf sein Gesäß niedergelassen. Seine Arme hängen parallel herab, sind an den Ellbogen geknickt und reichen bis zu den Knien. Bis auf die Daumen sind die Finger als Masse wiedergegeben. Der Affe mag ursprünglich in einem Boot, einer Wanne oder in einem Wagenkasten gesessen haben; ein 1 cm tiefes Loch zur Befestigung befindet sich an seiner Unterseite. Im Gegensatz zu dem summarisch wiedergegebenen Körper ist der große, nach seiner Linken gewandte Kopf äußerst sensibel modelliert. Unter den kräftigen Brauenbögen und um die ovalen, vorstehenden Augen bilden sich Schatten, die zusammen mit dem fein gebildeten, leicht verzogenen Mund dem Gesicht einen hilflos-pathetischen und zugleich grüblerischen Ausdruck verleihen. Der Koroplast hat dem

122

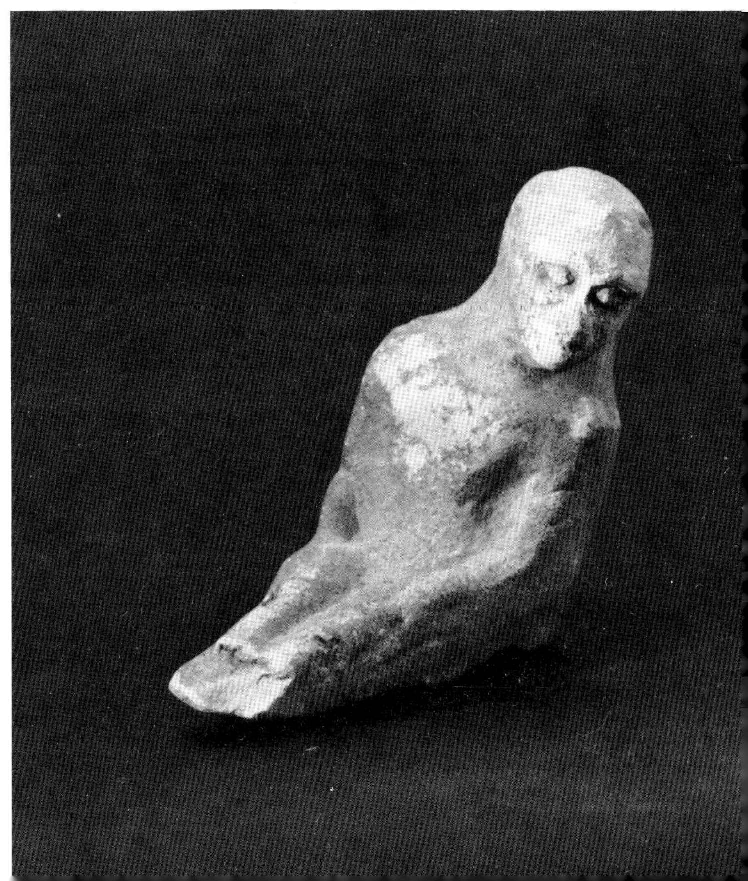

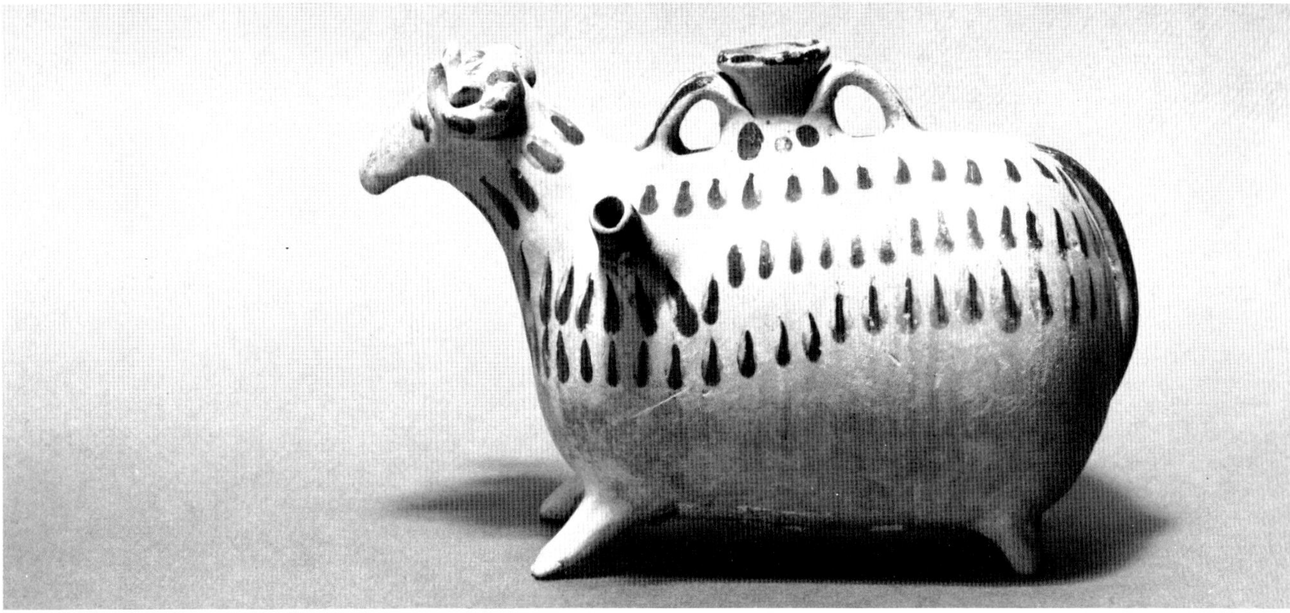

123

Menschenaffen ein Ethos gegeben, das uns ähnlich ergreift wie die Mienen der Protagonisten in den Metopen des Zeustempels von Olympia oder auf gleichzeitigen attischen Vasen. Keine andere dem Verfasser bekannte Terrakotte erreicht diese Stimmung, die eines Polygnot oder Rodin würdig ist. In der Neigung des Kopfes zusammen mit dem Mienenspiel ist die schmerzliche Erfahrung der Vergänglichkeit des Lebens von Mensch und Tier expressiv und zugleich zurückhaltend dargestellt. Nur wenige klassisch-griechische Kleinplastiken, sind von dieser Sublimität, dieser Höhe des Tragischen. DGM

123 Askos in Gestalt eines Widders

Ton, bräunlich-orangefarben gebrannt. Sizilisch, 2. Hälfte 5. Jahrhundert v. Chr.
H 12,1; L 19,5; Br 9,8; Dm. Mündung 2,9 cm.
Bis auf eine Absplitterung auf der rechten Schulter intakt erhalten. Der braunschwarze Firnis besonders auf der rechten Seite und am Kopf abgeblättert, stellenweise Versinterungen.

Der Widder-Askos gehört zu einer Sondergruppe der sizilischen Keramik der 2. Hälfte des 5. Jahrhunderts v. Chr., die aufgrund einer Fundortkonzentration in der Nekropole Manicalunga bei Selinunt, der westlichsten der griechischen Pflanzstädte an der Südküste Siziliens, vermutlich dort entstanden ist und folgerichtig die Bezeichnung Selinunt-Gruppe erhalten hat. Neben Widdern begegnen innerhalb der Gruppe Tiergefäße in Form von Kühen, Schafen, Mäusen, Delphinen, Enten, Hunden, Eulen, Pferden und Schweinen. Besonders beliebt scheinen Sirenen-Askoi gewesen zu sein. Der Schwerpunkt der Produktion, die ihr Ende wohl noch vor der Zerstörung von Selinunt durch die Karthager 409 v. Chr. gefunden hat, fällt in das dritte Viertel des 5. Jahrhunderts v. Chr.
Die ursprüngliche Verwendung derartiger Tieraskoi ist seit langem umstritten, ungeachtet der gesicherten Herkunft einzelner Gefäße aus Gräbern. Der röhrenförmige, vorn spitz zulaufende Ausguß hat des öfteren an Saugflaschen für Babys denken lassen, doch scheint eine solche Benutzung bei Gefäßen, die im Inneren nicht zu reinigen sind, schon aus hygienischen Gründen auszuscheiden. Eine kultische Verwendung für Spendeflüssigkeiten ist noch am wahrscheinlichsten. Die Verbindung der Askosform im allgemeinen und der sizilischen Tiergefäße im besonderen zu Dionysos ist kürzlich erneut deutlich hervorgehoben worden, auch wenn die Selinunt-Gruppe die ursprüngliche Weinschlauchform größtenteils nur noch sehr rudimentär bewahrt.
Der Körper dieses Askos zeigt die charakteristischen Spiralringe von Drehscheibenkeramik. Dem faßartigen Behältnis sind in einem zweiten Arbeitsgang die ‚Tierelemente' freihändig anmodelliert worden: die stummelartigen Beine, der Schwanz und der kleine Kopf mit dem Gehörn. Der trichterförmige Einfüllstutzen, flankiert von zwei Bandhen-

keln, sitzt auf dem Rücken, die schräggestellte Ausgußtülle auf der linken Schulter. Die Bemalung besteht aus kurzen, tropfenförmigen Pinselstrichen in drei Reihen, die wohl die Wollstruktur des Vlieses andeuten sollen. RDD

124 Askos in Gestalt einer Kuh

Ton, blaßorangefarben gebrannt. Sizilisch, 2. Hälfte 5. Jahrhundert v. Chr.
H 10,5; L 15,9; Br 6,5; Dm Mündung 3,2 cm.
Beide Hörner abgebrochen. Oberflächenabreibungen, besonders am Schwanz und am Ein- und Ausguß. Die linke hintere Partie des Gefäßes abgebrochen und geklebt. Der Firnis flüchtig aufgetragen.

Das Tiergefäß gehört wie Nr. 123 und 125 zur Selinunt-Gruppe, wobei freilich die Körperbildung entschieden wirklichkeitsnäher als bei dem in starker Abstraktion wiedergegebenen Widder ausgefallen ist. Wie dort sitzt der Einfülltrichter mit den beiden kleinen Henkeln auf dem Rücken des Tieres, die spitz zulaufende Ausgußtülle dagegen in diesem Fall auf dem Hinterteil. Die gemalten Kränze, die manche der Rinder dieser Gruppe um den Hals tragen, haben an Opfertiere denken lassen.
Zu dem Eindruck einer sehr naturgetreuen Darstellung trägt vor allem auch die braune Bemalung bei: die unregelmäßige Fleckung des Felles und die farbliche Betonung der Hinterhufe, des Schwanzes und einzelner Teile des Kopfes. Der Schädel ist zusätzlich mit einer Reihe kurzer Striche bemalt. RDD

124

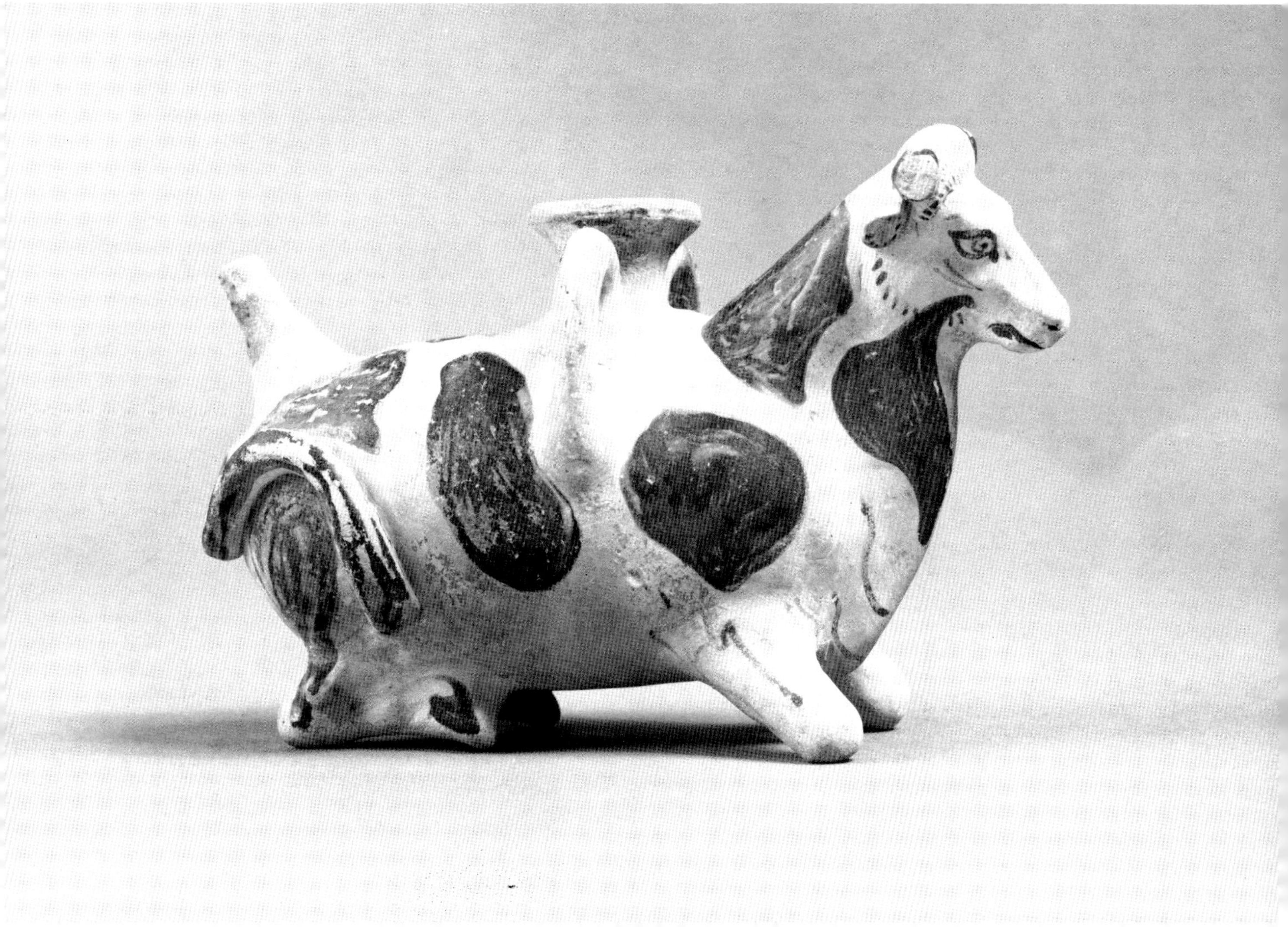

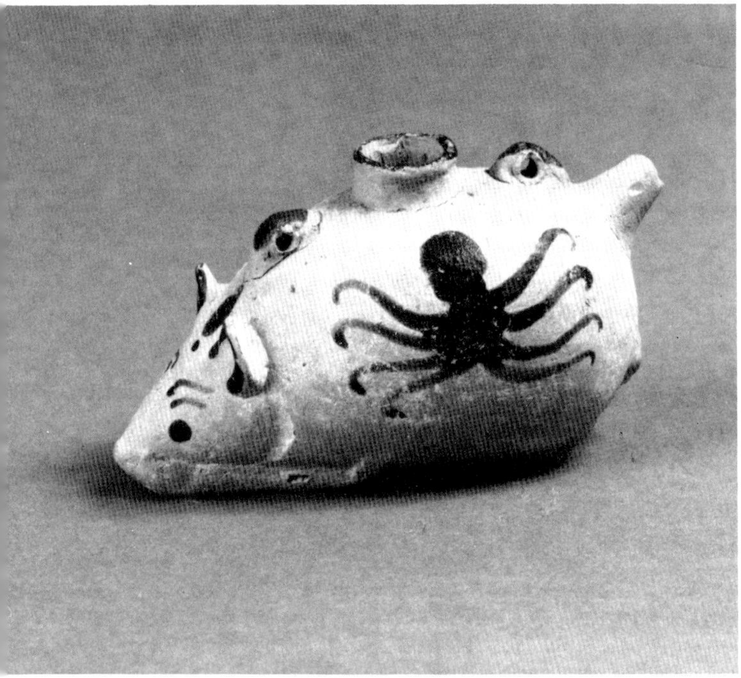

125 Askos in Gestalt einer Maus

Ton, blaßorangefarben gebrannt. Sizilisch, 2. Hälfte 5. Jahrhundert v. Chr.
H 6,2; L 11,1; Br 5,5; Dm Mündung 2,1 cm.
Absplitterungen am Ein- und Ausguß und an den Ösen. Die Spitzen beider Ohren und der Rand der Eingußtülle abgerieben. Ein Teil des Schwanzes und des linken Hinterbeines abgesplittert.

Tiergefäße in Form von Mäusen haben sich auf Sizilien in einiger Zahl gefunden. Sie gehören in der überwiegenden Zahl zur sog. Randazzo-Gruppe, benannt nach einem wichtigen Fundort am Westhang des Aetna. Die sizilischen Mäuse-Askoi sind in der Regel etwas größer als dieser Nager der Selinunt-Gruppe (was Anlaß zu einer Deutung auf Ratten gewesen ist) und mit vegetabilen oder geometrischen Ornamenten bemalt. In einem Sonderfall ist ein Askos identischer Grundform durch das Anfügen einer Schnauze, eines Ringelschwanzes und durch die Andeutung eines Rückenkammes in einen Schweine-Askos abgewandelt worden.
Der Töpfer dieser Maus, die sich mit dicht unter den Körper gepreßten Beinen und Schwanz auf den Boden duckt, hat die natürliche Haltung der Nagetiere genau beobachtet. Besonderes Interesse verdienen die in Silhouettenstil gemalten Polypen auf beiden Seiten des Körpers, ein ungewöhnlicher und bislang einzigartiger Schmuck von Mäuse-Gefäßen. Mit jeweils acht symmetrisch ausgebreiteten muskelstarken Fangarmen, die als Waffen, Werkzeuge und zur Fortbewegung dienen, scheinen die Meerestiere aufwärts zu schwimmen. Bei einem Gefäß der Selinunt-Gruppe in Gestalt eines liegenden Widders, ehemals in der Sammlung Norbert Schimmel, wird der zwischen Ein- und Ausguß gemalte Oktopus mit besonders dünnen Fangarmen von zwei Delphinen begleitet.
Die Mäuse-Askoi werden wie die anderen plastischen Tiergefäße Siziliens mit Einfüllöffnung und röhrenförmigem, sich zur Spitze hin stark verengendem Ausguß vermutlich als Salbölgefäße gedient haben. Tönerne Nager dieser Art mögen im Kult des Apollon Smintheus eine Rolle gespielt haben, im Kult jenes Gottes, der Mäuse und Ratten vertrieb und dadurch die Menschen vor Schädlingen und Krankheiten schützte. Sein Kult ist an verschiedenen Orten der griechischen Welt bezeugt, besonders auch auf Sizilien. Zu denken ist ferner auch an Demeter und Kore, die als Spenderinnen des von Mäusen bedrohten Kornes zu den wichtigsten Gottheiten der getreidereichen Insel zählten. Steht diese Maus tatsächlich in einer Beziehung zu Apollon, so würde man freilich anstelle des Oktopus eher einen anderen Meeresbewohner erwarten: den Delphin. RDD

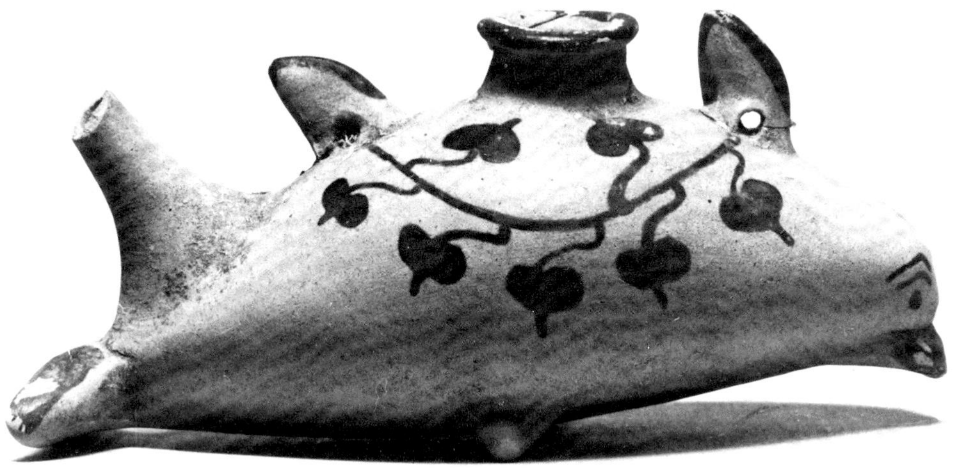

125 bis Gefäß in Gestalt eines plastischen Delphins

Sizilisch. 2. Hälfte des 5. Jahrhunderts v. Chr.
H 5; L 11,5 cm.
Mündungsrand und vordere Rückenflosse gebrochen. Rand der Tülle über der Schwanzflosse ringsum bestoßen. Mündungsrand, Kanten der Rückenflosse, Oberseite der Schwanzflosse gefirnißt. Auf dem Körper des Delphins sind schwarze Efeuzweige aufgemalt. Für die Zeichnung des Mundes und der Augen wurde ebenfalls schwarze Farbe verwandt. Die Rückenflossen sind zum Aufhängen der Vase durchbohrt. Der Delphin ruht auf dem Schwanz und zwei „buckelförmigen Füßen". KS

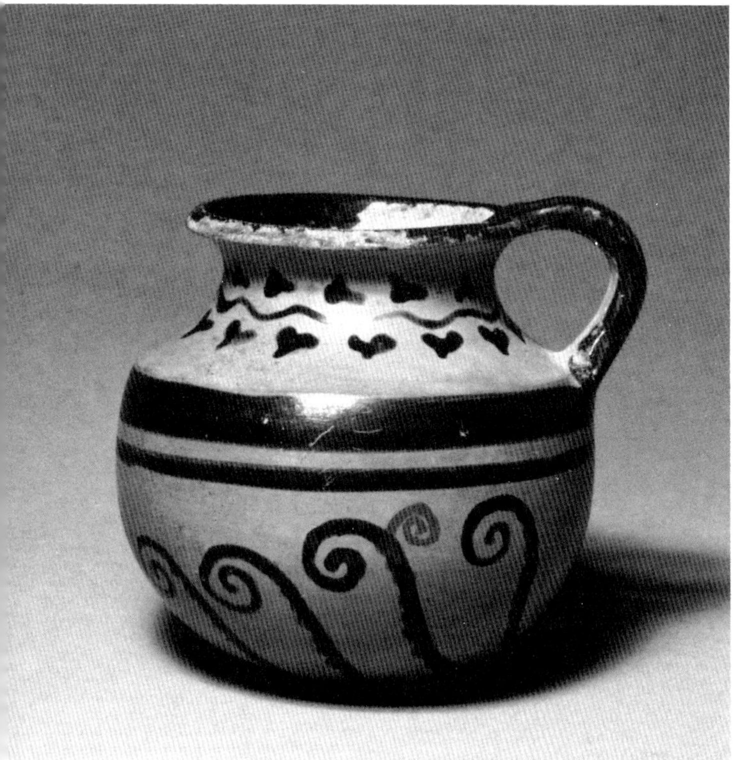 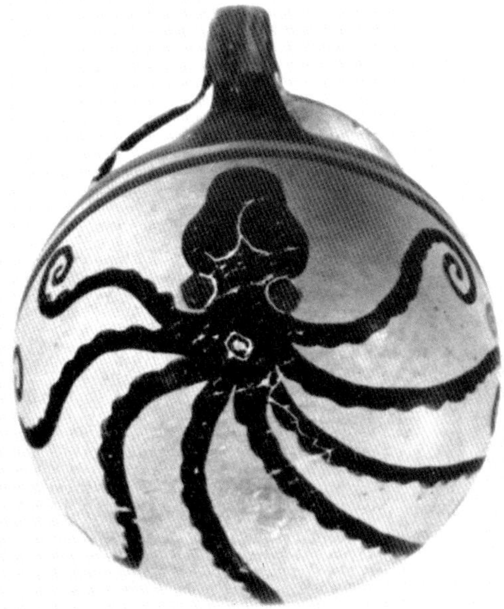

126 Einhenkliger Krug mit Oktopus

Ton, bräunlich-orangefarben gebrannt. Griechisch, vielleicht sizilisch (?), spätes 5. Jahrhundert v. Chr.
H 7,1; Dm 7,5; Dm Mündung 3,9 cm.
Intakt erhalten. Kleiner Sprung unterhalb des oberen Henkelansatzes. Abnutzungsspuren am Mündungsrand, die Malfarbe beim Oktopus stellenweise abgeplatzt.

Den Hauptdekor des kleinen Kruges bildet ein Oktopus, dessen Kopf unterhalb des Henkels sitzt. Seine acht Fangarme mit den deutlich angegebenen Saugnäpfen und eingerollten Spitzen sind radial ausgebreitet, so als wollten sie den Boden des Gefäßes umfassen. Einzelheiten des Kopfes sind in Ritzung angegeben, wobei die Augen zusätzlich durch Deckrot betont sind. In Deckrot ist ferner eine merkwürdige Spirale gemalt, die an dem zweiten Fangarm von links sitzt.
Kopffüßer gehören – vielleicht aufgrund der Möglichkeit, sie völlig seitensymmetrisch darzustellen – seit früher Zeit zu den beliebten Motiven griechischer Künstler. Bereits auf minoischen und mykenischen Vasen finden wir Oktopoden in so beträchtlicher Zahl, daß ihr Erscheinen auf attisch-schwarz- und rotfigurigen Vasen in vielfältigen Zusammenhängen (etwa als Schildzeichen oder typische Vertreter der Meeresfauna) kaum überrascht. Auf den zahlreichen unteritalischen Fischtellern bilden Kopffüßer dann geradezu einen festen Bestandteil der Darstellung (vgl. Nr. 149).
Oktopoden, Polypen, Tintenfische und Kalmare zählten im Altertum – wie auch heute noch – zum alltäglichen Nahrungsmittelangebot der Mittelmeerländer, wobei die Küsten der Insel Thasos und von Karien als beste Fanggründe galten. Man schätzte das Fleisch nicht nur wegen seines Wohlgeschmackes (wobei die Diätetiker es für „schwer verdaulich und unzuträglich" hielten), sondern auch weil man ihm aphrodisische Kräfte zuschrieb. RDD

127 Drei Miniaturlekythen mit Tierdarstellungen

Ton, orangefarben gebrannt. Attisch-rotfigurig, spätes 5. Jahrhundert v. Chr.
a) H 11,9; Dm 4,2; Dm Fuß 3; Dm Mündung 3 cm.
b) H 13; Dm 4,6; Dm Fuß 3,2; Dm Mündung 3,1 cm.
c) H 12,5; Dm 4,7; Dm Fuß 3,4; Dm Mündung 2,9 cm.
Die Mündung von a) abgebrochen und repariert. Überzug und Bemalung leicht abgesplittert. Die Lekythen b) und c) intakt erhalten; bei b) Rand und Henkel geringfügig beschädigt, bei c) leichte Absplitterungen.

Die drei Miniaturgefäße für Salböl fügen sich problemlos in die Gruppe der schlichten attischen Lekythen vom Ausgang des 5. Jahrhunderts v. Chr. ein. In Form und Bemalung entsprechen sie in allen wesentlichen Punkten dem Typus. Die Halspartie der Gefäßchen ist durch einen rötlichen Überzug (Miltos) farblich betont. Die Schulter schmückt das übliche Ornament aus Gruppen dicker, kurzer Striche. Kleine, einfache Lekythen dieser Art sind aufgrund der beschränkten Fläche in der Regel einfigurig bemalt, häufig mit einer Frau, seltener mit einem Tier.
Die Tiere stehen auf rotgrundig ausgesparten Leisten, auf der Lekythos mit dem Reh durch ein Mäanderband zusätzlich „verstärkt". Ein Eierstab- bzw. Mäanderornament sitzt schmückend oberhalb der Schwanen- bzw. Eulendarstellung.
Einige Bemerkungen zu den Tierdarstellungen, die in der spätrotfigurigen attischen Vasenmalerei zunehmend als Schmuck kleinerer Gefäßformen – wie den bauchigen Lekythen und vor allem den Askoi – in Erscheinung treten. Die Tiere sind hier offensichtlich aus anderen Darstellungen entlehnt und von anderen Gefäßformen übernommen

127 c, b, a

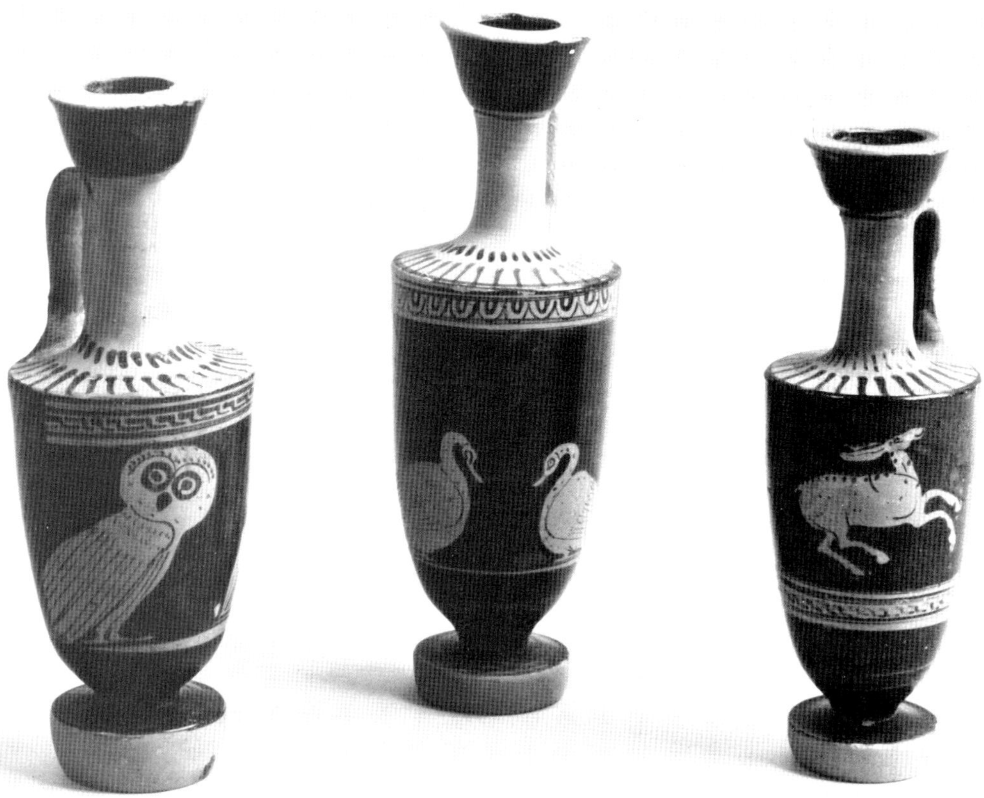

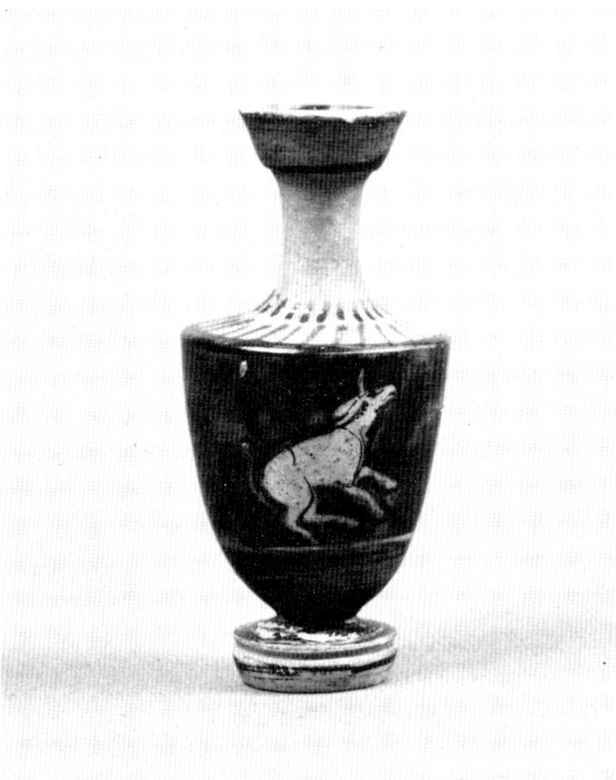

128

Und schließlich zur Eule mit ihren starr blickenden, großen Augen: Sie geht letztlich auf die bekannten athenischen Eulen-Prägungen zurück, die dem Wappentier der Stadt zu einer weiten Verbreitung verholfen haben. Von dort haben die Eulen bzw. Steinkäuze dieses Darstellungstypus bald auch Eingang in die Vasenmalerei gefunden, wobei die Vasenmaler am alten archaischen Typus der Münzen, nur wenig variiert, festgehalten haben. Das Wappentier erscheint auf verschiedenen athenischen Vasenformen, etwa – wie hier zu sehen – auf Lekythen, daneben auch auf Kännchen, Askoi und Schalen, am häufigsten aber auf den nach ihm benannten Eulen-Skyphoi, kleinen Trinkbechern, von denen im Text zu Nr. 93 bereits die Rede war. Von Athen ausgehend ist das Eulenmotiv in etruskischen, kampanischen und apulischen Malerateliers übernommen worden, wobei Töpfer in Etrurien und Kampanien auch gerne gleich den athenischen Bechertypus mitkopiert haben. JN

worden. So hat es z. B. bei dem Rehwild mit dem getüpfelten Fell den Anschein, als springe es aufgescheucht davon. Das aber setzt einen Angreifer voraus, der freilich nicht gezeigt wird. Vermutlich muß der Betrachter in Gedanken eine zweite (nicht erhaltene) Lekythos ergänzen, die das Bild eines Panthers oder anderen Raubtieres trug. Erst bei einer solchen Annahme wird die schreckhafte Bewegung des Tieres verständlich. Zu dem Problem einer paarweisen Zusammengehörigkeit von Vasen mit einem auf beide übergreifenden, gleichwohl als Einheit zu verstehenden Bild ist auch der Text zu Nr. 128 zu vergleichen.
Während einzelne Vögel auf Lekythen durchaus geläufig sind, ist das Erscheinen eines Paares ungewöhnlich. Häufiger dagegen begegnet ein sich gegenüberstehendes Vogelpaar auf rotfigurigen Askoi, deren runde Malfläche – durch den Henkel geteilt – sich dafür auch geradezu anbietet. Ein ähnliches Paar junger, getüpfelter Schwäne schmückt einen Askos im Britischen Museum, wobei die Szene im Sinne einer sexuellen Verfolgung gedeutet wurde.

128 Kleine Lekythos mit cervidenartigem Tier

Ton, orangefarben gebrannt. Attisch-rotfigurig, spätes 5. Jahrhundert v. Chr.
H 8,1; Dm 3,8; Dm Fuß 2,4; Dm Mündung 2,4 cm.
Intakt erhalten, die Lippe leicht bestoßen, der Firnis stellenweise abgeplatzt.

Den Hauptdekor des Gefäßchens, das noch kleiner und gedrungener als die unter Nr. 127 zusammengefaßten Miniaturlekythen ist, bildet ein nach rechts springendes Tier, dessen genaue zoologische Bestimmung einige Fragen aufwirft. Sie ergeben sich u. a. aus dem hornartigen Vorsprung auf der Stirn. Möglicherweise hatte der Maler ursprünglich vor, die Ohren in einer frontalen oder leicht gedrehten Stellung auseinanderstrebend zu zeigen, wobei das hornartige Gebilde dann der Rest eines nicht mehr an dieser Stelle zur Ausführung gekommenen Ohres wäre.
Das Tier steht – nur mit dem rechten Hinterbein die tongrundig ausgesparte Grundlinie berührend – nach rechts mit massig-schwerem, halb aufgerichtetem Körper. Die Haltung ähnelt der eines Pferdes auf einer vergleichbaren kleinen Lekythos. Andererseits deuten die Körperform, die langen Ohren und das getüpfelte Fell aber unmißverständlich auf ein cervidenartiges Tier, das erschreckt davonspringt. Vermutlich gehörte ursprünglich zu dem kleinen Salbölgefäß ein zweites, auf dem der Verfolger – etwa ein Panther – zu sehen war. Die Verteilung solcher zweifigurigen Verfolgungsszenen auf zwei kleine Vasen, die für sich jeweils eine nur sehr begrenzte Malfläche bieten, ist auf-

grund der Zufälligkeiten der Überlieferung nur relativ selten nachzuweisen. So mag sich manche Darstellung auf einem isoliert erhaltenen, kleinen Gefäß dem vollen Verständnis des heutigen Betrachters entziehen, weil das dazugehörige Pendant – also gewissermaßen eine Hälfte der Darstellung – verlorengegangen ist. JN

129 Lekythos mit Leopardin

Ton, orangefarben gebrannt. Attisch-rotfigurig, spätes 5. Jahrhundert v. Chr.
H 17; Dm 6,2; Dm Fuß 4,3; Dm Mündung 3,6 cm.
Hals und Mündung gebrochen und geklebt; die Oberfläche stellenweise beschädigt und verkrustet.

Die Bemalung der Vase entspricht in allem dem für diesen Lekythostypus üblichen Dekorationsschema. Das Hauptbild zeigt eine tänzelnd oder anschleichend nach rechts bewegte Leopardin, die oben von einem Mäanderband und unten von einem tongrundigen Ring, der Standlinie, eingefaßt wird. Die Geschmeidigkeit und Eleganz des schlanken Tierkörpers mit dem langen, eingerollten Schwanz ist vortrefflich beobachtet, und ebenso hat sich der Maler auch um eine naturgetreue Wiedergabe des Felles mit schwarzen Tupfen bemüht.
Der oft gestellten Frage, ob die griechischen Vasenmaler des 5. Jahrhunderts v. Chr. Panther, Löwen, Leoparden und andere exotische Tiere überhaupt noch aus eigener Anschauung kennen konnten oder ob sie auf Musterbücher zurückgreifen mußten, kann hier nicht nachgegangen werden. Jedenfalls begegnen Leoparden, Geparden und andere große Katzentiere des öfteren auf attischen Vasen des 5. Jahrhunderts. Im allgemeinen werden sie als Jungtiere dargestellt, als zahme Haustiere der vermögenden athenischen Oberschicht. JN

130 Choenkännchen mit Affen

Ton, bräunlich-orangefarben gebrannt. Griechisch, rotfigurig, spätes 5. Jahrhundert v. Chr.
H 7,2; Dm 5,4; Dm Fuß 3,8 cm.
Bis auf geringfügige Absplitterungen am Rand intakt erhalten; der Firnis stellenweise abgeplatzt.

Das Gefäßchen mit kleeblattförmiger Mündung und bauchigem Körper gehört zur Gattung der Choenkannen bzw. -kännchen, die beim Anthesterienfest in Athen eine wich-

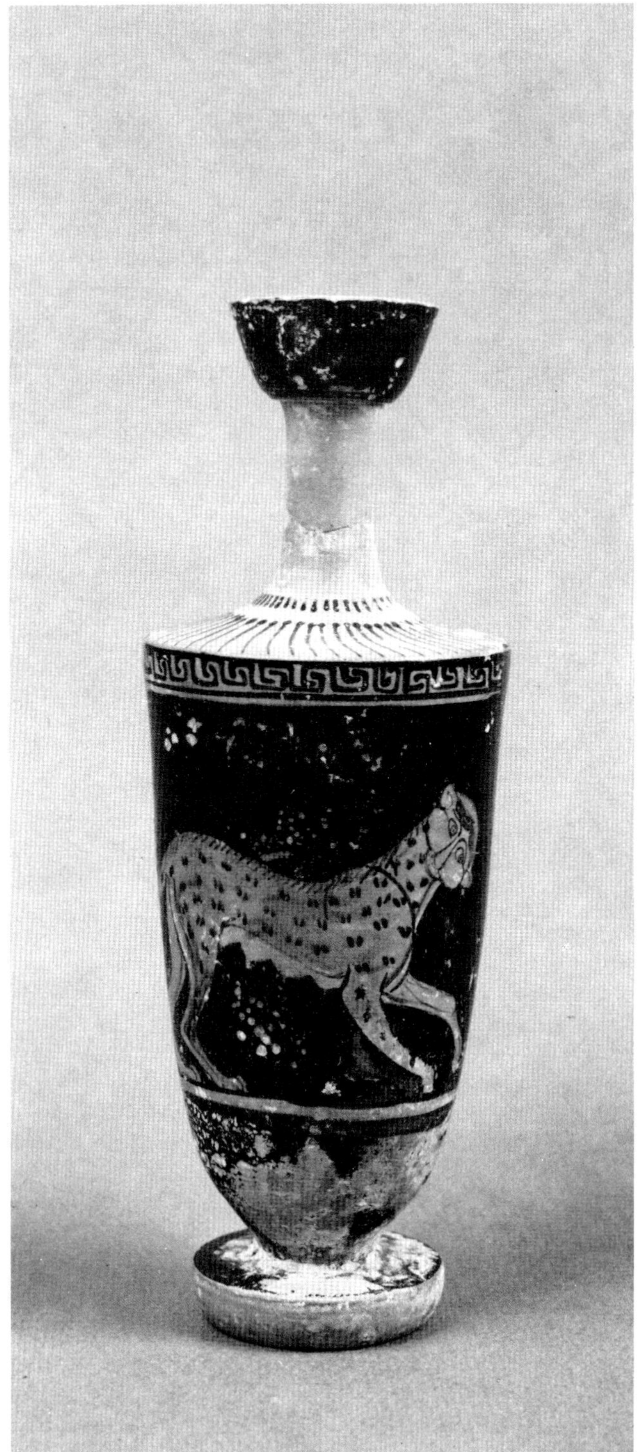

129

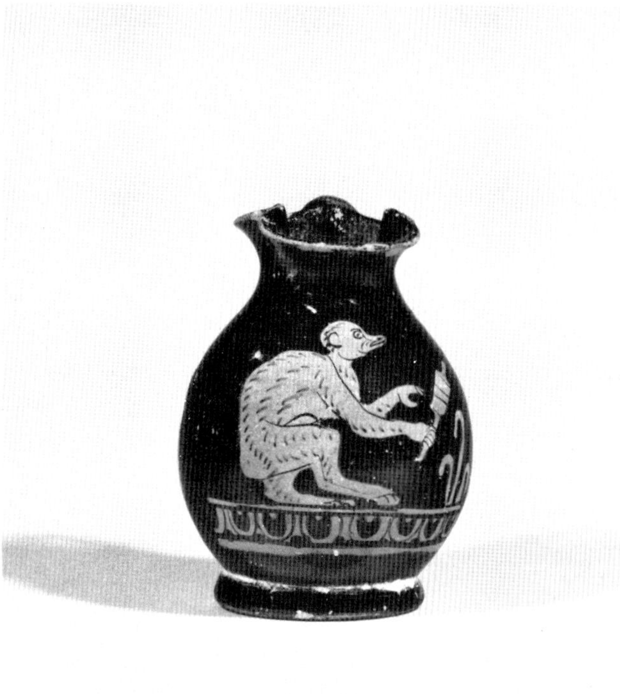

130

tige Rolle spielten. Dieses Fest zu Ehren des Weingottes Dionysos wurde zu Frühlingsanfang an drei Tagen gefeiert. Am wichtigen zweiten Tag – nach den verwendeten Kannen Choenfest (Kannenfest) genannt – erhielten Erwachsene und Kinder Kannen und Kännchen dieser speziellen Form. Während die Erwachsenen mit den großen Exemplaren an einem Wetttrinken teilnahmen, wurden die dreijährigen Kinder mit Miniaturausgaben der großformatigen Vorbilder (ein Chous, an sich ein Flüssigkeitsmaß, entspricht drei Litern), Spielzeug und anderen Gaben beschenkt.
Choenkännchen sind in beträchtlicher Zahl in Athen im späteren 5. und früheren 4. Jahrhundert v. Chr. hergestellt und dort auch, des öfteren in Kindergräbern, gefunden worden. Unabhängig vom eigentlichen religiösen Anlaß sind die Kännchen auch in den Export gegangen. Nachahmungen (häufig mit dionysischen Themen bemalt) haben sich in Unteritalien einer gewissen Beliebtheit erfreut.
Die athenischen Choenkännchen zeigen überwiegend amulettgeschmückte Kleinkinder mit ihrem Spielzeug oder ihren Lieblingstieren (wie Hunden oder Vögeln). Statt dessen hockt hier auf einer Ornamentleiste ein Affe mit einer Rassel oder einem Kreisel in der Rechten. Sein zottiges Fell ist durch kurze Striche in verdünntem Firnis charakterisiert. Affen gehören an sich nicht zu den geläufigen Spielgefährten griechischer Kinder, auch wenn sie gelegentlich in Kinderszenen erscheinen. Die Affen-Darstellung auf diesem Kännchen enthält unverkennbar ein parodistisches Element, so als solle das exotische Klettertier mit seinem Spielzeug einen kleinen Athener, der das Anthesterien- und speziell das Choenfest erstmals mitfeiern durfte, geradezu nachäffen. Aber unabhängig davon braucht das Erscheinen von Affen auf einem Weinkännchen nicht zu überraschen, denn die Tiere – in Griechenland seit früher Zeit nachgewiesen – galten als Freunde des Weines. JN

130 bis Kuh mit Kalb

Chalcedon, abgesägter Skarabäoid für eine Ringfassung, nicht durchbohrt. Die von den Sägespuren rauhe Rückseite ist leicht konvex. An der fast geraden Kante noch vereinzelt Stellen der ursprünglich polierten Oberfläche. Hellbräunlich mit wolkigen Einschlüssen. Griechisch, Mitte 5. Jahrhundert v. Chr.
H 1,65; L 2,24; D 0,45–0,50 cm.
Am unteren Rand ein Stück ausgebrochen, kleine Absplisse ringsum.

Eine Kuh im Profil wendet den Kopf zurück zu ihrem Kälbchen, das zwischen ihren Beinen bemüht ist sich aufzurichten, um an dem (nicht gravierten) Euter zu trinken. Linienrand. Sehr feine, detailfreudige Arbeit in der Schilderung der Tierkörper, Anwendung von feinem Rundperl an den Köpfen, Rippen und Gelenken. GP

130 bis

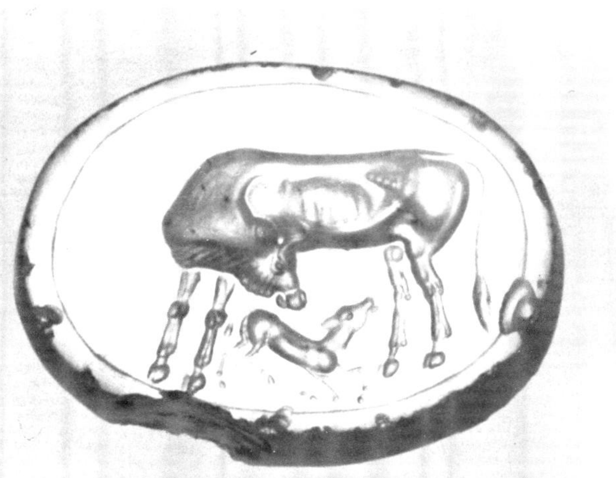

131 Intaglio-Ring, Löwin

Gold und gestreifter Achat. Griechisch, um 450/425 v. Chr.
Dm des Ringes 2,3; L des Steines 1,9; Dm des Steines 0,8 cm.
Intakt; Achat an der Unterseite leicht verfärbt.

Der abgeflachte, braun-weiß gestreifte Achatzylinder ist durchbohrt und mittels eines Golddrahtes an dem soliden Goldring befestigt. Im Bildfeld, das von einer einfachen Linie gerahmt ist, duckt sich eine Löwin. Ihr Körper ist im Profil nach links, ihr Kopf en face dargestellt, so daß die beiden großen Augen sichtbar sind. Ihre rechte, leicht erhobene Vordertatze berührt die linke, ihr Schweif ist zwischen den Hinterbeinen eingezogen, fünf Zitzen hängen an ihrem Leib. Die Schnurrhaare, die Mähne und das Haar am Rükken sind äußerst delikat und geschickt wiedergegeben.
Flachzylinder mit Intaglio-Verzierung sind nicht sehr häufig. Die erhaltenen Stücke sind meist aus Achat, einige auch aus Karneol. Von den rund 25 Exemplaren, die publiziert sind, haben die meisten keinen genauen Fundort; einige kommen aus Athen, Korinth, Epirus, Zypern, Tarent und Kertsch. Häufig sind Tiere dargestellt, besonders Reiher, aber es sind auch Löwinnen bekannt. Sie sind aber meist im Sprung und nicht geduckt wie hier abgebildet. RDD

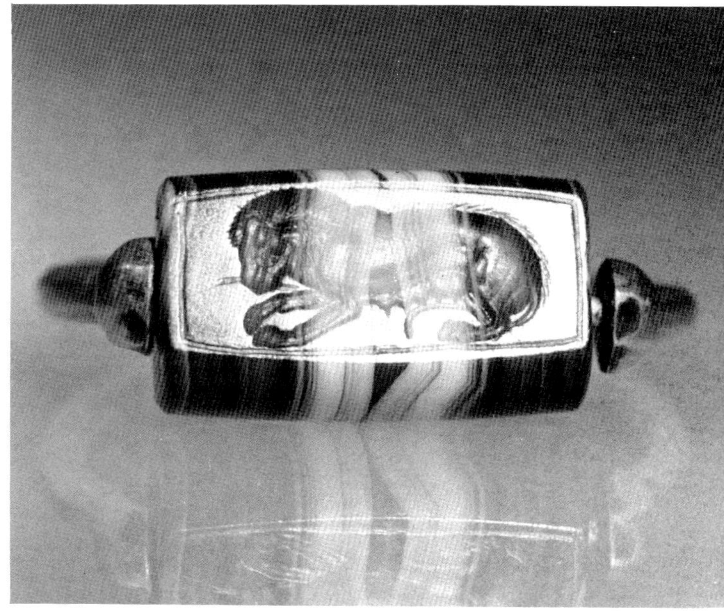

131

131 bis

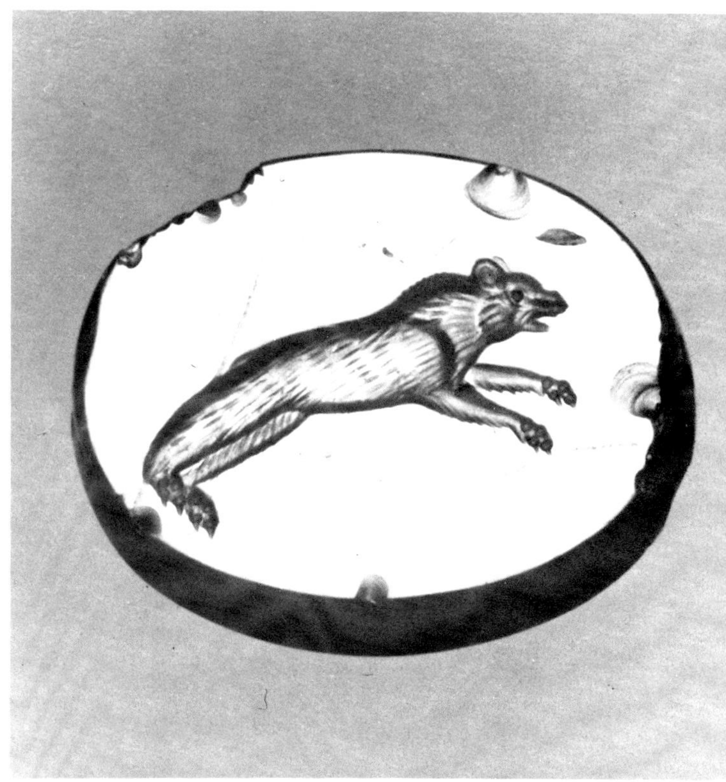

131 bis Springender Bär

Chalcedon-Skarabäoid, hellblau wolkig, mit gelblichen Einsprengseln. Queroval, in der Längsachse durchbohrt.
Graeco-persisch, Ende 5. Jahrhundert v. Chr.
H 2,27; L 2,82; D 1,18 cm.
Links oben an der Kante ein Stück ausgebrochen, auf der Vorderseite ringsum kleinere Absplisse, ebenso an den Bohrlöchern.

Ein Bär mit geöffnetem Maul drückt sich mit den Hinterpfoten zum Sprung ab und reckt dabei den mächtigen Körper und die Vorderpfoten vorwärts. Das Fell ist mit feinen, kurzen Strichen in Reihen angegeben, kleine Punktbohrungen kennzeichnen Auge, Vorder- und Hintertatzen. Das querovale Bildfeld wird durch die Diagonale des springenden Tiers meisterlich genutzt. GP

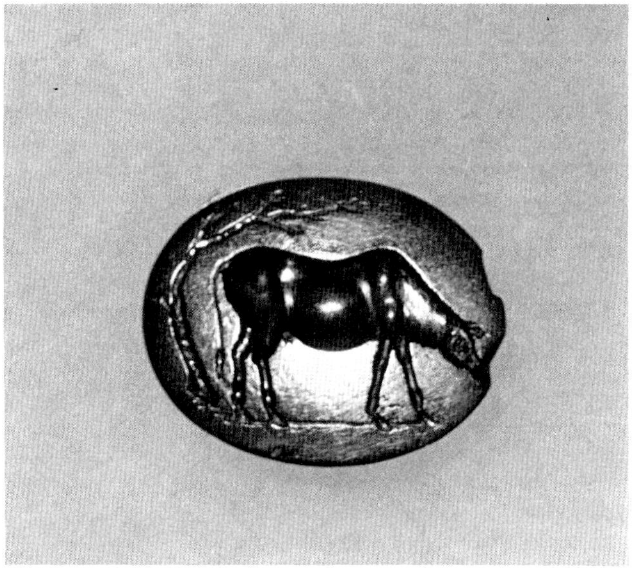

132

132 Intaglio-Ringstein, grasendes Rind

Gefleckter Jaspis. Griechisch, etwa 400 v.Chr. H 1,3; L 1,7 cm.
Rechts beschädigt, aber nur an den Nüstern des Tieres.

Der rötliche Jaspis mit schwarzer und brauner Äderung ist oval, mit flacher Ober- und Unterseite und abgeschrägter Randzone. Das grasende Rind, vielleicht ein junger Stier, bewegt sich nach rechts. Das Geschlecht und kleine Hörner sind angegeben. Der Boden ist eine einfache Linie; von links unten wächst ein kleiner, laubloser Baum empor und breitet seine Äste über dem Tier aus. – Grasende Tiere, vor allem Stiere und Pferde (Nr. 133), sind auf griechischen Gemmen beliebt. Die Bodenlinie kehrt häufig in dieser Form wieder, nicht dagegen der Baum. RDD

132 bis

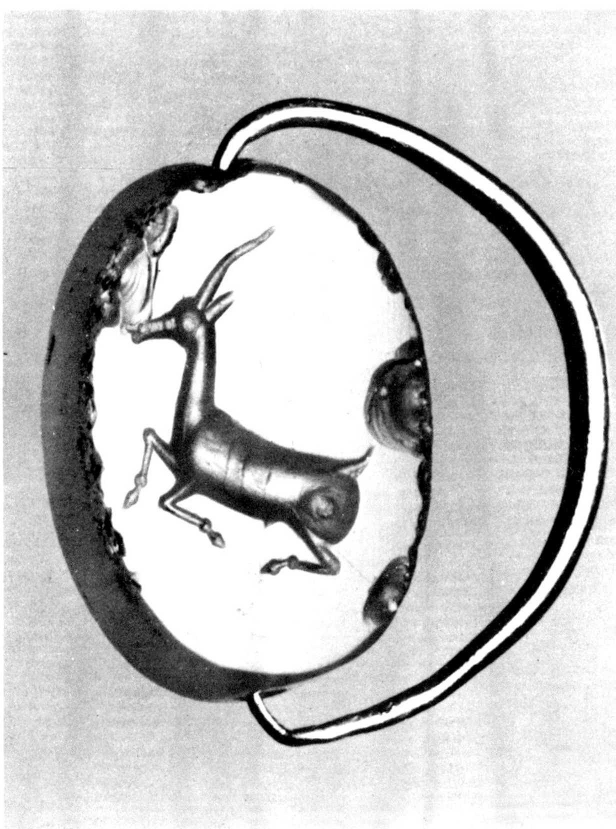

132 bis Liegende Wildziege

Chalcedon-Skarabäoid, in der Längsachse durchbohrt, milchig-weiß, hochoval. Mit antikem Goldbügel, der sich zur Mitte hin verdickt und durch drei Bündel feiner Rillen verziert ist.
Graeco-persisch, Ende 5. Jahrhundert v. Chr.
H 2,39; Br 1,90; D 0,88 cm.
An der Kante ringsum bestoßen und einige Absplisse auf der Vorderseite.

Eine Wildziege mit langem Horn liegt im Profil, einen Vorderhuf aufgestellt. Das Bild ist schräg in das Hochoval des Steins graviert. Der Körper wurde plastisch mit dem Rundbohrer modelliert, feine Punktbohrungen an Hufen und Schnauze. GP

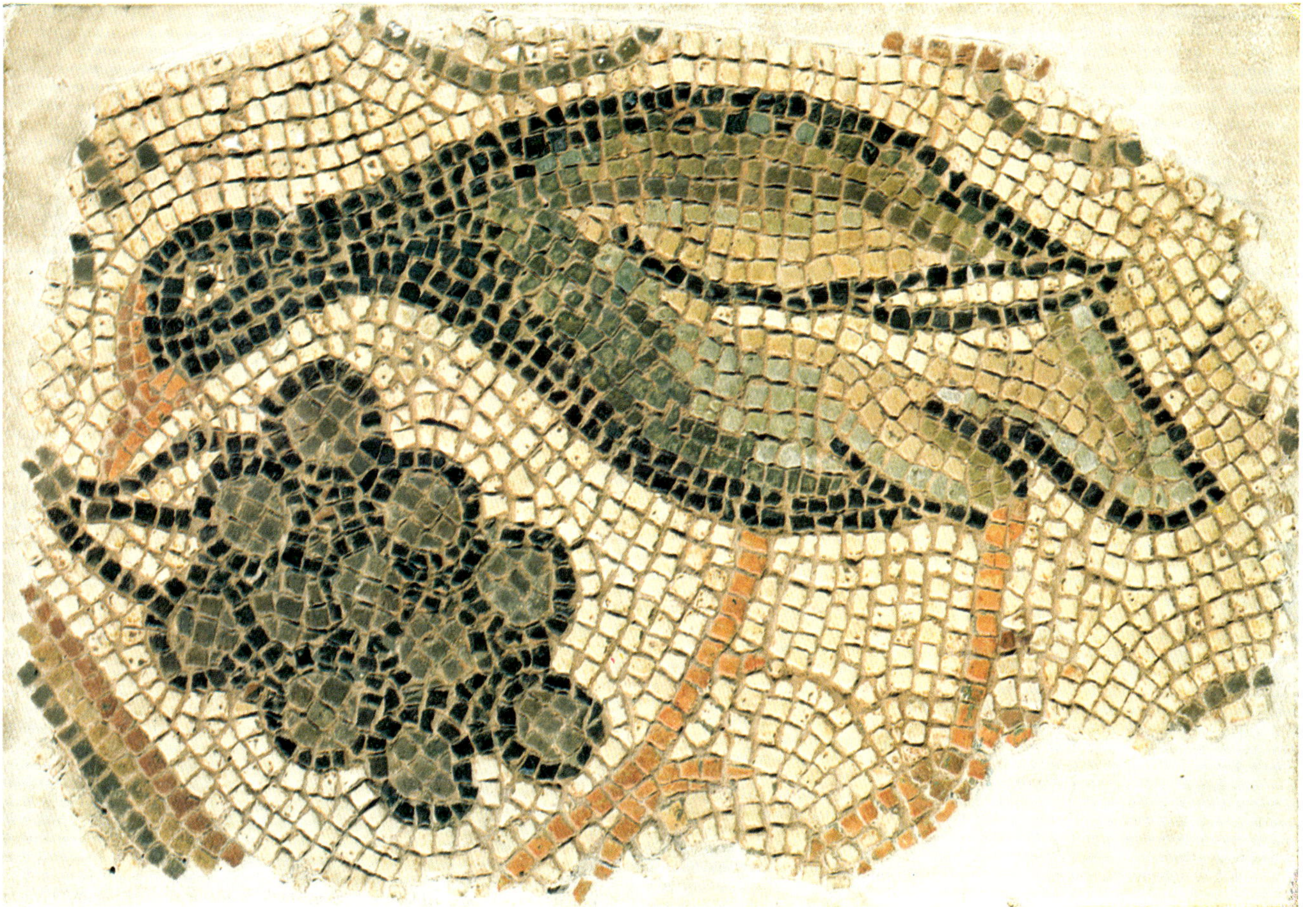

Bodenfragment mit Vogeldarstellung (Kat.-Nr. 196)

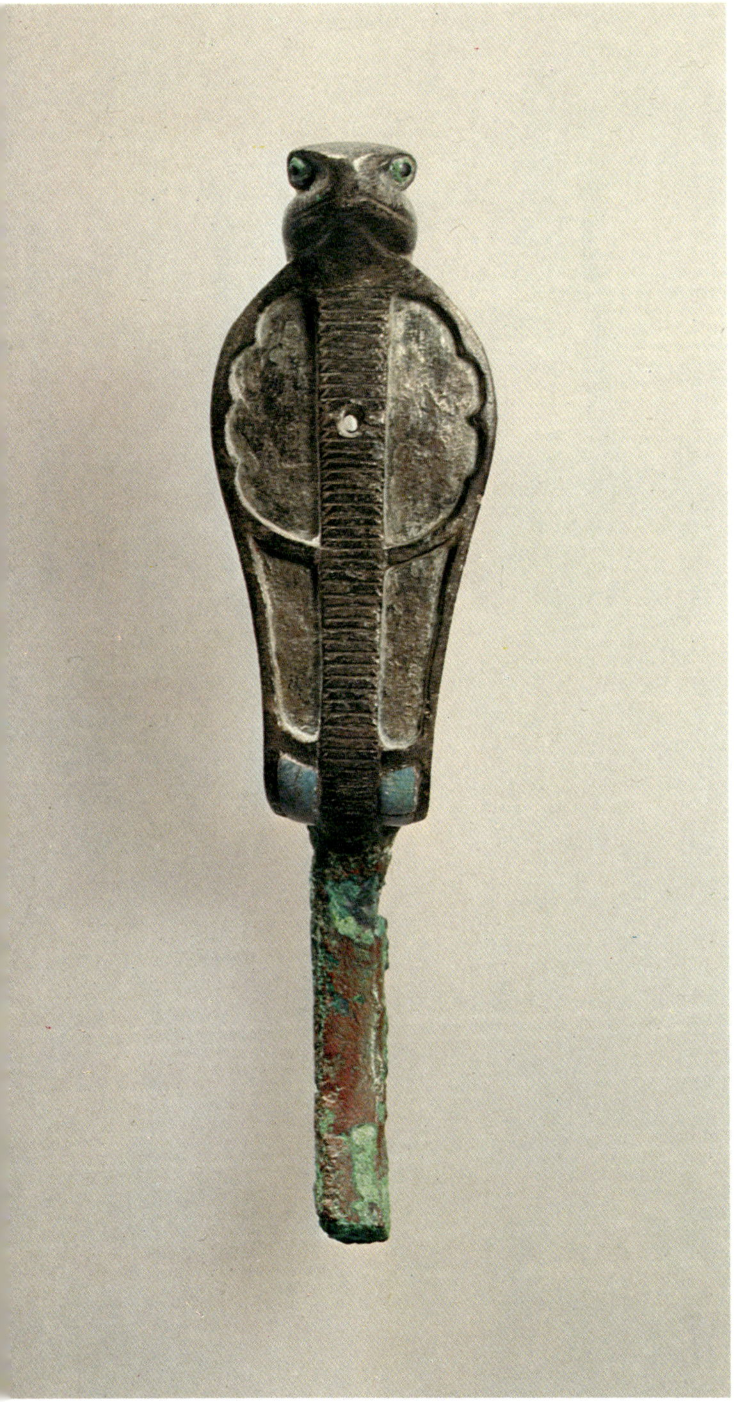

Aufgerichtete Kobra (Uräus) (Kat.-Nr. 48)

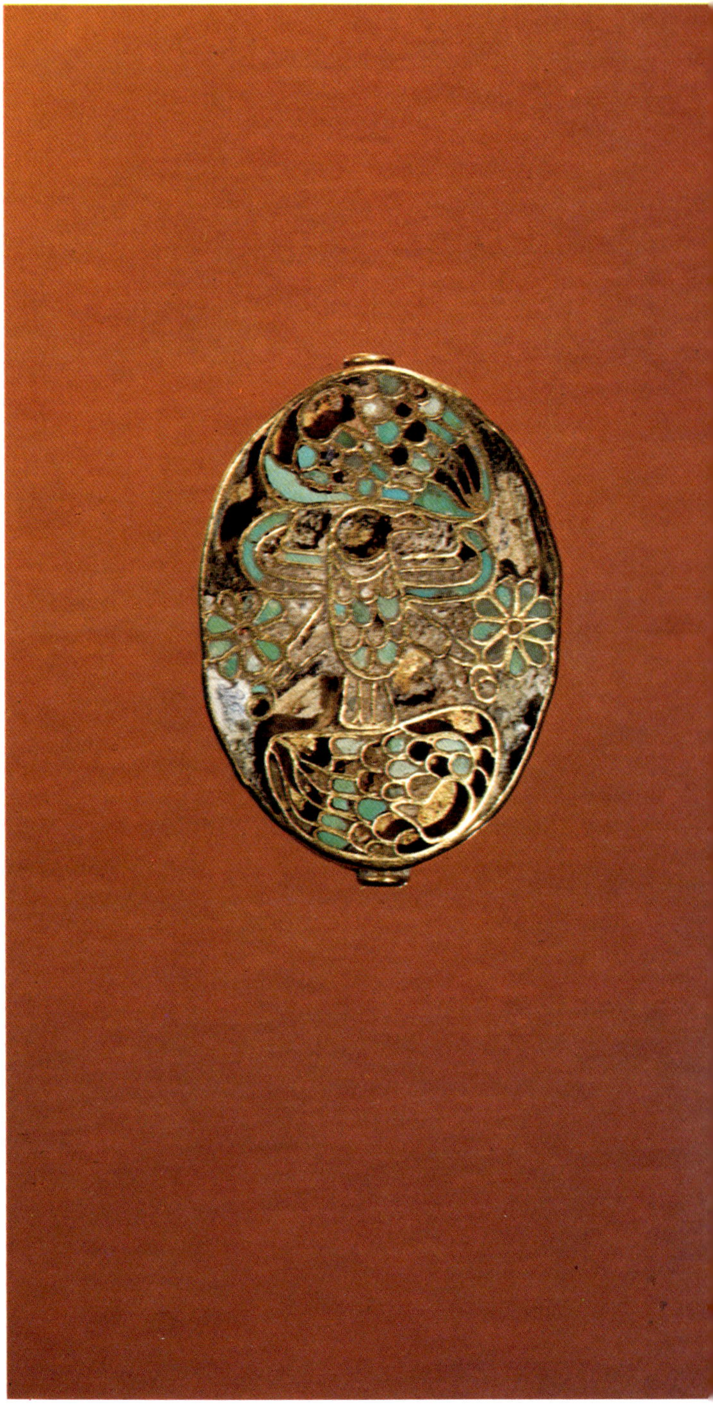

Medaillon (Kat.-Nr. 34)

Halsamphora mit Meeresfauna (Kat.-Nr. 103) ▷

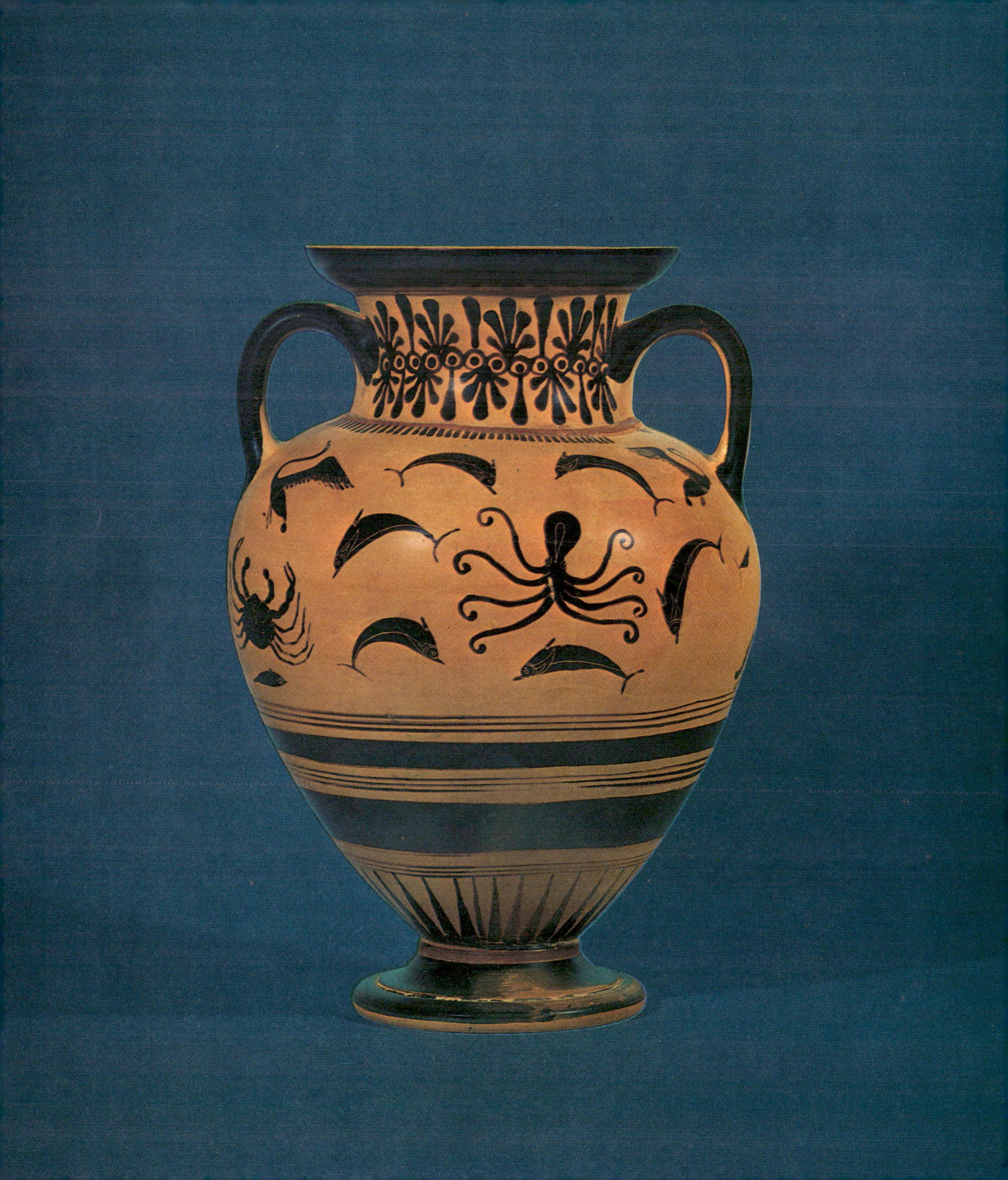

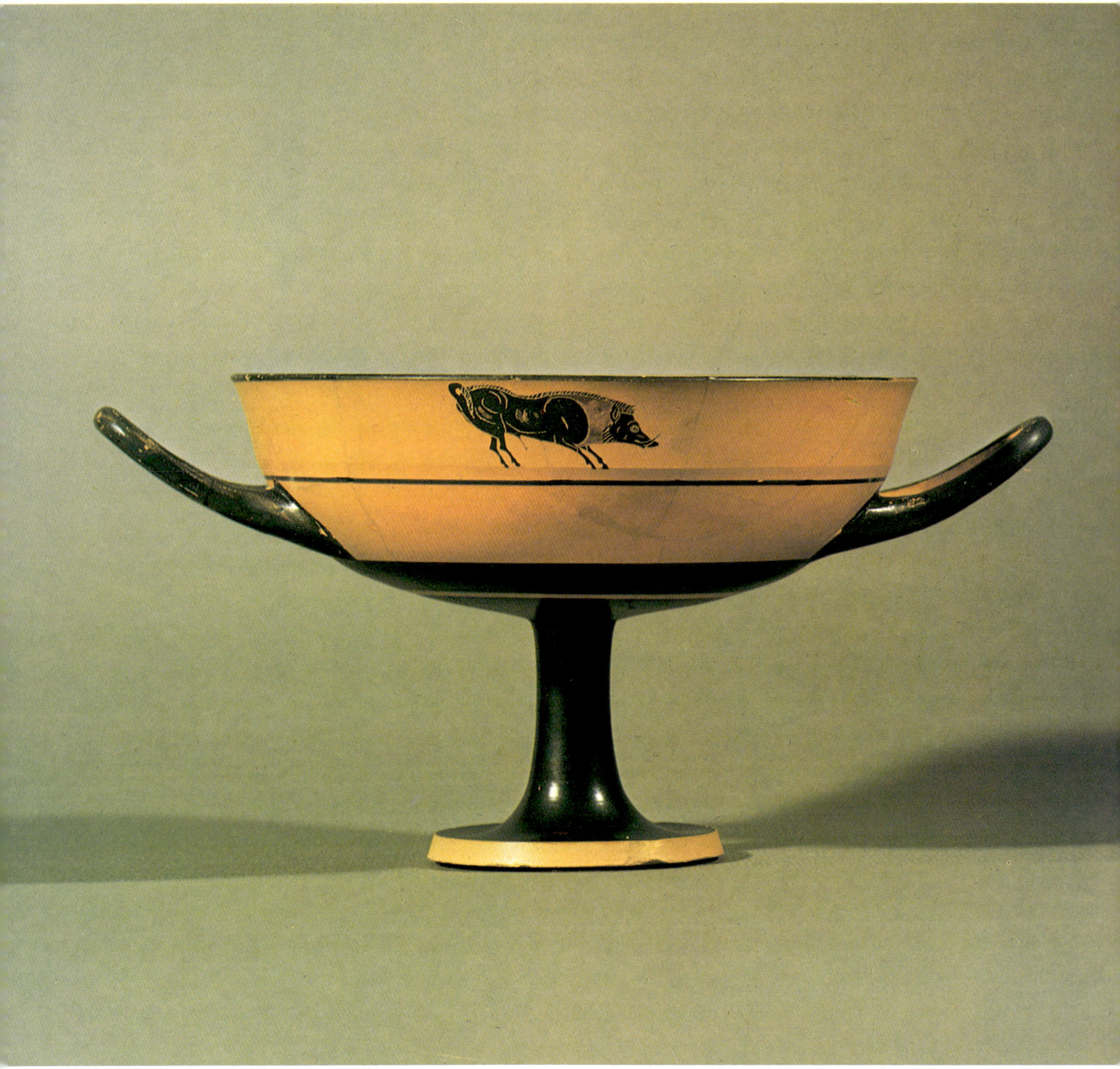
Randschale mit Eberjagd (Kat.-Nr. 100)

133 Fragmentierter Intaglio, Pferd

Karneol. Griechisch, um 400/350 v. Chr.
H 2,5; L 2,4 cm.
Die rechte Hälfte des Steines fehlt; Oberfläche leicht angegriffen.

Erhalten ist die linke Hälfte eines ovalen Ringsteines aus durchsichtigem Karneol mit Kopf, Hals und linkem Vorderbein eines Pferdes. Neben dem Bruchrand sind außerdem die Kontur des rechten Vorderbeines und ein Stückchen der Bodenlinie zu sehen. Das kurzmähnige Pferd senkt den Kopf, scheint aber nicht zu grasen wie viele Tiere, vor allem Hirsche, auf vergleichbaren Gemmen. Vielleicht läßt sich seine Haltung durch das linke Vorderbein erklären, das merkwürdig nach unten hängt, als ob es gebrochen sei. Dieses Detail könnte auch einfach ein Fehler sein, den man aber wegen der hohen Qualität des Gemmenschnitts ausschließen möchte. RDD

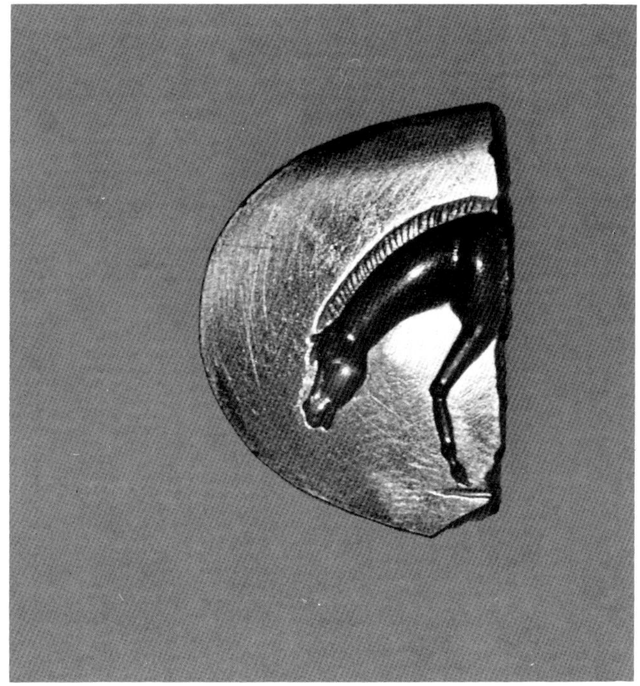

133

133 bis

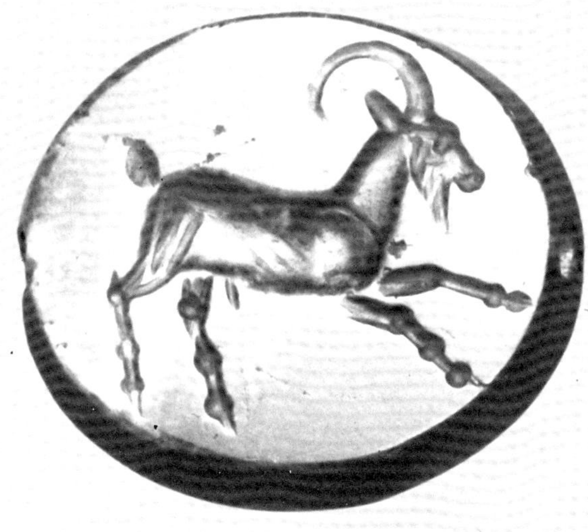

133 bis Springender Steinbock

Chalcedon-Skarabäoid, in der Längsachse durchbohrt, hellbraun mit dünner weißlicher Schicht auf der Vorderseite links unten, queroval.
Graeco-persisch, 2. Hälfte 5. Jahrhundert v. Chr.
H 2,27; L 2,69; D 1,12 cm.
Kleiner Absplіß am linken Bohrkanal.

Ein bärtiger Steinbock mit großem runden Horn springt mit erhobenen Vorderhufen hoch, die Hinterhufe voreinander gesetzt. Das Bildoval ist für die Komposition voll genutzt, der Körper durch Längsstriche für Muskeln und Rippen sowie durch Punktbohrungen für Auge, Gelenke und Hufe charakterisiert. GP

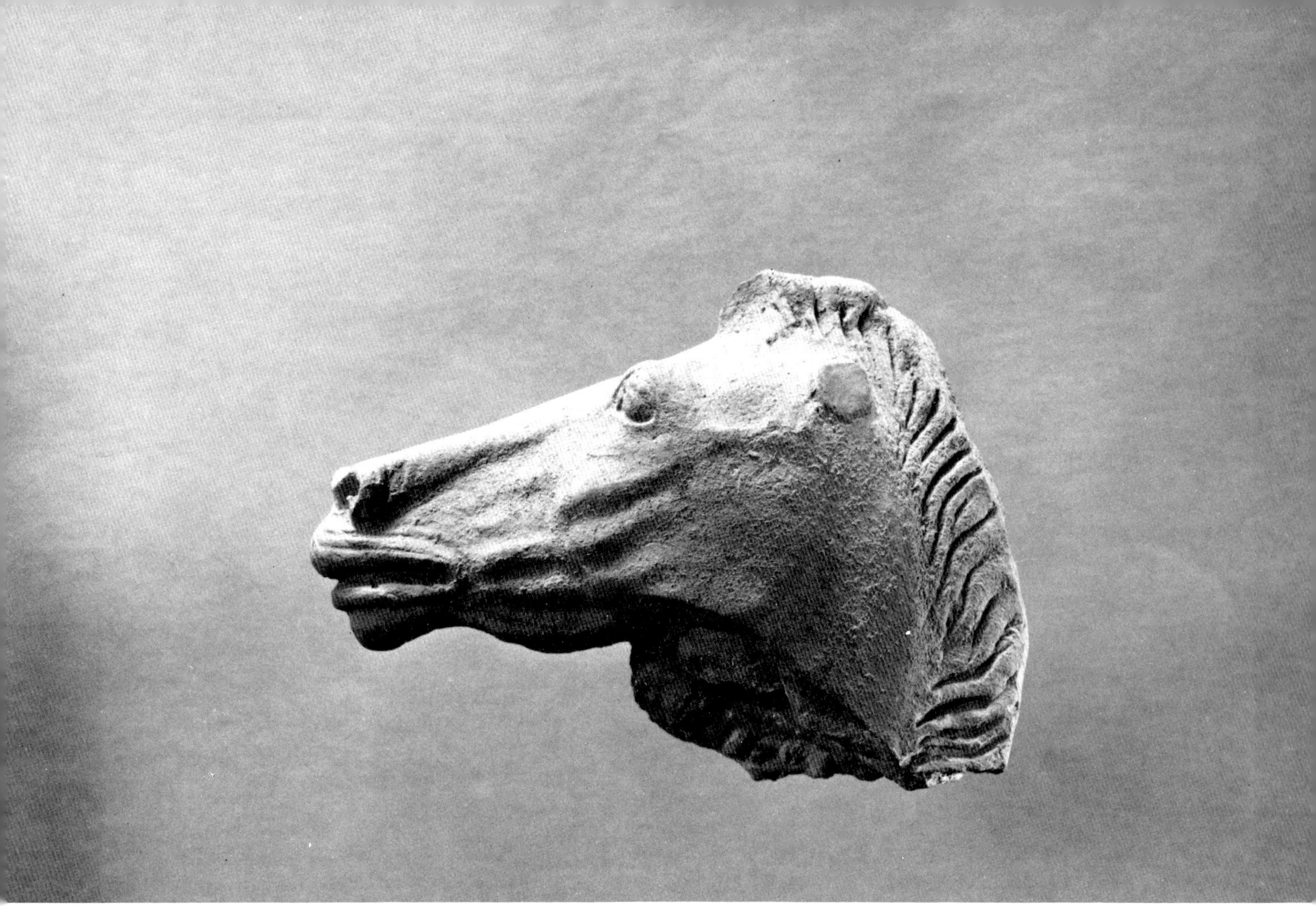

134 Pferdekopf

Terrakotta, rotorange gebrannt. Tarentinisch, frühes 4. Jahrhundert v. Chr.
H 8,8; L 12,7 cm.
Das linke Ohr fehlt ganz, das rechte zum großen Teil verloren. Mähnenrand beschädigt, Oberfläche berieben und versintert, vor allem rechts. Im Ton Glimmerteilchen, cremefarbener Überzug.

Dieser schöne Pferdekopf war einst Teil einer hohlen, aus der Form gezogenen Figur. Er ist erhoben und leicht nach seiner Rechten gewandt. Die kraftvolle Modellierung arbeitet das Knochengerüst heraus, die schweren Lippen, die sich blähenden Nüstern, die wachen Augen, das klar abgesetzte Kinn.

Tarent, eine griechische Pflanzstadt in Süditalien, war seit dem 7. Jahrhundert v. Chr. ein Zentrum koroplastischer Kunst. Vor allem im 4. Jahrhundert spiegeln dort Terrakotta-Kleinplastiken große Werke aus Stein wider und zeigen, daß die Tarentiner den klassischen Stil jener Zeit kannten und schätzten. Dieser Kopf hat nicht nur nahe Parallelen in anderen Terrakotta-Pferden aus Tarent, sondern auch in tarentinischen Pferdeköpfen aus anderem Material, so in einem Marmorkopf im Britischen Museum oder einer Bronze im J. Paul Getty Museum, Malibu. Alle diese Pferdeköpfe zeigen eine gewisse Verwandtschaft mit den Pferden des Parthenonfrieses, wenn sie auch deren Natürlichkeit nicht ganz erreichen. Reiterstatuen, zu denen solche Köpfe zweifellos einst gehörten, müssen in Tarent sehr populär gewesen sein. Vgl. auch Nr. 135. JN

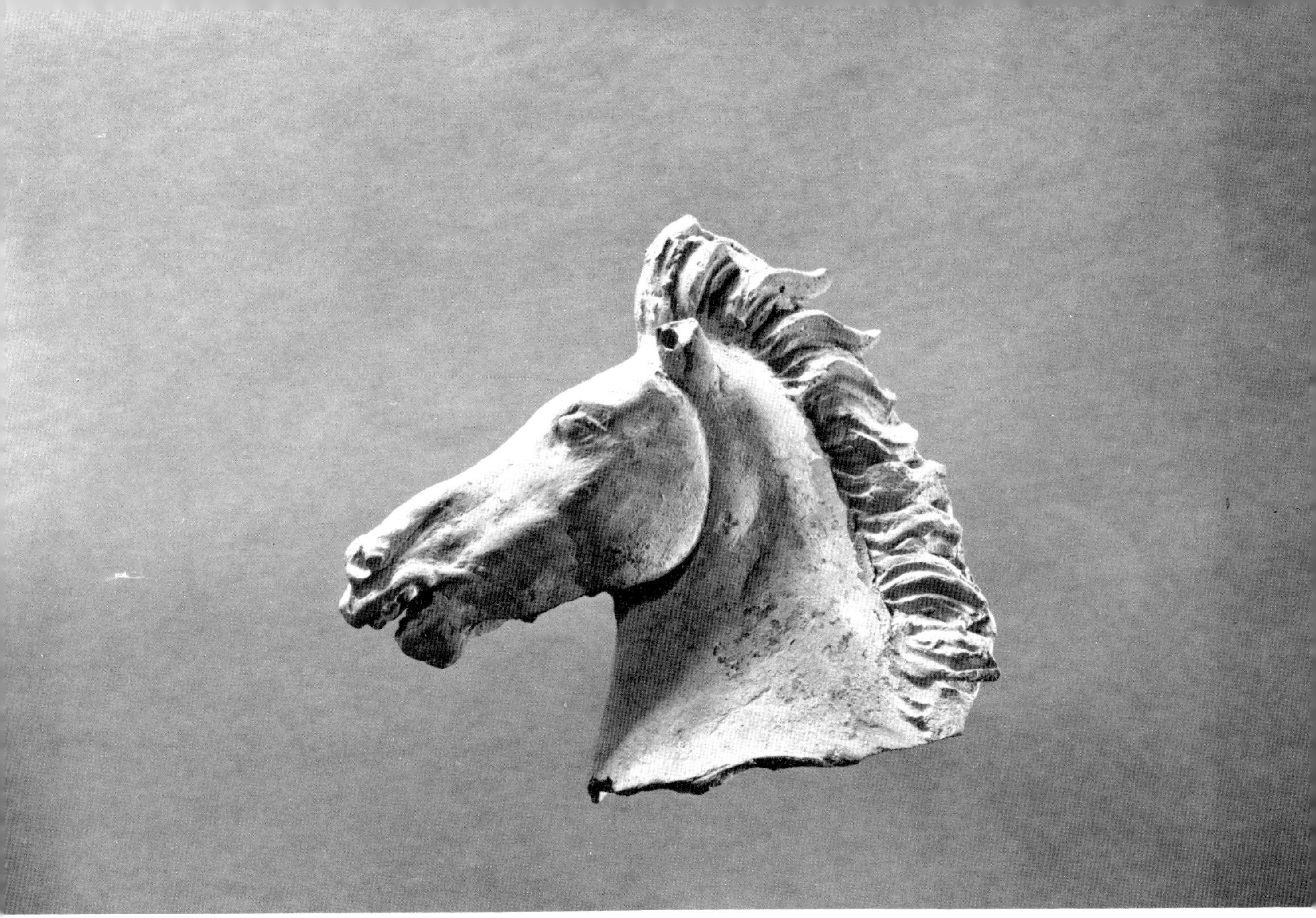

135 Pferdekopf mit wehender Mähne

Terrakotta, rosabraun gebrannt. Tarentinisch, 4. Jahrhundert v. Chr.
H 10; L 11,6 cm.
Gut erhalten. Spitzen von Mähnen und Ohren abgebrochen.

Dieser zweite Pferdekopf, etwa gleichgroß wie der andere (Nr. 134), ist ebenfalls hohl und aus der Form gewonnen. An der Oberfläche haften Spuren des originalen weißen Überzuges. Die Ansichtsseite ist auch hier von links. Die Mähne wurde freihändig hinzugefügt, dann wurden mit der Stecca Strähnen unterteilt.
Verglichen mit Nr. 134 wirkt dieses tarentinische Pferd beseelter und dynamischer, wenn es auch an Charakter verloren hat. Dem Künstler kam es auf die wehende Mähne an, die breiten Nüstern und die fleischigen Lippen, die geöffnet sind, so daß man die Zähne sieht. Während Nr. 134 die Kraft des marmornen Urbildes spiegelt, ist dieser Kopf eine rein koroplastische Schöpfung. Er gleicht einem Pferdekopf aus Terrakotta in der Ny Carlsberg Glyptotek Kopenhagen, der 1888 in Rom erworben wurde und aus Tarent stammen soll.

JN

136 Springender Hengst

Terrakotta, aus einer Hohlform gewonnen, lederbraun gebrannt. Tarentinisch, spätes 4.–3. Jahrhundert v. Chr. H 11,5; L 21 cm.
Intakt. Starke Reste von weißem Überzug; Spuren von blauer und schwarzer Bemalung rechts am Kopf.

Dieser feurige Hengst in „fliegendem Galopp“ atmet die Erregung von Verfolgung oder Flucht. Die magere Muskulatur an Bug und Hinterhand ist sparsam, doch wirkungsvoll modelliert, auch kleinere Details wie die Sehnen an den Beinen und die Höhlung unter den Hufen sind nicht vergessen. Der lange, vom Körper gerade abstehende Schweif ist beiderseits durch schräge Linien gegliedert. Ein kleines Bohrloch an der rechten Schulter diente vielleicht zum Abzug der Feuchtigkeit während des Brandes. Das Geschlecht des Hengstes ist deutlich angegeben.
In Modellierung und Temperament steht dieses Pferd dem größeren Pferdekopf aus Terrakotta der Sammlung Mildenberg (Nr. 135) nahe; auch ist eine Anzahl vergleichbarer, kleinerer Pferdestatuetten aus Tarent bekannt. Der ursprüngliche Zweck dieses Hengstes dagegen ist weniger klar. Ihm fehlen sowohl eindeutige Spuren eines Reiters als auch Löcher für die Anbringung von Zaumzeug. Ob und wie das Pferd montiert war, ist ebenfalls unklar. Wie sollte die Hinterhand, ohne zu brechen, das Gewicht getragen haben? So erscheint es möglich, daß dieses rundplastisch modellierte Pferd als Weihgeschenk oder Grabbeigabe niedergelegt wurde, oder daß es einfach einen Besitzer, der es in die Hand nahm, erfreuen sollte. DGM

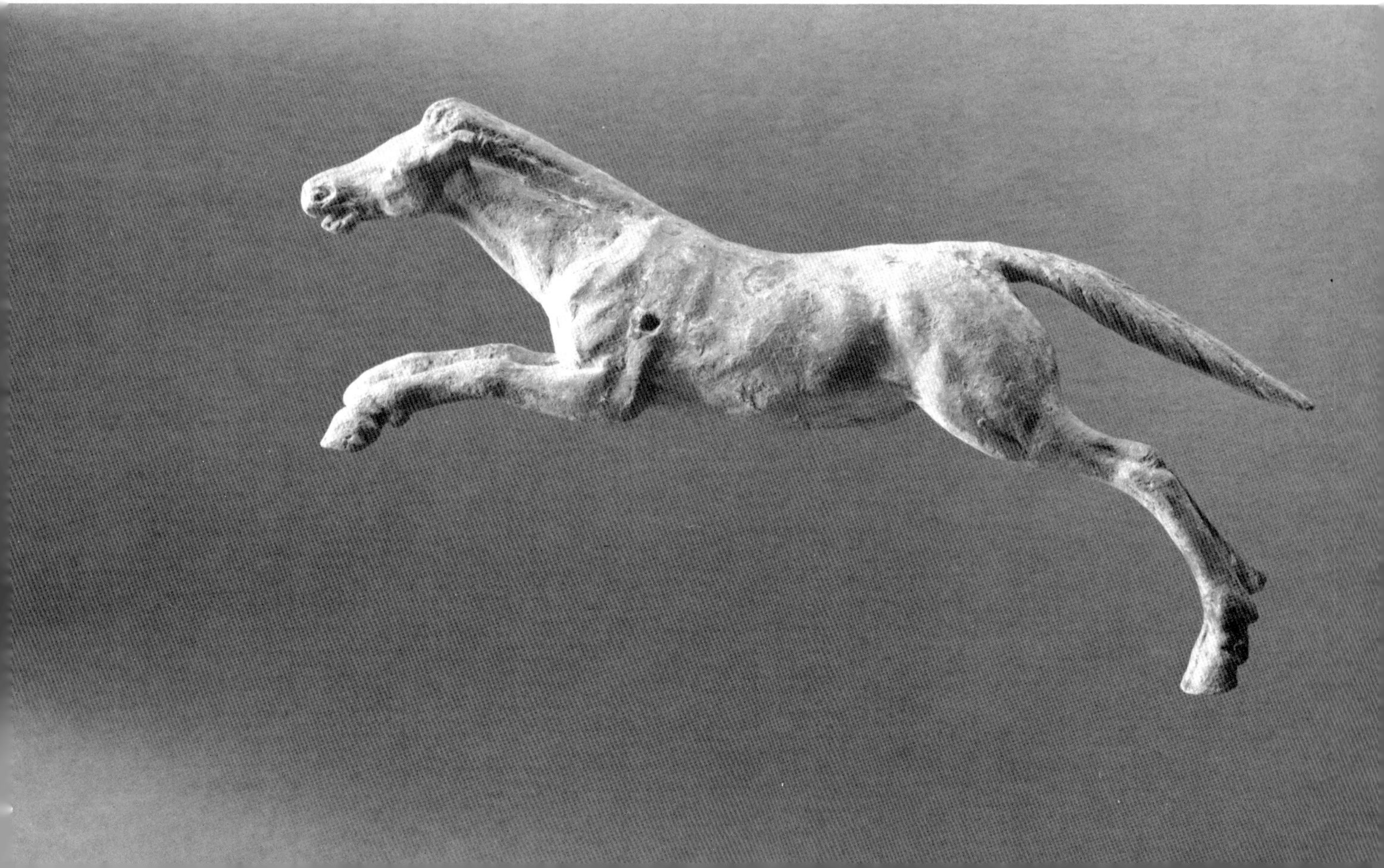

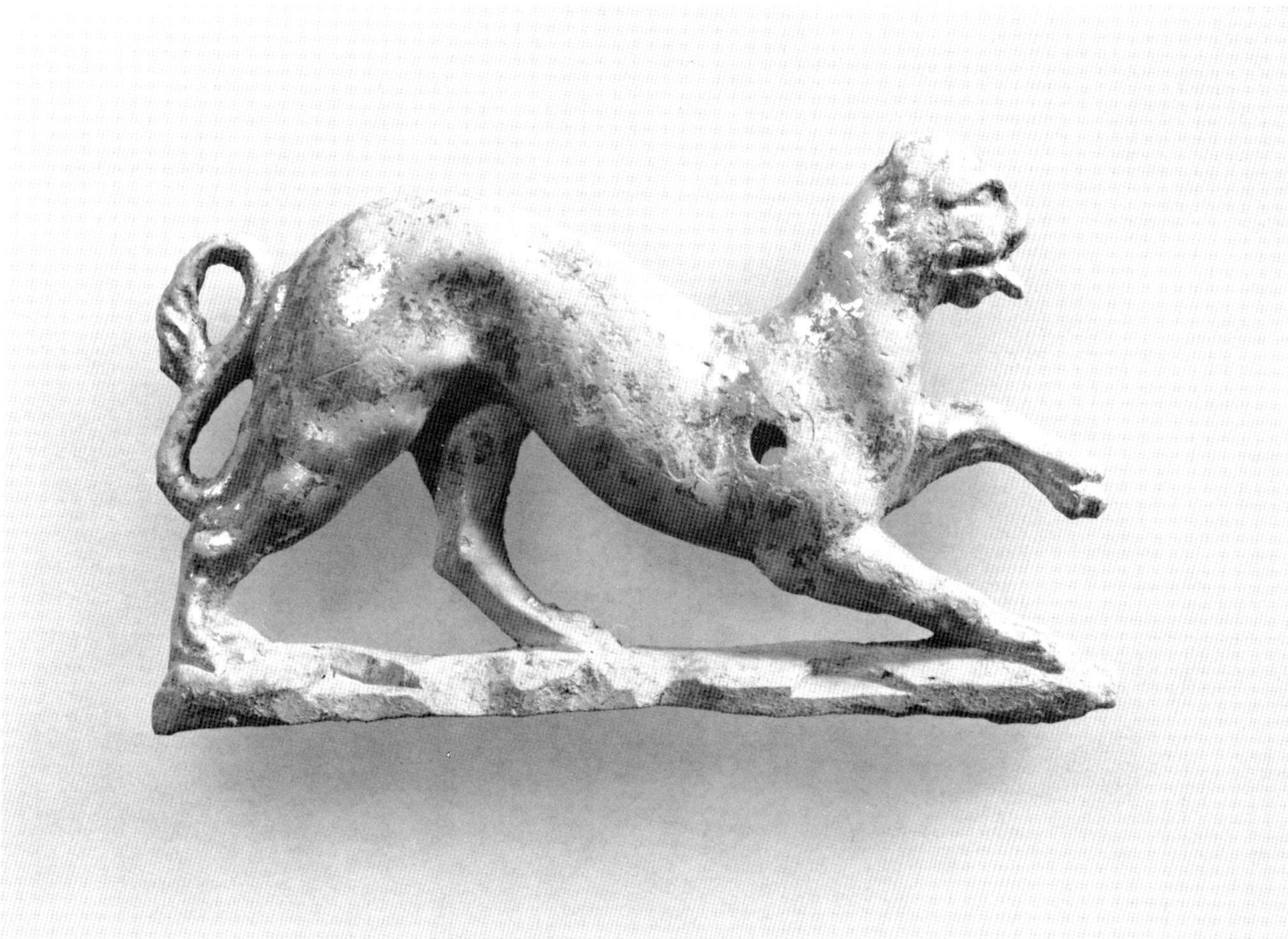

137 Löwen-Applik

Terrakottarelief, lederfarben gebrannt, à jour aus einer Form gewonnen, feinkörniger Ton. Tarentinisch, 3. Viertel 4. Jahrhundert v. Chr.
H 6,5; L 11,5 cm.
Intakt, doch fehlt ein großer Teil der Vergoldung. Sie saß auf einer gelben (ebenfalls nur teilweise erhaltenen) Ton- oder Leimschicht.

Auf felsigem Boden duckt sich ein Löwe im Profil nach rechts. Er erhebt die linke Vorderpranke, seine Zunge hängt heraus. Der Tierkörper ist weich modelliert, markant hervorgehoben sind bestimmte Details wie die Pfoten, der S-förmig gekrümmte Schweif mit dem Büschel am Ende, Ohren und Mähne, das tiefliegende Auge und das Maul. Die runde Durchbohrung an der rechten Schulter diente zur Befestigung der Applik.
Vergoldete Terrakotta-Reliefs wie dieses wurden in Tarent ungefähr eine Generation lang hergestellt, zwischen etwa 350 und 320 v. Chr. Sie dienten wahrscheinlich als applizierter Schmuck an hölzernen Sarkophagen. Immer wiederkehrende Themen sind Tierkampfgruppen und Arimaspen im Kampf mit Greifen. Aber auch Einzeltiere wie Panther, Löwe, Hirsch und Greif sind häufig. Vergleichsbeispiele für dieses Tier finden sich im Ashmolean Museum Oxford und in der Sammlung Charles Morley, New York. JN

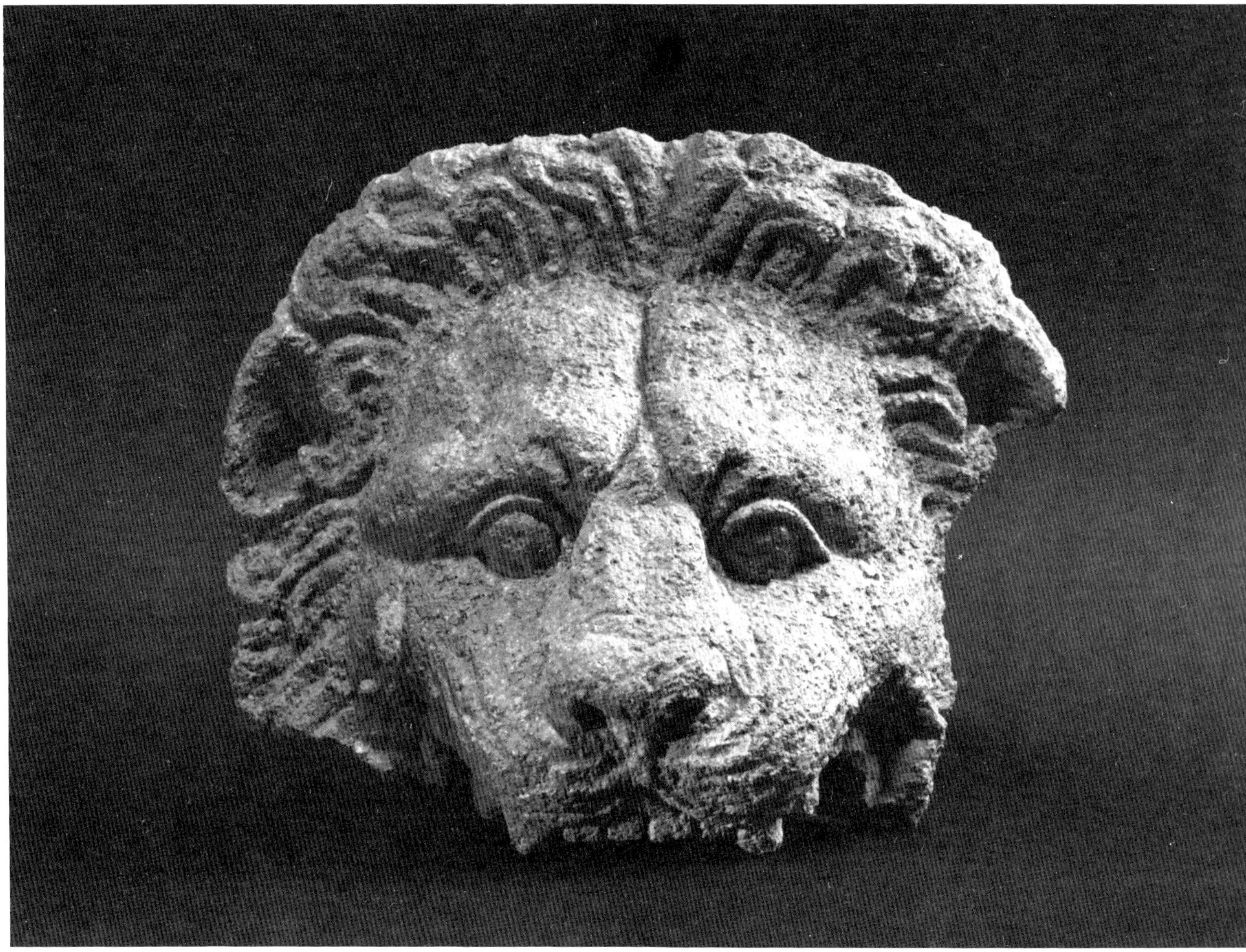

138 Löwenkopf, Wasserspeier

Kalkstein. Tarentinisch, 4. Jahrhundert v. Chr.
H 15,5; Br 20; Br des speienden Maules 9 cm.
Hinten und unten gebrochen; Unterkiefer und Zunge fehlen.

Die Funktion des Löwenwasserspeiers, dessen oberer Teil erhalten ist, geht aus dem rechteckigen Kanal hervor, der von hinten in die Maulhöhle führt. Eine wellige Masse flammender Strähnen, aus der die runden Ohren hervortreten, rahmt das Gesicht. Eine vertikale Mittelrinne teilt die Stirn und mündet in die schweren, gerunzelten Löwenbrauen. Die runden Augen sitzen tief hinter der großen, von Querfältchen durchzogenen Nase. In dem weit geöffneten Maul bleckt der Löwe die Schneidezähne, deren Reihe von spitzen Eckzähnen gerahmt ist. Die Falten des Mauls sind eingetieft, und die Lefzen haben einen geriffelten Rand. Ursprünglich war dieser Kopf Teil einer steinernen Sima (Traufleiste) eines Gebäudes, wie sie bei Nr. 111 erhalten ist. Die einst vorhandene, weit vorstehende konkave Zunge leitete ähnlich wie heutige Wasserspeier das Regenwasser abwärts und von dem Gebäude weg. In der Funktion wie als Bauschmuck von großer Wirkung, waren Löwenwasserspeier im antiken Mittelmeergebiet weit verbreitet. In Stil und Steinsorte steht dieser Kopf Löwenwasserspeiern aus Tarent nahe, von denen sechs besser erhaltene Exemplare im Allard Pierson Museum in Amsterdam aufbewahrt werden. JN

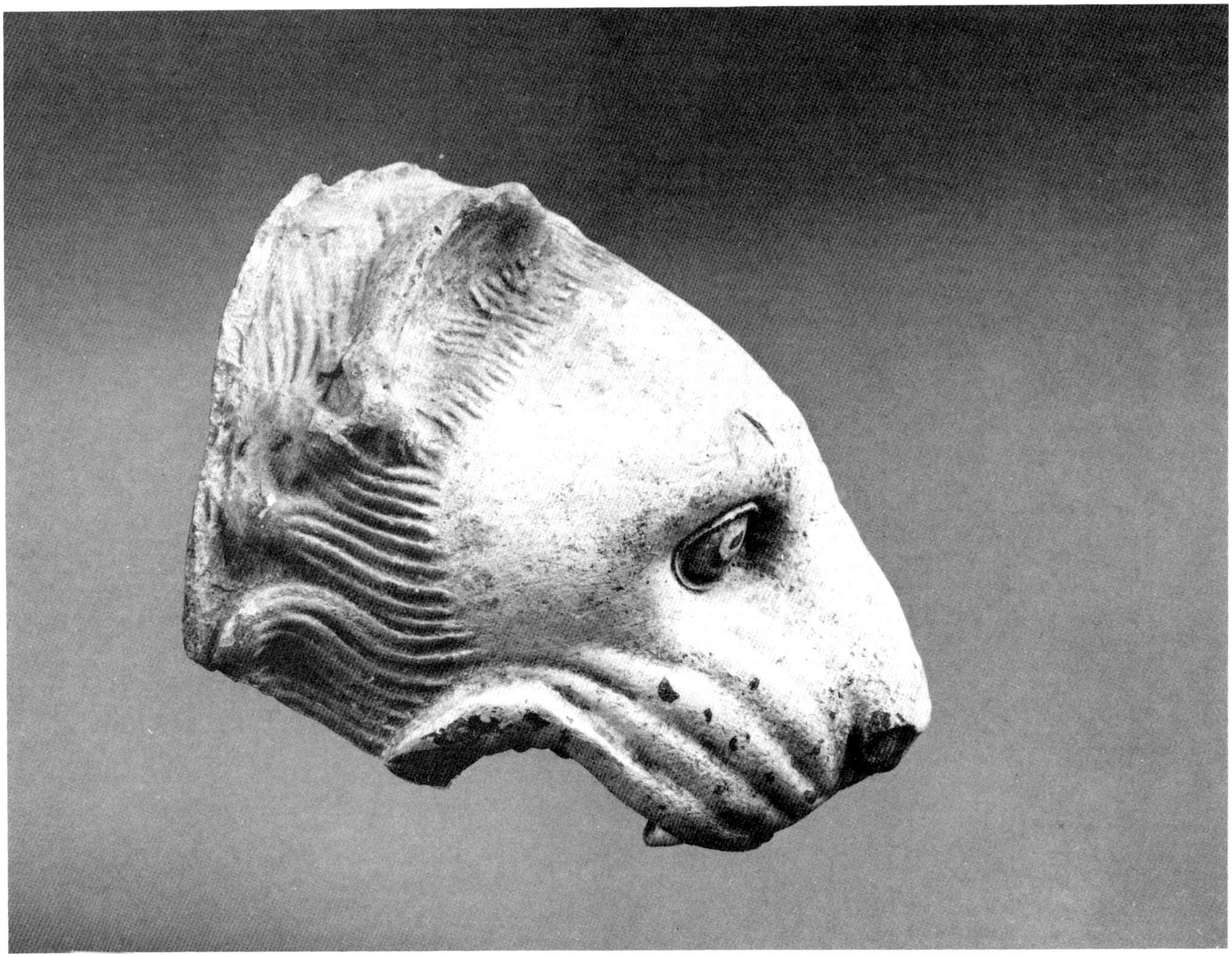

139 Löwenkopf, Wasserspeier (?)

Terrakotta, blaßorange mit sandiger Beimischung. Westgriechisch, frühes 4. Jahrhundert v. Chr.
H 10; L 14 cm.
Die linke Seite fehlt (sie befindet sich wahrscheinlich im Universitätsmuseum in Newcastle-upon-Tyne, ebenso der Unterkiefer. Leicht beschädigt und versintert.

In dieser fragmentierten architektonischen Terrakotta ist die rechte Hälfte eines innen hohlen Löwenkopfes erhalten. Er besteht aus zwei Schichten: einer groben, handgemachten inneren, die sich offenbar als Einlage fortsetzte, und einer feinen, aus der Form gezogenen Außenschicht. An dieser ist hinten der ursprüngliche Rand erhalten, der mit einem dunkelroten, harzigen Material bedeckt ist (einer Art von Abdichtung?). Der Kopf ist keine Maske, sondern ragt weit nach vorn. Augenpartie und Schnauze sind kräftig modelliert, im weit geöffneten Maul erscheinen die Zähne (einer fehlt). Teile des Löwenkopfes wurden zusätzlich mit der Stecca bearbeitet, so das große, schalenförmige Ohr und die dünnen Mähnenbüschel. Was der Terrakotte den besonderen Wert verleiht, ist die gut erhaltene Bemalung: Rot und Gelb auf der Mähne, Schwarzbraun auf Lefzen, Nüstern, Lidern und Pupille; Punkte der gleichen Farbe, zur Andeutung der Schnurrhaare, sitzen auf den Runzeln der Schnauze. Ein helleres Rot erscheint an Brauen, Iris und Zahnfleisch.

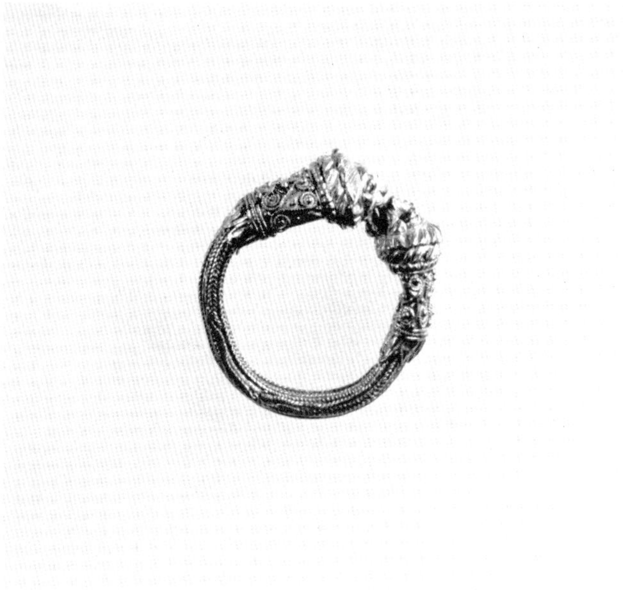

140

141

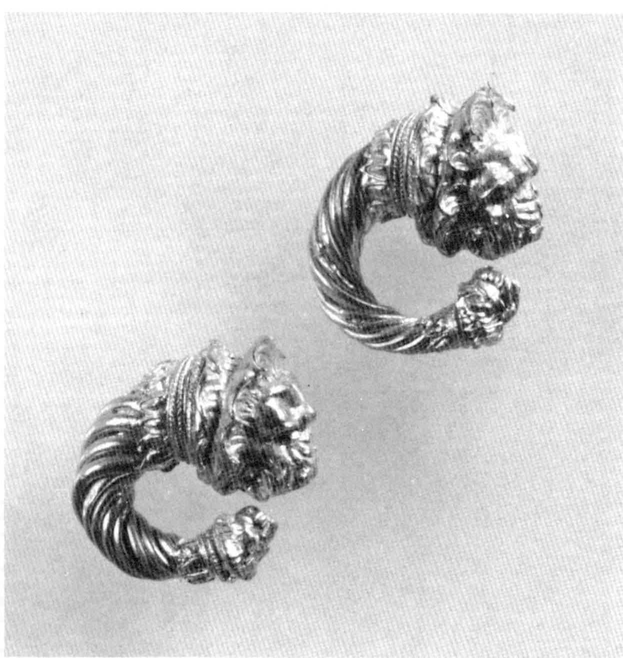

Ein 1974 auf einer Auktion erworbener fragmentierter Löwenkopf in Newcastle-upon-Tyne paßt nach vorläufiger Untersuchung an und bildet die linke obere Hälfte dieses Stückes. Da der Unterteil leider fehlt, läßt sich nicht völlig sicher sagen, ob der Kopf als Wasserspeier diente, doch ist das wahrscheinlich. Bloesch datierte ihn wegen seines pathetischen Ausdrucks und der leicht archaisierenden Mähne in das späte 4. Jahrhundert v. Chr. Diese Merkmale sind gewiß den Löwenstatuen des Mausoleums von Halikarnaß eigen, aber deren schwere, teigige Modellierung fehlt diesem Terrakotta-Löwen. Er steht den attischen Löwen in Boston und Rhode Island näher, die um 390 v. Chr. datiert werden, weshalb er eher in die erste als in die zweite Hälfte des 4. Jahrhunderts v. Chr. gehört. JN

140 Goldring mit Löwenkopf-Enden

Gold und blaues Glas. Griechisch, 350/300 v. Chr.
Dm 2,25 cm.
Löwenköpfe zum Teil beschädigt, auch sonst fehlen kleine Stücke.

Der Ring besteht aus einem schweren goldenen Innenteil, das in Filigrantechnik verziert ist und beiderseits in einen Löwenkopf endet. Die Löwen haben Augen aus blauem Glas; ihr ziseliertes Mähnenhaar ist in zwei Reihen angeordnet. Sie sitzen an „Halsbändern", die mit Voluten aus Filigran und einzelnen Goldkügelchen (Granulation) reich geschmückt sind. Dieser Teil ist beiderseits von glattem und geperltem Golddraht gerahmt, ein mit Filigran gefaßter Blattkranz bildet den Übergang zum Ring. Dieser ist mit 22 geflochtenen Golddrähten und einem glatten längs gestreift. – Der ungewöhnlichste Zug ist die große Ähnlichkeit des Ringes mit Armbändern, die in Löwenköpfe enden. Hoffmann und Davidson vermuteten einleuchtend, daß der Ring ursprünglich zu einem „Set" gehörte, in dem er mit Armbändern, Ohrringen (Nr. 141 und 156) und einem Halsband zusammenpaßte. RDD

141 Paar von Ohrringen mit Löwenkopf-Enden

Gold, Einlagen aus blauem Glas. Griechisch, wohl tarentinisch, etwa 325/300 v. Chr.
Dm 2,1 (a und b); Dm des großen Löwenkopfes 1,3; des kleinen 0,5 cm.
Die Augen der kleinen Löwenköpfe fehlen; kleine Beschädigungen und Verbiegungen.

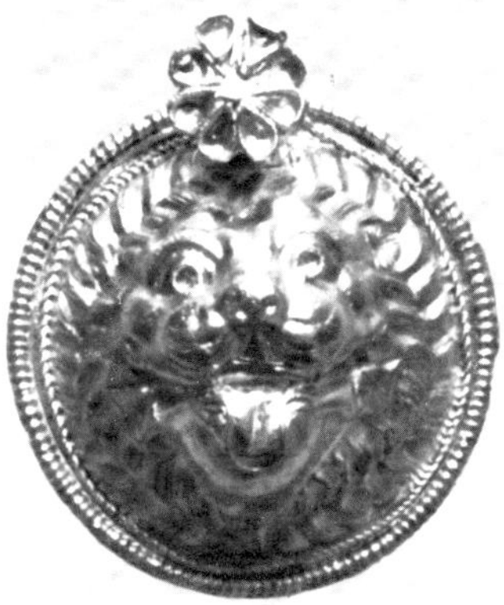

141 bis

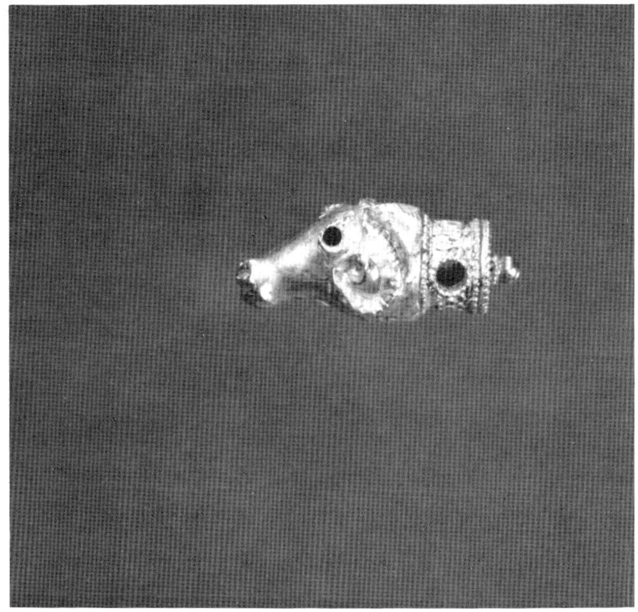

142

Ein Bündel hohler Golddrähte ist so umeinander gedreht, daß sich eine Schlaufe mit einem breiten und einem spitzen Ende bildet. Beiderseits sitzt ein Löwenkopf mit „Halsband" (Nr. 140). Die Köpfe sind von verschiedener Größe, aber Bau und Dekor sind im wesentlichen identisch. Jeder ist aus zwei symmetrischen Hälften zusammengelötet, mit fein ziselierten Details. Die Augen, zum Teil erhalten, waren Einlagen aus blauem Glas. Die großen „Halsbänder" sind mit Golddrähten verschiedener Form filigriert.
Schlaufenohrringe mit knopfförmigen Enden waren in Makedonien im 5. Jh. v. Chr. bekannt. Die Knöpfe durch Tier- oder Menschenköpfe zu ersetzen, entsprach dem verfeinerten griechischen Geschmack und sicherte diesem Typus während der hellenistischen Periode die große Popularität. Am beliebtesten waren dabei Löwenköpfe, die aber meist nur an einem Ende sitzen (Nr. 156). Sind beide Enden verziert, so pflegen die Köpfe von verschiedener Art zu sein. So sind Löwen meist mit Widdern und nicht, wie hier, mit kleineren Löwen gruppiert. Beispiele von diesem Typus fanden sich in Tarent, Capua, Cumae und Ithaka. RDD

141 bis Kopf eines Löwen (frontal), Anhänger

Gold, italisch, etwa 3. Jahrhundert v. Chr.
Dm 2; Tiefe 0,95 cm.

Getriebener Löwenkopf auf runder Blechscheibe, in deren Mitte ein kleines Loch (zum Entweichen der heißen Luft im Herstellungsprozeß). Rundum eingefaßt von Spuldraht und gezwirntem Draht. Oben Öse aus gerilltem Blechstreifen, der vorn von einer achtblätterigen Rosette verdeckt wird. AG

142 Anhänger in Form eines Widderkopfes

Gold mit Filigran. Griechisch, vielleicht süditalisch, 4. Jahrhundert v. Chr.
H 2; Br 1,2; Dm des Anschlußstückes 0,7 cm.
Augeneinlagen verloren; kleine Kratzer vor dem linken Ohr und hinter dem linken Horn.

Der hohle goldene Widderkopf, an dem Fell, Brauen und Hörner ziseliert sind, sitzt auf einem zylindrischen Anschlußstück, das zum Aufhängen durchbohrt ist. Es ist sorgfältig mit einer „Schlange" aus glattem Draht verziert und mit glatten und geperlten Drähten eingefaßt. Auf seinem Deckel sitzt ein großes Goldkorn auf zwei Kreisen geperlter Drähte.
Fibeln, Ohrringe und Armbänder können vom 6. Jahrhundert an in Widderköpfe enden, die vor allem im Schmuck des 4. Jahrhunderts v. Chr. populär waren. Unser Stück war wohl der zentrale Anhänger eines Halsbandes. RDD

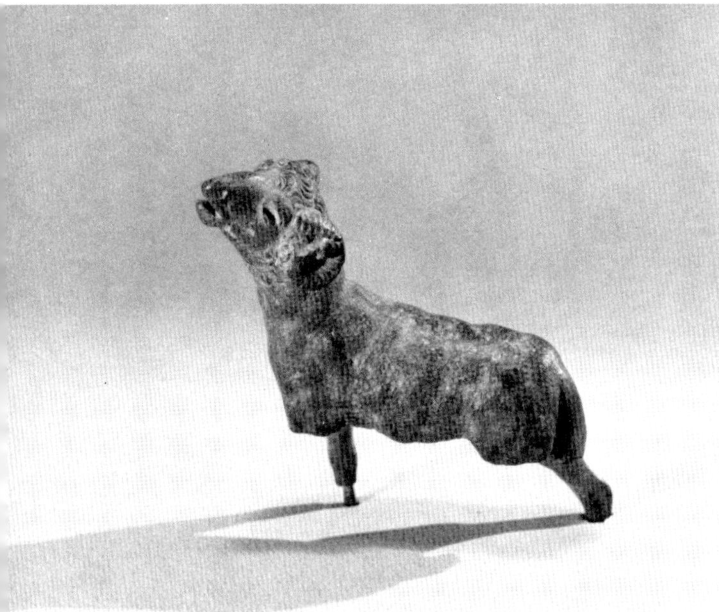

143

143 Frisch geschorener, blökender Widder

Bronze, voll gegossen (?). Griechisch, 4. Jahrhundert v. Chr. oder hellenistisch.
H 5,8; L 5,6 cm.
Linke Beine am Körper gebrochen, von den rechten fehlt der untere Teil. Am Hals rechts drei horizontale Kerben; Augen wohl ursprünglich eingelegt. Mittel- bis dunkelgrüne Patina.

Der magere, geschmeidige Widder hebt den Kopf nach links oben und blökt. Weshalb? Gehörte er zu einer in der ganzen Antike beliebten Tierkampfgruppe, in der er den Angriff eines wilden Raubtieres erwartete, begleitete er einen Menschen oder gar einen Gott wie Hermes? Oder war er Teil einer Herde oder eine Einzelfigur? Wie dem auch sei: die ausdrucksvolle Haltung und die sensible Plastizität machen diesen Widder zu einem Kunstwerk. Man beachte den Kontrast zwischen dem weichen Vlies am Kopf und der scharfen Krümmung der Hörner. Der Körper ist fein gepünktelt, was zu der Vermutung führt, daß der schlanke Widder frisch geschoren ist. Sind deshalb seine Muskeln so sichtbar und blökt er deshalb so kläglich? Man hat eine hellenistische Datierung vorgeschlagen, die zu der Haltung des Kopfes paßt. Denn damals bellten die Hunde, brüllten Löwen und Panther, Ziegen meckerten, Widder und Schafe blökten in der Kunst. Wir kennen Hirten mit ihren Tieren von dem berühmten skythischen Goldpektoral des 4. Jahrhunderts v. Chr. Auch im griechischen Mutterland selbst dürfte es Hirtenszenen in der spätklassischen und hellenistischen Kunst gegeben haben. Vielleicht kommt der einzigartige geschorene Widder aus einem solchen Zusammenhang. KPE

144 Stier in Angriffshaltung

Bronze, voll gegossen (verlorener Wachsguß). Griechisch, spätklassisch oder frühhellenistisch, spätes 4. oder 1. Hälfte 3. Jahrhundert v. Chr.
H 3,9; L 8,4 cm.
Gebrochen: rechtes Horn, alle vier Beine zum Teil, der Schwanz in seinem Mittelstück (die Quaste am Rücken erhalten). – Leuchtende, dunkel- bis olivgrüne Patina.

Der kräftige Stier steht mit schräg gesenktem Kopf, bereit, es mit jedem Angreifer aufzunehmen. So klein er ist, er ist monumental empfunden und kraftvoll, zum Teil kantig, modelliert. Seine Rippen treten vor allem rechts hervor, das Geschlecht ist plastisch angegeben. Halbmondförmige Gravierungen deuten die Mähne an, die von den Hörnern zum Widerrist verläuft. Die Locken scheinen gegossen und dann kalt bearbeitet zu sein. Das linke Horn war wohl über das Ohr nach hinten gebogen, die Augen liegen tief unter schweren Lidern.
Großplastische Gegenstücke dieses eindrucksvollen Stieres sind Wächterstiere wie der auf einem Grab des Kerameikos in Athen. Auch auf den Silbermünzen von Thurii in Süditalien begegnet ein Stier in ähnlicher Haltung. In der Angriffshaltung vergleichbar ist auch das wuterfüllte Bronzeschwein in Boston, das wohl hellenistisch ist. Da die Füße fehlen, läßt sich nicht sagen, ob oder wie die Statuette montiert war. Sie könnte ein einzelnes Weihgeschenk gewesen sein, ebensogut könnte der Stier aber auch auf dem Rand eines Gefäßes mit einem Gegner, Tier oder Mensch, eine Gruppe gebildet haben, ähnlich wie bei der frühklassischen Bronzegruppe von Löwe und Eber in Boston. Wie dem auch sei: die Statuette gehört zu den schönsten uns erhaltenen Tierbronzen der spätklassischen und frühhellenistischen Jahrzehnte. DGM

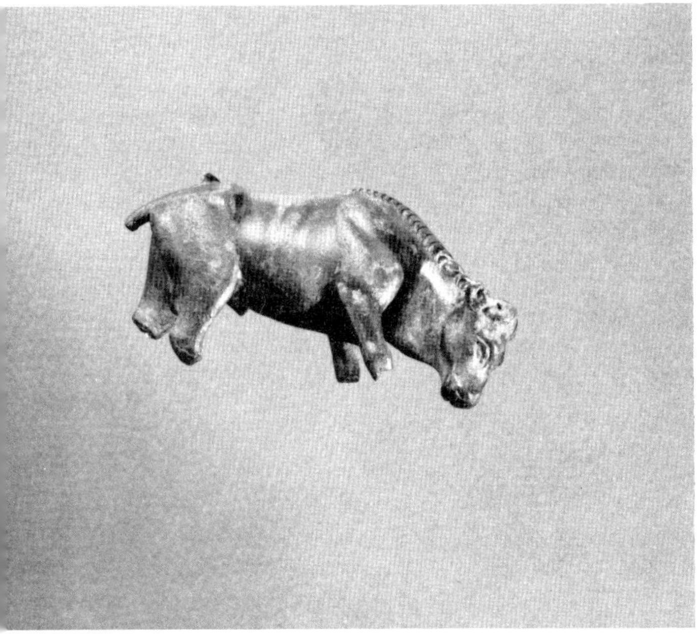

144

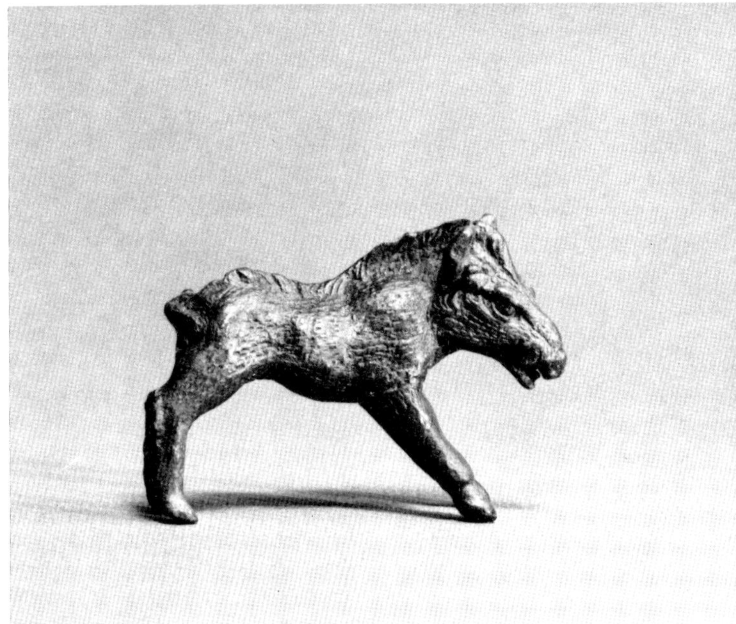

145

145 Keiler

Bronze, voll gegossen. Hellenistisch oder römisch.
H 9,3; L 6,4 cm.
Dunkelgrüne bis rötlich braune Patina. Rechtes Vorderbein geklebt.

Der kleine Bronzekeiler nimmt eine für dieses wilde Tier typische Haltung an: Er stemmt die Vorderbeine steif nach vorn und biegt die Hinterbeine leicht; der Kopf wendet sich seitwärts, der kurze Schwanz ringelt sich zum Rücken hin. Aus den gestellten Ohren geht hervor, daß er Gefahr wittert, und das geöffnete Maul mit den Fangzähnen zeigt seine Angriffslust. Dieser Haltung, die offensiv und defensiv zugleich ist, entspricht der grimmige Gesichtsausdruck mit den schroffen Brauen und den stechenden Augen mit ihren gebohrten Pupillen. Das kurze, struppige Fell ist durch gravierte Striche wiedergegeben, der scharfe Rückenkamm und die spärlichen, mähnenartigen Haarbüschel am Kopf in Flachrelief. Der sonst plumpe Eberkörper ist hier schlank und muskulös.
Eber zählten zu den gefährlichen, zur Jagd herausfordernden Tieren der antiken Wildnis. Ganze Scharen von Jägern und Hunden stellten ihnen nach, und solche Nachstellungen konnten, wie bei der berühmten kalydonischen Jagd, zum Bereich des Mythos gehören. Dieses Thema war in der attisch schwarzfigurigen Malerei besonders beliebt, erschien aber auch im Giebel des Tempels der Athena Alea in Tegea und an römischen Sarkophagen.
In der früheren griechischen Kunst pflegte der Eber mit glattem Körper dargestellt zu werden, nur der Rückenkamm war deutlich angegeben. Hellenistische Eber sind naturalistischer und ihre Haltung ist dynamischer. Sie leben in der römischen Kunst weiter, weshalb dieser Keiler sowohl hellenistisch als auch römisch sein könnte. Man vergleiche dagegen den gemalten attischen Eber (Nr. 100). JN.

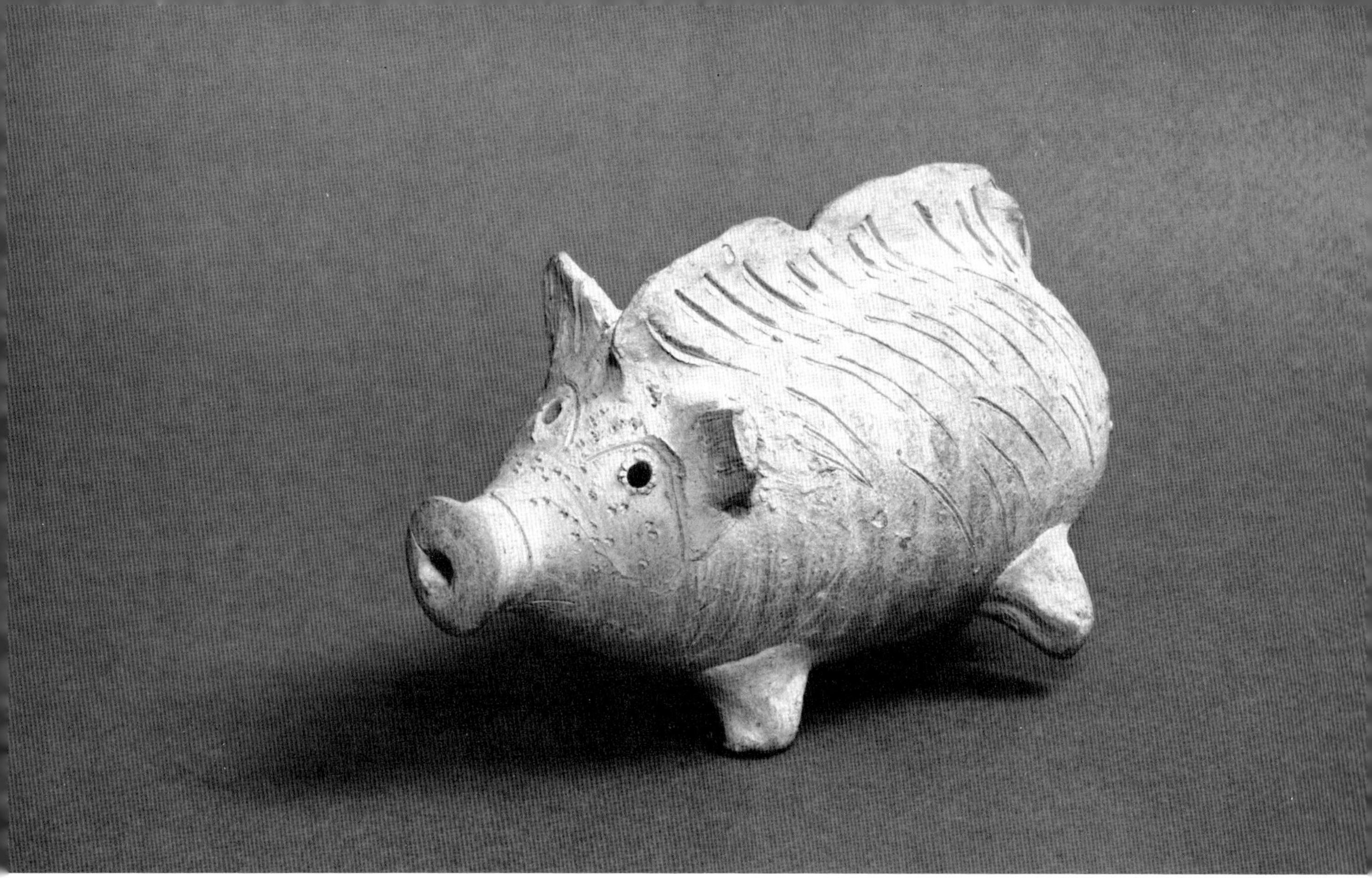

146 Rassel in Gestalt eines Schweines

Terrakotta, cremefarben. Kyprisch, 4. Jahrhundert v. Chr. oder eher später.
H 7,7; L 13,2; Dm Körper 5,9 cm.
Keine Spuren von Abnutzung. Die Spitze des linken Ohres und das Ende des Schwanzes abgebrochen.

Der hohle, walzenförmige Körper des Schweines ist mit Kopf und Schnauze, wie an den Rillen unschwer zu erkennen, auf der Drehscheibe getöpfert worden, während die stummelförmigen Beinchen, der kurze Ringelschwanz, der Rückenkamm und die dreieckigen Ohren separat aus freier Hand anmodelliert wurden. Die Durchbohrungen von Augen und Schnauze erfüllten als Brand- und Schallöcher eine doppelte Aufgabe. Tiefe Ritzlinien in den noch feuchten Ton deuten kräftige Borsten an, während die Partie um die Augen durch kleine Einstiche getüpfelt ist. Die handwerkliche Qualität des Schweinchens ist durchaus bescheiden, was sich u. a. auch in der ungleichmäßigen Stellung und Größe der Stummelbeinchen, die keinen festen Stand erlauben, offenbart.
Die kleinen, losen Tonkügelchen im Inneren des Tieres erzeugen ein ausgeprägtes Rasselgeräusch. Von daher liegt die für die ganze Gruppe kyprischer Tonrasseln des öfteren ausgesprochene Interpretation als Kinderspielzeug durchaus auf der Hand, zumal Schweinchen und Rasseln aus Ton auf dem griechischen Festland nachweislich in Kindergräbern gefunden worden sind. Dem ist freilich entgegenzuhalten, daß Babys oder Kleinkinder die kypro-hellenistischen Rasseln nicht mit der Hand zu umfassen vermochten. Näher liegt deshalb die Annahme, daß die kyprischen Schallgeräte dieser Art speziell für den Totenkult hergestellt wurden und auf diesem Wege in die Gräber gelangten, will man nicht annehmen, daß sie aus Heiligtümern stammen. Schweine spielten im Kult der Demeter und Kore eine wichtige Rolle, entsprechend häufig sind Terrakotta-Schweinchen als Votivgaben in den Heiligtümern beider Gottheiten zutage gekommen. JN

147 Askos in Gestalt eines Ebers

Ton, bräunlich-orangefarben gebrannt. Apulisch, Ende 4. bis Anfang 3. Jahrhundert v. Chr.
H 9,5; L 16,1; Br 6,3; Dm Mündung 2,1 cm.
Geringfügige Oberflächenschäden. Das linke Ohr abgebrochen, das rechte beschädigt. Absplitterungen an den Vorderhufen.

Das kleine Behältnis in Form eines sitzenden dicken Schweines bzw. Ebers mit eingekerbten Borsten und einem geriefelten Henkel auf dem Rücken gehört zu einer gut bekannten Gruppe von Tiergefäßen, deren Exemplare mit gesicherter Provenienz zumeist aus italischen Gräbern stammen. Die Eingußöffnung befindet sich auf dem Kopf, als Ausguß dienen drei Löcher in der Schnauze, die weniger zum Gießen als zum Sprengen geeignet sind. Der Körper des Tieres ist schwarz gefirnißt bei Betonung der Hauer, Augen und einer Stirnmarkierung durch weiße Deckfarbe. Am auffälligsten aber ist das schraffierte, helle Band, das wie um den Körper gelegt wirkt und als Opferbinde gedeutet worden ist. Da Schweine häufig der Demeter geopfert wurden, liegt an sich der Gedanke an ein geschmücktes Opfertier auf der Hand. Wahrscheinlicher jedoch ist die Deutung auf eine natürliche, bandartige Musterung des Tierfelles, wie sie bei einer bestimmten Schweinerasse vorkommt. Für diese Annahme sprechen auch die Schraffuren, die ganz offensichtlich Haar- bzw. Borstenstruktur wiedergeben sollen.
RDD

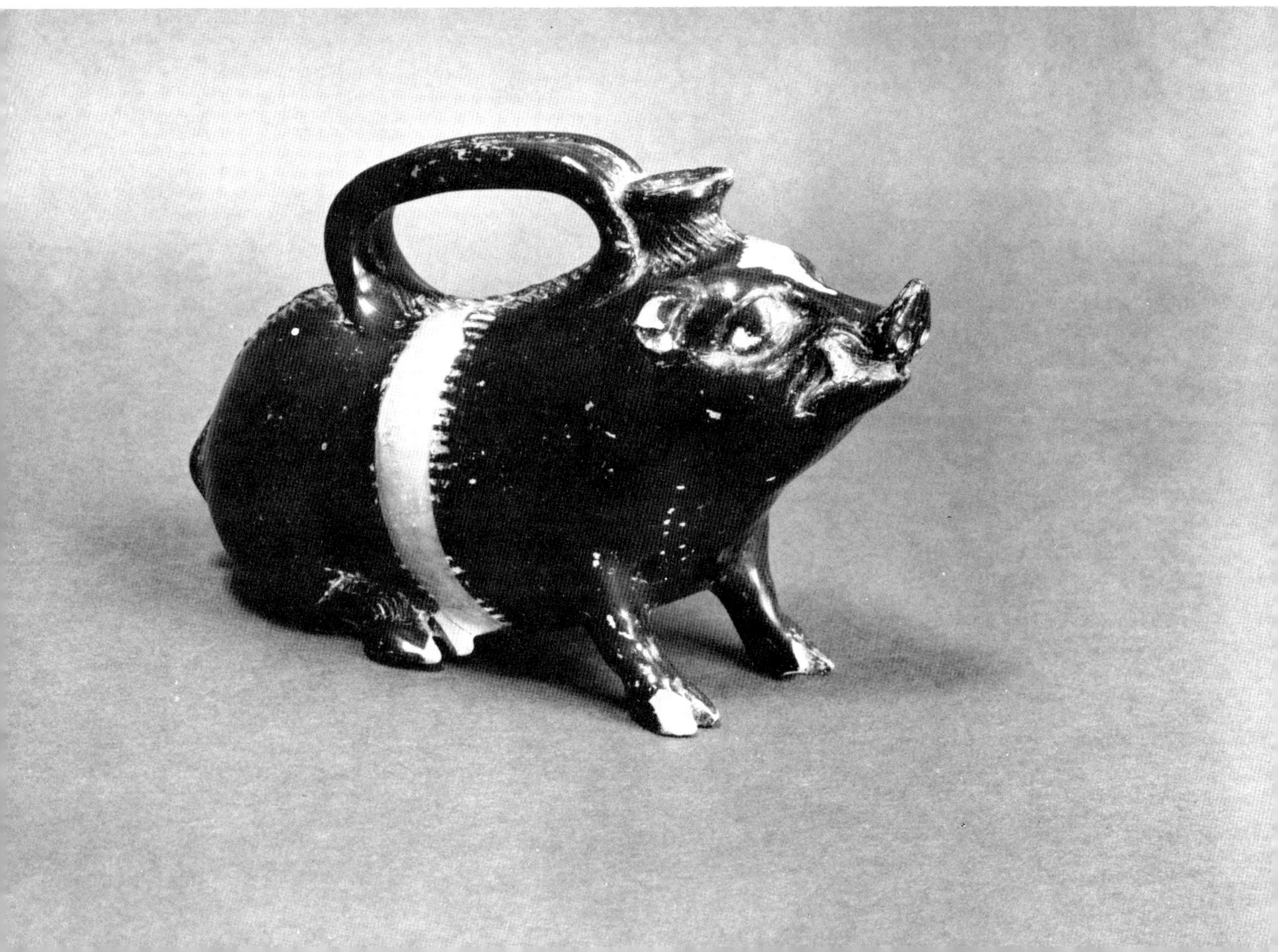

148 Askos in Form eines Hundes

Ton, bräunlich-orangefarben gebrannt. Apulisch, Ende 4. bis Anfang 3. Jahrhundert v. Chr.
H 10,6; L 16,5; Br 6,1; Dm Mündung 3 cm.
Oberflächenrisse, besonders um die linke Hinterhand und den rechten Schenkel. Abreibungen an der Mündung, den Ohren und Pfoten des Tieres.

Der Hund gehört zusammen mit dem Eber Nr. 147 zur Menagerie apulisch-schwarzgefirnißter Askoi. Bei einigen Tieren dieser Gruppe – wie den Hunden und Katzen – handelt es sich um Ringgefäße, während z. B. bei den Schweine-Askoi der flüssige Inhalt vermittels mehrerer Perforationen vermutlich versprengt werden sollte. Die Modellierung des rundherum gefirnißten Hundes mit dem bulligen Kopf, dem walzenförmigen Körper auf den kurzen, kräftigen Beinen und dem eingerollten Schwanz ist einprägsam, ohne daß Pfoten, Ohren oder andere Details (vgl. dazu Nr. 147) durch zusätzliche Deckfarben betont wären. Als Ausfluß dient eine kleine Öffnung in der Schnauze. RDD

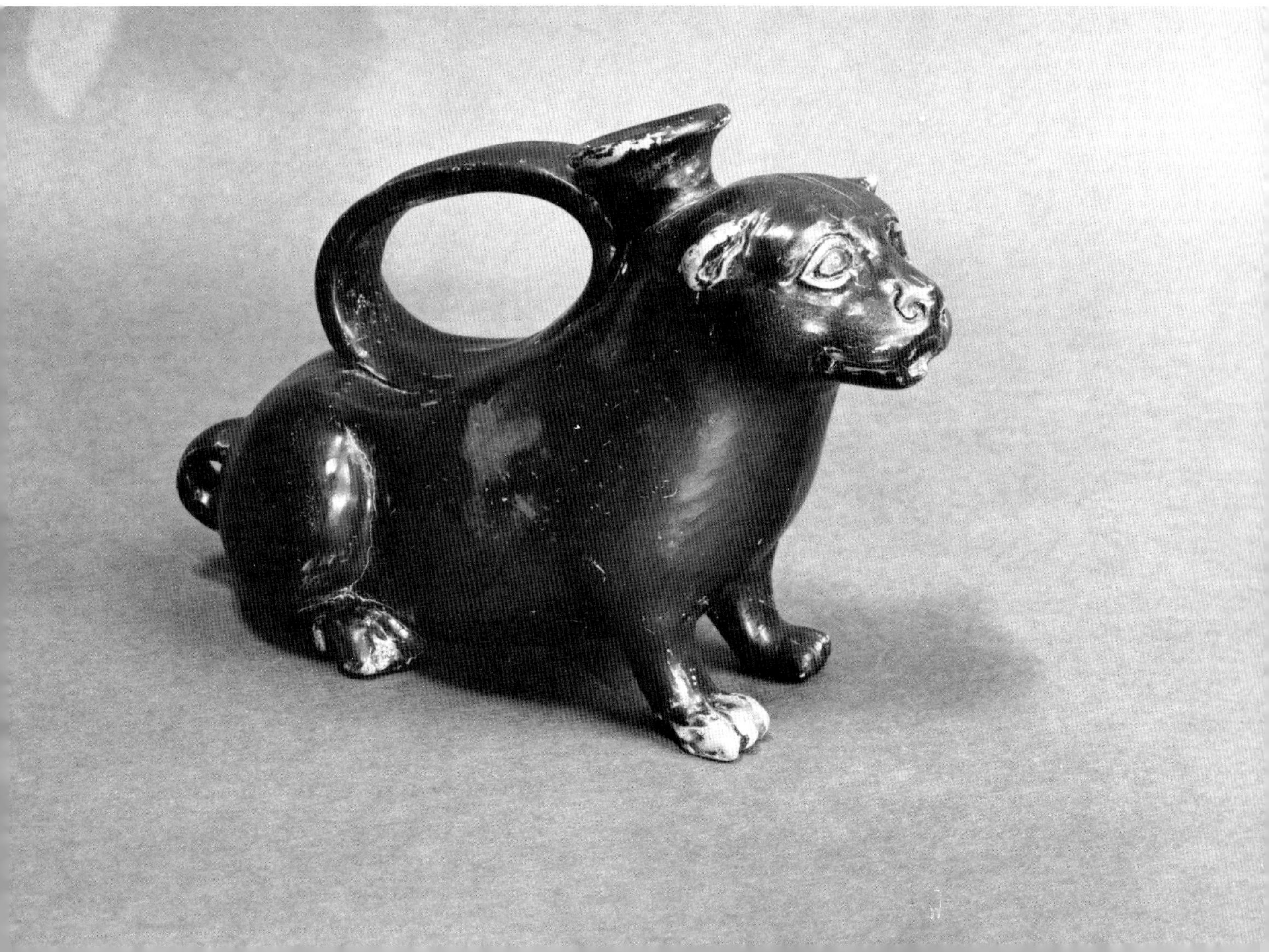

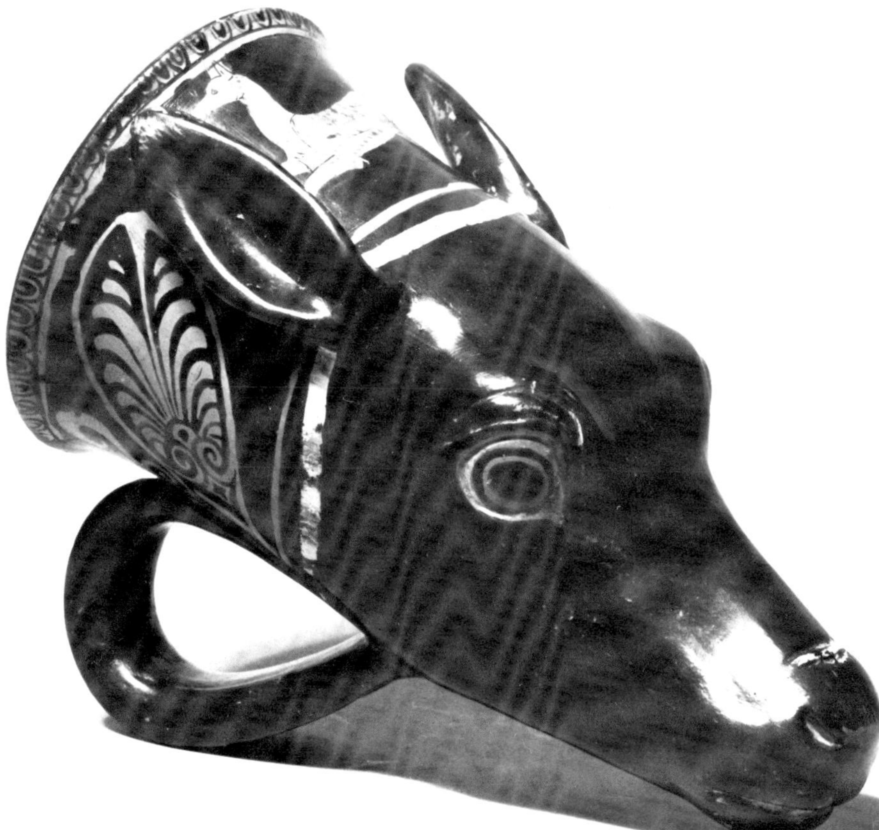

148 bis Rhyton

Apulisch. Nach der Mitte des 4. Jahrhunderts v. Chr.
Ungebrochen.
H 15,8; Dm 8,4 cm.
Am Rand des linken Ohres und an seiner Spitze weiße Striche als Angabe der Fellfarbe.

Das Rhyton hat die Gestalt eines Rehkopfes mit angelegten Ohren. Auf dem Trichter zu beiden Seiten des Henkels je eine umschriebene Palmette mit Seitenschößlingen, auf dem Rand Kymation. Ein nicht ganz regelmäßig geführter tongrundiger Streifen trennt Trichter und Rehkopf. Auf dem Trichter eilt zwischen den Ohren ein Reh mit gepunktetem Fell nach links. KS

149 Fischteller

Ton, blaßrosa-gelbbraun gebrannt. Apulisch, letztes Viertel 4. Jahrhundert v. Chr.
H 6,3; Dm 24,7; Dm Fuß 9,2 cm.
Intakt erhalten, die Oberfläche stellenweise abgerieben. Übermalung am unteren Rochen, die Deckfarben z.T. dünn aufgetragen.

Fischteller begegnen erstmals in Athen im späteren 5. Jahrhundert v. Chr., die eigentliche Massenproduktion, hinter der ein lebhaftes Interesse an Fischessen sichtbar wird, setzt aber erst ein Jahrhundert später in den apulischen und kampanischen Werkstätten ein. Die gesicherte Herkunft einer Reihe von unteritalischen Fischtellern aus Gräbern hat zur Annahme geführt, die Teller seien von vornherein ausschließlich für die Totenbankette hergestellt worden. Die Fische würden dabei das Meer symbolisieren, das die Seele auf ihrer Fahrt in die jenseitigen Gefilde überquere. Andererseits gibt es gewichtige Gründe, wie etwa starke Abnutzungsspuren, die für eine z. T. längere Verwendung der Teller bei ganz auf das Diesseits gerichteten Fischessen sprechen, ehe sie als Beigaben in die Gräber kamen.

Die verschiedenen Meereswesen auf den zahlreich erhaltenen Fischtellern sind in der Regel zoologisch präzise bestimmbar, ungeachtet gelegentlicher Stilisierungstendenzen der Maler. Hier umrunden in dichter Folge zehn Meeresbewohner eine schälchenartige, mit einer Rosette geschmückte Vertiefung, die der Aufnahme schmackhafter Fischtunken diente. Unter den antiken Gewürzsaucen war das *garum* die bekannteste, eine Flüssigkeit, die durch die Zersetzung gesalzener Fische gewonnen wurde. Dabei galt das *garum sociorum* aus Spanien als das Qualitätsvollste.
Die Fische, Kopffüßer und Muscheln dieses Tellers sind in ihrer jeweiligen Eigenart durch reichen Zusatz von weißer und gelber Deckfarbe und verdünntem Firnis bunt und wirklichkeitsnah geschildert. Beginnen wir mit dem Gemeinen Kalmar rechts, der hier nur mit sechs Fangarmen mit Saugnäpfen ausgestattet ist und am zugespitzten Hinterende ein Paar breiter, dreieckiger Flossen trägt; ihm zur Seite eine Muschel und eine Makrele, der ein mit Punktreihen gemusterter Rochen und eine weitere Makrele folgen. Es schließen sich zwei Muscheln verschiedener Form und ein Oktopus mit wiederum nur sechs Fangarmen an. Den Schluß bilden ein Zitterrochen und wohl eine Garnele. RDD

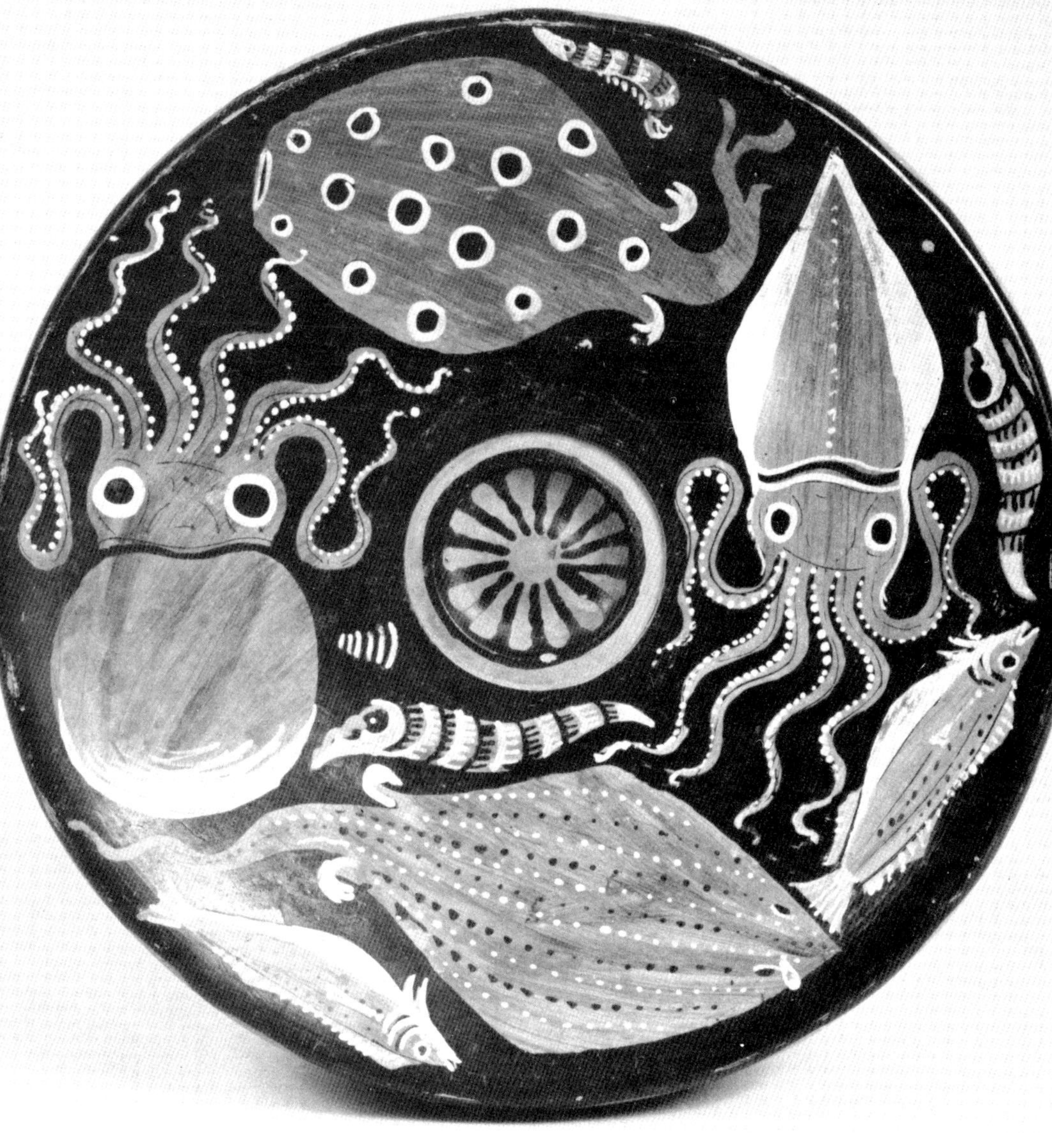

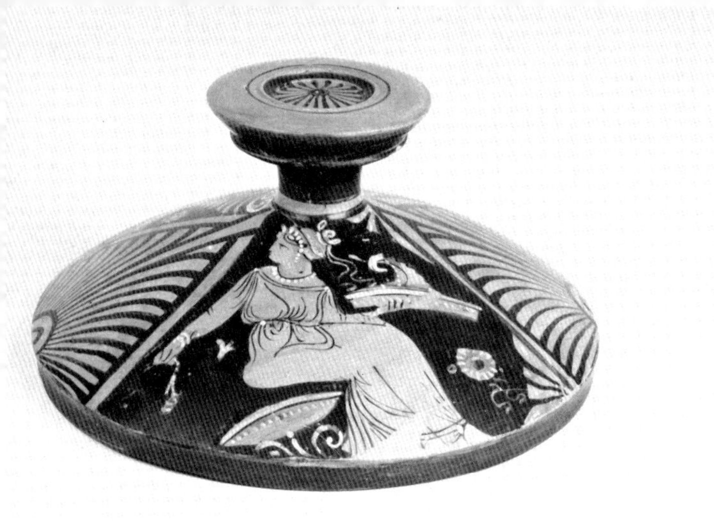

150 Lekanisdeckel mit Ente

Ton, blaßrosa-gelbbraun gebrannt. Apulisch, letztes Viertel 4. Jahrhundert v. Chr.
H 10,8; Dm 23,3; Dm Knauf 8,8 cm.
Die Bemalung bis auf Restaurierungen an der weiblichen Figur der Seite B gut erhalten. Abreibungen am Rand und am Knauf, der abgebrochen und wieder angefügt ist.

Der Deckel mit kräftigem, profiliertem Griffknauf saß ursprünglich auf einer Schüssel, deren Form der des umgedrehten Deckels entsprach. Deckelschüsseln dieser speziellen Art, Lekaniden genannt, haben sich in Unteritalien und Sizilien einer weiten Verbreitung erfreut. Sie dienten zur

△ 150 ▽

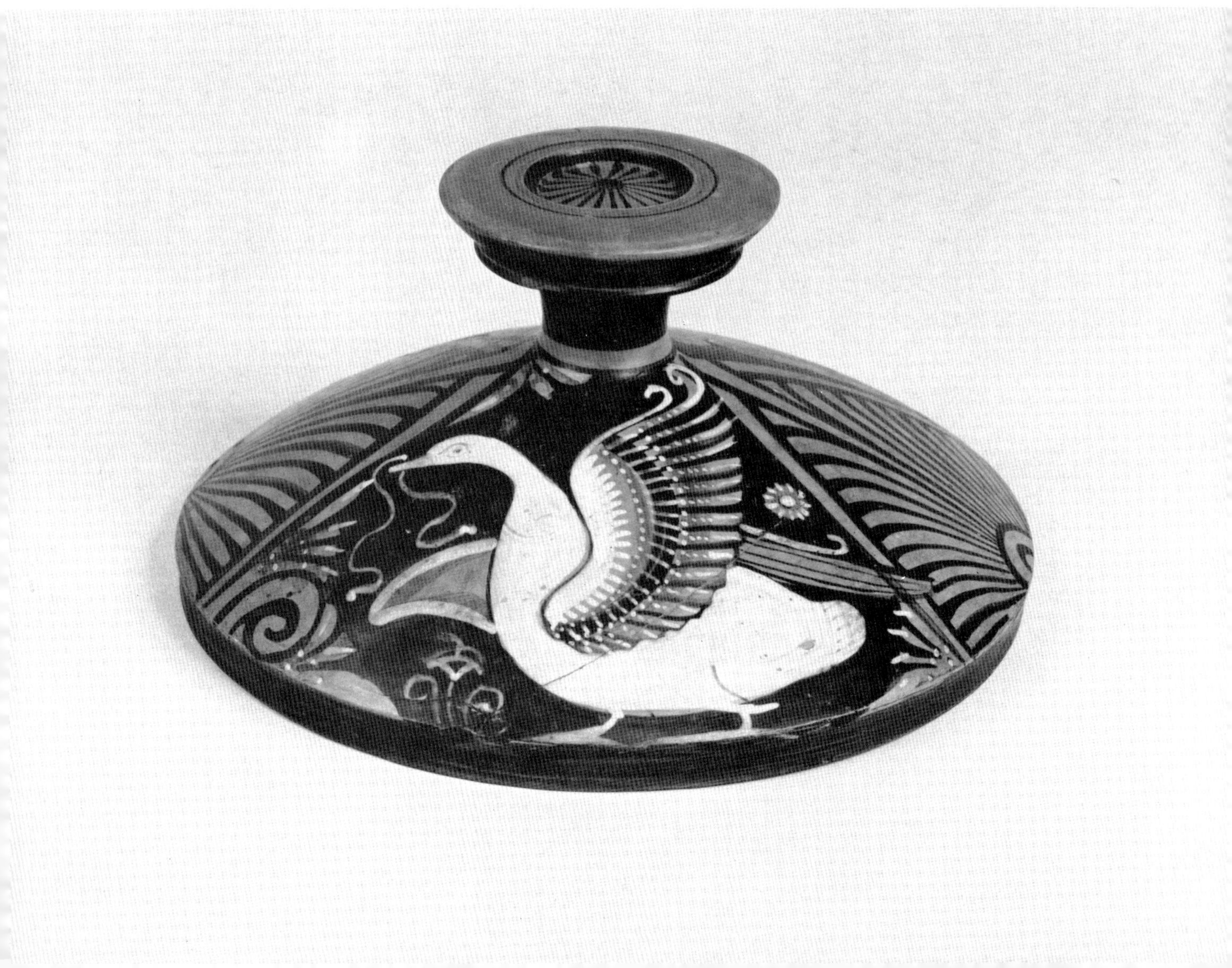

Aufbewahrung von Toilettenartikeln und -geräten der Frau des Hauses oder auch zur Übergabe von Hochzeitsgeschenken.
Während sitzende und stehende, reich geschmückte Frauen – wie hier auf der Seite B – mit Körben, Schalen, Blüten, Früchten, Binden, Spiegeln und mancherlei anderen Gegenständen und Geräten in den Händen in geradezu monotoner Regelmäßigkeit auf nahezu allen kampanischen, apulischen und sizilischen Gefäßformen erscheinen, begegnen Enten durchaus seltener auf den unteritalischen Vasen des 4. Jahrhunderts v. Chr. Hier hält der Vogel auf der Seite A, möglicherweise hat der Maler auch eine Gans gemeint, ein langes Band im Schnabel. Der bunt gemusterte Flügel hebt sich effektvoll von der weißen Farbe des Körpers ab. Beide Figuren sind durch große Palmettenfächer voneinander separiert. RDD

150 bis Oinochoe mit schnabelförmiger Mündung

▷

Mündung gebrochen. 340/20 v. Chr.
H 21 cm.
Auf den Außenseiten des oberen Henkelendes je ein Reliefkopf. Unterseite des Gefäßbodens rot.

Inmitten eines reichen Spiralrankenwerks auf der Vorderseite nach links gewandter Schwan, über der Bildzone Punktreihe, dann abwechselnd rot und weiß gemalte niedrige Rechtecke, Hakenmuster, Kyma, unten nochmals Kymation und Punktreihe. Die gesamte Bemalung ist, mit Ausnahme der roten Rechtecke, weiß, das auf den Firnisgrund aufgetragen wurde.
Die Form der Kanne ist eine Fortentwicklung der attischen Form X von Kannen. In der Gnathiatechnik ist sie recht verbreitet. Im Apulischen wird die schnabelförmige Mündung insbesondere für die sog. Epichysis, auch im Gnathiastil bekannt, benutzt. Im allgemeinen sind die Oinochoen dieser Form in der Gnathiagattung nur mit Ornamenten versehen. KS

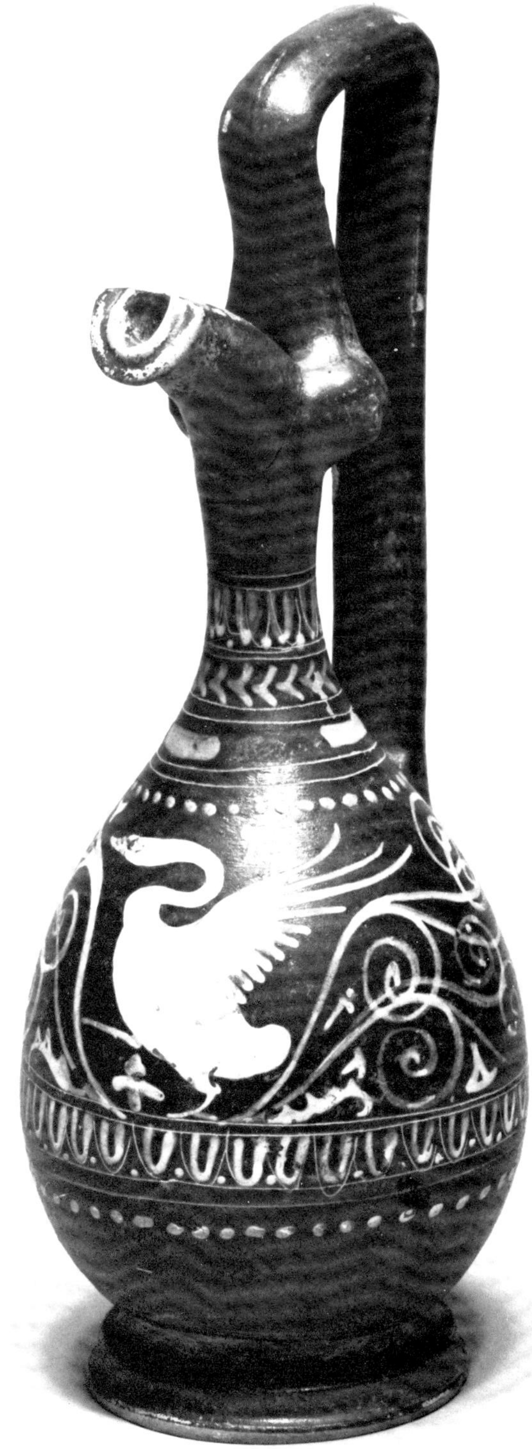

151 Taube

Terrakotta, gelblichbraun gebrannt. Canosinisch, spätes 4. bis frühes 3. Jahrhundert v. Chr.
H 7; L 15; Br 5,3 cm.
Intakt erhalten. Die Oberfläche verkrustet und verfärbt; Kopf und Schwanz abgebrochen.

Das antike Canusium (heute Canosa) – nördlich von Bari landeinwärts in Apulien gelegen – hat als Zentrum der Wollverarbeitung im 4. und 3. Jahrhundert v. Chr. eine bedeutsame Rolle gespielt. Der Wohlstand der Stadt in diesen beiden Jahrhunderten spiegelt sich in den überaus reichen Edelmetall- und Bronzefunden, den Terrakotten und Gläsern, vor allem aber in den apulisch-rotfigurigen Prachtvasen und den z. T. bizarren, mit Statuetten und Appliken besetzten sog. Canosiner Gefäßen, die in den architektonisch ausgestalteten Kammergräbern außerhalb der Stadt zutage getreten sind.
Zu einer Vase der letzteren Gattung wird die aus einem Tonklumpen massiv handgeformte Taube gehören, die bis auf die beiden parallelen Rückenwulste und die separat angesetzten, flachen Flügel kaum eine Artikulation des Körpers aufweist. Eine zylindrische Vertiefung auf der Unterseite zeigt an, daß der Vogel ursprünglich mit Hilfe eines kleinen Holzpflockes als plastischer Dekor einer Vase diente. Am ehesten kommt ein Sphageion in Betracht, ein lokal-apulischer Gefäßtypus mit kugelförmigem Bauch und weiter Trichtermündung. Sphageia mit dem dazugehörigen Taubenschmuck – z. T. durch tönerne Medusenmasken, Aphroditestatuetten oder Eroten bereichert – haben sich in einigen Exemplaren erhalten. Die Vögel sitzen dabei jeweils auf den beiden Henkeln. JN

152 Bemalte Taube

Terrakotta, gelblichbraun gebrannt. Canosinisch, spätes 4. bis frühes 3. Jahrhundert v. Chr.
H 8,8; L 16; Br 5,2 cm.
Die Bemalung stellenweise abgerieben, sonst intakt erhalten.

Der Vogel bekrönte ursprünglich – wie Nr. 151 und 153 – den Henkel eines Canosiner Gefäßes, und zwar den linken, denn der Kopf der Taube ist leicht zur rechten Seite gedreht. Der Vogelkörper ist noch stärker als bei Nr. 151 stilisiert wiedergegeben, die Binnengliederung (vor allem des Gefieders) erfolgt allein durch Bemalung. Die Farben, nach dem Brand aufgetragen, heben sich gut von dem kreideweißen Untergrund ab. Es dominiert Rot, das für die Schwanzfedern, die Angabe von Schwung- und Deckfedern der Flügel, den Schnabel und andere Gliederungselemente verwendet worden ist. Der Kreis auf der Mitte der Brust und die Augen sind in einer bräunlichschwarzen Farbe gemalt. JN

153 Tauben-Trio

Terrakotta, blaßrosa-gelblichbraun gebrannt. Canosinisch, spätes 4.–frühes 3. Jahrhundert v. Chr.
a) H 5,4; L 10,0; Br 5,1 cm.
b) H 5,5; L 9,6; Br 5,2 cm.
c) H 6,7; L 9,0; Br 5,8 cm.
Abgerieben und verkrustet. Überzug und Malfarben großenteils verloren.

151

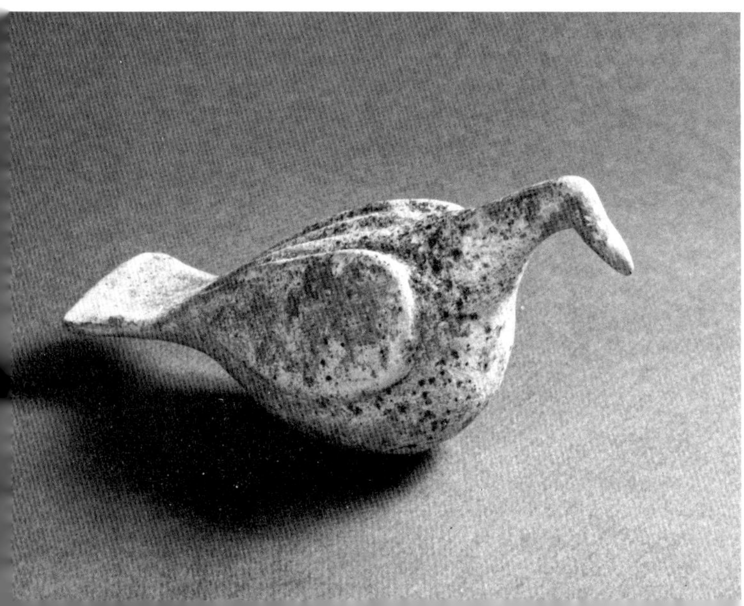

152

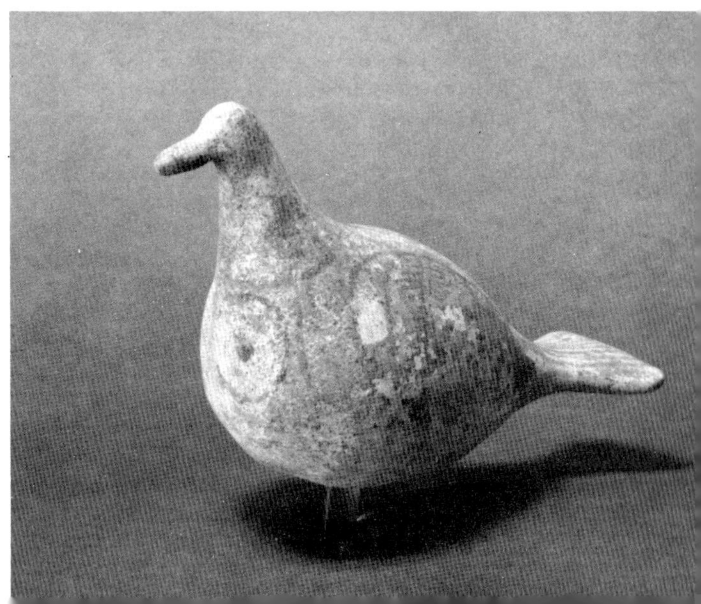

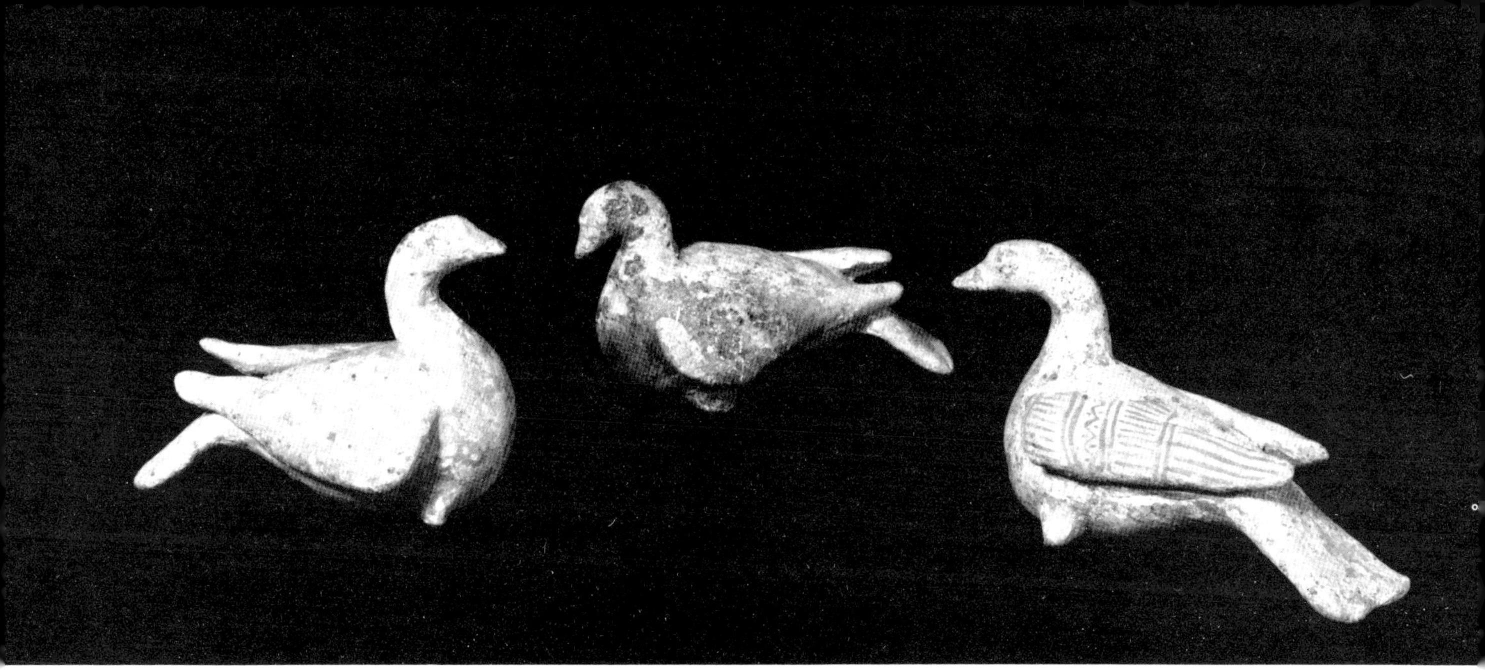

153

Das Tauben-Trio unterscheidet sich von den beiden Artgenossen Nr. 151 und 152 durch die etwas geringere Größe und vor allem die entschieden stärkere plastische Durchbildung der hohlgeformten Tierkörper im Sinne einer größeren Naturnähe. Dies wird vor allem an den Flügeln deutlich, die vom Körper abgesetzt nach hinten gestellt sind. Die abwärts gerichteten Schwänze geben den Vögeln zusätzlich Standfestigkeit.

Die Farbe und Konsistenz des Tones mit dem kreideweißen Überzug und den eigentlichen Malfarben weisen auf dieselbe apulische Werkstatt, aus der auch die beiden anderen hier vorgestellten Tauben hervorgegangen sind. Und wie diese saß auch das Tauben-Trio auf den Henkeln von einem oder mehreren Gefäßen.

Bei dem längsten der drei Vögel (a) hat sich die ursprüngliche Bemalung gut erhalten: Reste von Rot auf dem Schnabel, der Brust, den Flügeln und dem Schwanz. Besonders ausgeprägt ist die Zeichnung von Schwung- und Deckfedern mit Querbändchen auf dem linken Flügel. JN

154 Ohrring mit Vogelanhänger

Gold. Griechisch, hellenistisch, 3. Jahrhundert v. Chr.
H 2,9; Dm der Scheibe 0,8; L des Vogels 1,8 cm.
Einlagen verloren, leichte Beschädigungen, besonders am Schwanz.

Der Typus des Scheibenohrrings mit Anhänger war in hellenistischer Zeit verbreitet. An diesem Exemplar ist die Scheibenrosette vorn mit einem Perldraht eingefaßt. Um die neunblättrige Rosette liegt ein Flechtband aus Filigran; das Zentrum pflegte aus farbigem Glas eingelegt zu sein, das jetzt ebenso fehlt wie die Augen des Vogels. Der für das Ohrläppchen bestimmte Golddraht ist an der Rückseite der Scheibe angelötet und durch die Schlaufe am Vogelrücken

154

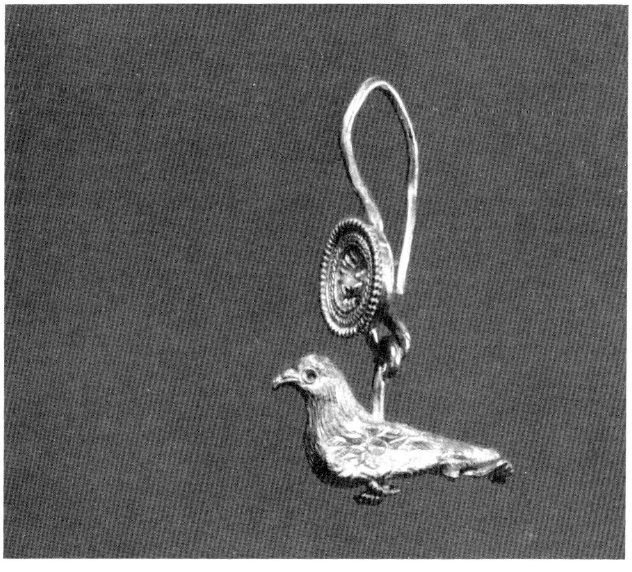

geführt. Der Vogel, der wie die Scheibe hohl ist, gleicht bis auf den etwas gekrümmten Schnabel einer Taube, die aber auch in der Natur diese Deformation haben kann. Die geschuppten Füße, mit drei Zehen nach vorn und einer nach hinten, sind angefügt; das Gefieder an Hals, Körper und Flügeln ist mit feiner Differenzierung graviert.
Anhänger hellenistischer Ohrringe sind oft fliegende Figuren wie die geflügelte Siegesgöttin (Nike), der Liebesgott (Eros) oder Ganymed, den der Adler des Zeus entführt. Bei jeder Kopfbewegung der Trägerin bewegten sich diese Anhänger reizvoll wie im Flug. Aus dem gleichen Grund wohl waren Vögel, vor allem Tauben und Adler, an dieser Stelle beliebt. Bei den meisten Vogelanhängern sind die Federn an den Flügeln nicht durch Gravierung, sondern durch Filigran angedeutet. Aber die Taube eines Ohrrings (ohne Anhänger) aus Ruvo im Britischen Museum und eine Taube in Toronto haben gravierte Details. Die Rosettenscheibe steht stilistisch Ohrringen mit Anhängern in Form von Eroten aus Tarent nahe. Das könnte ein Hinweis für die Herkunft des Einzelstücks der Sammlung Mildenberg sein. JN

154 bis Ohrgehänge mit Taube

Gold, Glas, Stein (?). Griechisch-Hellenistisch, ca. 3. Jahrhundert v. Chr.
Max. L 2,85; Dm der Rosette 0,9 cm.

Konzentrisch gewelltes Scheibchen, in dessen Mitte eine rote Glasperle (oder Granat?) gefaßt ist. Ring von Spuldraht in einer Mulde, dann Wölbung des Scheibchens nach oben. Auf der Rückseite zwei Ösen aus Blechstreifen. An der einen hängt eine Drahtspirale mit einem Kügelchen. Auf der Rückseite aufgelötet langer Drahthaken, unten aufgebogen, also doppelt genommen. Daran hängt eine Taube aus hartem, weißlichgrauem Stein. Das Figürchen ist scharf geschnitten und auf Sicht gearbeitet: scharfe Inzisionen besonders am hinteren Teil des Vogelkörpers. Kopf nach rechts gewendet. Der Draht geht von oben nach unten durch die Taube hindurch, unterhalb der Füße zum Zweck der Befestigung mehrfach umgebogen. AG

155 Schmuckstück in Form eines springenden Hundes

Gold. Griechisch, wohl frühhellenistisch, um etwa 300 v. Chr.
H 0,08; L 1,4 cm.
Wohlerhalten, doch fehlt die rechte Vorderpfote, mit der das Hündchen vielleicht an einem größeren Schmuckstück befestigt war. Andere Spuren einer Befestigung sind nicht erhalten. An Schnauze, Hals, Bauch und Schweif leichte braune Verkrustungen.

Der winzige goldene Jagdhund erhebt den Kopf und läuft rasch dahin. Sein Fell ist mit kurzen Parallelstrichen ziseliert, Details wie Augen, Schnauze und Ohren sind sorgfältig modelliert. Das Tier ist aus zwei voll gegossenen, fast identischen Hälften zusammengelötet, ohne daß eine Lötmasse zu erkennen wäre. Unter der Lupe sieht man eine feine Naht ringsherum. Die beiden Hälften passen nicht

154 bis

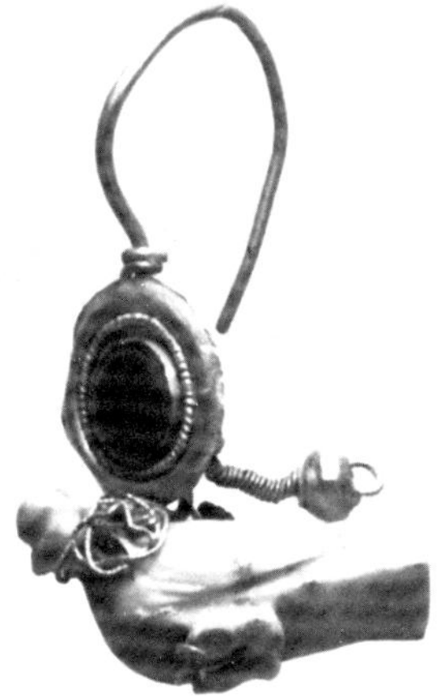

155

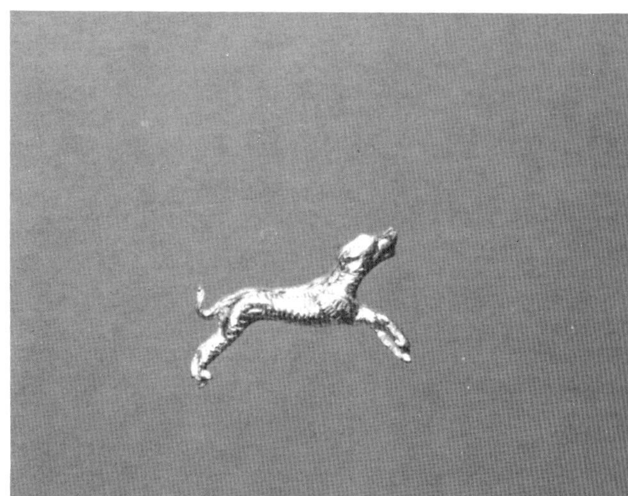

ganz aufeinander, die linke ist etwas höher. Die beiden Vorderbeine sind nur wenig voneinander getrennt und innen glatt. Hinterläufe und Schwanz sind für sich gegossen und angesetzt.
Ähnliche Hunde jagen Hasen an einem großartigen Goldpektoral griechischen Stils aus einem skythischen Grab im Historischen Museum in Kiew. Der Fries, mit dem sie verlötet sind, ist à jour (durchbrochen) gearbeitet. Kleine goldene Löwen, laufend oder springend wie dieses Hündchen, können hellenistische Ohrringe oder kunstvolle Nadelköpfe zieren. Auch gibt es hellenistische Halsbänder und Diademe mit reichem pflanzlichem Dekor in Durchbrucharbeit. Kleine goldene Liebesgötter, Tiere oder gar Insekten tummeln sich dort zwischen den Ranken. Vielleicht hat unser eifriger Hund einst einen winzigen Hasen durch das goldene Gezweig eines solchen griechischen Schmuckstücks verfolgt. RDD

156 Ein Paar Schlaufenohrringe mit Löwenkopf-Enden

Gold. Griechisch, 3. Jahrhundert v. Chr.
a: H 1,90; Dm 1,15 cm.
b: H 1,95; Dm 1,05 cm.
Nur leichte Beschädigungen, auf b fehlt ein Teil des Filigrans.

Drei hohle, sich verjüngende Goldkordeln sind so umeinander gedreht, daß das schmale Ende einen Haken bildet. Er greift in den festen Ring, den der am breiten Ende sitzende Löwenkopf im Maul hält. Dieser ist kräftig modelliert und hohl und sitzt mit der Mähnenfläche an dem „Halsband“, in dem die Kordeln enden. Es ist mit Spiralen aus Filigran verziert, zwischen denen einzelne granulierte Kügelchen erscheinen. Zwischen „Halsband“ und Schlaufe vermittelt ein Blattkranz. Der Ohrring Nr. 141 ist von ähnlicher Form. Solche Stücke wurden in Süditalien, besonders in Tarent, gefunden. RDD

157 Liegender Löwe

Bronze, voll gegossen. Griechisch-römisch, aus dem hellenistischen Osten (?), 3./1. Jahrhundert v. Chr. oder später.
H 2,7; L 4,9 cm.
Intakt. Mittelgrüne Patina.

Das ist kein wilder König des Dschungels, sondern ein Löwe, der entspannt vor uns liegt, fast wie ein zahmer Hofhund in seiner Hütte. Die Vorderpranken sind ausgestreckt, der Blick geht leicht nach links, der Schweif liegt um den linken Hinterschenkel. Ein kurzer Mähnenkranz umgibt

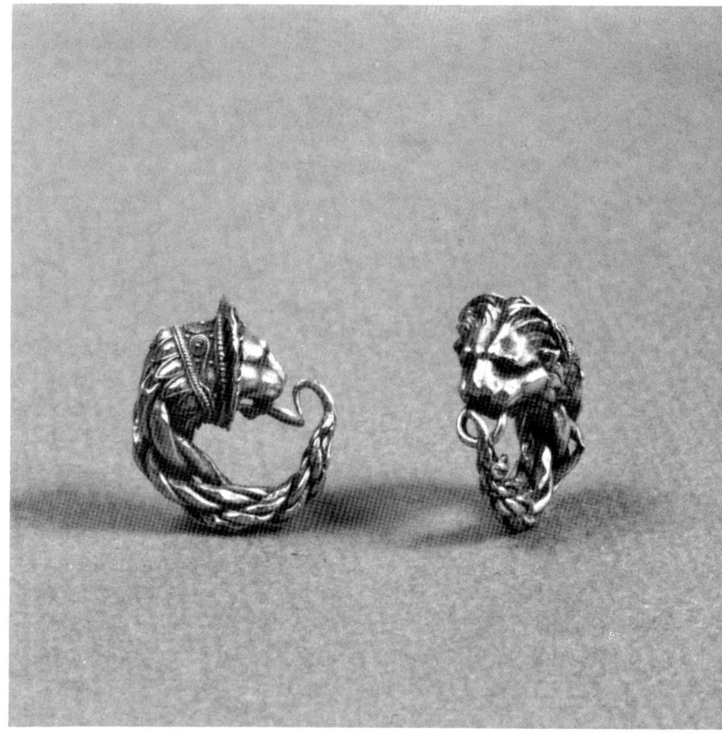

156

157

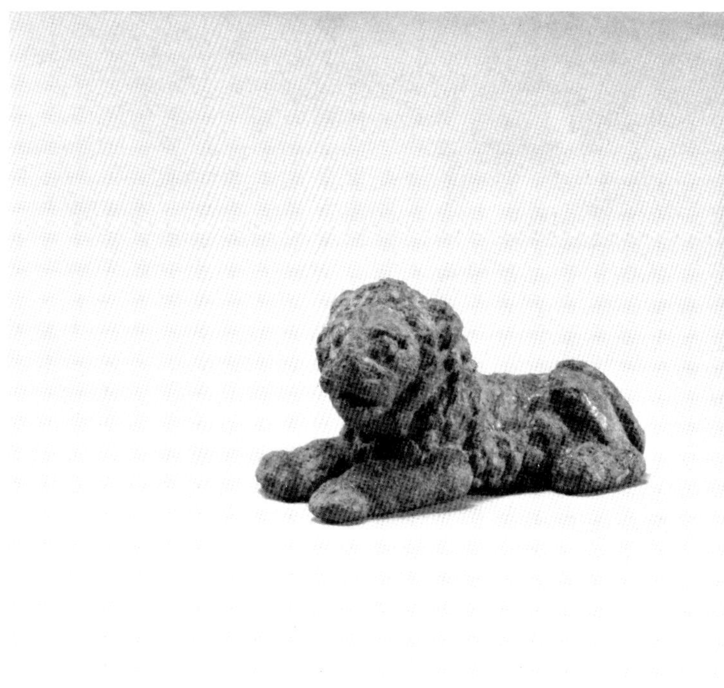

das Löwengesicht, während die übrige Mähne in einer Reihe kleiner runder Locken auf die Schultern fällt. Die ähnliche Fellstilisierung am Bauch und die Form des Kopfes erinnern an Löwen des Nahen Orients. Der plumpe, für den Körper zu große Kopf gibt dem Stück seinen besonderen Charakter.
Die einstige Verwendung des Löwen ist nicht klar. Auf der flachen Unterseite und am Rücken scheinen Spuren einer Befestigung erhalten zu sein. Vielleicht saß er an irgendeinem Werkzeug. Der Guß ist rauh belassen, wie er aus der Form kam. Die Mähne wirkt plastisch und fast impressionistisch. Der Löwe kommt so gut wie sicher aus dem Osten, frühestens aus einer hellenistischen, vielleicht aber auch erst aus einer kaiserzeitlichen Werkstatt. Kopf und Mähnenform stammen ursprünglich aus Mesopotamien. In Haltung und Stil gleicht ihm ein liegender Löwe aus Istanbul in Boston. Er wird in das 4. Jahrhundert v. Chr. oder später datiert und als „provinziell-anatolisches Werk im ostgriechischen Stil" bezeichnet. KPE

158 Kuh

Bronze, verlorener Wachsguß. Festlandgriechisch, angeblich aus Thessalien, 1. Hälfte 4. Jahrhundert v. Chr.
H 6,5; L 11,3 cm.
Linker Hinterhuf aufwärts gebogen. Bronzekrankheit an einigen Stellen der Oberfläche beseitigt. Ob die Partie zwischen den Vorderbeinen zur Wamme gehört oder vom Guß herrührt, läßt sich nicht sagen. Im ganzen gut erhalten.

Die Kuh schreitet langsam voran, der linke Vorderfuß ist

158

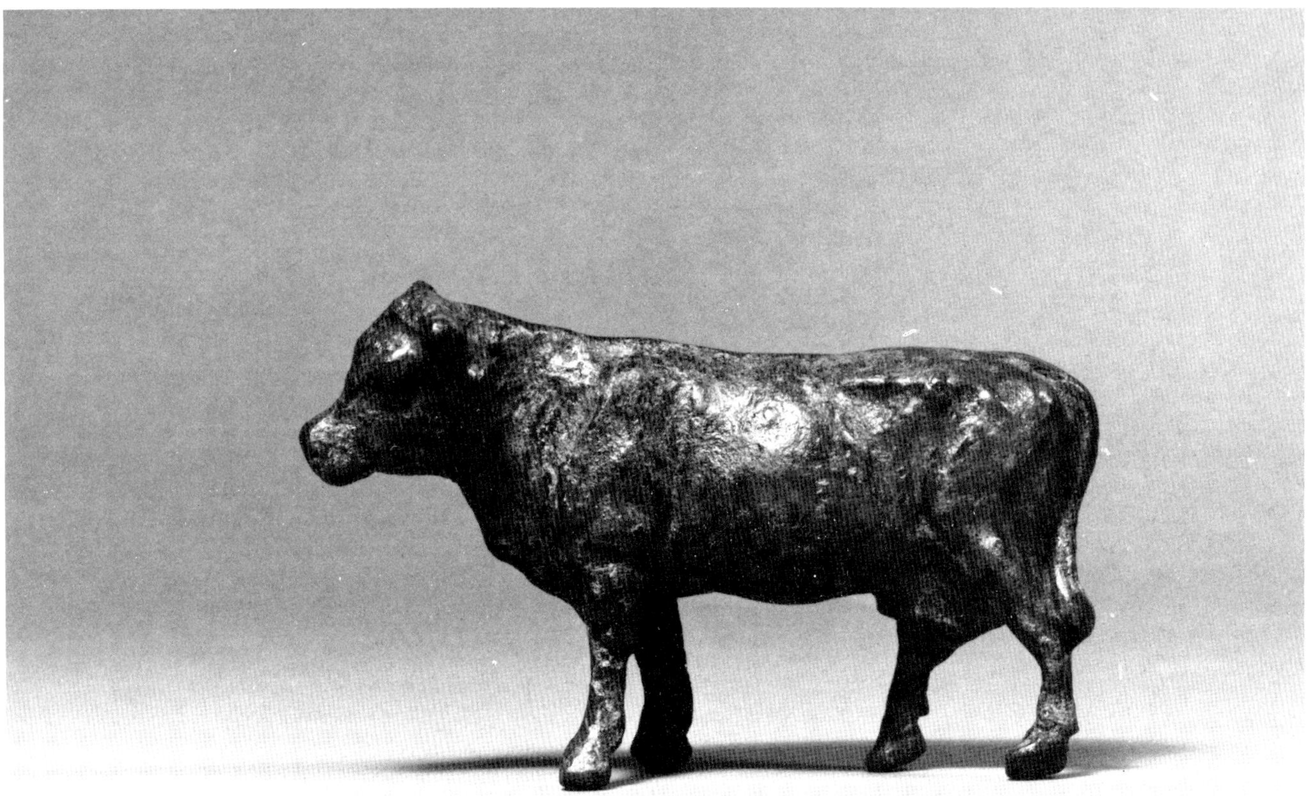

nach vorn, der linke Hinterfuß nach hinten gesetzt. Sie wendet den leicht erhobenen Kopf etwas zur Linken. Hörner hat sie nicht. Der Körper ist massiv, ebenso die Wamme, der Hängebauch ist gerundet. Die Spannung der Haut über Knochen, Muskeln und inneren Organen ist meisterhaft getroffen. Das gutmütige, schwerfällige Wesen des Rindes kommt in dieser naturnahen, doch nicht naturalistischen Statuette glänzend zum Vorschein. Einzelheiten wie Augen, Euter und Schwanz sind allein durch Modellierung wiedergegeben; Kaltarbeit fehlt. Sie ist eine der schönsten spätklassischen Tierbronzen, die bisher bekannt sind.

Im Gegensatz zu der Masse griechischer Votivbronzen von Rindern ist dies kein Stier, sondern deutlich eine Kuh. Bronzestatuetten von Kühen kennen wir nur wenige, und diese mögen bis zu einem gewissen Grad mit der berühmten Bronzekuh des Myron zusammenhängen, die auf der Athener Akropolis stand. Zahlreiche antike Anekdoten überliefern die Reaktion von Menschen und Tieren auf jenes naturtreue, charaktervolle Werk. Zwei andere Statuetten wurden schon mit der Statue des Myron in Verbindung gebracht: eine große Bronzestatuette aus Herculaneum im Cabinet des Médailles, Paris (wohl 1. Jahrhundert v. Chr. und nicht 2. Hälfte 5. Jahrhundert v. Chr.) und eine kleine Silberkuh in einer deutschen Privatsammlung, die Hoffmann um 450 v. Chr. datiert.

Die Kuh der Sammlung Mildenberg steht stilistisch zwischen der gelängten Statuette in Paris und der kompakten silbernen Kuh. Sie ist kein junges Rind, sondern ein reifes Tier, und es ist nicht unangebracht, sie als Weiterbildung – nicht als Kopie – von Myrons Kuh zu bezeichnen. Die prachtvolle Modellierung, die scharfe Beobachtung und die individuelle Interpretation des Tieres sprechen dafür, daß unsere Kuh in der ersten Hälfte des 4. Jahrhunderts v. Chr. gegossen wurde. DGM

159

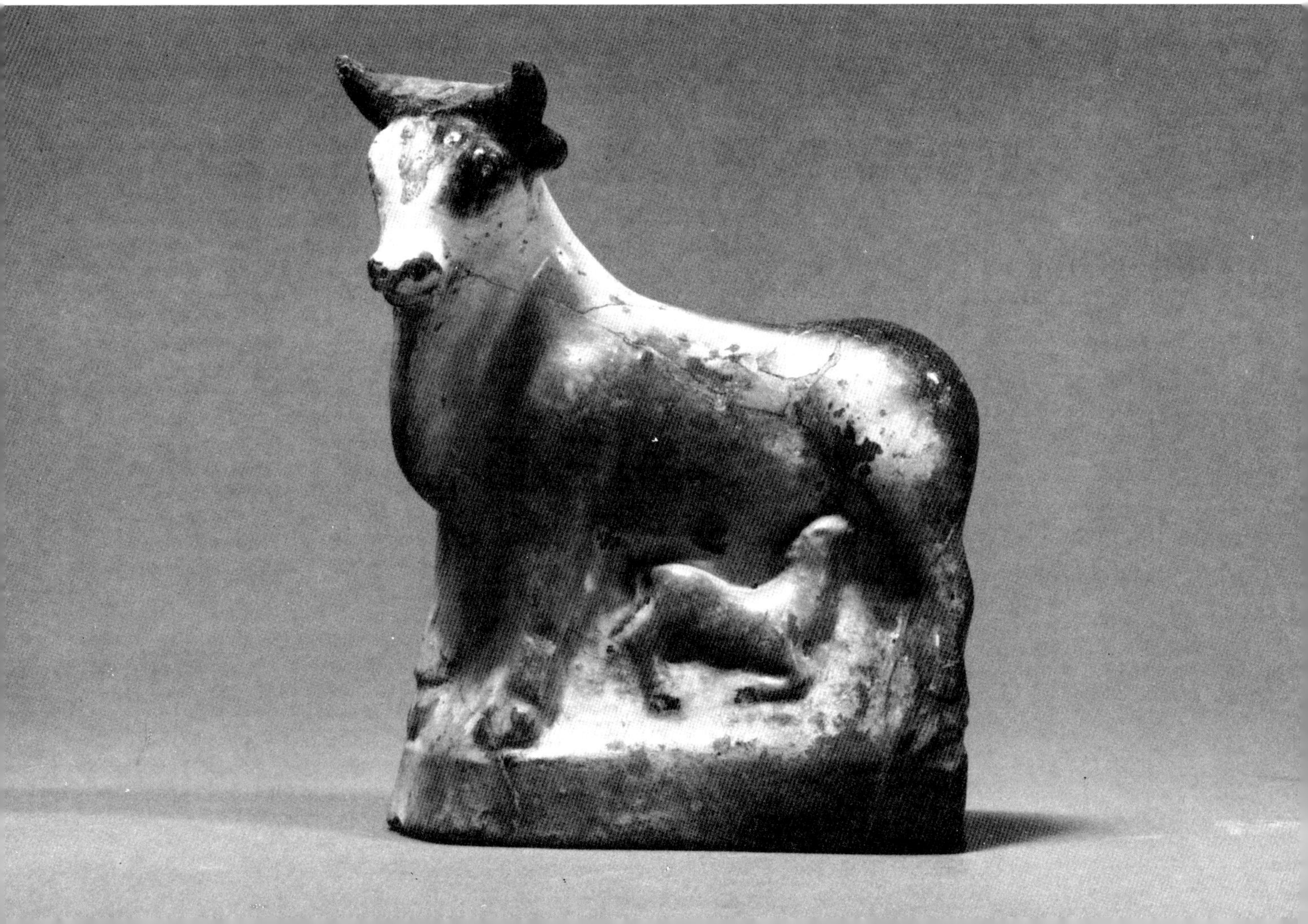

159 Kuh mit Kalb

Terrakotta, aus der Form gewonnen. Griechisch, hellenistisch.
H 10,5; L 27 cm.
Aus zahlreichen Fragmenten zusammengesetzt, Bemalung leicht abgeblättert. Die Oberfläche wirkt durch zu hohen Brand glasurartig.

Die hohle Terrakotta steht auf einer unten offenen Basis; ihre Rückseite ist unmodelliert, mit rundem „Brennloch". Dargestellt ist eine nach links stehende Kuh, die ihr Vorderteil dem Betrachter zuwendet. Auf der zwischen ihren Beinen nicht weggenommenen Tonmasse ist in flachem Relief ein Kälbchen zu sehen, das auf seinen Vorderbeinen kniet und an ihrem Euter saugt. Der Kopf der Kuh ist von breiten Hörnern und runden Ohren bekrönt. Maul und Nüstern sind mit der Stecca bearbeitet. Das Fell ist weiß, mit schwarzen Flecken, von denen einer zwischen den Augen sitzt. Die Wamme tritt stark hervor, die Beine sind kurz, mit gespaltenen Hufen.
Das Motiv der ihr Kalb säugenden Kuh ist alt. Es begegnet zuerst in der babylonischen Kunst und dann häufig in phönizischen Elfenbeinschnitzereien. Auf griechischen Münzen erscheint es zuerst in Euböa und drei Jahrhunderte lang auf Kerkyra (Korfu). Genaue Vergleiche für das vorliegende Stück sind nicht bekannt, aber eine säugende Ziege im Louvre ist ähnlich geformt, mit unten offener Basis. Da sie späthellenistisch datiert wird, ergibt sich wohl auch ein Zeitansatz für unsere Gruppe. JN

159 bis Kuh ▷

Marmor. Späthellenistisch-augusteisch, 1. Jahrhundert v. Chr.
L 20,8 cm.
Beine, Schwanz, Hörner und Unterkiefer weggebrochen. Bestoßungen an Schulter, Kruppe, Schwanzansatz und Euter.

Die Kuh hat während des Grasens ihren Kopf in heftiger Bewegung zur Seite gewendet, das frische Gras noch mit der sichtbaren Zunge im Maul verteilend. Sie schaut auf ihr kleines Kälbchen, das sich unter ihren Bauch gedrückt hatte und am Euter saugen wollte. Auf das einstige Vorhandensein des Kalbes weist jetzt nur noch am Bauch eine ovale, eingetiefte Bruchfläche mit überstehendem Rand.
In strengem Realismus, bis hin zum kleinsten Detail, hat der Bildhauer den Körper der Kuh gearbeitet und beide Tiere zu einer Gruppe einer alltäglichen ländlichen Idylle gestaltet: eine Darstellungsweise, die in Rom im ausgehenden 1. Jahrhundert v. Chr. auf Reliefs besonders beliebt war.
UG

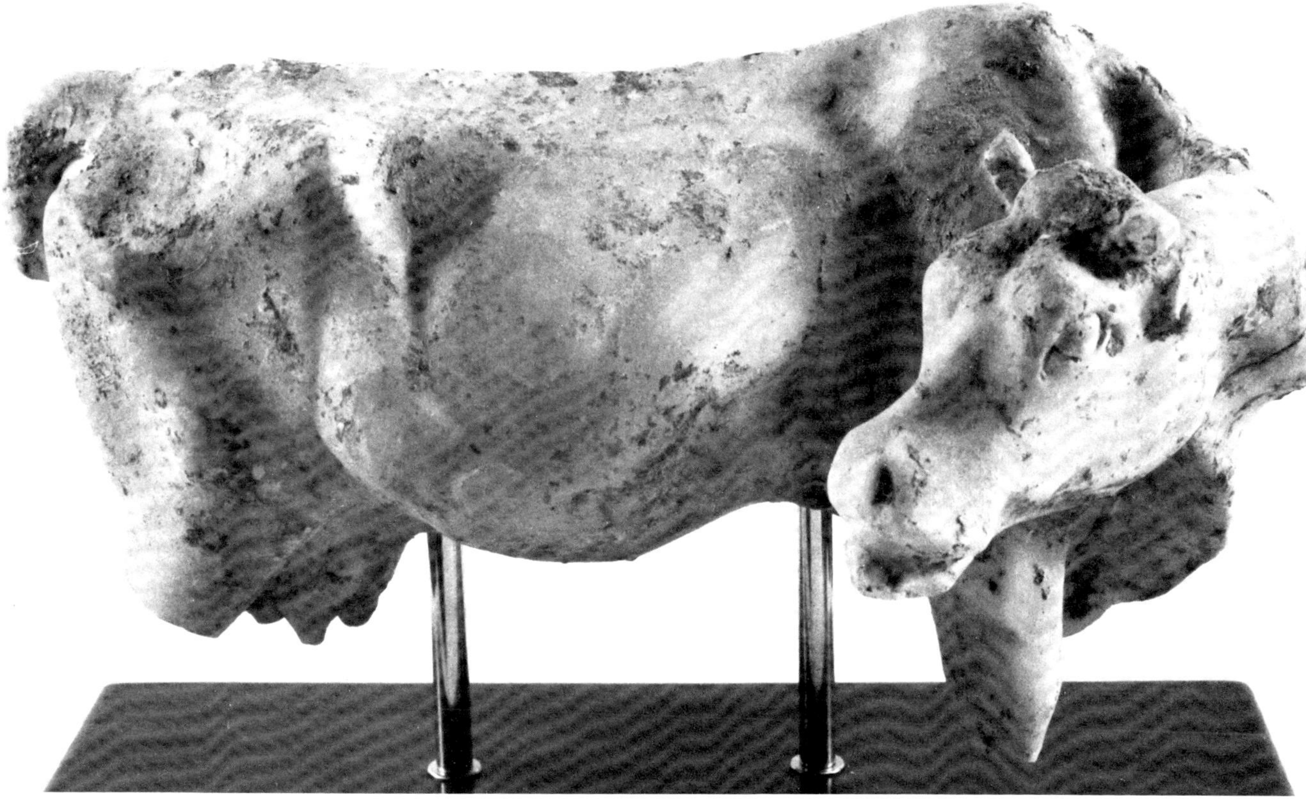

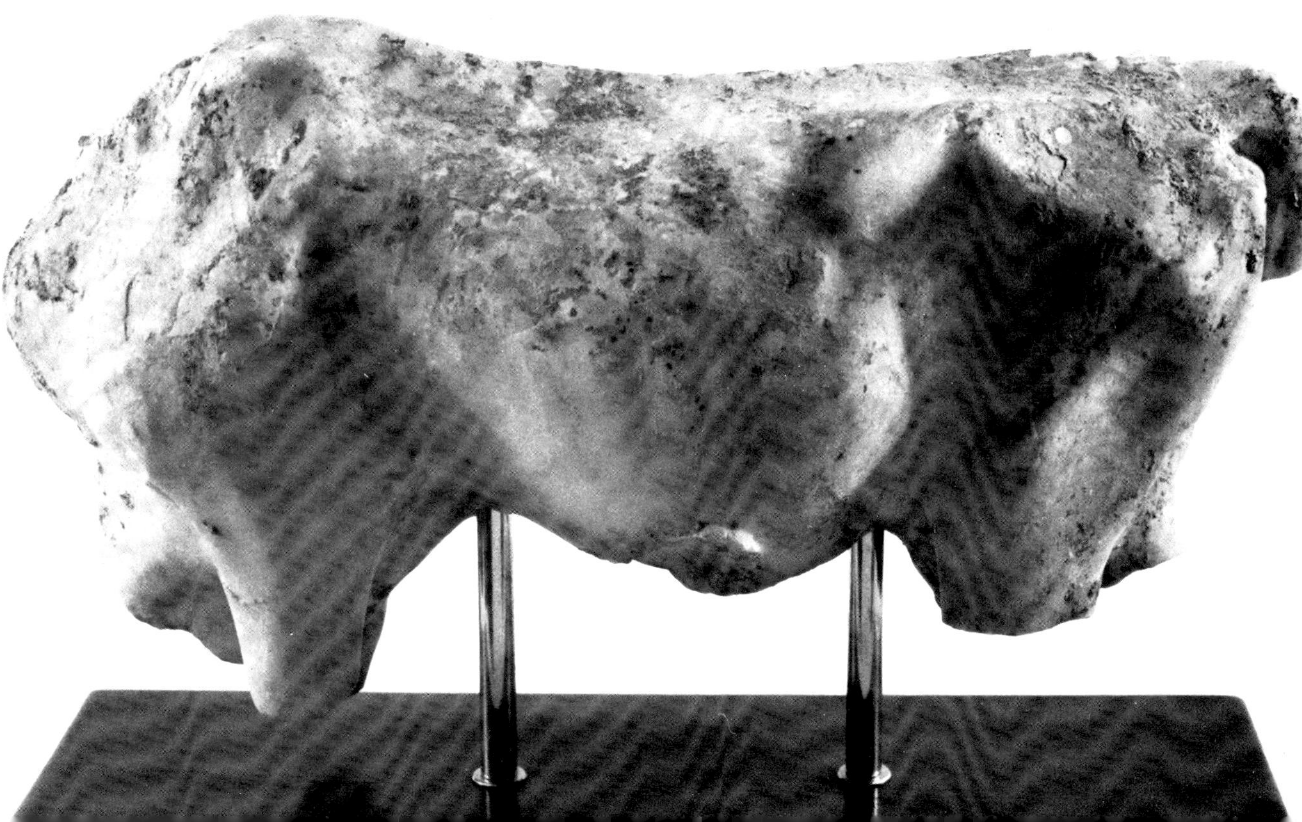

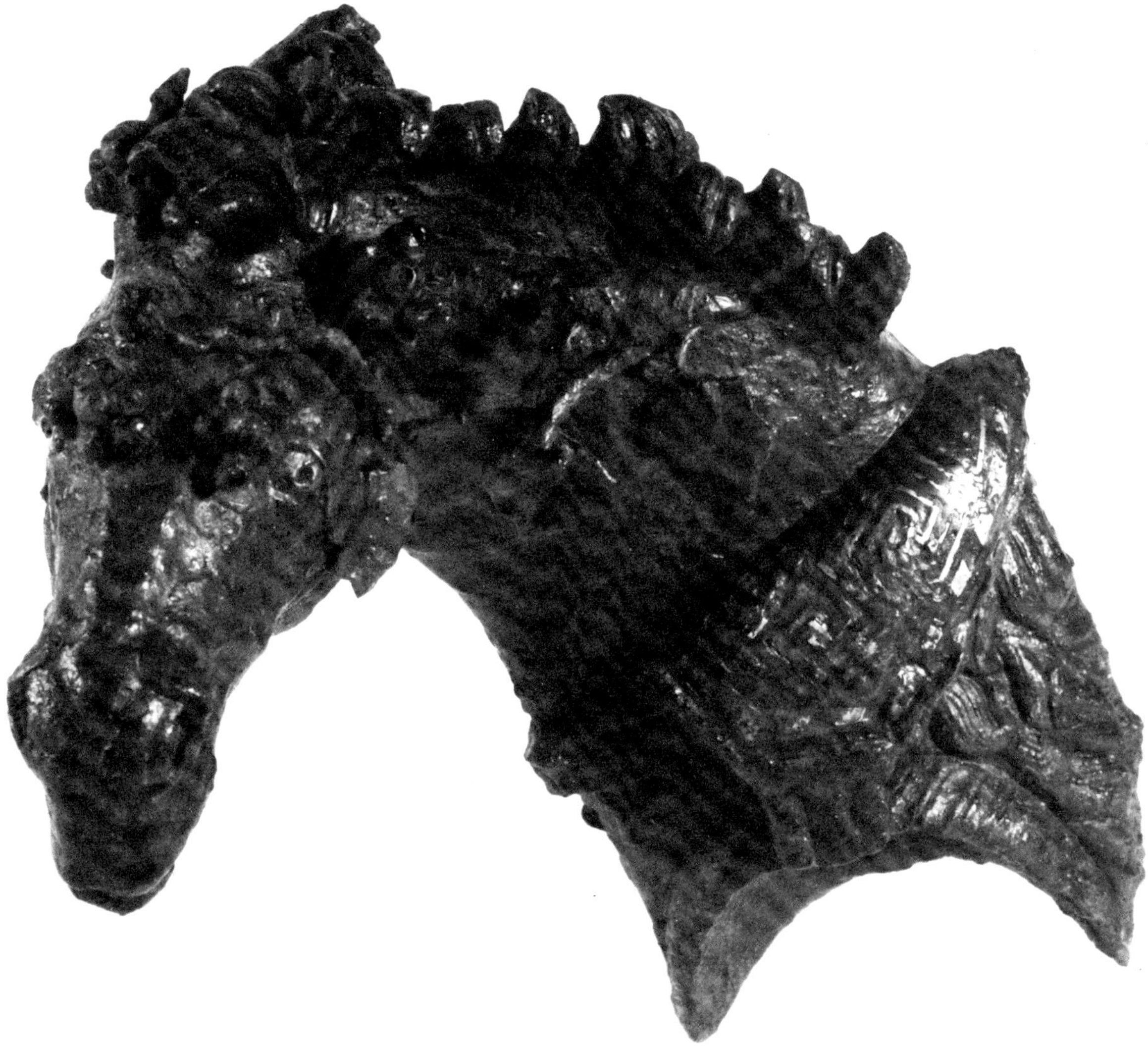

159 c Kopf eines Maultieres

Bronze mit Einlagen aus Silber. Späthellenistisch, 1. Jahrhundert v. Chr.
H 16,8; gr Br 7,8 cm.
Oberfläche korrodiert. Efeuranken auf der rechten Kopfseite weggebrochen.

Kopf und Hals eines nervös schnaubenden Maultieres sind in größter realistischer Vollendung wiedergegeben. Der Ausdruck des Kopfes, die Haltung der drohend angelegten Ohren, die Form der Schnauze und die Bewegung der Nüstern sowie die überall zu erkennenden Adern unter der Haut und die Falten am gebeugten Hals sind zusammen mit allen anderen, hier unerwähnten Details, Zeugen einer großartigen bildhauerischen Meisterschaft und hervorragenden Naturbeobachtung. Die Silbereinlagen an den Augen und am Ornament des großen Halsbandes erhöhen noch ganz wesentlich die eindrucksvolle Lebendigkeit dieses Kunstwerks. Der Kopf schmückte als obere Begrenzung an der Seite den Kopfteil eines Ruhebettes. Auch der Maultierkopf der anderen Seite des Kopfteiles ist erhalten geblieben (London BM 2562_1). Unter der großen Zahl, der aus der Antike noch vorhandenen Schmuckteile solcher Klinen, den Fulcra, ist dieses Stück eines der Schönsten. UG

160 Frosch

Bronze, hohl gegossen. Hellenistisch, 3./1. Jahrhundert v. Chr.
H 2,4; L 5,4 cm.
Schwer korrodiert, zum Teil mit Wachs ausgefüllt. Rotbraune und grüne Patina.

Der hockende Frosch hebt den Kopf, dessen runde Augen aus zwei Metallklümpchen bestehen. Auch die Vorderbeine sind erhoben, zwischen den Zehen erscheinen die Schwimmhäute. Der Guß blieb ohne Kaltarbeit, die Oberfläche sprang beim Abkühlen leicht auf. Das ergab gleichsam einen malerischen Effekt, den die hübsche warme Patina verstärkt.
Der Frosch gehörte vielleicht zu einem Kontext mit Höhlen- oder Brunnengottheiten, auch an die Sage von Latona wäre zu denken. Die Göttin hielt einst auf ihrer Reise bei einem Brunnen an, um ihren Durst zu löschen, wurde aber durch eine Schar von Bauern am Trinken gehindert. In ihrem Zorn verwandelte Latona sie alle in Frösche (Ovid, Metamorphosen 6, 339–381). PV

161 Schlange (?)

Bronze, voll gegossen, vielleicht in einer zweischaligen Form. Griechisch oder süditalisch, 4. oder 3. Jahrhundert v. Chr.
L 4,4; größte Dicke 2,6 cm.
Leichte Beschädigungen, leuchtende dunkelolivgrüne Patina.

Die flache, breite Schlange krümmt sich zu einem S. Der Querschnitt ihres Körpers ist ein gedrücktes Oval. Der von der zweischaligen Form gebildete Rand ist rings an der Schlange noch sichtbar. Bis auf den Kopf ist der obere Teil des Körpers von plastischen, in Reihen angeordneten Schuppen bedeckt, die nach beiden Seiten hin kleiner werden. Breite, segmentartige Schuppen laufen, von kleinen Schuppen gerahmt, die Unterseite entlang. Einzelheiten des Kopfes sind mit großer Feinheit und Genauigkeit nach dem Guß ziseliert. Ovale Augen mit punktförmigen Pupillen flankieren eine ovale geschuppte Zone, die an der Oberseite des Kopfes mit einer Längslinie geteilt ist. An der Unterseite sitzt das fein geformte, winkelförmige Maul.
Schlangen gibt es in der griechischen Kunst seit der Bronzezeit. Die plastischen Schlangen an Henkeln und Rändern spätgeometrischer attischer Grabgefäße sind mit dem Totenkult verbunden. Archaische böotische Töpfer formten plastische Vasen in der Form zusammengerollter Schlangen. Bronzene Votivschlangen sind vom Asklepieion in Pergamon und von anderen Orten bekannt. Sie können gerollt

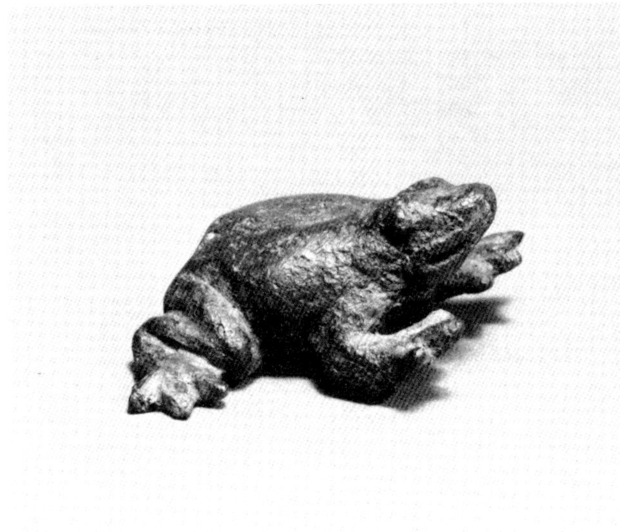

160

oder ausgestreckt sein. Die Schlange der Sammlung Mildenberg ist nach meiner Kenntnis unter den kleinformatigen Bronzeschlangen ein Unikum. Es mag sein, daß der Künstler keine eigentliche Schlange, sondern eine beinlose Eidechse im Sinne hatte, die sogenannte Blindschleiche. Die große Naturtreue in der Wiedergabe der Oberfläche spricht für eine Datierung in spätklassische oder hellenistische Zeit. DGM

161

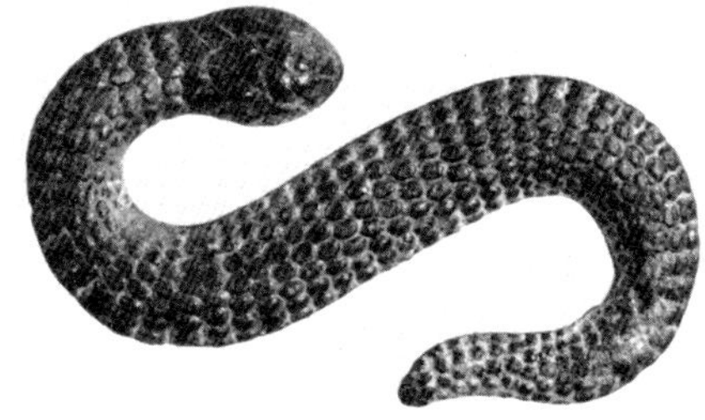

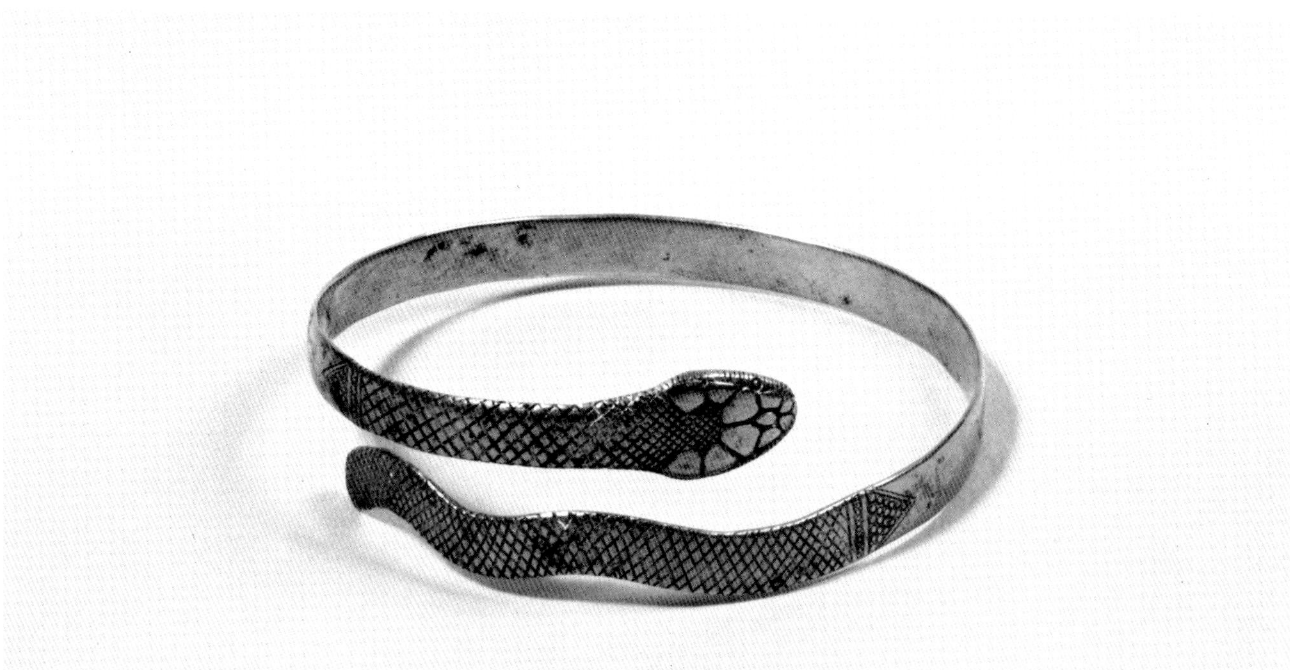

162

162 Spiralarmband in Gestalt einer Kobra

Gold. Römisch, 1. Jahrhundert v. / 1. Jahrhundert n. Chr.
Dm 7,8; Br des Bandes 0,8 cm.
Ausgezeichnet erhalten.

Eine kräftige, flache Goldspirale endet auf der einen Seite in den Kopf einer Kobra und auf der anderen Seite in den gewellten Schlangenschwanz. Das längliche Dreieck des Kopfes trägt große Schuppen in tieferem Relief als die einfache Gitterschuppung an Hals und Schwanz. Die Kopfbildung hier und bei dem folgenden Stück (Nr. 163) ähnelt der Naja nigricollis (Nr. 48). Die Augen sind tief eingepunzte Kreise, zwei tiefe Löcher sitzen an der Nase. Kopf und Schwanz sind von dem glatten Körper durch je ein Band mit kleinen eingepunzten Kreisen getrennt, das in ein mit etwas größeren Kreisen gefülltes Dreieck ausläuft. – Das ist ein glänzendes Beispiel für einen wohlbekannten Armband-Typus, der weiter bei Nr. 163 beschrieben wird. Nahe Vergleichsstücke gibt es im Benaki Museum, Athen. APK

163

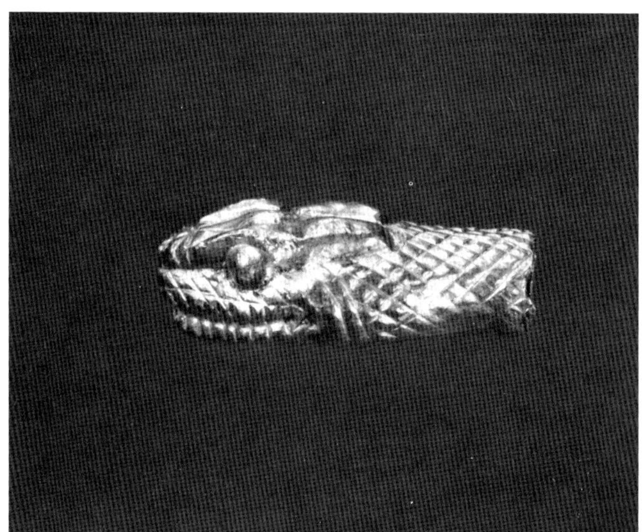

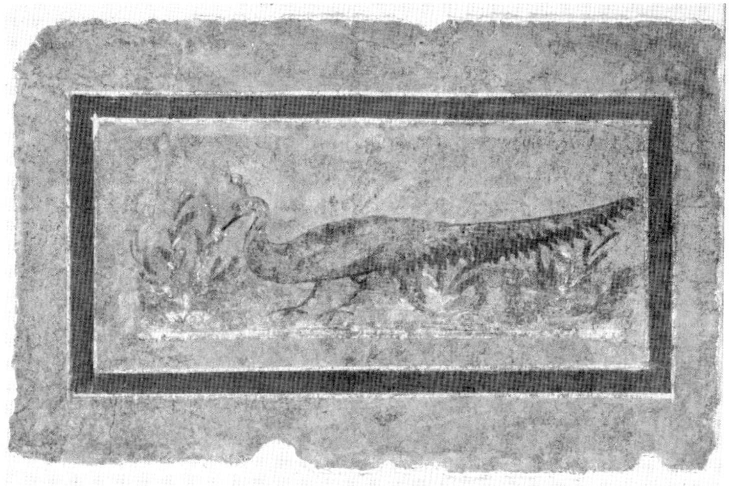

164

163 Schlangenkopf von einem Armband

Gold. Griechisch-römisch, 1. Jahrhundert v. / 1. Jahrhundert n. Chr.
H 1; L 3 cm.
Kleine Beschädigungen am linken Maulwinkel, hinter dem linken Auge, unter dem rechten Auge und rechts am Hals.

Der Kobrakopf ist von einem Armband ähnlich wie Nr. 162 gebrochen, nur ist er größer und hohl. Die Schuppen auf der Oberseite des Kopfes sind ähnlich wie bei Nr. 162, aber in höherem Relief wiedergegeben. Die Augen gleichen Halbkugeln, im Maul sind die Zähne markiert. Der Hals ist mit Gitterschuppen bedeckt, die tiefer sind als bei Nr. 162. Abgesehen von fünf gleichmäßig ziselierten Linien ist die Kehle glatt.
Das Schlangenarmband ist eine der ältesten Schmuckformen. In Ägypten war es mit dem Isis- und Sarapiskult verbunden. Mit der Verbreitung dieser Kulte in Griechenland und Italien verbreitete sich das Schlangenarmband über die klassische Welt. Die spätesten Exemplare gehören in das 1. Jahrhundert n. Chr. Das nächste Vergleichsbeispiel ist wohl im Benaki Museum, Athen. Doch gibt es viele andere Parallelen. APK

164 Wandmalerei mit Pfau

(Farbabbildung s. S. 180)

Farbe auf Gips (Stuck?). Römisch, 1. Jahrhundert n. Chr.
H 29,9; L 48,5 cm.
Ringsum bestoßen, links gebrochen, teilweise übermalt.

Auf einem ockerfarbenen Hintergrund, in einem roten und weißen Rahmen, steht ein eleganter Pfau nach links gewendet über einer weißen Grundlinie zwischen Grünpflanzen, die aus einem Erdreich in Farben von rosa bis weiß wachsen. Der Körper des Pfaus ist in Schwarz umrissen, schwarz sind auch die Augen, die Füße und der Schnabel. Brust und Körper waren ursprünglich grünblau auf braun. Der lange sägezahnförmige Schwanz ist dunkelrot wie der Rahmen, mit gelben Pinselstrichen darauf. Dunkelbraune Punkte mögen die „Augen" auf den Schwanzfedern andeuten. Kräftiges Weiß ist auf Kopf und Hals des Pfaus und auf der Pflanze vor ihm aufgetupft (Beeren?).
Die Pfauenzucht war in der späten Republik und der frühen Kaiserzeit ein aristokratisches Hobby. Die Tiere wurden aus Indien importiert und gelegentlich auch zu Festbanketten serviert. Der Pfau galt als heiliges Tier der Juno und wurde von den römischen Kaiserinnen als Symbol übernommen, wie von den Kaisern der Adler des Jupiter. In der frühchristlichen Kunst wurde er zum Sinnbild der Unsterblichkeit.
Ein sehr ähnlicher Pfau, in kräftigerem Blau, steht einem anderen gegenüber in einem ähnlichen Garten auf einem Gemälde, das an der Außenmauer eines öffentlichen Gebäudes in Pompeji gefunden wurde. JN

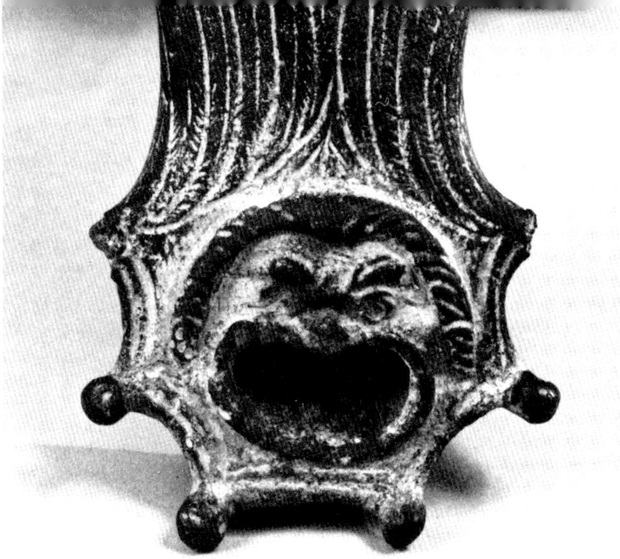

△ 165 ▽

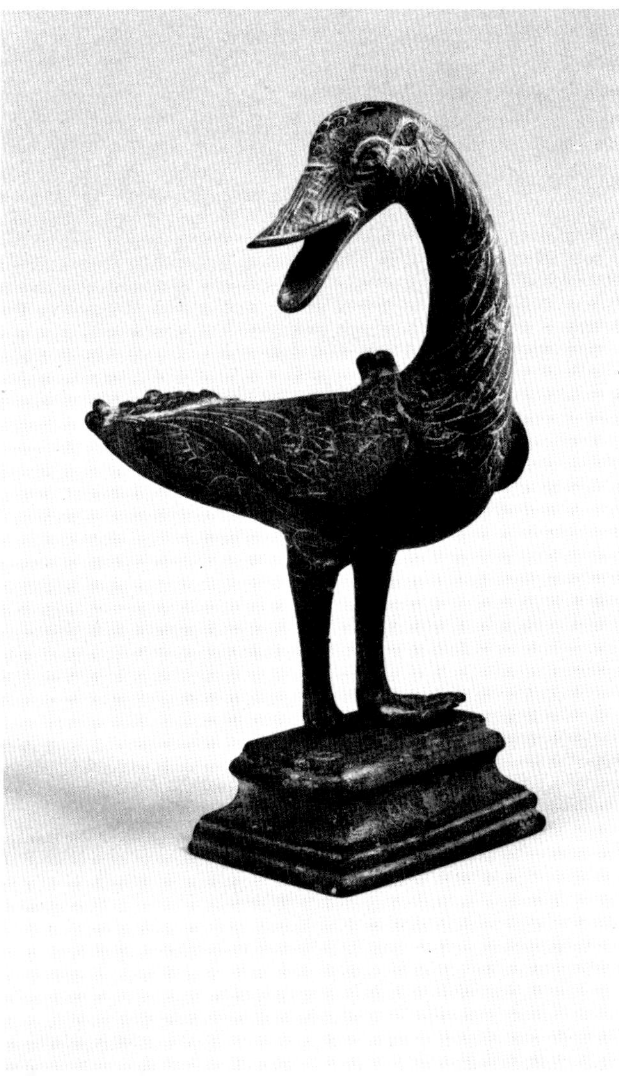

165 Entenlampe *(Farbabbildung s. S. 178)*

Bronze, Hohlguß. Römisch, 1. Jahrhundert n. Chr.
H 26,4; L 18,6; T 14,5 cm.
Verloren sind ein Teil des rechten Entenfußes, der Deckel für die Füllöffnung, zwei der sechs Noppen an der Schnauze der Lampe. Diagonaler Bruch am Hals, kleinere Absplisse und Löcher. Mattschwarze bis mittelgrüne Patina.

Die prächtige Ente auf profilierter rechteckiger Basis diente in der frühen Kaiserzeit als Lampe. Ihr Körper ist für diesen Zweck gut genutzt: durch ein Loch auf dem Rücken konnte in den hohlen Bauch das Öl gegossen werden. Eine Komödien-Maske, deren breites Maul den Docht aufnahm, ziert die Schwanzspitze der Ente. Sie fungiert zugleich als Tülle der Lampe in Form einer Muschel, umgeben von sechs Noppen (zwei abgebrochen). Zwei Ösen, die über der Füllöffnung in der Mitte des Rückens stehen, dienten einst als Scharnier für einen blattförmigen Deckel, jetzt verloren. Basis und Ente sind getrennt gegossen und zusammengelötet.
Abgesehen von ihrer Funktionalität ist die Ente ein Wunder an Beobachtung und Kunsthandwerk. Gerade dem Wasser entstiegen, hält sie inne, um sich trocken zu schütteln, wirft den Hals nach rechts herum und schnattert los. Ein begabter Handwerker und guter Beobachter der Natur hat diese wohlgeformte und feinziselierte Bronze geschaffen, die Schönheit des Tieres und den Witz des Moments eingefangen.
Tiergestaltige Lampen aus Terrakotta wie aus Bronze waren in der Antike sehr verbreitet. Unter den Tieren waren Vögel am beliebtesten, vielleicht weil ihr stromlinienförmiger Körper leicht der Lampenform angepaßt werden konnte. Die meisten sind später entstanden und weniger realistisch gebildet als diese Ente, die aufgrund von ähnlichen Stücken in Berlin (West) und Neapel in das 1. Jahrhundert n. Chr. datiert. Während diese in erster Linie Lampen sind, so ist die Mildenberg-Bronze zuallererst eine Ente, die fest auf einem Sockel steht. Darin ähnelt sie mehr einem Raben aus Bronze, der als Brunnenfigur diente und eine ähnliche Detailfreude zeigt (Neapel, aus Stabiae, 1. Jahrhundert n. Chr.). KPE

166 Gans

Bronze, Vollguß (verlorene Form). Römisch, 2.–3. Jahrhundert n. Chr.
H 7,5; Br des Körpers 2,8; L 8 cm.
Unbeschädigt. Dunkelgraue bis schwarze Patina.

Diese Gans mit angriffslustig vorgestrecktem Kopf steht auf einer Rundbasis (Br 2,2; L 1,8 cm) mit glockenförmigem Fuß. Die Beine und Füße der Gans sind vorn und an den Seiten dieses Standringes eingraviert. Sie hat einen kurzen stoppeligen Schwanz und einen langen zylindrischen Hals, einen geraden Schnabel. Die Details sind fast alle nach dem Guß eingraviert, einzelne Federn mit großer Genauigkeit über dem ganzen Körper, den Flügeln und dem Schwanz ziseliert. Feinere Daunen sind auf dem Hals eingezeichnet. Der Kopf hat lange ovale Augen und einen eingeritzten Mund an der Unterseite des Schnabels.
Mir sind keine Gänse bekannt, die diesem wilden Vogel ähneln. Die ausgedehnte Kaltarbeit legt eine Datierung in das 2. – 3. Jahrhundert n. Chr. nahe. Die verkümmerte Darstellung der Füße läßt vermuten, daß diese Bronze recht spät hergestellt wurde, zu einer Zeit, als die anatomische Wiedergabe von Vögeln und Tieren ebenso wie von menschlichen Figuren zunehmend vereinfacht wurde. Die Mildenberg-Gans diente vielleicht als Zierstück eines Deckels oder eines anderen größeren Objekts, ihre Form eignet sich als Henkel oder Griff. (Vgl. Nr. 165.) DGM

166

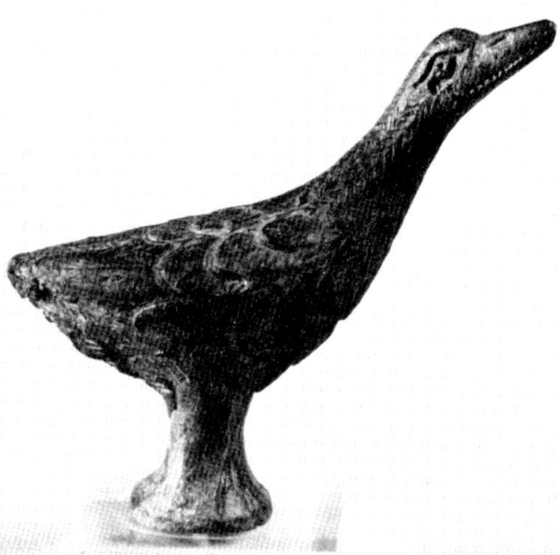

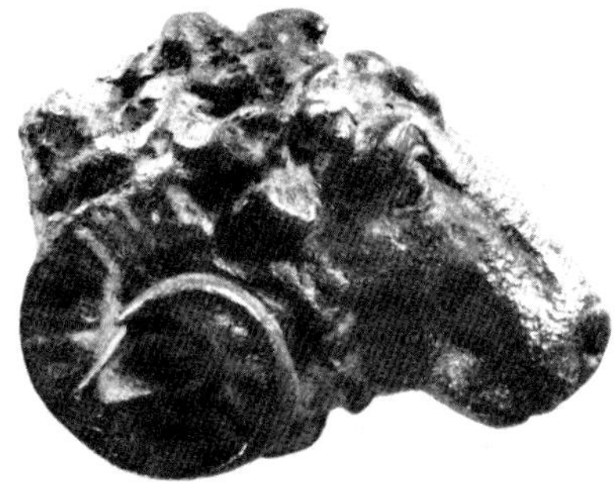

167

167 Widderkopf-Applik

Bronzerelief, Guß. Griechisch-römisch, 1. Jahrhundert v. – 1. Jahrhundert n. Chr.
H 3,6; L 4,6; T 1,8 cm.
Unbeschädigt. Mittel- bis dunkelgrüne Patina.

Gegossen mit einer flachen Rückseite, diente dieser Widderkopf einst vielleicht als appliziertes Ornament für einen Haushaltsgegenstand, vielleicht einen Kessel, ein Gefäß oder für ein Möbel. Keine Spur einer Niete oder eines Nietloches ist zu sehen, so daß der Kopf an den Gegenstand, den er verzierte, angelötet gewesen sein muß. Die Gesichtszüge sind fein und einfühlsam wiedergegeben, das Auge schön gerundet in seine Höhlung eingefügt, Pupille und Braue angegeben, die Nase durch Gravierung verdeutlicht und das Maul durch eine Furche markiert. Die impressionistische Modellierung des wollenen Widderfells fängt die Erscheinung und die Struktur des Vlieses besonders gut ein. Das in recht hohem Relief gearbeitete Horn umschließt mit der herausstehenden Spitze das Ohr und bewirkt einen hübschen Kontrast zu den schmalen Gesichtsflächen und den weichen Locken des Fells.
Kunstgerechtes Handwerk und ersichtliches Einfühlungsvermögen deuten vielleicht auf eine Entstehung im Hellenismus, obwohl die Applik ebenso ein außergewöhnlich gutes Produkt der frühen römischen Kaiserzeit sein kann. KPM

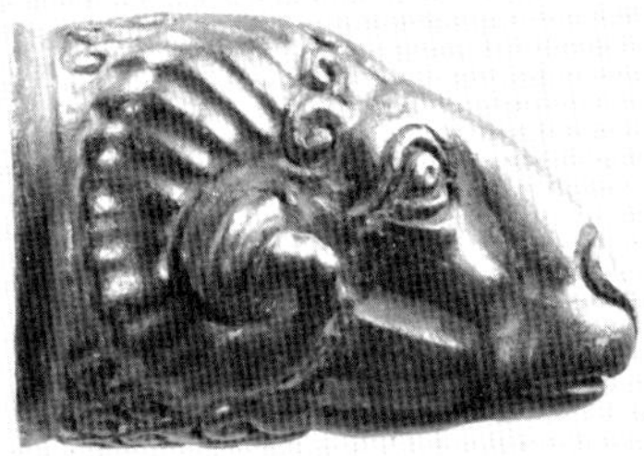

168

168 Verzierung eines Schalenhenkels in Form eines Widderkopfes

Bronze, Hohlguß. Römisch, 1.–2. Jahrhundert n. Chr.
H 2,2; Br 3,1; L 4; Dm der Öffnung 2,7 cm.
Unbeschädigt. Glänzende schwarze Patina.

Dieser Widderkopf verzierte einst das Ende eines langen, runden, gerippten Henkels einer Schale, eines flachen runden Bechers oder einer Pfanne (oft versehen mit einer Erhebung, einem Omphalos, in der Mitte). Diese Geräte wurden offenbar zum Kochen, Servieren oder Essen von Speisen in der klassischen Antike benutzt, gelegentlich wohl auch für rituelle Spenden, so die henkellosen Varianten der Schalen und einige frühere Schalen mit verschiedenartigen Henkeln (Vgl. Nr. 115). Eine recht große Zahl von Schalen, teils unversehrt, teils fragmentiert, ist – zusammen mit zahlreichen Henkeln – erhalten. Viele von ihnen sind gut ausgearbeitet, andere recht flach. Schalen mit gerippten zylindrischen Griffen wie diese und Enden in irgendeiner Kopfform waren sicherlich während des Hellenismus in Gebrauch, wie die gut datierten Funde von Pella beweisen; sie wurden jedoch bis in spätrömische Zeit hergestellt. Für den oben beschriebenen Henkeltyp an Schalen ist der Widderkopf das gebräuchlichste Zierstück, vielleicht weil Widder bei den rituellen Handlungen eine Rolle spielten, für die solche Schalen benutzt wurden.

Gut modellierte Gesichtszüge und sorgfältige handwerkliche Arbeit charakterisieren dieses Stück. Dennoch stehen das Flachrelief und die starke Stilisierung besonders in den flachen Spirallocken um das Gesicht in einem starken Kontrast zu dem kräftig und dynamisch modellierten Widderkopf Nr. 167, der sich sicher enger an das hellenistische Vorbild anlehnt, wenn er nicht sogar hellenistisch ist. Widderkopf-Verzierungen an Schalenhenkeln wie diese wurden unter den Verschüttungen des Vesuv-Ausbruchs von 79 n. Chr. gefunden, ebenso in römischen Siedlungen in Frankreich, Deutschland, Belgien, Jugoslawien und Ägypten, was eine Datierung dieses Zierstücks in das 1.–2. Jahrhundert n. Chr. nahe legt. KPE

169 Hockendes Kaninchen

Bronze, Vollguß. Römisch, 1. Jahrhundert v.–1. Jahrhundert n. Chr.
H 2,3; Br 1,6; L 4,2 cm.
Unbeschädigt. Glänzende, dunkelbraune Patina.

Eng am Boden kauernd, die Ohren aufmerksam gespitzt, die Augen offen, mit schnüffelnder Nase scheint dieses mollige Kaninchen sprungbereit, vielleicht nach einer Frucht

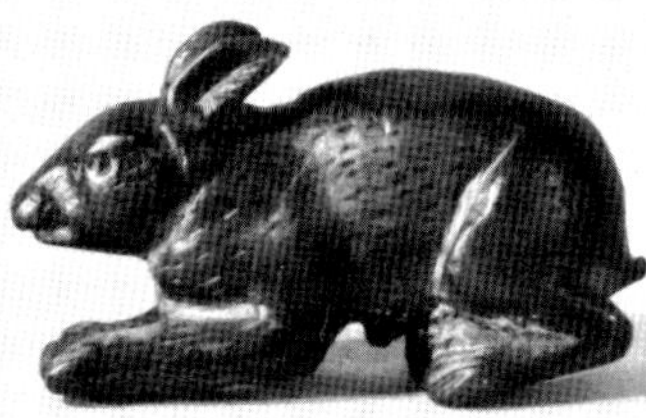

169

oder Nuß, die unbeachtet liegenblieb. Die Römer machten keinen Gattungsunterschied zwischen Hasen und Kaninchen, und es ist auch keiner in der antiken Kunst zu finden, weil er nicht unbedingt in der physischen Erscheinung, sondern in biologischen Eigenschaften besteht. Gewöhnlich nennt man aber das lange, magere Tier, das von Hunden gejagt wird (wie Nr. 117), einen Hasen, dagegen die rundere, niedlichere Variante, häufig in häuslichen Szenen auf römischen Wänden zu sehen, ein Kaninchen.
Gekonnte Modellierung und eingravierte Details kennzeichnen das Stück. Kleine Striche, wie zufällig plaziert über den ganzen Körper, geben das Fell des Kaninchen an. Die eingetieften Augen zeigen einen Grat für die Iris und ein Loch für die Pupille. Gravuren im Inneren des Ohrs ähneln den Ästelungen eines Blattes. Drei eingeritzte Linien erscheinen an jeder Vorderpfote, zwei an den Hinterpfoten.
Vielleicht diente dieses Kaninchen, zusammen mit seinem Imbiß, einst als Verzierung eines Gefäßes oder eines Möbels; die flache Unterseite der Pfoten gibt eine gute Auflage ab, und ein vorstehender Knopf am Bauch mag eine Verbindung ermöglicht haben.
Eine Datierung in die späte Republik oder frühe Kaiserzeit scheint wegen der zahlreichen Darstellungen ähnlicher Kaninchen in häuslichem Kontext auf römischen Wandgemälden dieser Zeit – oft an Feigen oder Trauben naschend – angemessen. KPE

170 Kauernde Maus

Bronze, Vollguß (verlorene Form). Römisch, 1.–2. Jahrhundert n. Chr.
H 2,3; Br 2,1; L 6 cm.
Unbeschädigt. Dunkelgraugrüne Patina.

Diese drahtige Maus liegt auf der Lauer, als ob sie den Kern oder die kleine Nuß bewachen wolle, die sie zwischen ihren vorgestreckten Vorderpfoten hält. Ihr stark stilisierter Kopf hat eine kleine, spitze Schnauze, einen vertieften Mund, große ovale Augen mit waagerecht eingeritzten Schlitzen und große, abstehende Ohren mit ovaler Erhebung in der Mitte. Die Modellierung von Körper und Beinen ist straff und detailliert. Der Körper, einschließlich der Unterseite des Bauches und der Vorderbeine, ist ganz mit diagonal orientierten Linien kurzer, horizontaler Punktierungen bedeckt. Ein kleiner, spitzer Schwanz ragt gerade aus dem Hinterteil heraus. Die Unterseite der Hinterbeine ist flach und unpunktiert. Die Frucht oder Nuß ist in voller Rundung modelliert.
Dies ist die detaillierteste Maus, die ich kenne; offensichtlich ist ein anderes Tier gemeint als bei Nr. 171 und 172. Ausgedehnte Kaltarbeit und Gravierung weisen auf eine frührömische Datierung und lassen zudem vermuten, daß das Tier frei stand, nicht auf einer Basis wie Nr. 172. Unsere Unkenntnis über die Verwendung solcher Mäuse schmälert die Würdigung solcher kleinen Statuetten nicht, ebenso wenig die Sympathie und Belustigung, mit der ihre römischen Hersteller (und Betrachter) sie sahen. DGM

170

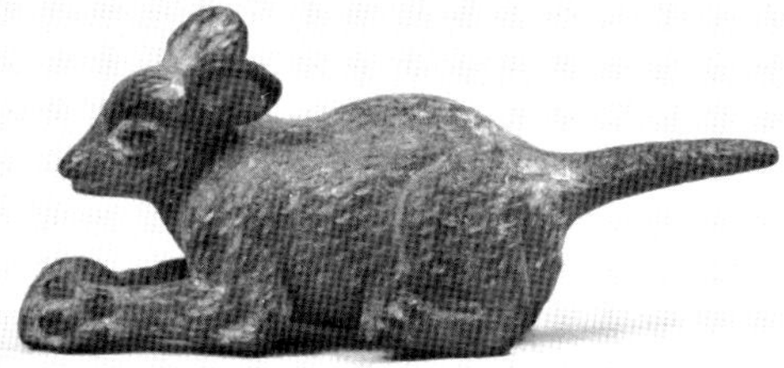

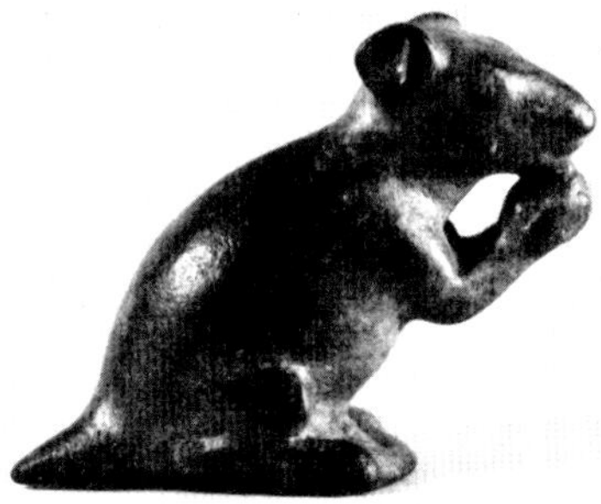

171

172

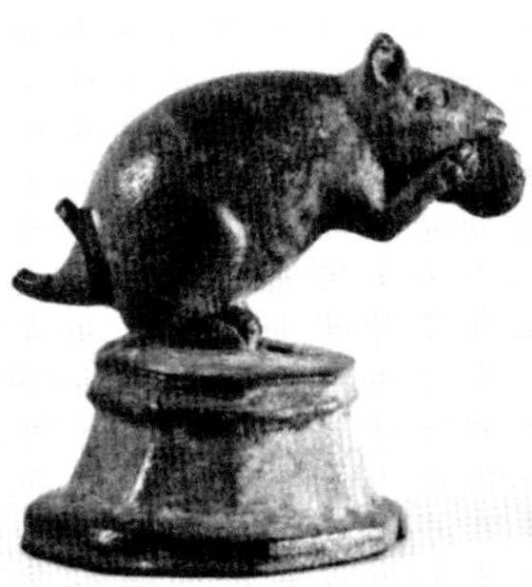

171 Maus

Bronze, Hohlguß (vielleicht verlorene Form). Römisch, 1.–3. Jahrhundert n. Chr.
H 3,9; Br unten 2,3; L 5 cm.
Unbeschädigt. Überzogen mit einer dunklen, glänzenden, blaugrauen bis schwarzen Patina.

Diese kräftig modellierte Maus sitzt aufrecht auf ihren Hinterbeinen, lehnt sich nach vorn und knabbert an etwas zwischen ihren Vorderpfoten. Die runden, vertieften Ohren und die hervortretenden Augen sind im Guß angelegt, es gibt kein in die Oberfläche graviertes Ornament. Der kurze dreieckige Schwanz steht gerade ab und ermöglicht der Maus die aufrechte Haltung. Ein Hohlraum in der Unterseite erstreckt sich bis in den Körper.
Die Statuette ist kräftiger und feiner modelliert als viele römische Mäuse aus Bronze und könnte auch eine späthellenistische Arbeit sein. Ist vielleicht eine Haselmaus, nicht eine Haus- oder Feldmaus, gemeint? Wir wissen nicht, ob solche bronzenen Mäuse als freistehende Dekorationen im Haushalt dienten oder auf einem größeren Gegenstand, etwa einem metallenen Eßbehälter, befestigt waren.
DGM

172 Maus auf achteckiger Basis

Bronze, Guß. Römisch, 1.–3. Jahrhundert n. Chr.
H gesamt 4; Br 1,7; L 4,2 cm.
Unbeschädigt bis auf die fehlende Schlaufe des Schwanzes.

Akrobatisch balanciert die dicke Maus mit ihren Hinterpfoten auf einer profilierten Basis (H 1,6; ca. 3 qcm) und führt gleichzeitig einen runden Gegenstand (ein Obstkern oder ein Stück Kuchen?) mit den Vorderpfoten zur Schnauze. Aufmerksam sind die kleinen runden Ohren aufgestellt. Ehemals ragte die jetzt abgebrochene Schlaufe des Schwanzes über den Körper; die Schwanzspitze haftet noch an dem rechten Hinterteil. Das Fell des dicken, eiförmigen Körpers der Maus ist durch winzige horizontale Ritzungen angedeutet. Maus und Basis sind in einem Stück gegossen. Die sich nach oben verjüngende Basis hat einen achteckigen Querschnitt; sie ist oben und unten mit einem schmalen Torus abgeschlossen; die Unterseite der Basis ist roh gelassen. Diese Maus mag ein einfaches Dekorationsstück gewesen sein, vielleicht Applik eines größeren Gegenstandes, z. B. eines Lampenständers, oder auch ein Weihgeschenk. Im British Museum befindet sich die Statuette einer Maus, die auf einer ionischen Basis hockt und an einem länglichen Gegenstand knabbert. Eine dieser recht ähnliche Maus, allerdings ohne Basis, wird im Landesmuseum für Kärnten aufbewahrt. Eine verwandte, mehr kriechende Maus in Basel hält man für klassisch.
DGM

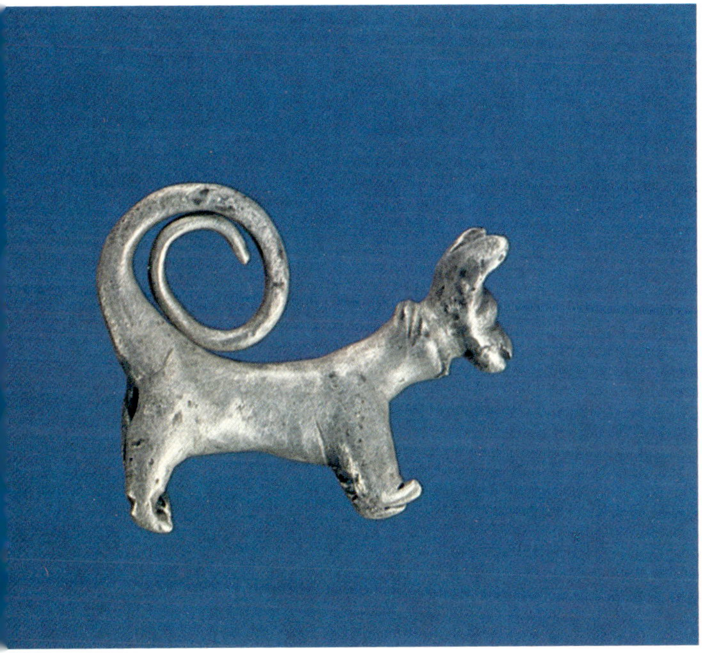

Amulett in Gestalt eines Hundes (Kat.-Nr. 3)

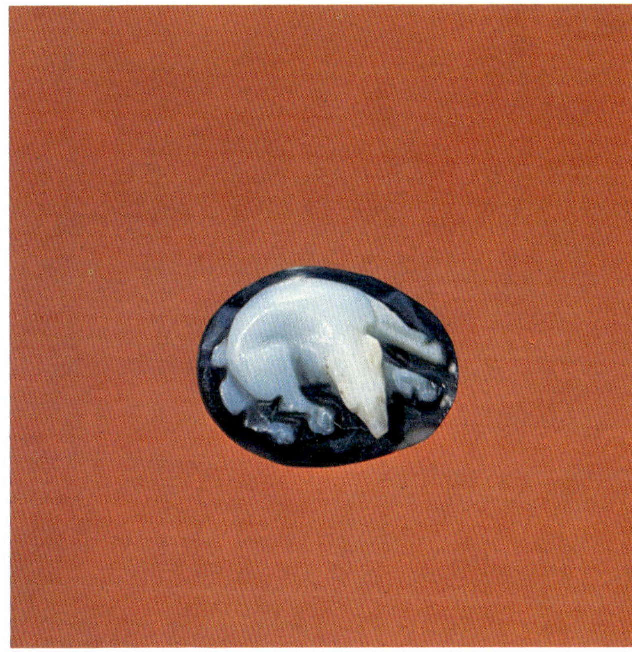

Schlafender Hund (Kat.-Nr. 185)

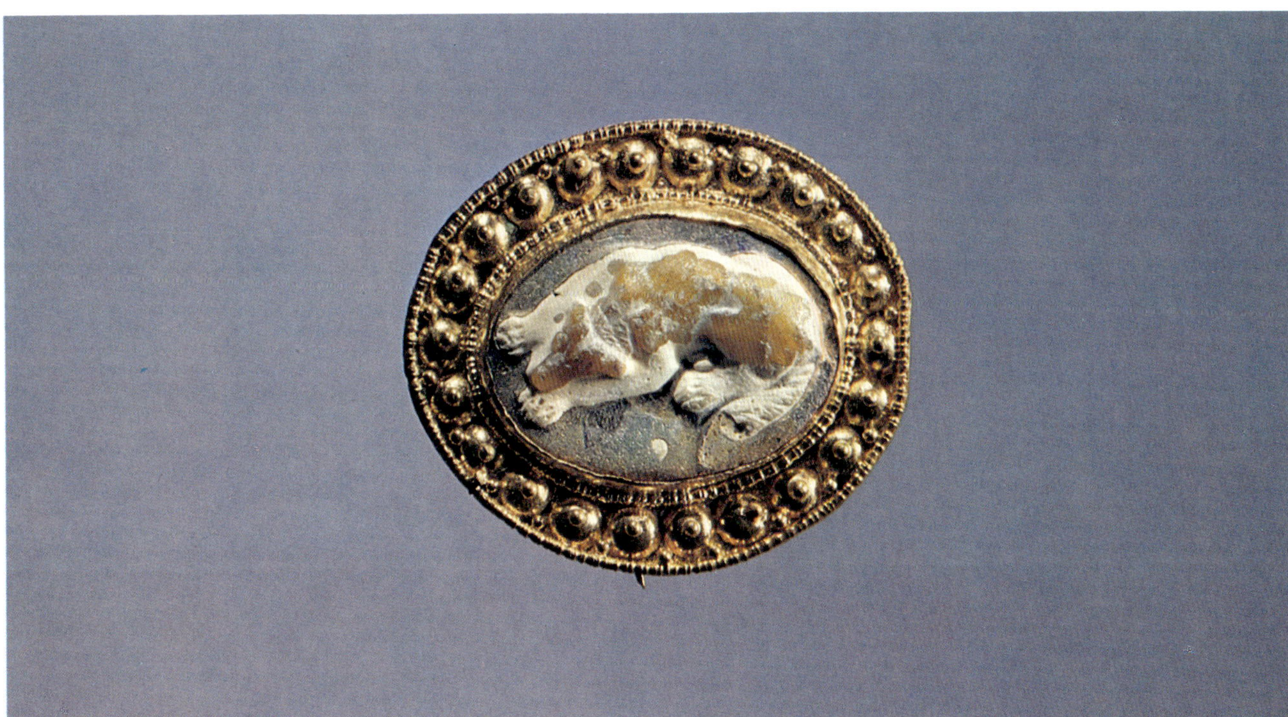

Goldene Brosche mit Glaskameo: Schlafender Hund (Kat.-Nr. 186)

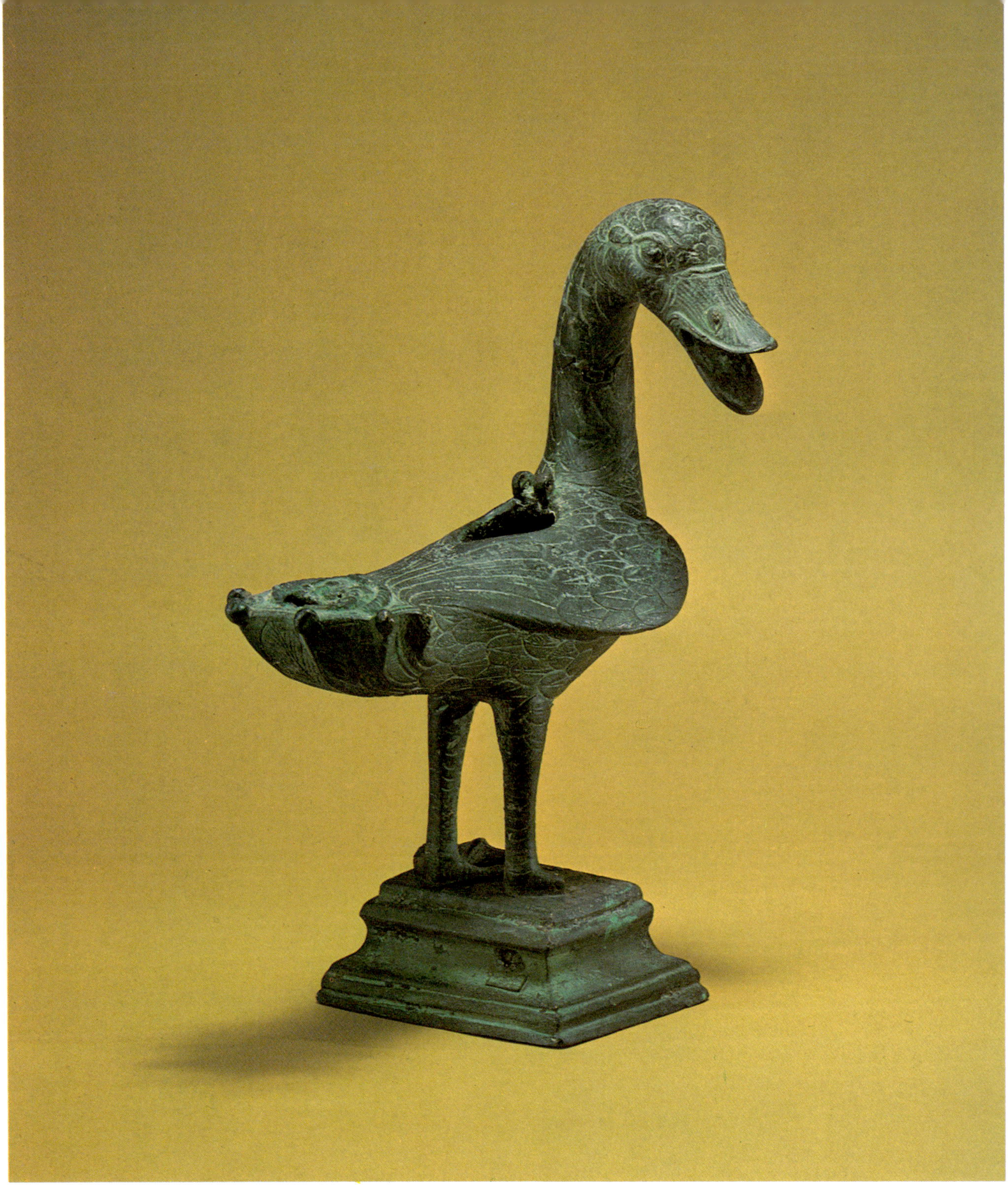

Entenlampe (Kat.-Nr. 165)

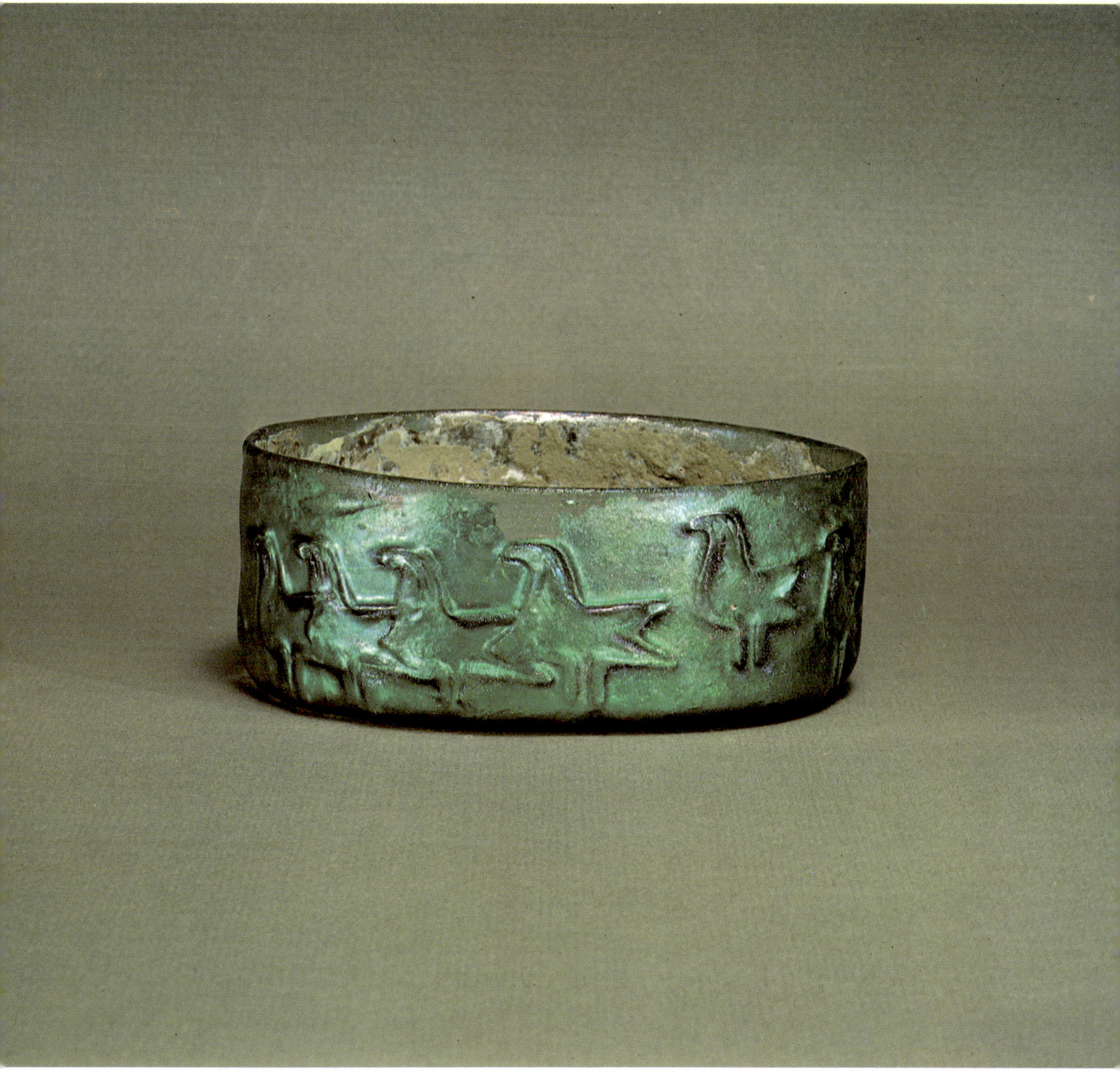

Schale (Kat.-Nr. 43)

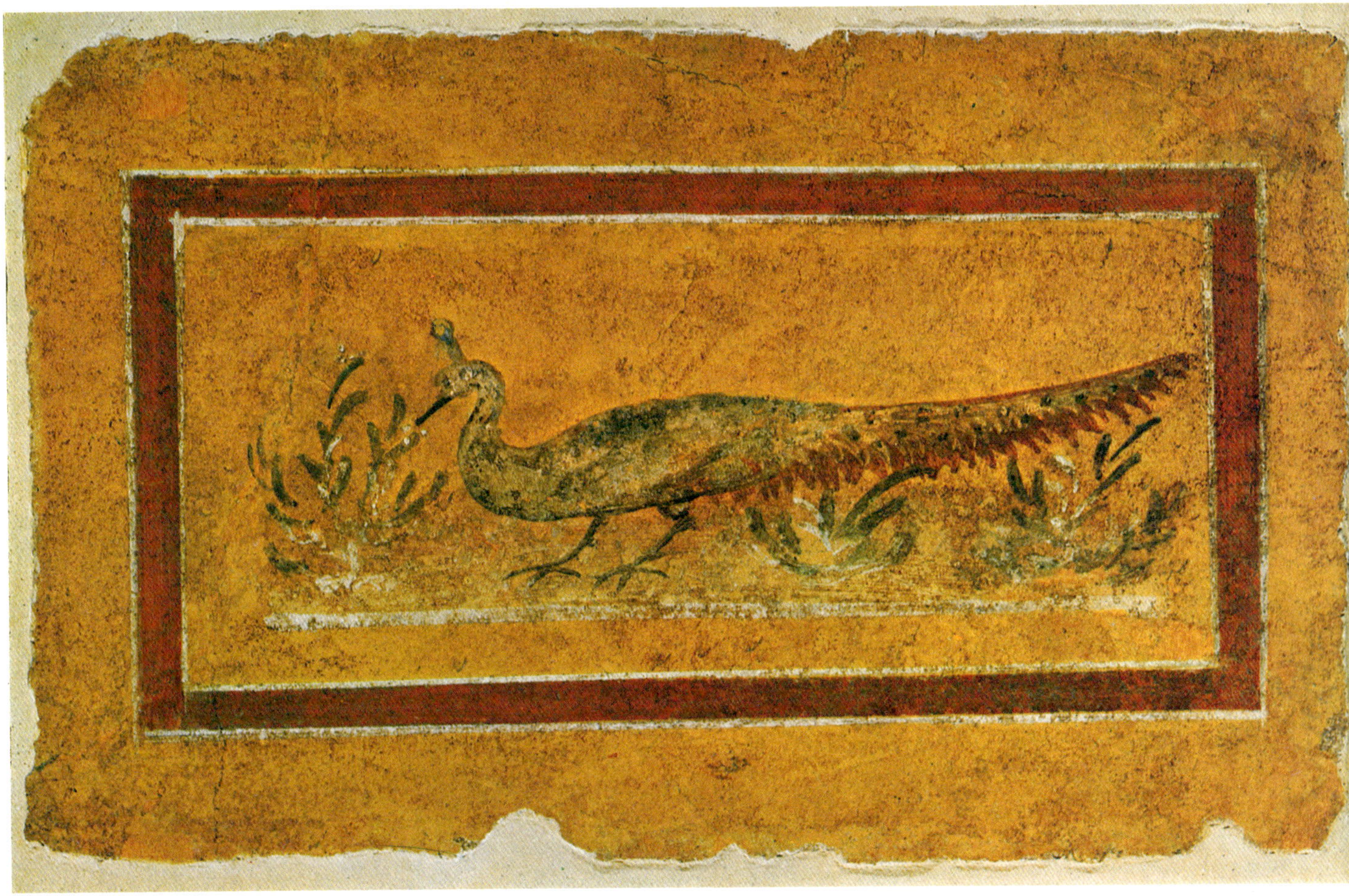

Wandmalerei mit Pfau (Kat.-Nr. 164)

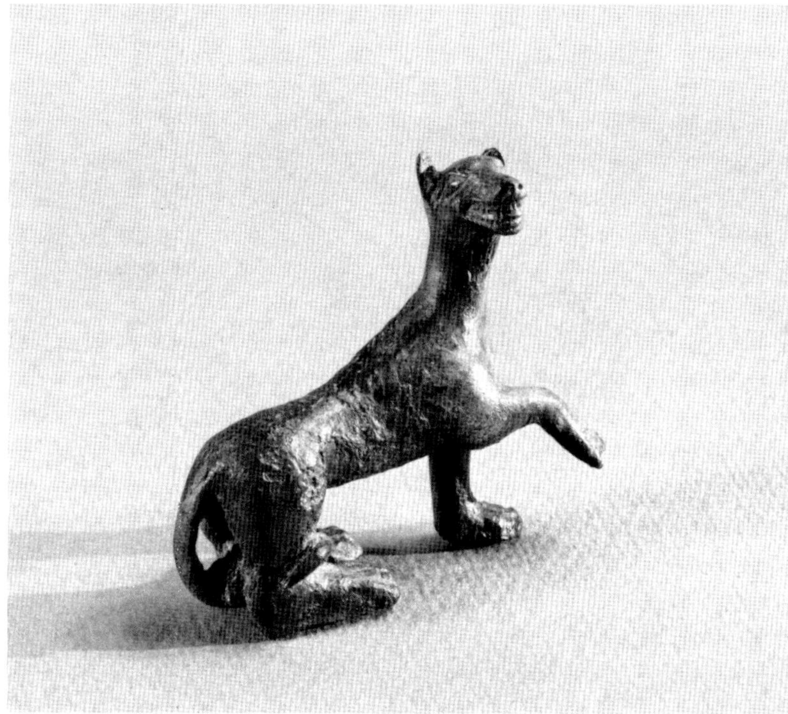

173 Bösartiges Katzentier

Bronze, Vollguß. Griechisch-römisch, 1. Jahrhundert v.–1. Jahrhundert n. Chr.
H 5,2; Br 1,5; L 6,3 cm.
Unbeschädigt. Mittel- bis dunkelgrüne Patina.

Halb auf den Hinterpfoten sitzend, stützt sich diese furchterregende Katze auf die linke Vorderpfote und hebt die rechte. Sie wendet den Kopf nach rechts, richtet die Ohren aufmerksam auf und bleckt bösartig die Zähne. Der Schwanz ringelt sich um die rechte Hinterpfote, die einen ungewöhnlichen knopfartigen Vorsprung besitzt, der vielleicht ein Zeichen unvollendeter Kaltarbeit ist.
Obwohl unbeholfen im Stand und unorganisch in den Proportionen, weist das Stück recht fein eingravierte Details auf. Eine geritzte Zickzacklinie folgt der leicht erhabenen Wirbelsäule vom Nacken bis zur Mitte des Rückens, während eine wellenförmige Linie auf dem Rumpf erscheint. Sieben lange, wellenförmige Ritzungen deuten den Bart des Tieres an, und drei Furchen markieren die Tatzen.
Mit dem röhrenförmigen Körper, den massigen Pfoten und der ungeschickten Bewegung handelt es sich um ein merkwürdiges Tier, dessen Gattung nicht klar ersichtlich ist. Vermutlich ist ein Hund oder eine Katze gemeint, natürlich kein Haustier, sondern eher ein Wolf, eine Hyäne, Bergkatze oder ein Panther. Die halb kauernde Haltung mit der erhobenen Vorderpfote und das Fletschen der Zähne passen zu wilden Hunden und Katzen. Vier Merkmale sprechen allerdings für die Bestimmung als Katze: Erstens, das Sitzmotiv ist in der antiken Kunst bei Darstellungen von Katzen gebräuchlich; zweitens entblößen Hunde in antiken Darstellungen selten die Zähne in feindseliger und drohender Art; dann besitzt das Tier einen recht großen, spitz zulaufenden Bart unter dem Kinn; schließlich ist der eingerollte Schwanz dieses Vierfüßlers eher der einer Katze als der eines Hundes. Der Bart ist am ehesten kennzeichnend, denn das einzige Tier, welches mit einem derartigen Bart auf antiken Bronzen ausgestattet ist, ist der Panther. Zahlreiche Bronzestatuetten zeigen den wilden Panther oder Leoparden in diesem Bewegungsmotiv mit geflecktem Fell, aber auch ohne und mit Bart. Hunde, Hyänen und Wölfe andererseits sind bisweilen in der kauernden Haltung mit entblößten Zähnen dargestellt, ebenso sind mitunter Haare am Kopf und Körper angegeben. Niemals besitzen sie allerdings Barthaare wie dieses Tier. Dadurch scheint eine Bestimmung dieser Statuette als ein Katzentier gesichert trotz der ungewöhnlichen Erscheinung. KPE

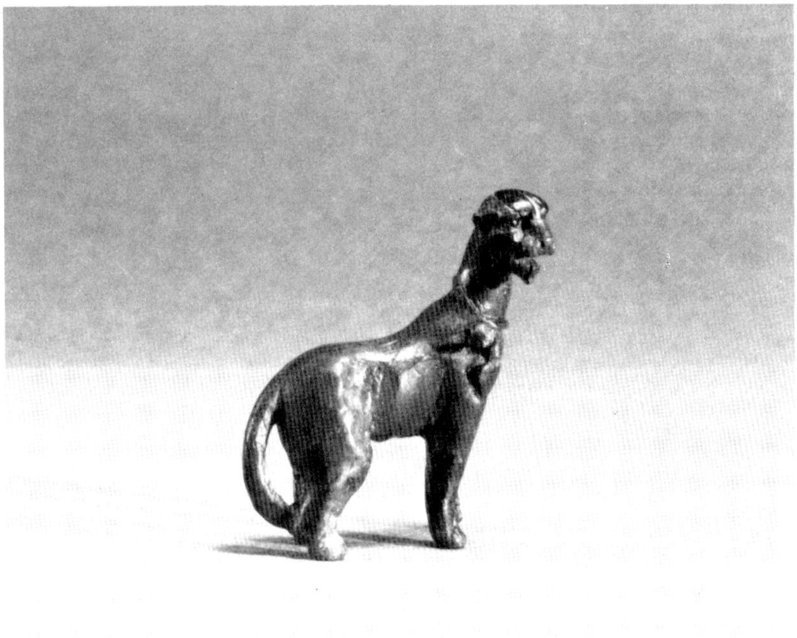

174 Mit einem Efeuband geschmückter Panther aus einer Bacchischen Gruppe

Bronze, Vollguß mit Reparaturen aus einem Blei-Zinn-Lot.
Römisch, 1. – 2. Jahrhundert n. Chr.
H 5,2; Br 1,5; L 6,3 cm.
Die Kalotte des Kopfes, die beiden vorderen und die linke hintere Tatze sind ausgebessert, wie oben beschrieben; diese Stellen sind auffallend schwarz gegenüber dem Grün der übrigen Oberfläche; die Unterseite des Körpers ist nicht kalt überarbeitet. Glänzende, dunkelolivgrüne Patina.

Trügerisch gefügig stand der mit einer Efeuranke umwundene Panther wahrscheinlich ursprünglich als würdevoller, aber nicht zahmer Wächter neben seinem Herrn Bacchus. Die sprungbereit aufgestellten Vorderpfoten widersprechen der scheinbaren Lässigkeit der kraftvollen Hinterbeine und des gesenkten Schwanzes. Die wachsamen Augen und das knurrende oder fauchende Entblößen der Zähne zeigen den wahren Charakter des Tieres: zahm zu seinem Herrn, aber drohend anderen gegenüber.
Zahlreiche Darstellungen von ähnlichen Panthern, die Bacchus und gelegentlich seine Begleiter, die Satyrn, begleiten, sind in der antiken Kunst bekannt. Kein Vergleichsstück kommt diesem allerdings im Motiv und Stil nahe, denn gewöhnlich sitzen die Panther und haben andere Körperproportionen; keine Parallele finden die schwerfälligen und unbeweglichen Hinterpfoten verbunden mit den vergleichsweise dünnen Vorderpfoten und der kleine Kopf. Die von den Panthern in den Bacchischen Gruppen getragenen Efeubänder haben unterschiedliche Formen. Einige umwinden den Tierkörper und erinnern an Weinranken; andere, wie dieses hier, sind mit zwei großen Blättern sorgfältig über die Schultern des Panthers gelegt, an ein Halsband erinnernd. Der Kopf des Panthers ist nach rechts gewendet, vermutlich um mit geöffnetem Maul all denen zu drohen, die sich dem Gott nähern, der daneben zu ergänzen ist. Nur die Tatze der rechten Hinterpfoten ist original erhalten, da sie durch die mit ihr verbundene Spitze des Schwanzes vestärkt wurde; die anderen Tatzen sind verloren oder fehlten bereits im Guß. Diese Tatzen sowie ein großes Stück auf dem Kopf, wohl ebenfalls ein Fehler im Guß, wurden bereits in der Antike mit einem Blei-Zinn-Lot ausgebessert. Trotz des schadhaften Erhaltungszustandes gibt dieser ungewöhnliche Panther in der dynamischen Modellierung und dem kraftvollen Ausdruck überzeugend die ungeheuere, nur für den Augenblick zurückgehaltene Kraft des Tieres wieder.
Eine Datierung in die ersten zwei Jahrhunderte n. Chr. ist angezeigt durch zahlreiche Panther in vergleichbarem Motiv und Stil.

KPE

175 Sitzender Panther

Bronze, Hohlguß. Spätrömisch.
H 8,3; Br 3,7 cm.
Mattgrüne Patina. Oberfläche leicht gefleckt. Das Innere ist umgeben von einem festen, grau geschichteten Material.

Der auf seinem Hinterteil sitzende Panther hat den Körper aufgerichtet, sich leicht nach links gewendet und die rechte Vorderpfote erhoben. Sein Schwanz ringelt sich um die linke Hinterpfote. Grobe Kerben markieren das Maul, die Lippen, die Augen, die Pupillen, die das Gesicht umgebenden Haare, die Pfoten und die Schwanzquaste. Weniger deutlich sind die Schultern, die Rippen und der Bauch wiedergegeben; kleine Punktierungen auf dem Körper des Tieres deuten das Fell an.
Die Basis der Figur ist schräg abgeschnitten; daher fehlt die rechte Hinterpfote vollständig. Die linke Vorderpfote verbindet ein Bronzesteg mit der Basis. Das geöffnete Maul enthält ein zylindrisches Loch, das durch die dünne Bronzeschicht zwischen den Lippen des Panthers noch betont ist. Es ist wegen der schrägen Basis klar, daß der Panther ursprünglich auf einer runden Oberfläche saß, vielleicht auf einem Gefäß. Die heraldische Pose läßt vermuten, daß die Figur zusammen mit einem entsprechenden Gegenstück und einem dritten Element als Verbindungsstück einen Henkelgriff bildete. Eine andere Möglichkeit, durch den hohlen Körper und das Loch im Maul angezeigt, ist die Verwendung als Brunnenfigur entsprechend einem bronzenen Panther in Rhode Island oder einem bronzenen Delphin in einer Schweizer Sammlung. PV und JN

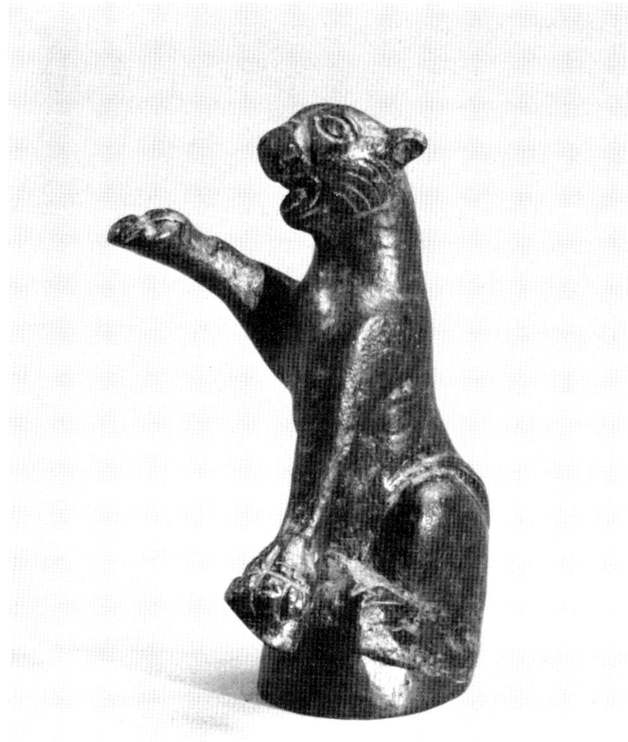

175

176

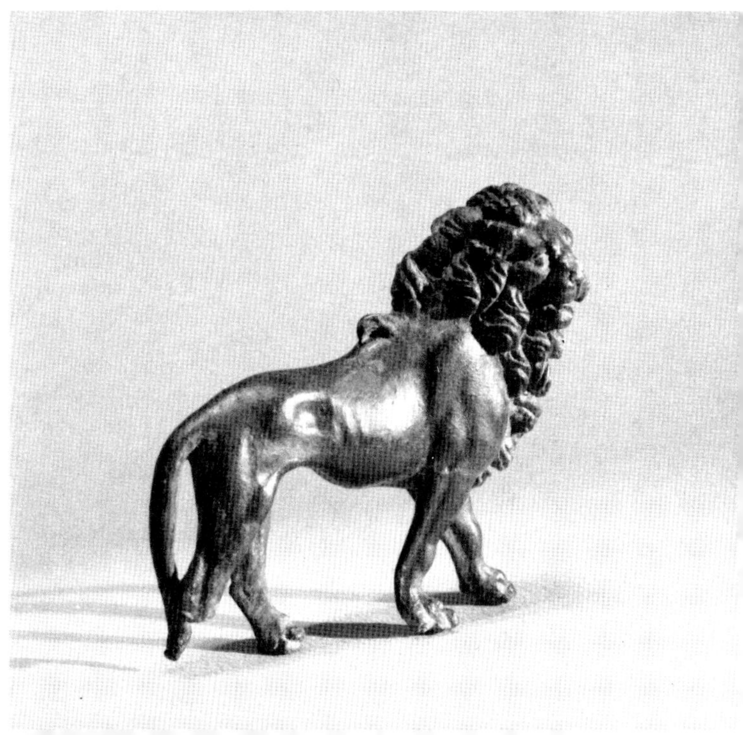

176 Schreitender Löwe

Bronze, Vollguß aus verlorener Form. Römisch, spätes 1.–2. Jahrhundert n. Chr.
H 5,3; Br 2; L 6,2 cm.
Es fehlen allein die rechte Hinterpranke und die Schwanzspitze. Glänzende dunkelolivgrüne Patina über vollkommener Oberfläche.

Majestätisch schreitet der Löwe mit der linken Pranke voran. Der aufgerichtete Kopf ist zu seiner Rechten gewendet; das

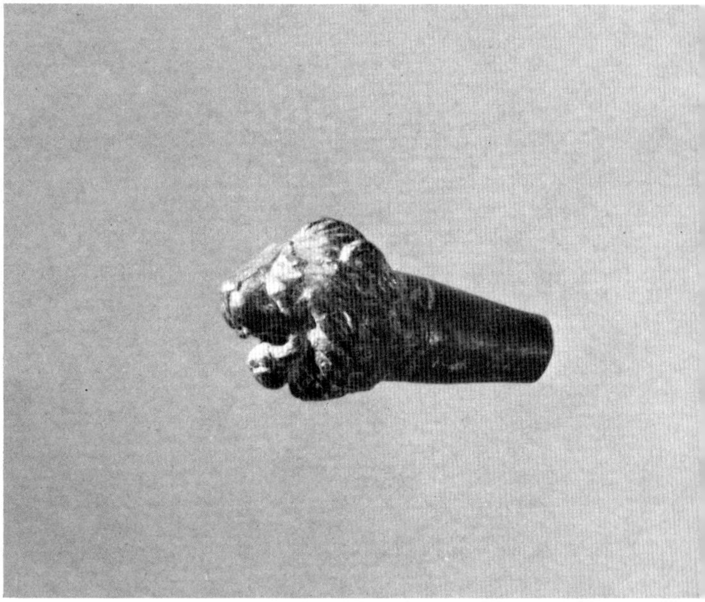

Maul ist geöffnet, als ob das Tier knurren oder brüllen würde. Die Modellierung des Kopfes und des Mauls ist sehr fein; die Augenlider sowie die Augenbrauen sind gegossen. Plastische Falten verlaufen von der Stirn zu den innern Augenwinkeln. Horizontale Linien kennzeichnen die Wangen.
Die Löwenmähne bilden steife, sehr plastische Locken, die in Kaltarbeit hergestellt worden sind. Ziselierte Furchen unterteilen die einzelnen Locken. Der Körper ist sehr kraftvoll modelliert. Hinter dem Rippenbogen erscheinen auf jeder Seite Vertiefungen. Die letzten beiden Rippen sind deutlich wiedergegeben. Hinter dem Brustkorb ist der Körper auf seiner Unterseite stark eingezogen.
Während der Löwe im Profil einen gewaltigen Eindruck macht, erscheint er von vorn oder von hinten schwächlich und dünn. Wahrscheinlich diente er als Aufsatz eines Gefäßes oder eines Möbelteils und war nur im Profil zu betrachten.
Es handelt sich um eine kleine, fein modellierte Variante einer Gruppe von Bronzelöwen, die mit hängendem Haupt voranschreiten. Diese und der Mildenberg-Löwe waren Gefäßappliken, freistehende Votive oder dekorative Statuetten. DGM

177 Gefäßverschluß (?) mit Löwenkopf

Bronze, Vollguß. Römisch, vermutlich 2. Jahrhundert n. Chr.
H 2; Br 1,9; L 3,7 cm.
Dunkelgrüne Patina mit Kupferflecken.

Der Löwenkopf ist auf seiner Rückseite verbunden mit einem abgestumpften Zapfen. Eine eingeritzte Furche umgibt den Zapfen 0,5 cm hinter dem Löwenkopf (vgl. eine ähnliche Linie auf dem Armreif Nr. 29). Das Löwenmaul ist geöffnet, so daß die Zunge erscheint. Die Schnauze und die Nase bilden ein Dreieck (s. Nr. 178, 179). Die winzigen, runden Augen unter den hochgezogenen Brauen geben dem Löwen einen verängstigten Ausdruck, der dem Charakter des Tieres zu widersprechen scheint, aber mit den römischen Darstellungen des 2. Jahrhunderts n. Chr. übereinstimmt. Die Lefzen (das Fleisch an den Seiten des Mauls) sind sehr betont, der Unterkiefer ist etwas schlaff gestaltet (s. auch Nr. 52).
Das Ende des Zapfens scheint in der Antike abgebrochen und dann für eine zweite Verwendung flach gefeilt worden zu sein. Man kann vermuten, daß es sich ursprünglich um einen Schlüssel-Griff handelte, der später zu einem Gefäßverschluß (s. Nr. 22) umgearbeitet wurde; aber diese Vermutung ist rein hypothetisch. APK

178 Klinenbeschlag mit Löwenkopf

Bronze, vermutlich Vollguß aus verlorener Form. Römisch, spätes 2. oder 3. Jahrhundert n. Chr.
H 8,5; Br 8,5; L 9 cm.
Unbeschädigt; dunkelblaugraue Oberfläche, an einigen Stellen grün schimmernd. Die Oberfläche scheint abgearbeitet worden zu sein. Der Beschlag ist gerade unter dem bogenförmigen Streifen, der den Hals des Löwen überquert, abgebrochen.

Mit geöffnetem Maul ist der Löwenkopf dem Betrachter zugewandt. Genau sind die Zähne und das Zahnfleisch wiedergegeben, aus dem Maul hängt die Zunge. Die Nasenlöcher sind flach modelliert und mit einer Furche umrissen. Die kleinen runden Ohren sind fast vollständig von den Locken der kranzartigen Mähne bedeckt. Die Locken sind im unteren Teil der Mähne getrennt durch tiefe, breite Furchen; auf der rechten Seite des Kopfes besteht die Mähne aus einem Netz rautenförmiger Locken; links sind dagegen die Locken fein modelliert und individuell gestaltet. In Kaltarbeit sind die beiden Furchen von der Mitte der Mähne zu den inneren Augenwinkeln hergestellt. Das linke Profil des Löwen ist die wirkungsvollste Ansicht.
Zahlreiche ähnliche Tierkopf-Fulcra sind aus römischer Zeit bekannt; der Typ scheint bereits in frühhellenistischer Zeit entstanden zu sein. Bevorzugt wurden für diese Gattung Pferde, Maultiere, Hunde, gelegentlich Löwen, aber auch Enten und Elefanten sind überliefert. Soweit wir wissen, fand dieser Typus im 3. Jahrhundert n. Chr. ein Ende.
DGM

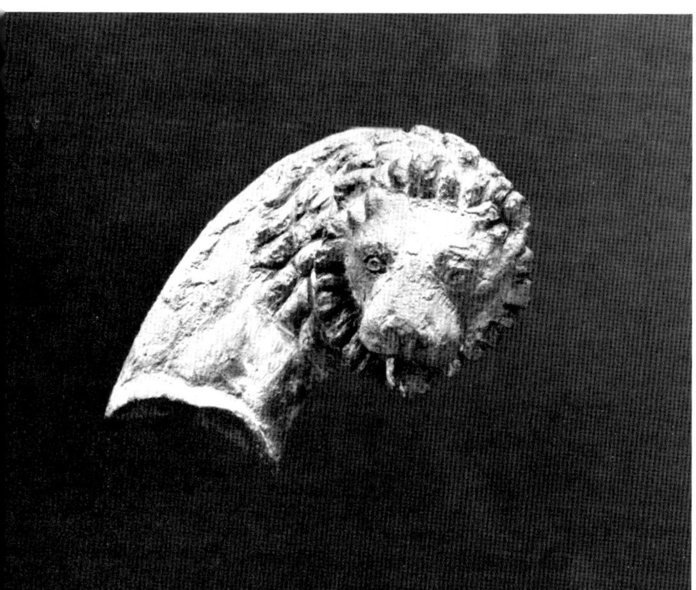

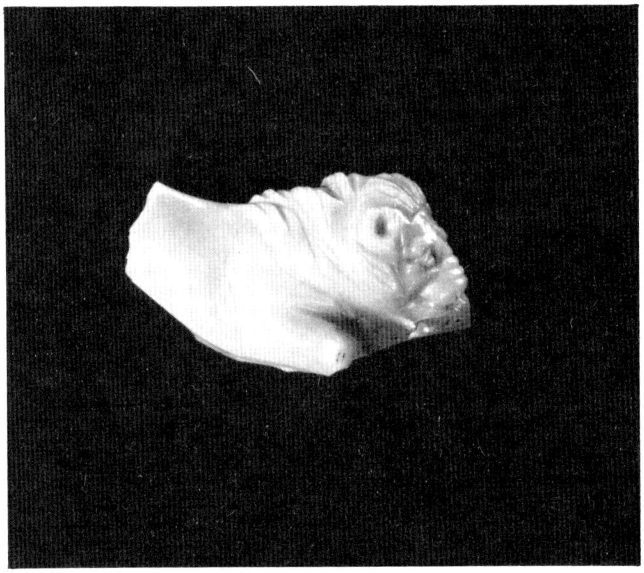

179 Springender Löwe

Honigfarbener Achat. Wahrscheinlich römisch aus Ägypten, 2. - 3. Jahrhundert n. Chr.
H 1,7; Br 1,9; L 3,4 cm.
Es fehlen die hintere Hälfte des Körpers und die rechte Vorderpfote. Das linke Ohr ist beschädigt. Der erwähnte, durch einen Bruch verursachte Streifen verläuft in einer Kurve unter dem Leib bis zum Hals.

Der Löwe scheint in der gebogenen Haltung im Sprung begriffen zu sein, als ob er ein Beutetier schlagen wollte. Die volle Mähne fällt in dicken Lockenbündeln, die auf der rechten Seite etwas sorgfältiger angeordnet sind als links, auf den Rücken. Über die Nase verlaufen quer einige Falten, die Augen sind sehr klein, die Pupillen nicht gebohrt. An den Rändern der Ohren sind Haare angedeutet, ebenso sind die Ohrmuscheln leicht geritzt. Fünf Rippen sind auf jeder Körperseite zu erkennen, und ein Fellstreifen verläuft auf der Rückseite der Vorderpranken. Die Farbe des Steins entspricht vollkommen dem natürlichen gelbbraunen Fell des Löwen.
Die Körperproportionen, das Bewegungsmotiv und die Modellierung der anatomischen Details sind sehr ausgewogen. Für eine römische Datierung spricht jedoch die unbestimmte, asymmetrische Anlage der Mähne. Die Schneidetechnik ist der ähnlich, mit der Haare und Gewänder auf Halbedelsteinen aus der römischen Zeit gewöhnlich bearbeitet werden. Die Dreiecksform der Nase und der Oberlippe ist ebenfalls in der römischen Kunst üblich (s. Nr. 177). Material und Form der Figur deuten auf eine Verwendung als Griff eines Gefäßes. Bühler nennt einige Gefäße aus honigfarbenem Achat aus griechischer und besonders römischer Zeit; das berühmteste Stück darunter ist die Rubens-Vase in der Walters Art Gallery. Ein Achat-Henkel in Tiergestalt, der in die 2. Hälfte des 3. Jahrhunderts n. Chr. zu datieren ist, befindet sich in Köln. Löwen und andere Katzen waren gebräuchlich als Gefäßhenkel in verschiedenen Materialien (s. Nr. 2.33.44.86.113–115). An den Pranken mit einem Gefäß verbunden, war der Mildenberg-Löwe ein kleiner, aber prächtiger Henkel. Aus der Biegung der Figur kann man auf einen Gefäßdurchmesser von etwa 5 cm schließen.
APK

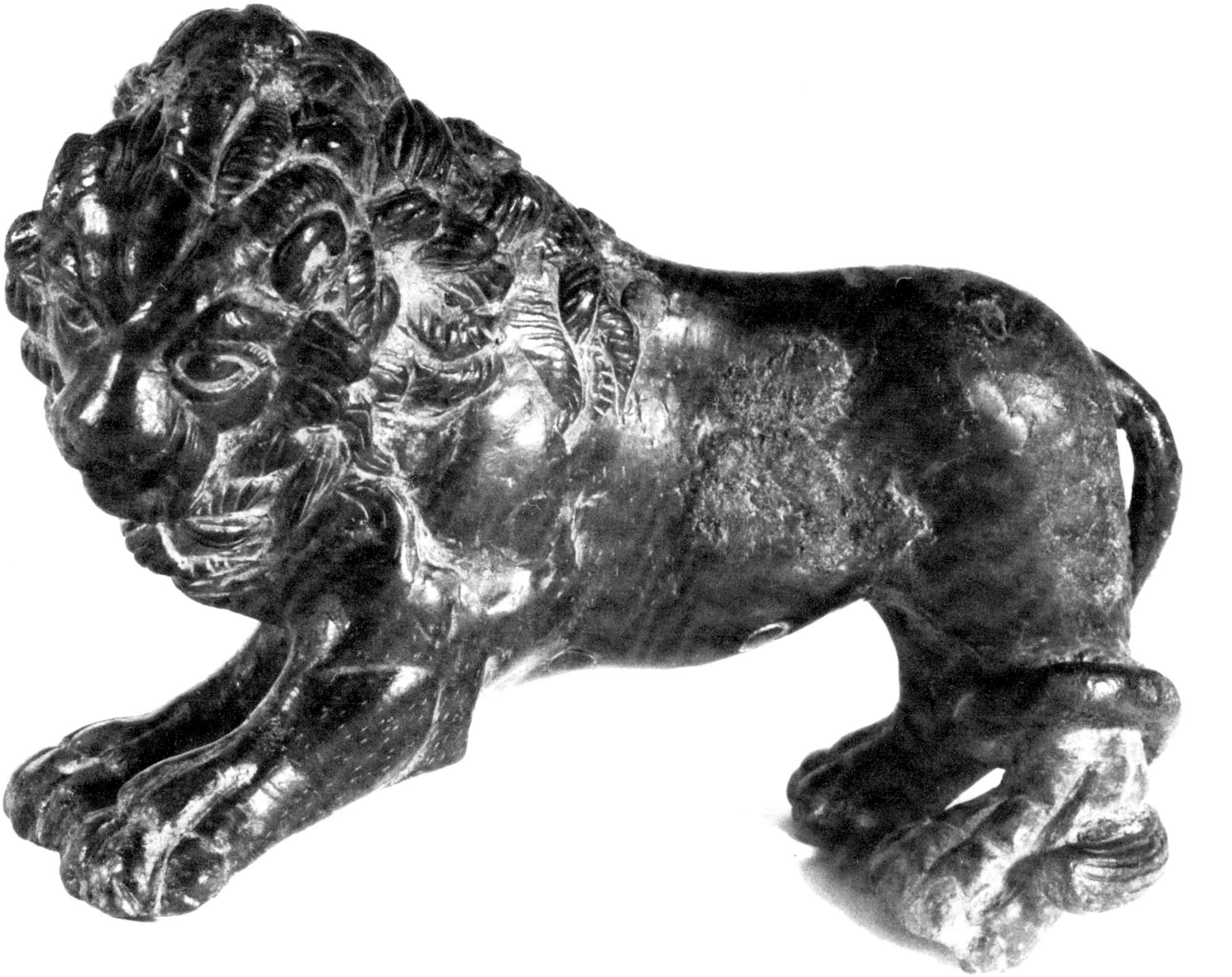

179 bis Löwe

Bronze, hohlgegossen. Römisch, 2.–3. Jahrhundert n. Chr. H 11,3; L 17,4 cm.
Linke Vorderpranke gebrochen, Körper flach gedrückt. Dunkelgrüne Patina.

Der Löwe ist beim Absprung auf eine Beute dargestellt. Seinen imponierenden Kopf hat er fauchend zur Seite gewendet und dabei das Maul drohend geöffnet (an der Figur als ein großes, unregelmäßiges Loch zu erkennen). Die gewaltige Mähne scheint durch dicke Büschel und Zotteln besonders furchterregend, der um das linke Hinterbein geringelte Schwanz soll gewiß die Erregung und Spannung der angreifenden Großkatze anzeigen.

Die Figur schmückte als Griff einst ein Gerät oder Gefäß. Die Pranken sind deshalb zum Anlöten an den Unterseiten geglättet, an den Vordertatzen befindet sich außerdem ein Absatz zum Übergreifen auf einen Rand. An das Gießen dieser Statuette erinnern einige runde, warzenähnliche Kreise und Protuberanzen. Es sind dies Reste von Luftkanälen, die an jeder Gußform zum Ableiten der durch das einfließende Metall sich komprimierenden Luft angebracht werden müssen. Die Luftkanäle, die nach vollendetem Guß auch mit Bronze gefüllt sind, werden in der Regel so gearbeitet, daß sie nicht zu erkennen sind. Hier sind die Ansätze dieser Luftkanäle gleichsam als Ornament stehengelassen worden. Der Vorderkörper und die Pranken sind mit einem Punzen gepickt, um die Struktur des Felles anzudeuten.

UG

180 Löwen-Untersatz

Bronze, Hohlguß. Wahrscheinlich aus Gallien, 1. Hälfte des 2. Jahrhunderts n. Chr.
H 14,1; L 13,5; Br der Basis 5,6 cm.
Bruchstelle in der linken Flanke. Grüne, etwas verkrustete Patina.

Der mit seinen Hinterläufen auf einer rechteckigen, profilierten Basis aufsitzende Löwe ist in aufgerichteter Sprunghaltung dargestellt. Die ausgestreckten Vorderpranken enden an einem senkrechten Bronzestreifen. Zu vergleichen ist ein heute in Lyon befindlicher Dreifuß, bei dem drei Löwen den runden Untersatz eines großen Beckens tragen. Auch dort steht jeder Löwe auf einer profilierten Basis und weist eine senkrechte Lasche auf, der je eine Fassung am Kesseluntersatz entspricht. Stillistisch vergleichbar sind in ihrer etwas derben und lockeren Formensprache Löwenstatuetten aus der Schweiz, die auch für das Mildenberg-Exemplar die gleiche Herkunft nahelegen. Gute Entsprechungen für die Körpermodellierung bietet eine Herakles-Löwenkampfgruppe aus dem 2. Jahrhundert aus Avenches. Große Ähnlichkeiten, vor allem in der Kopf- und Mähnenpartie, zeigen auch zwei Löwenstatuetten aus Venthône im Rhonetal. KPE

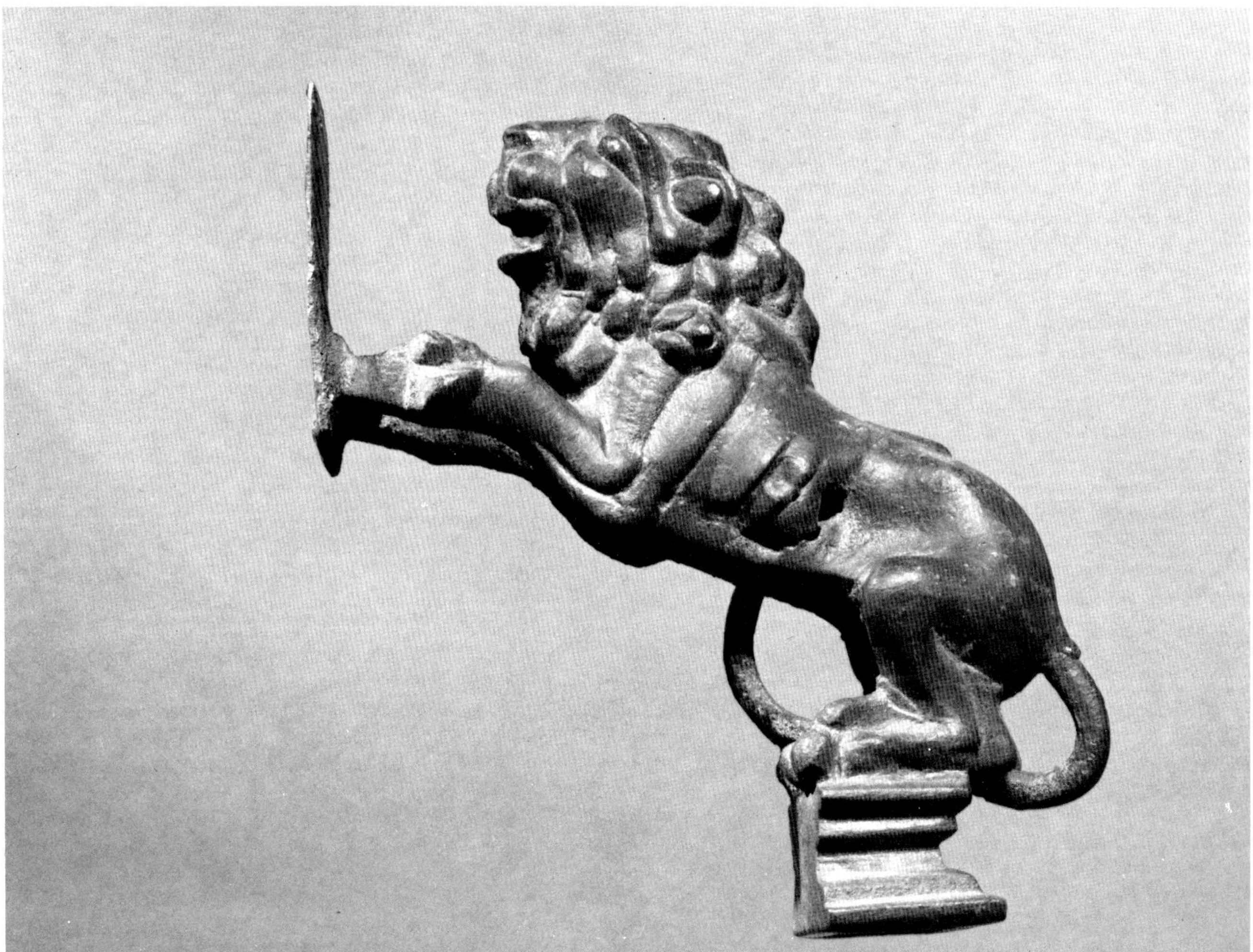

181 Viereckiges Besatzstück mit Löwen *(Farbabbildung s. S. 97)*

Gewirkter Stoff, bunte Wolle auf Leinen. Aus Ägypten, 5. oder 6. Jahrhundert n. Chr.
H 30; Br 37 cm.
Einige Verfärbungen; Stoff stellenweise gerissen.

Der nach links springende Löwe leuchtet in Gold und verschiedenen Grüntönen; rot sind Zunge, Auge, Mähne und verschiedene Flecken auf dem scheckigen Fell. Rot und golden ist auch das Ornament in der Ecke links unten: wahrscheinlich ein pflanzliches Gebilde.
In dieser Technik gewirkte Gewandeinsätze haben sich mehrfach erhalten, sind aber nur selten veröffentlicht. Die allerwenigsten stammen aus stratigraphisch gesicherten Befunden, so daß die Zeitstellung häufig hypothetisch bleibt.
Rein motivisch folgt der springende Löwe einem der geläufigsten Typen klassischer Löwenikonographie. Koptischem Stil entsprechen die etwas starre Haltung sowie die starken Umrißlinien, durch welche die einzelnen Teile voneinander abgegrenzt sind. Die noch in klassischer Tradition stehende Körperschattierung sowie die stilgeschichtlich etwas jünger anmutende Musterung des fleckigen Fells sprechen für eine Datierung in das 5. oder 6. Jahrhundert n. Chr. APK

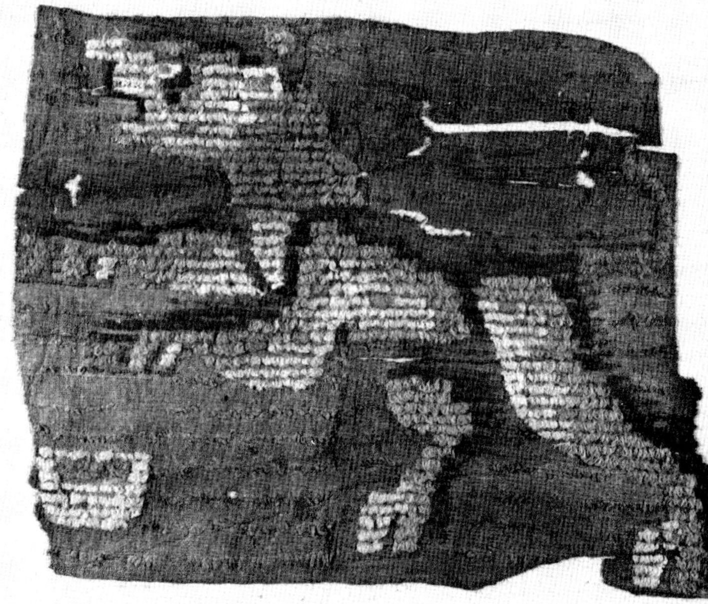

181

182 Hund mit Silberaugen

Bronze; Augen in Silber eingelegt. Römisch, 1. bis 2. Jahrhundert n. Chr.
H 1,9; L 3,7 cm.
Schwanz abgebrochen; Spuren von Bearbeitung und nachträglicher Glättung am vorderen und hinteren Ende der Plinthe. Glänzende, dunkelgrüne Patina.

Der kräftige, angespannte Hund mit dem plastisch abgesetzten Halsband ist in einer Haltung dargestellt, als ob er an einer unsichtbaren Leine zöge. Er steht auf einer schmalen Plinthe und ist ganz auf die Umrißlinie hin angelegt. Der Körper ist durch einfache Kerben gegliedert. Linke und rechte Pfoten sind nicht getrennt, sondern jeweils zu einem einzigen Element zusamengefaßt. Nur die Ohren sind einzeln wiedergegeben. Unter drohenden Brauen blicken die kleinen, in Silber eingelegten Augen; das rechte weist sogar eine gebohrte Pupille auf.
Die ursprüngliche Funktion des kleinen Hundes ist unklar. Die nach dem Guß angebrachten Kerben und das Silber der Augen sprechen für eine Datierung in römischer Zeit. Möglicherweise stammt die Figur vom Griff eines Messers oder eines anderen Werkzeugs; sie könnte später abgebrochen und zu einer selbständigen Statuette umgearbeitet worden sein.

182

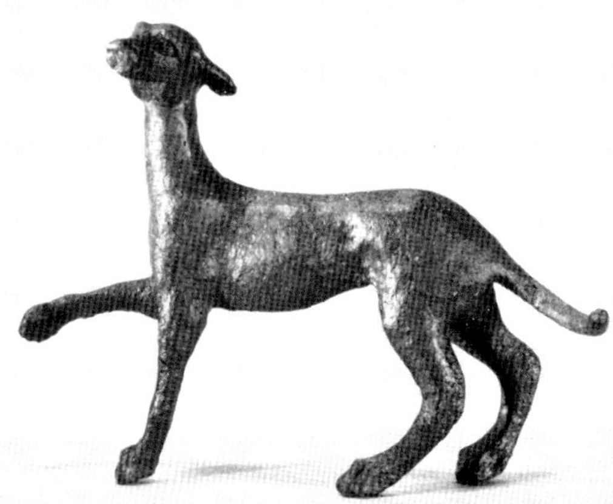

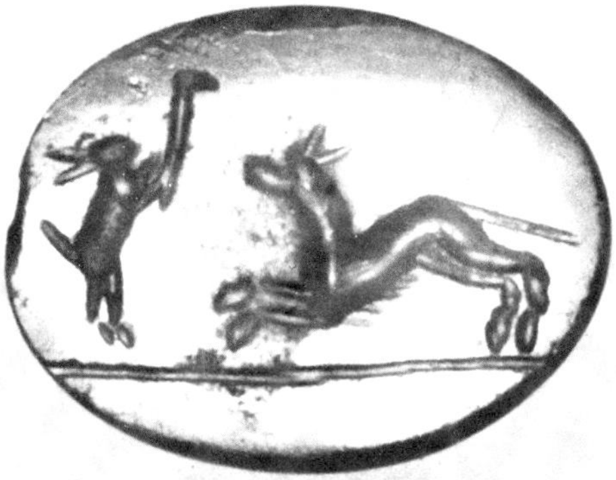

182 bis

182 bis Hase schlägt Hund, Ringstein

Honigkarneol. Queroval, beiderseits flach, Kante zur Rückseite abgeschrägt.
Römisch, 1.–2. Jahrhundert n. Chr.
H 1,20; L 1,46; D 0,38 cm.
An der linken Kante kleine Absplisse. Die Politur in der Mitte der Vorderseite aufgerauht.

Ein Hase wehrt sich gegen den Angriff eines Hundes. Der Hase schwingt hochgereckt eine Hacke gegen den geduckt im Ansprung innehaltenden Hund. Breite Grundlinie.
GP

183

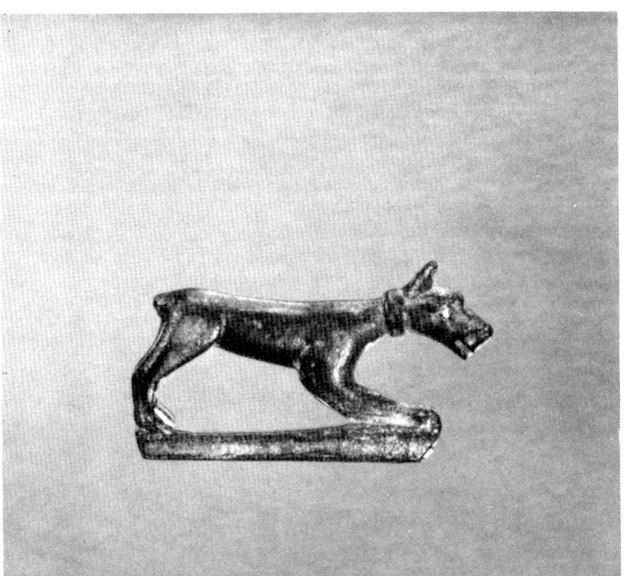

183 Bettelnder Hund

Bronze mit geringen Spuren von Blattvergoldung. Späthellenistisch oder römisch-republikanisch, 2.–1. Jahrhundert v. Chr.
H 7; L 9,5 cm.
Bräunlich-rote Patina; Beschädigungsspuren an der linken Vorderpfote, die auch leicht nach innen gebogen erscheint.

Der schlanke Hund mit spitzem, kleinem Kopf, langem Körper und übergroßen Pfoten ist offensichtlich ein unausgewachsener Welpe.
Die rechte Vorderpfote ist im Bettelgestus erhoben, der Schwanz scheint zu wedeln und der Kopf mit den gespannten Ohren ist bittend nach oben gewendet. Die ganze Haltung ist mit subtiler Beobachtungsgabe erfaßt. Vom selben Naturalismus zeugt auch die Gestaltung von Einzelheiten wie etwa das durch feine Punktierung wiedergegebene Fell. Gerade dieser Naturalismus und die sprechende Charakterisierung weisen auf eine Entstehung der Statuette in hellenistischer Zeit. Ob der Hund allein stand oder zu einer Gruppe gehörte, muß vorderhand offen bleiben. DGM

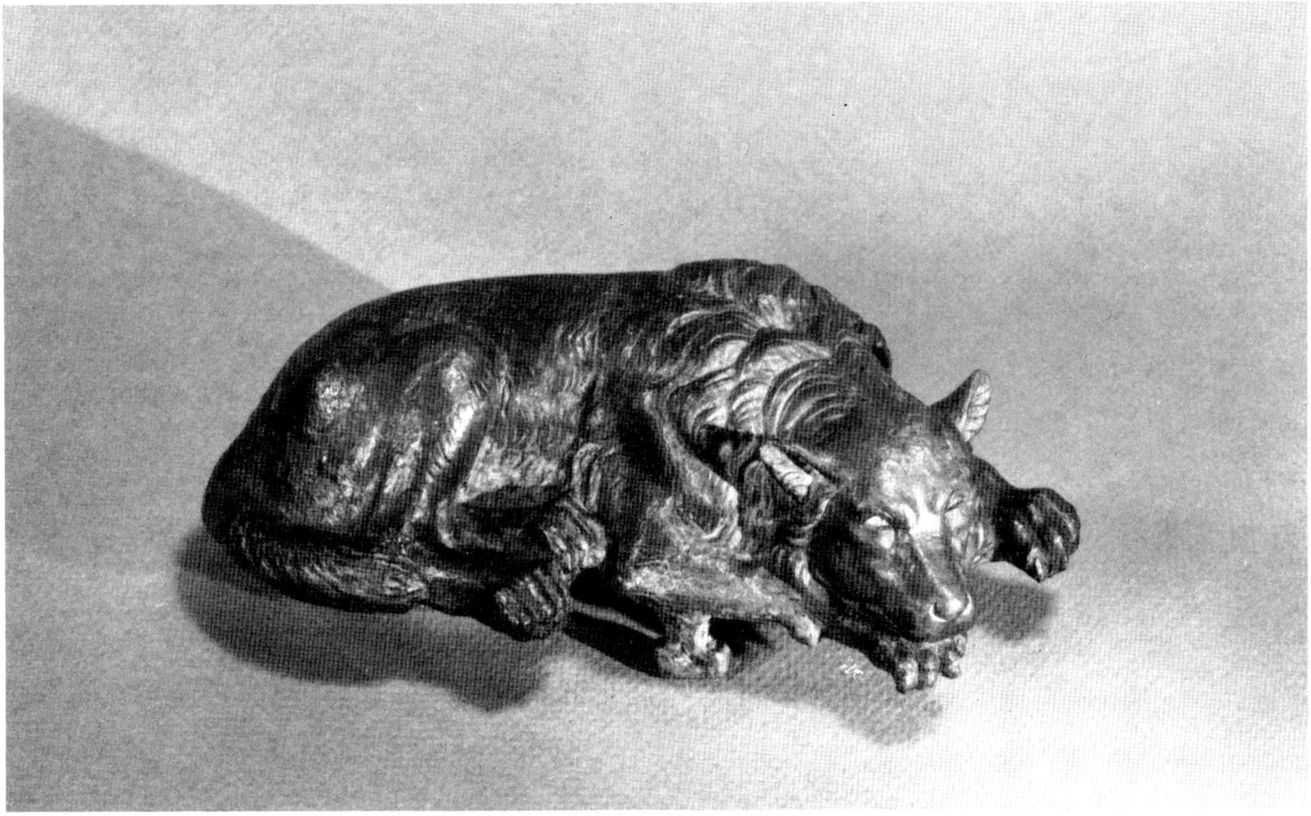

184 Molosserhund

Bronze, Hohlguß. Römisch, 2.–3. Jahrhundert n. Chr. Ehemals Slg. Ernest Brummer. Angeblich in Syrien gefunden. H. 4,5; L 16 cm.
Erhaltungszustand: Nahezu intakt, bis auf zwei dreieckförmige Risse an der linken Rückseite. Glänzende, dunkelgrüne bis dunkelbraune Patina.

Der Hund ist ruhend dargestellt, den Kopf auf die rechte Vorderpfote gelegt, in einer Haltung, die gleichzeitig aufmerksam und entspannt wirkt. Der in mächtigen, beinahe löwenhaften Formen modellierte Körper zeigt eine außerordentliche Fülle an realistischer Detailbeobachtung. So variiert etwa die Wiedergabe des Fells von den dichten, sichelförmigen Büscheln der Nackenpartie bis zur feingewellten Struktur von Rücken und Flanken oder den tiefer geschnittenen Diagonalkerben des Schwanzes. Wiedergegeben ist sogar die Behaarung an der Innenseite der aufmerksam gespitzten Ohren. Die Augen sind tief ausgehöhlt und waren wohl in einem anderen Material eingelegt.
Die dünn gegossene Bronzefigur weist an der Unterseite zwei T-förmige Klammern auf, durch die sie an einem größeren Gegenstand befestigt gewesen sein muß: es könnte sich um einen Wagen, einen Kasten oder ein anderes Möbelstück gehandelt haben. Die ausgiebige Kaltarbeit spricht für eine Datierung des Stückes in das 2. oder 3. Jahrhundert n. Chr. DGM

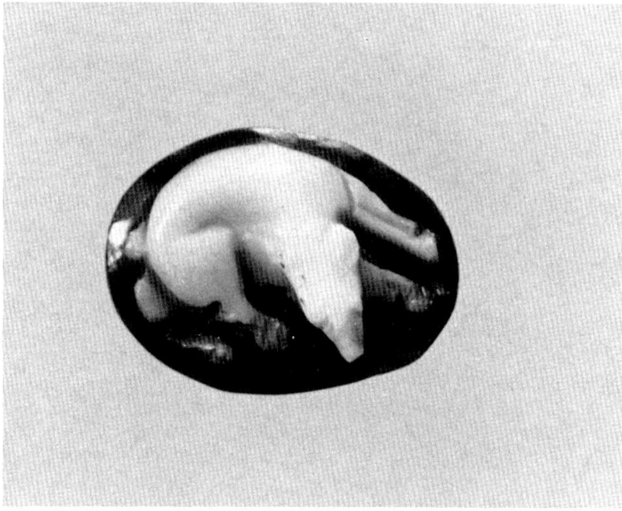

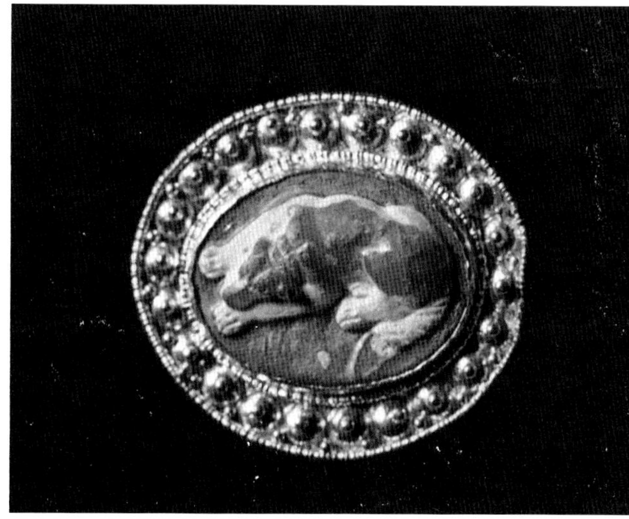

185 Schlafender Hund

(Farbabbildung s. S. 177)

Sardonyx-Kameo. Römisch, 1.–2. Jahrhundert n. Chr.
Br 1; L 1,4; Dicke 0,5 cm.
Erhaltungszustand: Intakt bis auf zwei winzige Bruchstellen an der Nase und am rechten Ohr.

Ein Hund mit spitzer Schnauze hat sich zusammengerollt und den Kopf auf die rechte Schulter gelegt. Die Vorderbeine sind parallel nach vorne gestreckt, beide Pfoten nach außen gewendet. Von den Hinterbeinen ist das linke, das vom rechten überlagert wird, flüchtiger und flacher geschnitten. Körper und Pfoten sind milchig blau. Der in höherem Relief gearbeitete Kopf ist dagegen eher weiß. Die Modellierung ist von zarter Vollkommenheit, dabei aber etwas steif und stellenweise summarisch. Die dunkelblaue Schicht des Steines weist an der Unterseite, an den Kanten und in der Nähe der Pfoten des Hundes hellere, konzentrische Einsprengsel auf. Die ovale Form ist leicht unregelmäßig und nach vorne hin etwas zugespitzt.
Thematisch vergleichbar sind plastische Vasen und Lampen. Der runde Oberteil einer Bronzelampe in Boston zeigt eine in ähnlicher Stellung liegende Windhündin mit ihrem Welpen. Unter den Kameen sind zu nennen ein erstaunlich lebensechter Hund im Cabinet des Médailles und ein möglicherweise mittelalterlicher Sardonyx in der Sammlung Juritzky (Paris). Vergleiche auch Nr. 184. Sollten solche Kameen eine symbolische Bedeutung besitzen und auf die Treue der dargestellten Tiere ebenso wie auf deren Mut und Zuverlässigkeit verweisen? DGM

186 Goldene Brosche mit Glaskameo: Schlafender Hund

(Farbabbildung s. S. 177)

Mehrfarbiges Glas in goldener Fassung. Römisch, 2. bis 3. Jahrhundert n. Chr.
Br 2,9; L 3,3 cm.
Intakt, vgl. aber die Bemerkungen im Text.

Die goldene Fassung besteht aus einem Rahmen mit feinen Perlstabrändern, geschmückt durch 24 abgeflachte Goldbossen, jede von einem großen Goldkorn bekrönt. Weitere Goldkörner befinden sich zwischen den Bossen und dem äußeren Perlstab.
Der Glaskameo zeigt auf blauem Hintergrund einen Hund in weiß und gelb. Die Pfoten und die Haare am Nacken und am Schwanz sind durch feine Gravuren angegeben. Die Art, in der die Schwanzspitze weggebrochen ist, läßt vermuten, daß der Hund wohl separat gegossen, als Applik auf den blauen Grund gesetzt und schließlich weiß bemalt wurde. Fraglich ist, ob die gelbe Färbung der erhabeneren Teile intentional ist oder nicht vielmehr auf Verwitterung der weißen Schicht beruht. Andererseits könnte auch die weiße Oberfläche erst als sekundäres Ergebnis einer Hydratation zu verstehen sein, wie sie bei antiken Gläsern häufig zu beobachten ist.
Dieser Kameo ist ein billigeres Gegenstück in Glas zu kostbaren Exemplaren wie Nr. 185. Schwer zu beantworten ist hingegen die Frage, ob Kameo und Goldfassung gleichzeitig und zusammengehörig sind. DGM

186 bis Hase als Anhänger

Bergkristall, farblos klar. Römisch, 2.–3. Jahrhundert n. Chr. H 1,56; L 2,5; Br 1,17 cm.
An der rechten Hinterpfote bestoßen, auf der Unterseite kleine Absplisse.

Ein hockender Hase mit langem Kopf und anliegenden Löffeln, Beine und Hinterteil summarisch gearbeitet, Augen und Maul durch flüchtige Gravur gekennzeichnet. Am Rücken beiderseits ein kleines rundes Loch für die Befestigung eines Bügels. GP

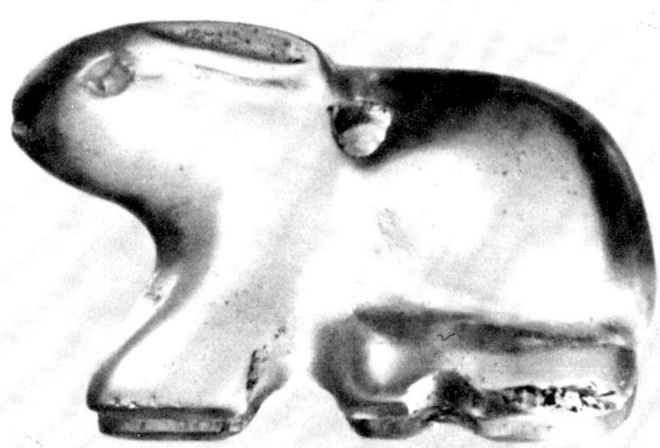

186 bis

186 d Garnele

Goldplättchen, graviert. Römisch, 2.–3. Jahrhundert n. Chr. H 0,78; L 0,98; D 0,06 cm.
Am rechten Rand eine Kerbe.

In das flache Goldplättchen ist eine Garnele eingraviert mit langen Fühlern und hochstehendem Schwanz. GP

186 c Fliege als Anhänger

Karneol, hellorange mit kleinen Einsprengseln. Römisch, 2.–3. Jahrhundert n. Chr.
L 1,5; Br 1,21; H 0,72 cm.
Intakt.

Auf einer flachen dreieckigen Grundfläche steht eine recht summarisch gebildete Fliege, mit ausgebreiteten Flügeln, der Kopf durch eine Rille mit dunklerem Einschluß abgesetzt. Unter ihrem Leib quer ein Bohrloch mit leichter Krümmung, so daß an eine Verwendung als Teil einer Halskette zu denken ist. GP

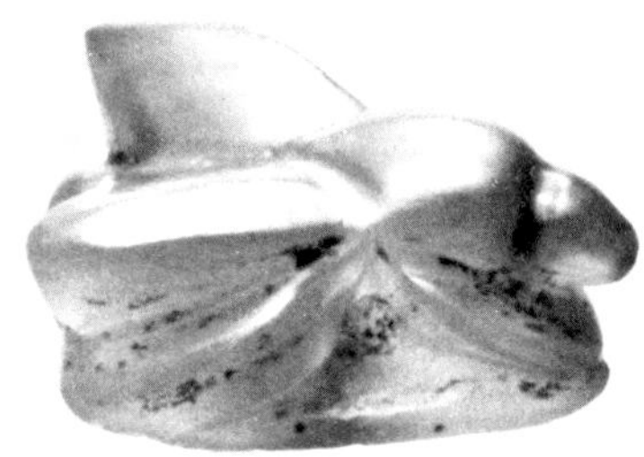

186 c

186 d

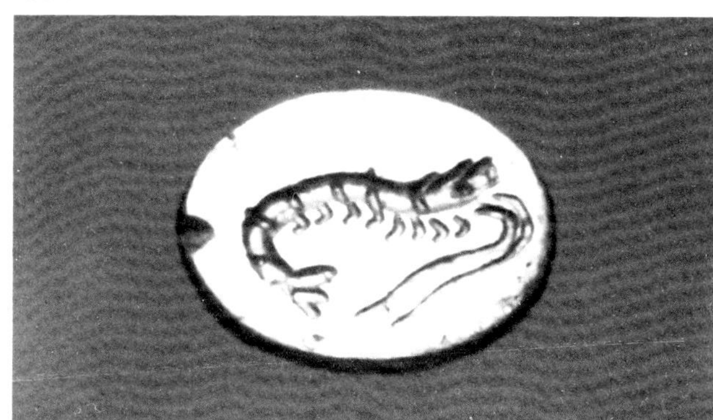

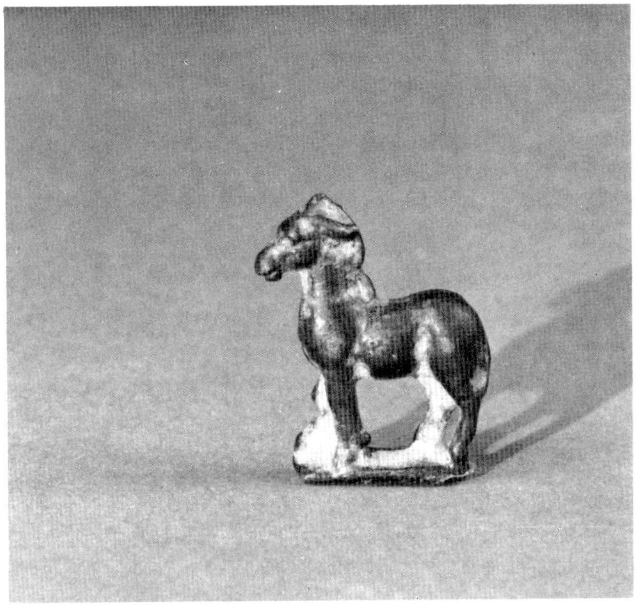

187

187 Miniaturmaulesel

Bronze, Vollguß. Römisch, 1. Jahrhundert n. Chr.
Intakt; glänzende, beinahe silbrige Patina.

Der Maulesel – durch die Länge der Ohren als solcher erwiesen – ist in lebendiger Schrittstellung und mit leicht nach links gedrehtem Kopf dargestellt. Die Augen sind als hervortretende Knöpfe angegeben, der Kiefer ist kräftig betont und das Maul durch eine Kerbe offen dargestellt. Die breite, sichere Modellierung verleiht der winzigen Statuette einen Hauch von Monumentalität. Dies und die bewegte Haltung sprechen am ehesten für eine Entstehung in der frühen Kaiserzeit.
Die Funktion dieser Statuette – ob Weihgabe oder dekoratives Element an einem Gefäß oder Möbelstück – bleibt ungewiß. Aus Gold und Silber sind so kleine Tierstatuetten mehrfach bekannt, aus Bronze aber sind sie selten. DGM

187 bis

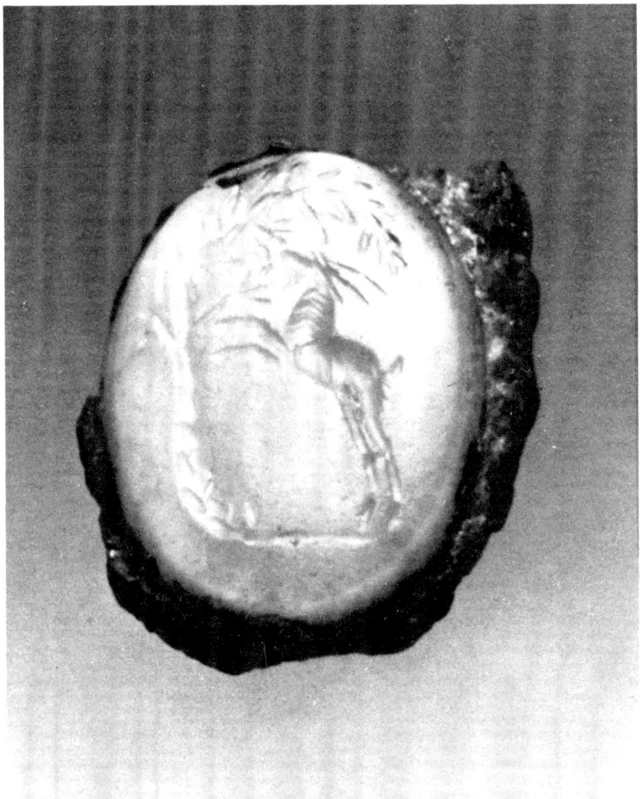

187 bis Fressender Ziegenbock

Karneol-Achat, hellorange auf weißer Unterschicht. Hochoval, Vorderseite leicht konvex, Kante zur Vorderseite abgeschrägt. In Rest einer antiken Eisenringfassung. Römisch, 1. Jahrhundert n. Chr.
H 1,79; Br 1,43; D 0,67 cm.
Intakt, Oberfläche abgerieben, an der Kante die ursprüngliche Politur.

Ein Ziegenbock stützt sich mit den Vorderhufen am Stamm eines verzweigten Baumes ab, um bequem an den Ästen knabbern zu können. Seine Hinterhufe stehen auf einer breiten Grundlinie, der Baum rahmt seitlich und oben das Bildfeld. Diese bukolische Szene erscheint häufig auf römischen Gemmen, oft bereichert durch Hirt und Hund sowie weitere weidende Ziegen. GP

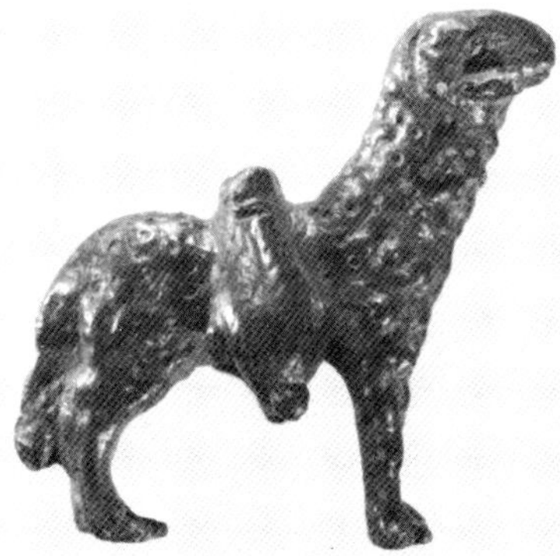

188

189 Ziegenbock

Bronze, massiv. Römisch, westeuropäisch; 2.–3. Jahrhundert n. Chr.
H 5,5; Br 2,1; L 5 cm.
Hornenden fehlen. Dunkelgrüne Patina.

Diese muntere Ziege steht mit steifen, nach innen gewendeten Beinen auf einer rechteckigen Plinthe. Der Kopf, leicht nach rechts gewendet, ist groß im Verhältnis zum untersetzten Körper. Die kräftige, störrische, wachsame Natur ist durch die Haltung eindrucksvoll dargestellt. Das Ziegenfell ist durch Reihen von halbmondförmigen, längeren unregelmäßigen oder kurzen Kerben gegliedert; Maul, Nüstern, Augen, After und Hufe sind durch Kerben und Bohrungen angegeben.
Ähnliche Ziegen sind zahlreich in den Westprovinzen des römischen Reiches einzeln oder gelegentlich in Verbindung mit Merkurstatuetten gefunden worden, so bei einem Merkur aus Angst. Die starke Überarbeitung der Oberfläche ist typisch für römisch-provinzielle Nachahmungen feinerer plastisch gestalteter Felle in hellenistischer und frührömischer Zeit. Die Mildenberg-Ziege war wohl eine Freifigur, vielleicht eine Weihgabe für Merkur in Gallien oder im Rheinland während des 2. oder 3. Jahrhunderts n. Chr.

DGM

188 Miniatur-Widder

Bronze. Gallo-römisch, angebl. aus Carnuntum. 2. Jahrhundert n. Chr.
H 3,1; Br 1,7; L 3,3 cm.
Vollständig. Schwarzgrüne Patina.

Dieser massive Bronzewidder steht mit seinen Füßen fest auf dem Boden, den Kopf erhoben und leicht nach rechts gewendet. Der schmale rundliche Kopf hebt sich kaum von dem dicken, wolligen Hals ab. Gemusterte Hörner umgeben das Gesicht, die feinen Perlaugen liegen an ihren Wurzeln. Die Hufe sind wie bei einem Kamel ausgebreitet, ein langer wolliger Schwanz hängt zu den Hinterbeinen herab und ein Paar schraffierter Beutel ähnlich Weinschläuchen liegt rittlings auf dem Rücken des Widders.
Wegen der Verbindung des Widders mit Merkur, dem Gott der Herden, wird das Objekt auf dem Tierrücken für den Geldbeutel des Gottes gehalten, hier wie bei einer ähnlichen Miniaturbronze der Bibliothèque Nationale also für eine Doppelbörse. Doch trägt eine kleine Bronzeziege aus Belgien eine ähnliche Last, so daß man eher an Weinschläuche denken möchte.

JN

189

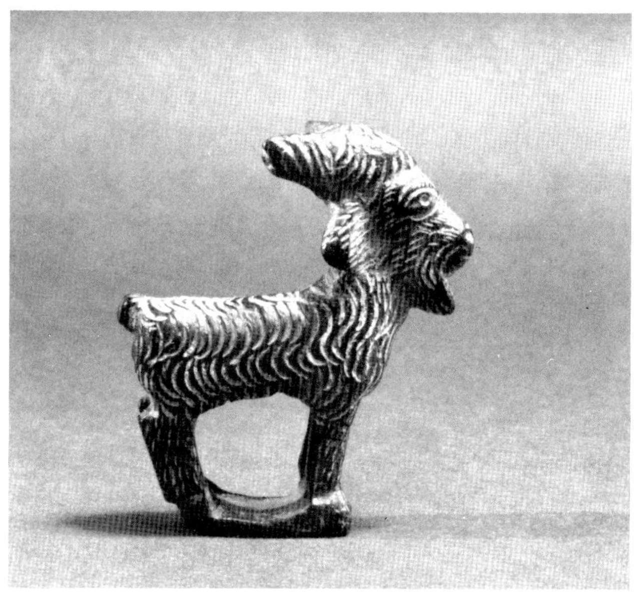

190 Widderfigur von einem Kessel (?)

Bronze, massiv. Spätantik-frühbyzantinisch, 3.–4. Jahrhundert n. Chr.
H mit Basis 7,4; Br ohne Basis 2,5; L 8,2 cm.
Spitze des linken Horns fehlt, auch des rechten? Fehlstelle am Schwanzende. Dunkelgrüne bis schwarze Patina.

Ein Widder mit unscheinbaren Hörnern steht mit dem Kopf halb über die rechte Schulter gedreht, den linken Vorderfuß leicht vorgesetzt, steif auf allen vier Beinen. Die Bronze ist äußerst schwer, vielleicht wegen eines hohen Bleigehalts. Augenbohrung, lange Nase und hoch sitzende Nüstern geben dem Widder einen merkwürdig hochnäsigen Ausdruck. Das Fell war in großen Massen in der Form angegeben und wurde nach dem Guß grob mit Kerben nachgearbeitet, an den Beinen etwas feiner. Die Vorder- und Hinterbeine sind durch dicke unbearbeitete Bronzemasse verbunden, die Hufe übermäßig betont. Alles an diesem Tier ist schwer.
Ähnlich gestaltete Widder erscheinen in Darstellungen des 3. und 4. Jahrhunderts n. Chr. mehrfach. Den engsten Vergleich bietet ein wenig kleineres Schaf (H 5,35 cm) in der Burton Y. Belly-Sammlung, das frühbyzantinisch sein und aus dem östlichen Mittelmeer stammen soll.
Der Widder ist in einem Stück mit einem 2 mm dicken Bronzestück gegossen, das wahrscheinlich von einem Gefäß abgerissen ist, das es einst schmückte. Dreidimensionale Fischfiguren in Metallschalen sind aus Sutton Hoo bekannt, aber nichts Vergleichbares bei klassischen Gefäßen. Jedoch könnte eine Tonschale in Mainz mit Orpheus, Jonas und zwei Widdern auf einen Prototyp in Bronze mit dreidimensionalen Figuren zurückgehen. APK

191 Deckel mit liegendem Widder

Bronze, massiv. Spätrömisch oder frühbyzantinisch, 3.–6. Jahrhundert n. Chr.
H 8; Br 9,5; L 15; L des Aufhängezapfens 5 cm.
Vollständig. 1980/81 in Cleveland reduziert. Oberflächenfraß.

Ein rundlicher Widder liegt auf einem Gefäßdeckel mit untergeschlagenen Hinterbeinen, das rechte Vorderbein mit dem Huf ausgestreckt. Das Tier hebt den Kopf und wendet ihn nach rechts. Knappe Hörner drehen sich um seine Ohren. Kopf und Leib sind in kompakter, allgemein gehaltener Weise gestaltet. Der kurze Schwanz weist nach oben.
Der Deckel, unten ausgehöhlt, muß wie eine Kappe auf ein großes Gefäß oder die Nachfüllöffnung einer Öllampe gepaßt haben. Der massive, vereinfachte Guß legt eine Entstehung in spätrömischer oder spätantiker Zeit zwischen dem 3. und 6. Jahrhundert n. Chr. nahe. Widder und Schafe reichen als Opfertiere über ihre klassischen symbolischen Werte hinaus zum frühchristlichen Gleichnis der Üppigkeit, das verlorene Schaf auf dem Irrweg. Mit diesen Werten und Hinweisen konnte ein Widder besonders gut den Deckel einer Lampe oder sogar eines Räuchergefäßes schmücken. DGM

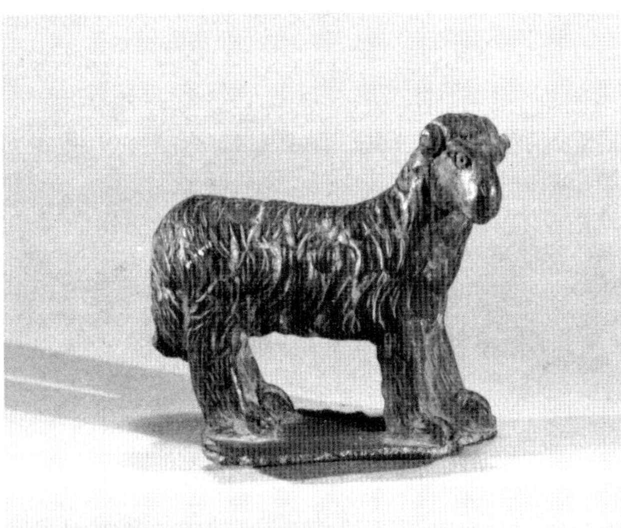

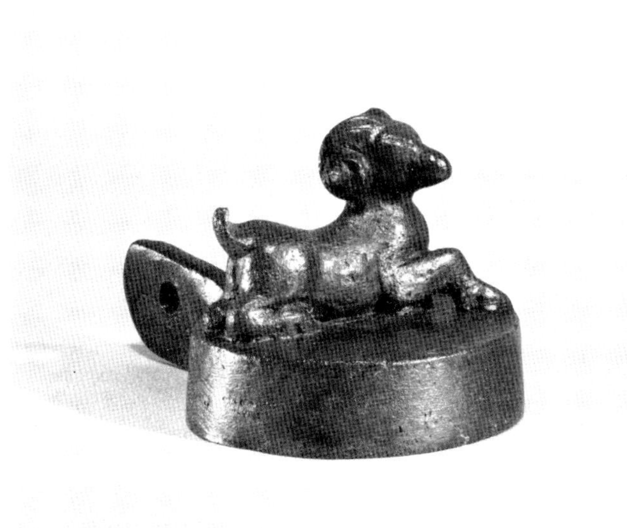

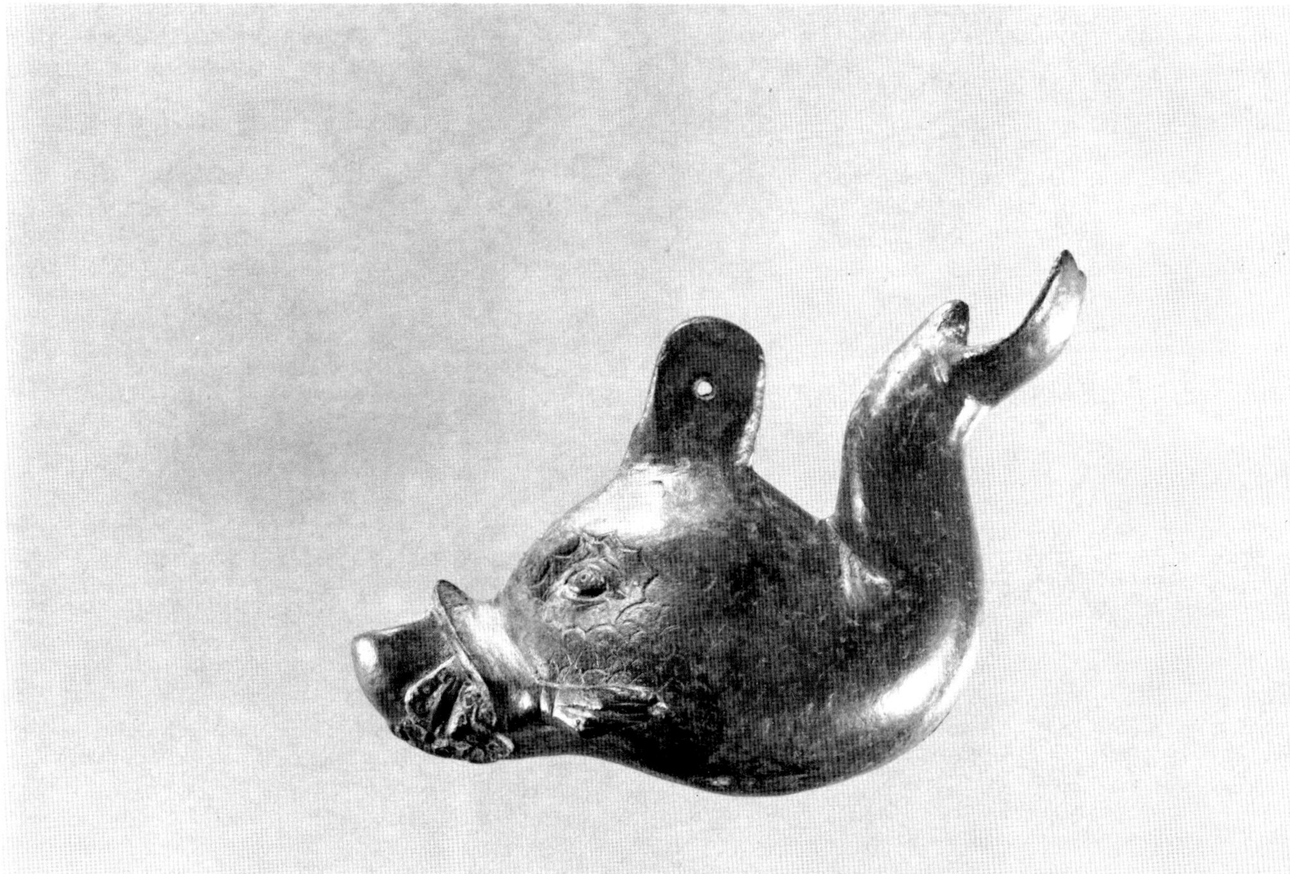

192 Delphin-Lampe

Bronze, Hohlguß; zementartige Füllung nachträglich. Spätrömisch-frühbyzantinisch, wahrscheinlich Mittelmeergebiet. Um 400–500 n. Chr.
H 9,2; Br 4,5; L 11; H des Aufhängezapfens 2,7 cm.
Vollständig. Feine dunkelgrüne Patina.

Der Delphinkörper ist mit fünf Reihen gravierter Schuppen auf beiden Seiten und einer auf dem Schwanz verziert, die rechts beinahe vergangen sind. Die großen ovalen Augen haben plastische Lider sowie eingeritzte Pupillen und Schuppenränder; am Maul beiderseits plastisch angegebene Flossen. Der Schwanz ist konkav mit Graten beiderseits des Mitteldorns. Ein Loch führt durch die Vertiefung zwischen den hohlen Schwanzflossen ins Innere des Gefäßes.
Der Rand der Lampenschnauze ist horizontal. Über die Unterlippen des Delphins reichen unerklärbare Wülste mit dünnen eingravierten Kreisen von der Form der Fangarme eines Oktopus. Schnauze und Schwanzloch sind mit Zement gefüllt, vielleicht weil die Lampe einmal in einer Mauer oder einem Boden eingemauert war oder weil man sie als Gewicht einer Laufwaage verwenden wollte.
Die Lampe erinnert an eine Reihe von Delphin-Hängelampen, die im östlichen Mittelmeergebiet vom 3. bis ins 7. Jahrhundert n. Chr. hergestellt wurden. Ein Vergleichsstück ist in Lyon, ein anderes in London. Die vermutete Verwendung als Gewicht steht in Übereinstimmung mit der vielfachen Umformung von figürlichen Bronzegefäßen oder Bronzestatuetten in solche Gewichte in spätrömischer und frühbyzantinischer Zeit. Delphine mit ihrer reichen ikonographischen Tradition der Beziehungen auf Wohltätigkeit in den klassischen und den frühchristlichen Jahrhunderten dienen auch als Griffe für paterae und Wasserhähne in Brunnenanlagen. DGM

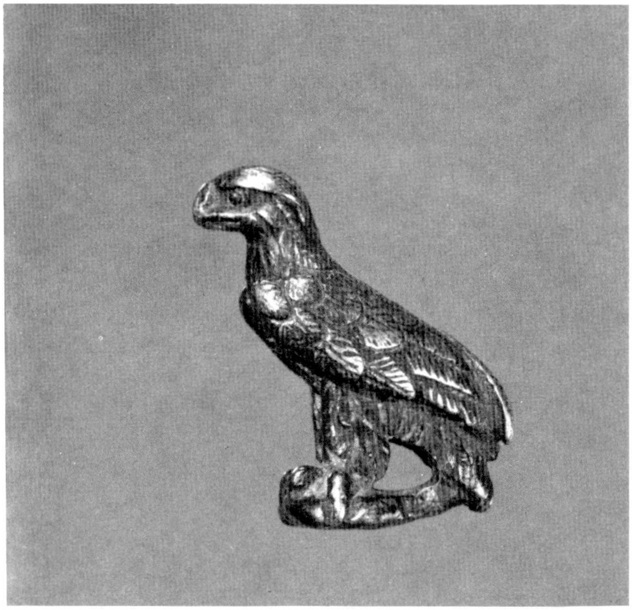

193 Adler

Silber. Römisch, 2. oder 4. Jahrhundert n. Chr.
H 2,5; Br 1,2; L 2,2 cm.
Einige Abreibungen an Kopf und Rücken.

Der Adler steht still mit in die Ferne gerichtetem Blick. Die schuppenartig aufliegenden Federn sind durch Kerben wie Blätter gegliedert. Die Flügel überkreuzen sich an den Spitzen, die Krallen umgreifen eine dreieckige Platte, die sich zum Schwanz zu nach oben wendet.
Da im kaiserlichen Rom der Adler den siegreichen Staat wie auch den Kaiser in der Gestalt Jupiters symbolisierte, ist es möglich, daß der Mildenberg-Adler in der Hand einer Silberstatuette eines Kaisers gehalten wurde, die für seine Privatkapelle oder das Lararium gemacht war. Diese Vermutung ist für eine berühmte Bronzestatuette eines Adlers aus Silchester in England geäußert worden. Andererseits saß der Adler als Jupitervogel auch auf kurzen Szeptern, die von siegreichen Generälen in ihrem Triumph getragen wurden und ein Attribut der Konsuln bis zur Regierungszeit Justinians (527-565) blieben, wie die elfenbeinernen Konsular-Diptychen erweisen. 29 solche Szepter, einige in Silber, die in Konstantinopel aufbewahrt wurden, sind von Konstantin VII. Porphyrogenetos in seinem „De caerimoniis“ um die Mitte des 10. Jahrhunderts erwähnt. PV

194 Taubenamulett

Bergkristall. Ägypten oder Nordafrika, spätrömisch, um 300 n. Chr.
H 2,5; Br 1,7; L 4,7 cm.
Vollständig bis auf den Abschlag an der Brust.

Wie spätantike Bergkristallobjekte wurde auch dieses mehr durch Schleifen und Polieren als durch wirkliches Schneiden geformt. Dadurch ist eine Einsenkung zwischen Flügeln und Schwanz entstanden, leichtgezähnt durch stumpfe Kerben. Die Augen waren gebohrt, und schwach eingeschnittene Linien geben den Schnabel an. Unter der Brust ist ein kleines Stück modern abgeschnitten, um den Stand zu ermöglichen. Ein Loch in einem kleinen Vorsprung hinter dem Nacken zeigt, daß die Taube als Anhänger oder Amulett benutzt wurde.
Wenig Kleinplastik aus Bergkristall datiert in die Römerzeit, wenn auch einige Statuetten und Porträts existieren. Außer zwei Löwenköpfen im Cluny-Museum Paris sind die Bergkristall-Tiere der Spätantike Weihgaben oder Amulette: eine Muschel, eine Ente, eine Schildkröte, Fische; auch sind ein Löwe, das Vorderteil eines Pferdes und ein Delphin bekannt. Es kann postuliert werden, daß der Mildenberg-Bergkristall aus Ägypten stammt. Die Taube gehört zum Kult der Isis, die in griechisch-römischer Zeit mit Aphrodite gleichgesetzt wurde: Stelen von Knaben aus Antinoë, die der Isis anheimgegeben waren, zeigen Trauben und die Taube. PV

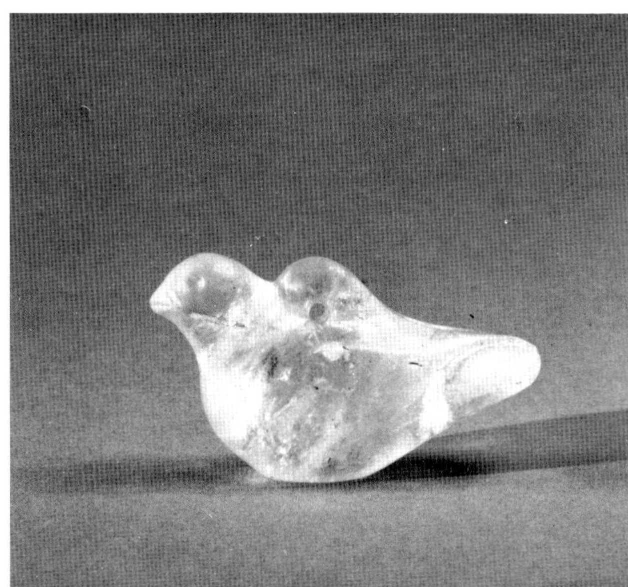

194 bis Fingerring, freiplastisch darauf stehende Taube

Silber, Reste von Vergoldung, Einlage in Niello. Spätere römische Kaiserzeit – frühbyzantinisch, 3.–6. Jahrhundert n. Chr. (?).
Innere W 1,65 cm.

Bandring, vorn breiter, nach hinten zu schmaler. Innenseite gewölbt, Kanten verstärkt geschmiedet. Quer zum Ring steht außen an der breitesten Stelle das Figürchen einer Taube zwischen zwei daneben liegenden Rundstäben, die quer gekerbt sind und die Standfläche begrenzen. Beiderseits davon auf der Schulter des Ringes aufgelegt ein tropfenförmiges Silberblech. In Niello eingelegtes Spiralornament, von einfacher Linie umrandet, auf den ‚Tropfen' und auf der unteren Hälfte des Ringes. An der Taube Augen und Flügel ebenfalls durch Nielloeinlage angedeutet. AG

195 Goldring mit flatterndem Vogel in Emaileinlage

Spätrömisch oder byzantinisch.
Dm 2,2; Dm der Emaileinlage 0,8 cm.
Zahlreiche Kerben auf dem Band.

Die Form des hohlen Ringes mit den sich verbreiternden Schultern, der abgeflachten ovalen Platte und dem blattdünnen Reif ist nahöstlich-römisch. Die Platte, bündig mit dem Ring, ist mit einer flatternden Taube verziert, die in sog. Zellenschmelz auf Gold gestaltet ist: die Farbe des Vogels ist weiß, der Hintergrund grün. Die Zellenränder, die den Vogelkörper, Flügel, Füße und Augen wiedergeben, sind auf den Goldgrund gelötet und dann mit Emailmasse gefüllt und gebrannt.
Die Vogeldarstellung gehört zu einer Reihe von ähnlichen Arbeiten, die eine wichtige Rolle in der Entwicklung der Emailkunst spielten. Zuerst wurde der Vogel aus Gold geschnitten und auf einen Grund von weichem farbigen Glas gelegt; die Fixierung wurde durch Schnitzen erreicht. In einer zweiten Phase wurde der Vogel aus dem weichen Glasgrund ausgeschnitten. Die Taube dieses Ringes gehört zum endgültigen Verfahren des Zellenschmelzes, bei dem die Zellen die Zeichnung wiedergeben. PV

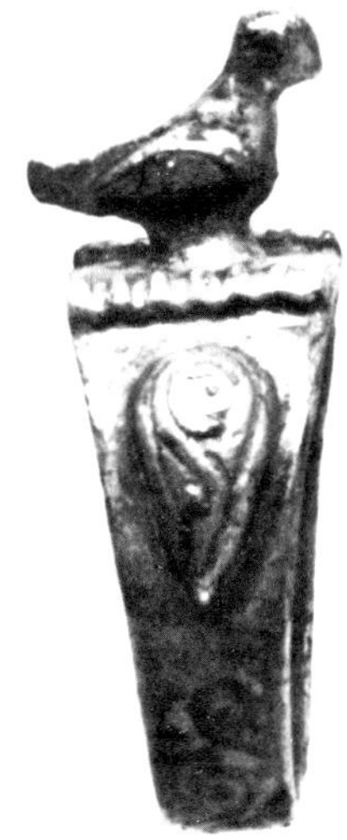

194 bis

195

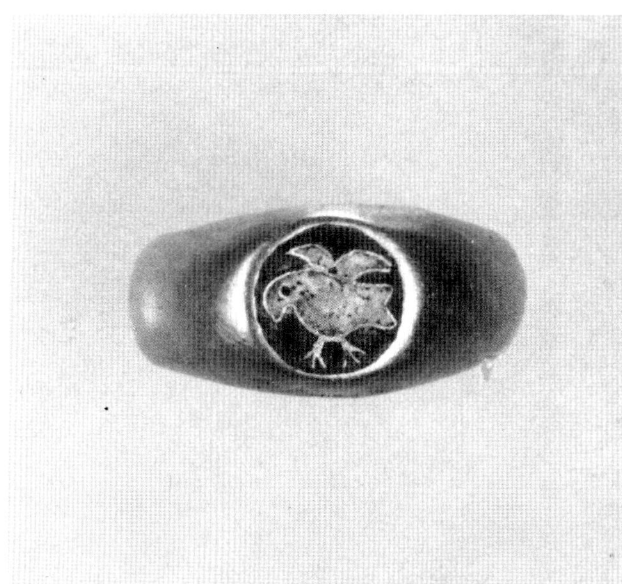

196 Bodenfragment mit Vogeldarstellung *(Farbabbildung s. S. 137)*

Steinmosaik. Östliches Mittelmeer, 6. Jahrhundert.
Br 35,5; L 52,2; Dicke 3,4 cm.
Die Tesserae abgenutzt, keine Fehlstellen innerhalb des Fragments.

Ein Perlhuhn oder Rebhuhn ist dabei, an einer Traube in einem heute fast völlig verlorenen Rankennetz zu picken. Die Tesserae sind in gedecktem Weiß am Grund, in einem fahlen und einem wärmeren Ziegelrot sowie zwei Schattierungen Grün für die Zeichnung, schließlich einem Mangan-Schwarz für die Konturen. Die Modellierung des Hühnerkörpers wurde durch Abstufung der grünen Tesserae von Hell zu Dunkel erreicht.

Der Mildenberg-Vogel ist nur ein Fragment eines Bodenmosaiks, das als belebte Ranke oder ein kompliziertes Netzwerk gestaltet war. Beide Typen waren in der spätrömischen Kunst vor allem in Nordafrika üblich und breiteten sich, effektvoller koloriert, nach Palästina, Libanon, Nordsyrien und Kilikien aus. Die besten Beispiele gehören ins 6. Jahrhundert n. Chr. PV

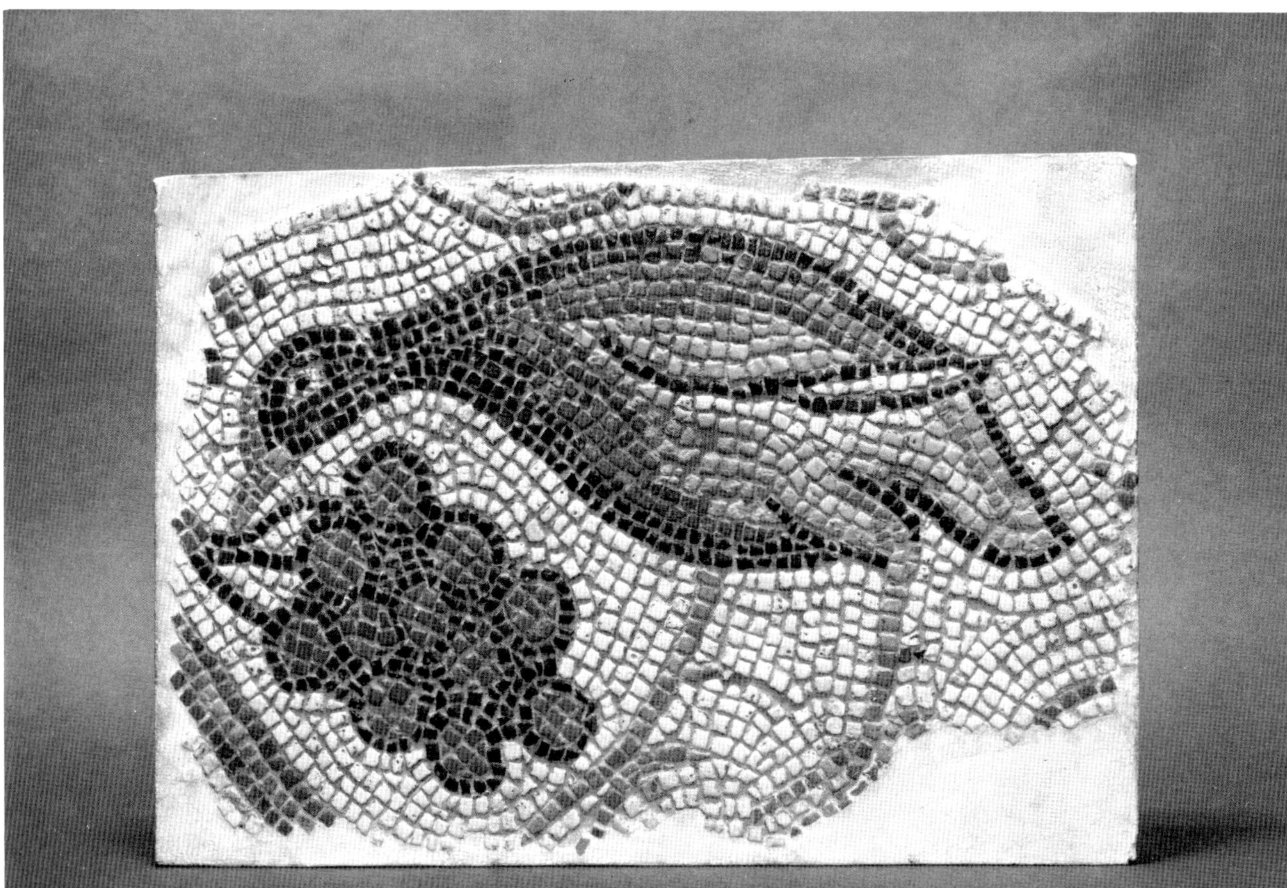

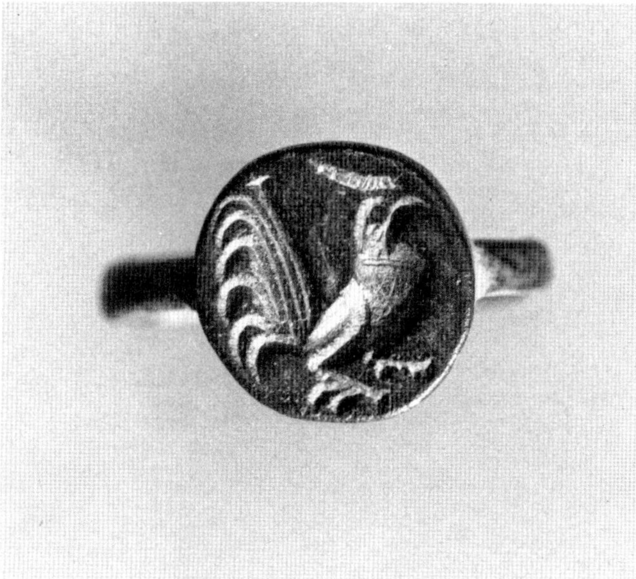

197 Siegelring mit Kampfhahn

Bronze, gegossen und graviert. Spätrömisch oder byzantinisch, 5.–6. Jahrhundert n. Chr.
Dm des Ringes 2,4; der Ringplatte 1,3 cm.
Vollständig, der Reif leicht verborgen. Schwärzliche Patina.

Der Ring hat eine Form, die in der Spätantike und im frühen Mittelalter für Siegelringe häufig war. Das Band des Reifens ist leicht abgekantet, und die darauf befindliche Platte ist eine flache massive Scheibe. Der Ring ist groß genug, von einem Mann getragen zu werden.
Die Platte ist von einem tief eingravierten Kampfhahn geschmückt (vgl. Nr. 16). Am Ende des 2. Jahrhunderts n. Chr. beschreibt Lucilius römische Kampfhähne ähnlich: der Siegerhahn brüstet sich stolz und erhebt sich auf seine Krallen, wenn er vorwärts geht. Der Kamm dieses Hahns weist nach hinten, die Brust heraus, der Schwanz nach oben, er schreitet vorwärts, Augen und Sporen bereit für einen neuen Herausforderer. Auch wenn Kampfhähne auf Siegelringen nicht üblich waren, gibt es doch Vergleichsbeispiele auch in verwandtem Stil unter den spätrömischen Bronzen. Einfache Ringe mit angesetzten gravierten Platten kommen vom 3. bis 8. Jahrhundert in Gold, Silber und Bronze vor. Die Tiefe, die scharfen Kanten und die geraden Linien der Gravur sind charakteristisch für das 5. Jahrhundert. Frühchristliche Ringe haben ähnliche Formen, aber einen Dekor, der auf Tiere und Symbole der Christenheit beschränkt ist. Dieser Ring könnte eher aus heidnischem Gebrauch stammen.
SJP

Bibliographie

Die Numerierung bezieht sich auf die jeweilige Katalog-Nummer

1

Bibliography: Unpublished.

Comparative literature: Leonard Gorelick and A. John Gwinnett, "Ancient Seals and Modern Science," *Expedition* XXI, no. 3 (Winter 1978) 38–47; Leonard Gorelick and A. John Gwinnett, "Ancient Lapidary," *Expedition* XXII no. 2 (Fall 1979) 17–32; Pierre Amiet, *Elam* (Auvers-sur-Oise: Centre National de la Recherche Scientifique, 1966) pp. 110-127, figs. 65–90; Sherman E. Lee, *A History of Far Eastern Art* (New York: Harry N. Abrams, 1973) figs. 10, 19; Max E. Mallowan, "Excavations at Brak and Chagar Bazar," *Iraq* IX (1957) 40–42 pls. VII–XVI; Louis Le Breton, "The Early Periods at Susa, Mesopotamian Relations," *Iraq* XIX (1957) 116, figs. 31–32, 35; S. R. K. Glanville, "Egyptian Theriomorphic Vessels in the British Museum," *JEA* XII (1926) 52 ff., pl. XII; Christiane Desroches-Noblecourt, "Quatre objets protodynastiques provenant d'un 'trésor' funéraire," *La Revue du Louvre* II (1979) 108–110, figs. 1, 5; Ping-ti Ho, *The Cradle of the East* (Hong Kong: Chinese University Publications Office, 1975) p. 149; Beatrice Laura Goff, *Symbols of Prehistoric Mesopotamia* (New Haven: Yale University Press, 1963) figs. 230, 254–256, 274; Pierre Amiet, *Glyptique susienne*, 2 vols., Mémoires de la délégation archéologique en Iran, XLIII (Paris: Paul Geuthner, 1972) II, pl. 103, no. 953, pl. 111, no. 1032, pl. 175, no. 2014; Richard D. Barnett, "The Hieroglyphic Writing of Urartu," in K. Bittel et al., eds., *Anatolian Studies Presented to Hans Gustav Güterbock on the Occasion of His 65th Birthday* (Istanbul: Nederlands Historisch-Archaeologisch Instituut in Het Nabije Oosten, 1974) pp. 43–55, pls. XI–XIII; L. Legrain, *Ur Excavations, III, Archaic Seal Impressions*, Publications of the Joint Expedition of the British Museum and of the University Museum, University of Pennsylvania, Philadelphia, to Mesopotamia (Oxford: Oxford University Press, 1936) pl. 36.

2

Bibliography: Unpublished.

Comparative literature: Bill Clark, "Animals of the Bible," *Biblical Archaeology Review* VII (January/February 1981) 26; Manfred Robert Behm-Blancke, *Das Tierbild in der altmesopotamischen Rundplastik*, Deutsches Archäologishes Institut, Abteilung Baghdad: Baghdader Forschunger, I (Mainz: Philipp von Zabern, 1979) esp. pp. 9–10, pl. 73, no. 30, pl. 7, no. 28; E. Douglas van Buren, *The Fauna of Ancient Mesopotamia as Represented in Art*, Analecta Orientalia XVIII (Rome: Pontificium Institutum Biblicum, 1939) pp. 10–12, pl. 1, fig. 5; John D. Cooney, "The Lions of Leontopolis," *Brooklyn Museum Bulletin* XV, no. 2 (Winter 1954) 17–30.

3

Bibliography: Unpublished.

Comparative literature: Moorey, *Adam Collection*, p. 172, no. 165; Helmuth Th. Bossert, *Altanatolien* (Berlin: Ernst Wasmuth, 1942) p. 187, nos. 783-785; Pierre Amiet, *Elam* (Auvers-sur-Oise: Centre National de la Recherche Scientifique, 1966) p. 69, fig. 30, cf. fig. 89, p. 127.

4

Bibliography: Unpublished.

Comparative literature: M. Weber, "Frosch," *Reallexikon für Antike und Christentum VIII* (Stuttgart: Anton Hiersemann, 1972) cols. 524, 529, 530; L. Legrain, *Ur Excavations*, vol. III: *Archaic Seal-Impressions*, Publications of the Joint Expedition of the British Museum and of the University Museum, University of Pennsylvania, Philadelphia, to Mesopotamia (Oxford: Oxford University Press, 1936) pl. 15, nos. 282-283; H. R. Hall, "Babylonian and Egyptian Accessions," *BMQ III* (1928–1929) 12-13, pl. IV; L. Ch. Watelin and S. Langdon, *Excavations at Kish* (Paris: Paul Geuthner, 1934) pl. XXI; Denise Schmandt-Besserat and S. M. Alexander, *The First Civilization: The Legacy of Sumer*, exhib. cat. (Austin: The University Art Museum, The University of Texas, 1975) p. 44, no. 70.

5

Bibliography: Unpublished.

Comparative literature: See [4].

6

Bibliography: Unpublished.

Comparative literature: Madho Sarup Vats, *Excavations at Harappa* (Delhi: Manager of Publications, 1940) pl. LXXVIII, nos. 1-15; E. J. H. Mackay, *Further Excavations at Mohenjo-daro* (Delhi: Manager of Publications, 1938) I, 295-296, II, pl. LXXVII, nos. 4-12; Rai Govind Chandra, *Studies of Indus Valley Terracottas* (Sonarpura, Varanasi: Shri V. S. Singh, 1973) pp. 39-43, figs. 92, 93, 96, 101, 106; André Parrot, *Le Temple d'Ishtar. Mission archéologique de Mari* I (Paris: Paul Geuthner, 1956) 206, pl. LXIX, no. 1111; E. A. Speiser, *Excavations at Tepe Gawra* I (Philadelphia: University of Pennsylvania Press, 1935) pl. LXXVII, nos. 3, 7, 8; Sir John Marshall, ed., *Mohenjo-daro and the Indus Civilization* (London: Arthur Probsthain, 1931) III, pl. XCVI, nos. 2, 11, 12, 17.

7

Bibliography: Unpublished.

Comparative literature: Ekrem Akurgal, *The Art of the Hittites* (London: Thames and Hudson, 1962) pp. 307-308, pls. 1-6; H. Z. Koşay, *Türk Tarih Kurumu tarafindan yaplin Alaca Höyük kuzisi* (Ankara: Türk Tarih Kurumu Basimevi, 1951) pp. 161, 167, pls. CL, CLXII, CXXII, CXXX; H. Z. Koşay, *Alacahöyuk* (Ankara: Turkish press, broadcasting and tourist dept. 194-?) pls. 11, 26.

8

Bibliography: Unpublished.

Comparative literature: Jessica Rawson, ed., *Animals in Art* (London: British Museum Publications, 1977) p. 4, fig. 5; *Antike Bronzen,* Liste 14, commercial exhib. cat. (Zurich: Arete Galerie für antike Kunst, n.d.) no. 20.

9

Bibliography: Unpublished.

Comparative literature: See [7] and [8].

9 bis

Bibliographie: Unpubliziert.

Vergleichsliteratur: zu Nadeln mit zoomorphen Köpfen: P. R. S. Moorey, Catalogue of the Ancient Persian Bronzes in the Ashmolean Museum (London 1971) 191 ff., Nadel Sammlung Fr. Schachermayr (angebl. Malatya) :St. Przeworski, Die Metallindustrie Anatoliens (1939) Taf. XIV. 3, Fr. Schachermayr, RLV 14 (Berlin 1929) 313, H. Th. Bossert, Altanatolien (= Die ältesten Kulturen des Mittelmeerkreises II, Berlin 1942) Nr. 783–785: „späthethithisch" (zur Datierung: P. R. S. Moorey, op. cit. 192), Nadel Sammlung Borowski: Arts de l'ancien Iran, Musée Borély Marseille (Marseille 1975) Nr. 165 = Abb. p. 56, 4. Nadel von links: „Luristan, frühes 1. Jahrtausend v. Chr." (zur Riefelung des Schaftes vgl. Nadel aus Karkemisch: L. Woolley et al., Carchemish III (1952) Taf. 60 b („Early bronze graves").

10

Bibliography: Unpublished.

Comparative literature: U. Bahadir Alkim, *Anatolia* I (Cleveland: World Publishing, 1968) 217, 270, no. 114, fig. 114; Kurt Bittel, *Hattusha* (New York: Oxford University Press, 1970) pp. 72-73, pls. 15-16; Franz Fischer, *Die hethitische Keramik von Boğazköy*, Boğazköy-Hattuša IV, ed. Kurt Bittel (Berlin: Deutsche Orient-Gesellschaft, 1963) p. 157, no. 1279.

11

Bibliography: Unpublished.

Comparative literature: Jeanny Vorys Canby, *The Ancient Near East in the Walters Art Gallery* (Baltimore: The Walters Art Gallery, 1974) no. 30; Helmuth Th. Bossert, *Altanatolien* (Berlin: Ernst Wasmuth, 1942) no. 161; John D. Cooney, "A Medley of Bulls," *The Bulletin of The Cleveland Museum of* Art LVIII (January 1971) 11-19, figs. 4-9; Kurt Bittel, *Les Hittites* (Paris: Gallimard, 1976) pp. 151-152, figs. 156-157.

12

Bibliography: Unpublished.

Comparative literature: H. Frankfort, *Cylinder Seals* (London: Macmillan, 1939) p. 276, fig. 90, pp. 278-283, pl. XLII, o; Edith Porada, *Corpus of Ancient Near Eastern Seals in North American Collections*, vol. I: *The Collection of the Pierpont Morgan Library*, The Bollingen Series XIV (Washington, DC: Pantheon Books, 1948) 139-140, nos. 1008-1009, pl. CLIII, and p. 145, no. 1046E, pl. CLIX; Briggs Buchanan, *Catalogue of Ancient Near Eastern Seals in the Ashmolean Museum*, vol. I: *Cylinder Seals* (Oxford: The Clarendon Press, 1966) 184-185, nos. 939-943, 949, pl. 58, Sir Leonard Woolley, *Alalakh: An Account of the Excavations at Tell Atchana in the Hatay, 1937-1949* (Oxford: Oxford University Press, 1955) pp. 258ff, pls. LX, 10, LXI, 24, LXIII, 61, LXV, 98-99.

12 bis

Bibliography: Unpublished.

Comparative literature: M.-C. Soutzo et al., *Délégation en Perse. Mémoires XII* (Paris: Ernest Leroux, 1911) pp. 1-8, 14, 25-32; Pierre Amiet, *Elam* (Auvers-sur-Oise: Centre National de la Recherche Scientifique, 1966) fig. 346B, p. 453.

12 c

Bibliographie: Unpubliziert.

Vergleichsliteratur: R. deMequenem, MDP VII (1905) 135 Taf. XIII. 13 = P. Amiet, Elam (Auvers-sur-Vise 1966) Abb. 333.

13

Bibliography: Unpublished.

Comparative literature: Bronzes du Louristan et d'Amlash, sale cat. (Paris: Hotel Drouot, May 1980) no. 336.

13 bis

Bibliographie: Unpubliziert.

Vergleichsliteratur: zu iranischen Hirschfiguren allgemein: P. R. S. Moorey, Ancient Persian Bronzes in the Adam Collection (London (1974) 169, vgl. ebenda Nr. 154–159, E. L. B. Terrace, The Art of the Ancient Near East in Boston (Boston 1962) Abb. 31, E. Porada, Alt-Iran (Baden-Baden 1962) 94 f.

14

Bibliography: Unpublished.

Comparative literature: Wolfram Nagel, *Altorientalisches Kunsthandwerk, Berliner Beiträge zur Vor-und Frühgeschichte,* V (Berlin: Walter de Gruyter, 1963) pls. LVIII, no. 140, LIX, no. 142; Edith Porada and Richard Ettinghausen, exhib. cat. *7000 Years of Iranian Art,* (Washington, D. C.: The Smithsonian Institution Traveling Exhibition Service, 1964-65) pp. 135-136, nos. 190, 366, p. 140, no. 157; *Bronzes antiques de la Perse: Collection Jean Paul Barbier, Genève*, sale cat. (Paris: Hotel Drouot, 27 May 1970) pp. 15, 72, no. 62; Jean-Louis Huot, *Persia: From Its Origins to the Achaemenids,* I, trans. H. S. B. Harrison (London: Frederick A. Prager Limited, 1965) no. 80; Roman Ghirshman, *Persia from the Origins to Alexander the Great*, trans. Stuart Gilbert and James Emmons (London: Thames and Hudson, 1964) p. 67, nos. 84, 86.

15

Bibliography: Unpublished.

Comparative literature: Toshihiko Sono and Shinji Fukai, *Dailaman III, The Excavations at Hassani Mahale and Ghalekuti* (Tokyo: The Institute of Oriental Culture, University of Tokyo, 1968) pp. 45-46, pl. XLVII, 4a, 4b; Moorey, *Adam Collection,* nos. 160-161; *Bronzes et terres cuites du Louristan et la Caspienne,* sale cat. (Paris: Nouveau Drouot, 26 September 1980) no. 36.

16

Bibliography: Unpublished.

Comparative literature: Moorey, *Adam Collection*, p. 174, no. 170; *Bronzes antiques de la Perse: Collection Jean Paul Barbier, Genève*, sale cat. (Paris: Hotel Drouot, 27 May 1970) pp. 28, 127, nos. 175, 176.

17

Bibliography: Unpublished.

Comparative literature: *Bronzes et terres cuites Louristan-Amlash*, sale cat. (Paris: Nouveau Drouot, 26 September 1980) no. 129; E. L. B. Terrace, B. V. Bothmer, J. L. Keith, et al., *The Pomerance Collection of Ancient Art*, exhib. cat. (New York: The Brooklyn Museum, 1966) p. 49, no. 56; Karl Jettmar, *Art of the Steppes*, trans. Ann E. Keep (New York: Crown Publishers, 1967), pp. 172-173, fig. 119; Horst Klengel, *The Art of Ancient Syria*, trans. Joan Becker (South Brunswick and New York: A.S. Barnes, 1972) p. 40; Kurt Bittel, *Les Hittites* (Paris: Gallimard, 1976) p. 285, no. 326; Denise Schmandt-Besserat and S.M. Alexander, *The First Civilization: The Legacy of Sumer*, exhib. cat. (Austin: The University Art Museum, The University of Texas, 1975) no. 189, p. 79; Anne Roes, "Two Medieval Candlesticks of Unusual Type," *Artibus Asiae* xx (1957) 66-71, cf. fig. 3, p. 68.

17 bis

Bibliographie: Unpubliziert.

Vergleichsliteratur: zum Greifen allgemein: A. M. Bisi, Il grifone. Studi Semitici 13 (Rom 1965) und J. Börker-Klähn, RLA 3 (1957–71) 633 ff. Zum Nadeltypus: Von Troja bis Amarna (Mainz 1978) Nr. 150, Kunst der Antike (Hamburg 1977) Nr. 411, The Summa Galleries (Beverly Hills 1981) Nr. 94, O. W. Muscarella, APA 7/8 (1976/77) 317 (Privatsammlungen), O. A. Taşyürek, TAD 22/2 (1975) 145 Abb. 12 (Museum von Adana); vergleichbare Nadeln aus Grabungen: R. D. Barnett, AnSt 13 (1963) Fig. 32:1 (Friedhof von Igdyr), ebenda Fig. 43 Mitte (Friedhof von Nor-Aresch).

18

Bibliography: Unpublished.

Comparative literature: R. D. Barnett, "The Excavations of the British Museum at Toprak Kale near Van," *Iraq* xii (1950) 1–43, cf. p. 19, pls. xvi, xxii, 1–3, fig. 11; George M. A. Hanfmann, "Four Urartian Bulls' Heads," *AnatSt* vi (1956) 205–213; R. D. Barnett and N. Gökce, "The Find of Urartian Bronzes at Altin Tepe, Near Erzincan," *AnatSt* iii (1953) 121–129; Pierre Amandry, "Chaudrons à protomes de taureau," in Paul S. Weinberg, ed., *The Aegean and the Near East* (Locust Valley, NY: J. J. Augustin, 1956) pp. 239–261; B. B. Piotrovsky, *Urartu: The Kingdom of Van and Its Art*, trans. Peter S. Gelling (New York: Frederick A. Praeger, 1967) pp. 37–41 (The caption for fig. 24 is erroneous. Instead of Harvard University Museum, read "Louvre."); Guitty Azarpay, *Urartian Art and Artifacts: A Chronological Study* (Berkeley and Los Angeles: University of California Press, 1968) pp. 52–55, fig. 15, pls. 30–34; Oscar White Muscarella, "Winged Bull Cauldron Attachments from Iran," *Metropolitan Museum Journal* *i* (1968) 7–18.

19

Bibliography: Unpublished.

Comparative literature: B. B. Piotrovsky, *The Kingdom of Van (Urartu)* (in Russian) (Moscow: Publishing House of Eastern Literature, 1959) p. 167, pls. xxxvii, xxxix; B. B. Piotrovsky, *The Art of Urartu VIII–VI Century* BC (in Russian) (Leningrad: Hermitage, 1962) pp. 66–69, figs. 38–40, p. 74, fig. 42, pls. xxii, xxv; Guitty Azarpay, *Urartian Art and Artifacts: A Chronological Study* (Berkeley and Los Angeles: University of California Press, 1968) pp. 21–37, fig. 8, pls. 7, 18–20, pp. 67–68, pls. 56–58; Peter Calmeyer, *Altiranische Bronzen der Sammlung Bröckelschen* (Berlin: Staatliche Museen, 1964) pl. 26, nos. 59–60; Maurits Nanning van Loon, *Urartian Art: Its Distinctive Traits in the Light of New Excavations* (Istanbul: Nederlands Historisch-Archaeologisch Instituut, 1966) pp. 116–118, fig. 13, pls. xxv, xxvi; Ekrem Akurgal, *Urartäische und altiranische Kunstzentren* (Türk Tarih Kurumu Basimevi, 1968) pp. 64–79; *Schimmel Catalog* (1974) no. 133; Herbert Hoffmann, "An Urartian Decorated Bronze Strip from Diyarbakir," in *Studies Presented to George M. A. Hanfmann* ed. D. G. Mitten, J. G. Pedley, and J. A. Scott (Cambridge, MA: Fogg Art Museum, 1971) pp. 69–76 (with bibliography completely up to date); Hans-Jörg Kellner, "Pectorale aus Urartu," *Belleten* xli, no. 163 (1977) 482–483, pl. 1 (wrongly captioned 3) and pl. 2, pp. 487–488, fig. 1; Orhan Aytuğ Taşyürek, "The Urartian Bronze Hoard from Giyimli," *Expedition* xix, no. 4 (Summer 1977) 12–20, figs. 13, 15–16; Timothy Kendall, "Urartian Art in Boston; Two Bronze Belts and a Mirror," *BMFA* lxxv (1977) 27–55, figs. 7–8; *Bronzes antiques de la Perse: Collection Jean Paul Barbier, Genève*, sale cat. (Paris: Hotel Drouot, 27 May 1970) p. 49, no. 27.

20

Bibliography: Unpublished.

Comparative literature: Kurt Bittel, *Les Hittites* (Paris: Gallimard, 1976) pp. 286–287, figs. 327–328; Helmuth Th. Bossert, *Altanatolien* (Berlin: Ernst Wasmuth, 1942) p. 222, no. 873; Ekrem Akurgal, *The Art of the Hittites* (London: Thames and Hudson, 1962) pls. 113, 134–136, 140, cf. xxiv; *Schimmel Catalog* (1974) no. 134; R. D. Barnett, "The Excavations of the British Museum at Toprak Kale near Van," *Iraq* xii (1950) pl. xi; M. Chahin, "Some Urartian Bronzes," in *Atti del primo simposio internazionale di arte armena* (Venice, 1978) p. 75, fig. 18.

21

Bibliography: Unpublished.

Comparative literature: *Schimmel Catalog* (1978) no. 150; K. R. Maxwell-Hyslop, *Western Asiatic Jewellery, c. 3000–612* BC (London: Methuen and Co., 1971) pl. 158; Edith Porada, *The Art of Ancient Iran: Pre-Islamic Cultures* (New York: Crown Publishers, 1965) p. 115, pl. 29, p. 116, fig. 67; R. D. Barnett, "The Excavations of the British Museum at Toprak Kale near Van," *Iraq* xii (1950) pl. xi; Hans-Jörg Kellner, *Urartu: Ein wiederentdeckter Rivale Assyriens*, exhib. cat. (Krefeld: Museumszentrum Burg Linn, 1979) no. 222, pl. 6.

22

Bibliography: Unpublished.

Comparative literature: For recent discussion of Neo-Hittite prototypes for small lions, especially in the Greek world, see H. Gabelmann, *Studien zum frühgriechischen Löwenbild* (Berlin: Gebr. Mann, 1965) pp. 17-21.

23

Bibliography: Unpublished.

Comparative literature: Manfred Robert Behm-Blancke, *Das Tierbild in der altmesopotamischen Rundplastik*, Deutsches Archäologisches Institut, Abteilung Baghdad: Baghdader Forschunger, I (Mainz: Philipp von Zabern, 1979) pl. 9, no. 56, pl. 15, and *passim*, pl. 30; Pierre Amiet, *Elam* (Auvers-sur-Oise: Centre National de la Recherche Scientifique, 1966) p. 491, fig. 368 A–B p. 506, fig. 381, p. 532, fig. 408; John Gray, *The Canaanites* (London: Thames and Hudson, 1964) pl. 53; Arielle P. Kozloff, "A Bronze Menagerie," *The Bulletin of The Cleveland Museum of Art* LXIII (March 1976) 74–76, figs. 1–2.

24

Bibliography: Unpublished

Comparative literature: Schimmel Catalog (1974) no. 134; C. Densmore Curtis, *Sardis XIII: Jewelry and Gold Work, Part 1, 1910–1914* (Rome: American Society for the Excavation of Sardis, 1925) pl. VIII, figs. 7a, b, c; George M. A. Hanfmann and Nancy H. Ramage, *Sculpture from Sardis: The Finds Through 1975* (Cambridge, MA: Harvard University Press, 1978) p. 156, no. 230, fig. 400.

25

Bibliography: Unpublished.

Comparative literature: Richard F. S. Starr, *Nuzi*, 2 vols. (Cambridge, MA: Harvard University Press, 1939) I, 449–453, II, pls. 120–I, 130–I; D. Oates, "The Excavations of Tel-al-Rimah, 1964, Preliminary Report," *BASOR* no. 178 (1965) p. 54, fig. 8; D. Barag, "Rod-formed Kohl-tubes of the Mid-First Millennium B.C.," *JGS* XVII (1975) 23–26; S. M. Goldstein, *Pre-Roman and Early Roman Glass in The Corning Museum of Glass* (Corning, NY: The Corning Museum of Glass, 1979) pp. 47–51, 104–107, 114, nos. 232–235 (illus.).

26

Bibliography: Unpublished.

Comparative literature: L. Woolley, "The Excavations at Al Mina Sueida," *JHS* LVIII (1938) 158, NM 40, pl. XIV; M. Almagro, *La necropolis de Ampurias* I (Barcelona: Seix Y Barral, 1953) pp. 102, 103, figs. 15-17; G. D. Weinberg, "Glass Manufacture in Hellenistic Rhodes," *Arkaeologikon Deltion* XXIV, no. 1 (1969) 143, pl. 80a; D. B. Harden, "Ancient Glass, I: Pre-Roman" *Arch J* CXXV (1969) 57, n. 62; M. Seefried, "Glass Core Pendants Found in the Mediterranean Area," *JGS* XXI (1979) 17-26, figs. 1, 15, 24, for general discussion of entire group; T. E. Haevernick, "Gesichtperlen," *MadrMitt* XVIII (1977) 152-231 for a catalog of related face beads.

27

Bibliography: Unpublished.

Comparative literature: See [26].

28

Bibliography: Unpublished.

Comparative literature: Jeanny Vorys Canby, *The Ancient Near East in The Walters Art Gallery* (Baltimore: The Walters Art Gallery, 1974) no. 51; Denise Schmandt-Besserat, *Ancient Persia: The Art of an Empire*, exhib. cat. (Austin: The University of Texas, 1978) p. 73, no. 85.

29

Bibliography: Unpublished.

Comparative literature: Peter Calmeyer, *Altiranische Bronzen der Sammlung Bröckelschen* (Berlin: Staatlichen Museen, 1964) p. 57, no. 130, pl. 64; David Stronach, *Pasargadae: A Report on the Excavations Conducted by the British Institute of Persian Studies from 1961 to 1963* (Oxford: Oxford University Press, 1978) pl. 147; Rodolfo Siviero, *Gli ori e le ambre del Museo Nazionale di Napoli* (Florence: Sansoni, 1954) pls. 156-159, 162; Pierre Amandry, "Orfèvrerie achéménide," *AntK* I (1958) 9ff, cf. 12-14, 17, 18; Erich F. Schmidt, *Persepolis* vol. II: *Contents of the Treasury and Other Discoveries* (Chicago: University of Chicago Press, 1957) p. 79, fig. 16; R. Ghirshman, G. Wiet, et al., *Trésors de l'ancien Iran*, exhib. cat. (Geneva: Musée Rath, 1966) no. 643, pl. 54; *Schimmel Catalog* (1974) no. 158.

30

Bibliography: Bloesch et al., *Das Tier*, p. 61, no. 373, pl. 62.

Comparative literature: Helene J. Kantor, "Achaemenid Jewelry in the Oriental Institute," *JNES XVI* (1957) 1-23, pls. III, VII-IX; R.D. Barnett, "Ancient Oriental Goldwork," *BMQ* XXII, nos. 1/2 (February 1960) 29-30, pl. VII; R. Ghirshman, *Persia from the Origins to Alexander the Great*, trans. Stuart Gilbert and James Emmons (London: Thames and Hudson, 1964) pp. 380, 358, fig. 463; K.R. Maxwell-Hyslop, *Western Asiatic Jewellery, c. 3000–612* BC (London: Methuen and Co., 1971) pp. 210-211, pls. 173-175; Charles K. Wilkinson, "Assyrian and Persian Art," *BMMA* XIII (March 1955) 213-224; R. Wehrli, *Sammlung E. und M. Kofler-Truniger, Luzern*, exhib. cat. (Zürich: Kunsthaus Zürich, 1964) no. 382, pl. 28.

31

Bibliography: Unpublished.

Comparative literature: Erich F. Schmidt, *Persepolis: vol. I Structures, Reliefs, Inscriptions* (Chicago: The University of Chicago Press, 1953) pls. 142, 195, 198A,B; *Persepolis:* vol. II, *Contents of the Treasury and Other Discoveries* (1957) pp. 77-78, fig. 14b; Ernst E. Herzfeld, *Iran in the Ancient East* (Oxford: University Press, 1941) pls. LXXII, LXXIV; A. Leo Oppenheim, "The Golden Garments of the Gods," *JNES* VIII, no. 2 (April 1949) 172-193, cf. 177 and 188; Helene J. Kantor, "Achaemenid Jewelry in the Oriental Institute," *JNES* XVI (1957) 1-23, pls. III-V; "Chronique des fouilles et découvertes archéologiques en Grèce en 1955," *BCH* LXXX (1956) 300, fig. 2; C. Densmore Curtis, *Sardis XIII: Jewelry and Gold Work, Part 1, 1910–1914* (Rome: American Society for the Excavation of Sardis, 1925) pl. I, no. 2; Pierre Amandry, "Orfèvrerie achéménide," *AntK* I (1958) 9-23, cf. 9-10, pl. 7, fig. 1; cf. *ILN* 17 July, 1948, pp. 58-59, fig. 7; Farkas, Piotrovsky, et al., *Scythians: Treasures*, pp. 156-157.

32

Bibliography: Unpublished.

Comparative literature: Erich F. Schmidt, *Persepolis:* vol. I *Structures, Reliefs, Inscriptions* (Chicago: The University of Chicago Press, 1953) pp. 83 n. 98, 225, pls. 135, 153; R. Ghirshman, G. Wiet, et al., *Trésors de l'ancien Iran*, exhib. cat. (Geneva: Musée Rath, 1966) p. 119, no. 664, pl. 67.

33

Bibliography: Unpublished.

Comparative literature: Mehdi Bahrami, "Courrier d'art de Téhéran, Encensoir de bronze de l'époque parthe," *Artibus Asiae* XI (1948) 288-292, figs. 1, 2; Sir John Marshall, *Taxila: An Illustrated Account of Archaeological Excavations Carried out at Taxila under the Orders of the Government of India between the Years 1913 and 1934*, vol. I: *Structural Remains* (Cambridge: University Press, 1951), 148, 194; vol II: *Minor Antiquities*, 596, no. 322; vol. III: *Plates*, pls. 176, no. 322, 184,l; *Schimmel Catalog* (1974) no. 164; Ayako Imai, *Catalogue of a Selection of the Habib Anavian Collection* (New York: Habib Anavian, 1979) no. 5; *Bronzes et terres cuites du Louristan et la Caspienne*, sale cat. (Paris: Nouveau Drouot, 26 September 1980) no. 144; P.R.S. Moorey, *Ancient Iraq* (Oxford: Ashmolean Museum, 1976) p. 50, pl. XXXVI; *Bronzes du Louristan et d'Amlash*, sale cat. (Paris: Hotel Drouot, 22 May 1980) no. 379.

34

Bibliography: Unpublished.

Comparative literature: S. Kahn, R. Ghirshman, et al., *Sept Mille ans d'art en Iran*, exhib. cat. (Paris: Petit Palais, 1961–1962) nos. 740–741, pls. LXXV, LXXVI; E.H. Minns, *Scythians and Greeks: A Survey of Ancient History and Archaeology on the North Coast of the Euxine from the Danube to the Caucasus* (Cambridge: University Press, 1913) p. 427, fig. 318; p. 208, fig. 106(8); p. 401, fig. 294(8); p. 411, fig. 298; *Schimmel Catalog* (1974) no. 156; O.M. Dalton, *The Treasure of the Oxus with Other Examples of Early Oriental Metal-work*, 3rd ed. (London: The British Museum, 1964) p. 34, no. 117, fig. 65, pl. XII, no. 33, pl. XXI, no. 34; N. Kondakov, J. Tolstoï, and S. Reinach, *Antiquités de la Russie méridionale* (Paris: Ernest Leroux, 1891) p. 316, fig. 282, p. 381, fig. 334; Marc Rosenberg, *Geschichte der Goldschmiedekunst: IV Zellenschmelz: I Entstehung* (Frankfurt: Joseph Baer, 1921), p. 23, fig. 13, p. 25, fig. 27I; Sirarpie Der Nersessian, *Aght'amar Church of the Holy Cross* (Cambridge, MA: Harvard University Press, 1965) p. 14 and fig. 29.

35

Bibliography: Unpublished.

Comparative literature: E.H. Minns, *Scythians and Greeks: A Survey of Ancient History and Archaeology on the North Coast of the Euxine from the Danube to the Caucasus* (Cambridge: University Press, 1913) p. 172, fig. 69; M.I. Artamonov, *Treasures of Scythian Kurgans in the Collection of the State Hermitage* (in Russian) (Prague: Artia, 1966) p. 11, fig. 5, p. 36, fig. 66; P. Amiet, "Notes d'archéologie iranienne: A propos de quelques acquisitions récentes du Musée du Louvre," *La Revue du Louvre et des Musées de France* XIX (1969), 330, fig. 11, 332-333; Moorey, *Adam Collection* (London: Faber and Faber, 1974) p. 96, fig. 62

36

Bibliography: Unpublished.

Comparative literature: Pierre Amandry, "Un motif 'Scythe' en Iran et en Grèce," JNES XXIV, no. 3 (July 1965) 149-160, pl. XXIX, nos. 3, 4, 6-8; D.P. Hansen, "An Archaic Bronze Boar from Sardis" *BASOR* no. 168 (December 1962) pp. 27-36; *Notable Acquisitions 1979–1980 Selected by Phillippe de Montebello, Director* (New York: The Metropolitan Museum of Art, 1980) p. 10; E.C. Bunker, C.B. Chatwin, and A.R. Farkas, *"Animal Style" Art from East to West*, exhib. cat. (New York: Asia Society, 1970) pp. 48, 58, no. 35. *Catalogue of the Ernest Brummer Collection of Egyptian and Near Eastern Antiquities and Works of Art*, sale cat. (London: Sotheby and Co., 16, 17 November 1964) pp. 70-71, no. 174.

37

Bibliography: Unpublished.

Comparative literature: E.A. Gardner, "Ornaments and Armour from Kertch in the New Museum at Oxford," *JHS* V (1884) 62-73, pl. XLVI, 7; E.H. Minns, *Scythians and Greeks: A Survey of Ancient History and Archaeology on the North Coast of the Euxine from the Danube to the Caucasus* (Cambridge: University Press, 1913) p. 101, fig. 83; M. Vickers, *Scythian Treasures in Oxford* (Oxford: Ashmolean Museum Publications, 1979); Sergei I. Rudenko, *Frozen Tombs of Siberia: the Pazyryk Burials of Iron Age Horsemen,* trans. M.W. Thompson (London: J.M. Dent and Sons, 1970) p. 254, pl. 102, I; B. Piotrovsky et al., *Avant les Scythes,* exhib. cat. (Paris: Le Réunion des Musées Nationaux, 1979) p. 59.

38

Bibliography: Unpublished.

Comparative literature: Paul Jacobsthal, *Early Celtic Art* I (Oxford: Clarendon Press, 1944) pp. 36-39; Farkas, Piotrovsky, et al. *Scythians: Treasures,* p. 127, no. 184, pl. 28; Jessica Rawson, ed., *Animals in Art* (London: British Museum Publications, 1977) pp. 8 9; Karl Schefold, "Die iranische Kunst der Pontusländer (Südrussland und Thrakien)" in *Handbuch der Archäologie,* 2 vols. (Munich: C.H. Beck'sche Verlagsbuchhandlung, 1954) I, 423-454, II, pls. 63-68; T.G.E. Powell, "From Urartu to Gundestrup: The Agency of Thracian Metal-work," in *The European Community in Late Prehistory: Studies in Honour of C. F. C. Hawkes,* ed. John Boardman, M.A. Brown, and T.G.E. Powell (Totawa, NJ: Rowman and Littlefield, 1971) pp. 183-210, fig. 47; D. Berciu, *Contribution à l'étude de l'art Thraco-Gète,* Bibliotheca Historica Romaniae Monograph XIII (Bucarest: Editura Academiei Republicii socialiste România, 1974) pp. 60-67, 85-92.

39

Bibliography: Unpublished.

Comparative literature: R. Ghirshman, G. Wiet, et al. *Trésors de l'ancien Iran,* exhib. cat. (Geneva: Musée Rath, 1966) p. 106, no. 540, pl. 35; Diana M. Buitron, "The Cult of the God at Kourion," *The Walters Art Gallery Bulletin* XXXIII, no. 3 (December 1980) 1-2; *Schimmel Catalog* (1974) no. 152; Farkas, Piotrovsky, et. al., *Scythians: Treasures* p. 100, no. 18 and color pl. 3.

40

Bibliography: Unpublished.

Comparative literature: E. C. Bunker, C. B. Chatwin, and A. R. Farkas, *"Animal Style" Art from East to West,* exhib. cat (New York: The Asia Society, 1970) figs. 97, 98, 124; Karl Jettmar, *Art of the Steppes,* trans. Ann E. Keep (New York: Crown Publishers, 1967) pls. 13, 25; Farkas, Piotrovsky, et al., *Scythians: Treasures,* p. 125, no. 165.

41

Bibliography: Unpublished.

Comparative literature: Jean Gabus and Roger-Louis Junod, *Amlash Art* (Bern: Hallwag, 1967) p. 8; Pierre Amiet, *Arts de l'ancien Iran,* exhib. cat. (Marseille: Musée Borély, 1975) nos. 181, 182, 184.

42

Bibliography: Unpublished.

Comparative literature: T. Sulimirski, *The Sarmatians* (London: Thames and Hudson, 1970) pp. 86-89, fig. 31 on p. 88; Edith Porada and Richard Ettinghausen, *7000 Years of Iranian Art,* exhib. cat. (Washington, DC: The Smithsonian Institution Traveling Exhibition Service, 1964–1965) p. 83, no. 410, p. 137.

43

Bibliography: Unpublished.

Comparative literature: C. J. Lamm, *Mittelalterliche Gläser und Steinschnittarbeiten aus dem Nahen Osten*, 2 vols. (Berlin: Verlag Dietrich Reimer, 1929) I, 66-71, II, pls. 16, 18, 19; C. J. Lamm, *Oriental Glass of Medieval Date Found in Sweden and the Early History of Lustre-Painting* (Stockholm: Wahlström and Widstrand, 1941) p. 11, pl. II. 2; A. Lane, "Medieval Finds at Al Mina in North Syria," *Archaeologia* LXXXVII (1938) 70, fig. 12.

44

Bibliography: Unpublished.

Comparative literature: P. J. Riis and V. Poulsen, *Hama fouilles et recherches 1931–1938 IV, 2, Les verreries et poteries medievales* (Copenhagen: Fondation Carlsberg, 1957) pp. 57-58, fig. 153; A. v. Saldern, *Glassamlung Hentrich: Antike und Islam* (Düsseldorf: Kunstmuseums Düsseldorf, 1974) pp. 203-204, 250 nos. 304-306, 393 (illus.); "Recent Important Acquisitions," *JGS* VII (1965) 124, no. 17 (illus.).

45

Bibliography: Unpublished.

Comparative literature: Henry G. Fisher, *Ancient Egyptian Representations of Turtles* (New York: Metropolitan Museum of Art, 1968) pp. 1-2, 9-11, figs. 17, 19, pls. 1, 2, 17 (no. 69); Sir Leonard Woolley and Sir Max Mallowan, *Ur Excavations*, Vol. VII: *The Old Babylonian Period* (London: British Museum Publications, 1976) p. 183, pl. 93.

46

Bibliography: Unpublished.

Comparative literature: L. Keimer, "Remarques sur l'ornamentation des hippopotames in faience . . . ," *REgA* II (1929); John D. Cooney, "Egyptian Hippopotami in the Brooklyn Collection," *The Brooklyn Museum Bulletin* XII (Fall 1950) 5-12; Elizabeth Riefstahl, *Ancient Egyptian Glass and Glazes in The Brooklyn Museum* (Brooklyn: The Brooklyn Museum, 1968) pp. 94-95, nos. 11-12, figs. p. 17 and pl. II; William C. Hayes, *The Scepter of Egypt* 2 vols. (New York: Metropolitan Museum of Art, 1953) I, 226-227, fig. 142.

47

Bibliography: Unpublished.

Comparative literature: John D. Cooney, "Intaglios, Cameos, and Related Works," *The Bulletin of the Cleveland Museum of Art* LV (April 1968) 119 and fig. 9; W. M. Flinders Petrie, *Amulets* (London: Constable and Co., 1914), p. 12, pl. II; G. A. Reisner, *Catalogue général des antiquités égyptiennes du Musée du Caire: Amulets* (Cairo: Institut français d'archéologie orientale, 1907) pp. 188-192, pls. XXIII-XXIV, nos. 12452-12482.

48

Bibliography: Unpublished.

Comparative literature: Günther Roeder, *Ägyptische Bronzewerke* (Hamburg: J. J. Augustin, 1937) pp. 59-62, esp. no. 355, p. 60; Roeder, *Bronzefiguren*, pp. 388-394, esp. p. 389, Vienna no. 4271; Alfred Lucas, *Ancient Egyptian Materials and Industries*, 4th ed. rev. by J. R. Harris (London: Edward Arnold, 1962) p. 249; Hans Goedicke, *Nofretari* (Graz: Akademische Drückanstalt, 1971) cf. pls. 1, 2, and *passim*; Hans Gerhard Evers, *Staat aus dem Stein* 2 vols. (Munich: F. Bruckmann, 1929) II, 21-24.

49

Bibliography: Unpublished.

Comparative literature: None.

50

Bibliography: Unpublished.

Comparative literature: G. A. Reisner, *Catalogue général des antiquités égyptiennes du Musée du Caire: Amulets* (Cairo: Institut français d'archéologie orientale, 1907) p. 80, nos. 12400–12403, pl. XXII.

51

Bibliography: Fine Egyptian, Western Asiatic, and Classical Antiquities, sale cat. (New York: Sotheby Parke Bernet, 11 December 1976) no. 302 illus.

Comparative literature: Charles Boreux, *Guide catalogue sommaire*, 2 vols. (Paris: Musée du Louvre, 1932) I, 169, pl. 21; Hans Wolfgang Müller, "Löwenskulpturen in der Ägyptischen Sammlung des Bayerischen Staates," *MJb* XVI (1965) 25 ff.; G. Steindorff, *Catalogue of the Egyptian Sculpture in the Walters Art Gallery* (Baltimore: The Walters Art Gallery, 1946) p. 93, no. 311, pl. LIX.

52

Bibliography: Bloesch, *Das Tier*, no. 80.

Comparative literature: Otto Koefoed-Petersen, *Catalogue des statues et statuettes egyptiennes* (Copenhagen: Fondation Ny Carlsberg, 1950) p. 71, no. 126, pl. 131; G. Ṣteindorff, *Catalogue of Egyptian Sculpture in The Walters Art Gallery* (Baltimore: The Walters Art Gallery, 1946) p. 97, no. 345A, PL. lxv; Serge Sauneron, "Le nouveau sphinx composite du Brooklyn Museum et le rôle du dieu Toutou-Tithoès," *JNES* XIX (January–October 1960) 269-287, pls. X, XIV; B. V. Bothmer, *Egyptian Sculpture of the Late Period* (Brooklyn: The Brooklyn Museum, 1960) p. 162, no. 125, pl. 116; W. M. Flinders Petrie, *Amulets* (London: Constable and Co., 1914) p. 45, pl. XXXVIII, no. 219h; Hans Wolfgang Müller, "Löwenskulpturen in der Agyptischen Sammlung des Bayerischen Staate," *MJb* XVI (1965) 25 ff.

53

Bibliography: Unpublished.

Comparative literature: Steffen Wenig, *Africa in Antiquity* II (Brooklyn: The Brooklyn Museum, 1978) p. 257, no. 194, p. 202, nos. 123, 124.

54

Bibliography: Unpublished.

Comparative literature: Percy E. Newberry, *Scarabs: An Introduction to the Study of Egyptian Seals and Signet Rings* (London: Archibald Constable and Co., 1908) pl. XXIX, no. 45.

55

Bibliography: Unpublished.

Comparative literature: J. R. Napier and P. H. Napier, *A Handbook of Living Primates* (London: Academic Press, 1967) pp. 248ff; Dorothy W. Phillips, *Ancient Egyptian Animals* (New York: Metropolitan Museum of Art, 1948) fig. 28 and opposite page (not numbered); Edward L. B. Terrace and Henry G. Fischer, *Treasures of Egyptian Art from the Cairo Museum* (London: Thames and Hudson, 1970) pp. 129-132, no. 29; Georges Legrain, *Catalogue général des antiquités égyptiennes du Musée du Caire: Statues et statuettes des rois et des particuliers II* (Cairo: Services des Antiquitiés de l'Egypt, 1909) pp. 54-55, pl. XLIX; W. M. Flinders Petrie and J. H. Walker, *The Palace of Apries* (Memphis II) (London: British School of Archaeology, 1909) pp. 12, 18, pl. XV; Roeder, *Bronzefiguren*, pp. 371-373, § 489, pl. 53, and p. 494, fig. 765; Günther Roeder, *Agyptische Bronzewerke* (Hamburg: J. J. Augustin, 1937) pp. 55-56, § 232-236, pl. 34 c-f.

56

Bibliography: Bloesch et al., *Das Tier*, p. 13, no. 58, pl. 13; *Ägyptische Kunst*, sale auction 49 (Basel: Münzen und Medaillen, 27 June 1974) no. 95.

Comparative literature: G. Steindorff, *Catalogue of the Egyptian Sculpture in the Walters Art Gallery* (Baltimore: The Walters Art Gallery, 1946) p. 152, pl. CII.

57

Bibliography: Unpublished.

Comparative literature: Roeder, *Bronzefiguren*, § 447, pp. 346-347, pl. 50. and fig. 474 on p. 347.

58

Bibliography: Unpublished.

Comparative literature: Günther Roeder, *Ägyptische Bronzewerke* (Hamburg: J. J. Augustin, 1937) p. 51, pl. 33d; Roeder, *Bronzefiguren*, pp. 354-357, pls. 51l, 52d; Elizabeth Riefstahl, "A Sacred Cat," *Brooklyn Museum Bulletin* XIII, no. 2 (Winter 1952) 6, fig. 5; Neville Langton, "Notes on Some Small Egyptian Figures," *JEA* XXII (1936) 119-120, pl. VII; Werner Kaiser, *Agyptisches Museen Berlin* (Berlin: Staatliche Museen, 1976) p. 83 (illus.), no. 853.

59

Bibliography: Unpublished.

Comparative literature: Elizabeth Riefstahl, "A Sacred Cat," *Brooklyn Museum Bulletin* XIII, no. 2 (Winter 1952) 8-9, fig. 6; Roeder, *Bronzefiguren*, pp. 351-353, fig. 482; Neville Langton, "Notes on Some Small Egyptian Figures," *JEA* XXII (1936) 116, pl. V, no. 10; N. Landa and I. Lapis in B. Piotrovsky, ed., *Egyptian Antiquities in the Hermitage* (Leningrad: Aurora Art Publishers, 1974), no. 127.

60

Bibliography: Unpublished.

Comparative literature: Christa Meves in Erik Hornung et al., *Geschenk des Nils* (Basel: Schweizerischer Bank Verein, 1978) p. 95, no. 336.

61

Bibliography: Unpublished.

Comparative literature: G. J. F. Kater-Sibbes and M. J. Vermaseren, *Apis*, 3 vols. Etudes préliminaries aux religions orientales dans l'empire romain, ed. M. J. Vermaseren, XLVIII (Leiden: E. J. Brill, 1975); Roeder, *Bronzefiguren*, pp. 325–330, esp. 412; Erich Winter, *Der Apiskult im alten Ägypten* (Mainz: Zaberndruck, 1978); see also W. M. Flinders Petrie, *Egyptian Decorative Art* (New York: Benjamin Blom, 1972) pp. 47, 51, for discussions of textile designs.

62

Bibliography: Unpublished.

Comparative literature: G. J. F. Kater-Sibbes and M. J. Vermaseren, *Apis*, 3 vols., Etudes préliminaires aux religions orientales dans l'empire romain, ed. M. J. Vermaseren, XLVIII (Leiden; E. J. Brill, 1975) II, nos. 310, 504, III, no. 29, and all vols. *passim*; Patricia Neils Boulter, "A Bronze Bull in Cincinnati," in *Studies in Classical Art and Archeology*, ed. Günter Kopcke and Mary B. Moore (Locust Valley: J. J. Augustin, 1979) pp. 251–254, pls. LXVI, LXVII; Dorothy Kent Hill, *Catalogue of Classical Bronze Sculpture in the Walters Art Gallery* (Baltimore: Walters Art Gallery, 1949) p. 112, no. 253, pl. 51; A. Furtwängler, "Noch einmal zuttermes—Thoth und Apis." *BonnJbb* CXIV/CXV (1906) 114–115, 199–201; Walters,

BM Bronzes, p. 281, no. 1808; Mitten and Doeringer, *Master Bronzes*, p. 140, no. 143: Erich Winter, *Der Apiskult im alten Ägypten* (Mainz: Zaberndruck, 1978), fig. 13; Bloesch et al., *Das Tier*, p. 56, no. 336, pl. 58.

63

Bibliography: Unpublished.

Comparative literature: Herman de Meulenaere and Pierre Mackay, *Mendes II*, ed. Emma Swan Hall and Bernard V. Bothmer (Warminster: Aris and Phillips, 1976) pp. 2–3, 178.

64

Bibliography: Important Egyptian, Greek, Roman, Etruscan, and Western Asiatic Antiquities, sale cat. (New York: Sotheby Parke Bernet, 11 December 1980), no. 297.

Comparative literature: J. Vandier d'Abbadie, *Catalogue des objets de toilette égyptiens* (Paris: Éditions des Musées Nationaux, 1972) p. 94, no. OT 367 and pp. 98, 100, no. OT 386; Virginia Webb, *Archaic Greek Faience* (Warminster: Aris and Phillips, 1978) pp. 5–7, 132–134, pls. XXI–XXII.

65

Bibliography: Bloesch et al., *Das Tier*, no. 71, p. 14, pl. 14.

Comparative literature: W. M. Flinders Petrie, *Amulets* (London: Constable and Co., 1914) p. 48, pl. XLI, no. 245af; G. A. Reisner, *Catalogue général des antiquités égyptiennes du Musée du Caire: Amulets* (Cairo: Institut français d'archéologie orientale, 1907) p. 198, pl. XXV, nos. 12525–12527.

66

Bibliography: Unpublished.

Comparative literature: Arielle P. Kozloff, "A New Species of Animal Figure From Alexandria," *AJA* LXXX (Spring 1976) pl. 32, figs. 4–6; Department of Greek and Roman Antiquities, *A Guide to the Exhibition Illustrating Greek and Roman Life*, 3rd ed. (London: The British Museum, 1929) p. 141; Mabel Lang and Margaret Crosby, *Weights, Measures and Tokens*, The Athenian Agora, X (Princeton: Princeton University Press, 1964) p. 4.

67

Bibliography: Unpublished.

Comparative literature: J. Johnson, *Maroni de Chypre, Studies in Mediterranean Archaeology* LIX (1980) 56, pls. VII, 5; XIII, 49; XV, 58; XXII, 118-121; XXX, 157; XXXIX, 195; XLI, 206; *CVA* British Museum 1 (Great Britain 1), pl. 9; M. Maximova, *Les vases plastiques dans l'antiquité* (Paris: Geuthner, 1927) pl. III, 13; L. Åström, *Studies on the Arts and Crafts of the Late Cypriote Bronze Age* (Lund: Berlingska Boktryckeriet, 1967) pp. 42-43; H.-G. Buchholz and V. Karageorghis, *Prehistoric Greece and Cyprus* (London: Phaidon, 1973) nos. 1724, 1726, color pl. 3.

68

Bibliography: Unpublished.

Comparative literature: None.

69

Bibliography: Unpublished.

Comparative literature: Emma C. Bunker, C. Bruce Chatwin, and Ann R. Farkas, *"Animal Style" Art from East to West*, exhib. cat. (New York: Asia Society, 1970) pls. 158, 136; Alfred Salmony, "L'art ancien de Bulgarie," *CahArt* VIII (1933) 210, fig. 2; William Culican, *The Medes and the Persians* (London: Thames and Hudson, 1965) p. 13; N. K. Sandars, *Prehistoric Art in Europe* (Middlesex: Penguin Books, 1968) pls. 212, 213; W.-D. Heilmeyer, *OlForsch* XII, pls. 19, 44, 45, and *passim*.

70

Bibliography: Unpublished.

Comparative literature: B. Schweitzer, *Greek Geometric Art* (New York: Phaidon Press, 1971) pp. 151-154 (lion combat groups; early lion on ring handle from tripod at Olympia); H.-V. Herrmann, *Gymnasium* LXXIV (1967) 484; W.-D. Heilmeyer, *OlForsch* XII, 196, n. 262; *Objets antiques et byzantins: Collection Hélène Stathatos* III (Strasbourg: en dépot chez P. Amandry, 1963) 22-23, no. 22, pl. XII, and fig. 29 (there called an occidental rendition of an Oriental prototype and compared with orientalizing ivory lions from the Bernardini Tomb); J. Dörig, *Art antique: Collections privées de Suisse romande* (Geneva: Éditions archéologiques de l'Université de Genève, 1975) no. 108 (Ortiz), there dated around 700 BC.

71

Bibliography: Unpublished.

Comparative literature: For discussion of the workshop that produced these horses cf. W.-D. Heilmeyer, *OlForsch* XII, 242, pl. 73, nos. 560-561, and analysis, pp. 134, 136, 156; W.-D. Heilmeyer, "Giessereibetriebe in Olympia," *JdI* LXXXIV (1969) 1-28, esp. head of miscast horse, fig. 2; H.-V. Herrmann, "Werkstätten geometrischer Bronzeplastik," *JdI* LXXIX (1964) 20-24, figs. 1-4 (the Lakonian group); Mitten, *Rhode Island Cat.*, pp. 24-25, no. 6.

71 bis

Bibliography: Unpublished.

Comparative literature: See [71].

72

Bibliography: Unpublished.

Comparative literature: Kilian, *Fibeln*, from Pherai: pls. 47(1337), 48(1351), 48(1369), 50(1389), 52(1482), 53(1497), 55(1538), from Philia: pls. 54(1502), 61(1882), from Kainourgion, Haghios Demetrios: pl. 62(1884), see also p. 109, and for beads on bows: pls. 24(1524), 51(1451), 55(1533); P. Blome, "Ein mittelgriechische Plattenfibel in Basel," *AntK* XXIII (1980) 117-123, 119, fig. 2, pl. 26.2; R. Hampe et al., *Neuerwerbungen 1957–1970*, exhib. cat. (Mainz: Phillipp von Zabern, 1971) pp. 89-99, nos. 121-129, pls. 81-101; B. Schweitzer, *Greek Geometric Art* (New York: Phaidon Press, 1971) pp. 202-211, figs. 110-122.

73

Bibliography: Unpublished.

Comparative literature: K. Kübler, *Die Nekropole des 10.-8. Jahrhunderts (Kerameikos* V, 1) (Berlin: Walter de Gruyter, 1954) pl. 142; J. Fink, "Büchse und Pferd," *AA* (1966) 483-488; D. Kurtz and J.

Boardman, *Greek Burial Customs* (Ithaca: Cornell University Press, 1971) pp. 63-64, pl. 3; K. Branigan and M. Vickers, *Hellas, The Civilization of Ancient Greece* (New York: McGraw Hill, 1980) p. 111, top.

74

Bibliography: Unpublished.

Comparative literature: J. N. Coldstream, *Greek Geometric Pottery* (London: Methuen and Company, 1968) pls. 14c, 8d and 13d; *CVA* Mainz 1 (Germany 42) pp. 22–23, pl. 7, 1–2; Sylvia Benton, "The Evolution of the Tripod-Lebes," *BSA* XXXV (1934–1935) 102–107, pl. 25, 2–4; *CVA* Munich 3 (Germany 9) pls. 113, 1–2 and 120, 2–3; Jean Davison, *Attic Geometric Workshops, YCS* XVI, fig. 45; *CVA* Tübingen 2 (Germany 44) pp. 34–36, pl. 23; J. L. Benson, *Horse, Bird and Man* (Amherst: University of Massachusetts Press, 1970) pl. VI, 4; Anne Ruckert, *Frühe Keramik Böotiens*, *Antike Kunst*, suppl. 10 (Bern: Francke, 1976) pl. 2, 1; J. N. Coldstream, *Geometric Greece* (London: Ernest Benn., 1977) pp. 192–193, fig. 61c; Peter P. Kahane, "Ikonologische Untersuchungen zur griechisch-geometrischen Kunst. Der Cesnola-Krater aus Kourion im Metropolitan Museum," *AntK* XVI (1973) 114–138, pls. 25–29; Bloesch et al., *Das Tier*, p. 33, no. 191, pl. 31; Karl Kübler, *Die Nekropole des 10.–8. Jahrhunderts* (*Kerameikos* V, 1) (Berlin: Walter de Gruyter, 1954) pl. 96 below.

75

Bibliography: Early Art in Greece, sale cat. (New York: André Emmerich Gallery, 7 May–11 June 1965) no. 92.

Comparative literature: Bouzek, *Bronzes,* pp. 13-18; cf. Kilian, *Fibeln*, pls. 85,15-16, 86,1; D. K. Hill, "Other Geometric Objects in Baltimore," *AJA* LX (1956) 36, pl. 28, 2-3; H. Lechtman, "Bronze Joining: A Study in Ancient Technology," *Art and Technology: A Symposium on Classical Bronzes* (Cambridge, MA: Massachusetts Institute of Technology, 1970) pp. 14-22, figs. 16-26; *Schimmel Catalog* (1974) no. 10; Mitten, *Rhode Island Cat.,* pp. 26, 28 nn. 12-15, no. 7.

76

Bibliography: Unpublished.

Comparative literature: Bouzek, *Bronzes,* pp. 13-23; Kilian, *Fibeln,* p. 183, pl. 84, nos. 25-30, esp. no. 26.

77

Bibliography: Unpublished.

Comparative literature: Bouzek, *Bronzes;* Kilian, *Fibeln,* p. 183, pl. 84, nos. 34-37, from Pherai.

78

Bibliography: Unpublished.

Comparative literature: Kilian, *Fibeln,* pl. 86, nos. 7-14; Bouzek, *Bronzes,* pp. 19-21, p. 17, fig. 2; *Schimmel Catalog* (1974), no. 10; Mitten, *Rhode Island Cat.,* pp. 26-28, no. 7.

79

Bibliography: Unpublished.

Comparative literature: Bouzek, *Bronzes,* ch. 2, pp. 24-37, figs. 5-10; C. Sourvinou-Inwood, "An Iron Age Macedonian Bronze Vessel in the Bomford Collection and the Iron Age Pyxis Shape," *OpusArch* XI, no. 9 (1975) 161-175.

80

Bibliography: Unpublished.

Comparative literature: Pinney and Ridgway, *Aspects,* pp. 194-195, no. 94, (Newark Museum 50.497); W.-D. Heilmeyer, *OlForsch* XII, 181-182, no. 221; Kilian, *Fibeln,* p. 211, pl. 87, no. 23 (dog from Pherai in Volos [M 2280]).

81

Bibliography: Unpublished.

Comparative literature: Absence of frogs among Geometric bronze statuettes from Olympia: W.-D. Heilmeyer, *OlForsch* XII, 196, 36-41 (for the function of wax models in casting Geometric statuettes); *Meisterwerke altägyptischer Keramik,* exhib. cat. (Höhr-Grenzhausen: Rastal-Haus, 16 September–30 November 1978) p. 215, no. 30 (hedgehog, M-Äs 6054); J. Boardman, *Greek Gems and Finger Rings* (New York: Harry Abrams, 1972) pp. 123-137 (under pl. 279; goats); A. Houghton Broderick, *Animals in Archaeology* (New York, Washington: Praeger, 1972) p. 99, fig. 47; J. Boardman, *Greek Gems and Finger Rings,* pp. 123, 137, pl. 279 (disk seal); J. Boardman, *Archaic Greek Gems* (London: Thames and Hudson, 1968) pp. 67, 70 n. 20, no. 146, pl. X (scarab with toad; London 760); R. V. Nicholls, "Recent Acquisitions by the Fitzwilliam Museum, Cambridge," *Archaeological Reports for 1965–1966* (London: Society for the Promotion of Hellenic Studies, 1966) p. 49, fig. 10, p. 50, no. 27 (Archaic bronze frog; GR2.1963); Schefold, *MgK*, no. III 119 (Ortiz), pp. 19, 148, 183; R. J. Rodden, "Early Neolithic Frog Figurines from Nea Nikomedia," *Antiquity* XXXVIII, no. 152 (1964) 294-295; Bouzek, *Bronzes,* p. 142, fig. 45, 14; G. M. A. Richter, *Handbook of the Greek Collection* (Cambridge, MA: Harvard University Press, 1953) p. 34 n. 35, p. 295, pl. 22 e (mirror caryatid on frog; Metropolitan Museum, 74.51.5680); *Greek Art of the Aegean Islands,* exhib. cat. (New York: Metropolitan Museum of Art, 1979) p. 179, no. 142 (waterspout with frog from the Heraion, Samos; Athens National Museum, 16512).

82

Bibliography: Unpublished.

Comparative literature: Schimmel Catalog (1974) no. 22 (there dated to the sixth or fifth century BC).

83

Bibliography: Unpublished.

Comparative literature: F.-W. von Hase, *Die Trensen der Früheisenzeit in Italien* (Munich: C. H. Beck'sche, 1969) p. 9, n. 5, p. 41, figs. 1, 1-7 (nos. 5-7, from Taranto, are in the Bari Museum) pp. 6-10, pls. 1-2 (bits of "Veii Type").

84

Bibliography: Unpublished.

Comparative literature: P. R. S. Moorey, *Catalogue of the Ancient Persian Bronzes in the Ashmolean Museum* (Oxford: The Clarendon Press, 1971) pp. 104-107 (see terminology), nos. 117-120, pp. 114-118, pls. 16-17 (W. Iranian bits with horse-form cheekpieces); F.-W. von Hase, *Die Trensen der Früheisenzeit in Italien* (Munich: C. H. Beck'sche, 1969) pp. 9-10, fig. 1, nos. 9-13, p. 41, nos. 36-42, pp. 11-12, pl. 4, nos. 43-46 (substitute a second bird for the backward-facing quadruped in the rear compartment under the large horse's body) pp. 4-5, 53-56 (for function and symbolism); H. O'N. Hencken, *Tarquinia, Villanovans and Early Etruscans*, (American School of Prehistoric Research, Bulletin no. 23, (Cambridge, MA: Peabody Museum, 1968) II, 564-565; H.-V. Herrmann, "Frühgriechischer Pferdeschmuck von Luristantypus," *JdI* LXXXIII (1968) 1-38, esp. 22-24; cf. G. Kossack, *Studien zur Symbolgut der Urnenfelder-und Hallstattzeit Mitteleuropas* (Berlin: Walter de Gruyter, 1954).

85

Bibliography: Bloesch et al., *Das Tier*, no. 302.

Comparative literature: H. O'N. Hencken, *Tarquinia, Villanovans and Early Etruscans*, American School of Prehistoric Research, Bulletin no. 23 (Cambridge, MA: Peabody Museum, Harvard University, 1968) I, 186, fig. 171, p. 189, fig. 174, p. 191, p. 407, fig. 398, II, 519-530 (significance of horned birds); G. M. A. Richter, *Handbook of the Etruscan Collection* (New York: Metropolitan Museum of Art, 1940) p. 5, fig. 14 (possibly a modern pastiche).

86

Bibliography: Unpublished.

Comparative literature: L. Pareti, *La tomba Regolini-Galassi* (Vatican City: Tipografia poliglotta vaticana, 1947) no. 674, pl. VII, 15-16, pp. 187-188, no. 677, pl. X, no. 64; G. Becatti, *Oreficerie antiche dalle minoiche alle barbariche* (Rome: Istit. poligrafico dello Stato, 1955) p. 175, no. 238, pl. L; F. H. Marshall, *Catalogue of the Jewellery*... (London: British Museum, 1968) pp. 124-125, nos. 1358-1359, pl. XVIII; I. Strφm, *Problems Concerning the Origin and Early Development of the Orientalizing Style* (Odense: Odense University Press, 1971) figs. 60-61; M. Rosenberg, *Geschichte der Goldschmiedekunst auf technischer Grundlage: Granulation* (Frankfurt am Main, 1918) p. 45, fig. 68, p. 73, fig. 122; Brown, *Etruscan Lion*, pls. XV, a, XXI, c.

87

Vgl. z. B. Berlin GI 283.287 (Greifenhagen, Schmuckarbeiten I Taf. 69, 3.4) u. a. mehr.

87 bis

Vgl. Becatti, Oreficerie antiche (1955) 254 Taf. 61.

88

Bibliography: Unpublished.

Comparative literature: Payne, *Necrocorinthia,* all painted lions: pl. 8, no. 31, 3 (left-hand lion; tail and stride same); pl. 16, 6 and 8 (right-hand lions); pl. 12, 2 (lion); H. Salskov Roberts, "Some Bronze Plaques with Repoussé Decoration in the Danish National Museum," *ActaA* XXXIV (1963) 135-184; F. Johansen, *Reliefs en bronze d'Etrurie* (Copenhagen: Glyptotek Ny Carlsberg, 1971) *passim,* esp. pl. 1 (showing hypothetical use).

89

Bibliography: Unpublished.

Comparative literature: Lion *fibulae,* from Sparta: W. Lamb, *Greek and Roman Bronzes* (1929; London, rev. ed., 1969) 77, pl. 23a; BSA XIII (1906) 114, figs. 4b and XV (1908-9) 147, pl. 9, no. 7; Reinach, *Répertoire* IV, 458.7, and V, 426.1; from Olympia: K. Neugebauer, *Antike Bronzestatuetten* (Berlin, 1921) 36-37, pl. 20 (Berlin Antiquarium); from Kynouria: *The Beauty of Ancient Art... Norbert Schimmel Collection,* ed. H. Hoffmann (Mainz: Philipp von Zabern, 1964) no. 10 (inscribed with dedication to Apollo, now in the Leonidion Museum in Kynouria); Reinach, V, 425.1, 427.5; *Praktika* (1911) 265, fig. 7; from the Acropolis: de Ridder, *Acro. Cat,* p. 167, no. 464; a similar one, found in the area of the Parthenon, is in the collection of J. Lionberger-Davis, St. Louis, MO; from the Argive Heraeum: C. Waldstein, *The Argive Heraeum* (Boston and New York: Houghton, Mifflin and Co., 1902-1905) II, pl. 88 no. 946; elsewhere: H. Gabelmann, *Studien zum frühgriechischen Löwenbild* (Berlin: Gebr. Mann, 1965) 116, no. 67, pl. 10, figs. 1-2 (Munich), 3 (Vienna). For stylistically similar lions, cf. *BCH* XI (1887) pl. 11 bot. (from Temple of Apollo Ptoos, a recumbent lion), and K. Neugebauer, *Katalog der statuarischen Bronzen in Antiquarium*, vol. I (Berlin and Leipzig: Walter de Gruyter, 1931) 63-4, no. 160 (crouching lion from Olympia) with discussion of manufacture site.

90

Bibliography: Bloesch et al., *Das Tier*, no. 156, with literature.

Comparative literature: *BCH* XI (1887) pl. 11 mid. from the Temple of Apollo Ptoos (close to [90]); E. Babelon and J. A. Blanchet, *Catalogue des bronzes antiques de la Bibliothèque Nationale* (Paris: E. Leroux, 1895) 470, no. 1113; de Ridder, *Acro Cat.*, 167-168, nos. 465-468 and *Les bronzes antiques du Louvre*, vol. II: *Les instruments* (Paris, 1915) 150, no. 3142, pl. 111 on the rim of a large lamp suspended by chains); Brown, *Etruscan Lion*, pl. 43 b-c; H. Gabelmann, *Studien zum frühgriechischen Löwenbild* (Berlin: Gebr. Mann, 1965) no. 69 c., pl. 10.4; G. Dontas, *A Guide to the Archaeological Museum of Corfu* (Athens: T. A. P. Service, 1972) pl. 18a; Popovič et al., *Bronzes in Yugoslavia*, pp. 42 (hydria handle) and 49; C. A. di Stefano, *Bronzetti figurati del Museo Nazionale di Palermo,* Studi e Materiali II (Rome: L'Erma di Bretschneider, 1975) 81, no. 141, pl. 30 (quite similar to that here). For a similar, spreading, hood-like mane, cf. the Etruscan lion [86].

90 bis

Zu vergleichen ist etwa das Ornament des Aryballos H. Payne, NC. Nr. 835, Syrakus. Die im Katalog der Ausstellung in Zürich genannten Stücke scheinen mir als Parallelen weniger geeignet zu sein. Mittelkorinthische Aryballoi ohne Füllornamente sind z. B.: P. Lawrence, AJA 63, 1959 Taf. 92,28 ff. Ders., ebenda 66, 1962 Taf. 55,5 f. In der Erstpublikation wird zum Löwen auf die Pyxis Payne a. O. Nr. 887, London, verwiesen.

Publ.: Das Tier in der Antike, Ausstellung Zürich 1974, Nr. 214.

91

Bibliography: Unpublished.

Comparative literature: Payne, *Necrocorinthia*, p. 289; D. Amyx and P. Lawrence, *Archaic Corinthian Pottery and the Anaploga Well*, *Corinth* VII, 2 (Princeton: American School of Classical Studies, 1975) p. 21, no. 33, pl. 5; J. Benson, *Die Geschichte der korinthischen Vasen* (Basel: Benno Schwabe, 1953) pp. 31-32, no. 38.

92

Bibliography: Unpublished.

Comparative literature: Payne, *Necrocorinthia*, p. 282, nos. 273-276; R. J. Hopper, *BSA* XLIV (1949) 192f, n. 2; L. Banti, "Galli, Pittore dei" in *EAA* III (1960) 763-764, fig. 938; *CVA* Gela 2 (Italy 53) pl. 14, 4-7; *CVA* Heidelberg 1 (Germany 10) pl. 10, 4; *CVA* Milano, Coll. "H. A." 2 (Italy 51) pl. 4, 3-4; P. Mingazzini, *Vasi della collezione Castellani* (Rome, 1930) pl. XLI, I; P. Bruneau, "Le motif des coqs affrontés dans l'imagerie antique," *BCH* LXXXIX (1965) 90-121; J. Pollard, *Birds in Greek Life and Myth* (London: Thames and Hudson, 1977) pp. 88, 147-148; K. Dover, *Greek Homosexuality* (Cambridge, MA: Harvard University, 1978) p. 92.

93

Bibliography: Unpublished.

Comparative literature: Elinor R. Price, "Pottery of Naucratis," *JHS* XLIV (1924) 212; D'Arcy W. Thompson, *A Glossary of Greek Birds* (London: Oxford University Press, 1936) pp. 76-80; Payne, *Necrocorinthia*, pp. 175-177; K. Friis Johansen, *Les vases sicyoniens* (Paris: Edouard Champion, 1923) pp. 156-158, pl. XLI; John Pollard, *Birds in Greek Life and Myth* (London: Thames and Hudson, 1977) pp. 39, 143-144; *CVA* Louvre 8 (France 12) pl. 2 (France 499) 1-4; David M. Robinson, "Ointment Vases from Corinth," *AJA* X (1906) 420-426; *CVA* Munich 3 (Germany 9) pl. 149, 1-2; Bloesch et al., *Das Tier*, p. 45, pl. 45, nos. 267, 268; E. Pottier, "La chouette d'Athéné," *BCH* XXXII (1908) 533, no. 4, pl. VII 1-2 (represented only by drawing, difficult to ascertain extent of similarity to group); José Dörig, *Art antique: collections privées de Suisse romande* (Geneva: Editions archéologiques de l'Université de Genève, 1975) p. 145, no. 145; Herbert Hoffman, *Collecting Greek Antiquities* (New York: Clarkson N. Potter, 1971) p. 105, fig. 86; Flemming Johansen, "Der er Uglen," *Meddelelser fra Ny Carlsberg Glyptotek* XXXII (1975) 99-118.

94

Bibliography: Unpublished.

Comparative literature: For Corinthian hare ointment vases, *CVA* Heidelberg 1 (Germany 10) pls. 5, 7-9; R. A. Higgins, "A Terracotta Hare," *BMQ* XXIV, no. 1–2 (1961) 43–46; J. Dörig, *Art antique. Collections privées de Suisse romande* (Genève: Éditions Archéologiques de l'Université de Genève, 1975) no. 142; U. Liepmann, *Griechische Terrakotten, Bronzen, Skulpturen, Bildkataloge des Kestner-Museums, Hannover* XII (Hannover, 1975) p. 56, no. T 35; P. Gercke, *Funde aus der Antike, Sammlung Paul Dierichs Kassel* (Kassel: Paul Dierichs, 1981) no. 50.

95

Bibliography: Unpublished.

Comparative literature: B. Bonacelli, "La scimmia in Etruria," *StEtr* VI (1932) 343-382; William C. McDermott, *The Ape in Antiquity* (Baltimore: Johns Hopkins Press, 1938) pp. 28-30; Franz Winter, *Die antiken Terrakotten* III 1 (Berlin and Stuttgart: von W. Spemann, 1903) p. 222; J. Gy. Szilágyi "Vases plastiques étrusques en forme de singe," *RA* (1972) III ff Schefold, *MgK*, no. II 126; *Classical Art from a New York Collection*, exhib. cat. (New York: André Emmerich Gallery, Inc., 27 September–16 November 1977) p. 41, no. 38; *CVA* Heidelberg 1 (Germany 10) pl. 6; Johannes Sieveking and Rudolf Hackl, *Die königliche Vasensammlung zu München* (Munich: J. B. Obernetter, 1912) p. 86, fig. 85, no. 769; *CVA* Louvre 8 (France 12) pl. 7 (France 504) 6, 11; *CVA* Mainz 1 (Germany 42) pl. 22, nos. 4-6; D. Levi, "La necròpoli etrusca del Lago dell'Accesa e altre scoperte archeologiche nel territorio di Massa Marittima," *MonAnt* XXXV (1933) 42-43, pl. X no. Ea; D. M. Robinson, C. G. Harcum, and J. H. Iliffe, *A Catalogue of the Greek Vases in the Royal Museum of Archaeology, Toronto* (Toronto: University of Toronto Press, 1930) p. 41; Payne, *Necrocorinthia*, p. 172, M. I. Maximova, *Les vases plastiques dans l'antiquité* (Paris: Paul Geuthner, 1927) pp. 20 ff. For further information on squatting apes see: *CVA* Robinson Collection 1 (U. S. A. 4) pl. 15 (U. S. A. 418) 32; R. A. Higgins, *Catalogue of the Terracottas in the Department of Greek and Roman Antiquities, British Museum* II (London: British Museum, 1959) 50-52, nos. 1685, 1686.

Compare also a new Rhodian and Etrusco-corinthian plastic vase in the shape of a squatting ape: K. Stähler, Griechische Vasen des Archäologischen Museums der Universität Münster. Erwerbungen 1972–76, *Boreas* 1, 1978, pp. 183–184, no. 9, pl. 27, 1–2; P. Gercke, *Funde aus der Antike. Sammlung Paul Dierichs, Kassel* (Kassel: Paul Dierichs 1981) no. 51. For the interpretation see: J. Thimme, Salbgefäße mit libyschen Motiven, *Jahrbuch der Staatlichen Kunstsammlungen in Baden-Württemberg* 7, 1970, p. 16, 26, note 61.

95 bis

AA 1968 132 (Beckel). CVA Berlin 4 Taf. 192,8 (N. Kunisch).

96

Bibliography: Unpublished.

Comparative literature: J. Ducat, *Les vases plastiques rhodiens*, Bibliothèque des Ecoles Françaises d'Athènes et de Rome CCIX (Paris: E. de Boccard, 1966) 100, pl. XIII, 5, 7-8, pp. 169-172; *CVA* Louvre 8 (France 12) pl. 7, 4-5 (mistakenly classed as Corinthian). For the interpretation of a *aryballos* in the shape of a ram head see: J. Thimme, *Jahrbuch der Staatlichen Kunstsammlungen in Baden-Württemberg* 16, 1979, pp. 189–190.

97

Bibliography: Unpublished.

Comparative literature: M.I. Maximova, *Les vases plastiques dans l'antiquité* (Paris: Geuthner, 1927) I, 100-101, II, pl. XII, 89 a-b; R.A. Higgins, *Catalogue of the Terracottas in the Department of Greek and Roman Antiquities, British Museum*, I (London: British Museum, 1954) p. 60, no. 103, pl. 19, pp. 79-80, nos. 191-197, pl. 35, p. 178, nos. 667-668, pl. 87, p. 251, no. 923, pl. 132.

98

Bibliography: Classical Art from a New York Collection, sale cat. (New York: Emmerich Gallery, 1977) no. 13; the vase is listed in J. Ducat, *Les vases plastiques rhodiens,* Bibliothèque des Ecoles Françaises d'Athènes et de Rome, CCIX (Paris: E. de Boccard, 1966) 122 (Type C, no. 2).

Comparative literature: A. Fairbanks, *Catalogue of the Greek and Etruscan Vases* (Cambridge, MA: Harvard University Press, 1928) p. 179, no. 518, pl. LI; Flemming Johansen, "En Østgræsk Parfume flaske fra 6 Årch.f.kr.," *Meddelelser fra Ny Carlsberg Glyptotek* XXXIII (1976) 88, fig. 4; M.I. Maximova, *Les vases plastiques dans l'antiquité* (Paris: Geuthner, 1927) pl. XXIII, no. 94; M. Robertson, "A Group of Plastic Vases," *JHS* XVIII (1938) 41-50; Bloesch et al., *Das Tier,* p. 46, nos. 281, 282, pl. 47.

99

Bibliography: Unpublished.

Comparative literature: R.A. Higgins, *Catalogue of the Terracottas in the Department of Greek and Roman Antiquities, British Museum,* II (London: British Museum, 1959) 32, 35, no. 1661, pl. 24; Bloesch et al., *Das Tier,* p. 46, no. 282, pl. 47; Ernst Langlotz, *Griechische Vasen in Würzburg* (Munich: J.B. Obernetter, 1932) pp. 20-21, no. 148, pl. 18; Jean Ducat, *Les vases plastiques rhodiens,* Bibliothèque des Ecoles Françaises d'Athènes et de Rome, CCIX (Paris: E. de Boccard, 1966) 92, nos. 1-3 and 6, pl. XII, 3, and pp. 158-160; Martin Robertson, "A Group of Plastic Vases," *JHS* LVIII (1938) 41-50, pl. V, and p. 255.

100

Bibliography: Unpublished.

Comparative literature: For Little Master cups in general, see J.D. Beazley, "Little Master Cups," *JHS* LII (1932) 167-204; Beazley, *Development,* pp. 53-56; *ABV,* chap. 12; *CVA* New York 2 (USA 11) pp. 4-5, pl. VIII, 8 a-b; *CVA* Taranto 3 (Italy 35) pl. 30, 3; *Ancient Art in the Virginia Museum* (Richmond: Virginia Museum, 1973) no. p. 71; K. Schauenburg, *Jagddarstellungen in der griechischen Vasenmalerei* (Hamburg and Berlin: Parey, 1969) pp. 11-14.
See also A. Schnapp, „Pratiche e immagini di caccia nella antica", *Dialoghi di Archeologia* N. S. 1, 1979, pp. 36–59 and „Images et programme: Les figurations archaïques de la chasse au sanglier", *RA* (1979) pp. 195–218.

101

Bibliography: Unpublished.

Comparative literature: For Little Master cups in general, see comparative literature for [100]; *CVA* British Museum 2 (Great Britain 2) pl. 16, 9 and 10; *Sonderliste G: Attische schwarzfigurige Vasen,* sale cat. (Basel: Münzen und Medaillen, November 1964) pp. 32-33, no. 61.

102

Bibliography: Beth Cohen, *Attic Bilingual Vases and Their Painters,* NYU Ph.D. diss., 1977 (New York: Garland, 1978) no. B21, pp. 301-302 (not illus.).

Comparative literature: J.D. Beazley, *ARV²,* p. 37-52; Beazley, *Development,* pp. 67-68; H. Bloesch, *Formen attischer Schalen* (Bern: Benteli, 1940) p. 2, pl.1; John Boardman, *Athenian Black Figure Vases* (London: Thames and Hudson, 1974) pp. 107-108; Denison Bingham Hull, *Hounds and Hunting in Ancient Greece* (Chicago: University of Chicago Press, 1964).

103

Bibliography: Unpublished.

Comparative literature: For fish in general, D'Arcy Wentworth Thompson, *A Glossary of Greek Fishes* (London: Oxford University Press, 1947); C.M. Stibbe, *Lakonische Vasenmaler des sechsten Jahrhunderts v. Chr.* (Amsterdam: North-Holland Publishing Company, 1972) p. 228, nos. 332, 333, 346, pl. 126; Bloesch et al., *Das Tier,* p. 34, no. 197, pl. 32; D.A. Jackson, *East Greek Influence on Attic Vases,* Supplementary Paper No. XIII (London: The Society for the Promotion of Hellenic Studies, 1976) pp. 68-70; Bonn-Rheinisches Landesmuseum, *Antiken aus rheinischem Privatbesitz* (Cologne: Rheinland-Verlag, 1973) pp. 41-42, no. 48, pl. 22

104

Bibliography: Unpublished.

Comparative literature: Brown, *Etruscan Lion,* pp. 146-148; for a strainer with three similar lion statuettes, *Kunstwerke der Antike,* sale cat. Auktion 51 (Basel: Münzen und Medaillen, 14–15 March 1975) p. 102, no. 228, pl. 61, dated in the early fifth century BC.

105

Bibliography: Unpublished.

Comparative literature: Cf. Brown, *Etruscan Lion, passim,* esp. pp. 146-148.

106

Bibliography: Unpublished.

Comparative literature: See [104].

107

Bibliography: Unpublished.

Comparative literature: Richter, *Animals,* pp. 27-28, figs. 136-140, pls. 44-46; for ram sacrifices, see Pinney and Ridgway, *Aspects,* pp. 76-77; Ruth Steiger, "Ein frühklassischer Bronzewidder," *AntK III* (1960) 37-40, pls. 11-12; Mitten and Doeringer, *Master Bronzes,* p. 71, cat. no. 64; Dietrich von Bothmer, *Ancient Art from New York Private Collections,* exhib. cat. (New York: Metropolitan Museum of Art, 1961) p. 34, cat. no. 131, pls. 44, 48; Comstock and Vermeule, *MFA Bronzes,* pp. 58-59, no. 60; Ernst Langlotz and Max Hirmer, *Ancient Greek Sculpture of South Italy and Sicily* (New York: Harry N. Abrams, 1965) pl. 26, p. 259.

108

Bibliography: Unpublished.

Comparative literature: Cf. D.G. Mitten, "Man and Ram: A Bronze Group of Geometric Style in the Fogg Art Museum," *Journal of the Walters Art Gallery* XXXVI (1977) 31-36; R. Bianchi Bandinelli and A. Giuliano, *Les étrusques et l'Italie avant Rome* (Paris: Editions

Gallimard, 1973) p. 156, fig. 181, p. 409 (Boccanera plaque, British Museum); Mitten and Doeringer, *Master Bronzes*, p. 71, no. 64; Comstock and Vermeule, *MFA Bronzes*, pp. 24-26, nos. 22-23, *kerykeia*, p. 444, no. 646.

109

Bibliography: Unpublished.

Comparative literature: Richter, *Animals*, pp. 27-28 and under no. 5; Schefold, *MgK*, pp. 224-225, no. V 261 (Basel ram); B. Schmaltz, *Metallfiguren aus dem Kabirenheiligtum bei Theben* (Berlin: Walter de Gruyter, 1980) pp. 152-153, nos. 417-419, pl. 23.

110

Bibliography: Unpublished.

Comparative literature: "Veio," *NSc*, ser. 8, VII (1953) 62, fig. 40; Kunsthaus Zürich, *Kunst and Leben der Etrusker* (Zürich: Kunsthaus, 1955) p. 90, no. 209, pl. 43 (ram's head), pl. 41 (warrior's head); for Orvieto ram head, Pericle Ducati, *Storia dell'arte etrusca* (Florence: Rinascimento del Libro, 1927) pl. 106, fig. 281; for shield bosses, Comstock and Vermeule, *MFA Bronzes*, p. 483, no. 711; for the Monteleone chariot, see Brendel, *Etruscan Art*, p. 147, fig. 97.

111

Bibliography: Unpublished.

Comparative literature: Ernst Langlotz and Max Hirmer, *Ancient Greek Sculpture of South Italy and Sicily* (New York: Harry N. Abrams, 1965) pp. 271-273, pls. 76-79.

112

Bibliography: Unpublished.

Comparative literature: For a discussion of lions vs. panthers, Brown, *Etruscan Lion*, pp. 170-174.

113

Bibliography: Unpublished.

Comparative literature: See also [114, 115]; A. Furtwängler, in *Olympia IV: Die Bronzen*, ed. E. Curtius and F. Adler (Berlin, 1890) 147, nos. 923-924 (for [115]), pl. 55, also pp. 132-133, nos. 831, 839, pl. 50 for [114]; *Museum Notes, the Toledo Museum of Art*, VII, nos. 4 (Winter 1964) 80 (hydria, 64.125); F.B. Tarbell, *Catalogue of the Bronzes, etc. in Field Museum of Natural History, Reproduced from Originals in the National Museum of Naples*, Field Museum of Natural History publication 130, Anthropological series, vol. VII, no. 3. (Chicago, 1909) 128, no. 172, pl. 87, fig. 172; Pinney and Ridgway, *Aspects*, pp. 206-207, no. 100.

114

Bibliography: Unpublished.

Comparative literature: See also [113, 115]; U. Liepmann, *Griechische Terrakotten, Bronzen, Skulpturen, Bildkataloge des Kestner-Museums, Hannover XII* (Hannover, 1975) p. 109, no. B 13; S.I. Dakaris, *Archaeological Guide to Dodona* (Ioannina, 1971) pl. 36, no. 171; Popovič et al., *Bronzes in Yugoslavia*, no. 50; H. Goldman, "The Acropolis of Halae," *Hesperia* XI (1940) 415-416, nos. 1-2, and fig. 59; S. Boucher, *Bronzes grecs, hellénistiques et étrusques des Musées de Lyon* (Lyon, 1970) 39, nos. 19-20; G.M.A. Richter, *Greek, Etruscan and Roman Bronzes, The Metropolitan Museum of Art* (New York, 1915) 33, nos. 52-53; U. Jantzen, *Griechische Griff-Phialen*, 114. Winckelmannsprogramm (Berlin, 1958) figs. 1-2; de Ridder, *Acro. Cat.*, pp. 78-9, nos. 233-234 (lion *patera* handles); C.M. Kraay, *Archaic and Early Classical Greek Coins* (Berkeley and Los Angeles: University of California Press, 1976) nos. 96 (Samos), 141 and 143 (Gortyna), 173 (Athens), 780 and 782-784 (Rhegion), 878-885 (Samos), 988 (Lycia, Zagaba); G.K. Jenkins, *Ancient Greek Coins* (New York: Putnam, 1972) figs. 72 (Athens, with paws), 146 (Zankle), 148 (Messana), 284 (Samos), 255 and 257 (Rhegion); Comstock and Vermeule, *MFA Bronzes*, pp. 285-286, 288-289, 291, nos. 410-411, 413-414, 416 (living lion protomes on vertical handles); de Ridder, *Acro. Cat.*, pp. 42-43, no. 20, fig. 16.

115

Bibliography: Unpublished.

Comparative literature: See also [113, 114]; Comstock and Vermeule, *MFA Bronzes*, p. 493, no. 451A (supplement); A. de Ridder, *Les bronzes antiques du Louvre, vol. II: Les instruments* (Paris, 1915) 138, no. 3030, pl. 107; de Ridder, *Acro. Cat.*, pp. 74-75 no. 226; U. Jantzen, *Griechische Griff-Phialen*, 114. Winckelmannsprogramm (Berlin, 1958) figs. 15–16; Pinney and Ridgway, *Aspects*, pp. 206-207, no. 100; A. Furtwängler, *Olympia IV: Die Bronzen*, p. 147, no. 923, pl. 55.

116

Bibliography: Unpublished.

Comparative literature: C. Blinkenberg, *Lindos, Fouilles de l'Acropole 1902–1914, vol. I: Les petits objets* (Berlin: W. de Gruyter, 1931) p. 211, no. 683, pl. 28; U. Jantzen, *Griechische Griff-Phialen*, 114. Winckelmannsprogramm (Berlin, 1958) figs. 1-2 (Athens, National Mus. 6652, and Berlin, Staatliche Mus., FR 1477, respectively); de Ridder, *Acro. Cat.*, pp. 78-79, nos. 233-234; C.M. Kraay, *Archaic and Classical Greek Coins* (Berkeley and Los Angeles, 1976) no. 49, pl. 2 (Sikyon), nos. 694-697, pl. 40 (Velia); J. Boardman, *Greek Gems and Finger Rings* (New York: Harry N. Abrams, 1970) nos. 388, 520, 577, 692; Comstock and Vermeule, *MFA Bronzes*, p. 309, no. 435 (from vessel), pp. 376-378, no. 523 (attachment plate for *cista* foot); Mitten and Doeringer, *Master Bronzes*, p. 101, no. 99 (from vessel), pp. 202-203, no. 206 and pp. 206-207, no. 210 (attachment plates for *cista* feet); Brown, *Etruscan Lion*, pp. 144-162, pls. 52-58, with good discussion of springing types.

117

Bibliography: Unpublished.

Comparative literature: G. Seiterle, "Ein griechischer Standspiegel im Basler Antikenmuseum," *Zur griechischen Kunst*, Festschrift Hansjörg Bloesch (Bern, 1973) pp. 106-111, pls. 37, 39.5; Comstock and Vermeule, *MFA Bronzes*, pp. 245-246, no. 355; F. Schottmüller, *Bronze Statuetten und Geräte*, Bibliothek für Kunst- und Antiquitätensammler, VII (Berlin, 1921) fig. 14; A. de Ridder, *Les bronzes antiques du Louvre*, vol. II: *Les instruments* (Paris, 1915) p. 44, nos. 1691-1692; and another in the Dresden, Skulpturensammlung; C. Rolley, *Greek Minor Arts*, fasc. 1,

Monumenta graeca et romana, vol. v (Leiden, 1967) no. 174 (Ny Carlsberg Glyptotek, 294); de Ridder, p. 43, no. 1687; L.O. Keene Congdon, "Greek Caryatid Mirrors, Technical, Stylistic and Historical Considerations of an Archaic—Early Classical Series" (Ph.D. diss., Harvard University, 1963); for descriptions of hare-hunting among the ancient Greeks, Xenophon, *Cynegeticus* (On Hunting) vi.11-17, and K.D. White, *Country Life in Classical Times* (Ithaca: Cornell University Press, 1977) pp. 119-120, 122.

118

Bibliography: Bloesch et al., *Das Tier,* p. 52, no. 315, pl. 1.

Comparative literature: de Ridder, *Acro. Cat.,* p. 199, no. 543; A. de Ridder, *Les bronzes antiques du Louvre, vol. II: Les instruments* (Paris, 1915) 152, no. 3153, pl. 112; F.B. Tarbell, *Catalogue of Bronzes, etc. in Field Museum of Natural History, Reproduced from Originals in the National Museum of Naples,* Field Museum of Natural History publication 130, Anthropological series vol. VII, no. 3 (Chicago, 1909) 101, no. 15, pl. 41, fig. 15 (cock); for Etruscan candelabra, Brendel, *Etruscan Art,* pp. 216, 299-303 and n. 30 with bibliography; E. Pernice, *Gefässe und Geräte aus Bronze,* Die hellenistische Kunst in Pompeji, ed. F. Winter, vol. IV (Berlin, Leipzig: W. de Gruyter and Co., 1925) 43ff. For birds in ancient Greece: J. Pollard, *Birds in Greek Life and Myth* (London: Thames and Hudson, 1977) pp. 64-75.

119

Bibliography: Unpublished.

Comparative literature: U. Jantzen, *Griechische Greifenkessel* (Berlin: Gebr. Mann, 1955) p. 92, pl. 63, 4-5 (reclining lions); B. Filow, *Die archaische Nekropole von Trebenischte am Ochridsee* (Berlin: Walter de Gruyter, 1927) p. 53, pl. 52 (billy-goats); cf. more recently, *Schimmel Catalog* (1974) no. 21; J. Dörig, *Art antique. Collections privées de Suisse romande* (Geneva: Éditions archéologiques de l'Université de Genève, 1975) no. 176; B. Schmaltz, *Metallfiguren aus dem Kabirenheiligtum bei Theben* (Berlin: Walter de Gruyter, 1980) p. 148, no. 409, pl. 23.

120

Bibliography: Unpublished.

Comparative literature: See [119]. D.K. Hill, *Catalogue of Classical Bronze Sculpture in the Walters Art Gallery* (Baltimore: Walters Art Gallery, 1949) p. 121, no. 278, pl. 54.

121

Bibliography: Unpublished.

Comparative literature: F. Winter, *Die Typen der figürlichen Terrakotten* (Berlin, Stuttgart: W. Spemann, 1903) i. 223:2 (ape riding turtle); J. Chesterman, *Classical Terracotta Figures* (London: Ward Lock, Ltd., 1974) pp. 38, 40, fig. 29 middle (Rhodian "boy" on turtle); R. Higgins, *Catalogue of the Terracottas in the Department of Greek and Roman Antiquities, British Museum* I (London: British Museum, 1954) p. 60, no. 105, pl. 20 (monkey riding pig, Walters B297) p. 61, no. 106 (monkey squatting, with lyre, Walters 296) (Higgins defines a "large class of hand-made crouching monkeys with cylindrical bodies and sketchily modelled limbs, datable by tomb-groups to the 6th century," pl. 1, nos. 191-197), pp. 79-80, pl. 35 (mold-made turtles, mid-fifth century BC); P. Zancani Montuoro, U. Zanotti-Bianco, *Heraion alla Foce del Sele* II (Rome: Libraria dello Stato, 1954) 301 ff.; K. Schefold, *Götter- und Heldensagen der Griechen in der spätarchaischen Kunst* (Munich: Hirmer, 1978) pp. 268-269, with bibliography, fig. 361; F. van Keuren Stern, "Turtle-Rider from Foce del Sele: Odysseus, Herakles or Tantalos?" *Abstracts* III (1978) Section I B (paper read at the Eightieth General Meeting of the Archaeological Institute of America, Vancouver, British Columbia, 28–30 December 1978) p. 5; for the mythological great sinners in the Sele Heraion metopes, E. Simon, "Die vier Büsser von Foce del Sele," *JdI* LXXXII (1967) 275-295.

122

Bibliography: Unpublished.

Comparative literature: W.C. McDermott, *The Ape in Antiquity* (Baltimore: Johns Hopkins University Press, 1938); D.G. Mitten, in *Schimmel Catalog* (1974) no. 23; L.E. Preston, "Four Boeotian Ape Figurines from the J. Paul Getty Museum," *The J. Paul Getty Museum Journal* II (1975) 121-126; B. Ashmole and N. Yalouris, *Olympia: The Sculpture of the Temple of Zeus* (London: Phaidon Press, 1967) pp. 22-29, figs. 143-211; G. Neumann, *Gesten und Gebärden in der griechischen Kunst* (Berlin: Walter de Gruyter, 1965) *passim.*

123

Bibliography: Ars Antiqua, Lagerkatalog IV (Lucerne, 1969) no. 22; Bloesch et al., *Das Tier,* p. 47, no. 289, pl. 48.

Comparative literature: See [124].
For the Selinunt group see now the monograph: B. Heldring, *Sicilian Plastic Vases, Archaeologica Traiectina* XV (Utrecht, 1981) pp. 69–98, this askos: p. 92, no. 34. A new vessel in the shape of a horse with cylindrical body: *Antike Terrakotten,* Liste 19 of the Galerie Arete (Zurich), no. 18. For the interpretation of this type of vessel as baby feeder see: J. Thimme, „Badisches Landesmuseum. Neuerwerbungen 1970", *Jahrbuch der Staatlichen Kunstsammlungen in Baden-Württemberg* 8, 1971, pp. 257–260; N. Kunisch, *Antiken der Sammlung Julius C. und Margot Funcke* (Bochum, 1972) no. 114 (with further bibliography). For the interpretation and other aspects of the sicilian therimorphic vases see: B. Heldring, „Der dionysische Aspekt der sizilischen Tiergefäße", *Thiasos. Sieben archäologische Arbeiten,* hrsg. von Th. Lorenz (Amsterdam, 1978) pp. 38–50 and „A Sicilian Plastic Vase", *Classical Antiquities in Utrecht, Archaeologica Traiectina* XIII (Utrecht, 1978) pp. 77–81.

124

Bibliography: Unpublished.

Comparative literature: P. Baur, *Catalogue of the Stoddard Collection . . .* (New Haven: Yale University Press, 1922) p. 43, no. 47, p. 39, fig. 6 (mistakenly identified as Late Minoan III); Bloesch et al., *Das Tier,* p. 48, no. 290, pl. 48; *Schimmel Catalog* (1974) no. 67; *AA* (1964) 785, fig. 89; *Ars Antiqua,* sale cat., Auktion 5 (Lucerne, 1964) no. 108, pl. 38; *Ancient Glass, Jewellery and Terracottas from the Bomford Collection* (Oxford: Ashmolean Museum, 1971) p. 58, no. 148.

This *askos* is now published in the monograph: B. Heldring, *Sicilian Plastic Vases, Archaeologica Traiectina* XV (Utrecht, 1981) p. 91, no. 31, pl. 28.

125

Bibliography: Unpublished.

Comparative literature: R. Hampe, *Heidelberger Neuerwerbungen 1957–1970* (Mainz: Philipp von Zabern, 1971) p. 68, no. 103, pl. 69; Bloesch et al., *Das Tier,* p. 48, no. 292, pl. 49 (now Cleveland Museum of Art, 75.91); *Ars Antiqua,* sale cat., Lagerkatalog 4 (Lucerne, 1969) no. 23; *Greek Pottery from South Italy,* sale cat. (London: Charles Ede, 1973) no. 37; J. Dörig, *Art Antique: Collections privées de Suisse Romande* (Mainz: Philipp von Zabern, 1975) no. 147.
This askos is published: B. Heldring, *Sicilian Plastic Vases, Archaeologica Traiectina* XV (Utrecht, 1981) p. 93, no. 43, pl. 31. Compare also: *The Art of South Italy. Vases from Magna Graecia,* Exhibition Richmond – Tulsa – Detroit 12. 5. 1982–7. 4. 1983, no. 101. For a black glazed campanian vessel in the shape of a crouching mouse and the interpretation of this type see: J. Thimme, „Badisches Landesmuseum. Neuerwerbungen 1970", *Jahrbuch der Staatlichen Kunstsammlungen in Baden-Württemberg* 8, 1971, pp. 257–260. For the mouse and Apollon Smintheus compare also E. Künzl, „Was soll die Maus auf dem chirurgischen Instrument?", *Antidoron, Festschrift für Jürgen Thimme zum 65. Geburtstag am 26. September 1982* (Karlsruhe: Verlag C. F. Müller, 1983) pp. 111–116.

125 bis

Die Gattung sizilischer Salbgefäße erfuhr neuerdings durch B. Heldring, Sicilian Plastic Vases (1981) eine monographische Behandlung. Dazu Christie, New York 20. 5. 80, 20, Kuh. Gallerie Palladion, Basel, Stier. C. Vermeule, BurlMag 112, 1970, 21 Abb. 21, Maus in Boston. Vasen in der Form von Fischen reichen in sehr frühe Zeiten zurück. Für Mykene vgl. A. Furumark, The Mycenian Pottery (1941) 68, für Zypern M. Maximova, Les Vases Plastiques dans l'Antiquité (1927) 42.98. Heldring a. O. 12. Aus Fayence sind archaische Gefäße gearbeitet, die jetzt bei V. Webb, Archaic Greek Fayence (1978) 132.134 f. u. in CVA Kassel 2 zu Taf. 56,2 behandelt wurden. Dazu Karlsruhe 69.62. Singulär der vielleicht sizilische Delphin mit Eros Maximova 99 Taf. 38, 141, Villa Giulia. Vgl. weiter CVA Brüssel 3 III C Taf. 8,12, wohl etruskisch u. Heldring a. O. 79.96 Anm. 31 für Jonien u. Korinth. Aus Eretria stammt ein großer Delphin mit Stütze: München 6642. Auch aus anderen Gebieten Italiens als Sizilien kommen plastische Vasen in Form von Fischen u. Delphinen, z. B. Heldring a. O. 106 f. AA 1925, 139,82, Dresden. Ein Stück in Frankfurt. Die Vorliebe gerade der Italiker für Fische ist bekannt: Schauenburg, RM 88, 1981, 115. Besonders ist an die noch nicht ausreichend erforschten zahllosen italischen Fischteller zu erinnern. Zu Delphinen in der Kunst des Mutterlandes vgl. etwa Schauenburg in Hornbostel u. Mitarbeiter, Kunst der Antike (1977) zu Nr. 201. B. Heldring hat die verschiedenen sizilischen Typen einschlägiger Vasen behandelt. Vgl. von den bei ihr erwähnten Exemplaren v. a. S. 16,16 u. 16,17, Lipari. 62,25, Randazzo (unbemalt). Allgemein bespricht die Autorin das Motiv S. 60 f. 75.79 f. (vgl. 92 f.), 109 Anm. 2 (aus Thapsus).

126

Bibliography: Unpublished.

Comparative literature: For the decoration, cf. *Ars Antiqua,* sale cat., Auktion 2 (Lucerne, 1960) no. 142, pl. 59.

127

Bibliography: Unpublished.

Comparative literature: J.D. Beazley, *The Pan Painter* (Mainz: Philipp von Zabern, 1974) pp. 7-8, 14, no. 67, pl. 6,3; Wilhelm Hornbostel, *Aus Gräbern und Heiligtümern, Die Antikensammlung Walter Kropatscheck* (Mainz: Philipp von Zabern, 1980) pp. 148-149, no. 86; *CVA* Milan 1 (Italy 31) pl. 11, 5; Herbert Hoffmann, *Sexual and Asexual Pursuit: A Structuralist Approach to Greek Vase Painting,* Occasional Paper no. 34 of the Royal Anthropological Institute of Great Britain and Ireland (London: Royal Anthropological Institute, 1977) pp. 3, 11, pl. IV, 1; Franklin P. Johnson, "An Owl Skyphos," *Studies Presented to David M. Robinson,* vol. II, ed. G.E. Mylonas and D. Raymond (St. Louis: Washington University, 1953) 96-105; Franklin P. Johnson, "A Note on Owl Skyphoi," *AJA* LIX (1955) 119-124, pls. 35-38.

128

Bibliography: Unpublished.

Comparative literature: Attische rotfigurige Vasen, sale cat., Sonderliste N (Basel: Münzen und Medaillen A. G., May 1971) p. 33, no. 40; *Hesperia Art,* Bulletin XII (Philadelphia, 1960) no. 105.
For animal ears pointing in opposite directions compare for example the Boiotian deer: CVA Louvre 17 (France 26) pl. 42.

129

Bibliography: Unpublished.

Comparative literature: Brown, *Etruscan Lion,* pp. 170-174; Ann Ashmead, "Greek Cats," *Expedition* XX (1978) 38-47.

130

Bibliography: Unpublished.

Comparative literature: H. W. Parke, *Festivals of the Athenians* (London: Thames and Hudson, 1977) pp. 107-120; G. van Hoorn, *Choes and Anthesteria* (Leiden: E. J. Brill, 1951) pp. 15-48; J. R. Green, "Choes in the Later Fifth Century," *BSA* LXVI (1971) 189-228; William C. McDermott, *The Ape in Antiquity* (Baltimore: The Johns Hopkins Press, 1938).

130 bis

Publiziert: P. Zazoff in: Kunst der Antike, Schätze aus norddeutschem Privatbesitz (Hamburg, 1977) 502 Nr. 451 (mit Vgl.). Frank Sternberg Zürich, Auktion XI, Nov. 1981, Nr. 1085 (mit Vgl.).

131

Bibliography: Unpublished.

Comparative literature: John Boardman, *Greek Gems and Finger Rings* (New York: Abrams, 1970) pp. 199-200, 409-410, pls. 520, 522, 527; color pl. opp. p. 202, figs. 2,5; John Boardman, *Intaglios and Rings* (London: Thames and Hudson, 1975) pp. 15, 88, no. 33.

131 bis

Publiziert: P. Zazoff in: Kunst der Antike, Schätze aus norddeutschem Privatbesitz (Hamburg 1977) 504 Nr. 455 (mit Vgl.). Frank Sternberg Zürich, Auktion XI, Nov. 1981, Nr. 1077.

132

Bibliography: Unpublished.

Comparative literature: E. Brandt, *Antike Gemmen in deutschen Sammlungen,* vol. I: *Staatliche Münzsammlung München, part 1* (Munich: Prestel, 1968) no. 261, pl. 31; P. Zazoff, *Antiken Gemmen in deutschen Sammlungen,* vol. IV: *Hannover und Hamburg* (Wiesbaden: Steiner, 1975) p. 230, no. 1182, pl. 160.

132 bis

Unpubliziert.
Vergleiche: Chalcedon-Skarabäoide Paris u. New York. Richter, Engraved Gems I (1968) 116 Nr. 431, 432; Leningrad. Boardman, Greek Gems and Fingerrings (1970) 318 Pl. 941.

133

Bibliography: Unpublished.

Comparative literature: G.M.A. Richter, *Engraved Gems of the Greeks and the Etruscans* (London: Phaidon, 1968) nos. 417, 433-435; John Boardman, *Greek Gems and Finger Rings* (New York: Abrams, 1970) no. 566; E. Zwierlein-Diehl, *Antiken Gemmen in deutschen Sammlungen,* vol. II: *Staatliche Museen-Berlin* (Munich: Prestel, 1969) p. 79, no. 172, pl. 38.

133 bis

Publiziert: Frank Sternberg Zürich, Auktion XI, Nov. 1981, Nr. 1079 (mit Vgl.).
Vergleiche: Chalcedon-Skarabäoide MuM Basel, Sonderliste K (Dez. 1968) 48 Nr. 107 (mit Vgl.); AGD I, 1 München 58 Taf. 32, 274; Zwierlein-Diehl, AG Wien I 39 Taf. 5, 25; Vollenweider, Genf I 156 Taf. 81, 211 f.

134

Bibliography: Unpublished.

Comparative literature: Pierre Wuilleumier, *Tarente des origines à la conquête romaine,* Bibliothèque des Ecoles Françaises d'Athènes et de Rome, CXLVIII (Paris: E. de Boccard, 1939); Bonnie M. Kingsley, *The Terracottas of the Tarantine Greeks* (Malibu, CA: J. Paul Getty Museum, 1976); Alda Levi, *Le terrecotte figurate del Museo Nazionale di Napoli* (Florence: Vallecchi, 1926) p. 35, fig. 36; Ernst Langlotz and Max Hirmer, *Ancient Greek Sculpture of South Italy and Sicily* (New York: Harry N. Abrams, 1965) pl. 120, pp. 285-286; A. H. Smith, *A Catalogue of Sculpture in the Department of Greek and Roman Antiquities, British Museum* (London: British Museum, 1904) p. 217, no. 2128; Mitten and Doeringer, *Master Bronzes,* p. 104, no. 102.

135

Bibliography: Unpublished.

Comparative literature: For Greek horses in general, Sidney David Markman, *The Horse in Greek Art* (Baltimore: Johns Hopkins Press, 1943); Vagn Poulsen, *Catalogue des terres cuites grecques et romaines* (Copenhagen: Ny Carlsberg, 1949) p. 22, no. 30, pl. XVI.

136

Bibliography: Unpublished.

Comparative literature: Schefold, *MgK,* nos. VII 351 (pp. 264-265), VII 358 (pp. 265,268) (from the Museum of Mediterranean Archaeology Nir-David, Israel); E. Langlotz, *Ancient Greek Sculpture of South Italy and Sicily* (New York: Harry N. Abrams, 1965) pp. 285-286, no. 120 (Bonn); Helga Herdejürgen, *Die tarentinischen Terrakotten des 6. bis 4. Jahrhunderts v. Chr. im Antikenmuseum, Basel* (Mainz: Philipp von Zabern, 1971) pp. 1-25; Mitten and Doeringer, *Master Bronzes,* no. 212, p. 209 (Eric de Kolb Collection); *Kunstwerke der Antike,* sale cat., Auktion XXVI (Basel: Münzen und Medaillen A. G., 6 October 1963) p. 20, no. 39, pl. 11 (bronze horse second to first century BC); Manolis Andronicos, Manolis Chatzidakis, and Vassos Karageorghis, *The Greek Museums* (Athens: Ekdotike Athenon, 1974) no. 90, p. 95 (horse from Cape Artemision).

137

Bibliography: Herbert A. Cahn, *Classical Antiquity,* sale cat. André Emmerich Gallery, 1975) no. 33.

Comparative literature: Reinhard Lullies, *Vergoldete Terrakotta-Appliken aus Tarent* (Heidelberg: F. H. Kerle, 1962) esp. p. 72 and pls. 14, 1 and 15, 1 and 3; Schefold, *MgK,* pp. 93-94; Helga Herdejürgen, *Die tarentinischen Terrakotten des 6, bis 4. Jahrhundert v. Chr. im Antikenmuseum Basel* (Mainz: Philipp von Zabern, 1971) pp. 61-70, nos. 55-77.

138

Bibliography: Unpublished.

Comparative literature: C. S. Ponger, *Katalog der griechischen und römischen Skulptur, der steinernen Gegenstände und der Stuckplastik im Allard Pierson Museum zu Amsterdam* (Amsterdam: N. V. Noord-Hollandsche Vitgeuers Maatschappij, 1942) pp. 72-73, nos. 156-161, pl. 36.

139

Bibliography: Bloesch et al., *Das Tier, p. 31, no. 183, pl. 29.*

Comparative Literature: For a general study of Greek lion head water spouts, Franz Willemsen, *Die Löwenkopf-Wasserspeier vom Dach des Zeustempels, OlForsch* IV (Berlin: Walter de Gruyter, 1959); *Antiquities,* sale cat. (London: Christie's, 10 July 1974) p. 25, no. 70, pl. 20; G. B. Waywell, *The Free-Standing Sculptures of the Mausoleum of Halicarnassus in the British Museum* (London: Trustees of the British Museum, 1978) pp. 68, 180ff, pls. 37ff; Cornelius Vermeule, "Greek Funerary Animals, 450–300 B.C.," *AJA* LXXVI (1972) 49–56, pls. 11–14; Brunilde Sismondo Ridgeway, *Classical Sculpture* (Providence: Museum of Art, Rhode Island School of Design, 1972) pp. 32–33, no. 10, illus. pp. 147–148.

140

Bibliography: H. Hoffmann and P. Davidson, *Greek Gold: Jewelry from the Age of Alexander,* exhib. cat. (Boston: Museum of Fine Arts, 1965) p. 243, no. 101.

Comparative literature: F. H. Marshall, *Catalogue of the Finger Rings, Greek, Etruscan, and Roman in the Departments of Antiquities* (London: British Museum, orig. publ. 1907, reprinted 1968) no. 923, pl. XXIII.

141

Bibliography: Unpublished.

Comparative literature: H. A. Cahn, *Art of Ancient Italy,* sale cat. (New York: André Emmerich Gallery, 1970) p. 42, no. 64; B. Segall, *Zur griechischen Goldschmiedekunst des vierten Jahrhunderts v. Chr.* (Wiesbaden: Steiner, 1966) pl. 41; F. H. Marshall, *Catalogue of the Jewellery: Greek, Etruscan and Roman in the Departments of Antiquities* (London: British Museum, orig. publ. 1911, reprinted 1968) p. 191–192, nos. 1768–1771, 1777, pl. XXXI; *Ori e argenti dell' Italia antica* (Torino: Fratelli Pozzo-Salvati-Gros Monti, 1961) no. 312, p. 107, pl. XXXVI; Bloesch et al., *Das Tier*, nos. 381–382; Pinney and Ridgway, *Aspects,* pp. 285–287; A. Greifenhagen, *Schmuckarbeiten in Edelmetall* (Berlin: Gebr. Mann, 1970) I, pls. 44,1, 45,5.

141 bis

Vgl. Berlin GI 217 (Greifenhagen, Schmuckarbeiten II Taf. 34,22). New York, Metropolitan Museum 16.174.37: C. Alexander, Jewelry (New York 1928) Abb. 32.

142

Bibliography: Unpublished.

Comparative literature: B. Segall, *Zur griechischen Goldschmiedekunst des vierten Jahrhunderts v. Chr. (Wiesbaden:* Steiner, 1966) pls. 35, 45; H. Hoffmann and V. von Claer, *Antiker Gold- und Silberschmuck* (Mainz: Philipp von Zabern, 1968) no. 94, pp. 148–149; A. Greifenhagen, *Schmuckarbeiten in Edelmetall* (Berlin: Gebr. Mann, 1970) I, pl. 34, 1, II (1975), pls. 5, 1–2, 10; G. Becatti, *Oreficerie antiche dalle minoiche alle barbariche* (Rome: Istit. poligrafico dello Stato, 1955) no. 313, pl. LXXVII.

143

Bibliography: Unpublished.

Comparative literature: Reinach, *Répertoire*, II (1908), 750-754, III (1920) 43.7 (silver Hermes with ram), 45.2 (bronze Hermes with ram), 220, IV (1913) 507-514, V (1924) 446-449; Comstock and Vermeule, *MFA Bronzes*, p. 139, nos. 162-163, p. 146, no. 170a, pp. 181-182, no. 217; C. Boube-Piccot, *Les bronzes antiques du Maroc I. La statuaire,* Etudes et Travaux d'Archéologie Marocaine IV (Rabat: Direction des Monuments Historiques et des Antiquités, 1969) p. 232, no. 266 (texte), pl. 190.1; M. Robertson, A. Frantz, *The Parthenon Frieze* (New York: Oxford University Press, 1975) north frieze IV. 10-11; Farkas, Piotrovsky, et al., *Scythians: Treasures,* p. 126, no. 171, col. pls. 31-33; C.A. di Stefano, *Bronzetti figurati del Museo Nazionale di Palmero* (Rome, 1975) pp. 19-20, nos. 28, 30, pl. 8 (bronze Hermes with ram), pl. 30, no. 134; G. Hafner, *Art of Rome, Etruria and Magna Graecia* (New York, 1969) p. 166 (Hellenistic monumental bronze ram from Syracuse); Mitten and Doeringer, *Master Bronzes*, p. 71, nos. 63-64; P. Lebel, *Catalogue des collections archéologiques de Besançon V. Les bronzes figurés* (Paris: Société d'Editions "Les Belles Lettres," 1959) pls. 57.2-58; de Ridder, *Acro Cat.*, p.191, no. 526; Popovič et al., *Bronzes in Yugoslavia*, no. 88 (bronze Hermes with ram); A. Kaufmann-Heinimann, *Die römischen Bronzen der Schweiz I: Augst* (Mainz, 1977) 36-37, nos. 31-32, pls. 21-25.

144

Bibliography: Unpublished.

Comparative literature: Richter, *Animals,* p. 66, fig. 103, pl. XXXIV; C. Kraay and M. Hirmer, *Greek Coins* (New York: Harry N. Abrams, 1966) nos. 251-254, p. 308, pls. 86-88; B. Schmaltz, *Metallfiguren aus dem Kabirenheiligtum bei Theben* (Berlin: Walter de Gruyter, 1980) pp. 87-88, nos. 346-349, pl. 20; Comstock and Vermeule, *MFA Bronzes*, p. 86, no. 92 (64.510), also lion and boar, pp. 308-309, nos. 434-435 (10.162, 10.163).

145

Bibliography: Unpublished.

Comparative literature: Denison Bingham Hull, *Hounds and Hunting in Ancient Greece* (Chicago: University of Chicago Press, 1964) pp. 103-105; G. Daltrop, *Die kalydonische Jagd in der Antike* (Hamburg: Parey, 1966); Gutram Koch, *Die mythologischen Sarkophage,* Teil 6: Meleager (Berlin: Gebr. Mann, 1975); Bernhard Andreae, *Die römischen Jagdsarkophage* (Berlin: Gebr. Mann, 1980) pp. 108-110; Richter, *Animals*, pp. 23-25, pls. 36-38; Toynbee, *Animals*, pp. 131-136.

146

Bibliography: Unpublished.

Comparative literature: Pinney and Ridgway, *Aspects*, pp. 238-239, no. 116; Louis Palma di Cesnola, *Cyprus* (London: John Murray, 1877) p. 99, pl. VIII; H.B. Walters, *Catalogue of the Terracottas in the Department of Greek and Roman Antiquities, British Museum* (London: British Museum, 1903) p. 68, no. A 446; Oxford University, Ashmolean Museum, Department of Antiquities, *Animals in Early Art* (Oxford: Ashmolean Museum, 1978) p. v, no. 26; Anita E. Klein, *Child Life in Greek Art* (New York: Columbia University Press, 1932) pp. 5, 46, n. 44, pl. IV A; Bloesch et al., *Das Tier*, p. 47, no. 288, pl. 48; Donna C. Kurtz and John Boardman, *Greek Burial Customs* (London: Thames and Hudson, 1971); H.-G. Buchholz, „Tönerne Rasseln aus Zypern", *AA* (1966) pp. 140–151.

147

Bibliography: Unpublished.

Comparative literature: P. Mingazzini, *Vasi della Collezione Castellani* II (Rome: "L' Erma" di Bretschneider, 1971) 232-234, no. 802, pl. CCXIV, 5; Bloesch et al., *Das Tier*, p. 47, no. 287, pl. 48; *Greek Pottery from South Italy,* sale cat. (London: Charles Ede, 1973) no. 38; *CVA* Fogg-Gallatin Coll. (U.S.A. 8) pl. 63,7; Toynbee, *Animals*, pp. 134-135; M. Salmi, *La miniatura italiana* (Milan: Banca Nazionale del Lavoro, 1955) pl. XXIV, B.

148

Bibliography: Unpublished.

Comparative literature: P. Baur, *Catalogue of the Stoddard Collection* . . . (New Haven: Yale University Press, 1922) pp. 226-227, no. 454, fig. 101; *CVA* Fogg-Gallatin Coll. (U.S.A. 8) pl. 63,8.

148 bis

Zur Gattung zuletzt H. Hoffmann, Tarentine Rhyta (1966). Ders. in Wandlungen, Festschrift für E. Homann-Wedeking (1979) 93 ff. S. Holo, Journal of the Getty Museum 1, 1974, 85 ff. Inzwischen wurden zahlreiche weitere Stücke bekannt. Vgl. z. B. A. D. Trendall–A. Cambitoglu, RVAp passim. (v. a. S. 202 f.). Unser Stück gehört zu der von Hoffmann herausgearbeiteten frühen Gruppe. In Tarentine Rhyta 59 ff. sind die damals bekannten Gefäße in Gestalt eines Rehkopfes zusammengestellt. In der Liste sind aber die wesentlich häufigeren Rhyta in Form eines Hirschkopfes mit aufgeführt. Zur weißen Strichelung an den Ohren vgl. z. B. Hoffmann Taf. 38,1–4.

149

Bibliography: Unpublished.

Comparative literature: L. Lacroix, *La faune marine dans la décoration des plats à poissons* (Verviers: Lacroix, 1937); A. D. Trendall, review of Lacroix, *JHS* LVII (1937) 268-269; K. Zimmermann, "Unteritalische Fischteller," *Wissenschaftliche Zeitschrift der Universität Rostock* XVI (1967) 561-570; R. Hampe and H. Gropengiesser, *Aus der Sammlung des Archäologischen Institutes der Universität Heidelberg* (Berlin: Springer, 1967) pp. 68, 109, pl. 28; K. Schefold, *Kertscher Vasen* (Berlin: Keller, 1930) p. 11, fig. 1, p. 147; D.M. Robinson, *Excavations at Olynthus* V (Baltimore: Johns Hopkins, 1933) nos. 231-232, pl. 113, XIII (1950) nos. 73-74, pls. 80, 92; *CVA* Capua 1 (Italy 11) pls. 1-6.

150

Bibliography: Unpublished.

Comparative literature: G. Dareggi, *Vasi apuli nella Collezione Magnini a Deruta* (Rome: De Luca, 1975) p. 36, no. 40, pl. XXVI, 3; A. D. Trendall in *Taranto nella civiltà della Magna Grecia: Atti del X° Convegno di Studi sulla Magna Grecia* (Naples, 1971) p. 262; A.D. Trendall, *Notes on South Italian Red-figure Vase-Painting* (Melbourne: La Trobe University, 1975) 28; *CVA* Capua 1 (Italy 11) pl. 49, 18.

150 bis

Parallelen sind etwa: Galerie Fortuna, Zürich 1978, 55. Galerie Puhze, Freiburg 1981, 201. Galerie Acheloos, Athen (1979). CVA Fiesole 2 Taf. 29,3.6. AA 1909, 10, 26, Hamburg. CVA Mainz 2 Taf. 20,9 f. Bernardini, Vasi d. stile di Gnathia Taf. 52,6, Lecce. CVA London, Brit. Mus. 1 IV Dc Taf. 7,16.18. CVA Rennes Taf. 43,5. E. Simon, The Kurashiki Ninagawa Museum (1982) Nr. 70. Weitere Hinweise bei W. Hornbostel, Aus Gräbern und Heiligtümern [2](1980) zu 126. Sehr bauchig CVA Turin 1 IV B Taf. 1,4. Köpfe in Ranken z. B.: Galerie Fortuna 1979,39. CVA Fiesole 2 Taf. 29,1.2.4.5. T. Lau, Die griech. Vasen (1877) Taf. 43,2. CVA Neapel 3 Taf. 68,5 (geriefelt). Im Motiv unserer Kanne zu vergleichen: G. Schneider-Herrmann, Eine niederländische Studiensammlung (1975) Nr. 135. Prächtig die Kanne CVA Warschau 6 IV D Taf. 19,6, Vogel auf Rankenbaum. Ungewöhnlich der mit Pan kämpfende Satyr auf der Kanne Emmerich Gallery, N. Y. 1970, 79. Die Form wurde auch in der sog. Xenongruppe verwandt, vgl. etwa Galerie Puhze 1982, 240. Für Apulien s. Trendall–Cambitoglu, RVAp passim, v. a. 835 f. Nr. 227–237 b. K. Stähler, Boreas 2, 1979, 196 ff. Der Autor verweist auch auf die Xenongruppe und weitere Stücke, die in der Gnathiatechnik bemalt wurden. Zu dieser vgl. zuletzt J. Green in M. Mayo, The Art of South Italy (1982) 252 ff. Vasen dieser Technik wurden in vielen Gegenden Unteritaliens hergestellt.

151

Bibliography: Unpublished.

Comparative literature: CVA Gotha 2 (Germany 29) p. 39, pl. 86, 3–5; cf. also the duck in the Newark Museum (50.722) published in Pinney and Ridgway, *Aspects*, pp. 118–119, no. 56; K. van Wonterhem-Maes, *Ordona* III (Brüssel–Rom, 1971) pp. 133 ff., no. 61–65, pl. 54; *The Art of South Italy. Vases from Magna Graecia,* Exhibition Richmond–Tulsa–Detroit 12. 5. 1982–7. 4. 1983, no. 154 (F. van der Wielen-van Ommeren).

152

Bibliography: Unpublished.

Comparative literature: See [151].

153

Bibliography: Unpublished.

Comparative literature: See above [151].

154

Bibliography: Unpublished.

Comparative literature: R. A. Higgins, *Greek and Roman Jewellery* (London: Methuen and Co., 1961) pp. 165-168, pl. 48; Herbert Hoffmann and Patricia F. Davidson, *Greek Gold: Jewelry from the Age of Alexander,* exhib. cat. (Brooklyn: The Brooklyn Museum, 1965) pp. 84-94, nos. 13-18; Adolf Greifenhagen, *Schmuckarbeiten in Edelmetall,* II (Berlin: Gebr. Mann, 1975) pp. 48-53, pls. 40-42; F. H. Marshall, *Catalogue of the Jewellery: Greek, Etruscan, and Roman in the Department of Antiquities, British Museum* (London: Trustees of the British Museum, 1911) p. 210, no. 1923, pl. XXXIII; Giovanni Becatti, *Oreficerie antiche dalle minoiche alle barbariche* (Rome: Istituto Poligrafico dello Stato, 1955) pp. 198-199, nos. 400, 402-403, pl. CVI.

154 bis

Beliebt waren Tauben, Schwäne u. a. Vögel aus Emaille oder glasierter Fritte an Ohrgehängen der hellenistischen Kunst seit dem 3. Jahrhundert v. Chr. (Becatti, Oreficerie antiche [1955] Nr. 404. 407 Taf. 107. F. H. Marshall, Cat. Jewellery, Brit. Museum [1911] Taf. 30–31 Nr. 1675–1682). Vgl. ähnliches Ohrgehänge – einfache Goldrosette und Taube („carved in plasma"): British Museum, Marshall a. O. Nr. 1917 Taf. 33. Paar von Ohrgehängen aus einem Grab in Canosa/Apulien: B. Segall, Museum Benaki Athen, Katalog der Goldschmiede-Arbeiten (1938) 56 Taf. 21; dazu A. Oliver Jr., The reconstruction ot two Apulian tomb groups, 5. Beiheft zu „Antike Kunst" (1968) 19 f. Taf. 11, 4–5.

155

Bibliography: Unpublished.

Comparative literature: Farkas, Piotrovsky, et al., *Scythians: Treasures,* p. 126, no. 171, pl. 31; M. Artamonov, *The Splendor of Scythian Art* (New York: Praeger, 1969) fig. 295; H. Hoffmann and P. F. Davidson, *Greek Gold: Jewelry from the Age of Alexander,* exhib. cat. (Brooklyn: The Brooklyn Museum, 1965) pp. 60-62, no. 3, pp. 181-187, nos. 69-70.

156

Bibliography: Unpublished.

Comparative literature: H. A. Cahn, *Art of Ancient Italy,* sale cat. (New York: Emmerich Gallery, 1970) p. 42, no. 63; A. Greifenhagen, *Schmuckarbeiten in Edelmetall,* II (Berlin: Gebr. Mann, 1975) pl. 44, 4-5; H. Hoffmann and V. von Claer, *Antiker Gold- und Silberschmuck* (Mainz: Philipp von Zabern, 1968) pp. 113-114, nos. 71-72.

157

Bibliography: Unpublished.

Comparative literature: Comstock and Vermeule, *MFA Bronzes,* p. 308, no. 433A; Farkas, Piotrovsky, et al., *Scythians: Treasures,* p. 109, no. 71, pls. 12-13; Brown, *Etruscan Lion,* pp. 15f., pl. 61f (eighth-century BC Assyrian bronze weight from Khorsabad, now in Paris).

158

Bibliography: Unpublished.

Comparative literature: For Myron's cow, s.v. "Mirone," *EAA* V (1963) 113; Richter, *Animals,* p. 65, fig. 98, pl. XXXII (Cabinet des Médailles statuette); H.W. Hornbostel, *Kunst der Antike: Schätze aus norddeutschen Privatbesitz* (Mainz: Philipp von Zabern, 1977) p. 467, no. 403 (miniature silver cow); for Myron's cow in connection with the development of Greek bronze votive statuettes of bulls, B. Schmaltz, *Metallfiguren aus dem Kabirenheiligtum bei Theben* (Berlin: Walter de Gruyter, 1980) p. 111 and *passim.*

159

Bibliography: Antiquities (Part I), sale cat. (London: Christie's, 10 July 1974) p. 26, no. 75, pl. 21.

Comparative literature: R. D. Barnett, *A Catalogue of the Nimrud Ivories,* rev. ed. (London: British Museum, 1975) pp. 143-145, 173-174, pl. 5; Colin M. Kraay, *Archaic and Classical Greek Coins* (Berkeley and Los Angeles: University of California Press, 1976) pp. 92,128, pls. 15, no. 272, 24, nos. 446-451; Simone Besques, *Catalogue raisonné des figures et reliefs en terre-cuite grecs étrusques et romains,* III (Paris: Editions des Musées Nationaux, 1972) text p. 72, no. D 449, pl. 98, c.

159 bis

Vgl. Reliefs in Rom, Vatikan und München Glyptothek: M. Bieber, Sculptures of the hellen. Age, Abb. 658, 659.

159 c

Vgl.: RM 45, 1930, 137 ff. (Greifenhagen).

160

Bibliography: Unpublished.

Comparative literature: None.

161

Bibliography: Unpublished.

Comparative literature: K. A. Neugebauer, *Katalog der statuarischen Bronzen im Antiquarium II: Die griechischen Bronzen der klassischen Zeit und des Hellenismus* (Berlin: Akademie-Verlag, 1951) pp. 38-40, nos. 26, 27, pl. 17; Comstock and Vermeule, *MFA Bronzes,* p. 61, no. 63 (undulating snake, ca. 400 BC); W. Hornbostel, *Kunst der Antike: Schätze aus norddeutschen Privatbesitz* (Mainz: Philipp von Zabern, 1977) p. 89, no. 59 (coiled snake, fifth century BC).

162

Bibliography: Unpublished.

Comparative literature: Dieter Ahrens, "Berichte der Staatlichen Kunstsammlungen: Neuerwerbungen," *MJb* XIX (1968) 233, no. 6, fig. 8; Berta Segall, *Katalog der Goldschmiede-arbeiten* (Athens: Museum Benaki, 1938) bracelet nos. 172-176, pp. 116-117, pls. 37-38, finger-ring no. 143, p. 105, pl. 38.

163

Bibliography: Unpublished.

Comparative literature: Berta Segall, *Katalog der Goldschmiede-arbeiten* (Athens: Museum Benaki, 1938) p. 116, pl. 37, no. 172, also pp. 115-118, pls. 37-38, nos. 171-179; Rodolfo Siviero, *Gli ori e le ambre del Museo Nazionale di Napoli* (Florence: Sansoni, 1954) p. 59, pls. 160-163.

164

Bibliography: Unpublished.

Comparative literature: Toynbee, *Animals,* pp. 250-253; Kunsthaus Zürich, *Pompeji: Leben und Kunst in den Vesuvstädten,* exhib. (Zurich: Kunsthaus Zürich, 1974) pp. 210-211, no. 364, illus. p. 49.

165

Bibliography: Unpublished.

Comparative literature: F. Schottmüller, *Bronze Statuetten und Geräte,* Bibliothek für Kunst- und Antiquitätensammler, XII (Berlin, 1921) 46-47, fig. 27; J.B. Ward-Perkins and A. Claridge, *Pompeii A.D. 79,* vol. II: *The Objects Described,* exhib. cat. (Boston: Museum of Fine Arts, 1978) p. 141, no. 68 (raven, inv. 4891) and p. 190, no. 211 (duck lamp, inv. 11064); S. Boucher, *Bronzes romains figurés du Musée des Beaux-Arts de Lyon* (Lyon, 1973) p. 158, no. 263 (cock lamp); H. Menzel, *Die römischen Bronzen aus Deutschland I: Speyer* (Mainz, 1960) p. 24, no. 37, pl. 35 (dove lamp); Mitten, *Rhode Island Cat.,* pp. 196-198, no. 69; H. Menzel, *Antike Lampen im Römisch-Germanischen Zentralmuseum zu*

Mainz (Mainz: Römisch-Germanisches Zentralmuseum, 1954) p. 112, no. 698-700, figs. 93.2-4; Toynbee, *Animals,* pp. 264-273.

166

Bibliography: Unpublished.

Comparative literature: Toynbee, *Animals,* pp. 261-264.

167

Bibliography: Unpublished.

Comparative literature: G.M.A. Richter, *Greek, Etruscan and Roman Bronzes, The Metropolitan Museum of Art* (New York: Metropolitan Museum, 1915) p. 353, no. 1200 (ram head appliqué); G.P. Oikonomos, "Bronzen von Pella," *AthMitt* LI (1926) 76-80, esp. pls. 8-9 ("impressionistic" mule head); *J. Babelon, Les trésors du Cabinet des Antiques, le Cabinet du Roi ou le Salon Louis XV de la Bibliothèque Nationale* (Paris, Brussels: G. Vanvest, 1927) p. 50, no. 28, pl. 16 (mule head); *The Frederick M. Watkins Collection,* The Fogg Art Museum, Harvard University (Cambridge, MA: Harvard University, 1973) pp. 81-82, no. 34 (ram head vessel handle); A. de Ridder, *Les bronzes antiques, Musée du Louvre* (Paris: G. Braun, 1913) fig. 59 (ram head cheek piece of Corinthian-style helmet).

168

Bibliography: Unpublished.

Comparative literature: For round *patera* handles with ram head finials, G. Faider-Feytmans, *Les bronzes romains de Belgique* (Mainz: Philipp von Zabern, 1977) pp. 168-169, nos. 340, 342, pp. 176-177, 179-180, nos. 360, 363, 368, pls. 127, 138-139, 141, 146-147; S. Boucher and S. Tassinari, *Bronzes antiques du Musée de la Civilisation Gallo-Romaine à Lyon,* I (Lyon, 1976) nos. 138, 140-142 (with bibliography); M. Veličkovič, *Petits bronzes figurés romains au Musée National* (Belgrad: National Museum, 1972) p. 197, no. 161; Popovič et al., *Bronzes in Yugoslavia,* pp. 241, 244; A. de Ridder, *Les bronzes antiques du Louvre,* vol. II: *Les instruments* (Paris, 1915) p. 138, nos. 3028-3029, pl. 106, p. 140, nos. 3049-3053, pl. 107; H.F. de Cou, *Antiquities from Boscoreale in Field Museum of National History,* Field Museum of Natural History publication 152, Anthropological series, vol. VI, no. 4 (Chicago, n.d.) pp. 187-188, no. 24410, pls. 136-138; F.B. Tarbell, *Catalogue of Bronzes, etc. in Field Museum of Natural History, Reproduced from Originals in the National Museum of Naples,* Field Museum of Natural History publication 130, Anthropological series vol. VII, no. 3 (Chicago, 1909) p. 134, no. 211; F.W. von Bissing, "Die griechisch-römischen Altertümer im Museum zu Kairo, IV: Die Bronzen," *AA* (1903) pp. 145-146, fig. 3b; E. Pernice, "Bronzen aus Boscoreale," *AA* (1900) pp. 191-192, nos. 22-27, fig. 20 (Karlsruhe, Badisches Landesmuseum, mus. neg. R 12240).

169

Bibliography: Unpublished.

Comparative literature: C.A. di Stefano, *Bronzetti figurati del Museo Nazionale di Palermo,* Studi e Materiali II (Rome, 1975) 78, no. 135, pl. 29; Reinach, *Répertoire,* IV, 518.3, 519.5; Toynbee, *Animals,* pp. 200-203, pl. 105.

170

Bibliography: Unpublished.

Comparative literature: See [171].

171

Bibliography: Unpublished.

Comparative literature: Toynbee, *Animals,* pp. 203-204, figs. 99-101; Walters, *BM Bronzes*, p. 285, no. 1865.

172

Bibliography: Unpublished.

Comparative literature: Reinach, *Répertoire,* II, 777, 3, 5, 8; 778, 3, 5; IV, 546, 1 ff.; V, 465, 3; Walters, *BM Bronzes,* pp. 284-285, nos. 1858-1871 (esp. no. 1860, with Ionic base); Fleischer, *Bronzen,* p. 190, no. 275, pl. 130; Schefold, *MgK,* pp. 62, 222, 224 (illus.), no. V 257.

173

Bibliography: Ars Antiqua, sale cat. (Lucerne, 1964) no. 74, there described as Roman Imperial dog.

Comparative literature: See also [174]; D.K. Hill, *Catalogue of Classical Bronze Sculpture in the Walters Art Gallery* (Baltimore: Walters Art Gallery, 1949) p. 121, no. 278, pl. 54; S. Boucher, *Bronzes romains figurés du Musée des Beaux-Arts de Lyon* (Lyon: Editions de Boccard, 1973) p. 161, no. 269 (supposed hyena); Comstock and Vermeule, *MFA Bronzes,* pp. 181-182, no. 217; for small bronzes of crouching panthers with raised forepaw: from Bacchic contexts, Fleischer, *Bronzen,* p. 179, no. 249, see also pp. 178-179, nos. 245-248 for feline horse trappings; over prey, Reinach, *Répertoire,* III, 212.6; IV, 473.1; V, 420.6; over vessel, S. Boucher, pp. 168-169, nos. 289-291, also p. 169, no. 290 (from unknown context) pp. 161-162, 168-170, nos. 271-273, 287-291, 294 (feline horse trappings); for additional felines associated with chariot ornament or horse trappings, Pinney and Ridgway, *Aspects,* pp. 224-225, no. 109; M. Veličkovič, *Petits bronzes figurés romains au Musée National* (Belgrad: National Museum, 1972) 188-189, no. 139; L.B. Popovič et al., *Bronzes in Yugoslavia,* p. 197 a-b; J. Babelon, *Les trésors du Cabinet des Antiques, le Cabinet du Roi ou le Salon Louis XV de la Bibliothèque Nationale* (Paris, Brussels: G. Vanoest, 1927) p. 49, pls. 14-15, nos. 26-27. See also Reinach, *Répertoire,* I–V, for representations of panthers in diverse poses and contexts.

174

Bibliography: Unpublished.

Comparative literature: See also [173]; for small bronze of Bacchus riding a panther (apparently ivy-tethered) on foot of Naples candelabrum, F.B. Tarbell, *Catalogue of Bronzes, etc., in Field Museum of National History, Reproduced from Originals in the National Museum of Naples,* Field Museum of Natural History publication 130, Anthropological series 7, no. 3 (Chicago, 1909) p. 111, no. 72, pl. 59, fig. 72; for small bronzes of untethered panthers with Bacchus and/or satyrs, G. Seure, "Un char thraco-macédonien," *BCH* XXVIII (1904) 210-237, fig. 20, pl. 11; M. Veličkovič, *Petits bronzes figurés romains au Musée National* (Belgrad: National Museum, 1972) pp. 149-150, no. 66; for small bronzes of ivy-tethered panthers, unaccompanied in their present state, G.M.A. Richter, *Catalogue of Greek and Roman Antiquities in the Dumbarton Oaks Collection* (Cambridge, MA: Harvard University Press, 1956) pp. 38-39, no. 20, pl. 11b.

175

Bibliography: Unpublished.

Comparative literature: Mitten, *Rhode Island Cat.*, pp. 162-164, no. 47; Mitten and Doeringer, *Master Bronzes*, p. 303, no. 304; Annalis Leibundgut, *Die römischen Bronzen der Schweiz*, III: *Westschweiz Bern und Wallis* (Mainz: Philipp von Zabern, 1980) p. 104, no. 116, pl. 133; Salomon Reinach, "Panthère de bronze," *MonPiot* IV (1897) 105-114, pl. X; Pierre Devambez, "Antiquités grecques et romaines," *Revue du Louvre* XVIII, nos. 4-5 (1968) 326, fig. 7.

176

Bibliography: Unpublished.

Comparative literature: Toynbee, *Animals*, pp. 61-69; Mitten and Doeringer, *Master Bronzes*, p. 290, no. 284; E.K. Gazda and G.M.A. Hanfmann, in *Art and Technology: A Symposium on Classical Bronzes* (Cambridge, MA: MIT Press, 1970) p. 256, figs. 19-20, nn. 100-102; J. Petit, *Bronzes antiques de la collection Dutuit* (Paris: Musée de Petit Palais, 1980) p. 121, no. 49; D.K. Hill, *Catalogue of the Classical Bronze Sculpture in the Walters Art Gallery* (Baltimore: Walters Art Gallery, 1949) p. 116, no. 265 (inv. no. 54.1022), pl. 52; H. Menzel, *Die römischen Bronzen aus Deutschland II: Trier* (Mainz: Philipp von Zabern, 1966) pp. 118-119, no. 288, pl. 93.

177

Bibliography: Unpublished.

Comparative literature: See [22, 29, 52, 178, 179].

178

Bibliography: Unpublished.

Comparative literature: G.M.A. Richter, *The Furniture of the Greeks, Etruscans and Romans* (New York: Phaidon, 1966) pp. 57-58, figs. 530-547; no detailed monographic treatment of these bronze attachments exists.

179

Bibliography: Unpublished.

Comparative literature: Hans-Peter Bühler, *Antike Gefässen aus Edelsteinen* (Mainz: Philipp von Zabern, 1973) pl. 4, no. 13, color pl. I, no. 18, pl. 25, no. 79; A. Lucas, *Ancient Egyptian Materials and Industries*, 4th ed. rev. by J.R. Harris (London: Edward Arnold, 1962) pp. 386-387.

180

Bibliography: Unpublished.

Comparative literature: Stephanie Boucher, *Bronzes romains figurés du Musée des Beaux-Arts de Lyon* (Lyon: Editions de Boccard, 1973) p. 166, no. 283; A. Leibundgut, *Die römischen Bronzen der Schweiz II: Avenches* (Mainz: Philipp von Zabern, 1976) 33-36, no. 18, pl. 17; A. Leibundgut, *Die römischen Bronzen der Schweiz III: Westschweiz, Bern und Wallis* (Mainz: Philipp von Zabern, 1976) 89-90, nos. 90-91, pl. 117.

181

Bibliography: Unpublished.

Comparative literature: A. F. Kendrick, *Catalogue of the Textiles from Burying Grounds in Egypt*, vol. I: *Graeco-Roman Period* (London: His Majesty's Stationery Service, 1920) 48, 49, nos. 23, 26, 27 ET AL., PLS. X, XI; Etienne Coche de la Ferté et al., *L'art Copte*, exhib. cat. (Paris: Ministère d'État Affaires Culturelles, 1964) nos. 165, 172, 175; Bloesch et al., *Das Tier*, p. 22, no. 138, pl. 23; Stephen R. Zwirn in *Age of Spirituality*, ed. Kurt Weitzmann, exhib. cat. (New York: Metropolitan Museum of Art, 1979) pp. 86-87, no. 76, pp. 95-96, no. 86; John D. Cooney, *Pagan and Christian Egypt*, exhib. cat. (Brooklyn: Brooklyn Museum, 1941) pp. 59-60, nos. 175, 176.

182

Bibliography: Unpublished.

Comparative literature: Toynbee, *Animals*, pp. 102-106, figs. 46-47; Comstock and Vermeule, *MFA Bronzes*, pp. 181-182, no. 217. Vergleiche: zu den menschlich agierenden Tieren, die in der römischen Glyptik häufig dargestellt werden, die Ringsteine Furtwängler, Berlin Nr. 5406, 5413, 7954 ff., 8573 f. AGD II Berlin Nr. 423–25, 555; AGD IV Hannover Nr. 1123–26, 1231, 1634–35, 1637 (mit Vgl.); Zwierlein-Diehl, AGWien II 135 Taf. 90, 1129.

183

Bibliography: Unpublished.

Comparative literature: A. Kaufmann-Heinimann, *Die römischen Bronzen der Schweiz I: Augst* (Mainz: Philipp von Zabern, 1977) 140, no. 241, pl. 149.

184

Bibliography: A. Herrmann, in *The Ernest Brummer Collection*, vol. II: *Ancient Art*, sale cat. (Zurich: Galerie Koller/Spink & Son, 16–19 October 1979) 148-149, no. 578.

Comparative literature: Toynbee, *Animals*, pp. 102-108; *Kunstwerke der Antike, Auktion XXII*, sale cat. (Basel: Münzen und Medaillen, 13 May 1961) pp. 47-48, no. 93, pl. 27 (MMA hound); H. Menzel, *Die römischen Bronzen aus Deutschland I: Speyer* (Mainz: Philipp von Zabern, 1960) 21, no. 29, pl. 32; Mitten and Doeringer, *Master Bronzes*, p. 302, no. 302 (Musée d'art et d'histoire, Geneva, C 1166), the *fulcrum* attachment with dog no. 303, pp. 302-303 may also represent a Molossian.

185

Bibliography: Unpublished.

Comparative literature: Comstock and Vermeule, *MFA Bronzes*, p. 347, no. 487; R. Higgins, "Magenta Ware," *The Classical Tradition: The British Museum Yearbook* I, 1974 (London: British Museum Publications, 1976) p. 13, nos. 45-47, pp. 23-24, figs. 29-30; G.M.A. Richter, *The Engraved Gems of the Greeks, Etruscans and Romans 2: Engraved Gems of the Romans* (London: Phaidon Press, 1971) p.

77, no. 373; H. Wentzel, " 'Staatskameen' im Mittelalter," *Jahrbuch der Berliner Museen,* N.F., IV (1962) 53-54, fig. 10.

186

Bibliography: Unpublished.

Comparative literature: See [185].

186 bis

Unpubliziert.
Vergleiche: Hase aus Bergkristall von der Chersones. Leningrad, Ermitage Inv. 1899.124. G. Sokolov, Antiken vom Schwarzen Meer (Leningrad 1973, russisch) 137 Nr. 147. Seit der frühen römischen Kaiserzeit ist eine große Zahl von tiergestaltigen Bergkristallen nachweisbar. Die meisten dienten wohl als Grabbeigaben, da der kühlenden Wirkung des Edelsteins ein Schutz gegen den Flammenstrom der Unterwelt zugeschrieben wurde, s. P. La Baume, Gnomon 48, 1976, 518. Besonders häufig ist die Zikade vertreten, aber auch Fisch, Muschel, Ente, Vogel u. a., siehe: Römisches im Antikenmuseum (Berlin 1978) 191 f. Nr. 294–96; H. P. Bühler, Antike Gefäße aus Edelsteinen (1973) 27 Anm. 55; Kraus-Matt, Lebendiges Pompeji (1973) Nr. 194; F. Fremersdorf, Antikes, islamisches und mittelalterliches Glas sowie kleinere Arbeiten aus Stein, Gagat und verwandten Stoffen in den Vatikanischen Sammlungen Roms. Cat. del Museo Sacro V (1975) 112 Taf. 75, 1003 ff. (mit Vgl.); Ward-Perkins/Claridge, Pompei AD 79 (London 1978) Vol. II Nr. 226. Bergkristall-Tiere wurden aber auch als Teile von Schmuckstücken verwendet, z. B. Orlandos, Coll. Stathatos III (1963) 283 Taf. 41, 207; Greifenhagen, Schmuckarbeiten II 93 f. Taf. 67, 6; Animals in Ancient Art from the Leo Mildenberg Coll. (Cleveland 1981) 204 Nr. 194; Greifenhagen, Schmuckarbeiten I 41 Taf. 18, 2.

186 c

Unpubliziert.
Vergleiche: Amethyst Babelon, Catalogue des Camées Antiques (Paris 1897) 96 Taf. 20, 204; weitere Tiere in Edelstein Walters, BMGems 371 Nr. 2965 ff. Zwei prächtige Fliegen-Darstellungen auf griechischen Gemmen: Chalcedon-Skarabäoid aus Tarent. Boardman/Vollenweider, Oxford I (1978) 25 Taf. 20, 110 (mit Vgl.); Skarabäus Furtwängler, AG Taf. 10, 53. Lippold, Gemmen und Kameen Taf. 97, 15.

186 d

Unpubliziert.
Vergleiche zu dem auf Gemmen häufigen Thema: Nicolo AGD IV Hannover 247 Taf. 179, 1303 (mit Vgl.). Goldplättchen werden statt Edelsteinen oft als Einlage für Fingerringe benutzt, siehe z. B. Marshall, BMFingerrings 31 Taf. 5, 186 ff.; Segall, Katalog der Goldschmiede-Arbeiten Museum Benaki Athen (1938) Nr. 155 f.

187

Bibliography: Unpublished.

Comparative literature: Toynbee, *Animals,* pp. 185-192; A.N. Zadoks-Josephus Jitta, W.J.T. Peters, and W.A. van Es, *Roman Bronze Statuettes from the Netherlands* I (Groningen: J.B. Wolfers, 1967) no. 50; Fleischer, *Bronzen,* p. 181, no. 253, pl. 126 (miniature horse from Carnuntum).

187 bis

Publiziert: Frank Sternberg Zürich, Auktion XI, Nov. 1981, Nr. 1129 (mit Vgl.).
Vergleiche: Karneol-Achat AGD I, 3 München 110 Taf. 269, 2842 (mit Vgl.); Ringstein Henig, Corpus 82 Taf. 19, 609 ff. (mit Vgl.).

188

Bibliography: Unpublished.

Comparative literature: Ernest Babelon and J.-Adrien Blanchet, *Catalogue des bronzes antiques de la Bibliothèque Nationale* (Paris: Ernest Leroux, 1895) p. 484, no. 1185; G. Faider-Feytmans, *Les bronzes romains de Belgique* (Mainz: Philipp von Zabern, 1979) p. 96, no. 113, pl. 60.

189

Bibliography: Unpublished.

Comparative literature: A.N. Zadoks-Josephus Jitta, W.J.T. Peters, W.A. van Es, *Roman Bronze Statuettes from the Netherlands* I (Groningen: J.B. Wolfers, 1967) p. 108, no. 44, (Leeuwarden, Fries Museum 51-1), without comment or date; Fleischer, *Bronzen,* p. 186, no. 264, pl. 128; G. Faider-Feytmans, *Les bronzes romains de Belgique* (Mainz: Philipp von Zabern, 1979) pp. 95-96, nos. 108-113, pl. 60; G. Faider-Feytmans, *Recueil des bronzes de Bavai* (Paris: Centre National de la Recherche Scientifique, 1957) pp. 83-84, nos. 155-155 *bis,* pl. xxxi; A. Kaufmann-Heinimann, *Die römischen Bronzen der Schweiz I: Augst* (Mainz: Philipp von Zabern, 1977) pp. 88-89, nos. 93-97, pl. 94. This list could be elaborated almost indefinitely.

190

Bibliography: Unpublished.

Comparative literature: Kurt Weitzmann, ed., *Age of Spirituality,* exhib. cat. (New York: Metropolitan Museum of Art, 1979) pp. 519-521, nos. 463-465; Wolf W. Rudolph, *Highlights of the Burton Y. Berry Collection* (Bloomington: Indiana University Art Museum, 1979) p. 35, no. 36; Rupert Bruce-Mitford, *The Sutton Hoo Ship-Burial* (London: The Trustees of the British Museum, 1972) pl. 8.

191

Bibliography: Unpublished.

Comparative literature: Toynbee, *Animals,* pp. 163-164; Kurt Weitzmann, ed., *The Age of Spirituality* (New York: Metropolitan Museum of Art, 1979) pp. 518-522, nos. 462-466.

192

Bibliography: Unpublished.

Comparative literature: M. Wellmann, "Delphin," *RE VIII* (Stuttgart: Alfred Druckenmüller, 1901) cols. 2504-2509; Toynbee, *Animals,* pp. 206-208; S. Boucher, *Bronzes romains figurés du Musée des Beaux-Arts de Lyon* (Lyon: Editions de Boccard, 1973) p. 159, inv. E 305, no. 266; Walters, *BM Bronzes,* p. 289, no. 1924; Mitten, *Rhode Island Cat.,* pp. 194-195, no. 68; H. Rolland, *Bronzes antiques de Haute Provence* (Paris: Editions de CNRS, 1965) pp. 168-169, nos. 386-387.

193

Bibliography: Unpublished.

Comparative literature: Th. Schneider and E. Stemplinger, "Adler" in *Reallexikon für Antike und Christentum,* I (Stuttgart: Hiersemann, 1950) cols. 87-89; Dorothy Miner and Emma J. Edelstein, "A Carving in Lapis Lazuli," *Journal of the Walters Art Gallery,* VII–VIII (1944–1945) 92-103; J.M.C. Toynbee, *Art in Roman Britain* (London: Phaidon Press, 1962) p. 150, no. 60, pl. 61; Toynbee, *Animals,* p. 241, pl. 121; Erica Cruikshank Dodd, *Byzantine Silver Stamps* (Washington, D.C.: The Dumbarton Oaks Research Library and Collection, 1961) pp. 260-261, no. 95; *Antike Bronzen,* Liste 14, commercial exhib. cat. (Zürich: Arete Galerie für Antike Kunst, n.d.) nos. 45, 50.

194

Bibliography: Unpublished.

Comparative literature: M.L. Vollenweider and H. Wentzel, "Gems and Glyptics," in *Encyclopedia of World Art,* VI (New York, Toronto, London: McGraw-Hill Book Co., 1962) cols. 56-62; H. Wentzel, "Bergkristall," in *Reallexikon zur Deutschen Kunstgeschichte,* II (Stuttgart-Waldsee: Alfred Druckenmüller, 1948) col. 275, fig. 1, cf. 275-278; Walter Dennison and Charles R. Morey, *Studies in East Christian and Roman Art,* University of Michigan Studies, Humanistic Series, XII (New York: Macmillan, 1918) 164-166; Berta Segall, *Katalog der Goldschmiede-Arbeiten* (Athens: Benaki Museum, Prysos, 1938) pp. 82-83, no. 94, pl. 26; Fritz Eichler and Ernst Kris, *Die Kameen im Kunsthistorischen Museum* (Vienna: von Anton Schroll, 1927) p. 93, no. 123; *Early Christian and Byzantine Art,* exhib cat. (Baltimore: The Walters Art Gallery, 1947) p. 111, nos. 537, 538, 541, pls. LXXIV, LXXV.

194 bis

Kein nahes Parallelstück nachweisbar. Allgemein zur Form vgl. F. Henkel, Die römischen Fingerringe der Rheinlande (Berlin 1913) 375 Taf. 19. Siehe auch London, Victoria and Albert Museum, Catalogue of Rings (1930) 220 Taf. VIII.

195

Bibliography: Unpublished.

Comparative literature: Marc Rosenberg, *Zellenschmelz:* I *Entstehung* (Frankfurt: Joseph Baer, 1921) 39-43, III *Die Frühdenkmäler,* 7-10.

196

Bibliography: Unpublished.

Comparative literature: M. Avi-Yonah, "Mosaic Pavements in Palestine: Supplement," *QDAP,* III, no. 2 (1933) 62-63, 65; "Mosaic Pavements at El Hammām, Beisān," *QDAP,* V, nos. 1 and 2 (1935) 14ff., cf. 19-20; G.M. Fitzgerald, *A Sixth Century Monastery at Beth-Shan (Scythopolis),* IV (Philadelphia: The University of Pennsylvania Press, 1939) 9, pls. XVI, XVII; Ludwig Budde, *Antike Mosaiken in Kilikien* I (Recklinghausen: Aurel Bongers, 1969) 50-51, fig. 24, color fig. 126, pp. 89ff., II (1972) 162-163, figs. 175-184, 263-271, 273-274; François Baratte, *Catalogue des mosaiques romaines et paléochrétiennes du musée du Louvre* (Paris: Editions de la Réunion des musées nationaux, 1978) nos. 48, 55.

197

Bibliography: Unpublished.

Comparative literature: Stephanie Boucher, *Bronzes romains figurés du Musée des Beaux-Arts de Lyon* (Lyon: Boccard, 1973) figs. 259–263; Henri Leclerq, *Dictionnaire d'archéologie chrétienne et de liturgie* (Paris: Librairie Letouzey et Ané, 1924) I, 2, cols. 2174–2223; Gerald Taylor and Diana Scarisbrick, *Finger Rings from Ancient Egypt to the Present Day* (London: Lund Humphries for the Ashmolean Museum and the Worshipful Company of Goldsmiths, 1978) nos. 107–212.

Abkürzungen

In addition to the following, the abbreviations used in this catalog follow those established in the *American Journal of Archaeology* LXXXII (1978) 5-10.

Bloesch et al., *Das Tier* Hansjörg Bloesch et al., *Das Tier in der Antike: 400 Werke ägyptischer, griechischer, etruskischer und römischer Kunst aus privatem und öffentlichem Besitz,* exhibition catalog. Zurich: Archäologisches Institut der Universität Zürich, 1974.

Bouzek, *Bronzes* Jan Bouzek, *Graeco-Macedonian Bronzes.* Prague: Universita Karlova, 1973.

Brendel, *Etruscan Art* Otto J. Brendel, *Etruscan Art.* Harmondsworth, Middlesex: Penguin Books, 1978.

Brown, *Etruscan Lion* W. Llewellyn Brown, *The Etruscan Lion,* Oxford: Oxford University Press, 1960.

Comstock and Vermeule, *MFA Bronzes* Mary Comstock and Cornelius Vermeule, *Greek, Etruscan and Roman Bronzes in the Museum of Fine Arts, Boston.* Boston: Museum of Fine Arts, 1971.

de Ridder, *Acro. Cat.* A. de Ridder, *Catalogue des bronzes trouvés sur l'Acropole d'Athènes.* Bibliothèque des Écoles Françaises d'Athènes et de Rome, fasc. LXIV. Paris: Fondation Piot, 1896.

Farkas, Piotrovsky, et al., *Scythians: Treasures* Ann Farkas, Boris Piotrovsky, et al., *From the Lands of the Scythians: Ancient Treasures from the Museums of the USSR 3000 BC—100 BC,* exhibition catalog. New York: The Metropolitan Museum of Art, 1975.

Fleischer, *Bronzen* Robert Fleischer, *Die römischen Bronzen aus Österreich.* Mainz: Philipp von Zabern with Römisch-Germanisches Zentralmuseum zu Mainz, 1967.

Kilian, *Fibeln* Klaus Kilian, *Fibeln in Thessalien von der mykenischen bis zur archaischen Zeit.* Munich: Beck, 1975.

Mitten, *Rhode Island Cat.* David Gordon Mitten, *Classical Bronzes.* Providence: Museum of Art, Rhode Island School of Design, 1975.

Mitten and Doeringer, *Master Bronzes* David Gordon Mitten and Suzannah F. Doeringer, *Master Bronzes from the Classical World,* exhibition catalog. Cambridge, MA: Fogg Art Museum, 1967.

Moorey, *Adam Coll.* P. R. S. Moorey, *Ancient Persian Bronzes in the Adam Collection.* London: Faber and Faber, 1974.

Payne, *Necrocorinthia* Humfry Payne, *Necrocorinthia: A Study of Corinthian Art in the Archaic Period.* Oxford: Clarendon Press, 1931.

Pinney and Ridgway, *Aspects* Gloria Ferrari Pinney and Brunilde Sismondo Ridgway, editors, *Aspects of Ancient Greece,* exhibition catalog. Allentown, PA: Allentown Art Museum, 1979.

Popovič et al., *Bronzes in Yugoslavia* L. B. Popovič, D. Mano-Zisi, M. Veličkovič and B. Jeličič, *Greek, Roman and Early-Christian Bronzes in Yugoslavia.* Belgrade: National Museum, 1969.

Reinach, *Répertoire* Salomon Reinach, *Répertoire de la statuaire grecque et romaine,* 6 vols. Paris: Ernest Leroux, 1897–1930.

Richter, *Animals* Gisela M. A. Richter, *Animals in Greek Sculpture: A Survey.* New York: Oxford University Press with the Metropolitan Museum of Art, 1930.

Roeder, *Bronzefiguren* Günther Roeder, *Ägyptische Bronzefiguren, Mitteilungen aus der Ägyptischen Sammlung* VI. Berlin: Staatliche Museen zu Berlin, 1956.

Schefold, *MgK* Karl Schefold, *Meisterwerke griechischer Kunst.* Basel: Benno Schwabe and Co., 1960.

Schimmel Catalog (1974) Oscar White Muscarella, editor. *Ancient Art: The Norbert Schimmel Collection,* exhibition catalog. Mainz: Philipp von Zabern, 1974.

Schimmel Catalog (1978) Jürgen Settgast, editor. *Von Troja bis Amarna: The Norbert Schimmel Collection, New York.* Mainz: Philipp von Zabern, 1978.

Tarbell, *Bronzes* F. B. Tarbell, *Catalogue of Bronzes, etc., in Field Museum of Natural History, Reproduced from Originals in the National Museum of Naples.* Field Museum of Natural History Publication 130, Anthropological Series VII No. 3. Chicago, 1909.

Toynbee, *Animals* J. M. C. Toynbee, *Animals in Roman Life and Art.* Ithaca: Cornell University Press, 1973.

Walters, *BM Bronzes* H. B. Walters, *Catalogue of the Bronzes, Greek, Roman, and Etruscan, in the Department of Greek and Roman Antiquities, British Museum.* London: The Trustees of the British Museum, 1899.